errr. helena,

este sí.

que tiene artículo (def., sing.)

El Interior que todavía

Pá que veas que todavía
tenemos ¿patrias?
- y algunas otras cosas.

Besos

Crónicas Planeta / Seix Barral

Martín Caparrós

El Interior

La Primera Argentina

Caparrón, Martín
El Interior.-1ª ed. – Buenos Aires : Seix Barral, 2006.
640 p. ; 23x15 cm.

ISBN 950-731-519-5

1. Relatos de Viajes I. Título
CDD 910.4

Diseño de colección:
Josep Bagà Associats

Diseño de cubierta:
Mario Blanco

© 2006, Martín Caparrós

Derechos exclusivos de edición en castellano
reservados para todo el mundo
© 2006, Grupo Editorial Planeta SAIC / Seix Barral
Independencia 1668, C1100ABQ, Buenos Aires
www.editorialplaneta.com.ar

1ª edición: 12.000 ejemplares

ISBN-13 978-950-731-519-0
ISBN-10 950-731-519-5

Impreso en Grafinor S. A.,
Lamadrid 1576, Villa Ballester,
en el mes de julio de 2006.

Hecho el depósito que indica la ley 11.723
Impreso en la Argentina

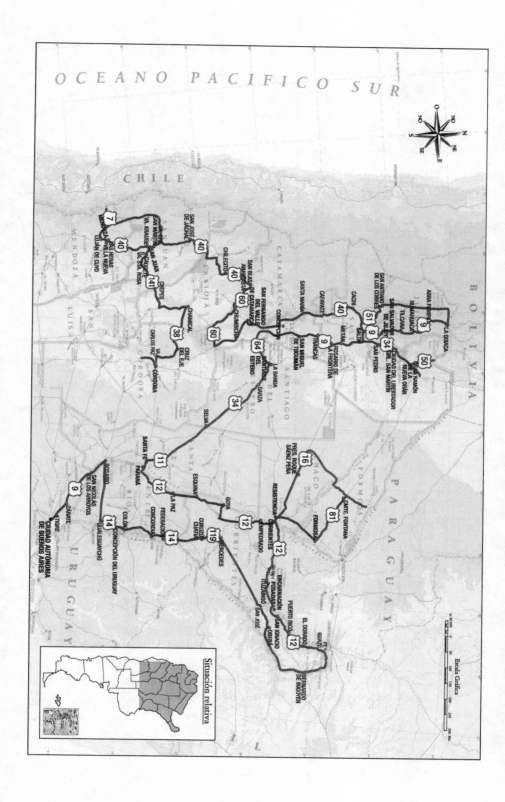

La Partida

Si es por buscar, mejor que busques —solía decirme— lo que nunca perdiste.

Yo a veces lo escuchaba, a veces no. Y ahora me pregunto por qué pienso en mi padre, tan argentino por opción —tan su acento español—, mientras termino de cargar el Erre con mis cosas, me subo, me aprieto el cinturón, le doy arranque.

A veces lo escuchaba.

Si es por buscar, mejor que busques, me decía. Yo sé que debería buscar algo; debería encontrar, primero, qué: puede ser largo. Quizás se llame la Argentina —pero me cuesta mucho pensar qué será eso. La Argentina es un invento, una abstracción: la forma de suponer que todo lo que voy a cruzarme de ahora en más conforma una unidad. La Argentina es una entelequia: casi tres millones de kilómetros de confusiones, variedades, diferencias, inquinas y querencias y un himno una bandera una frontera mismos jefes y, a veces, mismos goles. La Argentina es el único país al que nunca llegué. Erre arranca.

Hasta llegamos a creer, de tanto en tanto, que nuestra historia es una sola.

Vecinos, conciudadanos, tengo una mala noticia para darles: nos pasamos la vida haciendo equilibrio en una línea inexistente. Somos una línea inexistente. Si estamos en Buenos Aires tenemos dos opciones: de un lado está el interior, del otro el exterior; podemos ir al interior o al exterior. Si el interior y el exterior juntos forman un todo, entre los dos no hay nada: nosotros somos esa nada. Siempre lo sospechamos —y por eso, quién les dice, el tango.

Para subir a la autopista —en Buenos Aires todavía— cruzo un olor de parrilla y lapachos en flor. Como si la ciudad que relegó al interior al interior también tratara de afirmar su pertenencia a aquel folclore. Es probable que, para nosotros porteños, el interior sea más que nada un folclore: la zamba, la pobreza, el feudalismo, la pachorra, la inmensidad vacía —distintas formas de folclore. Para mí, supongo, también: tengo que verlo para no creerlo.

Ya en la autopista un cartel me tranquiliza: "Autopista vigilada por cámaras de TV". Quiero creer que estoy yendo a lugares que no están vigilados por cámaras de TV, que en realidad no están siquiera mostrados por esas cámaras que hacen real o falso lo que miran o dejan de mirar. Quiero creerlo, pero no estoy seguro.

Sería tranquilizador poder decir que busco alguna esencia de la patria o, por lo menos, razones para pensar que somos algo todos juntos. Sería un alivio tener una misión. Pero no aspiro a tanto. Me contentaría con saber qué estoy buscando. Quizás, en el camino, lo consiga.

Es fácil salir de Buenos Aires. Salir de Buenos Aires no significa nada: cualquier porteño sale de Buenos Aires todo el tiempo, porque Buenos Aires incluye sus salidas, sus alrededores: al oeste y te estás yendo a Ezeiza, al norte y al Tigre o a Pilar, al sur y parece que fueras a La Plata. A primera vista parece que salir no fuese salir, sino ir a los satélites.

Pero eso cambia cuando el viajero sabe que se va lejos: entonces, la misma salida se transforma en algo muy distinto: el principio de un viaje. Y es un esfuerzo de la imaginación: el principio de un viaje siempre es un esfuerzo de la imaginación —como las despedidas. Las despedidas son ese momento extraño en que la ficción es necesaria, en que dos o más personas se entristecen y duelen por una separación imaginada, una distancia que todavía no existe —que va a existir pero que, en el momento del adiós, no es más que fantasía.

Hay una idea, muy bien establecida, que pretende que el Interior es la verdadera Argentina. En lo bueno —tradición, religión, historia viva, etcétera— y en lo malo —tradición, religión, historia viva, etcétera—. Frente a la solidez de esas raíces, Buenos Aires es lo lábil, lo sin identidad, la mezcla —más o menos— pervertida. Hay una idea —previa, necesaria— de que existe una verdadera Argentina, y otras falsas.

Voy sin tocar el suelo. Las autopistas no están apoyadas sobre la tierra: levitan a treinta, cuarenta centímetros —como aquella alfombrita de Ray

Bradbury. El cuento era ingenioso: un grupo de turistas viaja al remotísimo pasado —tiempo de dinosaurios—, pero la empresa que los lleva les dice que tengan mucho cuidado de no interactuar de ningún modo con el entorno, porque cualquier pequeña modificación podría causar efectos tremebundos en el futuro donde viven. Para asegurarse de que no habrá accidentes, la empresa los hace caminar por una especie de sendero tendido a cincuenta centímetros del suelo, pero uno de los paseantes, sin querer, mata una mariposa. Más tarde, cuando vuelven a su tiempo, descubren que, por el accidente, toda la evolución ha sido otra y el mundo —su mundo— es una monstruosidad incomprensible.

Yo no pienso en buscar lo auténtico. No creo que lo "puro" sea más auténtico que la mezcla —y además lo puro argentino es, como todos, una mezcla apenas anterior. Voy, sí, a mirar un país que en muchas cosas es distinto de la ciudad en donde vivo.

Supongamos que el Interior empieza a unos cien kilómetros de la ciudad de Buenos Aires, en cualquier dirección. En tal caso, el Interior es un país enorme, de 22 millones de habitantes y una superficie de 2.783.000 kilómetros cuadrados, con una densidad de 8 habitantes por kilómetro cuadrado; la Argentina tiene una densidad de 11; el gran Buenos Aires ampliado, de 1.600 habitantes por kilómetro cuadrado. Por su extensión, el Interior es —como la Argentina— el octavo país del mundo, justo detrás de la India y delante de Kazajistán. Pero, a diferencia de mi ciudad, el Interior es un país semivacío.

Su producto bruto —cifras de 2004, las últimas completas— se puede calcular en unos 250.000 millones de pesos al año: como país, tiene un PBI comparable al de Perú o Kuwait. Cada habitante del Interior, entonces, tendría un ingreso anual promedio de 11.300 pesos —contra los 14.200 que se llevan los habitantes de la megalópolis Buenos Aires. La diferencia no es tan pronunciada, porque la equilibra la pobreza del Gran Buenos Aires.

Nada sería peor
que convertirme
en un decorador de interiores.

Mejor que busques, me decía.

A los costados de la autopista ya no se ven casas ni calles, pero esto sigue siendo Buenos Aires. El menemismo perfeccionó el concepto de Gran Buenos Aires achicando Buenos Aires: al transformarla en una ciudad más pobre y —dicen— más peligrosa, tuvo que integrarle zonas que antes no eran suyas. Para tranquilizar a los ricos inventó comarcas, que antes no existían, donde los acaudalados aprensivos pueden vivir estilo campo y trabajar en la ciudad. O sea que ahora hay signos de la ciudad hasta mucho más allá de la ciudad. Cuando el Erre deja atrás esos últimos signos —corralones, restoranes, el shopping, el gran hotel de lujo— está llegando al Interior.

¿Salir hacia el Interior sería entonces entrar? ¿Dónde?

Mejor que busques.

BUENOS AIRES-SAN NICOLÁS

La autopista de Buenos Aires a Rosario es una raya prolija derechita sólida a través de un campo tan correcto. El campo está ahí para mirar. Las autopistas ofrecen la ilusión de no deberle nada al espacio circundante. Convierten el espacio circundante en un paisaje. Uno va por el mundo de los coches —autosuficiente, autocontenido, completo— que ofrece paradas acotadas con los combustibles que los coches precisan y las papas fritas que los choferes pueden llegar a usar y la gaseosa el mingitorio el pirulín para los chicos. A los costados está el mundo y no lo necesitamos para nada. De hecho, aunque quisiéramos, no lo podríamos alcanzar: estamos encerrados.

La autopista no es un espacio: es un transporte.

Algo en la luz
que las nubes convierten en docenas de rayos.
Abajo el verde es uniforme:
soja.

Atravieso doscientos kilómetros de monocultivo. Miles, miles y miles de hectáreas de soja una detrás de otra. El mismo color, la misma forma, la misma textura todo a lo largo del camino: la belleza de un campo bien plantado, bien domado. El color uniforme, las alturas parejas, la textura continua, una victoria del artificio sobre la naturaleza. Hombres que imponen sus ideas.

Al costado del camino un cementerio chico con cuatro cipreses y sobre la pared blanqueada un aviso de yerba Romance. Querría saber qué estoy buscando.

La pampa se escapa a los costados. La dejo ir: ya me detendré en la pampa más adelante, cuando haya recorrido lo que está más arriba, o sea: las regiones que hicieron la Argentina.

El país se puede dividir de tantas formas: de hecho, este país se ha especializado en dividirse. Pero he dado con una división que me interesa: están, por un lado, al norte de Buenos Aires, las regiones que crearon la Argentina; y, por otro, al sur, las regiones que la Argentina creó.

Mendoza, Salta, Córdoba o Misiones existían antes de ser argentinas, antes de que la Argentina existiera —y, de algún modo, la formaron. Se podía ser mendocino, salteño, cordobés, misionero antes de que la idea de ser argentino apareciera. La mayor parte de la Pampa y toda la Patagonia, en cambio, fueron conformadas por la Argentina: son su efecto, las tierras que los argentinos —cuando ya lo eran— ocuparon para armar la Argentina.

En estas tierras nada
que pueda parecer
celeste, blanco.

La bandera argentina no es verde o parda como sus tierras, marrón como sus grandes ríos. Hay un país cuyo color está en el cielo —siempre un poco más allá, como el horizonte, como El Dorado— y no en la tierra. La gran promesa siempre. La búsqueda, decíamos.

Hace tiempo escribí que las autopistas eran la única prueba fehaciente de la existencia de dios —y lo decía, en una novela llamada *Un día en la vida de Dios*, el personaje Dios: "Habíamos entrado en una carretera ancha, bien asfaltada, ya muy cerca de Santa Fe: autos y camiones nos cruzaban y esquivaban y adelantaban sin parar. Nunca había visto una danza tan estremecedora como esa procesión de bólidos lanzados por ese espacio estrecho: habría bastado con que uno modificase ligeramente su posición, su ritmo, su velocidad para que restallara la catástrofe. No hay partículas en todo el orden físico tan cerca del desastre todo el tiempo, pensé, y me dio un arranque de orgullo: algo en el tercer pedrusco (*la Tierra*) debía estar bien hecho si cosas como ésta funcionaban. Las autopistas deberían ser una prueba de mi existencia o, mejor: de mi utilidad —en vez de buscarlas en vaya a saber qué raros enunciados filosóficos— pensé, y me reí sin ruido".

El balneario se estira a lo largo de un río. Hoy es domingo, hace calor y en el balneario municipal de San Nicolás hay un río un poco chico para ser el Paraná, un estanque muy grande con una gran ducha en el medio, mucha gente pescando poco, algunas vacas, ese color marrón de casi todo. Una pareja de treinta y pico camina de la mano: ella es gorda, él muy flaco y lleva una canasta de mimbre con el mate y unas facturas que convocan moscas: no se miran. La cumbia se oye al fondo, casi pudorosa. Todo rebosa de chicos en cueros, camisetas de fútbol, sauces, sauces; dos nenas de diez no saben cómo hacer para agarrar a Bobby y meterlo en el bote; quieren cruzar el río, el botero se aburre. El botero tiene una boina negra de paisano. El perro tampoco tiene raza definida. Hay mucha transpiración, hay muchas siestas, hay ese modo de ser del tiempo cuando hace todo por disimularse. Hay mucha carne sin gimnasio, mucho coche viejo, bastantes bicicletas y sillitas plegables y juguetes de plástico: todo lleno de plástico. Hubo tiempos en que el plástico era una aspiración, pero esos tiempos pasaron hace mucho. Pescan: los hombres pescan. Las cañas de pescar son chicas; bastantes son, incluso, cañas. Mucha chancleta, bastantes menos besos. Un chico y una chica de quince caminan abrazados como si fuera la primera vez, agarrándose fuerte para mostrar que se poseen. Un morocho en triciclo vende medio kilo de helado por tres pesos. Otro en otro vende pororó. En algunas motos van familias. Muchos comen sandía y se chorrean. Uno le dice a su mujer que no entiende por qué siguen viniendo los domingos si para ellos todos los días es domingo; la mujer le dice que no hay que desbandarse, que si no cuando consiga trabajo va a estar lleno de malas costumbres, y que al balneario uno va los domingos. El hombre la mira sin fastidio: admirativo.

Gloria de los domingos: hacer de la vida algo distinto. Peor, mejor: distinto.

—Vieja, no me digas que te olvidaste de traer los bizcochitos.
—No, Ricardo, ahí están.
—¿Dónde, vieja?
—Ahí, no los ves?
—No, ésos son los cuernitos.
—¿Y no te da lo mismo?

Me gusta escuchar: viajar es, más que nada, un ejercicio de la escucha. Pero me agota, por momentos. Escuchar es tanto más cansador que hablar: uno habla con sus propias palabras, con lo que ya conoce y, salvo epifanías, se sorprende muy poco. Escuchar, en cambio —no digo oír, digo escuchar— necesita una atención muy especial: esperar lo inesperado todo el tiempo.

PROVINCIA DE SANTA FE

VILLA CONSTITUCIÓN

"He visto las entrañas del monstruo", dijo José Martí, el gran cronista; yo también las estoy viendo pero es otro. Martí hablaba de sus años en los Estados Unidos; yo digo este galpón de tres cuadras de largo y diez pisos de alto donde muy pocos trabajadores manejan máquinas tremendas: el monstruo escupe fuego para hacer acero. Aquí, ahora, en este espacio enorme gris espeluznante hay rayos, fuego, truenos, materia líquida que debería ser sólida: el principio del mundo cuarenta y cuatro veces cada día. Aquí, ahora, en este espacio de posguerra nuclear hay caños como ríos, las grúas dinosaurias, las llamas hechas chorro, sus chispas en torrente, cables, el humo negro, azul, azufre, gotas incadescentes en el aire, el polvo de la escoria, las escaleras, los conductos, los guinches como pájaros monstruosos, olor a hierro ardiendo, mugre, sirenas, estallidos, plataformas, calor en llamaradas, las ollas tremebundas donde se cuecen los metales y, muy imperceptibles, los hombres con sus cascos antiparras máscaras tan minúsculos —que parecen casi nada si no fuera porque todo esto es puro hombre, obra del hombre, bravata de los hombres, naturaleza dominada. Aquí se hace el acero —y el acero, después, hace todo el resto.

La nave donde se produce el acero de Acindar en Villa Constitución es uno de los paisajes más imponentes que he visto en mi vida, digo: uno de los paisajes más imponentes que jamás he visto.

Acindar fue fundado en 1942 —cuando la Argentina descubrió que tenía que sustituir ciertas importaciones y pensaba, todavía, que era capaz de hacer casi cualquier cosa: acero, por ejemplo. Durante décadas, Acindar —y las demás siderúrgicas del Paraná— produjeron buena parte del metal que se usó en el país. A partir de los ochentas vinieron tiempos flacos; en

13

los últimos años, con la nueva sustitución de importaciones, Acindar ha vuelto a ser un hervidero. Sólo que ahora es brasileño.

La luz rojiza
amarillenta
verde:
luz de lava.

Acindar es un monstruo que consume, cada día, la misma cantidad de gas que todo Rosario. Este año sus dos mil trabajadores van a producir unas mil quinientas toneladas de productos de acero para el agro, la construcción, la industria. Acindar funciona a pleno —e incluso tiene que rechazar pedidos o importar mercadería para satisfacer los que no puede desechar por cuestiones de relaciones públicas. Hace treinta años el costo laboral de sus productos era del 23 por ciento; ahora es solamente el 11. Dicho así suena técnico: dicho de otra manera, significa que los obreros han perdido, en estos años, la mitad de lo que antes ganaban.

Cuando yo era chico Villa Constitución era prácticamente el único lugar del país donde los sindicalistas de izquierda le ganaron a la burocracia del poderosísimo gremio metalúrgico. Ahora burocracia sindical suena muy viejo y la época del poder metalúrgico está acabada. Lo que parece eterno también desaparece.

—Bueno, no hicimos la revolución, pero por lo menos hemos mantenido una línea de conducta, y conseguimos cosas para los compañeros, cosas concretas, que se pueden tocar con las dos manos. Ahora tenemos una mutual que funciona bien, estamos terminando la sede nueva, empezamos a construir las viviendas, hicimos esta clínica que la verdad que es un orgullo...

Me dice Alberto Piccinini. Yo escuché hablar por primera vez de Piccinini a principios de 1974; en esos días él era un dirigente gremial metalúrgico de Acindar, aquí en Villa Constitución, y habían tomado la fábrica, contra la patronal y contra la famosa burocracia de Vandor, Rucci y Lorenzo Miguel. Otros gremios ya lo habían intentado, pero la UOM era el corazón del poder sindicalista. Los muchachos de Villa Constitución lo consiguieron; en noviembre del '74 Piccinini era elegido secretario general; tres meses después los matones de la UOM lo desalojaron a sangre y fuego. Piccinini se pasó varios años preso; cuando salió, a fines de 1980, en libertad vigilada, sobrevivió con trabajitos hasta que llegó el día que, me cuenta ahora, marcó toda su vida. Para el relato es bueno pensar que hay un día, diez minutos, una hora que te definen para siempre:

—El 6 de diciembre de 1982 la CGT de Ubaldini largó un paro general. Yo en esa época vendía seguros; me acuerdo que esa mañana lo fui a ver al Tito Martín, un dirigente comunista de acá, que aunque era comunista era muy respetado, y me dijo che, qué vergüenza los muchachos de Acindar, carnerearon la huelga. Y yo le dije cómo, y él me dijo sí, entraron todos, los del turno mañana entraron todos, y la verdad me dio mucha vergüenza. Entonces agarré un compañero que también estaba como yo, en la vía, y le dije che, vamos a hacer algo y él me dijo estás loco, nos van a meter de vuelta en cana; yo le dije vamos y vemos qué podemos hacer. Entonces nos fuimos a la planta, a eso de la una y media, para estar ahí cuando llegara el turno de la tarde. Éramos cinco; les dije a los otros cuatro bueno, parense por ahí, háganse un poco los boludos y si ven que me meten en cana rajen, no vale la pena que nos agarren a todos, y me paré como a cincuenta, sesenta metros de la entrada. En esas veo que llega el primer colectivo de la empresa, con obreros. Yo estaba ahí parado y los veo que vienen y eran todas caras nuevas, dije uy, éstos no me van a conocer pero pensé bueno, igual tengo que intentar, entonces empecé con la arenga: compañeros, es una vergüenza que los trabajadores de Acindar estemos carnereando, quedensen, no entren. Y yo veía que los tipos me miraban medio raro y pensé que ahí se decidía todo: si estos tipos no me dan bola yo me tengo que dedicar a otra cosa, yo qué le voy a hacer, quiere decir que ya no soy nada para ellos. Fue un momento tremendo. Y de golpe en el fondo alguno gritó Picci, estás acá, qué grande, y después otro, y los muchachos se empezaron a juntar alrededor mío y entonces llegó el segundo colectivo y ya eran como setenta, cien. Yo les hablaba y les decía compañeros hagamos una asamblea y discutamos, si después quieren entrar entran pero por lo menos discutimos, a mí me da vergüenza que los metalúrgicos de Acindar seamos unos carneros. Entonces hicimos la asamblea y se votó no entrar, y ahí se decidió otra vez mi vida: por eso la agrupación que tenemos en el sindicato se llama 6 de diciembre.

Me dice ahora Alberto Piccinini que, junto con Victorio Paulón, recuperó el sindicato en el '84 y lo dirige desde entonces. Desde entonces fue también dirigente de la CTA, delegado a la Constituyente, diputado nacional por el ARI, pero se decepcionó de la política nacional y me dice que estuvo pensando qué hacer y que para no ir a quebrarse en un rincón lo que va a hacer es volver a Villa, a su lugar:

—Yo no sé, ahora la política es tan distinta de los setenta. En esa época por lo menos teníamos un sueño todos juntos, con todas las diferencias, pero por lo menos compartíamos un sueño, unos proyectos. Ahora todo es individualismo, en la política nacional y en toda la sociedad. Entonces yo creo que lo que tenemos que hacer es empezar a construir de abajo, desde lo local…

Me dice y me cuenta cómo están armando un proyecto para tirarse a la intendencia de Villa Constitución y seguir haciendo cosas concretas, que se puedan tocar con las dos manos.

—Para mí ser argentino es un poco raro. ¿Viste que nosotros no nos ayudamos como se ayudan los judíos, los chinos, esos tipos?

y mirá que este país tiene todo para ser un gran país pero decí que los políticos son todos corruptos y afanan, nos afanan, acá todos afanan, el que no es político es chorro la cosa es que todos te afanan y la gente es buena, a veces de tan buena más parece boluda pero es buena, el argentino en el fondo es bueno, se hace el vivo, sí, a veces se te agranda pero no lo hace de maldad, el argentino es buena gente, hace lo que puede, el problema es que siempre lo garcan y encima el criollo es medio vago, tendríamos que trabajar para salir adelante pero tampoco hay cultura del trabajo, no, ahora ni hay trabajo, hay muy poco trabajo, la verdad que el que tiene un trabajo tiene suerte, para uno que tiene hay veinte que quisieran, no, para qué voy a trabajar si no me pagan nada no, por esa guita no me rinde, me sale más caro el colectivo, todo sube, todo sube porque no hay quien ponga orden y cada cual hace lo que quiere, lo que se le canta, acá la administración es un desastre y los privados lo único que quieren es llenarse de plata y al resto que lo parta un rayo y peor el estado, el estado sí te da es porque quiere aprovecharse, ahí sí que son todos unos tránsfugas prendidos de la teta se agarran de la teta y no la sueltan habría que rajarlos a todos y que vayan a laburar, que trabajen como todo el mundo, que se pelen el orto como todos que encima si después te enfermás estás jodido, la salud es una porquería porque desvían la guita para cualquier lado y las escuelas son muy malas porque les conviene que seamos una manga de brutos, a ellos les conviene pero fijate justo acá que vos tirás una rama en el suelo y crece un árbol, un país tan rico cómo puede ser que no haya comida para todos, tenemos todos los climas y todos los paisajes y están los chicos en patas, los que piden, los cartoneros ésos, los tipos de las villas, los jefes y jefas que no quieren hacer nada porque ya tienen los cientocincuenta mangos en la mano, los desocupados, los perdidos, vos viste que hay algunos que ya tiraron la toalla y no esperan más nada, pobres tipos, están las pibas que empiezan a parir de tan pendejas y siguen pariendo y pariendo son como conejos, los pobres son como conejos, sí, por supuesto que están los delincuentes, está lleno de delincuentes pero no hay tantos, muchos son extranjeros a menos que te vayas a meter en una villa ahí sí que la cosa está jodida, depende de los lugares aunque ahora ya no se puede estar seguro en ningún lado, antes ahí había una fábrica textil y la cerraron, se fueron, se llevaron la guita vaya a saber adónde, se acabó, si se levantaría el abuelo quién sabe qué diría pobre tano, con lo laburador que era, si el argentino ni siquiera necesita mucho, con su asadito y su vaso de vino y su partido de fútbol y su familia y su minita está tranquilo, qué más quiere, una casita para estar tranquilo, un coche, nada raro y con el país que tenemos eso lo tendríamos que tener sin problema pero acá lo que pasa es que todos roban parece mentira que haya tantos ladrones y eso que los argentinos somos tan buena gente pero siempre nos va mal por culpa de esos hijos de puta, cuando se van a ir de una buena vez por todas a la mierda y dejarnos el país para nosotros, la gente de bien, los verdaderos argentinos

Me preguntaba, para empezar, qué tendría que mirar: cómo se arma un país.

Rosario

A los pueblos se llega; a las ciudades se entra. En la avenida de acceso de Rosario seis o siete policías paran coches. Una agente morocha, grandota, pañuelo palestino me pide la documentación y se la muestro:

—Ah, pero yo a usted lo tengo visto. ¿Usted no trabaja en la tele?

Me dice y yo le digo que ya no y ella me devuelve los papeles:

—No, no se preocupe, acá no molestamos a los artistas.

Justo adelante, un tipo que salió sin registro se resiste a que le lleven el coche al corralón. Está al volante de un ford rojo viejo y acelera: hace ruido con su acelerador. Un policía se le para adelante y él lo atropella despacio con el ford; el policía se la banca y ni siquiera deja de tratarlo de usted: es muy conmovedor. Mi palestina me dice esto no es nada:

—Tendría que vernos cuando hacemos los controles de alcoholemia, los fines de semana: hay borrachos que nos quieren matar. Dele, por qué no viene a vernos con las cámaras. Eso hay que mostrarlo. Nosotros hacemos mucho bien con eso, y nadie lo ve. La verdad, no es justo que si hacemos el bien no nos muestren por la televisión, ¿no le parece?

A primera vista —alguna vez tendríamos que hablar de esa famosa primera vista, mezcla de prejuicios y de confusiones— Rosario resulta una ciudad tan argentina: a la entrada, kilómetros de villas y de casas muy pobres; de pronto, como por encanto, un parque rebosante de árboles añosos y, después, un bulevar elegantísimo.

—Usted sigue derecho y cuando ve las primeras casas de ricos, bien de ricos, para y vuelve a preguntar. Yo no le puedo decir todo.

El bulevar Oroño tiene palmeras en el medio y, a los lados, un desfile de casas señoriales construidas entre 1900 y 1950. La mitad fue derrumbada para hacer edificios; las que quedan son institutos, clínicas, geriátricos, bancos, oficinas varias, el colegio de cocineros Gato Dumas. Es curioso que el tipo de mansión que hace cien años se construían las familias más ricas ahora sirva para estas instituciones: que la riqueza personal se haya refugiado en otras formas. Dicho de una manera más sutil: que los que se robaban todo hace cien años no se escondían —se mostraban.

Y todavía quedan algunos que la llaman por aquel viejo nombre: la Chicago argentina. Una ciudad entonces muy nueva hecha de obreros, carne, mafia, prostitutas.

—¿Vos no serás de Buenos Aires, no?
—Y, sí.
—¿Sabés qué? Acá estamos hartos de que siempre nos tiren a matar.

Rosario es una ciudad baja y extendida, un millón de habitantes repartidos en la misma superficie que amontona a tres millones de porteños. Tiene un centro con calles muy coquetas y calles muy atiborradas, una cantidad razonable de edificios de las primeras décadas del siglo pasado —mucho art nouveau y bastante art déco—, un río que se ha recuperado estos últimos años, alrededores elegantes, alrededores pobres, ciento setenta villas y villitas donde vive un cuarto de la población y la desgracia de parecerse bastante a Buenos Aires.

Aunque tiene una diferencia significativa: solían llamarla la Capital Nacional del Peronismo, pero es la única ciudad importante de América Latina con más de quince años de gobierno "socialista" —o sea: del partido socialista.

El origen del gobierno socialista fue curioso: muy cercano al azar. En 1989 el intendente radical, Horacio Usandizaga, se enredó en una bravata pava: dijo que si Eduardo Angeloz, el candidato radical a presidente, no ganaba, él renunciaría. Angeloz perdió, Usandizaga se fue y hubo elección municipal. Los peronistas santafesinos estaban encabezados por una banda demasiado corrupta; los radicales no se presentaron. Héctor Cavallero, un socialista sin grandes aspiraciones, se encontró casi por casualidad con la intendencia. Después hizo un gobierno correcto —basado en cierta decencia y transparencia, una gestión cuidada y la ampliación de los servicios sociales— y lo reeligieron. Y, desde entonces, el gobierno socialista quedó identificado con la gestión sensata y las cuentas sin rojo y esa honestidad, y mucha gente que jamás votaría una opción de izquierda o centroizquierda —los empresarios y otros ricos— los sigue confirmando.

—Si a mí me pasa algo quiero que me lleven al HECA, el Hospital de Emergencias Clemente Álvarez, y no a cualquier sanatorio privado.

Me dice Pablo Felman, director de *Rosario/12*:

—Para esas cosas, los accidentes, por ejemplo, la salud pública es mejor que la privada. Los médicos importantes todavía trabajan a la mañana en los hospitales. A la tarde harán toda la guita que quieran en sus consultorios, pero a la mañana están ahí, al pie del cañón.

Muchos rosarinos me dijeron lo mismo: que la municipalidad socialista mejoró muchísimo la salud pública. Le dedica un tercio de su presupuesto —en Buenos Aires, por ejemplo, es un cuarto— y, en estos años, el puesto de secretario de salud pública ha sido el mejor trampolín para la intendencia. También hacen mucho trabajo asistencial —que tratan de diferenciar del modelo de clientela peronista fomentando, en principio, la participación de los beneficiarios. Hace un par de años el Programa de las Naciones Unidas para el Desarrollo les dio un premio como modelo de "experiencia exitosa en gobernabilidad y desarrollo local en el ámbito latinoamericano" —y ellos lo recuerdan cada vez que pueden, aunque suelen llamarlo, más familiares, el premio de la ONU.

Supongo que lo primero que identifica a las ciudades argentinas es que todas, más allá de sus particularidades, están hechas como si el espacio del que disponen fuera casi infinito.

—Sí, ésta es la ciudad del Che Guevara. Y le digo más: el Che era hincha de Central.

—¿Y usted está de acuerdo con lo que hacía Guevara?

Le pregunto, porque el señor —cincuenta y tantos— está parado en la puerta de la Bolsa de Comercio con un traje italiano joya nunca taxi.

—No, puede que no, pero no es eso. Lo que le digo es que era rosarino.

Quizás lo que mejor marca las diferencias es el río: Rosario también estaba, como Buenos Aires, alejada de su costa —y la buscó en los años noventa. Antes, aquí, la costa era un puerto detrás de un paredón: la crisis económica que desactivó el puerto de Rosario consiguió que toda esa zona quedara casi desierta y surgió la idea de integrarla a la ciudad. La crisis a veces produce resultados paradójicos —muchas veces: el río también está mucho menos contaminado porque cerraron las fábricas que lo poluían.

En Buenos Aires pasó algo parecido. Sólo que el menemismo armó en

Puerto Madero un espacio privadísimo, compuesto de restoranes, oficinas y los departamentos más caros de la ciudad; aquí, en cambio, la costa es mayormente pública: parques, museos, embarcaderos, playas —aunque, de todas formas, los edificios que se construyen sobre el río son de luxe: la costa se ha convertido en un paisaje muy espectacular.

Hombres, torres
miran
un río como quien mira el mar.

Me parece que siempre pasa lo mismo en las ciudades: en sus lugares más bonitos nunca hay nada que hacer. Uno se inventa actividades —el paseo— pero son forzadas. Las zonas, en cambio, donde es preciso ir suelen ser espantosas. Quizás el hombre hace ciudades para mostrar que puede arruinar casi cualquier espacio —incluso, sobre todo, los que crea. O quizás llamamos belleza a la serenidad que da la ausencia de personas: Rosario, la costanera, el Monumento a la Bandera.

Somos contemporáneos y me pesa: el Monumento a la Bandera fue inaugurado el 20 de junio de 1957, veintidós días después que yo. Ahora todo en él aparece tan viejo: el tamaño, la prepotencia de la piedra, las columnatas imperiales, las rectas del fascismo, esa idea de que la Argentina —o el paño que la simboliza— merece tanta celebración. Eran los estertores: todavía se podía grabar en un frontis la bravata del himno: y los libres del mundo responden al gran pueblo argentino salud. Ahora los libres del mundo responden salud cuando nos mandan subvenciones, oenegés, remedios para los chicos pobres.

El Monumento a la Bandera es la última cocarda que aquella Argentina presuntuosa se clavó en el pecho. Después, muy poco después, aquella Argentina se murió, pero tardamos mucho en darnos cuenta. Entonces, durante años, no tuvimos ninguna: la que creíamos que era estaba muerta y no queríamos ver la otra todavía. Seguimos sin querer, pero ya no tenemos más remedio: es un problema —y nos cuesta vivir en ella, convivir con ella. Es muy difícil imaginar cómo sería su monumento.

—Papá, ¿esto tan grande quién lo hizo?
—No sé, Romi, qué querés que te diga.

En el medio de todo, bajo los arcos imponentes, un florero king size con su leyenda: Aquí reposan los restos del soldado argentino muerto por la libertad de la patria. La llama eterna me calienta las manos pero no sirve para prender un cigarrillo. Es temprano, no hay demasiada gente: un chico y una chica que se comen, tres cuarentonas españolas que dicen uy qué grande pero coño qué grande, el padre que le dice a su nena ponete ahí Romina que te saco una foto y Romina que le dice para qué papá:

—¿Cómo que para qué?

Le dice el padre.

Detrás del Monumento hay un cartel que dice Rosario, la mejor ciudad para vivir —y me pregunto para qué otra cosa puede servir una ciudad. O si estamos tan apichonados que simplemente decir que una ciudad es buena para vivir ya da para jactarse.

—¿Vos escuchaste a algún habitante de esta ciudad que te diga que es santafesino? No, hermano, nosotros somos rosarinos, nadie te va a decir santafesino. Esto es una ciudad-estado, como en la antigua Grecia. Los de Atenas nunca decían que eran griegos: decían atenienses.

Es verdad que Rosario tiene diez veces más habitantes que Santa Fe, que es dinámica donde la otra es más bien cansina y burocrática, que la delegación rosarina de la gobernación de Santa Fe, un edificio neoclásico de una manzana, no es mucho más grande que la verdadera gobernación de Santa Fe en la ciudad de Santa Fe. Pero está Buenos Aires.

—Rosario es el único barrio de Buenos Aires al que tenés que ir en avión.

Me dijo un señor grande.

—¿Ustedes se sienten parte del Interior?

—Sí. Seguramente porque estamos demasiado cerca de Buenos Aires, que es el exterior.

Rosario es un problema. El resto de las ciudades importantes del país tiene características más propias: Córdoba, Salta, Tucumán, Mendoza. Pero Rosario es un puerto pampeano como Buenos Aires, con la misma mezcla de razas y la misma cultura y la misma tradición y aun el mismo acento que Buenos Aires, aunque a veces se les caiga alguna ese: es difícil armar la diferencia.

—Con Buenos Aires están todas las broncas, que todo pasa por allá, se decide allá, que en el fútbol siempre nos han cagado, que siempre nos han arruinado los negocios, todas esas cosas. La postura frente a Buenos Aires es la postura frente al poder, la protesta contra el poder. Pero también hay un deslumbramiento por Buenos Aires, lógico.

Me dice el ícono. Es raro que una ciudad convierta a uno de sus habitantes vivos en una imagen tan omnipresente, pero la cara de Fontanarrosa está por todas partes —y su nombre y su loa. Roberto Fontanarrosa es humorista, dibujante, escritor pero es, sobre todo, rosarino —y sin embargo:

—Lo que pasa es que a mí siempre me dio la impresión de que ésta es una Buenos Aires chiquita: la ciudad portuaria, futbolera, absolutamente tana, bien tanguera. Córdoba por ejemplo ya es folclórica, española, se engancha más con el norte; esto es otra cosa.

—¿Y eso no los complica? Digo, que Rosario no tenga características distintivas para oponerle a Buenos Aires.

—Y, nos acompleja. Por eso cuando la gente de Rosario tiene que levantar banderas, levanta nombres y apellidos.

—Fontanarrosa, por ejemplo.

Le digo, porque es el más frecuente, pero él hace como que no me oye, sigue:

—Olmedo, el Che Guevara, el Gato Barbieri, Fito, Baglietto, lo que sea. Porque claro, no tenés ninguna característica clara que oponer. Ya hasta se pasó aquel momento brillante de la ciudad, cuando se proclamaba Capital Mundial de la Prostitución, que era un motivo de legítimo orgullo. Pero ahora ni eso.

—¿También eso se perdió?

—Sí, también eso.

La viudita tiene las carnes blancas, sus tetas muy pecosas, gordetas, rechonchonas, y un par de tules en el cuerpo: llora sobre un cajón. La viudita solloza, va perdiendo los tules en el baile; ahora le queda uno, alrededor de la cintura, y el resto es pura piel adolescente. La viudita se cabalga el cajón, caballo de madera, y se frota contra el cristo de bronce. Ya perdió todo tul; se arquea, llora, lame con mucha lengua la madera, el cristo. La viudita desnuda abre el cajón; adentro hay un cadáver improbable, bien desnudo. La viudita besa la carne muerta, la relame, la revive: viudita y muerta se chupan sobre el ataúd, se contonean. Desde aquí abajo doscientos hombres las miramos, y algunos se miran entre ellos, nerviosos, se sonríen. Es raro calentarse con la muerte.

—Muchachos, qué hacen con la boca tan cerrada. Estamos en Rosario, la sede del Congreso Internacional de la Lengua. Vamos, muchachos, esas lenguas.

Grita el locutor y suena un blues, las luces de colores. La viuda y el cadáver se sorben a morir, se frotan, se maman, se menean. Después todo se acaba: la muerta vuelve al cajón, la viuda al llanto. Abajo, acá, hombres se tocan o se miran. Hay humo, mucho humo.

La esperanza es una mierda
dice
que solamente te alarga el sufrimiento:
que la esperanza es una mierda porque solamente sirve para
alargarte el sufrimiento
que la esperanza es una debilidad
decadente
dice y me dice que lo dijo
Nietzsche y que Nietzsche ese alemán hijo de puta
le abrió la cabeza se la dio vuelta como un guante y que quizá
por eso le gusta esta cuestión
de saber que hay muchos que le tienen
un poquito de miedo
que muchos lo respetan que algunos
hasta lo envidian:
el poder.
Eso se llama poder
me dice Juan Cabrera
con la sonrisa casi tímida.

Juan Cabrera tiene cincuenta años una remera negra
la cara india y se hace llamar el Indio Blanco porque su madre
era una toba que una familia rica de Rosario se trajo para que le
limpiara las ollas y la mugre y su papá
el hijo de una puta y un cliente y él
me dice
está signado por las putas y la muerte.
Signado
dice
perseguido por las putas y la muerte y que
choreó
que alguna vez choreó que se cogió
señores que cirujeó que revoleó ladrillos que vendió helados churros
mercaderías
variadas y que siempre le gustó la mano izquierda: lo que sabe
conseguir la mano izquierda pero siempre fue pobre
dice: pobre por antonomasia aunque instruido
dice y cita a walter benjamin fromm marcuse pappo napolitano el
apóstol san pablo el comisario de la vuelta al fin y al cabo
lo suyo son las casas y
las citas y sobre todo Nietzsche pero siempre

dice: siempre
insiste: siempre
fui muy pobre
dice
hasta que mi hijo se mató
y entonces sí no me importó más nada.
Pero nada. ¿Vos sabés cómo es
cuando te da lo mismo todo cuando todo
es igual cuando sabés
que si estás vivo es de cagón
que es porque no tenés
los huevos para volarte el cráneo?
¿Vos sabés cómo es? Yo no sabía
pero ahora sé
y sé
que es una mierda pero también me gusta:
me gusta esta sensación de que me cago en todo
que todo
me resbala que puede que no sea
el superhombre pero tampoco soy un hombre
dice
Juan Cabrera
tintineando en sus muñecas sus pulseras.

Juan Cabrera tiene los pelos largos negros canos sus pulseras
sus anillos de plata la camiseta
negra la sonrisa:
cuando ya no me importó más nada entonces sí
ahí sí que me empecé a llenar de plata
con las chicas.
Juan Cabrera tiene extraños negocios con las chicas
negocios tan comunes con las chicas
tiene chicas
negocios
chicas
comunes
negocios
tan comunes
            Juan Cabrera
no fuma no bebe no consume
merca toma mate cocido está

en la noche
dice pero no es de la noche
está en la noche
que no es lo mismo ser y estar yo no te voy a contar a vos de
ontología
dice:
porque en la noche está la guita
fácil y también
te diría
me dice
ese poder ese
gustito: ahí
en la noche.

—Si yo tengo un boliche como éste es para lastimar. Yo acá tengo que lastimar. Si no, pongo un kiosco. Si yo estoy acá es para abrirles las cabezas a martillazos a todos estos: como Nietzsche, viste.

Me dice ahora Cabrera, en la barra de su cabaret La Rosa, mientras suena muy fuerte un rocanrol de los Redondos.

—¿Y sabés qué? Es verdad que yo estoy lleno de odio, de resentimiento. Yo siempre quise vengarme por la mala vida que tuve. Y ahora me siento un hombre fuerte, un hombre que todos quieren ser amigos míos. También por eso no quiero salirme de este mundo. Yo afuera puedo ser vulnerable, y no quiero ser vulnerable nunca más.

La barra tiene un mostrador de vidrio; bajo el vidrio hay calaveras, arañas pollito, víboras de cascabel, más calaveras, viudas negras.

Sobre la barra hay un cartel: Podés entrar a mi casa, cogerte a mis mujeres, beber los mejores tragos, escuchar el mejor rock&roll y podés ser un poco más feliz. Epístola de Juan. Alrededor somos doscientos hombres exaltados —o más o menos exaltados: tremendo olor a bolas y chicas en los caños. El caño de bailar chicas, en La Rosa, está pero no se usa demasiado. El caño viene de las películas hollywood clase J: el modelo es, sin duda, americano; la deformidad, por suerte, toda nuestra. Así se hizo la patria: patinando sobre modelos que llegaban en barcos, libros, variados contrabandos.

—Mirá, loco, ésta tiene tetas de verdad. Mirá, tocá, tocá.
—Pará, che, preguntale a la señorita si se puede.
—¿Y por qué no, boludo?

También hay chicas y casi chicas que circulan entre el público, buscando algún conchabo. Las chicas toman cerveza con pajita para no despeinarse, los chicos hechos chicas se miran mucho en el espejo, Yoli me habla de papá —y se refiere a Juan, y me dice que el numerito de la leche también fue una idea suya. Yoli me cuenta orgullosa la historia de su lluvia de leche:

—Como yo estaba amamantando, a Juan se le ocurrió hacerme tirar leche de las tetas. No sabés cómo me saltaba, regaba a todo el mundo, había clientes que se volvían locos por un poco de leche, no sabés, me abrían la boquita así y yo les daba de tomar, hubieras visto.

Dice Yoli y que le dijeron que nunca nadie lo había hecho, que ella es la única, que ahora no puede porque su nena ya cumplió dos años pero que ella lo hizo y fue la única.

—¿Sabés que me gusta a mí de este tipo de lugares, de los quilombos? Es el lugar donde los tipos van a ser como son, se sacan todas las caretas, hacen realmente lo que quieren, lo que siempre están disimulando. Y al mismo tiempo cuando pagan por sexo están comprando mentiras. Pero los tipos vivimos de consumir mentiras. A mí me gusta que me mientan, la vida se te hace más fácil. Y la puta te hace sentir especial, es muy loco, hay algo ahí, por eso yo las quiero y me gusta vivir cerca de ellas.

Me dice Juan Cabrera.

En los reservados del salón un par de señores ya calvitos toquetean a chicas o chicos hechas chicas; en el escenario sigue sigue sigue el baile: Creedence Clearwater y una negra que mueve cada centímetro de carne.

—Hagan algo para excitar a la mina.

Grita el locutor.

—¿Qué les pasa? ¿Son impotentes?

El negro objeto de deseo debe tener dieciocho, diecinueve y un cuerpo bastante extraordinario; ningún pelo velándolo.

—Andá, boludo, cogetelá.

—No, debe costar una fortuna.

Una vez más, el principio de realidad derrota a Nietzsche.

—Ay, nena, si fueras mi mamá nunca necesitaría el chupete.

—Si yo fuera tu mamá vos serías un flor de hijo de puta.

Sobre el escenario, una rubia muy falsa con tetas muy muy falsas se echa champán módicamente falso sobre la espalda para que algún cliente se lo beba en su culo verdadero. Desde abajo —siempre desde abajo— dos o tres hombres alargan los cuellos y las lenguas para lamer las nalgas transpiradas.

—Y el hecho de que todas estas chicas trabajen para vos, ¿te hace sentir más o menos hombre?

Yo trato de darle un tono peculiar a la palabra hombre, pero probablemente no me sale. Juan Cabrera sacude la cabeza, se sonríe, está por decir algo, piensa otra vez. Después de todo habla:

—No, para qué te voy a mentir. La verdad que me hace sentir bien poderoso.

A La Rosa no entra ninguna mujer que no trabaje ahí: el resto somos hombres solos —consumidores solos, paganinis.

—Sos una perra. Yo a vos te chupo la verga y vos no sos capaz de darme un beso, hija de puta.

Le dice en la barra a su compañero de tareas un travesti que acaba de terminar un número muy fuerte:

—Sos una frígida, hija de puta. Yo esto antes lo hacía con uno que me cagaba a besos.

El travesti es bella como ciertas noches de verano, el pelo largo negro, los rasgos delicados, las nalgas dos espasmos, y lleva una especie de bikini complicadísima que no le tapa casi nada:

—Es mi lema, sabés, siempre lo digo: yo, antes muerta que sencilla.

Una chica policía, con gorra de policía y nada más de policía ni de ninguna otra cosa lame su cachiporra negra. La policía es morochona, labios amoratados: se ve que adora su cachiporra negra. Hasta que aparece en el escenario una rea de vaya a saber qué crímenes oscuros y la agente la ensarta para que aprenda qué les pasa a los que quiebran leyes.

—Necesitamos un voluntario para ayudar al ladrón que está en peligro.

Dice el locutor y los hombres se miran y al fin el voluntario sube a la tarima: un chico de veintitantos, rubio, levemente asustado; disimula el susto con sonrisas. La policía lo desnuda y lo enforra y lo chupa; la ladrona se prende.

—Flaco, hablá, hablá o te revientan.

Dice el locutor. El voluntario está acostado en un diván en la tarima con una chica a cada lado; la policía y la ladrona lo lamen como si la ley no estableciera diferencias entre ellas: colaboran, las dos sus lenguas al unísono, pero la verga del voluntario no responde. Las dos chicas se afanan, el voluntario se ensombrece.

—Eso no es una pistola, es la réplica de una 22 corta.

Ulula el locutor, desaforado, y la policía desforra al voluntario con gestos de desprecio.

—Se lo llevan detenido por falso testimonio.

Dice el locutor y los doscientos chiflan.

—Lo van a meter en el calabozo y le van a romper el orto por boludo.

Remata el locutor —y la frase queda flotando cuando sube la música.

En la puerta de un cuartito, al fondo, hay una cruz de funeraria y tubos de neón violeta; adentro un ataúd de dos plazas con colchón está rodeado de coronas y de cruces. En la cabecera, como se debe, un cristo; en la pared, acolchado de raso violeta y un espejo enorme.

—Si te cuento por qué lo armé no me vas a creer.

Me dice Juan Cabrera y me cuenta —como quien quiere que le crean— que es su homenaje a una señora, una prostituta famosa de Rosario que lleva más de treinta años ejerciendo en el cementerio del Salvador, sobre la tumba del doctor Ovidio Lagos, prohombre local, fundador del diario *La Capital* y calle doble mano, una especie de Mitre rosarino.

—La vieja sigue laburando, no sabés. Por cinco mangos tira una frazada encima del cajón y se abre de gambas.

Dice Juan, y que la señora ya pasó largamente los setenta y que él, a la muerte, la desafía todo el tiempo:

—La muerte no me importa una mierda, no le tengo miedo, y me gusta que la gente tampoco le tenga miedo.

Más allá está el confesionario, imitación perfecta con sus cortinas y sus putti; los feligreses compran una hostia, se sientan en su cubículo y esperan que suceda lo que sea.

—Lo mío es sacudirles la cabeza. Aunque sea un golpe nomás, aunque después se crean que se olvidan, algo les va a quedar: una duda, algún quilombo.

En La Rosa dios —algún dios— está siempre en la mira; en La Rosa se mezclan las desnudas y los muertos. La Rosa es, además de bareca, una proclama antidivina, una blasfemia.

—Puto dios. Por lo menos que se den cuenta de que adoran a un cabrón, a un turro de mierda. Es como dice Proudhon: Dios tuvo miedo de que el hombre llegue a su altura, por eso descargó sobre nosotros todos sus males.

—Para ser ateo te ocupás mucho de dios.

—Sí, siempre lo pienso. Yo no sé si puedo decir que soy ateo. Si yo no

29

creyera en dios no lo odiaría así, ¿no? Más bien no le daría bola, no pensaría en eso. Y en cambio me la paso pensando cómo puedo cagarlo. Pero bueno, uno siempre está en contradicción con uno mismo.

Rosario no empezó, no la fundaron; un día —a mediados del siglo XIX— se dieron cuenta de que estaba ahí. Por eso no tiene siquiera una fecha que celebre su principio; el día de la ciudad es el de la virgen del Rosario, 7 de diciembre.

Como no tiene mito de origen se ha construido el mito de que es un lugar de orígenes, el origen de cosas importantes: Rosario como cuna. En la lista de sus criaturas aparece la bandera —que Belgrano nunca inventó, que era la misma que solían usar los reyes de España—, el tango —que apareció sin duda en otras costas—, Carlos Gardel —que debe haber nacido muchas veces—, Ernesto Guevara —que nació en Rosario de casualidad y siguió viaje— y ahora, incluso, el rock nacional.

Son claramente mitos: en nada son mejores los rosarinos que en armarse mitos —y yo respeto mucho esos saberes.

Las cuentas del rosario los cuentos
de Rosario las fábricas
de mitos.

Quizás sea porque recién son las siete menos cuarto de la tarde y acá todo trata de mostrarse muy puntual. En cualquier caso, me lo habían dicho varias veces:

—No, vos te parás a las siete de la tarde en San Martín y Córdoba y te querés matar.

Yo llevo un rato parado en esta esquina y sigo vivo. Córdoba y San Martín son peatonales y pasa mucha gente.

—No sabés, diez, quince minutos en esa esquina y te morís de la tortícolis.

Yo sabía que exageraban pero —me suele suceder— quise creerles:

—Son las mejores minas del planeta, loco. Te parás ahí y es un infierno, un festival.

Es raro cuando una cultura equipara infierno y festival: me gusta, me interesa.

—No, boludo, en serio te lo digo.

Yo estuve: juro que estuve. En una de las ochavas de esa esquina hay una casa de cambio ya cerrada; en otra un arco que fue la entrada de un banco de la Nación pero ahora se quedó solo en medio de la calle; en la tercera un McDonald's en un edificio majestuoso de principios de siglo, y en la cuarta una sedería fundada en 1948, cuando París era la clave de cualquier elegancia: Sedas Eiffel, se llama. Yo estuve y, sin ánimo de ofender, aquí estoy, vivo.

—Y, tanta alharaca siempre produce desengaño. A mí me ha pasado lo mismo en Río de Janeiro, en Cali, lugares famosos por sus mujeres. Claro, vos estás un día, mirás un poco y no encontrás, seguro. Pero que las hay, las hay.

Dice Fontanarrosa, como tantos otros: que las rosarinas son las mejores minas del país.

—Pero no tiene mucho sentido, ¿no? Quiero decir: la mezcla de razas y la forma de vida es muy parecida a la de Buenos Aires, o sea que no habría razones para que el producto sea muy diferente. ¿Por qué podría ser?

Les dije a varios y las respuestas son variadas, con predominio de los fundamentalistas que no buscan explicaciones: sostienen, furibundos. Otros sí razonan:

—Mirá, quizás porque acá hubo más inmigración del norte de Italia y los países eslavos.

—Quizás porque acá la vida es más tranquila, que las minas tienen más tiempo para ocuparse de esas cosas.

—Quizás sea la concentración, nomás. Como es una ciudad más chica, las mejores se juntan en los mismos lugares, acá en la peatonal, en ciertos clubes...

Dicen, entre otras, pero ninguna resulta del todo convincente.

—Mirá, puede que sea pura sanata. Pero yo igual creo que habría que reforzar el atractivo turístico a la ciudad declarándola Capital Nacional de la Potra.

Dice Fontanarrosa y yo me río. A Fontanarrosa. siempre le han dicho "el Negro" y me da un ataque de ternura patria: me parece que no hay nada más argento que decirle "Negro" —nuestro sobrenombre más propio— a un tipo de tez blanca y ascendencia italiana.

—Sí, capaz que son ficciones que, afortunadamente para la ciudad, se han ido agrandando. Ésa es la mejor de las leyendas de Rosario, una de las más poderosas, y hay que mantenerla. No vayas a traicionar, no seas porteño.

Aquí en la esquina una rubia sin gracia se retoca el maquillaje usando como espejo la vidriera de una perfumería. Al lado, un su novio la mira arrobado; me pregunto cuánto tardará hasta encontrarla vanidosa insoportable —y me detesto por hacerme esa pregunta.

—¿Te parece que se puede decir que Rosario es la Capital Nacional de la Rubia Teñida?

—Bueno, tenemos mucha competencia, ¿no?

Quizás más que en otros países, la belleza argentina es bien clasista: hay sociedades donde una chica pobre puede quedar más cerca del ideal estético. Acá domina el modelo de la rubia mucho gimnasio alguna cirugía ropa cara: una ilusión de clase.

A la noche temprano, por ciertas avenidas muy centrales, corren chicas. Hombres muy pocos; chicas.

—Es muy simple: interior significa que lo que pasa acá no se decide acá. Esto es más chico, menos importante. Pero a veces menor puede ser mejor.

Me dice un abogado muy exitoso, su foulard de seda:

—Tener cinco mil colegas —cinco mil competidores— no es lo mismo que tener cincuenta mil. Mirá nosotros: en Buenos Aires tendríamos que laburar. Acá en cambio vivimos de hacer lo que nos gusta.

Corren chicas. Hombres muy pocos; chicas. Chicas que sudan: para cuidar sus cuerpos —para poder, después, ganar poder por medio de sus cuerpos— tienen que hacer de sus cuerpos una máquina engrasada, sin gracia, pura inversión para mañana.

Dicen que lo dijo Fontanarrosa y quizás sea cierto. Alguien, dicen, le decía que si hubiera nacido en Nueva York sería Woody Allen:

—Sí, quizás, pero si hubiera nacido en el Congo no sería nadie.

Una forma de la resignación, de satisfacción por el término medio. No sé si un porteño hubiera dicho eso —y ahí hay, creo, una clave.

Reynaldo Sietecase me pregunta si sé cuál es la diferencia y yo le digo, por supuesto, que no: me dice que la diferencia está en la escala.

—Rosario es una ciudad a escala humana. Acá podés caer en la casa de un amigo sin avisarle nada, le tocás el timbre, es probable que te quedes a comer. Y si no lo encontrás no pasa nada, igual estaba cerca; las distancias son cortas y no hay embotellamientos, así que tenés tiempo. O podés ir solo al cine o a tomar un café, porque seguro que vas a encontrar a alguien conocido. Y hay menos violencia, menos inseguridad: capaz porque hay más contención, también. Todo eso forma una ciudad a escala humana, y ésa es una diferencia grande con Buenos Aires.

Me dice Sietecase, poeta, periodista —que se fue a vivir a Buenos Aires. Y uno que se quedó me dice que ése es un problema: que se van los que podrían hacer que esto fuera distinto, mover el avispero:

—Se supone que Rosario produce artistas, intelectuales, pero para que se note se van. Acá hay un techo, y el que llega se va a Buenos Aires: eso es ser del Interior. A menos que consigas hacer la gran Fontanarrosa.

—¿Cómo?

—Sí, la gran Fontanarrosa, comerte el mundo sin salir de acá.

Después, otro día, en un café frente a la costa, Fontanarrosa me dirá que nunca entiende por qué sorprende tanto que se haya quedado:

—No es una decisión tan caprichosa: fijate que hay un millón de personas que eligieron lo mismo. No es que esté viviendo en una isla, en una cueva.

—Bueno, precisamente: la sorpresa supone que muchos de ese millón querrían irse y por eso es tan raro que vos, que podrías, nunca lo hiciste. Que vos, en lugar de irte a la Capital, te hayas quedado en el Interior.

La idea que tenemos del Interior es —faltaba más— equivocada. Solemos pensarlo como un espacio abierto, rural, salvaje, paisajístico, calmo. El Interior sería ese escenario bucólico donde la naturaleza reina todavía y los animales se pasean crudos por las praderas y los bosques.

Hay cuatro millones de habitantes del Interior —¿los interiores?— que viven así: en el campo. Pero todos los demás interiores —dieciocho millones, cuatro de cada cinco— viven en centros de más de dos mil habitantes. Eso es, en realidad, el Interior: una red de ciudades. Es sólo una cuestión de grado: ciudades mayores y menores, mejores y peores, más aisladas y más comunicadas, más o menos ricas, más peculiares, más banales, más pobres, más desarrolladas, cercanas o lejanas de algún centro.

El Interior tiene 24 ciudades de más de cien mil habitantes; 28 de cincuenta a cien mil; 185 de diez a cincuenta mil y 546 ciudades de dos a diez mil. Y, sin embargo, lo primero que piensa un porteño cuando dice Interior es el ranchito, las vacas, el burro entre las sierras. Los mitos no se entregan. El Interior —como todo— es una imagen falsa.

—Pero nosotros salimos de Rosario y es un infierno. A nosotros no nos quieren en ningún lado: no soportan nuestra superioridad.

—O sea que son los porteños del Interior.

—No, hermano: los porteños son los rosarinos de ahí afuera.

La competencia con Córdoba, en cambio, no aparece: los rosarinos dicen que Rosario mira a Buenos Aires. Y es probable, pero la comparación más lógica sería con los cordobeses: son las dos "segundas ciudades" de la Argentina. Tienen más o menos la misma población, iguales presupuestos, historias muy distintas. El intendente de Córdoba dijo hace poco que "Rosario le ha sacado una ventaja apreciable a nuestra ciudad, que va a ser difícil de remontar en los próximos años". Es lógico: Córdoba era, sobre todo, industrial, y la Argentina lo es cada vez menos; Rosario es, más que nada, agroexportadora, y la Argentina lo es cada vez más.

Una ciudad es un objeto imposible. Toqué el timbre en esa puerta porque un amigo me había dicho que tocara, pero lo normal habría sido que pasara de largo: una puerta de lata como hay miles. Dante me abrió su puerta: detrás, hacia abajo, un ambiente de veinte por diez metros, ocho de alto, impresionante, lleno de estatuas, estatuillas, esfinges, caballitos, mesas, cortinas, jaulas, columnatas, espadas, budas, vírgenes, evitas, otras aves, aves improbables, aves imposibles, grandes patas de pollo, un perro que parece real e incluso ladra y, colgando del techo, una docena de marionetas tamaño natural vestidas con las más finas telas a la moda del siglo XVIII. Después, la casa tiene más recovecos, escaleras confusas, rincones increíbles. Dante Taparelli es un artista de la recuperación: busca en todo lo que dejó de servir los materiales para poner en escena esa caducidad:

—A mí lo que me interesa es mostrar cómo nada resiste, todo se degrada.

Y algunas de sus obras saben de la belleza o el espanto pero lo que más me impresiona es que todo eso esté detrás de esa puertita. Yo ya sabía, pero ahora lo sé mucho más: tengo que desconfiar de las puertas —y de las ciudades.

Las ciudades son animales pérfidos: la sensación de que detrás de cada puerta se esconden todas esas historias, todos esos lugares que nunca sabré. Toda ciudad es incontable, desesperante: la certeza de que siempre hay algo que pasa más allá, fuera de mis ojos, tanto más interesante. Que siempre dejo de contar lo que importa. La ciudad es una puesta en escena de la impotencia de mirar.

Y eso que él me lo decía: si es por buscar, lo que nunca perdiste. Una idea de la patria, por ejemplo.

Yo le decía que Rosario es como Buenos Aires.

—Sí, como Buenos Aires pero está toda rodeada de pobreza.

—Buenos Aires también.

—Sí, pero ¿qué distancia hay desde tu casa hasta la villa más cercana? Acá, del centro hasta los pobres puede haber quince, veinte cuadras.

y mirá que este país tiene todo para ser un gran país pero decí que los políticos son todos corruptos y afanan, nos afanan, acá todos afanan, el que no es político es chorro la cosa es que todos te afanan y la gente es buena, a veces de tan buena más parece boluda

Cuentan que en esos días, en el barrio, los chicos jugaban a la vaca. Uno tenía que hacer de vaca: era sacrificado pero tenía la ventaja del protagonismo. Los demás lo corrían y, al fin, cuando conseguían alcanzarlo y derribarlo, lo carneaban con cuchillos de viento y se lo comían gritando ñam ñam ñam. En esos días el barrio Las Flores había vuelto a salir en todos los diarios, todos los noticieros: era abril de 2002, cuando un camión ganadero con veintitantas vacas que viajaban hacia su último destino —el frigorífico Swift Armour— se salió de la autopista de circunvalación, que pasa justo al lado. Algunos dijeron que lo habían interceptado los vecinos; el camión quedó tirado en la banquina. Las vacas intentaron la fuga: docenas de vecinos con cuchillos las persiguieron, las mataron, las carnearon in situ. Fue dantesco: la sangre, las agonías, el hambre, los aceros. La imagen dio la vuelta al mundo, los vecinos comieron carne un par de días y los chicos del jardín de infantes no quisieron ser menos: jugaban a la vaca, gritaban ñam ñam ñam.

Alguna vez, alguien va a proponer que el barrio Las Flores sea un museo: es lo que hacemos, en la Argentina, cuando algo ya no importa. Por ahora el barrio es una especie de síntesis de la historia reciente de la patria. Empezó a fines de los sesentas, con la llegada de miles de forasteros pobres que venían atraídos por la oferta de trabajo y ocuparon las tierras con casillas de chapa. En 1978 el gobierno militar decidió intervenir a su manera: como los ranchos se veían desde la ruta, edificó una pared que los tapaba. La pared se desarmó de a poco: los vecinos se iban llevando los ladrillos para hacer sus ranchos.

Después, en 1989, los saqueos de la hiperinflación que tumbó a Alfonsín nacieron por aquí; en 2001, el 19 de diciembre, fue aquí donde la policía mató a Pocho Lepratti, un militante social al que llamaban el Hormiga. Lepratti trabajaba en el comedor comunitario; cuando arreciaban los tiros contra los vecinos, se subió al techo de la escuela y los interpeló:

—¡Hijos de puta no tiren, que hay chicos comiendo!

Justo antes de que lo bajaran de un balazo en la tráquea. Y en 2002 cayó la vaca —y todo el tiempo el hambre, la miseria. Los expertos describían la zona, en jerigonza técnica, como "la mayor concentración de pobreza estructural severa del país".

—Yo me di cuenta de que todo esto había cambiado hace dos, tres años, un lunes que justo ese domingo había ido a ver esa película brasileña, *La Ciudad de Dios*. Yo ya llevaba más de diez años trabajando acá y cuando vi esa película pensé bueno, menos mal que en el barrio la cosa no es tan grave.

Me dice Cristina, la directora del jardín de infantes. El jardín es una sala grande y linda —pero sólo una— con dos maestras y cantidad de chicos. En la puerta hay un cartel escrito a mano que dice Familia, necesitamos papel higiénico y jabón.

—Pero el lunes vine a la escuela y se lo comenté a la madre de un chico y ella me dijo pero vos en qué termo vivís. ¿No sabés lo que está pasando en el barrio? ¿No te contaron lo que pasó ayer?

Ese fin de semana los Monos y los Garompas se habían enfrentado a caballo y tiro limpio —y se habían hecho muertes. Los Monos y los Garompas son las dos bandas que se disputan el barrio desde hace cuatro o cinco años, a tiros, cuchilladas, homicidios varios. En Las Flores siempre hubo pobreza; la violencia de las bandas es más reciente —y tiene que ver con los pibes desocupados y las drogas. Al principio las bandas eran organizaciones familiares; ahora tienen, además, "soldados" reclutados entre los chicos del barrio. Es casi un problema cultural: el consumo de drogas —el pegamento, el porro, si acaso crack o merca— forma parte de las obligaciones sociales de los adolescentes del barrio. Las drogas no son baratas, y es más fácil conseguirlas robando o traficando. Además, en general, la policía local no suele interferir —y algunos dicen que tiene participación en el negocio.

—Hace unos meses el jefe de una de las bandas estaba prófugo, clandestino. El tipo venía todas las noches a caballo a visitar a su mujer, y para eso tenía que pasar por delante del patrullero que está estacionado ahí, a la salida. ¿Vos te creés que alguna vez le dijeron algo?

Las historias de bandas son las más fáciles de contar y vender; la verdadera historia de Las Flores, me parece, no es ésa.

Las calles principales de Las Flores engañan —o, por lo menos, me engañan a mí, que llegué lleno de prejuicios. Las calles principales están asfaltadas y las casitas a los lados son de material, casi de clase media baja.

—Como es un barrio con mucha prensa los gobiernos le han metido recursos.

Me dice una vecina. Pero un poco más atrás ya no hay asfalto ni paredes: calles de barro, casillas de chapa.

Algunos habitantes de Las Flores tienen trabajo: ahora, con el boom del ladrillo, la construcción provee más empleos. Otros cartonean; muchos viven del plan jefas y jefes, las cajas de comida, la red de comedores. Soy un tilingo: me sorprende —cada vez que lo veo me sorprende— la cantidad de argentinos que comen una vez por día, al mediodía, sólo porque les dan comida en esos comedores. Digo: que hay muchos argentinos que comen una vez por día sólo porque existe la red de centros comunitarios, comedores, escuelas, donde pueden ir a pedir comida.

—Yo reparto como ciento y pico, doscientas comidas cada día.

Dice Norma, delantal sucio, fuego de una garrafa bajo la cacerola inmensa, en su casita de piso de tierra. Norma es devota del Tabernáculo de Emanuel, una iglesia bautista: por eso, junto a su puerta, una chapa que imita a las de la seguridad privada dice Cuidado, Dios Vigila. La amenaza del infierno puede ser más efectiva que la de la policía. Norma, su hermana y un sobrino están preparando unos fideos con unos pedacitos de hamburguesa: cuando los terminan los van poniendo en tápers o cacerolas viejas con los nombres de los dueños escritos en marcador sobre el metal o el plástico.

—Yo lo que no me banco más es que las madres manden a los chicos a todas partes. Acá para buscar la comida las mujeres casi nunca vienen, te mandan a los hijos de cuatro, cinco años.

Dice Sandra, que tiene otro comedor dos cuadras más allá. Sandra es chiquita y me dice que el año pasado fue a unos talleres que organiza la Municipalidad y que eso le cambió la vida. Eran charlas sobre salud reproductiva y violencia contra las mujeres:

—Aprendí un montón, ni te puedo decir. Yo no sabía que tenía todos esos derechos. Y había chicas que el tipo les pegaba y ellas ni se les ocurría decirle nada. Ya no te digo hacerles la denuncia: ni siquiera pensaban que estaba mal que les pegara. Nosotras creíamos que siempre era así, y ahí nos enseñaron que no era.

Sandra tiene un fondo y una huerta, pero dice que últimamente la descuidó un poco, que lo único que le creció bien fue la ruda macho que le regaló su mamá: que su mamá compró diez plantines de ruda para sus diez hijos y le dio uno a cada uno: para la envidia, les dijo, para que se salven de la envidia. Sandra sabe que la envidian porque tiene una casita con ventanas y porque sus chicos están sanos y porque su marido, después de todo, es un buen tipo:

—Pero no sabés cómo se puso cuando le dije que quería volver a un taller de capacitación. Éste es de siete a diez y él no quería que fuera, me decía che pero entonces quién les va a preparar la cena a los chicos. Vos, le dije yo; yo les preparo el almuerzo, vos la cena. Y la verdad puteó, pero al final no tuvo más remedio.

En el barrio, una mañana como ésta, se ven muy pocos hombres. Es, claramente, un lugar de mujeres.

Salvo, en una esquina, cinco muchachos entre trece y diecinueve. Cuatro tienen claritos en el pelo; tres, brutos tatuajes. Me acerco con cierta precaución: yo también me creo los lugares comunes. Uno de ellos me pide un cigarrillo y charlamos un rato; cuando les pregunto si alguno tiene algún trabajo se ríen como diciendo qué boludo.

—¿Y les gustaría?

—Yo qué sé. Capaz que sí, dicen que es piola tener un laburo.

Dice el de trece, flaco, y el más grande —bluyín tajeado, la camiseta medio rota— se le ríe:

—¿Por qué piola? ¿Para que te gasten y te tiren dos mangos? Vos sí que sos un gil, Palito. Vos no tenés cura.

—Vos te creés lo que te cuentan, gil. Estás mirando mucha tele.

Le dice otro de los grandes, morocho, dientes rotos, y me explica:

—Acá si conseguís un laburo es una garcha, doscientos mangos por mes y te tenés que romper bien el orto. Y ni siquiera conseguís, la verdad. No, yo prefiero quedarme piola, no vale la pena.

En una calle de Las Flores hay un mural que pintó hace cuatro o cinco años un chico, con la cara de Ernesto Guevara. El pibe se llamaba Víctor Pino y lo mataron en un enfrentamiento. A partir de su muerte empezó una costumbre: antes de enterrar a un pibe chorro, el cortejo pasa ante la imagen del Guerrillero Heroico. Ahí, en esa plaza, el barrio y el héroe lo despiden.

Las maestras hablan con los chicos de organizar una fiesta en el barrio y una dice que como quieren cortar la calle para armar los puestitos van a tener que avisarle a los del 140 —el único colectivo que los conecta con el centro— que esa tarde no pase por ahí.

—¿Para qué tanto lío? Poné unas gomas y ya está.

Le dice un chico de ocho o nueve.

El problema no son las bandas. El problema, además de la falta de trabajo, de la pobreza extrema —digo: la dificultad para comer todos los días una vez por día—, es que la muerte se ha vuelto tan banal: tan cotidiana. La idea de que la muerte es la forma de solucionar los conflictos. Hace unos días, a unas cuadras de acá, un chico le fue a decir a su mamá que la vecina no lo dejaba jugar a la pelota. La mamá le dijo que no jodiera más a su hijo; la vecina la puteó y la madre se volvió a su casilla. Ya se habían peleado

—por las mismas razones— varias veces. En la casilla, su marido le dijo que era una pelotuda, que no se podía dejar prepear así, que fuera y la matara:

—Si vos no vas y la matás te mato yo.

Le dijo, y le tendió un cuchillo de cocina. La madre cumplió, de siete puñaladas.

En Las Flores hay calles que se llaman Jacarandá, Jazmín, Flor de Nácar, Estrella Federal, Caña de Ámbar, Petunia, Lirio, Hortensia.

Hace unos meses hubo una huelga de la policía de Rosario: enseguida, cantidad de habitantes de Las Flores se organizaron para parar y despojar camiones en la ruta de circunvalación. Uno de ellos estaba lleno de yogures; unos días después, el barrio olía a podrido: los basurales rebosaban de yogur descompuesto.

—¿Pero qué pasó, no los querían comer?

—No, son un asco. No sé cómo hay gente que se puede comer esa porquería.

Me dice una señora. Antes Cristina, en el jardín, me había contado que muchos chicos no se comen las milanesas que les sirven los jueves ni los ravioles de los viernes:

—Lo que les gusta es lo que comen en sus casas, cuando comen: los guisos, la polenta.

El gusto también es un gesto social, un recurso aprendido.

En 1965, estudios del INDEC mostraban que los ricos y los pobres argentinos comían las mismas cosas. Carnes rojas y lácteos, frutas y verduras, pastas y panes en proporciones semejantes: era una representación de aquella Argentina injusta que queríamos cambiar a toda costa. Ahora, en esta Argentina a la que parecemos resignados, hay comida de pobres y comida de ricos. Ya ni siquiera es una cuestión de cantidad, sino de composición: los ricos comen frutas y verduras y carnes —más blancas que rojas— que los mantienen flacos y saludables; los pobres comen papas, arroces y fideos que los llenan.

Para el viajero idiota —para mí— lo más sorprendente de Las Flores es el entusiasmo: la cantidad de gente —vecinas, forasteros— que tratan de hacer cosas. Olga se pasa los días en el centro municipal Crecer, atendiendo chicos, organizando trabajos de asistencia. Francisco ha montado un campeonato de fútbol barrial para sacar a los chicos de la droga. Otros cocinan, arman asociaciones para vender productos de la huerta o del telar, reparten remedios, ropa usada. Cristina, la directora del jardín, trabaja mucho, con entusiasmo arrollador, pero me dice que hace unos días casi deja todo:

—Hace unos días casi dejo todo. La verdad, me pareció que ya no podía más.

Me dice, y me cuenta la historia de Oscarcito: que, hace unos años, Oscarcito llegó al jardín flaco, mugriento, mocoso, la nariz llena de parásitos. Y que a ella le dio tanta lástima —que el chico venía de una familia tan pobre y tan primaria, que hizo todos los esfuerzos, que hasta se lo llevó algunos días a su casa, que si con alguien lo intentó casi todo fue con Oscarcito— y que Oscarcito mejoró, que había cambiado mucho. Y que Oscarcito ya tiene doce años y la semana pasada fue a la escuela y les robó unas cosas. Y que por supuesto no lo culpa, que el problema no es él, que en su medio es muy difícil no caer en esa tentación pero que se preguntó tanto y se pregunta todavía qué se puede hacer, si en estas condiciones estos esfuerzos sirven para algo.

—Dicen que no hay códigos. Yo digo que sí, que hay, pero son lo contrario de lo que alguna vez fueron: manoteá lo que puedas, donde puedas. Donde sea más fácil. Y si es en la casa de tu vecino, todo bien. Los pibes ponen en práctica acá lo que ven en el resto de la sociedad, no es más que eso. Nada más que los pibes lo hacen medio a lo bestia, sin disfraces.

—Políticamente esto siempre fue muy chato. En toda la historia del país la mayor contribución de Rosario a la política nacional fue un vicepresidente, Alejandro Gómez, que terminó cagándolo a Frondizi, y nada más.

Me dice Pablo Felman, y que la ciudad le enseñó cuáles eran los límites:

—Acá vos podés hablar en los medios de lo que quieras, de violadores, corruptos, torturadores, traficantes de armas, narcos, lo que sea. Yo he hablado de todo eso y nunca me pasó nada. Pero te metés con Newell's o con Central y te corren por la calle. Acá lo único que no se puede tocar, lo único sagrado es el fútbol, te juro.

Y hay razones posibles: en Buenos Aires, River y Boca convocan a una parte importante de la población futbolera, pero quedan todavía muchas otras opciones; aquí, Newell's y Rosario Central son poco menos que excluyentes. La incidencia de los dos grandes es —tiene que ser— mucho más poderosa. En la entrada de la cancha de Newell's Old Boys, la lepra, hay un cartel oficial que, por alguna razón que no termino de entender, me parece una síntesis posible de la argentinidad: Mario Zanabria, bendita sea tu zurda.

Hace cuarenta años cinco muchachos rosarinos se reunieron para componer unas canciones y grabarlas en un disco. Los muchachos se hicieron llamar Gatos Salvajes; la fábrica de mitos de Rosario ha aprovechado para sostener que ellos —y ella— dieron origen al "rock nacional". Y ahora esos mismos muchachos están tocando esas mismas canciones en el escenario de un teatro rosarino a la italiana, con arañas y palcos rococó y telones de terciopelo púrpura. Los cinco muchachos tienen sesenta y tantos años —cada uno—; cuatro de ellos usan el pelo blanco y chalequitos de cuero; el quinto calva y la túnica holgada; el quinto canta y se llama Litto Nebbia. La escena es extraña, freak, casi conmovedora: es cruel pensar que alguien puede hacer lo mismo que hace cuarenta años; es terrible suponer que cinco. Pero el tiempo no se deja amilanar y contraataca: hace de todo una parodia de sí mismo.

El público también, que vitorea: vino para eso. Las canciones no importan: ya habían sido olvidadas hace treinta y nueve años. No son grandes éxitos; son pequeños fracasos. Pero sirven para postular una vez más que Rosario es un lugar de orígenes y, también, que la Argentina es un país donde las cosas no se interrumpen, continúan: donde cinco muchachos de hace cuarenta años siguen cantando como si fueran gatos o salvajes. Me impresiona que los cinco vivan y se junten, que entre todos no hayan juntado un buen infarto, un suicidio, una desaparición, un viaje largo, algún cambio radical de vida.

—Ahora todos hablan de la movida cultural rosarina. A mí me parece que no es nada más que el movimiento normal de una ciudad de un millón de habitantes. Pero por ahí se generan cosas de contagio. Mi hijo, por ejemplo, toca el bajo. Y él no es de la línea de Fito o Litto o Baglietto, pero debe haber pensado si ellos pudieron, por qué no yo. O sea: que acá un tipo que quiere hacer música no es un bicho raro, un astronauta. Y eso influye.

Dice Fontanarrosa, y sigue especulando:

—Hay ciudades que tienen la energía puesta en otra cosa. ¿Cuántos escritores dio Las Vegas? La otra vuelta en Bariloche un tipo me decía que estaba tratando de hacer una feria del libro y le costaba un huevo, que la gente estaba en otra: el turismo, la nieve, la vida natural. En cambio acá no hay otra cosa para hacer; acá tocás la guitarra, escribís, jugás al fútbol…

Me he pasado una semana tratando de entender si esto era el Interior y por qué y cómo, para descubrirlo de pronto en la página del tiempo de *La Capital*: ser del Interior es dar la temperatura de Rosario y algunos pueblos circundantes y nada más —mientras que en cualquier diario de Buenos Aires aparecen las temperaturas de todo el país y quince o veinte ciudades del mundo. La diferencia, me dirán, es nimia —y yo no estoy seguro.

Las paredes de la ciudad están llenas de hormigas. Las hormigas están pintadas con aerosol y una plantilla, el cuerpo regordete, patas largas. Las hormigas son el recuerdo de Claudio Lepratti, el Pocho Hormiga —el muerto de Las Flores.

—Ay, Gonza, ¿no te parece que deberíamos empezar a trabajar en serio y dejarnos de joder?
—Sí, claro. Para que el viejo no rompa más las bolas.
—¿Ah, pero vos decís un trabajo que no sea con él?

Puede que los argentinos no sepamos mucho de arquitectura pero sabemos construir con árboles. En las ciudades argentinas, los árboles son el mejor recurso arquitectónico. Aquí, además, hay calles bien tranquilas, vigiladas, las casas con jardín, la calma. Es curioso cuánto se parecen nuestras zonas nortes: la idea de vivir "entre nos", de compartir un estilo de vida, parece mucho más fuerte en estos reductos —donde todo está a la vista— que en los barrios de edificios, por más caros que sean. En nuestras zonas nortes hay, me parece, más datos comunes: la vida sana, el aire libre, la familia, el deporte, el rubio, el verde. Pero en los barrios más ricos de Rosario —Alberdi y sobre todo Fisherton— mansiones de millones se levantan al lado de casitas clase media. Y casi no se ven carteles de se vende.

—Ay Dios, acá últimamente es imposible conseguir un taxi.
Dice en la calle una señora rubia joven bien vestida con su nene rubio bien vestido —y su nene la mira.
—Con esto de que se vienen todos los chacareros a gastarse la plata de la soja…
Me explica, con gesto de desprecio.

Las ciudades, los primeros días, parecen infinitas: todo es nuevo y no hay forma de acotar, de limitar el espacio. Ya llevo días acá y empiezo a reconocer esquinas, edificios: el espacio tiende a limitarse.

Es, también, un alivio.

Entro al nuevo shopping por la calle Salvador Allende y pienso que quizás eso sea otra síntesis de algo. En estos meses se abrieron los dos primeros shoppings malls de Rosario socialista, con casi cien millones de dólares de inversión; éste es, dicen, el verdadero paraíso de los famosos cha- careros. El shopping es igual a todos: un shopping es un shopping es un shopping —y ésa es su gracia: sacarte del entorno, ponerte en pleno globo. Aquí la diferencia —la única diferencia— está hecha de banderas: en el shopping Alto Rosario pululan banderas patrias gigantescas: después de to- do estamos en su cuna.

Pero me decepciono: yo esperaba ver señores de caras rojas por el sol, las manos grandes, los dedos bien chorizo, el pañuelo en el cuello, las seño- ras teñidas con bolsas y más bolsas. No los veo —casi no los veo. Es sábado al mediodía y el lugar está medio vacío, pero se lo ve próspero; una vez más me equivoqué de tiempo.

En Rosario, ahora, todos hablan del boom del consumo —que, como casi todo, tiene razones confusas. Es cierto que se venden muchos más de- partamentos y también muchos más coches: la construcción subió un quin- ce por ciento en el último año, las concesionarias tienen listas de espera. Es obvio que eso tiene que ver con los precios internacionales de los granos y el dinero que traen los productores y los intermediarios y las empresas ce- realeras. Pero también se relaciona con un cambio de paradigma: aquí la gen- te tenía pautas de consumo conservadoras, serias, ahorraba. Primero los la- drillos, después el plazo fijo por si te pasa algo, y recién después el coche y los lujitos. Pero ahora la patria los convenció —nos tiene convencidos— de que cualquier futuro es amenaza, incertidumbre, y toda esa ideología del ahorro se desmoronó: viva el consumo. A comprar que chocan los planetas.

—No, acá en Rosario los ricos siempre fueron almaceneros. No es co- mo los de Buenos Aires que tenían campos, eran estancieros. Acá eran na- da más almaceneros.

Es el éxito tan duradero de esa operación ideológica que postula que es mucho más noble tener tierras donde fornican vacas que una tienda don- de se compran y venden mercancías. La operación más fina: la que consti- tuyó el Gusto Argentino.

Por ejemplo, pienso: si yo mato a ese perro. Por la calle que bordea una villa en Empalme Graneros de pronto un perro negro gordo se me cruza. Un chico grita Boli, Boli y trata de correr para impedir que lo atropelle. Su mamá alcanza a agarrarlo de la camiseta. Yo freno; el perro zafa. Son las seis de la tarde: docenas de personas ven la escena, comentan. Hay cinco o seis muchachos grandes: tres —por lo menos tres— escupen en el piso. Uno me grita y la concha de tu madre hijo de mil putas qué te creés que podés ve- nir a matarnos los perros. La frase podría ser graciosa pero no es graciosa.

Yo miro para otro lado, arranco, trato de no existir por un ratito, pero pienso qué habría pasado si yo mataba al perro.

Seguramente nada: yo también me dejé convencer de que los pobres son un peligro.
Una amenaza.

Hay sábalo patí
armado
bagre boga:
haysa balo
pa ti.

En Empalme cuentan que hace unos años el gobernador del Chaco, Ángel Rozas, metió a miles de tobas en una serie de trenes y los mandó para acá medio engañados. Quizás no fuera tan así; lo cierto es que llegaron cantidades —y se establecieron en esta zona y la mayoría tiene dificultades para conseguir un trabajo o, incluso, para adaptarse al concepto de un trabajo con horarios y jefes. Lo cierto es que siguen llegando pobres desde muchos lugares: sus familiares, sus amigos les cuentan que aquí tienen asistencia, salud, alguna posibilidad de salir adelante y se vienen, abandonan lugares donde parece que no tienen ninguna.

El riesgo de las islas: es un problema, dentro de un país deteriorado, organizar una ciudad —una isla— que sí ofrezca mejores condiciones. Porque entonces muchos otros argentinos, que disfrutan de la libre circulación por el territorio nacional, vendrán a tratar de aprovecharlo.

Ya en la ruta, el caserón tiene torres almenadas de castillito falso, de fortaleza que nadie cree inexpugnable. El Deseo 24 Horas no es la definición de un hombre o una mujer imposibles insaciables sino el nombre de un motel acá en la ruta: un motel para que vengan los marinos de los barcos cerealeros, me explicarán, ahora que las medidas de seguridad post-11 de septiembre prohíben que las putas suban a los barcos.

¿Una puta puede ser una bomba?

La entrada de la terminal fluvial de Puerto Alvear es un baile muy lento de camiones: docenas y docenas y más docenas de camiones con acoplado, cargados hasta el moño. Después, en la playa, varios cientos de camiones estacionados en filas diferentes: los del trigo acá, los del maíz allá, los de la soja sobre todo. La mayoría lleva quince o veinte horas esperando para descargar.

—Sí, ayer dormimos acá. Esto es un embole. Encima el gordo ya rajó a todas las minas.

—¿Cómo?

El camionero cordobés me cuenta que había, a la entrada del puerto, un comedero que cada noche se llenaba de mujeres contratadas por el dueño —el Gordo. Pero ahora, dice, las autoridades locales le pidieron demasiada plata para dejarlo seguir con su negocio: el Gordo abandonó el proxenetismo y volvió a su condición de mero cantinero. Así que los camioneros se aburren, charlan, duermen, toman, juegan al truco. Hasta que los llaman para que lleven el camión al primer control, donde les miran la calidad del grano, y después a la balanza y la descarga.

Acá está la clave de la nueva prosperidad rosarina: la presión de la soja. En 1978, la Argentina producía 2,5 millones de toneladas; ahora, 40 millones —igual que la producción total de granos argentinos, incluyendo maíz, trigo, girasol, hace quince años. El crecimiento de la soja hizo que la infraestructura fuera insuficiente y produjo estos puertos, fábricas de aceite, moliendas, algunas carreteras —aunque no todas las necesarias. Hay cálculos que dicen que en 2005 se invirtieron en esta zona unos cuatrocientos millones de dólares en nuevas plantas de molienda y aceiteras. Pero está todo tan tecnificado que cada millón que se invierte sólo produce dos nuevos puestos de trabajo.

Puerto Alvear pertenece a la multinacional Cargill y es uno de los veintidós puertos privados de la zona de Rosario. Hasta 1979 el estado manejaba los puertos; ese año una ley de la Junta Militar permitió que las empresas construyeran sus propios embarcaderos. La mayoría se situó en un radio de cuarenta kilómetros alrededor de Rosario —y ahora el ochenta por ciento de los granos argentinos se exporta desde estas playas. Buenos Aires —que siempre fue el gran puerto cerealero— se quedó sólo con los containers.

—¿Vos te imaginás lo que habría sido Buenos Aires si todos estos camiones de la soja hubieran ido a descargar al puerto de ustedes? Un desastre, se habrían venido todos los porteños para acá. Y entonces, como acá no los queremos, les hicimos el favor de sacarles de encima ese problema.

Estos puertos han cambiado un dato central de la geopolítica nacional: que todos los caminos del Interior confluían en Buenos Aires. Ahora, para la gran riqueza actual, el grano, el destino es Rosario. Hago un cálculo rápido: cada día llegan a estas playas cinco o seis mil camiones; cada año serían más de dos millones. Cada camión trae unas treinta toneladas: sesenta millones de toneladas de grano —30.000 millones de pesos— pasan todos los años por acá.

—Y el control es difícil, nunca se sabe bien qué sale.

Me dice un funcionario de la AFIP. Hace un tiempo su presidente informó que las siete mayores cerealeras del país, que concentran el sesenta por ciento de las exportaciones, habían pagado, entre 1997 y 2003, menos de 20 millones de dólares de impuestos "en lugar de los 400 millones que les corresponden" —gracias a maniobras más o menos legales que les permiten evadir el noventa y cinco por ciento de sus obligaciones. Esta mañana, en Puerto Alvear, están cargando un barco chino de tres cuadras de largo con soja para Egipto. Tienen que estibarle 42.000 toneladas; cada una vale más de 500 pesos: este barco va a llevar unos 22 millones de pesos en la panza.

Y tienen que hacer todo rápido, eficaz: cada día de un barco parado alguien pierde 50.000 dólares. La operación está supermecanizada: casi no se ven personas. Los camiones terminan en una especie de plataforma que se inclina hasta que el último grano del camión y su acoplado cae en una rejilla levantando nubes de polvo.

—Ponete las antiparras y la máscara, que si no vas a respirar todo este polvillo.

Me dice Guillermo Wade, el jefe de logística del puerto. Desde el camión el grano va por conductos subterráneos a unos silos inmensos, construcciones que deben tener cien metros de largo, veinte de ancho y cuarenta de alto, capaces de almacenar cientos de miles de toneladas, pero que tienen problemas muy menores: el polvillo, para empezar, que en ciertas condiciones de presión y temperatura explota; las palomas, para seguir: ésta es la guerra contra las palomas —y las palomas ganan. Los hombres tratan de impedir que entren en los silos: les ponen rejas, cortinas de goma, todo tipo de trampas.

—No es que se coman unos cuantos granos, eso no importa nada. El tema es que sus cagadas pueden traer la salmonella.

De los silos el grano pasa a una torre de pesaje, ya casi en la orilla y de ahí, por unas mangas automáticas, a las bodegas del Fujián. Las mangas cargan dos mil toneladas de grano por hora. Los veo fluir como un arroyo de montaña: los granos son riqueza muy veloz.

El Fujián llegó ayer a mediodía y se va a ir esta tarde. Anoche la mayoría de sus marineros filipinos, chinos, griegos, aceptó la invitación de un intermediario que los llevó a conocer los quilombos de la carretera —otro subproducto de la soja. Junto al Fujián, sobre la orilla, en medio de un césped impecable, una casa bellísima de principios de siglo: era, dicen, la garçonnière de un Alvear, que le dio nombre al sitio. En argentino actual garçonnière se dice bulo, bulín o volteadero, pero aquella gente era mucho más fina.

Lo intenté, pero no pude averiguar cómo se dice prostíbulo en coreano.

Recuerdo que hubo un tiempo en que la palabra era tan nueva que ni siquiera estaba claro cómo se pronunciaba. Cuando yo era chico la salsa de soja era una rareza de los dos o tres restoranes chinos que había en la ciudad —y algunos la llamaban soja, otros soya. Ahora, en cambio, la palabra soja es el sinónimo más claro de Argentina. El boom sojero es lo más significativo que pasó en la Argentina en muchos años, y creo que se puede repensar el país a partir de sus implicaciones. Sólo hace falta hacerlo.

Por ahora: creo que la soja es la síntesis del éxito de la nueva Argentina, la que inventaron los militares del '76 y los ricos del '90: un país agroexportador con pocos trabajadores. Era toda una idea: la Argentina empezó a ser otra cuando, pocos días después del golpe de marzo, el secretario de Estado americano, Henry Kissinger, le mandó a su embajador en Buenos Aires unas instrucciones reservadas: que indujera al nuevo gobierno a "poner el énfasis en la disminución de la participación estatal en la economía, la promoción de la exportación, la atención al relegado sector agrícola, y una actitud positiva hacia la inversión extranjera".

Los militares, los ricos, los americanos, tenían varias razones para querer que la Argentina volviera a ser un país agrícola. Desde el punto de vista global, porque se estaba redibujando el mundo y en este continente no había lugar para intentar autonomías industrialistas. Desde una perspectiva más local, porque la subsistencia de una clase obrera vigorosa era el mayor peligro para un capitalismo fuerte —y la mejor forma de evitarlo era matar a sus miembros más recalcitrantes, primero, y eliminar su hábitat, las fábricas, después. No fue fácil: el plan tardó décadas en completarse, tuvo sus sacudones. Pero cada vez parece más perfecto. Y la soja, insisto, el boom de la soja, es la síntesis de esa nueva Argentina: esta Argentina.

(A veces supongo que el boom sojero es la versión actual de lo que pasó en la Argentina a fines del siglo XIX, cuando aprendieron a enfriar carne para mandarla a Europa: que una innovación técnica —ahora los agroquímicos, las nuevas variedades— permitió un salto importante en la producción de materia prima para la exportación y, por lo tanto, en la sociedad y la economía nacionales.)

Con la soja el campo ha vuelto a convertirse en el sector económicamente más significativo, con la soja se concentra la propiedad de las tierras, con la soja cambió la vida de miles de pequeños productores, con la soja se están modificando las formas de explotación agrícola, con la soja se está armando una agroindustria casi sin mano de obra, con la soja peligran los suelos por generaciones, con la soja se ha roto la hegemonía del puerto de Buenos Aires, con la soja la Argentina está volviendo a ser la que planearon.

Pero además, ahora, los líderes sojeros quieren presentarse como la avanzada de la innovación. Y se legitiman con el argumento de que son los que salvaron y sostienen —se supone— al país: que, gracias a la soja, pasamos de ser el granero del mundo al aceitero de la China. Esta semana Rosario desborda con los asistentes al XIII Congreso de Aapresid —que no es un remedio para la presión sino la Asociación Argentina de Productores en Siembra Directa o sea, básicamente, los sojeros.

En su mesa de cierre hay un ministro, un ex vicepresidente, un par de intelectuales de derecha. Es improbable que alguno de ellos tuviera mucho que decir sobre el uso del fertilizante T-608 o la importancia del fósforo en el cultivo. Está claro que responden más bien a la advocación que convocó al encuentro: "Hay enigmas que sólo un nuevo paradigma puede resolver". La soja no se resigna a ser la síntesis de la nueva Argentina; sus beneficiarios, además, quieren extender el modelo, convertirlo en un "nuevo paradigma" que funcione en otras áreas. Para eso muestran ciertos aspectos de su procedimiento: la inversión en tecnología rentable, sobre todo. No muestran, por supuesto, otros. Pero se plantan en el centro y lo dicen con prosodia mesiánica: ¿Será nuestro mensaje tan claro y fuerte como para ser escuchado más allá de nuestros campos?, se pregunta su sitio de internet. Es interesante: hacía tiempo que un sector de la producción no se proponía como un modelo para el país.

—Acá hay mucho desarrollo, pero no conseguimos trabajadores bien preparados. Nosotros siempre tuvimos gente muy calificada, pero eso se perdió en los noventas con los cierres de fábricas y la reconversión. La calidad de las escuelas técnicas bajó mucho y además ya nadie quería ir; para qué ibas a ir si es más difícil, es un año más y después no tenés ninguna salida laboral. Así que esta reactivación no encuentra material humano.

Guillermo Wade, el jefe de logística del puerto, me cuenta las infinitas variables de cada embarque: cómo su compañía recibe un pedido en —digamos— Ginebra y contacta a todas sus filiales de los países exportadores para ver quién puede poner 40.000 toneladas de soja en Ryad en tiempo y forma, cómo a partir de ahí se pone en marcha un mecanismo lleno de variables: el acopio del grano, su calidad, la disponibilidad de barcos, sus modos de contratación, su capacidad, la combinación de cargas, los seguros, la altura de los ríos, los pronósticos meteorológicos, las oscilaciones del mercado del grano, las oscilaciones del mercado del flete y tantas otras cosas que involucran a millones de personas en docenas de países.

—De pronto los chinos dicen que ya están stockeados en acero, que van a bajar la importación por unos meses, y yo puedo conseguir un barco por 10.000 dólares diarios menos. Y todo porque a un burócrata del gobierno chino se le ocurrió que ya había cumplido su cuota de metales.

Las variables son —casi— infinitas. El Fujián está listo para levar anclas. Este puerto es un enclave, un territorio desterritorializado: unas hectáreas del sistema-mundo. Y es, al mismo tiempo, superlativamente la Argentina: lo que somos ahora.

Provincia de Entre Ríos

Victoria-Irazusta-Gualeguaychú

"Finalmente hacia las cinco de la tarde desembocamos en el Paraná. Tuve un momento de extática sorpresa al contemplar ese río majestuoso, por fin libre de las islas que lo obstruían y que así, despejado, parecía un océano. Tiene a aquella altura más de una legua de ancho, y sus aguas agitadas por olas, como las del mar en las costas, su inmensa anchura perdida en horizonte lejano, me llevaban a admirarlo en religioso silencio", escribió el viajero francés Alcide d'Orbigny, 1827.

Pasó el tiempo y construyeron —hace muy poco— un puente que une, a la altura de Rosario, Santa Fe y Entre Ríos. El puente es un placer: modernidad sobre las aguas, kilómetros y kilómetros de riachos y pantanos, alguna casa apenas, pescadores. Es raro viajar tan por encima. Cuando se acaba aparece Victoria —y es, casi, justicia.

Victoria es un pueblito amable, casas magníficas de tiempos olvidados, que dormía la siesta de los justos hasta que el puente la conectó a Rosario. Ahora se está convirtiendo —rápido, imparable— en un suburbio distinguido; las viejas casas se vuelven restoranes, incluso un banco se ha vuelto restorán. El turismo, sobre todo, come.

Es temprano; yo no tengo hambre. En un cruce, a la salida del pueblo, junto a una estación de servicio, un caballo blanco huye: galopa, arrastra sogas. Debía estar atado y desatado escapa como si lo persiguieran —pero nadie. Siempre me impresionan estos cruces de la ciudad y el campo: mezclas de espacios que parecen, por un momento, confusiones de tiempos.

Cruzo campo entrerriano: las cuchillas —las lomas suaves que por alguna razón alguien llamó cuchillas— lo diferencian de la pampa pero es pampa. Hay vacas, soja, las arboledas de los cascos, mucho alambre: pampa.

Somos
un asiento ocupado, tres asientos vacíos, tres pedales iguales de ningún modo equivalentes, cinco relojes contadores medidores que ordenan el conjunto, una suerte de timón que lo comanda, un ronroneo que no es un ronroneo, el olor de lo nuevo cuando va envejeciendo, las ventanas —la Argentina detrás, distinta según en qué momento, en éste más que nada verde—, un espejo apaisado que logra que el pasado no pase tan de golpe y yo
que no sé qué pito toco en todo esto.

Cruzo el arroyo Cruz sin Brazo y todo es igual que cuando crucé el Negro, el Largo, el San Martín. La impotencia de ese nombre tan extraordinario me decepciona un poco: me preocupa. Corro un camino de tierra, polvoriento, vacío, en medio de la nada. De pronto veo tres chicos, diez o doce, con sus gomeras en las manos:
—¿Voy bien para Irazusta?
—Sí, siga nomás. Derecho por esta calle.
Me gusta el uso de esa palabra: calle.

Manejar por la tierra es otra cosa. No se parece a manejar por la ciudad, donde la cantidad abruma y todo pasa todo el tiempo. No se parece a manejar en una carretera, donde los ciento y pico por hora hacen que cualquier desliz pueda ser decisivo. Por un camino de tierra vas solo, despacio, rebotando, mirando, oliendo el mundo. Hasta que pasa el otro y te llena de barro —como ahora.

Voy a tener que aprender a soportar la siesta. Entre la una y las cuatro o cinco de la tarde parece que el mundo se escapara, que no existiera más, que nadie me quisiera decir nada. Me pongo muy ansioso. Voy a tener que acostumbrarme.

En la calle principal de Irazusta otro caballo: poderoso, blanco con pintas negras, trisca el pasto. Se le acerca un chico rubio con un perro; el caballo rebufa; el chico se va, el caballo se vuelve a quedar solo. Hubo tiempos en que acá vivían más de mil personas; ahora son trescientas.
—Nosotros en el pueblo somos pobres. Alrededor en cambio está lleno de ricos. Tienen campos grandes todos, doscientas, trescientas hectáreas tienen.

Dice don Mendizábal, setenta y tantos, la boina en la cabeza: los habitantes de Irazusta vivían del campo, pero el campo ya no les pertenece. Irazusta es uno de tantos pueblos —ochocientos, dicen, en todo el país— que se fueron muriendo en estos años. Pueblos donde las actividades tradicionales desaparecieron y no fueron reemplazadas, donde las carreteras se arruinaron, donde ya no va el tren: muchos de esos pueblos existían gracias al ferrocarril y, cuando cerraron los ramales, se quedaron baldíos.

—Acá los jóvenes se van porque no consiguen trabajo, así que solamente hay chicos, treinta y pico de chicos, sus padres, y sobre todo viejos. Acá nos quedamos más que nada los viejos, y los viejos nos vamos muriendo, no sé si me explico.

Así estaba Irazusta hasta que llegó Marcela Benítez, una geógrafa que estudiaba el tema de los pueblos amenazados y pensó que, además de estudiarlos, tenía que hacer algo. Benítez organizó, con muchas dificultades, una oenegé que se llama Responde y se dedica a rescatar estos pueblos perdidos. Irazusta fue su primer intento:

"En Irazusta nos encontramos con un pueblo con casas medianamente bien armadas, no había ranchos, había un grupo de gente de origen ruso-alemán, gente muy amable y cordial, dos o tres mujeres muy activas y una comunidad muy desesperanzada, acostumbrada a que le dieran. Recuerdo la primera reunión que hicimos con la comunidad, y lo primero que nos largan es la pregunta: ¿qué trajeron? Les dije que yo no había traído nada y se querían ir. Les explicamos que buscábamos trabajar con ellos. La gente de los pueblos se había acostumbrado a recibir cosas a través de la política, de las promesas de la política. Están ahí para ofrecer su voto al mejor postor, pero no hay un esfuerzo personal por cambiar las perspectivas de futuro. El desafío era que la gente se despertara y se pusiera a hacer".

Contó, hace un tiempo, Marcela Benítez. Ahora, la Asociación Civil Responde tiene varios programas que intervienen en docenas de pueblos argentinos.

En Irazusta, además de proponerles que pelearan por mantener vivo su lugar, Benítez les ofreció el recurso del turismo. Cada casa tenía alguna habitación vacía, que dejaban los hijos. Las arreglaron como pudieron: al principio los visitantes se quejaban de que hacía frío o no les gustaba la calefacción a querosén o alguna grieta en las paredes. Después, dicen, se acostumbraron y les gusta. Ahora hay doce familias que abren sus casas para alojar o alimentar a los turistas —que vienen a pescar, andar a caballo por el campo, comerse un buen asado:

—Acá lo único que tenemos para ofrecerles es la calma, la tranquilidad.

Me dice la señora Luisa, dueña del mejor caserón del pueblo, donde alguna vez vivió el doctor.

—Es lo único. Eso es lo bueno de los pueblos: usted puede dejar la puerta abierta, vive muy tranquilo.

Pero no es cierto: también tienen su almacén con mostrador de un siglo, su estación de tren desafectada, su cancha de bochas con techito y las bochas apiladas al fondo porque de acá quién se las va a llevar, sus olores de paja y de ganado, su biblioteca popular Justo José de Urquiza:

—La hicimos para haiga algo más en el pueblo, y esto es algo cultural, una biblioteca. Porque todo libro a una le deja una enseñanza.

Me dice la señora Eufemia, la directora de la Biblioteca Popular. La fundaron hace cinco años, cuando un vecino donó una casa que no usaba —que ya nadie usaba— y ahora tienen unos cuantos socios y cientos de libros. También tienen la única conexión de internet de Irazusta. Pero en el pueblo no hay médico —va una vez por semana— y si llueve mucho la carretera se empantana y nadie entra ni sale.

—Lo vamos a salvar. Hace unos años pensábamos que el pueblo se terminaba con nosotros, pero ahora sabemos que no, que va a durar después.

Es curiosa la idea de la salvación por el turismo: tan contemporánea —en un pueblo quedado en otros tiempos. En el mundo global los tiempos se mezclan muy extraño. Erre patina en el barro, se me va, se me va, y yo me desespero por mantenerlo en el camino; después, cuando ya lo tenga controlado, me daré cuenta de que en ningún momento dejé de silbar aquel tanguito. Cualquiera que me mirara entonces podría haber supuesto que estaba muy tranquilo. Me desespera confirmar una vez más la pobreza de cualquier apariencia.

Escucho música en la radio del Erre. Dos, tres temas, hasta que un aviso se interpone:

—…le ofrecemos nuestro magnífico espeto corrido. Usted comerá todo lo que desee por sólo ochenta pesos por persona.

Ahora tiemblo: debo estar llegando a la ciudad más cara del país. Chequeo mis cuentas; tardo cinco segundos más en entender que estoy oyendo una radio uruguaya —y que esos ochenta pesos deben ser nueve o diez de los nuestros. Es mi primera experiencia de lo que signfica vivir en la frontera.

—Para mí ser argentino, la verdad, ahora no es nada. Si los pibes ya ni saben quién fue San Martín.

En un gran galpón junto al río Gualeguaychú, frente a un castillo falso que por supuesto está embrujado, docenas de adolescentes hacen carrozas alegóricas. Trabajan con alambres, soldadores y mucho papel de diario que reciclan en papel maché. Un pibe de barba da órdenes a cuatro chicas gorditas, las manos con engrudo; yo le pregunto si se están preparando para el carnaval y él me dice que no, que eso del carnaval es un negocio, que él no quiere ni mezclarse con esas cosas, y una de las gorditas me dice que las discriminan: si vos sos linda te pagan cien pesos y te ponen en primera fila y si no sos vas al fondo con suerte, pero igual está bueno. Los adolescentes preparan el desfile de los estudiantes: cada colegio elige un tema y lo pone en carroza. Tres o cuatro están haciendo alegorías contra las papeleras. Uno de un grupo que eligió el Quijote se les ríe:

—Eh, boludo, ustedes, no son nada originales, hacen todos lo mismo.
—Y bueno, por eso, boludo.
—¿Por eso qué?
—Por eso.

pero es buena, el argentino en el fondo es bueno, se hace el vivo, sí, a veces se te agranda pero no lo hace de maldad, el argentino es buena gente, hace lo que puede, el problema es que siempre lo garcan y encima el criollo es medio vago, tendríamos que trabajar para salir adelante pero tampoco hay cultura del trabajo, no, ahora ni hay trabajo, hay muy poco trabajo, la verdad que el que tiene un trabajo tiene

En Gualeguaychú sí viven del turismo —todavía, pero amenaza la amenaza: las dos papeleras, una española, la otra finlandesa, que se están instalando justo enfrente, en la ciudad uruguaya de Fray Bentos, y podrían acabar con todo eso.

Un grupito de militantes ambientalistas llevaba años agitando sobre el tema: los escuchaban poco. A principios de 2005 decidieron echar el resto: las obras empezaban y la situación se estaba volviendo irreversible. En los corsos populares —muy distintos del carnaval carioca del corsódromo— unos cuantos repartieron barbijos para mostrar cómo serían sus vidas cuando las plantas de celulosa contaminaran la región. Y empezaron a recorrer las escuelas para contarles a los chicos lo que podía pasar si no lo detenían: ríos muertos, dioxinas, lluvia ácida. Al fin propusieron una marcha al puente internacional que los comunica con el Uruguay para el 30 de abril de 2005. Los más optimistas esperaban cuatro, cinco mil vecinos; dicen que fueron más de cuarenta mil —en una ciudad de ochenta mil personas.

—No sabés lo que fue aquella tarde. De pronto llegamos al puente, miramos y estaba lleno, pero lleno en serio: viejos, chiquititos, familias enteras, parecía que todo el pueblo estaba ahí. No lo podíamos creer: años de insistir, de hinchar las pelotas sin que nadie nos diera bola, y de repente parecía que todos se habían dado cuenta del asunto.

Me dice Horacio Melo, ambientalista duro. Aquella tarde fue el giro decisivo. Desde entonces el tema de las papeleras apareció en todos los diarios, todos los noticieros del país: se convirtió en un asunto nacional —y produjo incluso enfrentamientos con la hermana república. Ahora estamos en un gran salón de la intendencia de Gualeguaychú: una docena de hombres y mujeres bajaron de una asamblea y se hicieron un rato para contarme sus historias. Entre ellos el intendente, un periodista de la televisión, un veterinario, un apicultor, una concejala, el secretario de gobierno, el secretario de cultura —y siguen firmas.

—Una cosa que pegó muy fuerte fue que todos teníamos la esperanza de que el gobierno del Frente Amplio en Uruguay iba a parar las papeleras, porque lo habían dicho muchas veces, y después asumieron y parece que se olvidaron de todo lo que habían prometido. Yo sigo teniéndoles confianza; me parece que están mal asesorados.

Dice el intendente.

"La peor agresión al medio ambiente es la riqueza extremada, ese ultraconsumismo de los poderosos que también produce la destrucción del medio ambiente y que los lleva a sentirse tan hegemónicos que se creen que son los dueños del mundo y, en ese consumismo que tienen, producen elementos contaminantes que terminan destrozando el medio ambiente que le pertenece a toda la humanidad y no sólo a los países poderosos. Sabiendo de las necesidades de trabajo de los países más pobres, de su gente empobrecida, nos traen acá inversiones en industrias que destruyen el medio ambiente nuestro porque ellos no quieren destruir el suyo. Y no se dan cuenta de que destruir un medio ambiente en cualquier parte del mundo es comenzar a destruir el medio ambiente en cualquier parte del mundo", dijo, cuando era candidato, el señor Tabaré Vázquez.

—En Fray Bentos hay mucha pobreza, es de las ciudades más pobres del Uruguay. Y la desocupación es funcional a estos emprendimientos. Entonces nos encontramos con desocupados uruguayos que te dicen abiertamente yo prefiero morir contaminado y no de hambre. Y es una decisión que les tenemos que respetar. Vos imaginate que aparece en Gualeguaychú una empresa que dice que va a invertir mil millones de euros y que le va a dar trabajo a tres mil tipos. Tenés una presión social...

Dice Horacio, comprensivo. Y el intendente Irigoyen recoge el guante:

—Sí, menos mal que no me tocó a mí. Yo ahí sí que no sé qué podría hacer.

Dice, y todos se ríen fuerte. Se los ve animados, con ese entusiasmo que suelen dar las buenas causas. Daniel Irigoyen tiene cincuenta, anteojos, canas, estuvo preso de los militares y es el cuarto intendente consecutivo de un grupo de "peronistas progresistas" que se llama Militancia. Sus gobiernos tienen programas de desarrollo social que incluyen planes de fabricación de papeles reciclados, una feria para pequeños productores, la autoconstrucción de viviendas populares:

—Queremos que se genere otro tipo de conciencia, que se restablezcan los lazos solidarios, que la gente se organice, que apunte a vivir de otra forma. Nosotros sabemos que esto no es lo natural, que estamos insertados en una realidad que juega en contra. Pero apostamos a armar un modelo distinto. Aunque sabemos que esto vos lo soltás y se desmorona, porque la sociedad camina para otro lado, porque vamos contra la historia, porque en el momento en que dejás de apuntalarlo ya la televisión te gana con su mensaje totalmente distinto, el que más se recibe: el individualismo, que te salvás solo, que tenés que hacer plata rápido y fácil, todo eso...

Así era. Pero de pronto una ciudad se puso de acuerdo en pelear contra una amenaza que, a primera vista, preocupaba a todos. Estos ataques al medio ambiente unen a la mayoría frente al enemigo externo y crean, ya que no efecto patria, efecto patria chica. Gualeguaychú es una ciudad que revivió gracias al turismo en general y al carnaval en particular. Si el río se contamina esa industria se volvería inviable, pero también se complicaría la explotación ganadera, la agricultura, la apicultura, e incluso las grandes propiedades perderían valor. Y no sólo la economía sufriría; también peligra una forma de vida —hecha de mucho río, aire fresco, pasto verde. La amenaza ambiental es amplia y casi igualitaria —aunque cada cual la sufra, por supuesto, a su manera.

—Estas cosas te roban el futuro. Acá ahora las familias se preguntan qué hacer. En la mía también hablamos de eso: ¿y si nos vamos? ¿Y si en vez de agrandar la casa nos guardamos la plata? ¿Y si nos mandamos a mudar hasta ver qué pasa?

Me dice el veterinario, que podría. Pero hay tantos que no, y por eso casi todos se juntaron contra las papeleras. No todos: hay algunos que piensan ganar plata proveyendo madera para las papeleras, y acusan al resto de querer vivir de los pajaritos, de oponerse al progreso, de exagerar los riesgos.

—Si te ponés a investigar la Mesopotamia ves que muchos pequeños productores de cien, doscientas hectáreas están desapareciendo por las exigencias del mercado. Y hay grandes magnates argentinos y extranjeros que les compran las tierras para meterlas en el circuito del monocultivo: soja, bosques para hacer celulosa. Tienen muy buenas relaciones políticas, entonces han hecho sancionar leyes que desprecian al monte nativo, que es lo único que nos queda para mantener la biodiversidad, y que además es el secreto de la fertilidad de nuestros campos. Los tipos lo reemplazan por estas plantaciones con el argumento de que también son bosques, cuando en realidad un bosque no es solamente un conjunto de árboles sino todo un ecosistema. Y como está la idea de que plantar cualquier árbol es bueno, la gente dice que respetan el medioambiente, pero en realidad tiene un gran impacto ambiental, porque las plantas exóticas consumen mucha agua y se cargan el suelo y además expulsan a los habitantes, porque un bosque no necesita trabajadores. Estos bosques crean desiertos plantados, como la soja. Es un desastre completo. Por eso las empresas europeas vienen a hacerlo a estos países; éste es el destino que nos han dado en el orden global: soja y eucaliptus. Y justamente los forestadores pueden usar la tierra degradada que nos deja la soja. Es todo un paquete: cagarse en la gente, exprimir la tierra hasta el final, arruinar todo el ecosistema y después irse a otra parte.

Dice Horacio, exaltado. La lucha contra las papeleras supone marchas, cortes de ruta, asambleas que se reúnen un par de veces por semana y a veces, dicen sus participantes, son larguísimas, aburridas, otras excitantes y, en cualquier caso, sorprendentes: allí se juntan quienes nunca se habían juntado para nada. Yo les pregunto si eso no los preocupa:

—Digo, porque esto me recuerda la noche del 19 diciembre de 2001. Yo estaba en la calle y miraba alrededor y decía no puede ser que esté acá con esta gente, qué acuerdos puedo tener con ellos, y bueno, unos meses después constaté que tenía razón.

—La verdad, a mí a veces me da por las pelotas esto de estar haciendo cosas con tipos que nunca les importó nada, ni el hambre de los chicos ni la pobreza ni ninguna otra cosa. Pero bueno, es así, hay que juntarse con todos.

Me dirá, después, en un rincón, un concejal.

—Es cierto que ahora comparto iniciativas con gente con quien no compartiría seguramente otras cosas en mi vida. Pero eso es interesante, y las relaciones en la ciudad cambiaron mucho, parece que nos miráramos más, que nos diéramos más bola.

Dice Horacio, y que él con la intendencia siempre se había peleado y ahora en cambio aquí está:

—Aunque seguramente cuando se acabe lo de las papeleras nos vamos a volver a pelear.

Dice, para provocar al intendente —y todos se ríen. Pero Irigoyen está ilusionado, y dice que quizás esto les sirva, a mediano plazo, para darse cuenta de que pueden emprender cosas juntos. El periodista dice que no cree, que los argentinos nos juntamos ante las crisis y después cada cual tira para su lado. La discusión arrecia.

—¡Que se vayan de vuelta a su país! ¿Qué vienen a buscar, acá? Vienen a buscar lo nuestro, lo lindo, lo que ellos no tienen. Que se vayan, acá no los queremos.

Me dice una señora mayor, muy amable, rubia oxigenada. Son las cinco de esa tarde de sábado y el parque Unzué, sobre el río Gualeguaychú, rebosa: pelotas, mates, niños que corren, jóvenes que gritan, parejas que aparejan, sol, siesta, reposera. Un chico y una chica de veinte se besan contra un árbol como si nunca antes. Tres amigos del pibe pasan en un coche y le gritan; él saluda con la V de la victoria. Uno de veintipico, jean y camiseta, me dice que nunca se había metido en estas cosas pero que ahora está a full con lo de las papeleras:

—¿Y sabés qué? Me parece que no nos están dando mucha bola. Pero si se creen que esto se va a quedar así están muy equivocados. Acá el gobierno tiene que intervenir y hacer algo, si no esto se va a pudrir en serio, mal.

—¿Qué quiere decir que se va a pudrir en serio, mal?

—No sé, ya vas a ver. Nosotros ahora pedimos por las buenas, pero si no nos dan pelota...

San José-Concepción del Uruguay

San José es el único palacio real que construyó la patria. En la Argentina hubo muchos príncipes —y sus campos rebosan de palacetes escondidos—, pero sólo dos reyes: don Juan Manuel y don Justo José. Don Juan Manuel nunca hizo Obra: no debía creer en esas cosas —era, después de todo, un gaucho— y arquitectura rosista es un oxímoron. Don Justo José la hizo por todos lados y, sobre todo, aquí, en San José.

Después, cuando cayeron sus dos reyes, el país se volvió más o menos republicano y los palacios se disociaron de la función pública. Los Anchorenas, Álzagas o Gainzas levantaron los suyos, pero no mandaban explícitamente desde ellos —y los presidentes eran interinos que vivían en casas de función. En San José se juntaron, por única vez, la ostentación del patrón riquísimo y la sede del poder político: fue un palacio real, el único real.

—¡Qué bárbaro! ¿Viste, viejo, esas estatuas? Se ve que entonces sí que había plata en la Argentina.

Don Justo José de Urquiza construyó su palacio con un propósito —también— político: romper la imagen del caudillo provinciano bruto, mostrar su sofisticación, impresionar a sus súbditos, imponerles una sede de gobierno.

San José es un palacete neoclásico muy sur de Italia entre cuchillas entrerrianas. Tiene dos patios enormes: alrededor del segundo se organizaban los servicios y los servidores, docenas de personas que limpiaban, cocinaban, atendían; entre ellos estaba el pelelero —el que llegaba cuando los señores terminaban de evacuar, para llevarse el recipiente—, el sobador —que ablandaba con mucho tacto los papeles que se usaban en tales circunstancias— y otros tantos.

Alrededor del primer patio —arcadas, el aljibe— están las habitaciones de la familia y de los huéspedes, cómodas, casi lujosas, dotadas de adelantos increíbles: aquí hubo, por primera vez en el país, agua corriente, que impulsaba una bomba de tracción a mula.

—Sí, vieja, es verdad. Pero no te vayas a creer, ahora también hay. Bueno, igual que entonces: algunos se la guardaban toda.

A don Justo José lo llamaron —con más o menos sorna, más o menos orgullo— el Padre de los Entrerrianos, porque dicen que tenía cientos de hijos. También tenía cientos de miles de hectáreas, cientos de miles de cabezas y varios saladeros: allí procesaba sus cabezas para convertirlas en carne salada, cuero, jabón, sebo, velas, cuernos que sus propios barcos exportaban. Y se metió en otros negocios: bancos, ferrocarriles, prensa, ingenio azucarero, minas de oro, empresas de colonización, industrias varias.

El Padre mantenía oficinas en varios países europeos: sus agentes sabían que, además de vender sus productos, tenían que mantenerlo al tanto de las últimas innovaciones. Y le mandaron, por ejemplo, un barquito a vapor para que navegara el lago artificial de paredes de ladrillo: allí ofrecía sus fiestas, marítimas, rumbosas.

El Padre tenía, también, en su palacio, mucho mármol, mosaicos, azulejos, porcelanas chinas, billar, espejos, cielorrasos con oro, arañas de cristal, mesas de cedro y de caoba, camas con baldaquino, una iglesia con sus frescos de Blanes y su pila bautismal regalo de algún papa, las dos torres, su pulpería, sus grandes palomares, sus estatuas de Napoleón, Alejandro, Cortés y Julio César —para que nadie olvidara que el Padre era un gran hombre, uno de ellos.

—Mirá, acá dice que ahí durmió Sarmiento.
—¿Qué, en esa cama tan chiquita?

Cuando el Padre peleaba con sus comprovincianos, venció batallas que se llamaban Arroyo Grande, Laguna Limpia, India Muerta: me gusta el sistema de sustantivo y adjetivo, la nominación más simple y elocuente. Después el Padre peleó contra Rosas —con ayuda brasileña— porque ya no toleraba que Buenos Aires controlara las relaciones exteriores y, sobre todo, la plata de la Aduana, y lo derrotó en Caseros, 1852. Entonces manejó desde aquí la política nacional hasta 1860: ese raro lapso en que el Interior, este interior, podría haberse transformado en el centro de gravedad de la república. El Padre fue, entonces, presidente de una Confederación Argentina que no incluía a Buenos Aires —y promulgó una constitución, construyó escuelas, trenes, industrias de su tiempo.

En 1861 perdió en Pavón frente a Mitre: los historiadores todavía discuten por qué, y muchos creen que fue —por distintas razones— a propósito. Desde aquella batalla, Buenos Aires se convirtió en la capital de un país unificado a fuerza de lanzas y cañones. Desde entonces, el Interior supuso que debía todos sus males a la prepotencia porteña —y, en muchos casos, tenía razón. Buenos Aires —y sus jefes nacidos en el Interior como Sarmiento, Avellaneda, Roca— organizaron un país donde todo tenía que pasar por el puerto: las rutas, los ferrocarriles, las vacas, los presidentes, los golpes de estado, la cultura, los ricos, las industrias, la selección de fútbol. Un país que produjo esa cabeza de Goliat donde se acumulan, tan amontonados, un tercio de la población y la mitad de las riquezas. Así fue como el Interior, plagado de diferencias, pudo unirse alrededor de su —tan justificado— deporte favorito: putear a los porteños.

Tras la derrota, el Padre conservó algo de su peso; desde aquí siguió gobernando su provincia y aquí tuvieron que venir a rendirle homenaje Sarmiento y Mitre, entre otros tantos. Y, por esas confusiones, aquí también terminaron por matarlo. Aquí llegó, abril de 1871, una partida de antiguos fieles decepcionados que redujo a sus guardias y lo acorraló en una habitación donde todavía se ve la mancha de una mano ensangrentada en la pared.

—Te matamos por traidor vendido a los porteños.

Dicen que le dijo su ejecutor, con los tiros finales.

En una dependencia del palacio hay pupitres del siglo XIX llenos de grafiti. Unos chicos de secundaria los ven y le preguntan a su guía de cuándo son las inscripciones. El guía les dice que son de aquella época, que eso siempre se hizo. Los chicos miran a su profesor:

—¿Ve, profe? Quiere decir que no está tan mal escribir cosas en los bancos.

Es curioso cómo la historia legitima.

Siempre recuerdo lo que me dijo aquel viejo en Mandalay: que la diferencia entre un turista y un viajero es que el turista no sabe de dónde viene y el viajero no sabe adónde va. Estaba bien dicho, pero hoy se me ocurre que la diferencia también tiene que ver con otras cosas. Al turista le ofrecen un menú con dos opciones: visitar restos del pasado humano —ruinas, museos, monumentos varios— o escenarios actuales de la naturaleza

—vistas, playas, paisajes—; me gustaría creer que los viajeros quieren saber qué hacen, aquí y ahora, los hombres. El viajero, caramba, sería un humanista.

Llueve y me preocupa el estado de un camino de tierra que tengo que tomar. Unos kilómetros antes le pregunto a un muchacho.
—No, no se preocupe. Ése va a estar bien porque es de los que mejor mantienen. A menos que esté mal.

Hay, a veces, un saber ignorado.

Hace años el dueño de siete mil hectáreas por acá me explicaba, a su manera, la diferencia entre gringos y criollos:
—Y mirá que yo soy de origen criollo.
Me decía, con bruto acento recoleta, mientras recorríamos sus campos a caballo. Y a mí me hacía gracia que en ciertas frases la palabra criollo pudiera remitir tanto a la sociedad rural como al peón rural:
—Sí, yo soy criollo de muchas generaciones. Pero si vos te vas al pueblo vas a ver la diferencia: las casitas de los gringos están pintadas, tienen huertas, plantas, flores. En cambio las de los criollos, nada, como mucho unas gallinas picoteando delante del rancho.
Yo nunca le creí, pero él insistía mucho.

Acá la soja se ve menos: ésta es tierra de vacas, un poco menos rica, más tradicional. Acá hay colinas, las famosas cuchillas y, ahora, olor a lluvia.

Me acuerdo del lupanar rosarino y se me ocurre, de pronto: es tan argento. Es una afirmación que nada sostiene —y que me deja dos opciones. Podría aprovecharme del supuesto saber común —eso que supuestamente los argentos compartimos— que haría que un lector aceptara esa frase sin más preguntas, imaginando conocer las razones, pensando siempre razones que podrían muy bien ser una pifia: porque los argentinos son muy turros, muy pajeros, muy truchos, porque las argentinas son muy putas, porque la policía argentina es tan corrupta, porque somos caretas.
O, si no, agregarle razones a lo que deberíamos llamar una intuición o un exabrupto: que esa combinación de cultura baja —la prostitución, el rock chabón, el strip tease— con cultura dizque alta —Nietzsche, Benjamin, Fromm— es tan propia de un país que ha hecho de la mezcla su marca distintiva; que la Argentina es uno de los pocos países del mundo donde la filosofía y la psicología —cuyos elementos se mezclan en el discurso del Indio Cabrera— tienen esa circulación y ese prestigio social entre quie-

nes no necesariamente la manejan; que en la Argentina la iglesia tiene el peso suficiente para que a alguien se le ocurra incluirla en un cabarute pero no el respeto necesario para que no lo haga —y así de seguido.

Son dos formas de mostrar la patria. A veces, la primera opción me parece más rica.

Poco antes de llegar a Concepción del Uruguay uno podría desviarse a la derecha, justo donde el Tano tiene su verdulería. Entonces, en tal caso, uno tomaría una ruta de tierra que pasa, primero, por un convento y un colegio religioso, enseguida por un baldío lleno de viejas máquinas agrarias, después por un basural perfectamente pútrido, un poco más allá por un intento de villa miseria que no prosperó y, al final, tras cinco o seis kilómetros de monte bajo, topar con una puerta como de Versailles. La puerta tiene rejas de hierro forjado con primor y con pompa y abre a una avenida de medio kilómetro de árboles centenarios; al fondo está el palacio Santa Cándida. Llovía, Erre valseaba de un costado al otro del camino de tierra hecho jabón, pero yo me las prometía muy felices. Santa Cándida era la administración del mayor saladero de América Latina —del Padre, por supuesto— y el casco de una estancia de setenta kilómetros de largo por treinta de ancho. Santa Cándida era un palacio principesco que ahora es un hotel carísimo. El edificio es imponente pero no se ve a nadie. Toco bocina; una mujer con su plancha en la mano sale de una casita de servicio para decirme que cómo se me ocurre llegar sin reservar:

—¿Usted se cree que puede presentarse acá así nomás, sin avisar, sin nada?

Yo quería ser el Padre por un rato: una noche, si acaso un día y una noche. Disfrazarme, filtrarme en una escena ajena. Ésa es la función de los hoteles: el hotel es democratizador y trucho. Todos los que podemos pagarlo podemos disfrutar, por un rato, de aquello que antes sólo los propietarios: comprarnos, por una noche o dos, una vida distinta.

—¿Cómo va a venir así? ¿Usted se cree que esto es para cualquiera?

Cuando llego a Concepción —es obvio— también llueve.

—Acá parece que siempre estamos con el ataque de nosotros lo hicimos primero. ¿Carnaval? Nosotros teníamos carnaval hace no sé cuánto tiempo. ¿El colegio? Bueno, nosotros tuvimos colegio antes que nadie. ¿Y la basílica? Cuando ustedes no tenían ni una capilla, nosotros... Sí, boludo; lo hicimos primero, pero después lo dejamos de hacer, y ahora los demás nos pasaron por encima.

Me dice un periodista de Concepción del Uruguay. Aunque él dice: de

Uruguay. Los locales se llaman uruguayos, me dice el periodista, y llaman a su ciudad Uruguay, a secas; el Uruguay a veces es el río, otras veces ese país que está ahí enfrente —que solían llamar, para evitar equívocos, la Banda Oriental.

Pero los entrerrianos de esta orilla hablan tan uruguayo —o viceversa. El hecho es que, a sólo trecientos kilómetros de casa, su acento me resulta completamente ajeno.

—¿Y, qué tal es vivir acá?
—Tranquilo, muy tranquilo. Acá sí podés vivir tranquilo.

Uruguay es una ciudad que, sin duda, podría haber sido otra. Sucede con ciertas ciudades; sucede también con muchas vidas. A mediados del siglo XIX, cuando la Argentina dudaba si existir, Uruguay ya tenía una catedral, el primer colegio laico del país y la ventaja de ser el pueblo del hombre más poderoso del momento. En esos días podía haberse convertido en una capital importante —pero se combinaron elementos y no fue, no supo serlo. ¿Cómo saber cuándo hay que atacar la historia, cuándo entrar y aferrarse? ¿Cómo se escriben los destinos de las ciudades —y del resto? ¿Qué azares los manejan? Ahora Uruguay es un pueblo más o menos somnoliento con un par de edificios de diez pisos, la plaza demasiado grande, cuatro universidades, una docena de bellos caserones, negocios que necesitan luz y muy poquitos bares. Llevo diez cuadras bajo la lluvia sin encontrar ninguno.

Después una señora me dice que no, que cómo que uruguayos: no, ellos se llaman uruguayenses; dice, los uruguayos son los de ahí enfrente. Es bueno saber que todo puede no ser cierto.

—Mire, si quiere puede ir a Banco Pelay, y va a conocer la playa de río más larga de América Latina.
—¿Ah, sí?
—Sí. Bueno, si no conoce Colonia.
—¿Por?
—Y, Colonia es un poco más larga.

Ahora Uruguay es una ciudad dulce y tranquila, como un largo suburbio. Si pienso a Buenos Aires como el centro de Buenos Aires, entonces todo el resto de las ciudades del país serían su periferia; si pienso a Buenos Aires como los barrios de la ciudad y sus alrededores, entonces todo el resto de las ciudades del país son su continuidad: las mismas casas bajas y modestas, muchas cuadradas, italianas algunas, chalets las pretenciosas, misma mezcla de estilos confundidos, mismos cordones altos rotos mal pintados, mismos carteles del almacén y la carnicería, farmacia y telecentro, los mismos arbolitos recortados, mismos colores con predominio de uno que fue blanco, mismos cables cruzando por el aire, farolas oxidadas, baldosas caprichosas, mismas rejas ahora y, por supuesto, mismos nombres. Debe ser que somos, de algún modo, un país.

> Que eso sería un país:
> el lugar donde irse no es
> irse del todo.

La Basílica huele a vaselina y al fondo yace el Padre entre santos y dioses y banderas: consiguió el privilegio de pasar toda su muerte allí donde los vivos van a asustarse de las suyas. Junto a su tumba una lápida en mármol parece uno de esos ejercicios sobre la importancia de las comas: "RIP. Aquí yacen los restos mortales del excelentísimo señor capitán general don Justo José de Urquiza, primer presidente constitucional de la República Argentina —etcétera etcétera— que murió asesinado el 11 de abril 1870, 7 ½ de la noche en su palacio San José a los 69 años de edad". Hasta ahí, todo normal; de pronto, la senda junto al precipicio: "Su amante esposa e hijos le consagran este triste recuerdo". Con una sola coma bien colocada toda la estructura de la familia monogámica occidental y cristiana temblaría en sus cimientos más profundos.

> Donde uno llega sin
> haberse ido.

Solemos creer que el clima define qué tipo de argentinos somos: parsimoniosos en el calor seco de Santiago o Catamarca, violentos pasionales en el calor húmedo de la Mesopotamia, entusiastas y ordenados bajo los cielos claros netos de Mendoza, emprendedores en el vacío estrepitoso de la Patagonia. Creemos cada cosa —y algunas hasta parecen ciertas.

Los entrerrianos no parecen tener una característica propia. El humor cordobés, la pachorra santiagueña, la petulancia porteña, la agresividad correntina: no hay nada de eso en Entre Ríos.

—¿Y no los deprime un poco?

—No. No sabés el trabajo que les cuesta a los santiagueños, por ejemplo, ser todos pachorrientos. Es muy difícil parecerse a lo que uno debe ser.

Donde uno no se pregunta
dónde está.

El Colegio Superior del Uruguay es un edificio majestuoso: fue el primer instituto laico del país y aquí estudió, a fines del siglo XIX, la primera alumna secundaria argentina, Teresa Rato, que se recibió de médica y murió antes de cumplir treinta, de una peritonitis. Aquí se hizo el primer viaje estudiantil, en la semana santa de 1892, una lancha a Concordia; en su época de gloria, cuando Urquiza fundó el colegio, 1849, Uruguay tenía dos mil quinientos habitantes.

—Acá la diferencia es poder hacer otro tipo de vida, irse a comer a casa al mediodía, llevar a los chicos a la mañana al colegio, ir a buscarlos, verlos, no tenerlos encerrados en una escuela, no pasarse horas viajando al trabajo.

Me dice un uruguayo que, alguna vez, se fue a vivir a Buenos Aires —y volvió. El Interior es, sobre todo, un tiempo diferente.

Y una idea distinta de la ostentación. Lo que en Buenos Aires se llamaría restaurante, por ejemplo —siendo una fonda—, aquí suele llamarse comedor: una palabra tanto más amable.

Hace unos años, aquí en Concepción, ciudadanos preocupados por los derechos humanos consiguieron que se bautizara una calle que hasta entonces no había tenido nombre: Nunca Más. La calle Nunca Más iba desde el cuartel del Ejército Argentino hasta el cementerio de la ciudad: era todo un símbolo, pero chocó con cierta realidad. A algunos vecinos no les gustó vivir en Nunca Más. Protestaron y protestaron hasta que consiguieron que la rebautizaran con el nombre de un cura; ahora la calle Nunca Más tiene una sola cuadra, que bordea el cementerio.

Y el resto es padre Metz.

Pueblo Liebig-Concordia

Sigo hacia el norte: voy para arriba, hago el camino inverso de aquellos emigrantes paraguayos que vinieron, fines del 1500, a fundarnos: a inventar Buenos Aires.

Erre ya está grande: acaba de cumplir sus doce años. En este tiempo ha tenido tres dueños. El primero fue Osvaldo Soriano, un novelista, gran cronista; el segundo Eduardo Montes-Bradley, cineasta y biógrafo. Yo lo tengo desde hace cuatro o cinco años y siempre nos llevamos bien. Erre es blanco, grandote, un poco pesado pero muy confiable. Y ahora subimos la Nacional 14. Muchos la llaman la ruta de la muerte, porque hace demasiados accidentes. Alguien me dice que claro, que esta ruta fue pensada en tiempos en que buena parte de la circulación se hacía por tren y que la falta de tren la sobrecarga y que por eso se volvió peligrosa: alguien me dice que el cierre de las vías también causa, de algún modo, esas muertes.

Yo vivo en una ciudad —yo soy de una ciudad— que se define por su oposición a estas tierras. Que hace que estas tierras se llamen el Interior —desde el principio, cuando sus conquistadores españoles hablaban de "el interior de las tierras". Pero fueron los del interior los que insistieron para que Buenos Aires existiera. Hacia 1550, el presidente de la Audiencia de Charcas, en el Alto Perú, Juan de Matienzo, le escribía a su rey para decirle que había que "abrir las puertas de la tierra" y, para eso, "ha de poblarse el puerto de Buenos Aires, adonde ha habido otra vez población y hay hartos indios y buen temple y buena tierra. Los que allí poblaren serán ricos por la gran contratación que ha de haber de España, de Chile y del Río de la Plata y de esta tierra...". Y desde entonces, durante treinta años, los fundadores de ciudades en el norte argentino intentaron, una y otra vez, reconstruir el puerto. Lo hicieron, por fin, los paraguayos de Garay; no sabían, unos y otros, que estaban produciendo a su verdugo.

Aunque, durante doscientos cincuenta años, mi ciudad pareció mucho menos que eso. Pero, cuando no tenía por qué, ya era orgullosa: cuando todavía era un poblacho de calles embarradas y comerciantes brutos y burócratas pavos y acababa de librarse de un gobierno extranjero, 1811, mi ciudad se festejó a sí misma sin pudores:

Calle Esparta su virtud,
su grandeza calle Roma,
que al mundo todo se asoma
la gran capital del sur.
Empezaba a pensar cómo se quedaría con todo lo demás.

De pronto, en la ruta, un olor nauseabundo. A mi derecha el campo verde; a mi izquierda jaulas de cientos de metros llenas de gallinas. Digo: gallinas, todas ordenadas, pegadas una al lado de otra en larguísimos estantes de madera tras tabiques de alambre tejido. Todas de espaldas a la ruta: son metros y metros y más metros de culos de gallinas. Aquí llegó hace siglo y medio un francés, que dijo que en estas tierras una gallina podía dar más riquezas que una vaca, y no se sabe si eso era ofensivo para las gallinas, las vacas o las tierras. Entre Ríos todavía es una de las grandes productoras avícolas —y el puerto que hicieron entonces para exportar aquellos huevos se llamó Colón, el primer hombre
que puso un huevo
de pie.

Durante la mayor parte del siglo XIX la tecnología de punta de la Argentina fue el saladero, y sus dueños los dueños del país. Tanto Rosas como Urquiza fueron patrones de saladero, pero en la segunda mitad del siglo aparecieron dos tecnologías nuevas: por un lado los barcos frigoríficos, que permitían exportar la carne sin salar; por otro, el famoso extracto de carne, que inventó un Justus von Liebig, alemán, y que permitía encerrar la potencia alimenticia de la carne en una lata y mantenerla encerrada mucho tiempo. Ingleses le compraron la patente e instalaron sus factorías por el mundo. Aquí, en el norte de Entre Ríos, se llamó Pueblo Liebig. Es la hora de la siesta, llueve —ladra un perro.

Y sí
todo por ahí arriba anda la gente cerrando válvulas abriendo
controlando las máquinas vagueando caminando
todo
por ahí arriba
anda la gente
           me dice don Balbino y que por favor tenga cuidado
dónde piso
que ya nada está quieto últimamente.
Acá en la Liebig se faenaban mil quinientos animales cada día
usté los viera
esto era un mundo
¿cómo le digo?
un mundo.
Si parece mentira.

Mil quinientos animales cada día: seis mil patas de vacas de vaquitas
de terneros avanzando esa rampa resbalando esa rampa mugiendo por esa
rampa hacia la muerte de las vacas:

    un buen palazo en la cabeza las patas
    despatarradas sobre azulejos blancos la lengua gris
    afuera el chorro
    desde el cuello el íntimo
    cuchillo en la garganta.
    Acá la muerte era la forma
    vocinglera olorosa de la vida una manera
    próspera de la vida un modo
    de rellenar el mundo de decir
    la Argentina les da lo que precisan. Acá la muerte
    se hacía todos los días.

    Vacas morían para hacerse esencia:
    aquí se fabricaba
    no carne no un producto sino una idea: una abstracción
    aquí
    se arrancaban de la carne sus esencias
    un abstracto de carne un concepto
    de carne los valores
    que la carne tiene mezclados en sus fibras:

aquí
no hacían industria sino filosofía.

En esos días había
miles y miles y miles de soldados
en guerras europeas se zampaban
una lata de extracto liebig justo antes de saltar de la trinchera
justo
antes
de salir a morir por una patria.
Aquí había vacas
que se volvían una patria.

Las vacas muertas para que los soldados vivos muertos. Ahora la tarde es gris y llueve suave y don Balbino me lleva de paseo por las ruinas.
Digo: por las ruinas.

Don Balbino me pasea por un cementerio de turbinas dínamos
calderas las paredes
se caen los pisos se resienten con los pasos el hollín
se empecina la humedad
la humedad
huele como un lamento
entonces acá llega el amoníaco y da una vuelta para seguir
enfriando
me dice don Balbino acá
donde usté ve estos yuyos estaban las calderas que hacían el
sebo para los jabones y acá
estas maderas
eran los muelles donde atracaban barcos de la reina allá
en aquel galpón estaba la carpintería
me dice don Balbino
porque todos los cajones los hacíamos acá y la herrería y el
comedor de hombres y el de mujeres más allá y donde están esos
mosaicos blancos estaba lo que llamaban el playón
que es donde las mataban
y les sacaban todo: la carne para el extracto el cornebif el picadillo
los huesos para abono la lengua el corazón el bofe los riñones
para harinas la sangre
que se iba por esa canaleta ahí
donde usté ve esos yuyos

porque también la hacían harina los cueros
los huesos cuernos pelos de la cola todo
se aprovechaba acá señor.
                                    Acá
es la ruina.
Paredes desnudadas agujeros
en el suelo escaleras
escasas de escalones techos
sin techo máquinas
inmóviles los hierros
retorcidos el óxido:
óxido sobre todo y sobre
todo. Nada
ni nadie los venció
se fueron
porque otros inventaron otras cosas porque en otro
lugar lograban más: se fueron.

La ruina siempre es lógica.

La ruina es lógica la tarde
es gris se descompone la carne
ya no está aquí la muerte
tampoco está la vida
también se fue no queda
más que un olor extraño y sí
me dice don Balbino mire allá
donde ve esas paredes por ahí
van a ir llegando los obreros:
si parece mentira.

Hay países que tuvieron que trajinar siglos y siglos para ir haciéndo-
se, lentos, lentos, de ruinas. Grandes países, países importantes tardaron
tanto tiempo. Nosotros, argentinos, lo hemos logrado en plazos increíbles.
Somos extremos fabricando ruinas.

La Argentina es un país tan fulminante.

Alrededor de la vieja fábrica de corned beef y extracto de carne Liebig
hay todo un pueblo de aquel capitalismo industrial de principios del veinte: un pueblo construido por la compañía, dividido en dos por una calle

central que termina en la manga donde llegaban cada día al matadero, al trote, las milquinientas vacas. De un lado estaban las casitas de los obreros argentinos, todas iguales, con sus primeras comodidades y su tedio; del otro, los chalets de los jefes ingleses, tan british colonial. En el medio, una iglesia y una biblioteca; del lado inglés, tennis, football & golf. Y allá abajo el río Uruguay, el puerto: lo que daba sentido.

Pueblo Liebig es ideal en una tarde de sábado con lluvia.

Tras Colón parece que la arboricultura ha reemplazado a la agricultura. La Nacional 14 avanza entre bosques falsos, plantados para tala. El paisaje es de ruta europea —hasta que se inmiscuyen, de pronto, las palmeras. ¿Quién dijo, hace ya tanto, que la Argentina era Europa con palmeras?

Hay días en que me gustaría llegar a alguna parte. Hay noches, sobre todo.

—Uy, qué grande encontrarte a vos acá.
La fiesta de los inmigrantes se está haciendo en un gimnasio porque afuera llueve, pero igual está llena de gente. Hay descendientes de españoles, italianos, judíos, brasileños, uruguayos, japoneses, turcos, suizos, y cada comunidad trae su comida y su música. Parece que la identidad se basa en música y comida. Un morocho cuarentón con grandes auriculares en la cabeza y un micrófono en la mano me para y me dice que está tan emocionado:
—Disculpame, estoy tan emocionado de verte que no me puedo acordar cuál es tu nombre. Imaginate, yo te sigo todo el tiempo, te escucho, te miro, y me emociona tanto que estés acá con nosotros que no me puedo acordar cómo te llamás.
Caparrós, le digo, y el tipo empieza a hablar con voz de radio en el micrófono:
—Queridos oyentes, no saben lo que significa para mí poder presentar a este gran periodista que yo admiro tanto y que nos hace el honor de estar aquí con nosotros. Decime, Ernesto, ¿qué es lo que estás haciendo acá en Concordia?

Uno dice descendiente de italianos, de ingleses, de alemanes —como dirán ahora ciertos americanos o españoles que son descendientes de argentinos. Pero uno no habla de descendientes de judíos: ahí está el truco —o una parte.

—Nosotros somos más uruguayos que otra cosa.

Dice Panduro y los muchachos lo torean:

—Claro, vos lo decís porque acabamos de decir que los uruguayos son honestos, laburadores, que tienen palabra, no como los argentinos.

Panduro trata de defenderse y al final se ríe:

—No, pero si es cierto. Acá nosotros nos parecemos más a los uruguayos que a un tipo de Santa Cruz o de La Rioja.

Los muchachos dicen que sí, que es cierto, y les pregunto por qué lo llaman Panduro:

—Porque está a punto de ser rallado.

Me dicen, y se vuelven a reír. Los muchachos se reúnen todos los domingos a la mañana en un bar pretencioso frente a la plaza principal de Concordia: la Nueva Ideal. Los muchachos tienen más de cuarenta y cinco y menos de setenta y son cuatro, seis, diez: se van renovando todo el tiempo. Se dan charla, se gastan, se ríen mucho; hay dos que son amigos del gobernador y los otros les preguntan por sus cuentas en Suiza; hay uno que se tiñe el pelo y los demás no paran de tomárselo. Pero todos se quedan en silencio cuando les pregunto si no les da un poco de impresión que su ciudad se conozca como la más pobre del país:

—Sí, y más cuando conociste lo que era esto antes. Acá había mucha plata, había muchas empresas, mucha prosperidad.

Me dice uno, y otro que son pobres pero no todos, que hay muchas contradicciones:

—Por ejemplo acá tenés más colegios privados que en Paraná, con la mitad de habitantes. Acá todavía hay gente que tiene mucha plata. Lo que pasa es que el sesenta, setenta por ciento de la población está bajo la línea de pobreza.

Entonces todos me explican lo que ya había escuchado: que acá la pobreza empezó con la represa de Salto Grande, porque vino mucha gente a trabajar y cuando se terminó la obra se quedaron acá, ya sin trabajo. Y que es cierto que cerraron fábricas, pero que, sobre todo, los pobres son los que vienen de afuera, del interior de la provincia, del Chaco, de Uruguay, creyendo que acá van a encontrar algo que no existe. La pobreza es invasión, es amenaza externa.

—No sabés lo que me cuesta pelear contra esa idea de que los pobres vienen de afuera: que no son lo que nosotros produjimos. El gobernador Busti siempre quiso explicar nuestra pobreza con ese invento. Eso se lo pueden contar a los porteños y que se lo crean, pero a nosotros... Los que se quedaron sin trabajo cuando se terminó la represa pueden haber sido dos mil, como mucho tres mil: eso no te cambia una ciudad de ciento ciencuenta mil. Si acá en los últimos veinte años se cayeron todas las industrias que teníamos. Acá había más citrus que en ningún otro lugar del país, acá estaba Pindapoy, pero quebró, y hubo otros que también se fueron. Y esto era el centro administrativo del ferrocarril Urquiza, que cerró. Y había frigoríficos y curtiembres y eso también se acabó. Así, cómo querés que no haya desocupación, toda esta pobreza.

Me dirá después Claudio Gastaldi, que lleva muchos años tratando de hacer periodismo independiente en Concordia —y dirá que no es fácil, que antes eran las amenazas y las patoteadas, que ahora están más tranquilos pero hay quienes siguen tratando de convencer a sus anunciantes de que no lo sean. Grimaldi trabajó en radio y en televisión, se fundió con una revista, y ahora lleva casi tres años sacando un diario en internet que sí funciona.

—Somos cuatro personas que vivimos de esto y podemos trabajar en serio, escribir todo lo que tenemos que escribir.

Me dirá Claudio —y lo mismo sucede en muchas ciudades argentinas. En casi todas hay algún grupo de periodistas independientes que intentan hacer publicaciones independientes, fuera de los grandes poderes de la prensa, y que suelen ser los únicos medios donde se dicen ciertas cosas: esfuerzo, voluntad.

Pero ahora, en el café, los muchachos se quejan de que Paraná los pasó por encima:

—Hace treinta años el nivel de vida era muy parecido. Pero claro, ellos tienen treinta, cuarenta mil empleados públicos que ganan mucho más que la mayoría de la gente de acá, y entonces ahí hay plata, circula la plata, y eso en tiempos de crisis cambia todo.

Es otro efecto de la crisis del sistema productivo: cuando el principal empleador es el estado —nacional, provincial, municipal—, el dinero se concentra cada vez más en las capitales, donde está instalado el aparato administrativo. La crisis crea también desigualdades provinciales, otra forma de concentración de la riqueza.

—Vos sí que estás hecho percha.

Le dice uno de los muchachos a otro.

—Yo no sé cómo me siento acá con uno como vos. El día que te metan preso ni se te ocurra decir que eras mi amigo.

Le contesta el percha. Los muchachos del bar tienen buena ropa, celulares, los dientes parejitos, siguen su rutina de cada domingo a la mañana —y ahora, supongo, también, actúan para mí. Al final se deschavan: me preguntan si no los envidio, porque en Buenos Aires la gente no tiene tiempo para hacer lo que ellos hacen, para estar, me dicen, bien al pedo.

En el centro de Concordia hay mansiones neoclásicas, porches con columnatas de templete, escalinatas, frisos, como no hay en muchas capitales de provincia. Y también hay grandes edificios abandonados, en proceso de ruina. Concordia aparece en todos los discursos —incluso alguno del señor presidente— como la ciudad más pobre de la Argentina. No es un honor, pero es al menos un título importante. En un país que ha adquirido últimamente la noción de que es pobre —y de que eso significa muchas cosas— ser la ciudad más pobre no es banal. Peor sería no ser nada o una de las diez ciudades más violentas o la ciudad con peor promedio de cesáreas o una de las cinco con menos posibilidades de construir un subterráneo. La pobreza —el liderazgo en el ranking de la pobreza— les provee una identidad fuerte, decisiva.

Primero le pregunté a la Pochi si sabía por qué ellos eran tan pobres y me dijo que sí:

—Porque a nosotros nadies nos ayuda, señor, nadies se ocupa de nosotros.

Así que después, cuando traté de hacerle la misma pregunta al Goyo, la formulé distinto. Buscaba alguna idea de la sociedad:

—¿Usted qué piensa, por qué ustedes son pobres y hay otros que no son?

—Porque a ellos les dan mercadería, les dan plan jefas y jefes, y a nosotros no.

Me dice el Goyo y señala las casillas más allá, un poco más arriba, donde vive la aristocracia del Silencio. Algunos de los de allá arriba viven en ranchos de madera prolija; unos pocos tienen ladrillos: material. El Goyo, la Pochi sólo pueden pensar la pobreza o la falta de ella en términos de más o menos asistencia. Y de algún otro recurso habitual: el Goyo me dice que, aunque sea así de pobre, él no quiere salir a robar.

—Y además eso a mí nunca me gustó. Si usté roba unas cosas después enseguida va a querer robar más, y después más, me entiende.

El Silencio está en las afueras de Concordia, tiene veinticinco, treinta años, y dicen que se llama así porque los primeros pobladores se metieron en esta hondonada, detrás de unas lomas, para que no los vieran desde la carretera: como quien se queda bien quieto, calladito. Ahora El Silencio es una de las villas más pobres de la ciudad más pobre: ciento sesenta familias en ranchitos que van del indigente al miserable en un paisaje muy distinto de las villas urbanas: aquí no hay pasillos y aglomeraciones sino árboles, lomas, un arroyito sucio, algo de aire.

—Así que hay que apechugar y vivir así, nomás, qué se le va a hacer.

En el ranchito de la Pochi y el Goyo también viven sus seis hijos y un par de hermanos de ella; los chicos están descalzos, muy mugrientos, y van de quince a dos. El rancho son tres cuartos de tablas mal clavadas, cuatro colchones destripados sobre el piso de arena, ropa amontonada sobre el piso de arena, basura vieja sobre el piso de arena, telarañas. La pobreza es brutal pero es brutal también el abandono. Le pregunto a la Pochi cuándo limpia y me dice que muy poco, que total para qué si igual el rancho aunque lo limpies siempre te queda sucio:

—No hay nada que hacer, señor, somos tan pobres que no hay nada que hacer.

Dice la Pochi, muy flaquita, la de dos colgando de una teta. El Goyo también es muy menudo, pocos dientes, y me cuenta que antes —aunque no me pueda explicar cuándo era ese antes, sólo repite: antes— a veces cosechaba fruta o ayudaba en una obra pero que cuando llegaron los chicos tuvo que cambiar porque había cada vez menos trabajo y muchos días no comían, así que se vinieron a vivir acá al Silencio y empezó con esto de la cirujía, los residuos:

—Y acá estamos, nadie nos da ni bola. Estamos muertos, acá, bien enterrados. Solamente cuando están en campaña vienen los políticos a prometer alguna cosa. Te podrían dar veinte pesos por voto, por lo menos, pero no, te prometen cosas, nada más, y después, cuando los ponen, te dan una patada en el orto y te juiste, corazón, andá al carajo.

—Y vos, cuando seas grande, ¿qué querés ser?
—Yo quiero ser como mi papá.
—¿Y cómo es?
—No sé, nunca lo vi, por eso.

Hoy es domingo, el día más difícil. Los demás días la mayoría de los habitantes del Silencio almuerza lo que preparan en un comedor comunitario en medio de la villa —aunque Juan se quejará de que la comida es tan mala que él, a veces, se va detrás de un yuyo y la vomita. Pero los domingos el comedor cierra. La Pochi y el Goyo están hirviendo huesos; Juan ni eso.

Juan vive solo, un poco más abajo, en una casillita dos por dos con unas mantas viejas tiradas sobre el piso de arena. Juan me dice que se vino porque vivía en otra villa que siempre se inundaba y que tiene más o menos treinta años pero no está seguro, dice, porque nunca tuvo papeles, nunca lo escribieron —dice: no, a mí no me escribieron nunca— y como no tiene papeles no puede pedir nada, ni siquiera unas chapas:

—Y cuando llueve se me moja todo, mire, acá está, lo tengo que cuidar porque esto es todo lo que tengo.

Juan me muestra la casilla, las mantas viejas, un par de plásticos negros, dos pantalones rotos, cuatro remeras, un gorrito de lana, una estampita de una virgen, un almanaque de gomería con su rubia seis tetas. Juan no tiene zapatos; yo le pregunto cómo se ve dentro de algunos años y él no entiende.

—Sí, cómo te imaginás que vas a estar de acá a diez años.

—Bueno, ojalá dios me dé vida y salud para seguir viviendo un poco más. Yo gracias a dios estoy bien, lo único que le pido es que me dé un poco más de vida.

—¿Y salir de acá?

—¿Y dónde quiere que vaya? Acá por lo menos tengo un techo.

En un rancho suena un chamamé, y esto no funciona. ¿Cómo decirlo para decir realmente? Uno —usted, seguramente, yo— no suele ver estos lugares: estos mundos ajenos. Y es difícil imaginar siquiera cómo viven los que están ahí afuera. No es que sean pobres: es que viven en un mundo radicalmente diferente, una vida distinta.

Buscar, me decía, lo que nunca perdiste: esa idea que supuestamente nos une, la Argentina.

—Para mí ser argentino es una bendición: mirá el país que tenemos, toda esa riqueza, todos los climas. Lástima los políticos, que si no…

Parece, otra vez, la famosa metáfora barata. Pero yo no tengo la culpa si el predio de la Sociedad Rural de Concordia está quinientos metros más allá del Silencio, detrás de una fila de eucaliptus. O quizás sea mentira: sí tengo la culpa, por supuesto: podría no contarlo, yo lo elijo.

El chamamé que suena es parecido, los costillares y corderos al fuego no se parecen a la olla renegrida donde la Pochi hervía cuatro huesos. El fuego sí, pero no se parecen sobre todo esas unidades de mil kilos de carne autoportante viva envuelta en cuero, sobre sus cuatro patas: esos Tuyutí Tiffanys Roberto o Arroyo Max Lester, que tienen —dice su tarjeta, colgada en su corral— una circunferencia escrotal de cuarenta y dos centímetros, algo que debe ser muy bueno para su trabajo: vaca vaca vaca/ huevos huevos huevos.

Es domingo: la mayoría de los visitantes son pobres y vienen a ver los animales de los ricos. En la Exposición Rural hay puestos que ofrecen tractores, coches, chatas, motores, celulares, artesanías, cedés truchos, el cementerio parque del obispado de Concordia, garrapiñada, zapatos a diez pesos, plantas de jardín, pizza bebidas frescas, cables, fertilizantes, alambres y tranqueras, créditos, medicina prepaga, lámparas, espuelas, salamines —y ofrecen, pero no venden, casi todos, chicas de muchas patas.

Tengo un problema: hace un rato anoté pobreza y ahora quiero anotar también su antónimo, pero no encuentro —y termino poniendo "o la falta de ella". En cualquier examen —dígame, alumno Caparrós, cuál es el antónimo de pobreza— habría que contestar riqueza, pero es falso. En la Argentina contemporánea lo contrario de pobreza es supervivencia, ligero bienestar, haber zafado.

En la Rural hay corderos que se asan al fuego y un cincuentón muy bien vestido me cuenta la historia de una mujer de veintiséis que vive con su hijo de cuatro acá nomás en una villa y denunció que un pibe de dieciocho le había robado una radio y un par de cosas más. La policía, dice, fue a buscarlo y el pibe se escapó. Para vengarse, dice, enganchó a dos amigos, fueron a la casilla de la denunciadora, la ataron, le pegaron y la violaron delante del hijito. El pibe le dijo que era por buchona, dice, porque la cana lo había tenido a los saltos por su culpa, y que ni se le ocurriera hablar. Pero la mujer hizo la denuncia y la policía ahora sí detuvo al violador, dice el señor. Y que sus dos amigos siguen por ahí y los vecinos de la villa exigen que la familia del violador se vaya del barrio, me dice el señor, que se lo contó un amigo que es comisario de la zona.

—¿Ve que los pobres también tienen sus códigos, que no son tan brutos?

Después habla el presidente de la Rural y lo escuchan los señores de corbata de seda o campera de gamuza, las señoras de anteojos negros y tintura rubia. El presidente es un orador insostenible pero hace sus reclamos: que el gobierno equipe mejor a la policía rural para darle seguridad a las familias del campo.

—Y no menos importante, queremos solicitarle que arreglen la carretera Los Charrúas, que va a una serie de zonas rurales, lo cual nos permitiría sacar a la gente improductiva del cono urbano para que vayan a trabajar a esos lugares. Eso es muy importante para todos.

¿Cómo, de qué extraño modo nos pertenecemos mutuamente, la Argentina y yo, yo y la Argentina? ¿Por qué ahora, mientras voy por esta carretera de lomas pinos vacas y naranjos la miro pensando que yo soy todo esto?

FEDERACIÓN

La iglesia de Federación debe ser uno de los edificios más feos de un país repleto de edificios feos. El frente de la iglesia de Federación es un triángulo trunco de unos diez metros de alto, todo cemento blanco con sus vivos verde oliva: un carpón de cemento. Al costado, el campanario son dos columnas cuadradas de cemento —quince metros de altura verde oliva y al final las campanas y una cruz. La iglesia de Federación empezó su carrera el 25 de marzo de 1979, cuando vino a inaugurarla el general J. R. Videla y se encontró con que no estaba lista pero, ya que estaba, inauguró toda una ciudad alrededor —que tampoco lo estaba.

Federación es un pueblo que nació tres veces —y murió solo dos: sigue ganando.

Primero se llamó Mandisoví: fue cuando lo fundó un don Juan de San Martín, capitán español, en 1777, al mismo tiempo que a su hijo tan pródigo. Después, en 1847, lo volvió a fundar un don Manuel Urdinarraín, coronel entrerriano, y lo llamó Federación para complacer a sus jefes. El pueblo prosperó, y a mediados del siglo pasado tenía cinco mil habitantes. Pero el primer gobierno de un don Juan Perón, general argentino, lo condenó a la desaparición: ya en 1946 se decidió que su lugar debía ser ocupado por el agua que la represa de Salto Grande embalsaría. El proyecto estaba listo —pero no se hacía. Durante treinta años el pueblo agonizó: estaba condenado y nadie compraba ni vendía ni edificaba casas, esperando las aguas, que tampoco llegaban. Hasta que, en 1974, un referéndum convocó a los vecinos a votar dónde pondrían su nuevo pueblo. Una de las propuestas —la ubicación más cercana— ganó por mucho y enseguida el gobierno de

Isabel Perón olvidó todo. Hasta que los militares de la dictadura del '76 lo retomaron a su modo.

Este pueblo dará la vida por el país, decía entonces, bien grande, la revista *Gente* —que siempre pensó que este país necesitaba que su pueblo diera vidas.

Un video de 1977 muestra un pueblito como tantos, tranquilo, agonizando: calles, casas, la iglesia, el cine Rex, la escuela, la municipalidad, el parque parroquial y la estatua del prócer: todo está a punto de morir. Pero los militares que estaban por desaparecerlo no quisieron dejarlo bajo el agua —fantasmas raros, cadáveres de casas, la torre trunca de una iglesia, un san martín— y lo arrasaron antes de inundarlo. Decían que era necesario para que el lago fuera navegable; nunca construyeron las esclusas que harían que lo fuese.

—Mi mujer sigue extrañando, siempre dice que sus recuerdos se quedaron ahí, que no pudo traérselos de veras. Usted sabe cómo son las mujeres.
Dice Goyo y se ríe, pero suave.

La cifra de treinta mil desaparecidos es una convención —y es probable que sean menos. Pero nadie se acordó de agregar a esa cifra esta ciudad.

El gobierno del Proceso era capaz de ganar un mundial. El gobierno del Proceso era capaz de derrotar a la subversión apátrida. El gobierno del Proceso era capaz de pacificar la nación. El gobierno del Proceso era capaz de crear una nueva Argentina. El gobierno del Proceso era capaz de construir una ciudad en el tiempo récord de once meses y dieciocho días.
El gobierno del Proceso encaró la construcción de la Nueva Federación a partir de un modelo previo de barrio militar. Eran mil casas medio prefabricadas, iguales por fuera, por dentro muy distintas. Había unas quince categorías de casas: una sociedad cuidadosamente estratificada aunque, desde afuera, aparecieran sólo tres modelos distintos: algo así como los uniformes de los militares —todos muy parecidos aunque marquen valores bien diversos. La categoría estaba dada por terminaciones, materiales, equipamiento: del parqué al piso de cemento, un suponer.

Don Alberto me dice que cuando baja el agua los perros todavía vuelven a las viejas casas, y yo lo miro pero no le digo que es imposible porque no hay perro que viva treinta años. Don Alberto me lo dice con dolor, todavía: un dolor muy usado.

En una foto aérea de la época, la ciudad nueva es un conjunto de barracones sobre tierra, con dos escuelas y —eso sí— la penitenciaría. La Nueva Federación no tenía centro cívico ni plaza: los militares no supusieron esa necesidad. En cambio le hicieron un eje organizador: una avenida comercial.

También hicieron sesenta residencias para los más ricos, en un barrio especial. El gobierno vendía las casas nuevas a precios razonables y con grandes plazos. Pero la ciudad no estaba terminada: las calles eran pura tierra, el suelo no estaba nivelado, no había faroles ni negocios ni árboles. Como dijo el general de entonces: faltaban los detalles.

La mudanza se hizo manu militari: a la hora señalada por el Ejército llegaba el camión, cargaba todo lo que estuviera listo y tuviera lugar —y el resto se quedaba. Al rato llegaban las topadoras y arrasaban:

—Yo quise volver porque me di cuenta de que no nos habíamos traído una caja llena de ropa de mi marido, que se había quedado en la pieza, y cuando llegué mi casa era un montón de piedras. No sabe lo que fue eso para mí.

Me dice doña Eugenia.

Las casas se adjudicaron por sorteo: dentro de la categoría que le correspondía a cada uno, le podía tocar cualquier calle. Las familias se alejaron, los vecinos de siempre ya no se veían. Y lo peor, para muchos, era esa monotonía militar que se solía atribuir al comunismo: todas las calles parecían iguales, todas las casas parecían iguales. No había, dicen, señas de identidad, y eso creaba confusiones:

—¿Quién no le ha errado de calle
o, engañado por el vino,
se metió en lo de un vecino
y a la vecina palpó
y después se disculpó,
por confundido, imagino?
Cantaba, años después, Agustín Gibert.

Dicen que unos cincuenta vecinos se murieron, en esos primeros años, de tristeza.

Las sesenta casas ricas fueron lo peor: quedaron lejos del centro y, para colmo, no había manera de conseguir que saliera de sus canillas agua fría. Salía tibia, insoportable. Muchos vendieron y se fueron. Esa agua era una maldición.

—A mí lo que me mataba era la tristeza de vivir sin árboles. No sabe lo que es vivir sin árboles. Y yo pensaba que no iba a vivir veinte años más, hasta que hubiera árboles de nuevo.

Me dice don Jaime, que ya debe andar por los ochenta y muchos.

—La verdad, yo pensaba que nunca iba a poder vivir acá, que me iba a morir enseguida. Y ahora mire cómo está. Qué cosa, no, cómo todo se va haciendo, hasta lo que parecía imposible.

Viejos perros no quedan pero es cierto que, cada seis años —más o menos— hay una gran sequía. El lago se vacía, y los viejos habitantes de Federación van a ver lo que quedó de sus casas.

No hay paredes: sólo los cimientos, que dibujan planos de las casas en el suelo. Pero los vecinos de antes se instalan en el dibujo de sus casas y se preparan un asado o al menos unos mates en la desolación, el barro, los mejillones dorados que ahora plagan el lago.

En 1991 los vecinos de Federación inauguraron la plaza, a un costado de la avenida Comercial. Se habían llevado retoños de las azaleas de la plaza de la ciudad vieja; los guardaron años, hasta que los plantaron en la plaza de la nueva, rojas, muy rojas, y allí crecen: huyó lo que era firme y solamente lo fugitivo permanece y dura —habría dicho el maestro.

A mediados de los noventas la ciudad languidecía: sus citrus y sus maderas no encontraban mercado, no había fuentes de trabajo. Todo se estaba hundiendo. Entonces alguien empezó a preguntar qué pasa con aquellas raras aguas tibias —y el pueblo decidió cavar todo lo que fuera necesario para ver si realmente eran termales. La napa que encontraron fue riquísima. El municipio se encargó del resto: construyó un centro termal público —y prohibió que ningún privado se quedara con las aguas. Eran el bien común, la posibilidad de supervivencia para el pueblo.

Ahora son quince mil habitantes que prosperan con el turismo —pero también los aserraderos y los cítricos repuntaron, después de los años del desastre. Y el pueblo se ha ido armando: hay un impulso. Cada quien le fue dando un toque distinto a su casa: transformando arcos rectos en redondos, variando las persianas, tapando la galería, cambiando por negras tejas rojas o, incluso, con el tiempo, edificando nuevas. Federación es un lugar extraño, calles ordenadas y una costanera muy bonita, la avenida Comercial como una estación de ómnibus sin ómnibus, los hoteles y residenciales repletos de bañistas.

Las azaleas, ahora, me emocionan: un testimonio de la persistencia.

—Está bien que se acuerden, todo bien, pero también podrían olvidarse de una vez. La ciudad está acá, no ahí, debajo del río. Yo bajé una vez con los abuelos pero ya me aburrí. Me querían contar cosas, los escuché un rato para que no jodan, pero ya no voy más. Tampoco te vas a pasar toda la vida mirando para atrás, ¿no?

Me dice Yessica, arito en la nariz, alumna secundaria.

Federación fue la más clara concreción del sueño militar de arrasar y hacer de nuevo —todo de nuevo, desde cero. Lo curioso es que, por las razones que sean, no les salió tan mal. Todo sería más fácil si esto fuera un páramo siniestro. O, si acaso, queda pensar que hay algo —una fuerza confusa— capaz de sobreponerse a esos designios.

—Ahora vamos a ver qué pasa. Esto del agua y el turismo está bien, pero hay que defenderlo. En el Paraguay ya hay un destacamento de marines. Van a hacer un pozo de mil metros y nos van a chupar toda el agua, se la van a llevar toda para allá.

Me dice la chica que me muestra el museo, su bebé tan calladito en brazos. La paranoia del agua está empezando a ser lugar común.

—¿Sabés qué? A veces me parece que esta historia no se termina acá. Pero bueno, ya tuvimos que hacerla tres veces. Y si hay que hacerla otra más...

Sol sobre el Uruguay:
refulgen
las escamas del agua.

Provincia de Corrientes

Curuzú Cuatiá-Mercedes

Entro a Corrientes. Las fronteras suelen ser inventos de gobernantes y topógrafos —y más las provinciales. Pero son inventos antiguos, que han producido efectos. La primera marca visible de la frontera entre dos provincias solía ser el cambio del asfalto: cómo se desmejoraba de una provincia rica a una pobre y viceversa. Ahora las rutas privadas siguen iguales a través de los límites: una vez más, la empresa sobreponiéndose al estado, la globalización tan caserita.

Sin embargo, poco después veo la primera casa a la noreste: planta cuadrada rodeada de galería por los cuatro costados. Después sabré que esas galerías son supervivencias de las construcciones guaraníes, que los jesuitas adoptaron y que ahora se usan en toda la región. Es, supongo, uno de los muy pocos estilos arquitectónicos diferenciados que hay en la Argentina —y el único realmente autóctono.

Una vaca a la vera del camino, muerta, descarnada. Su buitre, su osamenta.

A veces —largas horas del Erre— me pregunto si vale la pena tratar de reflejar la época —como si hubiera alguna chance de no hacerlo. Pero, aún así, me intriga saber qué queda de una época cuando uno la lee en un texto viejo de cien años. Y si es el hecho de reflejar su época el que hizo que ese texto durara —que uno lo lea todavía— o son justamente los momentos en que logró no hacerlo: volverse intemporal. Después, de pronto, me extraña temporal. Temporal es una palabra muy de moda en estos días. Es curioso que cuando uno oye el adjetivo que refiere al tiempo piensa primero en viento huracanado, la lluvia tremebunda, los destrozos —lo que ataca, al contrario del tiempo, inesperado, en un momento.

—Vamos a ver si mi viejo zafa.

Me dice el gordo: es una entrada rutilante. Yo acababa de pararle en un cruce de caminos para que se subiera: el gordo estaba haciendo dedo con una cara de angustia extraordinaria y el uniforme azul de policía de Entre Ríos y la gorrita de policía de Entre Ríos un poco chica sobre la cabeza. El gordo se subió, ocupó algo más que el asiento de al lado y repitió su frase:

—Vamos a ver si mi viejo zafa.

Hay veces en que tengo, todavía, que preguntar alguna cosa. Pero son las menos: los argentinos hablan, quieren hablar. El gordo quiere hablar y me cuenta que salió hace un par de horas de Concordia, que anoche trabajó hasta muy tarde por las fiestas y que esta mañana estaba por volver a la comisaría cuando lo llamaron de Curuzú Cuatiá: que su padre tuvo un derrame cerebral, que está jodido en serio, que no se sabe si se salva. Y que se venga a verlo.

—Porque además mi viejo allá, en Curuzú, no tiene familiares directos, entonces para moverlo necesitan que vaya yo a darles la autorización. Pero tampoco tiene obra social, entonces no lo quieren meter en una ambulancia para llevarlo a Corrientes o a Concordia, para que le hagan una tomografía de ésas a ver si va a poder zafar. No lo quieren llevar porque no saben quién va a pagar el traslado, hijos de puta.

Entonces, esta mañana, el gordo se puso como loco: tenía que conseguir esa ambulancia, pero en vez de ir a hablar con su superior directo para pedirle que lo dejara irse y que le prestara una ambulancia policial, se abatató y fue a hablar con el gran jefe.

—Entonces no sé, ahora dicen que me van a meter preso cuando vuelva porque uno no puede ir a hablar con el jefe, tiene que seguir la jerarquía, vio. Usted sabe cómo son estas cosas.

Y no, su padre no es de Curuzú. No, su padre no tiene familiares directos en Curuzú Cuatiá porque está ahí hace seis o siete años, viviendo con una mujer que se enganchó cuando vino a hacer algún trabajo. Pero no, su padre es entrerriano:

—Mi viejo era un picaflor, sabe, digo es un picaflor, un culo inquieto, siempre anduvo detrás de las mujeres. Una vuelta se enganchó una en Uruguay, una parapsicóloga, no sabe cómo lo tenía, como un doctor lo tenía... Le compró un coche, andaba con traje, pulsera, reloj de oro, anillo de oro, todo de oro andaba. Yo le decía viejo no vayás a hacer cagadas, quedate con ésa que te tiene pipí cucú. Y él me decía andá a saber, porque se conocía, bah, se conoce, y entonces la cagó mi viejo a la parapsicóloga. Y ella se enteró y le tiró un par de tiros que le silbaron ahí, al lado del oído. Mi viejo dice que a la noche le hizo lo que le tenía que hacer para tranquilizarla y después, cuando se durmieron, se levantó despacito, agarró el mate, dos o tres pilchas y se rajó para siempre: para loco ya estoy yo, dice, no necesito más, si me quedo con esta loca va a terminar matándome. Así que de nuevo a pata, pobre viejo.

—¿Y qué edad tiene ahora?

—Y... cincuenta y cuatro. Lo que pasa es que nunca paró, siempre muy nervioso, y además siempre trabajando, nunca se hizo atender, es de los de antes, de esos que llueva o truene siempre están laburando. Ojalá zafe, pobre viejo, pero nunca se sabe.

El gordo se queda callado y le pregunto si hace mucho que está en la policía. El gordo es morochón, cejas espesas, las manos bien morcillas.

—No, un año nada más, un año y algo.

Y me cuenta que no fue fácil porque cuando se fue a la escuela policial hubo uno que le empezó a calentar la cabeza a la mujer, a su mujer, que fíjate cómo te trata, que no te da bola, que acá estoy yo para atenderte y la mujer se dejó engañar y ahí se equivocó.

—Y yo la tuve que echar y la eché, pero después me arrepentí. La verdad, yo la quiero a la Negra.

Y ya no sabía qué más hacer para que ella volviera: brujos, videntes, de todo, dice, hasta que conoció a Dios.

—No es que yo no lo conocía, yo lo conocía pero así, de lejos, y ahí fui a ver unos evangelistas y el pastor me ponía la mano, así, en el pecho, y yo sentía que la mano me quemaba, de verdad me quemaba. Y yo le pregunté cómo puede ser esto y él me dice porque ésta es la presencia del Señor. Y era cierto, después enseguida me volví a juntar con mi mujer y ahora está todo bien. Pero lo de la cana es un quilombo, no sé que va a pasar.

—¿Por qué, porque te saltaste la jerarquía esta mañana? No creo que te hagan tanto quilombo: de últimas van a entender que es una situación extrema, que tu viejo está mal, no creo que te hagan nada.

Le digo, para tranquilizarlo y él me dice que no, que eso no es todo:

—No, eso puede ser, pero yo ya venía con otros líos.

Dice y me cuenta que entró en la policía porque siempre trabajó para Busti en las campañas y que ellos le arreglaron el ingreso. Pero que, hace un par de meses, con un compañero detuvieron a un malandra que tenía captura y que él lo conocía de las campañas: era un tipo de Busti. Y entonces pensó yo a éste no lo mando adentro porque con un llamado telefónico me hace cagar. Y le dijo a su compañero y lo soltaron. Y después le escribieron una carta a un secretario del gobierno en Paraná para decirle que le habían hecho ese favor y que a cambio querían que los trasladaran a un pueblo más chico, donde iban a cobrar un poco más. Y el secretario mandó la carta de vuelta a la comisaría. Entonces saltó todo el asunto y él quedó tecleando, con la historia de que había largado a un tipo y encima había pedido recompensa: que esas cosas las hacen todos pero cuando alguna salta no se pueden hacer los boludos, dice el gordo.

—¿Pero sabe qué? Ahora eso no me importa un carajo, yo lo que quiero es que mi viejo zafe.

—¿Y qué te dijeron, qué posibilidades tiene?

—No, me dijeron que está jodido, que lo que tiene algunos zafan, otros no, algunos se quedan con la mitad paralizada, pero bueno, si le llegó la hora, si el Señor se lo lleva, será porque se lo tiene que llevar, y Él sabrá por qué lo hace. Yo lo quiero a mi viejo, yo de verdad quiero que zafe, pero si el Señor se lo lleva yo le voy a decir amén.

para uno que tiene hay veinte que quisieran, no, para qué voy a trabajar si no me pagan nada no, por esa guita no me rinde, me sale más caro el colectivo, todo sube, todo sube porque no hay quien ponga orden y cada cual hace lo que quiere, lo que se le canta, acá la administración es un desastre y los privados lo único que quieren es llenarse de plata y al resto que lo parta un rayo y peor el estado, el estado sí te da es porque quiere

Hoy he decidido que voy a dejar de escuchar la radio del Erre por un tiempo. Aquí sólo se captan emisoras locales que aguzan mis peores prejuicios de porteño. Y eso no es bueno. Pero, de todos modos: ¿cuándo fue que dejamos de pensar que una frase tenía que empezar y terminar, entre otras cosas?

aprovecharse, ahí sí que son todos unos tránsfugas prendidos de la teta se agarran de la teta y no la sueltan

—Yo no sabía, pero es cierto que los santos se ponen de moda. Vos ves que salta San Cayetano y pum... todo es San Cayetano. Y después, por ejemplo, hace poco fue el boom de la Virgen Desatanudos, María La Que Desata los Nudos, todo el mundo me pedía esa virgen. Y de pronto hay algunos que hace tiempo eran importantes y que ahora nadie se acuerda, sí. Por ejemplo, San Pantaleón, ahora quedó ahí en el olvido.

—¿Qué hacía San Pantaleón?

—San Pantaleón era un médico, dicen que hay una capilla en Buenos Aires que tiene su sangre así coagulada. Vos la habrás visto: dicen que para la fiesta de él se hace líquida.

—¿Y a ése ya no lo piden más decís?

—No, ése está medio parado, viste. A nosotros siempre nos decía un proveedor: los santos se ponen de moda, y pasan de moda. Y yo me cagaba de risa, andá, no puede ser, me estás cargando. Y él me decía yo ando por todo el país y es así, tené cuidado, me decía, no te vayás a ensartar con un stock de santos que después te queden ahí tirados. Cuidate, es un negocio complicado, me decía. Y sí, es verdad. Parece mentira pero es verdad. Es para no creer, hermano.

Cuando llegué al santuario del Gauchito Gil caía la tarde y muchos kioscos ya cerraban. El santuario del Gauchito Gil es una confusión de casillas y pasillos al costado de una carretera, donde se venden Gauchitos, San La Muertes, vírgenes varias, mates de pezuña, cedés truchos, anteojos para sol, muchos muñecos de peluche, mates de palosanto, facones, ponchos, cadenitas, cruces, cintas rojas, llaveritos de Boca, pelotas, camisetas; todo alrededor de una construcción de dos por dos cubierta por chapas de agradecidos y velitas que encierra el pedazo de tierra donde, dicen, yace Antonio Gil. A un costado, también lleno de chapas y de velas, está el árbol.

El árbol es básico en la historia del Gauchito Gil. Antonio Mamerto Gil Núñez era un mestizo nacido aquí, en Mercedes, a mediados del siglo XIX. Dicen que, muy joven, Antonio Gil se enamoró de una viuda que pretendía también un comisario. Que se enfrentaron en una pulpería y que Gil, vencedor, le perdonó la vida: que ése fue su error. Desde entonces, dicen, el comisario lo persiguió sin pausa —y el gaucho Antonio Gil tuvo que huir de la comarca. A lo Fierro, lo conchabó el ejército argentino y lo llevó a pelear la guerra contra el Paraguay. Cuando la guerra se acabó, un militar celeste —liberal— lo mantuvo en sus filas, pero el Gaucho era rojo —federal— y desertó a lo Fierro. Con un par de compañeros —un criollo y un mestizo— formó una banda que erraba por Corrientes. Robaba, dicen, ganado, pero lo compartía con los pobres. Hasta que una partida militar lo encontró dormido —es mejor que el héroe no se rinda— y lo detuvo; era el 8 de enero de 1878, tiempos de Avellaneda. Los soldados lo ataron de los pies y lo colgaron cabeza abajo —clásica posición de media res— del algarrobo que todavía está acá, lleno de chapas. Estaban por matarlo y le dijeron que lo iban a dejar tirado ahí, pasto para caranchos. Antonio Gil quiso intentar una venganza póstuma:

—Si no me enterrás, cuando vuelvas a tu casa te vas a encontrar a tu hijo muy enfermo, pero si mi sangre llega a Dios, juro que volveré en favores para mi pueblo.

Le dijo al sargento que lo enfrentaba con el sable en la mano. Los sargentos —de Cruz al correntino— son importantes en la estructura de estos cuentos: son el escalón más bajo, más accesible del poder. El sargento le rebanó el gañote y se olvidó; el capitán se llevó a Goya su cabeza. Dicen que días más tarde, cuando volvió a su casa, el sargento encontró a su esposa desesperada porque su único hijo agonizaba. Entonces el sargento recordó, volvió al lugar, enterró el cuerpo de Gil, le hizo una cruz de ñandubay y le rogó por la vida de su hijo. Al otro día, cuando volvió, el chico ya se había curado. La noticia corrió; de a poco, otros paisanos se acercaron a pedirle favores. Él, dicen, los cumplía.

—Lo que pasa es que el Gauchito cumple, es muy cumplidor. Y además le podés pedir lo que quieras; si querés también le podés pedir cosas malas.
La amplitud es central: a un santo cristiano sólo se le pueden pedir acciones respetables. Al Gauchito, en principio, cualquier cosa. Aunque, últimamente, están tratando de civilizarlo.

El Gaucho Antonio Gil tiene el pelo negro y largo, camisa azul, su pañuelito rojo al cuello. El rojo es su color: el rojo puede ser la sangre derramada y puede ser, también, la enseña federal que llevó al Interior a la derrota. Antonio Gil es el Interior hecho creencia. Antonio Gil es la gauchesca hecha superstición.

—El Gaucho te cumple, sabés que te cumple. Vos no le vas a decir haceme ganar el Loto, pero no sé, pedíle trabajo, pedíle salud, andar bien con tu familia, la fuerza para seguir todos los días, pedíle algo lógico y te lo da, viste. Acá ha venido gente, la otra vez nomás, que era de… esperá, como era ésa, Norteamérica no, de… Inglaterra, Estados Unidos, Brasil, Paraguay, Bolivia, y todo por acá, Chaco, Formosa…
Me dice otro vendedor de santos, gorras y juguetes. El primero era gordo y morocho; éste, flaco y morocho. Yo le digo que sí, que he visto sus santuarios por todo el país.
—Todo el país, todo el país. Mirá, los únicos que acá nunca lo quisieron era la iglesia, viste que acá siempre hubo un tema con la iglesia que no… Acá vino un cura el otro día, que fue todo un coso en Corrientes, una… como te puedo decir, un coso que se reunían todas las iglesias, y acá mismo bajaron como dos micros. Y el cura empezó a decir no compren eso, ni toquen eso del Gauchito. Yo te juro que me agarré una bronca… Me agarré una bronca, porque lo más lindo es que el tipo venía todo de oro, cadena de oro, anillo de oro, esto, lo otro…
—Y no quieren competencia, ¿no?
—Claro, porque, si no, dejan de comer ellos. Ladrón hijo de puta qué

mierda tenés que hacer acá, como me vas a echar la gente, le digo, no ves que la gente no está comprando nada del Gauchito, está comprando gorras, autitos, esas cosas. Me mira, así, pesado y yo le digo y vos qué me mirás con esa cara, ladrón, violín, hijo de puta, le digo, tomatela de acá, tomatela, porque te juro que me llenó de impotencia, eh, porque vos fíjate si ellos, que son... Disculpame, no sé si vos estás con los curas...

—No, no estoy.

—Pero para mí, de parte de mi pensamiento, son los peores ladrones, le rompen el culo a los pibitos, mientras ellos con el diezmo, con esto, con el otro, se garchan a todos, hablando mal y pronto. Y ahora, como el Gaucho fue algo que pegó en todo el país, en todo una fe terrible, ahora de golpe y porrazo ahora lo, cómo es, lo cristianizaron, no, lo... cómo es... lo pusieron en la iglesia también.

—¿Cómo, qué hicieron?

—Claro, lo... ¿cómo es que se dice la palabra?

—¿Qué lo canonizaron?

—Claro, eso: que lo canonizaron.

No lo canonizaron —¿todavía?— pero ahora lo miran con cariño. Durante décadas la iglesia de los católicos se opuso feroz a su culto; ahora, cuando ya es incontenible, está tratando de integrarlo poco a poco. Es una larga tradición: la iglesia de los católicos siempre supo cooptar ideas, ritos, personajes que no pudo vencer. Para eso están tratando de convertir al Gauchito en una figura sin aristas; ahora el que mantiene el papel del enemigo es San La Muerte.

—No, no lo van a canonizar: hay gente muy interesada en que la iglesia no termine de agarrarlo. A muchos les conviene que esto siga como está.

—¿Por qué?

—Y, porque es una cosa que genera muchísima plata viste y a los tipos de la comisión que está acá, al interventor, no les conviene que esto se canonice y lo agarren los curas, y la iglesia se quede con todo el paquete y se la lleve.

Me dice el otro vendedor, el gordo.

—Hace mucho, antes de instalarnos acá nosotros vendíamos regionales y santería por la provincia. Nos íbamos a todas las exposiciones rurales, a las fiestas patronales, y siempre llegábamos y la gente te pedía Gauchitos, entonces nunca nos faltaban, y hemos ido a fiestas patronales que los curas venían después de la misa y nos querían sacar a patadas cuando veían la imagen del Gauchito. Era el demonio para ellos, pero ahora es como que lo quieren incorporar, ya se están dando cuenta. Ahora está pasando lo mis-

mo con éste, con San La Muerte, los curas ven al San La Muerte y capaz que
te matan a patadas. Es el diablo viste... pero es un negocio del carajo, se
vende como la puta madre.

Al Gaucho Gil lo difundieron por todo el territorio nacional los camioneros —que habían difundido, antes, también la imagen de la Difunta
Correa: yo nunca había pensado en Hugo Moyano como sumo sacerdote,
pero la influencia de sus muchachos en el auge de nuevos cultos argentinos
me parece cada vez más clara, sorprendente.

—Disculpe: ¿usted vino a pedir algo?
—No, a agradecer. A mí ya me dio lo que le había pedido. Así que es-
taba esperando la ocasión para venir a agradecerle.
—¿Y qué le había pedido, si no es atrevimiento?
—No, atrevimiento no, pero no se lo puedo decir, no quiero preocu-
parlo.
El hombre tiene cuarenta y tantos, acento cordobés, una cicatriz en el
mentón y la cara curtida. Yo lo miro como quien dice no se preocupe, no
me va a preocupar, y él me mide.
—A mí el Gaucho me hizo salir entero de una parada brava. No le voy
a decir más.
Y yo no se lo voy a preguntar.

El santuario es precario: comparado con la difusión que tiene el Gaucho en el país, su pago chico es poca cosa, casi una decepción. Un santuario con estructura de villa tercer cordón de Buenos Aires: hay problemas de
jurisdicción, de propiedades, que hacen que no se pueda construir nada per-
manente. Quiero ir al baño y una nena de ojos claros y sonrisa extraña me
cobra cincuenta centavos por dejarme entrar a una casilla con olor a tanto.
Después me explican que la culpa la tienen los políticos.
—Acá lo que pasa es que nadie hace nada.
Me dice el vendedor flaquito:
—Acá no hay baños, no hay un galpón donde la gente pueda quedar-
se. Casi no hay agua.
—¿Pero quién lo administra?
—No, ahora hay un interventor, un tal Roldán.
Me dice, y se sonríe. Me imagino cómo sigue la historia:
—¿Un amigo del gobernador?
—Ese muchacho... hace tres años no tenía nada, andaba con una pan-
chera por las calles de Mercedes vendiendo panchos. Ahora tiene dos co-
ches importados, una radio, una imprenta, se está construyendo un motel.

Yo me sonrío: siempre me gustó la mezcla de religión y polvos rápidos.

—Pero que se cuide, porque los que le afanan al Gauchito terminan muy mal. El Gaucho te da y te da pero si no le cumplís, te saca todo. Los que le quisieron robar se murieron con la lengua afuera de lo secos que estaban.

Lo que no consiguieron generaciones y generaciones de militantes de izquierda lo consiguió, fácil, el Gauchito Gil: llenar la patria de banderas rojas.

Detrás del santuario está Mercedes: Mercedes es un pueblo tan agradable, ancho, de casas bajas y serenas, viejas, una plaza con sus tipas increíbles y —tilingo de mí— muchos hombres con sus bombachas y sus boinas. Mercedes es un pueblo de largas tradiciones, ganaderos muy ricos y campesinos pobres, un pueblo correntino. En Mercedes hoy, lunes, termina la Exposición Rural.

Los correntinos sí que tienen famas: de tradicionalistas, de apasionados, de violentos.

El olor es muy fuerte y los hombres no andan descubiertos. Los peones usan boinas y sombreros de gauchos y los patrones boinas más elegantes, gorras escocesas. Muchos llevan bombachos. Los patrones, camperas de gamuza.

—Miren esa yegua, che, mansita, miren qué femenina.

Grita el martillero: miren qué femenina. En el medio del picadero de la Rural la yegua caracolea entre las piernas de un peón muy ducho. Alguien, parece, ofrece dos quinientos. El martillero insiste y suben las ofertas. Ahora están en cuatro cien y al martillero no le gusta:

—¿A ver quién da más por esta yegua? ¡Le cabe mucha más plata a esta yegua! ¡Miren qué mansa que es, qué femenina! ¿Cómo puede ser que acá no haya hombres para pagar por esta yegua?

Es de noche, hace fresco, y la escena parece un resumen de la Argentina pastoral. La Sociedad Rural de Mercedes, sin embargo, está en pleno alzamiento.

—¿Tenés un momento? Nos gustaría hablar con vos.

Yo les digo que sí: estoy tan disponible.

Digo: si alguien supiera envasar este aroma de bosta, sudor de animal, sudor de hombres, paja vieja y asado, se llenaría de plata.

—Está muy bien que quieran conservar el medio ambiente, imaginate, a quién le va a interesar más que a nosotros que se conserve el medio ambiente si nosotros somos ganaderos, necesitamos el medio ambiente más que nadie. Pero una cosa es conservarlo para la producción y otra cosa... bueno, esto que dicen.

Estoy tomando un copetín con ingredientes y chipas en el barcito rústico del predio de la Rural con varios miembros de la comisión directiva encabezados por su presidente, un muchacho joven y robusto que se llama Blas Ferrando. Blas es la cabeza de la lucha: me cuenta sus peleas con el gobernador de la provincia desde que descubrieron, por casualidad, que estaba por promulgar una ley de conservación de los Esteros del Iberá sostenida por una especie de fundación ecologista pagada —dicen ellos— por el famoso Tompkins.

Douglas Tompkins, el americano impasible, el dueño de cientos de miles de hectáreas en la Patagonia argentina y chilena, se está convirtiendo en un personaje importante de la patria. Ha gastado muchos millones de dólares y es, hoy, uno de nuestros terratenientes principales. Lo persiguen sospechas: él dice que está acumulando tierras australes para salvarlas de la degradación y que todo lo hace por la "ecología profunda"; otros dicen que quiere quedarse con las reservas de agua de la región y que compra por cuenta de orgas oscuras, tal vez alguna agencia oficial americana. Y últimamente Tompkins se ha comprado doscientas mil hectáreas en el Iberá, y sigue comprando.

—La ley ésta que Tomkin quiere imponer establece una zona de exclusión alrededor de los esteros: que en un radio de tantos kilómetros no se pueden criar animales, en un radio de tantos más sólo se puede criar uno cada cuatro hectáreas, y así.

La historia es clara: si la ley se aprueba, los ganaderos de Mercedes van a tener que achicar mucho sus haciendas, y sus tierras, que sólo sirven para vacas, van a valer mucho menos dinero. Y, suponen, entonces el americano se las va a comprar por casi nada. Por ahora presionaron al gobierno provincial y pararon la ley, pero no saben qué puede pasar después de las elecciones.

—Si esa ley se aprueba toda la región, la producción de toda la región se va a ir al bombo. Para un yanqui es fácil ser ecologista acá, tan lejos de su casa.

Son, también, las historias de los famosos bonos verdes: por el Protocolo de Kioto las grandes empresas industriales y mineras que poluyen el mundo pueden redimir sus desastres manteniendo espacios verdes en otras zonas del planeta —el tercer mundo.

—Es lo que hacen estos americanos. En su país producen y hacen mierda todo, y vienen acá a darnos lecciones de cómo hay que cuidar el medio ambiente. Y si nosotros tenemos que dejar de producir, qué les importa.

Los ganaderos están nacionalistas, intratables. La charla se caldea, hay más whisky y más chipa y ahora Blas Ferrando, el presidente de la Rural, cita *Le Monde Diplomatique*, periódico de izquierda, para advertirme sobre los peligros de la apropiación del Acuífero Guaraní por manos extranjeras: el Acuífero es otro de los grandes hits de este verano.

El Acuífero Guaraní es un recién llegado a la escena política patria: hasta hace poco, nadie había oído hablar de él; ahora se ha convertido en uno de los hipocampos de batalla de ecologistas, productores varios, nacionalistas múltiples. Un acuífero es una napa subterránea: no un lago subterráneo, sino grandes cantidades de piedra embebida de agua —una esponja titánica. El Acuífero Guaraní ocupa un millón doscientos mil kilómetros cuadrados de subsuelo —más que Portugal, España y Francia juntos— y se reparte entre Brasil, Paraguay, Uruguay y Argentina. El agua se está volviendo uno de los insumos más deseados: la industria de las aguas —gerenciamiento del agua potable, embotellado de aguas minerales— ya mueve unos ochocientos mil millones de dólares al año, y va creciendo. Se supone que dentro de cincuenta años la demanda superará por mucho la provisión del mundo y habrá tremendas guerras aguateras —como las hay por el petróleo. Los grandes países occidentales están tratando de asegurarse sus reservas: por ahora su población —un décimo del mundo— usa el ochenta y cinco por ciento del agua que se usa, pero la suya está cada vez más contaminada. El Acuífero Guaraní es la segunda o tercera reserva de agua del planeta: ya empezó a ser —dicen— un objetivo estratégico de primera importancia. Por eso —dicen— ciertos tratados que impulsan los americanos, los marines que se instalan en el Paraguay, grandes compras de tierras.

Después los ganaderos mercedinos me dicen que no me sorprenda, que ellos no son como los correntinos del norte; que ellos son más abiertos, más modernos:

—Los aparaguayados son ellos, los del norte de la provincia. Ellos sí que son bien conservadores, feudales, despectivos, de no darse con nadie, de maltratar a los peones. Nosotros somos más abiertos, más modernos.

Me dice un ganadero de pañuelo al cuello y boina pampa. Y más tarde Mauricio Dorín, gaucho judío, uno de ellos, me invita a conocer su campo.

Mauricio Dorín tiene cuarenta y tantos, la barba rala, el pañuelito al cuello con pasador de plata, los bombachos, la boina siempre pampa y una sonrisa amable. A fines del siglo XIX los bisabuelos de Mauricio Dorín abandonaron algún pueblo ruso para fundar una colonia judía de Entre Ríos; se escapaban del hambre y los pogroms y suponían, como tantos, que aquí podrían comer, ser libres, prosperar —en ese orden. Trabajaron duro; uno de sus hijos, el abuelo Dorín, fue a buscar más espacio más al norte y recaló en Mercedes. Allí abrió una talabartería, especializada en cueros de carpincho, y le fue bien. Su hijo, el padre de Mauricio, siguió con ese rubro y además pudo comprarse dos o tres mil hectáreas.

Cuando salió del colegio secundario, Mauricio se fue a cursar ingeniería a Resistencia pero se dedicó, más que nada, al ajedrez: estudió, entrenó, jugó, compitió y llegó a ser maestro internacional, uno de los grados más altos de la escala. Vivía de vender los bolsos y carteras y monturas y botas de la tienda del padre —y era un sujeto perfectamente urbano: para él el campo era un recuerdo fuerte de la infancia y una visita cada tanto. Pero hace tres años el padre se murió y Mauricio tuvo que hacerse cargo.

—Yo creo que lo que hizo mi padre estaba bien, pero a mí me interesa ver si puedo hacerlo distinto, mejorarlo. A mí lo que más me gusta es jugar un torneo de ajedrez o ir al cine, al teatro, a pasear. No te digo que esto no me guste, pero no es el lugar que me fascina. Es mi trabajo, ni más ni menos. Y quiero hacerlo bien, quiero que funcione.

Me dice ahora, en su camioneta, mientras entramos por el camino de ripio de una de sus dos estancias, a cuarenta kilómetros del pueblo. Ésta tiene mil ochocientas hectáreas —para la zona, un campo chico. Aquí la tierra es difícil y no hay posibilidad de agricultura: todo esto es pura vaca.

—¿Y por qué te metiste en este asunto?

—Bueno, cincuenta por ciento por tradición, la historia de mi familia. Y cincuenta porque esto es como una caja de ahorro. Tenés la plata caminando por el campo, cuando necesitás algo siempre está.

En los corrales el aire huele a bosta y leña y antisépticos. Los hierros de la estancia se calientan al fuego para marcar tres docenas de terneros que nacieron la semana pasada. El capataz y los dos peones terminan de preparar sus implementos: tijeras, cuchillos, jeringas, pomadas antisépticas. En una heladerita esperan las vacunas y refuerzos vitamínicos. Los terneritos recién separados de sus madres se amontonan en una manga y mugen, mugen, mugen: son frágiles, tiernitos, tan libro para chicos. Mauricio me muestra que éste tiene buena alzada, que éste se para bien, que éste es muy masculino.

—¿Cómo se ve que un bicho de estos es muy masculino?

—Tienen características. Se busca que los terneros, por la zona, de calor y todo eso, tengan los ojos pigmentados, con un poco de color marrón alrededor de los ojos, lo que llamamos anteojos, por ejemplo.

Me dice, y que también hay que mirarles las patas, la giba, los colores, la estructura de los huesos, la cara más o menos blanca: una cantidad de signos que yo ignoraba hasta hace diez minutos. No era que no los entendiera: era que no sabía que eran signos. Hay alfabetos ocultos en casi todas partes. Y analfabetos ocultos dentro de uno mismo.

—Acá hay un pasto alto que lo llaman paja colorada. El animal, cuando camina, se lastima. El pasto le va rozando el prepucio a los machitos, viste, entonces hay que ver que tenga el prepucio lo más corto posible. Si no se le hacen llagas y después se le hace una cosa así, una pelota, que el animal se despistola, ya no sirve más.

Me dice Aníbal, el capataz. Aníbal es un entrerriano con pinta de gaucho de dibujo, la nariz recta, ojos chiquitos, el mentón fuerte, la boina requintada.

—Ése puede ser, me gusta cómo se para, cómo mira.

Dice Aníbal: está proponiendo que no lo castren, que lo guarden para ser, quizás, reproductor. El bicho muge, ajeno: no sabe que acaban de firmarle el indulto. Nada definitivo: depende de cómo evolucione, pero si todo sigue bien va a tener una larga vida de ocio y de fornicio. Los demás están muertos: un año y medio, dos a lo sumo, antes de devenir vacío, bola, caracú, colita, tira.

Desde hace un año Mauricio participa del Grupo Crea de Mercedes y lo cuenta con pasión. CREA significa Consorcio Regional de Experimentación Agrícola y es una organización que lleva medio siglo en el país, desde que un arquitecto la importó de Francia. El Consorcio tiene ciento setenta grupos y cada grupo CREA tiene diez, doce participantes, todos productores rurales —en cualquier rubro— que se muestran mutuamente sus campos, discuten sus técnicas y se comprometen, dicen, a ayudar a los demás a mejorarlas. Son los grupos de autoayuda del estanciero patrio, alcohólicos anónimos de la égloga argentina. Y parece que son muy eficaces:

—Acá teníamos un promedio de parición normal, un cincuenta por ciento de vacas preñadas cada año, y ahora, con las técnicas que fui incorporando, ya llegamos al ochenta y cinco.

Las técnicas son complejas: organizar el establecimiento en potreros diferenciados por tipo y estado de los animales, incorporar más gente a trabajar, usar más vacunas y vitaminas, mejorar la raza de los toros reproductores o de las pajuelas de semen con las que se insemina, seguir el pedigree de cada animal para ir seleccionándolos, sacarles los terneros a las vacas para que puedan anticipar el celo —y, para eso, alimentar a esos terneros con fibras y proteínas especiales.

—Al ternero hay que enseñarle a comer solo y hay que tenerlo encerrado para que empiece a olvidar a la madre; si lo largás al campo inmediatamente y no la encuentra, el bicho empieza a desesperarse, a dar vueltas...

Los peones sacan terneros y terneras de la manga, de a uno en fondo, los tiran en el suelo y los someten al registro civil. Foucault ya explicó que la identificación es un acto de violencia: un corte en una oreja, la "caravana" —una cocarda de plástico con datos— en la otra, en un anca la marca de la estancia. Si son machos —pero no tan machos— los castran: les agarran los huevos y se los rebanan a cuchillo. Algunos son más difíciles que otros y el peón rebusca, tironea. Después los tira al suelo, un perro se los come.

Con los huevos en la boca. Hay que poner un poquito más de huevos. Hacer huevo. Huevear. Huevón, la huevonada. Me costó un huevo. Le faltaron huevos. Boca boca boca huevos huevos huevos. La fraseología nacional rebosa de esas figuras quebradizas.

—Acá resulta mucho mejor nacer hembra que macho.
—Totalmente.
—El destino final es el mismo pero por lo menos no te la cortan.
—Así es. Esto es como una circuncisión: vos imagínate hacertela a los dieciocho años o cuando tenés nueve, ocho días. Hay mucha diferencia, y el animalito después crece, se sana rápido y crece. Por supuesto que sufre pero no es lo mismo que si lo castrás de grande.

Que es la forma tradicional: en el campo argentino la yerra y castración sucede cuando los terneros ya tienen varios meses y más de cien kilos, en medio de una fiesta donde los peones demuestran sus habilidades y se comen un asado y son felices. Esta mañana, aquí, todo es mucho más prolijo y laboral: la razón productiva.

—El ganadero siempre fue muy conservador, no se puede creer lo conservador que solía ser. Pero algunos han cambiado mucho últimamente, han entendido que esto es una empresa, una fábrica de carne: nosotros fabricamos carne y tenemos que conseguir la mejor calidad y cantidad posible. Ésa es toda la idea: una fábrica de carne.
Dice Mauricio, para sintetizar.

La mañana se hace larga, laboriosa. A las doce ya llevamos más de seis horas en pie; es el momento del almuerzo. Los peones hacen esta vida cada día: se levantan antes de que salga el sol, a las cuatro y media, cinco, y ordeñan un par de vacas para alimentar a los terneros guachos. Después juntan los caballos, salen al campo, recorren los potreros, miran cómo está todo. Si no tienen que yerrar o vacunar o alguna otra tarea de corrales, se quedan recorriendo hasta las once; después alguno empieza a cocinar, y almuerzan. Y a las dos, dos y media vuelven a trabajar hasta el atardecer. Comen un guiso, charlan un rato y se acuestan a eso de las ocho y media, nueve.

—Antes los grandes estancieros tenían a todos en negro, no había planillas, nada. Y los trataban como basura. Había cosas que te revolvían el estómago.

Esto es una comunidad de hombres: el capataz y sus dos peones viven solos en una casita sin luz eléctrica ni agua corriente todavía —aunque Mauricio dice que ya las va a poner:

—Hoy en día la mayoría tiene al personal en blanco, le respeta los francos, le paga como corresponde. No es todo lo que uno quiere pero por ahí somos un poco más humanos. Ahora hay una relación mucho más fluida y tenés que mejorarles todo lo posible la calidad de vida. Y no lo pienses siquiera como ser humano, que vos querés que todos vivamos lo mejor posible; pensá también que el tipo es tu gerente, el que te está cuidando tu capital.

Uno de los peones prepara el asado de cordero en un fogón en la cocina; aquí se come mucho más cordero que vaca porque una vaca es demasiada carne, sería un desperdicio. El capataz termina de freír unas empanadas. Los muchachos están organizando sus francos: cada quince días van un fin de semana al pueblo a ver a sus familias. Mientras tanto se divierten con historias picantes:

—Un día vino este veterinario acá con una mina y era la hora del almuerzo y parece que estaba con la mina allá en la mayoría y el capataz le dijo a un peón andá decile que está lista la comida. Y parece que el peón fue y aquellos estaban meta y ponga nomás, y entonces viene acá el peón y dice no le pude decir nada porque la huaynita parece que murió de carbunclo nomás, está con las dos patitas p'arriba.

Cuentan y se ríen y yo no entiendo nada. Primero no entiendo las palabras: hablan en correntino muy cerrado. Las repiten. Voy descifrándolas y ahora no entiendo cuál es el chiste. Son amables, me explican: que la mayoría es la casa principal, que una huayna es una chica y que el carbunclo es una enfermedad y que las vacas que se mueren de carbunclo quedan con las patas así para arriba y otra vez la carcajada. Así que yo me río y todo bien. Comemos el cordero, grasiento, tan sabroso.

—Nosotros somos ganaderos. Es un negocio más estable en el tiempo, más conservador. El promedio de rentabilidad puede ser del tres por ciento anual: algunos hacen menos, nosotros tratamos de hacer más. En cambio los agricultores tienen la mente más abierta y ganan mucha plata pero arriesgan mucho. Acá no te vas a hacer multimillonario pero tampco te vas a fundir. Para fundirte tenés que ser muy bruto o gastar más de lo que ganás. Pero aparte ahora hay buenas perspectivas para la ganadería, la carne está bien de precio, la producción aumenta.

—Qué raro, porque ahora todos están haciendo soja, es la locura de la soja.

—Claro, en campos ajenos.

Claro, en campos ajenos, dice Mauricio, y me sonríe:

—Yo no entiendo mucho de agricultura pero, por lo que leí, hay problemas: la soja consume mucho nitrógeno del suelo y lo degrada muy rápido. Y hay gente que trata de exprimir los campos al máximo y les importa un carajo, si total el campo no es de ellos. Cuando lo largan, cinco o seis años después, ya le sacaron el jugo y que se arregle el otro. Si no lo rotás, si no nutrís el suelo, la soja no es un desarrollo sustentable. Pero como la soja deja tanta plata hay muy pocos que rotan los cultivos. La soja está muy bien si los campos no son tuyos.

Esto es un campo de cría: un paridero. Cuando los terneros tienen seis meses, ciento cincuenta kilos, los venden a un campo de engorde que los rellena un año o dos hasta que llegan a trescientos o cuatrocientos y los mandan al matadero, a hacerse carne. Pero ésa es otra parte de la historia.

El calor empieza a ceder: ya deben ser las cinco. Mauricio, Aníbal y yo salimos a caballo. Pasamos por el arroyo de los carpinchos, y quince o veinte animales se tiran al agua desesperados, con mucho chapoteo. Aníbal dice que otra vez entraron los cazadores furtivos: junto a la orilla hay un cadáver de carpincho sin su cuero.

Al costado está el potrero de los toros que se preparan para hacer su trabajo. Dentro de dos semanas los van a juntar con las vacas que deberían estar en celo. Mauricio me dice que ahora que los campos vuelven a brotar, los animales comen mejor y después cogen mejor. La relación entre comida y sexo no es sólo para humanos.

—Los dejamos un mes o dos ahí y les damos un alimento especial, balanceado, para que estén en mejores condiciones, porque en el servicio tienen que caminar mucho, van buscando a las vacas y las acorralan por ahí en una esquina, pero de pronto la vaca no se deja y se va y el toro se va atrás, viste, no es tan fácil.

—Nunca ha sido fácil.

—No, nunca es fácil. A nosotros por ahí nos es más fácil, porque vos vas a un boliche y acorralás a una contra la barra ahí y entonces es más sencillo, pero a los toros y caminan y caminan, viste, tienen que estar bien preparados.

La fábrica/campo tiene dos secciones principales: fornicación y alumbramiento, telo y maternidad. Aquí todo refiere al semen de los toros, útero de las vacas. A veces, incluso, a las vergas taurinas y las conchas vacunas; otras no, porque el sexo puede no suceder, reemplazado por la inseminación artificial —donde un señor mete su brazo en la vagina vacuna para verter el esperma contenido en un tubito que se llama pajuela: pajuela. Se trata de que la sexualidad produzca, cree riqueza: de conseguir las mejores condiciones para fabricar una cantidad de cachos de carne por el momento juntos y con patas y envueltos en cuero —hasta que el matadero deshaga ese paquete inapropiado.

La tarde se deshace, la luz flota: el campo se serena. Recorremos el potrero despacio, al paso de los caballos: cuatrocientas hectáreas de vacas parturientas. Mauricio me dice que en los campos tradicionales toda la hacienda está mezclada:

—La mayoría sigue trabajando como sus abuelos: tiran a los toros y las vacas en el campo y que se las arreglen, que sea lo que dios quiera.

Pero que una de las bases de la administración racional consiste en separar paridas, preñadas, sus terneros. Un ternerito recién nacido nos sigue un trecho, hasta que descubre que nuestras yeguas no tienen buenas tetas. Aníbal va mirando cada rincón, cada animal, para chequear que todo esté tranquilo:

—Cuando las ves en grupo no hay problema, han de estar bien. El asunto es cuando queda alguna sola, las vacas cuando están jodidas se apartan, se separan.

Me dice Aníbal, señalando a lo lejos. El campo está seco, hay pocos árboles. Después, cuando volvamos a las casas, me mostrará su máquina de amamantar terneros y corderitos guachos: una especie de batea semicircular con doce tetinas de mamadera para alimentar a los cachorros que sus madres perdieron. Aníbal los agarra, tierno, uno por uno, los pone en su tetina, protege a los más flacos. Acomoda a uno muy chiquito, puro hueso, y lo ayuda a mamar:

—Usted sí que no sabe si es cordero o ratón.

Le dice, delicado.

ESTEROS DEL IBERÁ

El camino es de ripio y solitario. Ya llevo más de cien kilómetros y todavía no llego a ningún lado. Después, de pronto, el agua. La laguna del Iberá es uno de esos confines en medio de la nada: olas y olas de falso mar embravecido, un mundo que de pronto no es el que debiera.

—Sí, yo lo hablaba, como todos, pero tampoco mucho. Acá si el guaraní lo hablás mucho después no se te entiende el castellano. Y además para nosotros el guaraní eran habladurías del bajo. Si hablabas guaraní la gente te despreciaba pero ahora, desde que empezaron a venir los turistas, cambiamos de idea, nos dimos cuenta de que lo nuestro tiene mucho valor. Imaginate, si los tipos vienen de tan lejos para verlo...

La plaza de Colonia Pellegrini tiene la estatua del prócer en el medio, un mástil, varios árboles. A uno de sus lados, la comisaría y una casa en construcción. Al otro, tres ranchitos. Al otro, nada. Al otro, un rancho abandonado. Ahora, diez de la mañana, no hay un alma. Bastante olor a bosta. Así es, también, el resto del pueblo. Algo que podría ser, quizás, si acaso.

Colonia Pellegrini es el único pueblo en medio de los esteros del Iberá: el lugar donde llega el turismo medio pelo, los mochileros alemanes y los estudiantes españoles. Los más ricos, en cambio, van directo en camionetas o en aviones a los lodges de doscientos dólares diarios repartidos por el millón y medio de hectáreas de agua y tierra.

—Los gringos se vuelven locos acá, porque ellos de esto ya no tienen, ya no les queda, pobres.

La historia de Pellegrini es parecida a tantas: hace veinte años eran casi dos mil habitantes que vivían de la ganadería y las arroceras. Hasta que los noventas arrasaron: la carne ya no se exportaba y el precio del arroz cayó dramático. La mayoría se fue; ahora quedan unos quinientos —y algunos vuelven, gracias al turismo. Que apareció, también, por el atraso: por aquí pasaba la nacional 14 y había circulación y un puesto de vialidad que mantenía la carretera, pero hace treinta años asfaltaron un camino que pasa más allá y el pueblo se fue quedando en el olvido. Su desgracia fue, después, su salvación: el estancamiento hizo que la naturaleza siguiera siendo la que era —y por eso vienen los turistas.

¿Nos acostumbraremos finalmente a esta imagen que damos, que vendemos: recuerdos de nosotros mismos?

—Ahora el gobernador dice que va a electrificar los campos y asfaltar la ruta, porque acá todo cuesta el doble porque tienen que llegar los camiones por la ruta de tierra y te lo cobran, o para sacar los animales, la producción, también. Pero los ecologistas dicen que, si asfaltan, esto se va a llenar de gente y se va a arruinar.
—¿Y vos qué pensás?
—Y, yo no sé qué pensar. Para mí que los dos tienen razón, es un quilombo. Ojalá que no se arme, pero a mí me parece que sí que se va a armar.

Colonia vive de esos extranjeros, los acoge: en sus calles de tierra, entre los ranchos, ya hay una hamburguesería, un quinchito de comidas rápidas y varias hosterías en inglés. Pasa un caballo al trote, solo, suelto, arrastrando su soga. Algunos ranchos son de adobe y paja, otros de material, con su techo de lata. En esa esquina, la vaca se aguerrica: retuerce, estira el cuello para alcanzar las hojitas de un árbol. La naturaleza, ya se sabe, imita al arte —lo cual es una forma de decir que uno percibe la naturaleza a través de las imágenes que el arte le enseñó.

Acá también se habla de Tompkins y su conspiración: que si está comprando para el gobierno americano, que si ofreció dos millones de dólares por cuatrocientas hectáreas de orilla de laguna, que si se va a llevar toda el agua embotellada. La paranoia acuática no para.

El agua está agitada. En su lancha, Roque nos cruza la laguna hasta los camalotes donde vamos a mirar animales. Mientras, nos instruye en los más mínimos detalles de la crianza del chajá bebé, la alimentación parásita de las jacanas, los cambios de piel de los carpinchos. Es curioso cómo, de pronto, cosas así me pueden parecer tan relevantes. Roque nos las explica con ahínco y susurros y hace avanzar la barca con un palo muy largo contra el fondo entre los camalotes: escruta, escudriña, avizora, examina, de tanto en tanto alerta: tal animal allá, entre las flores acuáticas; tal otro más allá, voladizo, fugaz. Nos acercamos a un carpincho y ni se mueve: Roque nos explica que los animales del barrio ya se acostumbraron, que antes se escapaban pero que ahora entendieron: todos trabajan en conjunto. Cruzamos cien metros de laguna: Roque nos muestra con orgullo tres pichones chajá de cuatro meses nadando tras su madre. Yo no puedo evitar que me interesen más los ritos de cortejo de la pareja de israelíes que viene con nosotros. Cada vez que aparece un animal distinto se agarran de las manos, se felicitan. Y cuando conseguimos nuestro primer yacaré se besan con fruición reptil, con bocas saurias.

Ver en la vida real lo que uno siempre ve en la tele: como cruzarse en la cola del cine con la modelo o el centrodelantero, confirmar que lo que suele ser chato tiene tres dimensiones. Aunque todos —el delantero, la modelo, el yacaré— se ven mucho mejor, con más detalle, en la pantalla.

—Acá el setenta, ochenta de los turistas que vienen son europeos. Los argentinos recién ahora están viniendo. Usted vio cómo somos, nosotros, de envidiosos.

La excitación de la caza sin la culpa: disparar, atrapar, con una máquina de fotos.

Pero no todos: en el Iberá se cobran unas ochenta mil pieles de carpincho por año. Todos sabemos que hay cazadores furtivos más allá, pero nadie me diría yo soy. En un almacén, un señor muy guaraní me dice que él fue —hace mucho tiempo, por supuesto— y ya dejó porque tuvo un problema con la ley. El señor me dice que no es fácil. Que el empresario te da la comida y las balas y te lleva por ahí, estero adentro, y te viene a buscar a los diez días, así tenés tiempo de matar unos cuantos bichos, cuerearlos, dejarlos secar. Dice que cree —y sonríe cuando dice yo creo, yo calculo— que acá en Colonia se están pagando cinco pesos por cada cuero de carpincho. Después sabré que en el puerto de Buenos Aires cuestan unos doscientos cincuenta cada uno.

Y ahora es la carretera de arena bien espesa. Erre va patinando mal, levanto polvareda. Pasan rápido, a los costados, los postes del telégrafo. Los Stones siguen sonando en el cassette y me siento de pronto más argentino que la mierda.

Ni demasiado poca ni demasiado mucha: para que una tierra sea habitable el agua tiene que estar en su justa medida. Pantanos y desiertos son casi los únicos hábitats que nadie habita.

En la radio suena la propaganda de un partido para las elecciones: de fondo, un chamamé. En Buenos Aires, un candidato nunca se promocionaría con un tango: lo haría parecer viejo, pasado de moda. Las relaciones con la tradición son muy variables.

Cada tanto el casco de un campo ganadero y nada, nada más. Llevo ciento veinte kilómetros sin cruzar un pueblo.

Mejor que busques, me decía: una vez más, qué es esto. Cómo juntar este desierto con la manzana de mi casa.

Y de golpe, todavía en Corrientes, la tierra se hace roja, muy roja: se hace otra.

Provincia de Misiones

Apóstoles-San Pedro

Llevo días y días en la ruta. Me parece —de pronto me parece— que la mugre me hace mirar distinto.

—Se ve que usté no es de por acá.

Me dice un hombre de boina hasta las cejas y bombachos medios viejos, gastados.

—¿Por qué, tengo mucha pinta de gringo?

—No, acá gringos hay muchos. Pero tiene el coche con tierra oscura, todavía no se le ha prendido la tierra colorada.

Es una vida rara. Escuchar, mirar mucho, hablar solo, pensar, anotar, dormir cada noche en un lugar distinto, comer bastante feo casi siempre, leer diarios locales o ninguno, limitar mi mundo a mi asiento del coche y todo lo que le pasa por el costado: la Argentina. Es una vida rara: como si me hubiera desprendido de todo lo habitual. Me impresiona lo tentador que es ese desprenderse. Sin mujer, hablando a veces con mi hijo, sin conversar con un amigo, usando mucho cada camiseta, las mismas alpargatas día tras día —y todo puesto en la mirada.

De Corrientes a Misiones, el cambio radical del gaucho al campesino tropical: del cuchillo y el lazo a los machetes. Me llaman la atención los campesinos con machete. Durante siglos fue normal, pero ya no hay costumbre de llevar armas a la vista. Y el machete, por más que sirva para abrirse camino o trabajar el campo, es un arma perfecta.

El campesino con machete es una imagen tan sudaca.

Tierra de yerba: esto es tierra del mate. A mí me gusta tomar mate, pero además me emociona: me dan ganas de cuidar esta costumbre como a un gliptodonte bebé blandengue endeble desnutrido. La globalización es, sobre todo, el proceso de unificación cultural más extraordinario que la historia recuerda. Últimamente todos escuchamos la misma música, todos bebemos las mismas aguas con burbujas, todos comemos las mismas tortas de carne picada en un pan blando, todos usamos un raro invento germano —pantalones. Por eso es tan extraordinario que una pequeña tribu persista en un rito que nadie más practica. A los habitantes de las cuencas del Paraná y el Uruguay nos gusta chupar un fierro calentito para que el agua que ponemos en un zapallo vaciado y agujereado salga con gusto a una yerba que le metemos dentro: un líquido amargo que nadie más entiende, un rito de compartir que nadie más comparte. Ya quedan en el mundo pocas ingestas tan locales.

Chupar y rechupar un fierro calentito.

Para mí —para mí, digo— ser argentino también es tomar mate.

Y, además, ha revivido. Cuando yo era chico no tomábamos mate. Digo: la Argentina estaba llena de gente que no tomaba mate. El mate era, entonces, cosa de viejos y de pobres; en los últimos años —¿diez, quince años?— se difundió por todos lados. Recuerdo, por ejemplo, las redacciones de mis primeros años: muchos periodistas tenían en sus cajones una botella de ginebra —y nunca jamás se veía un mate. Ahora, en todas, circulan los zapallos. Y hay bares con mate y distribuidores de agua caliente en muchos sitios y matelistos en los supermercados y bombillas fashion. Es probable que el auge del mate tenga que ver con la plebeyización de las costumbres argentinas, la que hizo que el fútbol empezara a ser fashion y la cumbia villera se tocara también en San Isidro. El mate está por todas partes pero es —tan preciso, tan claro— de estas tierras: aquí se hace, aquí se toma sin parar. Misiones: el rojo y el verde, tierra y yerba.

Me pueden discutir, entonces: ser argentino es como ser gaucho o paraguayo o uruguayo. Es curioso cuando una identidad —un rito viejo— se carga las fronteras nuevas.

La yerba mate ya había tenido sus avatares, sus muertes y resurrecciones. Cuando llegaron los españoles a estas tierras la adoptaron con brío —aunque algún obispo la condenó como droga diabólica. Sin embargo —o por eso— se difundió, y los jesuitas se dedicaron a cultivarla y a venderla, con mano de obra barata y mucho éxito. Hasta que, cuando los expulsaron, en 1767, los yerbatales se perdieron y el uso de la yerba decayó. Tardaría más de un siglo en volver a ocupar el lugar que tenía, que ahora tiene.

Paro en Apóstoles, capital nacional o provincial de la Yerba Mate, para ver si alguien me dice dónde puedo ver la cosecha de yerba: la tarefa. Hago varios llamados, cada cual me dice que debo hablar con otro, todos insisten en que es muy difícil. No debe serlo tanto: yo sospecho que no quieren que vea cómo trabajan esos señores y señoras, esos chicos.

Cuando la yerba
mate.

Peor le fue a Bonpland: en 1821, el naturalista francés se interesó por esa yerba que había visto por aquí y por allá, ya procesada. Dicen que había dejado Buenos Aires —donde llevaba años tratando de fundar un Jardín Botánico— porque su esposa lo había dejado a él, y que le había propuesto a Pancho Ramírez, el supremo entrerriano, establecer yerbatales en su provincia. El gobierno paraguayo no quiso perder su monopolio: una patrulla del dictador Francia cruzó el Paraná, apresó al francés en su finca de Santa Ana, cerca de San Ignacio, y se lo llevó secuestrado. Durante años, próceres americanos pidieron su libertad: Bolívar llegó a escribir una carta a Francia donde le decía que la ciencia de Aimé Jacques Alexandre Goujaud Bonpland había "hecho más bien a la América que todos sus Conquistadores". Francia tardó diez años en soltarlo; Bonpland, pese a todo, se quedó en la región, donde murió veinticinco años después. Era un personaje; el gobernador de Corrientes, cuando se enteró de su muerte, mandó un embalsamador para que conservara su cadáver: a los argentinos siempre nos gustó quedarnos con los restos. Lo llevaron a Paso de los Libres; para empezar el proceso, lo dejaron secándose al sol —como la yerba de ayer. Todo avanzaba hasta que pasó un borracho amable, lo saludó y, como el francés no contestaba, se ofendió y lo cosió a puñaladas. El cuerpo se arruinó, tuvieron que enterrarlo.

Sigo viaje entre bosques: la selva misionera. Al costado de la ruta un linyera montado en un matungo trata de proteger con un plástico el colchón que lleva enrollado ante sí, sobre el cuello del caballo. Hace tres días que llueve y se anuncia lluvia por tres o cuatro días más. En muchos ranchos se ve ropa tendida.

Cae la noche, el agua, casi todo.

¿Tiene algún sentido que yo lleve dos horas buscando un cuarto de hotel en Oberá, Misiones, esta noche? Digo: ¿hay algo en mi vida que me dirija a esto?

Oberá es, sin dudas, una ciudad magnífica, una de las más pujantes de la pujante provincia de Misiones, pero yo no he conseguido darme cuenta. Cuando llegué hacía frío y llovía y los cuatro hoteles estaban llenos. En cada uno, un encargado me explicó que era porque había una Fiesta de los Inmigrantes y a cada uno le dije que no entendía, que si habían llegado hacía sesenta o setenta años cómo era que todavía vivían en el hotel. Ninguno de los cuatro se rió; el chiste no debía ser muy bueno. Pero yo estaba de un humor de perros. Después me contaron que en Oberá hay mucha tolerancia porque conviven cantidad de colectividades y hay treinta y dos religiones diferentes. Ahí entendí todo; ése no podría ser un lugar para mí: yo que siempre pensé que una sola ya ocupa tanto espacio.

—Un poeta dijo que éste era el único lugar donde Dios tenía dudas teológicas.

Me dice después un lugareño, y nos reímos.

Al final pude parar en un hotel de las afueras. Y ahora termino de cenar, aburrido, cansado, en una parrilla, cuando me llaman de la mesa de al lado. En la mesa de al lado hay veinte personas festejando el cumpleaños de una señora mayor. Me invitan a sentarme junto al hijo de la señora —el ministro de Educación de la provincia. El ministro tiene cuarenta y tantos años y me empieza a hablar de la escuela bilingüe de Bernardo de Irigoyen, donde yo pienso ir en estos días:

—La dictadura quiso hacer el vacío en las zonas de frontera con Brasil para frenar al supuesto imperialismo brasilero. Así que las dejó empobrecerse, nunca hizo caminos, no mandaba electricidad, para que ese vacío, la selva, contuviera el avance de Brasil. Pero, claro, había gente. Y esa gente se relacionó cada vez más con Brasil. Ahora nosotros estamos tratando de revertir ese mecanismo.

Me dice el ministro y se entusiasma con la historia de esa escuela que inauguraron hace unos meses los ministros nacionales de los dos países y después cantamos el feliz cumpleaños y su madre, una italiana profesora de latín, sopla ochenta y pico y nos reparten torta y nos sacamos fotos.

—Esta provincia es extraordinaria, de una belleza extraordinaria. Si hasta tuvimos la suerte del verde y el rojo, que son colores perfectamente complementarios.

Me dice otro pariente, decano de una facultad de plástica allí mismo.

A mí me cautiva el paisaje misionero tropical lujurioso selvático excesivo pero sus ciudades me parecen demasiado nuevas, demasiado abiertas, demasiado rubias luteranas. Como si estuvieran hechas sin malicia. En cambio la tierra es majestuosa. El rojo, los verdes de todos los colores, la voluptuosidad, el manierismo, la voluntad de llenar todo el espacio con más y más variaciones del verde.

En Misiones hay verdes
de todos los colores.

Y la mezcla de pinos y palmeras, orquídeas y azaleas, yerba mate y té, ríos y colinas: Misiones tenía todo para ser una frontera del Imperio Británico, tipo Ceilán o Birmania o Cachemira, pero la ocuparon primero unos frailes españoles y después colonos alemanes y polacos. Y entonces les quedó esta mezcla brava y laboriosa, emprendedora y pachorrienta, beata y licenciosa.

Chamamecera, sí.

Que busque, me decía, pero encuentro problemas: me empiezo a hacer ideas, a creer que entiendo qué podríamos llamar la Argentina justo a tiempo para que aparezca otra distinta, para que todo cambie, para que mis ideas pasen a valer un velín mocho.

Re chamamecera.

Un país, supongo, es el cambio constante y, sobre todo, lo poco que no cambia. Detesto la noción de que ahora busco esencias.

La mañana es melancólica de suyo; yo le agrego. Llueve sobre el cementerio de 2 de Mayo, pueblito misionero. El cementerio está en una colina, entre pinos, junto a un aserradero. Y me llama la atención porque todas las tumbas son equivalentes: colores distintos, diseños parecidos y ninguna diferencia de clase. Supongo que así son los pueblos de colonos, al principio. Miro nombres: Hermann Schultz, Bernardo Ziller, Talina Klipaukas, Francisco Pietroski, Arturo Kircher, Alfredo Da Silva, Herman Rupper, Pedro Parfiniuk, Julio Perila, Juan Mewendorff, Domingo Da Silva, Basilio Oviedo, Ofelia Troenoff, Antonio Espíndola, Marta Kriesse, Gregorio Guarokovich, Luisa Hanse de Jede y siguen firmas —y me mojo. Hay algo que me inquieta —y no sé bien qué es— en esas muertes tan lejanas de sus nacimientos. Después pienso que buena parte de la historia argentina está hecha de esas muertes, empezando por Solís y siguiendo por Garay, Liniers, Moreno, San Martín, Rosas, Sarmiento y los millones y millones de inmigrantes y su representante más cabal: Carlos Gardel. Y Borges y Guevara y unas monjas francesas. Y me pregunto si morir cerca de donde uno nació será un privilegio o sólo la resignación a lo más pavo de la naturaleza.

—Para mí ser argentino es un orgullo. ¿Vio como cada vez que parece que estamos muertos nos levantamos y salimos? Tenemos algo especial, los argentinos.

Después pienso que cuando era más joven el clima influía menos en mis estados de ánimo, que ni la lluvia me ponía de este gris ni un buen sol tan radiante. Y me pregunto si será que uno va poniéndose de acuerdo con la tierra para irse acostumbrando.

—¿Y hay mucha gente acá en el pueblo?
—Sí, está lleno.
—¿Pero cuántos viven?
—Bastantes familias son.
El diálogo no es fácil. Estaba harto de manejar bajo el agua y vi un cartel que decía Aldea Aborigen Pai Antonio Martínez-Fracran. Entonces me dio el desliz antropológico y entré. En una de las casitas de madera había un cartel de Quilmes, oxidado; una mujer que parecía de veintitantos, bastante embarazada, vino a ver qué quería y le pedí si tenía algo de tomar.
—Sí, Fernet tenemos.
—¿Y una bebida sin alcohol?
Son, como mucho, las diez de la mañana.
—No, Fernet, esas cosas.
Entonces le pregunto por las familias, retomo el diálogo. La aldea aborigen tiene calles de barro, tres docenas de ranchos, una escuela.
—¿Qué quiere decir que es una aldea aborigen?
—Bueno, quiere decir que acá somos los que hablamos otro idioma. Acá hablamos guaraní, nosotros.
—Pero usted habla castellano.
—Porque mi marido es criollo.
—Ah, entonces están mezclados.
—Sí, ahora se mezclan. Antes eran todos guaraní, pero ahora hay criollos también.
—¿Y eso es mejor o peor?

—Mejor es. Porque el gobierno nos hace más caso, nos manda unos maestros.

Después la mujer me cuenta que se pasó muchos años afuera, en Bernardo de Irigoyen, de mucama, pero que ahora volvió para estar más cerca de sus padres, sus hermanos:

—Yo me fui cuando era chica, me acompañé con mi marido y nos fuimos para allá. Y ahora tengo una hija ya de veintidós años. Ella también tiene unos hijos.

—¿Cómo una hija de veintidós años? ¿Usted cuántos años tiene?

—Yo, treinta y uno.

La miro, sonrío; ella no dice nada. Ella tiene una sonrisa encantadora, la cara redonda, la nariz muy chata, chiquitita, bonita.

—Pero, y entonces, ¿a su hija la tuvo cuando tenía nueve años?

—No sé, no me acuerdo.

Dice, y me sonríe con un diente partido. Seguimos hablando: no sé si en algún momento llegamos a entendernos. Después me dice que va a seguir lloviendo cuatro o cinco días; yo le digo que bueno, muchas gracias.

Llueve y llueve y aquí la lluvia complica casi todo. En la ciudad la lluvia es una molestia, el movimiento del limpiaparabrisas, gotas en la ventana. Aquí puede variar todos los planes. Aquí el clima —lo incontrolable— define muchas cosas. Supongo que también por eso en estos lugares desarrollaron, desde siempre, una paciencia que yo no. Que, en general, me impacienta. Que ahora, quizás, entiendo que debería aprender.

No es cierto.

—No sabés lo maravilloso que va a ser cuando salga el sol. Todas estas gotitas que van a quedar en las hojas van a brillar y los colores van a estar más vivos que nunca. Esperá y vas a ver.

Subo por la ruta 14, todavía: es el este de la provincia de Misiones, la zona que, según el ministro, los militares no habían querido desarrollar.

—Mire, patrón, a mí me podrán decir lo que quieran, pero mi vinito, los domingos, no me lo saca nadie.

Hoy es miércoles, pero Simón ya se ha tomado dos o tres. En el bar de la estación de ómnibus de San Pedro hay barro en el piso y somos todos hombres menos dos, todos fumamos menos esos dos: una madre y su chico. Afuera llueve, y el aire está espeso.

111

Aquí, más que en ninguna otra provincia, abunda ese género que nos distingue de los hermanos latinoamericanos: los rubios pobres, privilegio argentino.

—¿No sabe dónde puedo encontrar gente cosechando yerba?
—¿Tareferos, quiere decir?
—Sí, tareferos.
—Y no, no sé. Hoy es jodido, está lloviendo.

habría que rajarlos a todos y que vayan a laburar, que trabajen como todo el mundo, que se pelen el orto como todos que encima si después te enfermás estás jodido, la salud es una porquería porque desvían la guita para cualquier lado y las escuelas son muy malas porque les conviene que seamos una manga de brutos, a ellos les conviene pero fijate justo acá que vos tirás una rama en el suelo y crece un árbol

Hace unos años estuve aquí, en San Pedro, para contar una historia por televisión. Una empresa maderera, Pinos Cambi, había huido, dejando a sus cientos de hacheros y familias abandonados en medio de la selva.

Los hacheros de Pinos Cambi eran tipos duros: se metían al monte para sacar resina de pino y se pasaban diez, quince días sin salir. Eran tipos duros y hablaban muy poco, pero aquella vez se los veía desesperados. Los hacheros habían decidido cortar una ruta: empezaban los piquetes y éste, en medio de la selva, me llamó la atención. Pero cuando llegué descubrí que la historia era mucho más que eso: era, en síntesis, la imagen de hombres y mujeres que no tenían qué comer —y entonces, 1999, todavía no estábamos tan acostumbrados a la palabra hambre.

Recuerdo que los escuché, los acompañé, los filmé. La situación era difícil —y no la mejoraba el hecho de que cortaran una ruta por la que no pasaba casi nadie. El día que volví a Buenos Aires fui directo al programa, y Lanata estaba entrevistando a un ministro del Interior que no me caía mal, Federico Storani. Pero yo llegué muy indignado. El ministro hablaba de unas modificaciones a la ley de partidos políticos y yo le pregunté cómo podía hablar de cualquier otra cosa cuando había argentinos que se morían de hambre: cómo podía él, miembro importante del gobierno, pensar en cualquier otra cosa. Que si el hambre no anulaba cualquier otra consideración, no hacía que todo lo demás fuera segundo, si no los obligaba a trabajar para acabarlo antes que nada. Recuerdo que Storani no supo bien qué contestar: seguramente las cosas deben ser más complejas, pero hay argumentos que no dejan lugar a los matices —y no son, en general, los más interesantes, pero a veces insisten.

Dos días después pasé el reportaje sobre Pinos Cambi y la televisión, por una vez, sirvió para algo: un grupo de empleados de un banco porteño decidió ayudar a una de las escuelas rurales que mostraba. En estos años vinieron varias veces, la proveyeron, la siguen cuidando; yo quiero ir a verla, pero me dicen que es imposible llegar con esta lluvia.

—¿Y mañana?

—No. Si deja de llover, quizás en tres o cuatro días. O la opción es pedirle un unimog a la gendarmería.

Me parece demasiado.

Junto a la carretera hay un cartel vial: Atención Puente Roto. Velocidad máxima 10 kilómetros. El cartel ya tiene varios años, sigue ahí. Ésa una idea tan argentina: que lo que importa es decir las cosas. Eso tenemos que conversarlo, Anamaría.

El sintonizador de la radio del Erre gira y gira. La selva está llena de nubes, la carretera está medio inundada y estoy en un agujero negro de la radio. En estos tiempos no hay muchos lugares que estén libres de cualquier sonido. De tanto en tanto algún desmonte, algún pequeño aserradero, los ranchitos. Llueve, como si todo el resto fuera de mentira.

En el bar y almacén de Polo Azul hay un chico con un dedito que le salió al costado de la mano.

—Eso es por el tabaco.

Me dice una mujer:

—Por las cosas que le ponen al tabaco.

Cuando lo vi creí que era brasilero, pero él me dice que no, que de acá nomás, de Irigoyen. El tipo tiene una boina muy paisana, bigotitos, una cara argentina pero el acento es brasilero.

—No, che, así hablamos acá nomás.

El hombre me dice que vino a Pozo Azul a buscar unos productos para su chacra, acá cerca, donde planta tabaco.

—¿Y le rinde el tabaco?

—Sé… Es lo que más rinde ahora. Pero no sé si lo voy a poder seguir mucho tiempo.

Me dice, y le pregunto por qué.

—Parece que lo están por prohibir, que no van a dejar plantar más tabaco. Eso andan diciendo, porque es muy venenoso plantar tabaco, hay que ponerle químico, se le pone mucho químico y es venenoso.

—¿Cómo?

—Sé... Te manda abajo de la tierra.

—¿Y entonces por qué no lo plantan sin esos químicos?

—Sé... No, así no sale. Hay que ponérselo nomás, si no no sale.

—¿Y no le da miedo andar manipulando esos venenos?

—Sé...

—¿Cómo? ¿Le da?

—No, señor, de algo hay que morirse.

El hombre es fornido cuarentón, mira llover como si fuera interesante. Creo que tiene razón: hay algo en una lluvia como ésta, forzuda, prepotente, que te obliga a mirarla. Yo le digo que me parece curioso —no quiero decir justo— que el tabaco, que mata a los que lo consumimos, también mate a los que lo producen. El hombre me mira raro, dice:

—Sé... También se come la tierra el tabaco, tres, cuatro años de plantarlo y la tierra ya no sale más nada.

Dice, voz monocorde. El asunto no parece preocuparlo.

—¿Y no le preocupa que le prohíban hacer lo que usted hace, que no pueda hacerlo más?

—Sé... No, no me preocupa.

—Bueno, si a mí me prohibieran hacer lo que hago, estaría preocupado.

—Sé... Yo no, fíjese, no. El gobierno va a tener que hacer algo, imagínese, somos miles. El gobierno nos va a tener que dar alguna solución. Pero esta tierra es buena, acá: lo que le tires, crece. Acá la tierra, al final, siempre te salva.

Bernardo de Irigoyen-Andresito

A la entrada del pueblo hay un cartel: Sólo se ama lo que se conoce. La patria comienza en la frontera. Bienvenidos a Bernardo de Irigoyen.

Bernardo de Irigoyen es un pueblito de frontera muy modesto al que últimamente le crecieron diez o doce negocios:

—Irigoyen se había estancado porque toda nuestra platita se quedaba allá, del lado brasilero. Acá los negocios no se levantaban porque todos íbamos a comprar todo a Brasil.

Me dice una señora cincuentona en la puerta de una especie de depósito y venta de cervezas, que parece próspero. Ella también: su pulsera carga onzas de oro:

—Pero desde que se acabó el uno a uno vienen mucho los brasileros a comprar; más que nada compran bebidas. No sabe cuántas bebidas compran. Se la deben pasar chupando todo el tiempo.

Entre Irigoyen y Dionisio Cerqueira no hay río ni montaña: una de las pocas fronteras secas que nos separan de Brasil. Dionisio es una auténtica ciudad. Fea, intensamente fea, pero una ciudad. Cruzo a dar una vuelta. Cuando vuelvo, en el puesto fronterizo, la empleada de la Aduana me dice que abra el baúl del Erre. Yo lo abro desde adentro.

—No, tiene que bajarse y abrirlo usted.

—Bueno, como usted quiera.

Me bajo, lo abro. Le pregunto por qué.

—Imagínese que usted no me ve y yo abro y le pongo algo en el baúl.

—Bueno, pero yo confío en usted, ¿no?

La mujer se ríe: le debe parecer un chiste. Después me pregunta si hice Migraciones cuando salí para Brasil. Le digo que no.

—Ah, bueno, entonces pase.

Cuatro cuadras más allá la frontera es un terraplén que separa dos barrios; el terraplén es bajo y ya le han hecho escaleritas para facilitar la comunicación entre los pueblos. Después me dicen que a un par de kilómetros hay calles, caminitos por donde pasan, de madrugada, sin hacer ruido, bien cargados, coches, camionetas. Entre Irigoyen y Dionisio funciona el plan de escuelas bilingües que me decía el ministro.

El plan salió mucho en los diarios: lo presentaban como un paso hacia la integración argentino-brasileña, y debe serlo. Por ahora, un paso recatado. Tres maestras brasileñas vienen dos tardes por semana a enseñarles portugués a los chicos de primer grado de la Escuela de Frontera N° 604 Bilingüe Intercultural N° 1. Tres maestras argentinas van a hacer lo mismo con chicos brasileños. A medida que el proyecto avance, todos los alumnos de estas dos escuelas tendrán sus cursos bilingües.

—Pero para ellas es mucho más fácil que para nosotras.

Me dice Andrea, una de las maestras argentinas. Andrea tiene treinta y uno, un hijo de once y, al principio, cierta desconfianza.

—Imagínate que para los chicos de acá muchas veces el portugués es la primera lengua, la lengua madre. Muchos son hijos de brasileros que cruzaron a trabajar en chacras y aserraderos de este lado. Acá hay muchos más brasileros que argentinos allá, para ellos es más fácil porque nosotros no les ponemos trabas. En cambio si un argentino quiere ir a quedarse allá, tiene muchos problemas legales. En general lo devuelven, porque la ley de ellos es así.

—Claro, algunos son hijos de brasileros, pero los hijos de argentinos también están muy familiarizados con el portugués, sobre todo por la televisión.

Dice Fátima, una morena de menos de treinta que estudió pedagogía en Posadas y coordina el proyecto:

—Cualquiera que no tenga cincuenta pesos para pagarse el cable recibe, por aire, el Canal 12 de Posadas y cuatro canales nacionales brasileños. La opción está clara: el canal de Posadas no lo mira nadie. Los chicos crecen con la televisión en portugués, el portugués también es su idioma.

Yo me pregunto si habrá que introducir en la lingüística, para balancear la idea de lengua materna, la de lengua televisiva. Después me encontraré por la calle a cuatro jóvenes argentinos —diez, once años— chapoteando con sus botas de goma, y les preguntaré cuál es su programa de tele favorito:

—O senhor Chaves.

Me dice uno, perfecto portugués.

—¿Cómo?

—Sí, o Chaves do oito.

Me explica, como quien dice éste es un tonto, y entonces sí lo entiendo: el Chavo del Ocho, un nombre mexicano escuchado por un chico argentino en brasileño, o sea.

—En cambio, los chicos de allá nunca ven televisión argentina. El cable de ellos ni la tiene, no les interesa.

Dice Fátima. La Escuela Bilingüe Nº1 es una construcción grandota y desangelada, organizada alrededor de un gran gimnasio. La escuela está vacía: hoy, por la lluvia, no vino casi nadie. Afuera hace bastante frío; aquí adentro también. Andrea tiene una campera gruesa y la bufanda al cuello y dice que al principio tuvo muchos problemas con sus alumnos brasileros: que no entendían una palabra de español ni tenían ganas de aprenderlo. Y que ahora entienden, dice, pero igual no hablan:

—No les gusta hablar en castellano, ellos defienden mucho lo que es suyo, se apegan a lo suyo.

Las dos me dicen que, al principio, el proyecto las entusiasmó: era una oportunidad para hacer algo nuevo, algo distinto. Y de ganar un poco más de plata.

—Nos habían dicho que con el tema del proyecto bilingüe iba a haber un buen aumento y después vino el sobre con el sueldo y no te digo la sorpresa que nos llevamos. A mí ahora, por ir las dos tardes por semana a dar el curso a Brasil, me pagan cuarenta pesos más que mi sueldo, que son setecientos cincuenta. Imagínate que el entusiasmo se me fue pasando. Acá siempre es igual: todo muy lindo hasta que llega el momento de pagarnos a los que trabajamos.

—A las brasileras en cambio les pagan bien, les pagan mucho mejor que a nosotras. Y ellas siguen con el mismo entusiasmo que teníamos nosotras y que se nos fue pasando.

Dice Andrea, y Fátima está de acuerdo:

—Allá en Brasil, cuando tienen un título les pagan mucho más, entonces siguen estudiando. A nosotros nos pagan lo mismo. Yo tengo mi título universitario de pedagogía y me pagan igual que si no lo tuviera.

Dice, y me cuenta que acaba de mandar un currículum a Curitiba, porque acá le parece que se quedó sin horizontes:

—Acá no tenés ninguna posibilidad de seguir creciendo, de hacer cursos, de tratar de estudiar al mismo tiempo alguna otra cosa para progresar en la vida. En cambio allá, con mis títulos y haciendo un trabajo como éste, puedo ganar como dos mil pesos. Yo soy argentina, claro, pero si me aceptan yo me voy para allá. Yo lo siento, pero acá no me dejan otra opción.

Pero después les preguntaré a los cuatro vandalitos patrios de qué cuadro son. Tres me dirán de Boca, uno de River.

—¿Y no son de Gremio o de Inter?

—No, esos son brasileros.

Me dirán, con desprecio y acento brasileño. En el fútbol la patria sí está clara.

Junto a la carretera, el sitio es majestuoso: un claro en medio de la selva rodeado de palmeras, araucarias, mil árboles sin nombre. En el medio el ranchito de madera sobre pilotes, pintado antaño de cremita y verde, resulta encantador. Pero mientras lo miro llega Alecia, así con e, me dice —"todos me quieren decir Alicia, pero es porque no saben"—, con un balde lleno de agua en cada mano.

—¿La tiene que ir a buscar lejos?

—No, acacito nomás, ahí abajo.

Ahí abajo son doscientos metros y la vuelta, por supuesto, es cuesta arriba. Doña Alecia tiene cuarenta pero parece de sesenta, los pelos rubios ya canosos, la nariz respingada, la cara ancha, y me dice que a veces la vida se le hace complicada:

—Cuando llueve los chicos no pueden ir a la escuela, no les dan de comer, están todo el día dando vueltas por acá. Si no, acá estamos bien, siempre comemos, mi marido hace sus trabajos con el hacha, ahora está en el aserradero, ahí más arriba. Estamos bien nosotros.

Dice Alecia y después me cuenta que sus abuelos llegaron hace mucho, mucho tiempo y se instalaron por acá y que sus padres ya murieron pero siempre estaban tan contentos. Que su padre era hijo de polacos; su madre, de lituanos.

—Tan contentos de haberse venido para acá, con esta tierra así de generosa y poder trabajar y comer todos los días.

—Bueno, pero acá también hay gente que no come.

—El que no come es porque no se las rebusca acá, no quiere trabajar. Nosotros muy pocas veces nos quedamos sin comer. El que no come será por vagoneta.

—¿Y cuándo se quedan sin comer?

—No sé, al final de la quincena.

Dice y mira para otro lado, avergonzada.

—Pero no, acá, le digo, el que no come será porque no sabe. Éste es un país bueno, que te da de todo.

La carretera se ha puesto complicada, muy difícil. Erre se la banca; yo no sé.

Ya estoy por abandonar mi búsqueda de los famosos tareferos, que es la forma políticamente correcta, contemporánea de decir mensúes. Llevo más de cuatrocientos kilómetros buscándolos y siempre se me escapan: porque los patrones no quieren que vaya a las cosechas —seguramente para que no vea las condiciones de trabajo— o porque llueve o porque es viernes a la tarde. Ya se está terminando la cosecha: mi última opción es Andresito.

En los papeles Andresito se llama Comandante Andresito, pero en el pueblo no encontré a nadie que lo llamara así. Andresito es una de las últimas avanzadas: uno de los pueblos más nuevos del país —me han dicho que el más nuevo. En Andresito muchas calles no tienen nombre todavía.

—¿Sabe dónde puedo encontrar a don Fernando?

—Sí, la primera calle, a la derecha, la tercera casa.

Ni número. La sensación, por momentos, de que todo está por hacerse, a medio hacer, de que están haciéndolo ahora mismo.

A Fernando todos le dicen don Fernando, porque cuando llegó al lugar, hace veinticinco años, Andresito no existía. En 1980 Fernando era un ingeniero agrónomo correntino recién recibido que estaba haciendo la colimba cuando lo convocaron para un destino posible: que se fuera a trabajar en la fundación de un pueblo. Fernando no sabía dónde era, nunca lo había oído nombrar —y, cuando lo mandaron, sólo le dijeron que era pura selva, que ahí el mosco más chico era como un tatú. La región de Andresito llevaba muchos años ocupada por campesinos brasileños: algunos se quedaban, otros deforestaban y se iban. Entonces el ejército argentino decidió que para echarlos había que conseguir que argentinos ocuparan su lugar. Primero los corrió con la Gendarmería; después llegaron Fernando, un agrimensor y un médico, todos bajo las órdenes del teniente coronel retirado Homero Jáuregui. El plan estaba a cargo del ministerio del Interior: era, decían, un asunto estratégico.

—¿Hace veinticinco años acá no había nada? Es muy impresionante, no parece.

—Sí, la verdad es que la gente se sorprende de lo que creció el pueblo. Y eso que estuvimos veintitrés años aislados, sin asfalto.

—¿Y cómo te sentís con eso de haber llegado acá cuando no había nada y que ahora esté todo esto?

—Cuando lo pienso me impresiona, es algo grande. Debe ser como empezar un libro, ¿no?

Es raro estar desde el principio
                              o más:
desde antes del principio
cuando
lo que ahora es no era siquiera nuevo era
una idea un temor un azar
entre tantos
                    cuando
todo era otro
                    cuando
todo lo que ahora es era
un deseo.
          Es raro
ver un deseo bajo forma de calles casas perros
faroles relaciones es tan raro
ver un deseo que dice buenos días

Según el plan, los cien primeros colonos recibían ciento cincuenta hectáreas cada uno —y el permiso para plantar veinte de yerba, en tiempos en que había cupos muy estrictos. La mayoría venía del sur de la provincia; cuando llegaron, cuentan, esto era pura selva. Después vinieron otros doscientos, y hubo, por supuesto, colonos que mandaban testaferros a recibir su lote y después se los "compraban" por monedas: ésos, ahora, son los grandes propietarios de la zona. Ahora Andresito tiene casi quince mil habitantes, y en las calles hay negocios, un banco, varias escuelas, chicos rubios que corren, morochos que también, la terminal de micros, la iglesia, la concesionaria de autos, los dos o tres supermercados, la biblioteca popular Jorge Luis Borges, las estaciones de servicio, los camiones cargados de yerba por las calles, las farmacias, la agencia de quinielas, los locutorios, la tienda Ropas Lindas, la tienda La Porteña, el proveedor de la televisión por cable —y alrededor aserraderos, secaderos de yerba, la cooperativa yerbatera.

—¿Quién le puso comandante Andresito?
—El que se llamaba así era el plan, porque Andresito era un comandante de Artigas, fue el que defendió esta zona de la invasión de los bandeirantes, los paulistas. En realidad al pueblo le pusieron Almirante Brown, que fue un defensor de la soberanía; el teniente coronel le quiso poner Mar-

tín Güemes, otro defensor de la soberanía, pero el gobernador era marino y el coronel tuvo que respetar las tiras. Y al final le quedó Andresito nomás.

Andrés Guacurarí era un indio nacido en una colonia correntina pocos meses después que San Martín: eran tiempos de muchos nacimientos. Era, dicen, audaz e inteligente, aunque callado, y Artigas lo adoptó como hijo y lo puso al frente de la defensa de Misiones contra los brasileños. "Siempre le acompañaba un sacerdote en sus campañas, era absolutamente creyente y su destreza en el manejo de la lanza y la caballería no le impedía hablar y escribir el castellano, el guaraní y el portugués", dice un historiador contemporáneo, para dejar claros sus prejuicios. El Comandante Andresito es uno de los pocos indios registrados como guerrero de la Independencia —y, por indio, ni siquiera se lo recuerda como Andrés.

—¿Qué la fundación fuera un plan militar marcó de alguna forma al pueblo?

—Sí, hubo disciplina. En la zona se habían hecho otros planes, por ejemplo cuando sacaron toda la madera de la zona de San Pedro y no replantaron. Acá estaba muy claro: si sacás madera tenés que plantar un cultivo perenne. Acá había empuje, disciplina.

un deseo con sus calles de barro sus alambrados sus
tranqueras un deseo
con sus clases sociales sus conflictos

Don Fernando tiene una de las mejores casas del pueblo: un chalet que no ostenta por fuera y, por dentro, rebosa de cortinas y volados y adornos y sillones con mucha gomaespuma. También tiene dos hijos que estudian en ciudades, un negocio de insumos agrícolas que se llama El Pionero y cientos de hectáreas en los alrededores. La casa está rodeada de alambre electrizado, y me sorprende. Después de todo el Interior es ese lugar donde podemos dejar la puerta abierta —y Andresito es el interior del interior.

—Sí, me entraron a mi casa, hace dos años, tres… y después entró otro también, que era menor. Entonces puse el alambre electrificado.

—Qué raro, en un pueblo tan chico. ¿La policía no controla?

—Lamentablemente en los pueblos, o en general en todos los lugares, la policía está prendida casi siempre con los ladrones. Otra vez me robaron un animal y yo me puse a investigar y en dos días ya sabía quién robaba en esa zona, quién esto, quién aquello. La policía cómo no va a saber…

—¿Y hay otras cosas que no te gustan sobre cómo les quedó el pueblo?

—Yo hubiera preferido tratar de cultivar más a la gente en el cuidado del medio ambiente, que sea un pueblo más limpio, que planten más árboles… Uno va acá enfrente, a Brasil, y realmente es una ciudad con todo. Pero acá no la cuidamos. Yo creo que hay que castigar al que ensucie. En este país no hay premios ni castigos. Al que hace bien las cosas hay que premiarlo; al que hace mal hay que castigarlo. Pero no lo hacemos, y terminamos como el cambalache que es lo mismo el que labura…

Don Fernando habla sereno, casi tímido, y me dice que no me preocupe, que él me va a llevar a buscar tareferos, que seguro los vamos a encontrar. Y nos subimos en su 4x4 y salimos a recorrer la zona. Los caminos son picadas en medio de los campos que, hace unos años, eran selva. En sus tierras, don Fernando produce yerba, té, vacas, maderas caras —cedro, guatambú, peteribí— para no depender solamente de la yerba mate.

—Ahora todo está volviendo a funcionar. En la década infame esto era un cementerio. La yerba no valía nada, la madera se importaba de Paraguay o de Brasil. Hicieron todo lo posible para que todo el mundo se fuera, que esto quedara para Alto Paraná, la empresa papelera.

En los noventas —"la década infame"— la yerba mate tuvo los precios más bajos de su historia. Ahora una tonelada vale 220 pesos; en esos años se pagaba 30. El gobernador de la provincia, Ramón Puerta, era uno de los principales compradores: dueño de varios molinos yerbateros, la hoja barata era su gran negocio.

un deseo con sus altoparlantes y sus
cumbias villeras un deseo
gritón escandaloso
vocinglero

Don Fernando es alto, grandote, anteojos, botas de goma y una gorra de béisbol que también dice Andresito. Recorremos sus tierras —bellísimas, cuidadas— y no puede parar de trabajar: arranca una maleza por acá, controla un alambrado por allá, se pregunta si estarán prendiendo bien los eucaliptus o si hay que poner más veneno en tal monte que se están comiendo las hormigas. Pero no hay tareferos:

—No te preocupes, ya vamos a encontrar alguno por ahí. El problema es que hoy es viernes y es cierre de quincena; ya muchos no trabajan porque les toca cobrar. Y después chupan, se maman todo el fin de semana y empiezan a aparecer el lunes a la tarde, el martes.

—¿Y no hay manera de decirles que no vale la pena trabajar para gastarse tanta plata en alcohol?

—No, el productor los tiene que aguantar porque los necesita. Como la cosecha es manual…

Fernando no me entendió. Yo quería decir: decirles que no se gasten en una borrachera lo que les costó días de esfuerzo.

—Eso es muy difícil de cambiar. Es la historia de siempre: en la medida que nadie les dé conocimiento... El problema acá es la educación, la educación.

un deseo que compra vende presta que
consume productos
que produce
un deseo
que no siempre llega a fin de mes

Después, en la escuela, una maestra me dirá que todo se complica porque en cuanto los chicos tienen ocho o nueve años salen a trabajar y vienen poco.

—Sí, empiezan muy chicos, cinco o seis años. Pero si no aprenden a trabajar de chicos, después a los dieciocho años, si querés enseñarles, ya no aprenden...

Me dice don Fernando.

—¿Y a los seis años qué pueden hacer?

—Ayudan a los padres. A los doce años ya están manejando los tractores. Y los tareferos también, vienen con toda la familia, acampan por ahí.

un deseo
que dice buenas tardes don fernando qué gusto
verlo don fernando

El aire huele a cilantro: plantas enormes de cilantro, que crecen salvajes. Hay aromas que uno busca y busca, sólo para encontrarlos cuando no.

un deseo que dice gusto
verlo

La yerba mate es un árbol bajo, retorcido: como una viña que cada año retoña las hojas que después nos chupamos. Seguimos la recorrida; alguien nos dice que vio un grupo de tareferos un poco más allá. Cuando llegamos, encontramos a media docena de hombres al costado del camino, cargando fardos de yerba en un camión. Fernando los saluda, me dice que muchos de los trabajadores son indígenas:

—Vienen disciplinados, respetan más, son más sumisos, más apegados al trabajo. Los blancos tienen más mañas para trabajar. A los indios vos les decís que tienen que hacer así y lo hacen, no joden. Yo prefiero trabajar con indios que no saben nada y uno les enseña y hacen tal cual. En cambio los otros se creen que saben todo; vos tratás de transmitirles algo y ellos siguen haciendo lo que se les ocurre.

Los tareferos nunca aparecieron. Al final Fernando me lleva a la cooperativa yerbatera, donde me muestran el proceso de secado y estacionado de la yerba: nada muy excitante, aunque aprendo sobre el sabor ahumado, los efectos del polvo y el palo, las diferencias de gusto dentro del Mercosur —esas delicadezas.

un deseo respetuoso
tan raro ver un deseo que se saca
el sombrero

Don Fernando es un pionero: un tipo que llegó primero a un lugar donde no había nada y, con unos pocos más, empezó un pueblo. Es lo que alguna vez llamaron hacer patria y así fue como hicieron la Argentina —y Misiones más tarde, más reciente. Don Fernando es uno de ellos y, al mismo tiempo, es un señor perfectamente banal, que dice lugares comunes y tiene ideas comunes: suele pasar cuando conozco a alguien que va a tener su calle. Le pregunto si alguna vez pensó que seguramente le pondrán su nombre a una, en Andresito:

—Sí, alguna vez, sí.

—¿Y te impresiona?

—Bueno, no sé. Pero si lo van a hacer ojalá lo hagan antes de que me muera, así lo veo. Cuando esté muerto ya no me sirve para nada.

Hay pensamientos que son más que nada utilitarios.

A la salida de Andresito hay veinte o treinta kilómetros de tierra de colonos: monte hachado, algunas plantaciones de tabaco, de yerba, té, mandioca, par de vacas echadas al lado del camino. Las casas de los colonos son ranchos de madera sin puertas ni ventanas. Hasta que, de pronto, empieza el Parque Nacional: la selva. No son dos espacios; son dos tiempos uno al lado del otro. El Parque es lo que todo esto supo ser. La tierra de colonos es lo que es; lo que será, con suerte, si es que sigue existiendo: naturaleza arrasada para poder vivir de ella. Pero el Parque también es una unidad de producción informal. En Puerto Iguazú hay muchos desocupados y uno de sus rebusques es ir al Parque a cazar animales salvajes o a machetear palmeras para hacer palmitos. La palmera es tacaña: un árbol da para una lata.

Los cincuenta kilómetros de camino de tierra a través del Parque Nacional hasta Puerto Iguazú son alucinantes. Selva cerrada a los lados de una picada de ocho metros de ancho, algún gato montés que se cruza, las flores, los helechos. Un viaje de una belleza estrepitosa.

Caminar por la selva es saber que uno no sabe nada. La selva te produce una extrema conciencia de tu propia pequeñez, de tu ignorancia: ahí al lado, junto a tu bota embarrada, más allá de ese árbol, detrás de ese pantano están pasando tantas cosas que no llegás a ver ni manejar —y que suceden. No me extraña que muchas culturas indias sean tan fatalistas. En la selva —pasos en los pantanos, cruzar agüitas lodos sobre un tronco, hundiéndose y hundiéndose— nada es más seguro que pisar en la huella del que pisó adelante: seguir, con cuidado, cada uno de sus pasos. Después hablamos de la ley de la selva: pisar sobre los pasos anteriores, no arriesgar.

Pero caminar por la selva no sólo implica la ignorancia sino, sobre todo, la conciencia extrema de esa ignorancia. Un punto: esa conciencia aparece porque decidimos observar nuestra ignorancia, porque viajamos muchas horas para ponernos en situación de contemplarla. Así es más fácil. En realidad para tener conciencia de nuestra ignorancia alcanzaría con mirar cualquier noche estrellada, o pensar cinco minutos en la infinidad de los procesos bioquímicos necesarios para pensar cinco minutos o, incluso, intentar entender la Argentina —o algo así. Quizás —sospecho— irse a la selva o a cualquier lugar notoriamente desconocido, ajeno —viajar, en síntesis—, sirva para no pensar que tampoco entendemos lo propio, lo cercano.

CATARATAS

Es tan oportuno que las cataratas estén aquí, en la punta del mapa de la patria. Sin eso muchos argentinos —y por supuesto extranjeros— jamás llegarían hasta estos extremos, pienso y, en seguida, me pregunto qué tipo de ideología me hace pensar que es bueno que la gente llegue hasta estos extremos. Debería debatirlo pero no ahora: no en la selva. En la selva, por alguna razón, las razones se ablandan. Y me doy cuenta de que lo mismo —su carácter extremo e incluyente— les sucede a los otros dos puntos que el turismo extranjero valoriza: la Puna, con la Quebrada de Humahuaca y el eje Calafate-Ushuaia. Los tres parecen puestos con premeditación y alevosía para armar, con tres vértices, el triángulo patrio: para obligar a propios y extraños a ir hasta los extremos de la patria. Quizás dios, finalmente, sea argentino.

Mi Guayaquil sucedió aquí. A fines de los noventas vine con mi hijo a pasar cuatro días en este hotel, su vista extraordinaria. Juan tenía siete años y nos pasábamos horas en la sala de juegos —pool, ping pong, un par de flippers y máquinas de correr y hacer gimnasia. Una de esas siestas jugábamos al pool en la sala vacía; al cabo de un rato llegó un señor de mediana edad, rubión, pelo llovido, equipo jogging —y se puso a correr en una máquina. Cuando terminó se acercó y me distrajo de una tacada decisiva:

—Quería decirte que leí los tres tomos de La Voluntad, me interesaron mucho.

—Bueno, gracias.

Le dije, y volví a mirar la bola 11.

—No, de verdad, me pareció un gran aporte.

—Gracias, de verdad.

Le dije yo, y él se dio cuenta de que yo no entendía.

—Vos no sabés quién soy yo.

—No, disculpame.

—Yo soy Néstor Kirchner, gobernador de Santa Cruz.

Para mí, entonces, un gobernador del partido menemista era mucho peor que un desconocido, así que persistí en el taco y la bola.

—Ah, qué bueno. Gracias.

Después, en la pileta, cada vez que nos cruzábamos, el señor gobernador y su señora miraban para algún otro lado. Esa tarde perdí mi gran oportunidad de postular para la Dirección Nacional de Asuntos Biblioratos, digamos, o la Subsecretaría Federal de Vacas Tuertas y ahora, de vuelta en el lugar, me río de nuevo.

Hace años que no venía a las cataratas. Parecía difícil, pero también han conseguido cambiarlas. La empresa que las explota, producto de una licitación confusa, les ha construido una tremenda entrada en el mejor estilo shopping. Cientos de metros de farolitos, canteritos, fuentecitas, negocitos, que desembocan en el trencito que conduce a las caídas.

El trencito implica colas, esperas, aglomeraciones. Ha transformado lo que solía ser un dulce paseo por la selva en un momento más del turismo de masas, del amontonamiento.

El turismo de masas —gran invento de la segunda mitad del siglo XX— es un problema. Por supuesto, ningún espíritu democrático negaría que está bien que muchos accedan a todo lo posible; la contradicción es que la cantidad arruina a aquello a lo que acceden.

Caminar por las pasarelas de las cataratas casi en fila india —alguien detrás, alguien delante— no es lo mismo. En mi recuerdo caminaba tranquilo, solo, como perdido en medio de la selva; la cantidad lo ha hecho imposible. Hay extremos más evidentes: los españoles cerraron, hace años, las cuevas de Altamira porque el paso de tantos visitantes las estaba arruinando. E hicieron, en una cueva vecina, una réplica donde, ahora, llevan a los turistas.

El turismo era, de por sí, cosa de elites; cuando se masificó, el turismo de masas creó, a su vez, el turismo de elite. Y no se trata sólo de hoteles caros y cruceros carísimos. Es, ahora, sobre todo, la búsqueda de lo virgen, de lo intacto. Hubo tiempos en que los hombres hacían largos viajes para ver lo que otros hombres habían hecho antes que ellos. Así empezó el turismo: cuando ingleses ricos del siglo XVIII se dedicaron a visitar ruinas romanas en Italia, iglesias y castillos en Francia o Alemania, el Partenón. Y así siguió hasta hace muy poco. Ahora, en cambio, nos dejamos el cuero para ir a ver los últimos lugares que el hombre no ha tocado —islas desiertas, selvas inmaculadas, montes inaccesibles—: es lo más caro, lo más exclusivo. El optimismo positivista suponía que lo bueno era lo que el hombre había producido; el pesimismo finisecular decidió que no había nada peor que la intervención humana y trata de alejarse de ella a toda costa. Es una idea del mundo, y así estamos. Es el momento de viajar, derrotados, nostálgicos, por páramos y junglas.

> El salto —la caída.
> El salto fuerza:
> el marrón se hace blanco.
> La caída.

He estado muchas veces en las cataratas, pero cada vez me maravillo igual. En realidad, siempre me pareció uno de los lugares más extraordinarios del mundo: uno de los dos o tres espacios argentinos que no tienen equivalencia en ninguna otra parte. Y sigo convencido: hay pocas situaciones históricas que envidie tanto como aquella tarde de Cabeza de Vaca.

Álvar Núñez Cabeza de Vaca fue, entre otras cosas, uno de los mejores narradores españoles de su tiempo. Pero es probable que a nadie le haya importado mucho o que ni siquiera lo supiesen: la relación de sus andanzas —sus *Naufragios*— recién fue publicada en Valladolid en 1555, dos años antes de su muerte. En ese libro, Núñez contaba cómo había recorrido solo, a pie, entre 1527 y 1537, veinte mil kilómetros de la Florida y México. Ahora —tiempo de autopistas— podría pensarse como una gran hazaña. Pero su relato, como casi todos, sólo se justificaba por el fracaso de su intento: "…(querría) que no tuviera yo necesidad de hablar para ser contado entre los que con entera fe y gran cuidado administran y tratan los cargos de Vuestra Magestad y les haze merced…", escribió, en el proemio de su obra.

Las versiones difieren sobre la forma en que consiguió, a la vuelta de su viaje interminable, el nombramiento de segundo Adelantado del Río de la Plata. Tampoco es fácil imaginar por qué, después de tanta, aún quería más sopa. Lo cierto es que, en 1540, Carlos V lo comisionó para que conquistara y poblara estas tierras. La empresa empezó difícil: no había quien quisiera ir a esos confines donde la gran expedición de Mendoza había fracasado. Sus tres barcos zarparon de Cádiz en diciembre de 1540, y otra carabela se les unió en Canarias; en marzo de 1541 estaban en la isla de Santa Catalina, en el Brasil. Allí sobrevivía una colonia de españoles huidos o naufragados, que le contaron que Ayolas había muerto y Buenos Aires poco menos; Álvar Núñez decidió evitar el puerto malhadado. Su hermano Pedro llevaría los barcos por la vía habitual; él iría a descubrir, que era lo suyo. Tras seis meses de preparativos y exploraciones breves, Núñez salió hacia Asunción por la ruta terrestre inexistente: tendría que caminar más de mil kilómetros de misterios. Llevaba doscientos cincuenta soldados armados, veintiséis caballos y cantidad de indios: su periplo duró seis meses y fue uno de los viajes más alucinantes de una época de viajes imposibles.

La caravana atravesó llanuras infinitas, selvas desorbitadas, torrentes y montañas: "Yo caminé siempre a pie y descalzo por animar a la gente a que no desmayase, porque además del trabajo en el desmontar, hacer caminos y puentes para pasar los ríos, que fueron muchos, padecimos grandes penurias...", escribió Núñez en sus *Comentarios*. Los indios los guiaban e instruían: cómo comer insectos, por ejemplo: "...en los canutos de las cañas había unos gusanos blancos, tan gruesos y largos como un dedo, los cuales las gentes freían para comer y salía de ellos tanta manteca que bastaba para freírse muy bien y los comían toda la gente y los tenían por muy buena comida". En enero de 1542 les tocó uno de los momentos más extremos de toda la conquista: darse de boca, sin anticipos, sin poder preverlo, con las cataratas del Iguazú. "E yendo por ese río Iguazú abajo, era la corriente de él tan grande, que corrían las canoas con mucha furia; y esto causólo que, muy cerca de donde se embarcó, da el río un salto por unas peñas, abajo muy altas y da el agua en lo bajo de la tierra tan grande golpe que de muy lejos se oye...", escribió después Núñez, casi austero.

Yo imaginé ese momento tantas veces. Hoy, habiendo visto tantas fotos, sabiendo cuál va a ser la maravilla, las cataratas siguen impresionando al que las mira; entonces, aquellos soldados caminaban por la selva sin saber hacia dónde, muy perdidos, y oyeron de pronto un ruido que fue creciendo hasta hacerse infernal y temblaron de miedo ante las puertas del final y se encontraron de pronto con el espectáculo de la caída perfecta: nada más suntuoso.

Como dicen los americanos: I've been places, estuve en lugares. No recuerdo lugar en el mundo que me parezca más impresionante.

Álvar Núñez y su tropa entraron a la villa de Nuestra Señora de la Asunción el 11 de marzo, y el recibimiento fue pura algarabía: para un grupo de trescientos o cuatrocientos hombres aislados en el medio de la nada, tanto tiempo abandonados a su suerte, la llegada de doscientos compatriotas era una confirmación de su propia existencia. Domingo Martínez de Irala le entregó al Adelantado su vara de Justicia y la transición pareció amable; en verdad, los jefes viejos se incomodaron por varias razones. La llegada de Alvar Núñez los sorprendió a punto de salir a buscar oro y los obligó a postergar la partida. Además, Núñez insistía en recaudar con más detalle el impuesto real, la súbita superpoblación complicó el abastecimiento de comida y los viejos odiaban recibir órdenes de los recién llegados. Para colmo el Adelantado tenía veleidades: a poco de llegar promulgó ordenanzas sobre el buen trato debido a los indios que provocaron diversas urticarias.

Era un clásico americano: funcionarios recién llegados de España, llenos de buenas intenciones, se enfrentaban con los poderosos locales sobre la cuestión indígena. El funcionario, influido por las tesis de Bartolomé de las Casas, pretendía que los indios fueran tratados como hombres libres, súbditos del rey; los encomenderos locales, preocupados por la marcha de sus emprendimientos, sólo querían usarlos como mano de obra —cuanto más esclava mejor.

El Adelantado imaginó que la mejor forma de someter a los guaraníes y asegurarse su mano de obra era tratarlos como personas, educarlos, evangelizarlos. Así que ordenó que se respetaran sus derechos como vasallos libres del monarca: "…que ninguna persona sea osada de tomar a los indios contra su voluntad ninguna cosa de lo que tuvieren en esta ciudad ni fuera de ella… y que los dejen ir libremente a sus casas y partes donde quisiesen ir…". Los asunceños no transaron: si las hubiesen cumplido, estas ordenanzas los habrían obligado a renunciar a los frutos que comían cada día y a las carnes que manoseaban cada noche: era un exceso de renuncia, y no querían. En menos de dos años Cabeza de Vaca sufrió el primer golpe de estado de estas tierras: destituido, fue desterrado al África.

—Martín, yo soy de acá, míralo bien, porque es algo que sólo vas a ver en la Argentina.

Hace un rato que miro pasar gente: nadie sin su cámara.

El agua está en el agua
y en el aire.
Si nos deja
la tierra es porque es tan
poquita cosa.

—¿Ya le sacaste a ésta?
—No, no le saqué.
—Pero si es la mejor, Alicia, la más linda.
—Ay, che, la que estuvimos antes era mucho más linda.

Los turistas tienen —gran mayoría— zapatillas nuevas.

Supongo que la diferencia es que la naturaleza suele mostrarse, salvo en las catástrofes, pasiva. Miramos la naturaleza como paisaje, como escenario inmóvil. Aquí el escenario se hace actor, se pone en escena a sí mismo, representa la ópera de su fuerza extrema, todo el tiempo, controladamente. Es amenaza pura, el mafioso que muestra la pistola para decir si quiero te destrozo: aquí la naturaleza advierte lo que podría hacer en cualquier momento, en cualquier falla.

El poder es tener, contener:
poder hacer, la acción en potencia.
La potencia, en cambio, es hacer para nada.

Esas estúpidas ganas de escupir hacia el salto, de agregar algo: de participar.

El señor encuadra con su cámara a su señora pero no dispara. La baja, descontento.
—Ponete bien, Clarita.
Clarita lo mira y se sonríe, compasiva:
—Viejo, cómo querés que haga.

Muy pocos no se fotografían frente al salto. Hemos aprendido: cada cual compone frente a la lente la imagen de sí mismo que quisiera —o la que supone que es la imagen de sí mismo que quisiera. Quien levanta el mentón, quien esconde la panza, quien simula una sonrisa que tan barato durará años y años. Están dibujando su futuro: así, con suerte, los verán sus nietos. O, peor, se verán a sí mismos dentro de veinte años. Y se dirán:
—Ves cómo no estaba tan mal.
Serán —no es poco— retrospectivamente bellos.

Agua que no has de beber.

Esa rara manera de mirar en que cada cual se para, se calla, aguza los ojos, entrecierra los ojos, trata de retener con la mirada. Esa rara manera de caminar, arrastrando los pasos. Esa rara manera de cruzarse, una y otra vez con los mismos, no saber qué decirse. Esa rara sensación de tener que disfrutar de este momento, de este paisaje, de saber que uno ha hecho más de mil kilómetros para llegar acá y que es, probablemente, irrepetible.

¿Qué hay que hacer? ¿Cómo se hace para disfrutar realmente de un paisaje, para aprovechar todo el esfuerzo, todo su potencial? El alivio de estar escribiendo: la utilidad, el alivio de estar escribiendo —de tener una cosa que hacer.

No es fácil encontrar un lugar frente a lo único.

Frente a lo único uno sabe que debería hacer algo pero no sabe qué —precisamente porque es único. Frente a lo único cada cual se construye un recuerdo como puede: diseña lo que será, por muchos años, el recuerdo.

No hay respuestas previstas; hay respuestas que se pueden intentar digamos:
el asombro digamos
la maravilla digamos el sobrecogimiento
digamos el desdén
digamos
la excitación confusa las risas sin objeto digamos
el estupor digamos la tristeza la pequeñez la astucia
para tratar de ver lo que no ven los otros digamos
la conciencia súbita de algo.
Y digamos también la búsqueda del punto panorámico perfecto inmejorable: ese punto de vista
desde donde mirar por una vez lo que sólo una vez digamos
el temor
de no sacarle todo el jugo el temor
de perderse lo mejor —que es irrecuperable— digamos
emocionarse casi en serio besar
desesperadamente a quien al lado digamos ser besado
digamos sonreír a los desconocidos digamos decir oh ah ay
caramba guau —locución que se ha vuelto tan humana— digamos
ya queda dicho:
el tonto alivio de escribir.

Pero los turistas suelen ser, en la vida civil, personas que no usan zapatillas. Y que, en cuanto se enturistan, se enzapatillan con zapatillas poco uso. Nunca me había dado cuenta en qué medida la nueva gran industria de la zapatilla está ligada a la nueva enorme industria del turismo: cómo se necesitan y fomentan mutuamente.

La catarata es una apología del movimiento: de la transformación —de la materia— por el movimiento.

Y, también, una manera del destino.

—No me digas que nunca habías venido…
—No, no había venido.
—Y seguro que a Brasil sí fuiste.
—Sí, estuve algunas veces…
—Ves, así está la Argentina, con gente como vos.

El destino: toneladas y toneladas de materia que se despeña porque sí —porque no podría hacer otra cosa. Y que, al caer, pasa a ser otra cosa.

Puerto Iguazú

No conozco viaje más sorprendente. El viajero puede llegar, seguramente en coche, por la carretera de entrada a Puerto Iguazú, bien asfaltada, enfarolada. A la izquierda hay un hotel de cinco estrellas con columnatas y palmeras. A la derecha, un terreno más o menos baldío, colorado, con
seis o siete caballitos que esperan para que los alquilen: un cartel anuncia
"paseo con caballos, horse riding". Alguien me había hablado de ellos, pre-
sumo, y contraté; montamos. Unos cien metros más allá, mi guía y yo entramos en una selva que parece una selva. Avanzamos al paso por un camino muy angosto entre árboles, helechos, lianas que cuelgan y aves
admirables. Media hora de cabalgata y la selva se abre en una aldea guaraní: dos docenas de chozas de troncos, los espacios para cultivar la   mandioca, la banana roja, el ananá, el maíz, los chicos que corren, la canchita de
fútbol, la escuela, los nenes que piden moneditas: monedita, monedita —en
castellano en el original.

Los guaraníes ya no son nómades: los tres mil que quedan en Misiones están establecidos en unas setenta aldeas y reciben cantidad de preben-
das del estado: luz, agua, asistencia médica y algún dinero. Es un intento
muy coherente de convertirlos en argentinos: objetos del asistencialismo.

—Mirá, el de este rancho se va a tener que ir porque se va a casar con
una blanca, como dicen ellos.

Me dice mi guía, y me cuenta que los viejos de la tribu expulsan a los
que se mezclan: nada grave, nada personal, sólo que quieren mantener la
sangre pura para que siga habiendo guaraníes. La próxima vez que conozca a una mujer de ascendencia toscana le voy a decir que ni mamado: que
yo soy castellano y andaluz y polaco y ucraniano y debo preservar la pureza de mi sangre.

—Bueno, ellos quieren preservarse, pero tienen energía eléctrica, agua potable y de la caza y de la pesca ya no viven más, obvio, tienen televisor, radio. Es un tira y afloja entre los viejos y los jóvenes; los jóvenes se tiñen el pelo, usan aritos, están cambiando mucho. Pero no es que dejen todas sus costumbres, es que tomaron algunas cositas de los blancos... Ahora son fanáticos del fútbol, fanáticos de Boca, de River, escuchan cumbia villera.

—Son como jóvenes argentinos...

—Sí, sólo que no les gusta usar drogas, ni marihuana ni nada.

Me dice mi guía, un joven argentino. Una mujer revuelve un guiso en una cacerola muy ahumada; un viejo recorta un cuero con un cuchillo chiquitito; chicos corren, otros chicos corren, unas gallinas corren. Éste es el viaje más radical que he conocido: en un ratito de caballo estás en otro mundo. Si el viajero averiguara —pero no quiere averiguar—, sabría que sigue a cuatro o cinco cuadras de la ruta asfaltada enfarolada, del hotel cinco estrellas. Es casi un viaje virtual, sólo que todo es concreto, muy tangible. Y está condenado: la cadena Hilton acaba de comprarle a la municipalidad dieciséis hectáreas de esta tierra para construir otro hotel cinco estrellas. Se las dejaron a diez mil pesos cada una; el dueño de los caballos, después, me dirá que él se compró una sola, para poner su base, y se la hicieron pagar cuarenta mil.

—¿Y les prometieron un sueldo importante?

—Sí.

—¿Cuánto les decían que iban a ganar?

—Y, más o menos, qué sé yo, seiscientos, setecientos por mes.

—Más casa y comida.

—Claro, claro.

Yo juro que había jurado —juro que había jurado es una fórmula curiosa, casi dubitativa— dejar de lado la cuestión prostibularia por unos cuantos miles de kilómetros. Pero hoy, cuando llegué a Puerto Iguazú, la ciudad estaba alborotada por el rescate de sus dos heroínas. Las radios ardían:

—A nosotras nos dijeron de entrada que teníamos que laburar de promotoras en un boliche, y bueno nosotras le creímos porque yo quería laburar, fuimos con mi amiga. Pero al final llegamos y era otra cosa. Y a mí me encerraron en el boliche y me sacaron a mi hijo.

—¿Y el boliche de allá cómo era? ¿Era un boliche o directamente era un prostíbulo?

—No, sí, lo último.

—¿Cuántos días estuvieron ahí?

—Tres semanas.

—¿Enseguida te diste cuenta de esto o hubo una etapa para probarte, para ver qué decías vos?

—No, de una nomás nos pusieron a laburar ahí.

Las chicas acababan de ser rescatadas por la policía de un burdel en Concepción del Uruguay —en Uruguay, Entre Ríos— y el pueblo estaba conmocionado, lleno de indignación. Que le habían sacado el hijito a una de ellas, que otra era hija de un vecino del intendente —o sea: gente normal, no negros de la villa—, que todo el tiempo vienen tipos de afuera a llevarse nuestras chicas para hacerlas putas, que se las llevaron engañadas y las mantuvieron secuestradas. Todos su justa ira, salvo los periodistas de radio FM Libre.

—Pero no vas a decir que las pibas sabían lo que iban a hacer allá.

—¿Por qué no? Si además se sabe que ya cuando estaban acá ejercían el oficio…

—No, no vayas a decir eso que te crucifican.

Dice Sergio Martyn, gerente de noticias de la radio, y Waldemar Florentín le dice que acaba de decirlo:

—Lo acabo de decir al aire.

—¿Dijiste eso? Te vas a echar a todo el pueblo encima. ¿No ves que todos quieren creer que son la Virgen María? ¿No ves que las están santificando, pobres chicas?

—Todo lo que se dice, todas las fantasías sobre la Triple Frontera se quedan cortas frente a la realidad. Esto es muy raro, es el efecto de la frontera: en pocos minutos podés estar en escenarios completamente diferentes, Puerto Iguazú, Foz, Ciudad del Este. Esto te quema un poco la cabeza, te da una percepción distinta, es como si fueras menos responsable, como que siempre estás en otra parte. Aparecen cantidad de cosas que normalmente no aparecerían. Vos vas por ejemplo al Paraguay y te encontrás con toda clase de propuestas de negocios ilegales que son absolutamente comunes y normales, cosas que en otro lado no ocurren. Ahí vos vas y querés comprar una uzi y no tenés ningún problema.

Me dice Sergio Martyn y me cuenta su sorpresa cuando, para una nota, empezó a preguntar por cocaína y terminó en una casa muy pobre donde una mujer vieja tenía, bajo el colchón, una fortuna en paquetes de droga. Yo trato, como siempre, de ordenar las cosas. Es mi karma.

—A ver, organicemos: Ciudad del Este es el descontrol, el lugar donde se puede conseguir lo que se te ocurra. Foz de Iguazú es un lugar donde hay mucha delincuencia, donde es bastante común que te apunten con un fierro en la calle o ver a la policía baleándose con un par de morochos o lo que sea. Puerto Iguazú aparece como un lugar más tranquilo, más pueblerino. ¿Es así?

—Puerto Iguazú conserva esta especie de formato de pueblo del interior de la Argentina, sí. Pero donde también pasan cosas permanentemente: acá, por ejemplo, una madre puede llegar a prostituir a su hija de nueve años, de once, de catorce. Que la ponga en el baúl de auto y la cruce a que se prostituya con los camioneros... Y la policía parece que nunca se entera de nada o si se entera, se entera última. Y lo más grave digamos es que ocurre frecuentemente con chicos. Acá funciona una red de turismo sexual con niños, e inclusive hay trabajos de personas que están laburando en un programa de la OIT que han identificado gente y consiguieron que se cerraran un par de prostíbulos donde trabajaban chicas muy chiquitas.

—Me imagino que no serían los únicos.

—Claro que no. Hay otros que siguen funcionando. Y hay más cuestiones: el tema del tráfico de drogas, el tráfico de personas, los chinos que pasan por la frontera con destino a Buenos Aires... Acá el entorno ayuda para que se produzca toda esa sensación de libertad, a pesar que esta zona tiene uno de los porcentajes más grandes en la relación entre cantidad de efectivos policiales o militares con respecto a la población civil, ocurren muchas cosas muy raras. Pensá que el ochenta por ciento del territorio misionero es frontera con Brasil o con Paraguay, solamente el veinte por ciento es frontera con Argentina. Eso nos deja muy expuestos y la frontera, como te decía, es muy porosa.

Hasta el nombre me suena falso todavía. Hace veinte años que intentan llamarla Ciudad del Este pero la sigo pensando como Puerto Stroessner o, mejor, Puerto Trucho. Me maravilla Puerto Trucho. Quizás sea el único lugar del mundo donde todo —digo: todo, y quiero decir: todo— es pura imitación.

Puerto Trucho es el triunfo de lo falso. Las calles y los puestos y los locales rebosan de falsificaciones: las zapatillas falsas, por supuesto, y los falsos perfumes franceses y las lacostes tan falsas como una descripción y las pilas y pilitas falsas y las falsas camisetas de fútbol y los bolsos vuitton o mandarina perfectamente falsos y los encendedores y los relojes y los licores y los remedios falsos: aquí lo único verdadero es la falsificación. Alguien trata de convencerme de que fabrican falsas hamacas paraguayas pero no sabe explicarme cómo se logra ese portento. Entonces otro me cuenta que, a la noche, todo se llena de falsas mujeres que son, en verdad, nenas —y me impresiona un poco tanta fidelidad.

Hace calor. Por las calles atestadas de vendedores y compradores —en Puerto Trucho no hay más categorías posibles— se cruzan chicos cargados de cajas y más cajas, muchachos que tratan de venderme un cortapelos, chicas que me ofrecen estetoscopios made in china y el polvo se mete en todas partes y los gritos se meten y el olor de tantos sudores combinados. Puerto Trucho es sudaca sin velos y, en medio de todo eso, una tienda enorme elegantísima lo convierte en una metáfora berreta de América Latina. Entre el olor y el polvo y esos gritos, Monalisa es un free shop de aeropuerto con perfumes relojes lapiceras maquillaje valijas de las marcas correctas y lo atienden las chicas más correctas y hay muy poca gente y hay silencio y el aire es fresco muy correcto y, en el sótano, para mi gran sorpresa, aparece la mejor bodega al sur del río Bravo: todos los grandes vinos franceses que no se consiguen en ningún otro lugar, nada por menos de cincuenta dólares. El caos, los buscas, las falsificaciones, la pobreza activada rodeando el lujo más abstruso. Puerto Trucho o Stroessner o Ciudad del Este, Paraguay, es un curso exprés perfecto sobre Latinoamérica.

Nos falta todavía.

Cada vez menos: compatriotes, encore un effort!
Decía el marqués de Sade.

Después, en Puerto Iguazú: la sensación de que todo es más o menos válido. Muchos vecinos, por ejemplo, cuando necesitan materiales de construcción, los hacen traer de contrabando de Brasil: es mucho más barato. Un camión de ladrillos no es algo que pueda pasar disimulado: se necesitan varias complicidades para que entre como entra, sin problemas, por trescientos o cuatrocientos pesos. Y se necesita, también, la convicción de que no está mal hacerlo.

El efecto frontera, en general, consiste en saber que las fronteras son inventos que no valen gran cosa.

Las mucamas, por ejemplo, vienen del Paraguay, porque acá ganan un poco más, pero ni se les ocurre cruzar por la frontera. Es más largo, más engorroso, más caro. Así que pasan el río Paraná en unos botes clandestinos que todo el mundo conoce, con horarios y paradas fijas. La Triple Frontera es famosa en el mundo por la supuesta presencia de terroristas islámicos. Nadie nunca pudo demostrarlo, pero los medios no necesitan esas cosas: la idea prendió y queda. Y, pese a la fama, es tan permeable.

—El río de noche es como una gran autopista, pasa de todo. Hace poco robaron a un empresario, acá en Puerto Iguazú y los chorros que entraron a la casa se fueron por el río. Le robaron una camioneta para llegar hasta la costa, la dejaron ahí tirada y cruzaron al otro lado en bote. O sea, la frontera es muy porosa. Y el jefe de la prefectura de Iguazú se enojó mucho cuando nosotros le preguntamos, en una entrevista: ¿qué pasa, prefecto? ¿Hace agua el esquema de seguridad de la prefectura en una de las zonas indicadas como de mayor peligrosidad del mundo? Y bueno, me dice, el tema es que no tenemos combustible para poner en marcha el guardacosta, no podemos estar todo el tiempo vigilando: es la realidad de un país que se debate entre el discurso y la realidad, ¿no?

Hay un punto de la Triple Frontera en que los tres países casi se tocan, para que haya una Triple Frontera. En ese punto el río Iguazú, que divide Argentina de Brasil, desemboca en el Paraná; del otro lado está el Paraguay. Cada uno de los países puso en su extremo un monumento —que, de algún modo, los define. Los brasileros, un anfiteatro tipo mausoleo romano —el Foro de las Américas—, muy bien diseñado, que, dicen, se usa poco; los paraguayos, un búnker en ruinas, que los locales utilizan como lugar de refocile y sexo exprés; los argentinos, una especie de obelisco pintado de celeste y blanco: la bandera.

—Para mí ser argentino es una suerte de aquellas. Soy del país de Maradona, hermano, qué más querés.

Yo vine por primera vez a esta frontera hace casi cuarenta años, con la escuela primaria: una aventura alucinante. Recuerdo que comíamos palmitos frescos y que cruzamos el Iguazú en un bote; ahora hay un puente muy moderno. Recuerdo que entonces Foz era un pueblo más chiquito que Puerto Iguazú, su homólogo argentino. Ahora Foz tiene medio millón de habitantes; Puerto Iguazú sigue en los cuarenta, cincuenta mil. Es raro ver un proceso así en el término de media vida. Uno supone que las ciudades tardan más en conformarse: que son historias largas. Es raro ver, en un plazo tan corto, los efectos de ciertas conductas nacionales: usar el estado para ganar poder a través del desarrollo o usar el estado para ganar plata, por ejemplo. Si lo hicieron para poner en escena las diferencias entre nuestros países, les salió redondo.

A comienzos de los setentas la Argentina inauguró una repetidora de radio Nacional con un edificio bien puesto, un transmisor de cincuenta kilos, una antena de doscientos metros —que le permitían cubrir un área de quinientos kilómetros, argentinos, paraguayos, brasileños. Hoy la radio no se capta ni siquiera en el centro de Puerto Iguazú.

El centro del pueblo está lleno de negocios de productos regionales y de pronto me acuerdo que acá fui y me compré uno por primera vez. Aquella vez que me trajo la escuela, yo tendría diez, once años y compré un arco y una flecha, convencido de que debía ser de indios muy cercanos. Unos años después encontré el mismo arco con las mismas flechas en un negocio de Córdoba. Creo que fue entonces cuando dejé de creer en las culturas locales.

Artesanía, cuántos crímenes se cometen en tu nombre.

En el restorán del hotelito, esta mañana, él, tan joven tan prolijo tan bien afeitado, desayuna con ella tan joven tan prolija tan bien afeitada, frente al televisor que pasa una película. No se hablan pero, de tanto en tanto, se acarician las manos —digo: no a sí mismos: uno la mano de la otra, la otra la de uno. El joven bien afeitado agarra un celular bien afeitado y oprime con esmero:

—Mamá cómo estás sí estamos acá con Claudia sí genial todo perfecto no yo solamente como ustedes tienen más experiencia quería preguntarles qué son las cosas para hacer acá.

Después la escucha, asiente. Uno de los resabios más persistentes de mi juventud setentista es esta rara idea, tan difundida entonces, de que los jóvenes buscaban per se el cambio: que buscar ciertos cambios era la consecuencia más obvia de ser joven. Supongo que era una falacia como tantas —un dato ideológico como la resurrección de Cristo o los beneficios de la verdurita. Pero cada vez que veo un joven conservador —un nabo— todavía me sorprende, como si algo del mundo no funcionara bien.

—Pobres porteños, la verdad es que debe ser muy difícil vivir así, tan acelerados, tan preocupados todo el tiempo. Pobres. Bueno, pero ellos no lo eligieron, qué le van a hacer...

—¿Y vos no lo elegirías? Si pudieras irte para allá, ¿no te irías?

—Sí, yo me iría para hacer la plata y me volvería lo antes posible.

Allá para hacer plata: es una idea de las cosas.

Waldemar Florentín es un auténtico sabueso. Trabaja casi todo el día de promotor turístico pero su verdadera vocación es el periodismo. Waldemar cree en el periodismo —con gran acento guaraní:

—Yo lo hago para intentar que se conozcan las cosas que pasan en nuestro pueblo, porque acá parece como si la gente estuviera dormida o que le gusta estar dormida, para no tener que hacerse cargo de lo que pasa. Pero yo creo que si se enteran, si no les queda más remedio que enterarse, nuestro pueblo se va a tener que moralizar un poco.

Waldemar es cincuentón, bajito, parlanchín y es, más que nada, un optimista. Waldemar confía, por supuesto, en el poder de los medios. Ahora lleva meses tratando de descubrir una posible organización que se dedica a vender chicos a matrimonios de la Capital que quieren adoptarlos y, hartos de esperar años, deciden cortar camino. Todavía le quedan cabos que no pudo terminar de atar, pero ha avanzado mucho y me dice que pronto los va a agarrar a estos hijos de puta, y les va a impedir que sigan haciendo lo que hacen. Waldemar, además, es generoso: esta mañana me lleva a que charlemos con algunas de sus fuentes. Es una recorrida por los barrios más pobres de Puerto Iguazú.

En el coche le pregunto cuántos habitantes tiene su ciudad, y Waldemar me dice que no sabe exacto:

—No sé, acá dicen que somos cuarenta, cuarenta y cinco mil. Pero el año pasado, cuando vino Kirchner, el *Clarín* dijo que éramos como sesenta y cinco.

—¿Y vos a quién le creés?

—No, al diario, por supuesto.

un país tan rico cómo puede ser que no haya comida para todos, tenemos todos los climas y todos los paisajes y están los chicos en patas, los que piden, los cartoneros ésos

Después conversamos: que Misiones se ha convertido en una de las provincias donde más se compran y venden chicos por la feliz coincidencia de dos razones básicas: que hay suficientes médicos y enfermeras y jueces corruptos, por un lado; que hay muchos pobres rubios que tienen hijos vendibles pobres rubios —y los compradores de hijos siempre preferirán un niño rubio que se pueda mandar al colegio correcto. Los compradores de hijos, en general, saben bien lo que quieren.

Unos terrenos totalmente embarrados y en barranca y cada cinco o diez metros un ranchito de madera con techo de plástico —de chapa, cuando hay suerte. Adentro es una sola pieza. Conozco mucha gente que ha vivido décadas —y vivirá toda su vida— sin haber visto nunca un ranchito de estos. Yo mismo, si no fuese por mi trabajo, probablemente tampoco los vería. El señor José nunca ha visto otra cosa.

El señor José vive en uno de esos ranchos, abajo de todo, al borde de un arroyo muy sucio. De vez en cuando el agua sube hasta su rancho y el señor José tiene que escaparse, con sus cinco hijos. El señor José tiene dos hijos deficientes y se ocupa de ellos. El señor José debe tener mi edad pero es un viejo.

—A nosotros nos dieron cien pesos nomás. Quedaron que me iban a seguir ayudando, después nos mandaron unas ropas, unas mantas, pero plata nada, cien pesos nomás nos dieron por el chico. Recién nacido era, el chiquito, yo nunca lo pude ver cómo era el chico, cuando yo fui al hospital me dijeron que no entrara porque la mamá estaba con el nene que les estaban curando algo, me dijeron. Yo le dije que la mamá era mi señora pero no me dejaron, yo no pude entrar esa vez y después me vine para volver más tarde pero entonces ya hicieron el negocio ellos, la mujer que era mía y esa gente, la enfermera y la señora ésa que le digo, y del hospital nomás se la llevaron a Eldorado a la que era mi señora y al chiquito para hacerla legal, hacerle los papeles, todo del chiquito. Y acá vinieron esos dos que se lo fueron a llevar, el hombre y la mujer, y estuvieron hablando acá conmigo, acá abajo de este árbol, pero era de noche y no les pude ver bien cómo eran ellos, le vi que el hombre era grande como usted pero no pude verle mucho más.

—¿Y por qué decidieron venderlo?

—No, mi señora fue la que hizo eso, hablaron con ella, y después mi señora me dijo nos van a ayudar y yo entonces le dije mirá si vos querés no sé, a mí no me gustaría le dije, y ella otra vez me dijo que nos iban a ayudar, que lo iban a llevar porque nosotros tenemos muchos chicos y entonces el chico allá iba a tener alimentos, lo iban a hacer estudiar, iba a estar mejor y menos peso para nosotros. Y cada año lo iban a traer, me dijo, a vernos. Y nunca lo trajeron.

—¿Usted no lo conoce?

—No, yo nunca lo conocí a ese hijito, no. Es como si fuera que no lo viera, que no existiera, nada. Yo quería verlo, está esa señora que estuvo en el negocio que a veces me dice que está bien, que está creciendo, pero nada más me dice ella, nada más, y me dice que con esa familia está mejor, en el sur, en una ciudad.

—¿A usted le parece que el chico está mejor con ellos que con usted?

—Bueno, cómo le digo yo, señor… Yo pienso que sí, para mí que el chico está mejor, pero yo quería verlo por lo menos antes de irse, pero no pude, ojalá que algún día pueda verlo. Mis hijos me dicen él algún día te va a ayudar, nos va a ayudar a nosotros los hermanos a lo mejor porque como allá están bien él puede ser que tenga plata y después nos ayude. Yo a veces le quiero pedir a la señora que me dé aunque sea un número de teléfono de ellos, así cada tanto yo les puedo llamar pero no me quieren dar.

—Deben tener miedo de que usted pueda reclamar.

—Sí, eso. Pero yo si está bien no voy a reclamar. Yo lo que quiero es saber cómo está nomás. Si sé que está bien no voy a decir nada. A uno le va a doler si es que está pasando mal pobrecito, uno se va a sentir un poco… como responsable o indignado, por qué le habré dicho que le diera. Si la está pasando bien, si está con una familia que está bien me voy a quedar más tranquilo. A mí se me hace que está bien, pero la verdad me gustaría saber, muchas veces yo pienso que me gustaría saber qué fue de él.

El señor José trabaja de ayudante de albañil y cosas de ésas y dice que se quiere hacer una pensión porque no puede estar parado tantas horas, le duele mucho la espalda y le dijeron que se sacara una pensión pero no puede porque hay papeles que no tiene y para conseguirlos es muy caro y tiene que perder sus días de trabajo y es muy complicado, dice, con el gorro de lana en la mano, sobando el gorro con la mano, los ojos hacia el suelo, la voz baja, cada palabra un titubeo. José es bajito, cincuenta y tantos kilos.

—¿Y usted con su señora tenía más hijos?

—Sí, cinco más, todos los que quedaron conmigo.

—¿Y ella?

—Ella después se fue con otro hombre, hace… seis años. O cuatro años. Hace mucho tiempo ya que se fue con este otro. Sí la nena va a tener siete años, y ella la dejó cuando tenía un año más o menos. Y ella está por acá con un hombre que es asesino, así, que estuvo en la cárcel nomás, mató a una mujer, y está por acá. O dicen que está por acá, porque yo no la veo, pero gente que la ve me dice que andan mal, que a lo mejor quiere volver otra vez pero el otro ya no la deja, ya tiene un hijo…

—¿Y si vuelve a usted le gustaría?

—Ehhhh… bueno ella me tiene que, por ejemplo, prometer muchas cosas, porque no es sólo una vez que me dejó. Yo ya no le confío más, pero si vuelve…

Dice el señor José y se le pone la cara de ilusión: la cara chiquita, arrugada de ilusión cuando se para a pensar que la que fue su señora —la que vendió a su hijo, la que lo abandonó con cinco chicos, la que se fue con ése que debía una muerte— quizás vuelva.

Las historias de amor son —suelen ser— insoportables.

Eldorado-San Ignacio-Posadas

Todo esto es la Argentina más allá de nosotros argentinos: lo que ya lo era hace cien o doscientos años, lo que probablemente siga siéndolo dentro de doscientos o de cien. Los árboles, el calor, ciertas formas del cielo, todo esto que es tanto más y tanto menos que cualquiera de nosotros.

Todo esto es la Argentina que los argentinos no podríamos variar. Quizás es eso: hay un país que no depende de nosotros —y ése es el que da ciertos resultados. Recuerdo la tapa de una revista francesa de viajes y turismo que vi hace poco: La Argentina, el esplendor de la naturaleza, decía, eliminándonos a todos de un plumazo.

La Argentina que no depende de nosotros.

—Bueno, pero ahora sí los medios están hablando de nosotros, ¿vio?

En Buenos Aires hablamos poco de Misiones —yerba y cataratas—, pero estos días los medios nacionales dedican mucho espacio a la historia del chiquito mbya guaraní que sus padres no querían operar.

—Sí, qué suerte.

Julián Acuña, el niño guaraní, es la soga de una pulseada pobre. Durante semanas los viejos de la tribu lo usaron para reafirmar sus convicciones: que no debía tratarlo la medicina del blanco sino la acción de los viejos dioses. Los dioses suelen ser así. Si yo fuera un dios —y aún así mantuviera cierto raciocinio— dejaría que mis fieles no dependieran sólo de mí para curarse: que usaran también cualquier pastilla yerbajo curandera o bisturí que les sonara de provecho. Así mi vida de dios sería mucho más fácil. Pero los dioses, pese a tanto poder, son sujetos terriblemente celosos de todo lo que no es ellos mismos —y estos dioses guaraníes no podían ser menos: o lo curamos nosotros o no lo cura nadie.

Aunque no tenían un buen récord: cuando los guaraníes vivían de acuerdo con sus dioses y reglas, su esperanza de vida era de cuarenta años. Aquellos dioses debían tener buenas razones para abreviar: los dioses siempre tienen. Seguramente para que sus fieles se fueran más rápido a alguno de tantos paraísos. Por suerte para el joven Julián, los dioses guaraníes perdieron hace tiempo la partida contra un dios palestino que, ahora, está en pleno combate contra un dios europeo: la ciencia positiva. Que atraviesa su período ascendente y está, ahora, a punto de ganar la cinchada.

—Claro, pero algunos porteños se pusieron muy intolerantes.

Yo estoy, en general, bastante de acuerdo con la intolerancia. O, dicho de otra manera: la tolerancia me parece repugnante. La tolerancia suele ser la merced que el vencedor le hace al vencido: te gané, te hice de goma, y estás tan destruido que voy a tolerar que hagas ciertas cosas que no son exactamente las que yo quiero pero que no me preocupan porque tengo tanto más poder que vos que me da igual. La tolerancia es el desdén más bruto; la intolerancia, en cambio, es el homenaje del poderoso al diferente: la muestra de que le teme todavía.

Y el grado más fuerte de la tolerancia desdeñosa es esta idea del relativismo que pretende que, como las culturas no son todas iguales, hay que respetar lo que acostumbra cada una: que ciertos musulmanes lapiden a una mujer adúltera, por ejemplo, o que ciertos cristianos obliguen a sus fieles a no usar preservativos que podrían salvarlos de enfermedades muy mortales.

En el caso del nene guaraní la tolerancia, una vez más, habría supuesto tal desprecio que habría matado al chico. Pero esos médicos se pusieron intolerantes y lo salvaron. Después se jactaron por demás y fue irritante: "Como porteño me siento orgulloso de que en Buenos Aires, en los hospitales públicos de la ciudad de Buenos Aires, se puedan atender casos que no se pueden atender en otros lugares del país…", dice un diario misionero que dijo un médico porteño, y dice, en ese editorial: "Es una actitud típicamente porteña; hubiera sido preferible que el orgullo del doctor fuera por haber salvado esa vida. O por poder decir que en cualquier hospital público de la Argentina se tienen iguales tecnología y servicios que los que hay en la capital y que el interior contribuye a pagar".

Viajar —digo: viajar— sería también el esfuerzo de interesarse en cosas perfectamente ininteresantes: creerlas atractivas. Y fracasar muy a menudo en el intento.

Junto a un rancho, un Fiat 1600, modelo 71 o 72, chapa oxidada, restos de cuatro o cinco colores, ningún vidrio, un par de ruedas rotas y una botella de plástico en el techo: está en venta. Erre avanza y pienso en tiempos tontos. Entonces se me aparece, como otras veces, esa frase de Borges, lapidaria: "Le tocaron, como a todos los hombres, tiempos difíciles en que vivir". Como a todos los hombres: pensar que éstos lo son es caer en el lugar común común. Pero aún así sigo dándole vueltas, le busco vueltas: todos los hombres piensan que viven en un momento difícil. Recuerdo que lo pensábamos, por ejemplo, en 1973, cuando todo estaba tan mal que tantos nos decidimos a arriesgar todo para que mejorara. Y ahora todo está mucho peor —los indicadores objetivos, digo, la salud, la educación, el reparto de bienes— pero recordamos con cierto respeto esos años en que por lo menos había la intención, la voluntad, esas cuestiones. Y entonces: todos son difíciles cuando uno los vive: se podría pensar entonces qué va a quedar de ellos. Pienso: de esos años de mierda de principios del siglo XX, pobreza, incertidumbre, millones de tipitos bajando de los barcos sin tener dónde ir, queda el recuerdo de que llegaban llenos de entusiasmo a construirse sus futuros —y los nuestros. De esos años de mierda de mediados del siglo XX, los cabecitas negras buscando su lugar, el enemigo acechando en todas partes, el semidictador de libros no, queda el recuerdo de unos días en que todos comían a su hambre. De esos años de mierda de las revoluciones queda lo dicho, el recuerdo de las ganas de hacer revoluciones. ¿Qué va a quedar de estos, del principio del siglo XXI? Erre avanza y yo, por ahora, prefiero no pensarlo.

Una y otra vez aparecen a los costados del camino las entradas imponentes de las plantas de Alto Paraná Sociedad Anónima, la papelera ahora chilena. Me pregunto si debería tratar de visitar alguna. Me imagino toda la explicación de cómo transforman la madera en pulpa de papel, con infinitos cuidados, cómo protegen hasta el último gramo de medio ambiente, cómo cuidan la selva circundante: me da mucha pereza.

Después, una señora de Puerto Esperanza me dice que hay días en que el olor a podrido se hace insoportable y que los chicos se enferman mucho de la piel y los pulmones y los grandes también y que acá la papelera contamina tanto como las que están haciendo allá abajo en Uruguay pero que nadie dice nada porque todos vivimos de las plantas, señor, qué quiere que le hagamos: ¿que nos quedemos sin trabajo?

En la radio, un aviso:
—Por este medio se participa del fallecimiento de quien en vida fue-

ra Evangelista López, del Paraje Itatí. Se comunica al señor Florentino Avendaño que ha fallecido su señora madre, que su velorio tendrá lugar acá durante el día de hoy y su sepultura mañana por la mañana. Que por favor se haga presente.

—Eldorado es un crisol de razas tremendo: acá vas a encontrar alemanes, lituanos, escandinavos, ucranianos, ingleses. Lo que no vas a encontrar son muchos judíos. No, les daba un poco de miedo venir para acá. Acá había muchos que el brazo se les paraba solo.

Las ciudades, en general, tienen un mito de origen, no un origen. El Dorado, en cambio, es un nombre de mito, pero como ciudad empezó un día muy preciso: cuando un judío alemán renegado que se llamaba Adolfo Schwelm intentó un buen negocio.

Adolfo Schwelm había trabajado para la banca Rothschild en Europa y, para ella, dicen, vino a Buenos Aires. Prosperaba; el hombre podría haber sido banquero y vivir bien, pero decidió fundar una ciudad: dejar algo tangible. Es un mal que solía ser frecuente.

Entonces Schwelm se armó un sistema publicitario astuto: una serie de folletos que imprimió en varios idiomas civilizados —alemán, dinamarqués, polaco, inglés; ni español, ni italiano, ni siquiera francés. Schwelm, sarmientino, creía que la gente seria sería la del norte de Europa, y no quería sucios latinos calentones. En sus folletos, el alemán ofrecía, a quienes quisieran arriesgarse y pudieran pagarlo, la posibilidad de crear una colonia en el corazón de Sudamérica. El nombre era un hallazgo publicitario: El Dorado fue, desde siempre, una publicidad maravillosa, el slogan que hizo que hordas y más hordas de conquistadores con yelmos y cotas de malla siguieran su camino río arriba, sierra arriba, pampa arriba, que se fueran siempre un poco más allá, detrás del oro.

—Éste es un pueblo que sigue dividido en dos: están los gringos y los negros. Y no se mezclan. Fíjate que es una ciudad de ochenta mil habitantes y no tiene cloacas. Lo que pasa es que los que podrían pagarla, no la necesitan, porque ya tienen lo que precisan en las casas. Y los que la necesitan no pueden pagarla. Así es todo.

Los rubios empezaron a llegar en 1919, escapados de la Primera Guerra, no tan pobres como otros: habían pagado por sus lotes y llegaban con herramientas, muebles, algún piano. Aquellos colonos tan claramente trabajaban para el futuro. Llegaban a un lugar perdido como éste y tenían que desmontar la selva con hachas, preparar campos para el cultivo, edificar casas de a poco: sabían que eso no podía funcionar antes de años y años —y no les importaba.

El sistema de Eldorado era simple, curioso: una "picada maestra" de treinta kilómetros que salía del puerto sobre el Paraná hacia el interior y, cada cinco o seis, la cruzaba una picada que se metía en la selva, en los campos que cada cual intentaba trabajar. En cada cruce se instalaba una comunidad con su iglesia, su escuela: así se formaron la picada de los Suecos, la picada de los Ingleses, la picada de los Alemanes y una que no tenía nombre porque era la de los polacos.

Schwelm, al principio, recorría la picada maestra con sus carros, recogiendo lo que los colonos produjeran y quisieran venderle. Así fue durante un tiempo, hasta que se formó la cooperativa que terminó por arruinarlo. Esa picada, ahora, es la avenida principal —San Martín—: Eldorado es la ciudad más larga y más estrecha. Se estira unos quince kilómetros a los lados de la vieja picada, sólo dos o tres cuadras; después, enseguida, reaparece la selva. Eldorado es un tajo en el monte, con perdón.

Marta Galazzo empezó a reconstruir esta historia hace unos años y hace seis que abrió el museo. Está lleno de datos, objetos, fotos de esos gringos que armaron la ciudad. Y usa la historia como un arma arrojadiza para mostrarles a sus conciudadanos que quienes hicieron Eldorado lo consiguieron a base de esfuerzo, de trabajo, y que sólo así van a poder salir adelante, contra la cultura especulativa, asistencial, dice, que dejó el menemismo.

—El país está bien, la provincia está bien pero nosotros no estamos bien.

Me dice un médico joven en el hospital de Eldorado y es lo mismo que me han dicho de tantas maneras tantos más. Aquí son como cien mil habitantes y se repite el esquema repetido: están los ricos, dueños de aserraderos, transportistas, empresarios confusos. Después están los que viven de los servicios, comerciantes nacionales, la gran cantidad de empleados públicos. Y están los pobres. Los pobres que trabajaban en el campo, que perdieron o dejaron sus trabajos y se fueron a las ciudades a ver si conseguían una changuita, algo, estar más cerca de la ilusión. O de un plan. Para eso vendieron sus chacritas, si las tenían. Y todo se concentra.

En Eldorado, ahora, hay plata: la papelera chilena está próspera y se ha comprado buena parte de las tierras de la región. Dicen que controla más del sesenta por ciento de la explotación maderera de la zona —y sigue concentrando. Se queda con toda la madera; los aserraderos chicos no consiguen y trabajan menos o, a veces, se funden. Para subsistir en el negocio de la madera hay que tener una selva virgen —como en la Nacional 14, sobre el Uruguay— o mucha banca: la que se necesita para esperar quince o veinte años que los pinos crezcan.

—Todavía nada es seguro. Pero parece que el huracán Katrina ha tenido efectos muy beneficiosos para nuestra provincia. Las industrias madereras de esa región del sur de Estados Unidos están poco menos que destruidas. Así que es posible que suba la demanda de nuestros productos y seguramente también sus precios.
Dice, en la radio, un señor sin pudores.

Junto a la ruta una sucesión de carteles: "Visite Solar del Che". "Caraguatay. La historia del Che comenzó aquí". "Parque Provincial Ernesto Che Guevara". Decido seguir de largo: ya estuve en el santuario del Gauchito Gil.

Pero los primeros colonos fueron los jesuitas.

San Ignacio es un pueblo muy agradable: árboles, tierra roja, casas bajas —algunas de ellas viejas. Pero llueve y todo está vacío. Un perro se espulga y yo sospecho que lo ha puesto la municipalidad para que nadie pueda decir que no hay ni un perro. Probablemente me equivoque. Nunca consigo acordarme quién fue el que dijo piensa mal y acertarás.
Vengo en busca de mis primeras ruinas. Aquel viaje escolar pasamos por San Ignacio, tarde a la noche. El predio seguramente no estaba cercado todavía y pudimos entrar. Éramos treinta, cuarenta chiquitos excitadísimos paseando entre fantasmas: una noche que recuerdo con luna. Yo caminaba junto a mi amigo Dani, íbamos charlando, cuando de pronto desapareció: fue uno de los peores sustos de mi vida. Hasta que escuché sus gritos desde abajo. Se había caído a un pozo pero, para mí, durante unos segundos interminables había sido víctima de fantasmas jesuitas. Ahora, para llegar hasta las ruinas, hay que pasar por una instalación donde un guía te explica lo buenos, maravillosos y naturales que eran los guaraníes, lo malos, pérfidos y artificiosos que eran los españoles.
—Fueron dos arquitectos famosos los que redescubrieron la Misión: uno era un cordobés que se llamaba Leopoldo Lugones y el otro un uruguayo que se llamaba Horacio Quiroga.
Nos explica el guía. Sólo en esta misión vivían, siglo XVII, cuatro mil quinientos guaraníes, más que los que hay ahora en toda la provincia. El espacio sigue siendo impresionante: una enorme plaza central rodeada de lo que queda de las iglesias y viviendas, todo en verde selva y rojo misionero. En un país que construye ruinas con tanta velocidad como las destruye, éstas son de las pocas más o menos antiguas.

Entre las ruinas llueve, también llueve —pero es una lluvia antigua, inmemorial. Siempre pensé que si no hubiese sido futbolista habría querido ser jesuita. O por lo menos estudiar para jesuita, que es la única manera de encerrarse ocho o diez años a aprender los saberes más inútiles: latín, griego, teología, retórica. Un joven francés se queja de que el lugar no merece todo el bombo que le hacen; un alemán le dice que no sea prejuicioso. Los dos hablan un inglés modesto. Ahora, por momentos, somos casi internacionales.

Las construcciones destilan orden, organización, una idea cuadrada de las cosas.

Lo llamaban "el Reino de Dios sobre la Tierra"; historiadores suelen presentar las reducciones —reducciones— jesuíticas como el intento de establecer una utopía. Y seguramente lo fue: la utopía es, desde que cristalizó como género en el siglo XVI, la forma más autoritaria de pensar una sociedad. Es probable que sus cultores de entonces —Moro, Campanella, Bacon— quisieran pensar un mundo mejor; supusieron que, para eso, debían pensar cada detalle de ese mundo —y postular que todo debería ser como ellos lo pensaran. Nunca hubo sociedad con tantas reglas como aquellas comunidades perfectas, ideales. Y las misiones de los soldados de Jesús rebosaban de reglas.

Todo se hacía a golpes de campana: el sueño y la vigilia, los trabajos, los ocios, las comidas. Todo regulado por el cura. Hasta los polvos: cuando los muchachos cumplían diecisiete, por ejemplo, los casaban en bodas colectivas con chicas de quince —en el mejor estilo secta Moon— para asegurar la reproducción de la especie. Y cada medianoche sonaba la campana "para recordar a los neófitos sus obligaciones conyugales". Era necesario que la misión siguiera funcionando —y el nivel de mano de obra no cayera.

Los guaraníes eran ambiciosos. Sus sacerdotes los habían convencido de que el paraíso existía: era una tierra donde no había ni muerte ni dolor —y no estaba muy lejos. Cada tanto, los guaraníes se lanzaban a grandes migraciones para llegar a él —como ahora, con esperanzas más prosaicas, van a Buenos Aires. Los fracasos fueron estrepitosos: las marchas terminaban en desastre. Cuando llegaron los jesuitas, los guaraníes de la zona estaban en pleno duelo del paraíso perdido, inalcanzable. Así que cuando los sacerdotes blancos les ofrecieron uno que no tenía confirmación posible les gustó. Los guaraníes fueron víctimas del gran truco cristiano: la oferta de un paraíso que nadie puede certificar, el gran curro de la vida tras la muerte. Aquí en la tierra las expediciones podían fallar; del cielo, nadie volvía para decir que no lo había encontrado.

"Había uno que se fue a cazar en compañía de otros muchos. A una distancia de unas cinco leguas fue picado por una víbora, y poco después estaba ya agonizando. Sus compañeros al advertir esto, y no sabiendo cómo llevarlo al pueblo, le abandonaron en el campo y vinieron a avisarme del enfermo. Pero desgraciadamente (o por instigación del demonio) no se acordaron de darme aviso hasta el tercer día después que le habían dejado en el campo moribundo, y por entonces seguramente ya había sido comido por los tigres.

"Al instante eché a correr, pensando que amaneciendo casi el día cuarto después de la venenosa picadura era imposible encontrarlo vivo. Lo encontré inmóvil, cubierto de ceniza, corriendo sangre de su boca. No había señal de vida. Le lavé con agua la cara sucia y saqué la ceniza de sus ojos. Abriólos y comenzó a hablar. Se confesó bien, con no pequeño consuelo mío por haber dado Dios a esta alma escogida tiempo para arreglar su conciencia. Después de habérsele proporcionado tan grande beneficio, juntó él las manos, acabó sus días y pronto se fue contentísimo al cielo.

"En esos tiempos fueron veinte las personas que murieron: a consecuencia de las picaduras de víbora, doce. Llama la atención que mueren todos contentos, con gran deseo de ver a Dios y con afectos tan piadosos, que yo mismo quedo muy conmovido. Se ve que Dios es bueno para con todos, no siendo despreciador ni aceptador de personas."

Escribía, en abril de 1614, un padre Roque González, S.J.

Los jesuitas habían establecido un estado teocrático en las selvas del Paraná y el Uruguay. Cuando pienso los confines donde se metieron, me imagino que muchos de sus hombres creían en lo que hacían. Pero creían, también, que si querían mantener sus misiones tenían que lucrar. La organización era su fuerte: los jesuitas tenían sus propias flotas fluviales para exportar tabaco, cueros, tejidos de algodón y, sobre todo, yerba mate. Los costos de producción y transporte eran muy bajos, las exenciones impositivas importantes: el negocio era divino.

La radio del Erre atruena cumbias y me pregunto por qué es tan difícil contar el amor. ¿Será porque en él casi nada puede ser contado? Las cumbias villeras tipo pibes chorros —las que cuentan historia de robos y traiciones— tienen historias atractivas, letras interesantes; las románticas, en cambio, no hacen más que repetir siete u ocho palabras que ya no significan casi nada.

Las historias de amor —lo tengo dicho— se empeñan en ser insoportables.

—Dele, señor, deme una moneda.
—No, ahora no.
—Dele, deme una moneda.
—Bueno, tomá. Decíme, ¿vos qué querés ser cuando seas grande?
—Yo quiero ser rico. Y no le voy a dar ni una moneda a nadie.

Sale un sol:
los colores estallan.

Me da bruta pena retrospectiva lo increíble que habría sido todo esto si lo hubiera podido ver con este sol. El mecanismo es tan clásico que casi me ofende: qué bueno que habría sido si. Después pienso que voy a extrañar la lluvia: el alivio de saber que algo tiene la culpa.

Posadas

Tomamos una cerveza con José Luis, un periodista posadeño que trata de convencerme de que ciertos bichos mitológicos tienen mucha presencia en su provincia. Yo le digo que debe estar exagerando.

—Para nada. A mí, en la radio, cada vez que hablo sobre esos temas me inundan los llamados. El otro día llamó una viejita para decir que el Pombero...

Dice, y la moza, maní en mano, escucha la palabra Pombero y decide ilustrarnos. Tiene menos de treinta, las ideas muy claras:

—Los de Posadas no saben esas cosas; nosotros los del interior las conocemos. Yo soy de Wanda, mis suegros tienen la casa ahí, al lado de donde empieza el monte, y yo al Pombero lo he escuchado muchas veces, venía, me silbaba. Él siempre anda cerca de las casas y a veces se acerca. Cuando estaba embarazada, sobre todo, me cuidaba mucho. Él cuida a las embarazadas y a los chicos, porque no quiere que nadie les haga mal...

Dice la moza, que se llama Estela y que nos cuenta, ahora, la historia de cómo su suegro lo escuchó una noche, salió a buscarlo, no lo encontró, y a la mañana siguiente estaba muerto: su suegro, dice, muerto.

—¿Cómo, muerto?

—Muerto, se murió esa misma noche, le dio algo.

—¿Vos creés que fue por el Pombero?

Estela se santigua, no contesta; después dice que no, que cómo se me ocurre.

—¿Y cómo es el Pombero, qué aspecto tiene?

—No, no le puedo decir. Yo le he escuchado el silbido muchas veces, lo he sentido, pero no lo he visto. Lo he olido también, tiene un olor muy fuerte, como de zorrino.

—¿Y su silbido cómo es?

—No, no se puede hacer.

Dice Estela, y está a punto de irse. Pero después insiste: la que siempre lo veía era su abuela pero ella no, gracias a dios, dice, y se persigna. Y que cuando siente su presencia siempre empieza a decir oraciones para mantenerlo a raya y que le da miedo, mucho miedo. Yo le pregunto por qué el miedo si me dice que es bueno, que cuida a los chicos, a las embarazadas.

—Porque yo no estoy siempre embarazada…

Me dice, entre reproche y picardía.

—¿Pero no era que le gustaban los chicos?

—Y las chicas también.

Dice, con risita púdica. Estela habla del duende como quien dice ayer llovió: ninguna duda. Para ella el Pombero no es una historia, una eventualidad: es tan real como los maníes que no termina de dejar en la mesa.

—El Pombero puede cambiar de forma. Se puede convertir en indio, tronco, camalote.

Ilustra Estela. Otras fuentes autorizadas dicen que en realidad cuida a los pájaros —y que caza a los chicos que tratan de cazarlos. En cualquier caso es una especie de cuco: amenaza que sirve para mantener cierto orden:

—Mi hijo siempre tiene cagaso de encontrarlo, también, sabe que está por ahí y le tiene miedo. Así que nunca se aleja mucho de la casa.

Después un especialista me explicará, muy docto, que Estela mezcló rasgos del Pombero con otros del Yasi-Yateré, que estaba confundida: hay, parece, una ortodoxia de la superstición, y los supersticiosos no siempre la dominan. El Yasi Yateré también es útil: no sólo rapta chicos —y se los lleva al monte y les lame, dicen, la frente para sacarles la marca del bautismo—; secuestra, sobre todo, chicas lindas, las viola, las deja tiradas por ahí. Aunque nada comparado con el Curupí: un enano con una verga tan larga que la lleva enrollada a la cintura, gran cogedor de la selva misionera —y gran excusa para cualquier desliz: durante siglos, cantidad de novias y esposas le echaron la culpa al Curupí y pasaron de traidoras a víctimas y parieron, con cierta legitimidad, bebés muy parecidos a ese padre improbable.

—¿Y al Curupí no lo has visto nunca?

Le pregunto y Estela se sonroja:

—No, para nada. Yo con esas cosas no me meto. Además, a él le gustan nada más las chicas rubias.

Dice Estela, morocha, menudita, como para terminar de despejar cualquier sospecha.

Posadas es una ciudad amable y próspera —una de las más prósperas de la región, con su cargamento acostumbrado de pobreza. Sigue el esquema clásico de "las cuatro avenidas" o "los bulevares", que aparece todo el tiempo: un centro cuadrado rodeado por cuatro boulevares que delimitan las partes nobles de la ciudad. Del otro lado, todo el resto. No es como el caso de la General Paz, un corte administrativo: es un corte social y económico. Todo lo que queda afuera es despreciable, no interesa:

—Los negritos de afuera que se maten, que hagan lo que quieran. Lo que yo tengo que hacer es cuidar que no haya problemas en los bulevares.

Me había dicho, en Concordia, un oficial de policía.

Pero lo más duro, supongo, en estos viajes son esos arrebatos de felicidad ajena. Comer —como ahora, por ejemplo, solo en un restorán— y ver, a dos metros con veinte, esa pareja de brasileros que se besan como si fuera esta noche la segunda vez.

Sorbo grasa. Más grasa. Hace días que vengo comiendo esas interminables hecatombes que los brasileños llaman espeto corrido: los chorizos morcillas riñoncitos chinchulines la costilla de vaca la costilla de cerdo el matambrito el galeto el corte inglés. Desfiles infinitos acompañados con muchas ensaladas y mandioca frita. Aquí en Misiones es muy difícil conseguir otras maneras de la carne. La palabra espeto ahora es castellano. El espeto es —se ha vuelto— la comida tradicional de la provincia. Busco, en cambio, denodado, dorados o surubíes o pacúes —y no encuentro ni uno.

La ventaja del espeto corrido es que, consumido en la cena con algún aditamento alcohólico, produce un shock proteínico que conduce al coma profundo hasta las siete, ocho de la mañana. A veces es útil —noches tediosas, colchones abatidos— en medio de estos viajes.

Cada noche, cuando llego a mi cuarto de hotel, tengo que poner a recargar el celular, el grabador, si acaso la computadora, quizás las baterías. Cada mañana cuando me despierto temo no haber recargado alguna herramienta indispensable —o sea: no haber renovado este raro ciclo de la vida.

Frente a Posadas aparece Encarnación, el contrabando paraguayo.

—Encarnación se levantó gracias a Posadas. En el uno a uno toda la plata de Posadas se iba para allá.

Parece que para eso sí sirvió la famosa convertibilidad: lo mismo me dijeron en tantos otros lugares fronterizos. Fuimos, por una vez, generosos con nuestros vecinos. Esta mañana cruzo el puente en colectivo: Encarnación es una Ciudad del Este mucho más tranquila, más módica, sin el aporte decisivo de los brasileros: sólo para argentinos. Las calles de la zona baja, llenas de puestos y negocitos truchos, no tienen el punto de vértigo y caída que hace que Ciudad del Este sea inmejorable —y Posadas sigue siendo más grande y más moderna.

Una mujer joven, pobre, con muletas muy rústicas, lucha para agarrar con una sola mano su cartera, su bolsa de las compras y su otra muleta. Cuando consigue hacerse con dos de los objetos, el tercero siempre le queda un poco más allá, inalcanzable. La señora no resopla ni putea: se dedica a su tarea con la mayor concentración. Estoy tentado de decirle que no hay dos sin tres, pero al final me parece innecesario. Y además estoy cada vez más pendiente de que lo consiga: me gustaría que pudiese hacerlo sin ayuda.

Vuelvo a Posadas. El colectivo se llena de mujeres con bolsas negras de consorcio: zapatillas, pulóveres, frazadas, electrónicos; yo, para no ser menos, contrabandeo docena y media de pilas triple A. Después, en un bar, me cuentan la versión Interior de un viejo mito:

—En Buenos Aires a nadie le importa nada de los demás. En Buenos Aires si alguien se cae, los otros siguen caminando, pasan al lado y ni lo miran. Acá cuando alguien se cae todos vamos a ver qué le pasó, a ayudarlo.

Yo ya lo había escuchado —sobre Nueva York. Todo es una cuestión de proporciones.

Un cartel: "Funeraria San José. Sistema prepago, en pequeñas cuotitas mensuales. Servicio perfecto, no se va a arrepentir".

Muy pocas veces por una señal de tránsito, a veces por un perro, algunas veces por un viejo, muchas veces por un chico, siempre por una pelota: no hay varón argentino que no pare el coche si una pelota cae en el medio de la calle y ve a los chicos que le gritan no la pinche, señor, no la pinche.

Puede que aquí los raros peinados nuevos sean menos raros, menos nuevos, pero el efecto selva del predio sobre el Paraná es incomparable. Es temprano: los jóvenes distintos de Posadas recién están empezando a llegar al evento electrónico que vienen esperando hace semanas. Algunas de las chicas tienen esas caras de paraguaya hechas de buenas cejas, pómulos muy anchos, nariz ligeramente curva, boca chica, mentón carnudito pero saliente y la tez muy blanca, pero la mayoría podría encontrarse en cualquier disco porteña.

—Ahora nos parece más normal, pero cuando empezó no lo podíamos creer, era increíble.

La movida ya tiene dos o tres años. Con estas fiestas, me dice un granujiento, Posadas dejó de ser un pueblo. El pibe me explica el mecanismo:

—Acá podés hacer cualquier cosa sin que nadie te juzgue, sin que nadie te mire con caras extrañas. Acá ya no guardás las formas como en otros lugares de ir a bailar, que todos te miran, te controlan. Acá todo el mundo se desata y hace lo que se le canta. Es una buena idea, una buena buena idea.

Es una buena buena idea pero todavía no me parece que suceda. Es temprano: tendría que esperar dos o tres horas.

—Y eso que ahora empezamos más temprano porque pusieron una ley que a las seis de la mañana tiene que terminar todo.

Son las doce y media: todavía es temprano. La noche es clara: luna llena detrás de viejas nubes. El pibe insiste:

—Acá estamos todos los outcasted de Posadas: los gays, las lesbianas, los nerds, todos acá. Y vienen de otros lados: del Chaco, de Corrientes. Posadas es el centro para la música electrónica.

—Pero hay muchos que parecen muy normales.

—Bueno, no tiene que creer que las cosas son como parecen. Quizás esto cambió un poco, también. Ahora se puso de moda. Al principio veníamos los que no estábamos en ninguna de las tribus: ni chetos, ni rockeros, ni la cumbia. Pero ahora todos quieren venir acá.

La escena está cuidadosamente preparada: tres carpas distintas, un par de diyeis americanos, la crema de la sociedad local y Perico, su pelo rubio, su pinta de galán en decadencia:

—¿Qué necesitás?

—Nada, conversar.

—Uy, eso es droga dura.

Perico me dice que, menos eso, tiene lo que quiera: éxtasis, anfetas, coca, lo que quiera.

—Imagínate. Acá es fácil, muy fácil, por esta frontera pasa todo.

Pero el olor más difundido es el de la buena vieja marihuana. Hay tradiciones que resisten. Aunque el efecto de estas fiestas es romper con lo local y sentirse parte de una tribu planetaria: pertenecer al mundo, que es más grande.

Placer de ese momento, resplandor del momento en que la chica que miré se acomoda discretamente el pelo.

—Vos no tenés ni idea de lo que es ser lesbiana en este pueblo.

El golpe de los bajos nunca cesa y los cuerpos se mueven pero poco. No veo bien las caras bajo la luz confusa: supongo que eso es parte de la gracia. La chica se entusiasma:

—Yo nunca, nunca en la vida voy a poder ir por la calle abrazada con mi chica. Acá si hacés una cosa así te crucifican; tu familia se mata, hasta los amigos se ponen medios raros, te quedás afuera de todo, ni trabajo ni nada.

La chica es bajita, calzas negras, remera negra y un pañuelo rojo atado en las caderas:

—Yo te juro que muchas veces pienso en irme. A mí me gusta vivir acá, yo soy de acá, pero no aguanto más tener que estar escondiéndome todo el tiempo. Vos no sabés lo que es vivir en un lugar como éste. Entonces venís a estas fiestas, te olvidás un rato. Acá parece que no estuviéramos acá, no sabés el alivio.

La causa más testaruda es el azar —y cualquier viaje lo pone en evidencia. No me refiero a los paseos de agencia de turismo "si es martes debe ser Venecia" sino un viaje, cualquier viaje. Yo busco, por supuesto que busco y tengo ideas y planes previos. Pero llega un punto en que encontrarme a fulano o a mengana, a tal o cual, es felizmente incontrolable. Por eso también este relato no podría ser exhaustivo. Es una sucesión de azares con una pequeña ayuda de mis amigos y de mí.

Un viaje es provocar el azar para que se pique y decida manifestarse con todo su poder, toda su furia.

Domingo al mediodía, la ciudad está desierta. Ni siquiera los comedores funcionan: todos deben estar comiendo en casa, con familia. Son los momentos en que el viajero puede sentirse un paria verdadero.

En la costanera de Posadas, frente a un carlitos corregido y aumentado, leo los diarios. El carlitos es la palabra interior para tostado: una coquetería. Un local joven que se baja de un coche bonito me dice que qué bueno que esté acá y que espera que no haya venido para contar solamente cosas feas. Que hay mucha pobreza, mucha miseria, muchos problemas, pero ojalá usted no cuente solamente esas cosas porque si no todos se creen que nosotros somos solamente eso. Y acá hay mucha buena onda, gente que la pasa bien.

El periodista, en general, sabe qué está buscando; el cronista sólo puede estar atento y esperar.

—Todo por el famoso crisol de razas.

Me dice, en su kiosco de revistas, un cuarentón con pinta yugoslava:

—Sí, es cierto, acá estamos todos mezclados, somos de todas partes. El crisol es bueno para que salgan minas hermosas pero no hay mucho sentimiento, porque a la hora de los bifes te salen con que yo soy alemán, yo soy ucraniano. Hermano, vos sos argentino y no me jodas.

Y fallar, rebotar, equivocarse.

Ahora son las nueve de la noche, el aire huele a asado. La calle es ancha, a la salida de Posadas. Las bailarinas son gorditas, los bailarines están grandes y muchos van vestidos de gauchos, con bombacho y sombrero. Veinte o treinta parejas bailan en el centro de una rueda de doscientos, trescientos que los miran, charlan, escuchan a los músicos en vivo. Muchos han llegado en bicicleta. En un rincón de la calle Tránsito Cocomarola, junto al pequeño busto de Tránsito Cocomarola, se celebra el 31 aniversario de la muerte de Tránsito Cocomarola. Y, también, que han empezado a asfaltarles la calle.

—El Coco sí que era un grande. Ustedes se llenan mucho la boca con Gardel, se creen que es el único, porque es porteño. Bueno, ni porteño es. Por ahí cantaba cosas de porteños. Pero El Taita Marola es lo más grande que hay.

Es el Día Nacional del Chamamé. El cuarteto chamamecero son dos guitarras, acordeòn, bandoneón. Y se baila agarrado, con pasitos medidos, algún giro y bastante superficie de contacto. El chamamé es flexión y estiramiento, flexión y estiramiento. Y gritos, por supuesto, gritos: el sapucay.

—Acá a nosotros nos gusta el chamamé, esto nace con uno acá, nos viene del crisol de razas. En general, los que vienen de Europa, gente gringa, les gusta la música. Ellos trajeron el bandoneón acá, y el acordeón. Cocomarola era hijo de italianos. El papá trajo la verdulera que, en aquellos tiempos, la verdulera se tocaba para llamar la atención para vender las verduras.

El hombre tiene bombacho y chaleco de raso azul, su poncho azul con vivos rojos, las botas negras, sombrero al tono, una rastra de cuero, bigotazos caídos. Su huayna, en cambio, va de blusita y pantalones. El hombre quiere explicarme cómo son sus paisanos:

—El misionero es un tipo sencillo, honesto, sincero, trabajador, fiestero...

—Bueno, algo malo tienen que tener.

—Bueno, por ahí que le gusta tomar, fiestero pues. Por ahí el lunes no aparece en el laburo, pero igual es trabajador, es guapo. El misionero es guapo y es un poco culto también, no se vaya a creer.

Yo no me voy, faltaba más.

Yo no investigo, no hurgo, no busco nada oculto: con lo visible alcanza. El problema no es descubrir; el problema está en hacer sentido con lo que se ve. Entender, que le dicen, o sea: cruzar, relacionar, pensar causas y efectos: arriesgarse. La verdad, si es que existe ese bicho, está en las relaciones. Buscar lo oculto es quedarse en la superficie de las cosas.

Provincia de Corrientes

Ituzaingó-Itá Ibaté-Itatí

¿A quién se le ocurrió que un viaje se podía contar como si fuera una continuidad? ¿A quién se le ocurrió que un viaje se podía contar?

Es súbito: nada más salir de Posadas se termina la selva —y empieza la chatura desarbolada de Corrientes. Hay países que parecen sinuosos como una carretera de montaña. Lo argentino es la recta rápida, expedita, que no te lleva a ningún lado.

Parece que en esta zona los únicos que hacen dedo son los agentes del orden: quizás los civiles no se creen con derecho —y esperan el ómnibus. Un suboficial de la Policía de Corrientes me pide que lo lleve hasta su destacamento y le pregunto a qué se dedica la gente en Ituzaingó, el próximo pueblo. Me dice que hay bastantes que trabajan en la represa de Yaciretá.

—¿Y los demás?

—Y hay algunos que no laburan, bastantes hay.

—¿Qué, desocupados?

—No, qué va a ser, esos viven muy bien, pero sin trabajar, nadie sabe qué hacen.

—¿Nadie sabe?

—Bueno, dicen que no saben...

—¿Qué, contrabando?

—Claro, esto es zona roja, por acá pasa de todo.

—¿Y ustedes no pueden hacer nada?

—¿Qué vas a hacer?

—No sé, si hay gente que vive muy bien, que no tiene ninguna fuente de ingreso conocida, la gendarmería podría hacer algo, investigarlos, detenerlos…

—No, qué vas a hacer. Acá la mafia es muy grande, no se puede hacer nada, quién va a querer que haga.

Supongo que hay que cuidar la fuente de trabajo. El zumbo tiene un acento correntino fuerte: para el profano, el acento guaraní resulta casi barroco, excesivamente labrado. Después le pregunto por qué en estos parajes magníficos del Paraná vive tan poca gente.

—Bueno, por miedo.

—¿Miedo de qué?

—Y… ahora no tanto, pero mucho tiempo acá si tenías un ranchito, cuatro o cinco animales, venían los paraguayos a la noche y te llevaban todo, te dejaban limpio.

—¿Qué pasa? ¿Hay mucha pica con los paraguayos?

—No, pica, no. No todos son mala gente pero… Ellos tienen un sistema que con plata se puede comprar todo, cualquier cosa.

—¿Y nosotros no?

—Y, capaz que a nosotros se nos nota menos.

Ituzaingó es un sitio de vaivenes. Antes que empezaran a construir la represa tenía cuatro mil habitantes; con las obras llegó hasta los treinta mil, y ahora anda por los dieciocho, pero no tiene muchos más recursos que el turismo pobre posadeño de verano que va a la playa y el más rico brasileño que va a pescar, o la represa, o los servicios habituales.

Ituzaingó se llama Ituzaingó en homenaje a la batalla de 1827 donde las tropas republicanas —argentinas y uruguayas— derrotaron al ejército imperial —brasileño— y aseguraron la existencia de la Banda Oriental. Ahora los brasileños han vuelto, más reales:

—No, acá los que dejan más plata son los brasileros. Los tipos se pasan el día pescando surubí, dorado y tomando cerveza. Y después a la noche se cocinan lo que pescaron, toman más cerveza y se llevan unas minas. Esos sí que saben vivir, los brasileros.

La represa está ahí: un paredón enorme que interrumpe el río. Se la suele nombrar como el monumento a la corrupción. Su presupuesto inicial era de mil cuatrocientos millones de dólares: llevan gastados más de doce mil. El país le ha mandado fortunas; es raro que no los odiemos.

Un país, como sabemos, generoso.

La isla está revolucionada: pintores varios, cortadores de pasto, macheteros hachando la maleza. En la isla, me dicen, hace años que no se ve semejante actividad; en la isla, en general, se ve muy poca.

La isla se llama Apipé y está en el río Paraná, frente a Ituzaingó; sus dos mil habitantes esperan al presidente como quien espera a algún modelo 2005 del mesías. Alguien les dijo que el presidente va a llegar dentro de cuatro días para visitar el territorio más extranjero del país.

La isla Apipé tiene unos cuarenta kilómetros de largo y hasta veinte de ancho; su costa oriental está a dos mil metros de la represa de Yaciretá: desde su único pueblo se ve muy cerca, imponente, la enorme construcción que hace de dique. La represa cambió la vida de la isla; por muchas razones y, sobre todo, por una: en 1981, cuando se discutía la obra, la cancillería argentina aceptó una comunicación de la paraguaya que modificaba la línea tradicional de la frontera. El Paraná, sabemos, separa al Paraguay de la Argentina. Pero en ese punto el río tiene varias islas que crean, a su vez, distintos brazos. La línea de la frontera siempre corrió —desde un tratado de 1853 ratificado en 1886— por el brazo que pasa entre la isla Apipé y la costa paraguaya; en 1981 la frontera fue llevada al brazo que separa la isla de la costa argentina. Allí está el blooper: la isla, que siempre fue —que sigue siendo— argentina, está completamente rodeada de aguas paraguayas.

La explicación supone argucias técnicas, que tienen que ver con la definición, discutible, de canal principal. La base del problema es que el viejo tratado no está bien redactado: que un par de funcionarios de la generación del 80 se equivocaron levemente y que equívocos tan menores, tan lejanos, producen ahora estos conflictos.

La situación es muy extraña: los maestros, digamos, argentinos de la escuela argentina de la isla argentina tienen que ir por tierra —por la represa— hasta el Paraguay para llegar a dar sus clases; los pescadores —muchos de los isleños— no pueden pescar junto a sus casas porque los marinos paraguayos los corren a balazos.

—Este pueblo es el lugar más tranquilo del mundo. Acá sí que nunca pasa nada. Seguro que por todos lados le dicen lo mismo, pero acá es verdad.

Me dice el comisario del pueblo, brocha en mano:

—Imagínese, acá todos nos conocemos, no hay problemas. Los únicos problemas son con los paraguayos que vienen a robarse unas vacas, pero se van por el río, y en el río nosotros no podemos ni poner las patas, porque ya son aguas paraguayas, así que bueno, acá, tranquilos.

Y —dicen los miembros de Argentinos por Límites y Soberanía— lo más grave es que es un pedazo del país que han entregado:

—Hay gente que se queja porque esto crea problemas prácticos.

Dice Raúl Marosek, dueño de la estación de servicio de Ituzaingó, y se entusiasma:

—Yo entiendo eso, y lo sufro, pero a mí lo que me importa es la patria, la soberanía. A mí esto me subleva porque ése es un trozo de la patria que les estamos entregando. Yo no puedo entender que cedamos parte de nuestros dominios. Nosotros vivimos regalando lo que nuestros mayores nos dejaron. Yo puedo llamarme Marosek, hermano, pero soy más argentino que cualquiera, y esas cosas me sublevan. Yo para defender lo nuestro hago lo que sea, yo me he cagado a tiros.

Dice Marosek y me cuenta de cuando era guardafauna ad honorem y patrullaba el río en una lancha y se enfrentaba, a veces, con pescadores furtivos y marinos paraguayos. Raúl tiene cincuenta y tantos, la barba, manos grandes, cara alemana, voz de fumador:

—Los paraguayos te invaden. Lo que es de ellos es de ellos y te lo hacen saber, y lo que es nuestro es de ellos y se lo pasan por las pelotas. Vos vieras a la noche las lanchas de ellos, docenas de lanchas haciendo desastres en nuestras aguas, llevándose de todo.

Dice, y me explica su visión de la geopolítica local:

—Yo quiero que vos entiendas qué es el paraguayo: es el animal más parecido a la persona. El paraguayo donde te des vuelta te saca ventaja. El paraguayo no tiene problemas, vos le dejás y te saca hasta los calzoncillos, ellos son así, no andan con vueltas. Ellos tienen un manejo de zurda impresionante. Por acá pasan cigarrillos, droga, lo que sea. Pero nuestra prefectura también lo sabe y no hace nada: están todos prendidos. Acá no hay un prefecto que haya venido a pie que no se haya ido en un auto último modelo.

Los integrantes de Argentinos son insistentes, testarudos. Hace años que están dando la lata —sin grandes resultados. Dicen que las autoridades no les hacen caso: un alto funcionario de la cancillería les dijo, dicen, que no se podía hacer nada, que necesitamos tejer buenas alianzas para no perder poder dentro del Mercosur y que entonces no podemos pelearnos con los paraguayos.

—Estos tipos se ocupan de la política, no de la patria.

Ellos la siguen. Hace unos meses pusieron, en la isla, un mástil de quince metros con su enseña patria y, dicen, lloraron cuando la vieron allá arriba:

—Vos no sabés la sensación que fue plantar ese mástil fenomenal con la bandera argentina hecha por unas mujeres a mano. Yo soy un pelotudo, me cuesta un huevo llorar, pero ese día lloré como una criatura, no sabés la sensación que yo tenía, cantábamos el himno a la bandera y nuestra bandera se levantaba ahí en el río, me graficaba a Belgrano cuando la izaban también en las barrancas del río.

Me dice Marosek y me dice que el otro día se lo contaba por teléfono a un amigo comandante de gendarmería que ahora lo tienen preso en Salta por historias de la época de la dictadura aunque es un tipo de fierro y en aquella época no tenía ni idea, era un alférez que no tenía ni idea y que hoy es un chivo expiatorio, que ellos necesitan tener a cuatro o cinco presos para justificar un montón de cosas y que su amigo preso le decía que había entrado a la gendarmería con esos mismos principios pero que ahora cuando izan la bandera del pabellón se le caen las medias, que ahora ve a su país de otra forma, imaginate lo que es sentirse realmente argentino y ser consciente de que está pagando las cagadas de sus superiores, que él no mató a nadie ni mucho menos, me dice Marosek y yo le pregunto si su amigo está decepcionado con el país por lo que le pasó y él me dice que no:

—No, él es un tipo que ama a su país; sí está decepcionado con su fuerza, se dio cuenta de que lo usaron para que los culpables verdaderos no tengan que pagar. Pero a veces parece que los argentinos somos así, ¿has visto?

Dice Marosek. El pueblo de la isla, San Antonio, es un lugar idílico: ni un solo coche, las calles de pasto, el ritmo pachorriento, los chicos a caballo. Hay árboles de guayaba, mamón, mango: árboles tropicales. Sólo molesta, en pleno centro, un ruido persistente: el generador de electricidad. A metros de una de las mayores usinas hidroeléctricas del continente, San Antonio no recibe todavía un kilovatios de su vecina. Recién ahora, ante una ola de protestas, la Entidad Binacional de Yaciretá empezó a instalar los cables y los transformadores para llevar la luz. Como mandó, también, los macheteros, los cortadores de pasto, los pintores. Todo porque, creían, aquel lunes llegaba el señor presidente —y el señor presidente tiene que ver todo bonito.

El señor presidente —de más está decirlo— nunca estuvo: pasó un rato por Corrientes, hizo campaña, se volvió. La isla Apipé sigue en sus aguas ajenas. Esas aguas, además, se van comiendo la isla: la emparaguayan. Por ese extraño arreglo diplomático, cada metro de tierra argentina que se lleva el río pasa a ser un metro de agua extranjera. Y si se llega a construir el dique complementario previsto unos kilómetros río abajo, se calcula que entre un tercio y la mitad de la isla va a quedar bajo el agua: perdida y paraguaya.

Ahora vuelven las rutas argentinas: largas, chatas, rectas. Viajo con la luz: al costado de la carretera, tremendas torres con cables como brazos llevan la electricidad de Yaciretá al resto del país. La mercadería electricidad tiene algo que la distingue de casi todas: no se puede almacenar —lo cual hace que el poder del que tiene el interruptor en la mano sea mayor todavía: si apaga las turbinas no hay forma de recurrir a ninguna fuente de electricidad acumulada.

En la radio del Erre, un médico que se queja de que en Corrientes no pagan sueldos suficientes, que hay otras provincias donde sí lo hacen. En Buenos Aires a nadie se le ocurriría decir que en otra provincia pasa tal cosa; se diría, si acaso, que en otro país pasa tal cosa. Eso es, también, el Interior.

los tipos de las villas, los jefes y jefas que no quieren hacer nada porque ya tienen los cientocincuenta mangos en la mano, los desocupados, los perdidos, vos viste que hay algunos que ya tiraron la toalla y no esperan más nada, pobres

Un paisano me dice que si me llega a picar una víbora es por pelotuda.
—Por pelotudo, querrá decir.
—Pero no, señor, cómo se le ocurre, no le voy a faltar así el respeto: por pelotuda la víbora.
Dice, y me explica que las víboras cuando sienten los pasos se apartan, se escapan. Y que sólo te muerden cuando las pisás porque no se escaparon a tiempo. Por eso —dice— las que te muerden, son las más pelotudas. Dios me libre de las metáforas fáciles —como Dios, por ejemplo.

Hay momentos en que realmente no sé por qué estoy haciendo lo que hago. No es bueno cuando me agarran estas dudas en mi pieza de hotel a la noche o en una ciudad grande; es bastante peor cuando me dan —como ahora— sentado en un banco de plaza de Ita Ibaté, provincia de Corrientes, hora de la siesta.

El sol a plomo, el polvo, el calor bien. Entro en el único bar de la plaza principal de Itá Ibaté en busca del carlitos. El dueño es un porteño cincuentón con ganas de charlar. Me dice que ya lleva doce años por acá y que está bien, tranquilo:
—No, esto es tranquilo. Bueno, demasiado tranquilo. Yo a veces extraño un poco más de agitación, de movimiento. ¿Y sabe lo que extraño de verdad? La comida. Acá como mucho puedo conseguir tomate, lechuga, cebolla, papa, zapallo y ya está. La carne es muy sabrosa si la masticás tres cuartos de hora. Y el resto, poco. Hay cosas que ni loco se consiguen. Rúcula, albahaca, un berro, un puerro, qué le voy a decir. Para no hablarle de un pechito de cerdo ahumado, un leber que la cáscara no sea de plástico, un leber trufado, un buen queso…
El porteño se posesiona, se arrebata, sigue nombrando exquisiteces ausentes preso de la melancolía. Y que fue a Corrientes capital a buscar que-

so para hacer una fondue y pidió emmentahl en un negocio especialista en quesos y no sabían qué era, o que en toda la provincia no hay ni un restorán chino.

—¿Y come pescado de río?

—No, está prohibido, no se puede. Yo como, sí, pero está prohibido.

Entonces el porteño me dice que a veces se va hasta Mar del Plata y se llena unas heladeritas con pescados y mariscos, hace provisión, pero que yo no sé cómo es esto de querer comer algo y saber que no lo va a encontrar. Yo le confieso que nunca había pensado que, entre las formas de desequilibrio entre la Capital y el Interior, estuviera también la desigualdad gastronómica. El porteño me mira extrañado, y después nos reímos.

Nunca había pensado en la inequidad gastronómica pero me parece que el porteño de Itá Ibaté tiene razón. El puerto de Buenos Aires le impuso a la Argentina sus comidas y la convirtió en uno de los países gastronómicamente más pobres del hemisferio occidental. La mesa nacional es una repetición incesante de los mismos chorizos y morcillas, cachos de carne a la parrilla, milanesas, pizzas, empanadas y pasta. Casi no hay diferencias regionales: es tan difícil comer un surubí en Corrientes como un locro en Catamarca. Últimamente cierta presión del turismo extranjero y la influencia de la globalización —que se regocija con ciertas particularidades, para que haya world food tiene que haber un mundo de diversas comidas— produjeron la reaparición de algunos platos locales. Pero son pocos y no siempre es fácil conseguirlos en el Interior —en sus lugares de origen. En Buenos Aires, en cambio, se come cada vez más diverso.

La cuestión de los carlitos parece un chiste, pero es seria: por ahora no he encontrado otra palabra que usen en todo el Interior y no en Buenos Aires. Carlitos es, por el momento, el único ejemplar.

Una bandera federal.

A la entrada de Itatí hay dos santuarios del Gauchito Gil: es una contraofensiva en regla al corazón de la retaguardia de la santa patrona, al pueblo más sacro del catolicismo correntino. La batalla se está haciendo encarnizada.

La Basílica de Nuestra Señora de Itatí es bien maciza, torpe, cuatro columnas como quien dice miren qué sólido que soy —y parece cerrada. Sigo caminando calle abajo hacia el río, pensando en un rincón bucólico, pero la playita sobre el Paraná es un cementerio de autos y botes incautados por la

Prefectura. Hay dos docenas de autos oxidados —una historia apilada del automóvil argentino en las últimas décadas: falcon, rambler, peugeot 504, torino, renault 12, más falcon, otros falcon. Al lado están los botes de pescadores secuestrados —digo: los botes secuestrados de pescadores— todos pintados de verde, rotos, con sus nombres que ya nadie nombra: El Chingolo, El Pescadito, Mi Pescado, Gladys y Sergio, El Pucará, La Bañadera. Uno suele aceptar que los botes tengan nombre —pero los autos nunca tienen. Como si el bote tuviera más identidad —como si fuera más único que el auto, ejemplo de la fabricación en cadena. Las casas —las mansiones, las casitas, los chalets de los barrios suburbanos— también tienen nombre, y los autos no. Es una farsa: los dueños suelen tener con sus autos una relación mucho más personal, más íntima, que con cualquier otro objeto. Y sin embargo no se atreven a nombrarlos —hasta que empiecen a surcar nuestras calles, nuestras rutas, cuadrúpedos con inscripciones en el guardabarros delantero izquierdo: Mi Refugio, Mi Sueño, El Rayo, El Poderoso, El Terror de las Rutas, Shangri La. Ahí sí vamos a estar hablando en serio.

La Basílica es imponente en un estilo bien argento: la milanesa que desborda el plato con sus papafritas sus dos huevos su morrón su loncha de paleta su pastita de choclo —su banana frita: imponente por pura sobredosis.

Hace dos días recibieron a más de cien mil peregrinos —y ahora todo es resaca. En la plaza principal se mueven diez o doce muchachos: unos limpian, otros revuelven la basura; unos trabajan para los curas, otros para sí. La basílica parece cerrada; alguien me sugiere que vaya por una puerta lateral, chiquita, desdeñada. Junto a la entrada hay un cartel que dice Prohibido usar esta zona como baño. Adentro media docena de personas en patas la baldean —y ponen grandes ventiladores para que el aire seque el agua. El piso está mojado, los bancos en vertical son una extraña instalación: el bosque después del bosque, la viña del señor tras la vendimia. Así visto, tan con los ruleros, el lugar tiene muy poco de sagrado.

No debo estar ahí: ver el revés de lo sagrado. Un señor muy amable me dice que por favor me vaya, que si no vi que la iglesia no está abierta. Yo le digo que creía que las iglesias no cerraban y él me mira con algo así como piedad:

—Hijo, no es que esté cerrada.

Me dice, y se da media vuelta. Parece que era un cura. Me imagino que este fin de semana ya han salvado suficiente gente: ya cumplieron la cuota. Prometo no tomarlo como un signo. Afuera, en la plaza, una lagartija baja y sube, incesante, por un tronco.

—¿Religioso? ¿Qué fervor religioso? No, en Itatí se pasaron todo el fin de semana de joda, no sabés lo que fue eso, joda, buena onda, el vino, porro, todo bien.

Me dice el pibe, veintidós años, lanas rastas, ropa rota pero bastante sucia, sonrisa luminosa. El pibe quiere hablar.

Con ese hijo de puta nos conocimos acá, en Itatí, el fin de semana, todo bien, pegamos buena onda. El Gato me dijo que se llamaba, no, no me dijo el nombre, pero eso no es problema, los nombres son para la cana. Después me dijo que si quería acompañarlo hasta Ituzaingó y así seguíamos a Posadas, yo le dije que bueno, yo quería ir a Eldorado, por ahí, para pegar piedras y semillas para hacer mercadería. Pero en Ituzaingó no pasó nada, no sacamos ni una moneda, y nos dormimos ahí, en la plaza del pueblo. Para qué. A la mañana cuando me desperté no tenía nada, el tipo se había borrado con mi paño, con todo lo que tenía para vender. Y eso que yo lo tenía bien atado, metido en la mochila, se ve que el tipo a la noche se lo puso a sacar muy despacito, sin hacer ningún quilombo, nada. Me dejó a gamba el salteño hijodeputa, el Gato y la reputa madre. El desastre es que me dejó sin una moneda, nada, ni para cigarrillos, tuve que salir a la ruta a ver si enganchaba algo para volver a Corrientes y estoy desde ayer, anteayer, no sabés cómo caminé, con el calor que hace, tengo los pies que me sangran, un quilombo.

No, yo soy de Varela, de Florencio Varela, pero salí hace seis meses, más o menos, porque quería conocer. Yo quiero conocer Salta, quería ir a Salta, tirarme ahí en los cerros, pensar, descansar, yo me iba a la fiesta del Poncho y volvía a casa, pero se fue complicando, alargando, siempre pinta algo acá o allá y te vas quedando. O no tenés una moneda para seguir el viaje y también te vas quedando. Ahora no tengo nada, ni el paño, ni las pinzas, nada. Voy a ver si pego una moneda y me compro cien sahumerios en Corrientes por diez pesos y los salgo a vender en los parques, en la costanera, a las parejas: un sahumerio del amor para la buena onda, un poco de armonía para ustedes que me pueden ayudar de corazón; tome señorita, huelaló. Y de pronto me dan la moneda que tengan, un cincuenta, un peso, un veinticinco.

A mí me gusta recorrer el país. Tá bueno el país, siempre te encontrás con buena gente. Ahora parece que yo tendría que estar puteando, porque me afanaron, pero por uno no me voy a poner a hablar mal de todos. Igual aunque me enganchen en turradas como ésta prefiero andar así, en el camino. Allá en Buenos Aires lo que te mata es la rutina, te mata, todos los días lo mismo. Yo allá cuando no tengo guita me meto a laburar en la construcción un par de semanas y algo levanto, pero es un laburo que te mata.

Lo que yo no quiero es estar sometido a la rutina de todos los días, que me levantaba a las seis de la mañana, me iba a trabajar, volvía a las siete de la tarde, me bañaba, me acostaba a dormir, al otro día lo mismo, al otro día lo mismo. Y el fin de semana embolado me iba a dar un par de vueltas pero ahí ya arrancaba cansado de toda la semana, estaba tan cansado que tampoco lo podía disfrutar. Tampoco estoy en contra del trabajo, yo siempre trabajé, yo me acomodo, pero la verdad que esa rutina no la quiero, que los hombros hechos mierda, las tablas, los tablones, que las manos se te hacen mierda, que a veces no te quieren pagar, toda esa mierda.

No, hippie no, yo no diría que soy hippie, para mí el hippie es el que produce para la venta pero también se producen todo lo que usan, la ropa, la comida, hay muchos que viven en comunidades, es otra cosa. Yo la diferencia es que... bueno, no sé, capaz que... Lo que pasa es que todo el mundo que hablás siempre dice no, hippie no, es una palabra estadounidense, no es argentina. Yo más bien me llamaría caminante, bueno, pequeño caminante. Aunque siempre estoy pensando en parar en un lugar lindo, tranquilo, tener mi huerta, que mis chicos nazcan en mi casa... pero por ahora no, tengo que crecer un poco, ya me llegará el momento. Ahora hay cosas que todavía no comprendo, que tengo que seguir adelante a ver si las termino de entender.

Y a ese hijo de puta del Gato ya me lo voy a cruzar alguna vez. Acá todos nos conocemos, nos encontramos por acá, por allá: tarde o temprano lo voy a cruzar. Y si me lo llego a encontrar le voy a meter un par de manos de aquellas, yo estoy en contra de la violencia pero tampoco para que venga un hijo de puta y se te lleve todo. Sí, si me lo llego a encontrar se va a acordar de mí.

Hay viajeros en serio: que no viajan para llegar a alguna parte. Que de verdad no saben dónde van, ni les importa. Que no viajan para producir recuerdos. Que no viajan para producir: que producen para viajar. Que me dan un poquito de vergüenza.

CORRIENTES

A la entrada de Corrientes capital también hay un jardín de paz, valle de paz, parque de paz, parque del recuerdo: uno de esos cementerios en que los muertos no están urbanizados, no reposan en templetes familiares rococó o barrios de sepulcros rastreros unipersonales o monoblocks de tumbas en propiedad horizontal, como en las ciudades de los vivos, sino que duermen su justo sueño en una especie de country hecho de césped y lápidas dispersas. La muerte imita a la vida —aunque le sale mal: en culturas urbanas los cementerios parecen ciudades con sus calles y casas; en la Argentina solían ser así. Pero ahora, con el auge del country, la idea de cementerio como barrio privado se ha difundido en pocos años por todo el país —en una clara imitación del modelo americano.

Los arqueólogos y los antropólogos suelen definir las culturas arcaicas por sus ritos funerarios: momificaciones, cremaciones, entierros muy variados. La difusión de un rito funerario les permite detectar, por ejemplo, la expansión de una sociedad determinada. Quizás alguna vez, después de la gran bomba, cuando nos estudien por las ruinas que quedaron, arqueólogos futuros descubrirán, en esos cementerios, que Estados Unidos controlaba tanto el mundo del siglo XXI que sus rituales fúnebres se habían impuesto en todos los rincones: que habían conseguido que todos quisiéramos morir americanos.

Y supondrán, entonces, que queríamos vivir americanos.

Primero me topé con un hotel que tenía en la puerta una faja de clausura. La faja estaba pegada sobre una de las hojas de la puerta; la otra estaba abierta. Entré, me dijo que tenía habitaciones y le pregunté por qué esa faja.

—Es porque estamos clausurados.

—¿Cómo?

—Y sí, después de lo de Cromagnon se pusieron muy hinchapelotas. Y dicen que no tenemos la salida de emergencia como tendría que ser. Así que nos pusieron el cartel ése en la puerta.

—¿Y está abierto, tienen habitaciones?

—Sí, claro. Nunca dejamos de trabajar, ni una noche. ¿Que nos van a hacer? Nosotros estamos acá hace más de cincuenta años.

En el segundo hotel, en cambio, me dijeron que pagara por anticipado: que estaba todo bien, pero que no podían darse el lujo de tener confianza. Hay llegadas más difíciles que otras.

Pero mi primera sensación cuando llegué a Corrientes fue: esto es mucho más ciudad. Y la comparación, debo decirlo, involuntaria, era con Posadas, mi última capital de provincia. Me preguntaba por qué la sensación: Posadas tiene cien mil habitantes menos que Corrientes, pero Corrientes tiene, sobre todo, más tiempo, más años. Creo que hay algo en la pátina del tiempo que hace que las ciudades se consoliden, parezcan verdaderas. Una ciudad puede tardar décadas, siglos en terminar de parecer una ciudad.

El gesto suficiente con que el policía le dice al automovilista que se pare: el índice levantado da dos vueltas, después apunta al lugar de detención. El movimiento mínimo indispensable: el poder fácil. Un señor al lado me dice que parece porteño. Yo voy a hablar con el policía y tiene su perfecto acento correntino, o sea que no es. ¿Es eso ser porteño?

En la ciudad de Corrientes se publican cuatro diarios, para una población que no llega a cuatrocientas mil personas. En estas capitales de provincia los diarios sirven para hacer lobby a favor de ciertas empresas y captar publicidad del estado —en un mercado donde casi toda la publicidad es del estado. Esta mañana dudo entre diarios que no conozco y le pregunto al diariero cuál es el mejor.

—Éste.

Me dice, estirándome uno.

—¿Por qué?

—Porque es el que más se vende, el que más sale.

Primero pienso en la lógica del punto de vista: para el diariero el mejor es el que se vende más. Después en la lógica del mercado: si se vende más debe ser el mejor. Después en la lógica de la corrupción: le dieron algo para que venda éste —y así de seguido. Es muy difícil aprender a leer.

En esta zona, sobre todo: cierto tipo de gorda restallante que lleva pantalón de lycra y musculosa. Cierta forma de la desmesura.

La última vez que vine a Corrientes, hace seis o siete años, la provincia estaba sublevada. Maestros, estatales, judiciales y otros trabajadores acampaban frente a la Casa de Gobierno. El hombre fuerte se atrincheraba en una clínica y sus seguidores amenazaban con marchar desde el interior de la provincia y romperles la cabeza a los revoltosos. La tensión era bastante insoportable y la historia terminó en la calle: manifestaciones, cortes del puente, corridas, algún muerto. Ahora los entusiastas del gobierno radical-kirchnerista dicen que la provincia por fin está saliendo de la edad media. Sus críticos de izquierda dicen que son, finalmente, más de lo mismo con cierta prolijidad y buenos modales.

Tentaciones que habría que evitar: la de suponer —por ejemplo— que ésta es una ciudad a imagen y semejanza de sus habitantes. Un centro antiguo, viejo, digno, tradicional, con algunos caserones imponentes, donde, en realidad, ya no están los que deciden —que viven en casas menemistas cerca del río, sus columnas.

Columnas: si algo distingue las casas del poder menemista del Interior son las columnas. Cuantas más, mejor, pero dos es un mínimo absoluto. Es una suerte: dos columnas convierten casi cualquier construcción en un pastiche, en un quiero y no puedo, un no soy lo que soy pero tampoco aquello.

—En Corrientes, Formosa y Misiones se saluda con dos besos. Eso sí que es influencia brasilera, pero de la buena.

Me había dicho el ministro misionero. Los franceses también se saludan con dos besos, pero esto es otra cosa. La versión francesa es un ritual de movimientos de cuello muy elaborados para que las caras pasen, en su viaje de una mejilla a otra, muy distantes. En cambio, acá en Corrientes, el tránsito es cercano, confuso, alentador.

Las dos están levemente embarazadas y parecen hermanas; las dos usan ropas caras pero discretas. Las dos son bonitas sin ninguna estridencia. Las dos toman un té con muchas masas en la confitería elegante de Corrientes.

—¿A veces no te da mucho miedo?

—Pero no, boluda, no te preocupes. Los partos ya no son un peligro.

—No, a mí lo que me da miedo es que Aníbal no soporte esto de ser padre, no sé, que no se lo banque.

—¿Por qué? ¿Qué le va a cambiar en la vida?

—No sé, todo el trabajo de tener un hijo.

—Ay, Mary, de eso se van a ocupar vos y las mucamas...

Corrientes es la capital de una sociedad agropecuaria. Un ganadero me dice, orgulloso, que el noventa y siete por ciento de los ingresos de la provincia viene de ellos. El campo —acá también— sufrió ese proceso de desmembramiento de las grandes extensiones, clásico de las oligarquías ganaderas argentinas. Las grandes familias se hicieron tan grandes que cada uno de sus integrantes se quedó con un par de miles de hectáreas —y eso en Corrientes es muy poco.

—Yo he estado en el campo aquel del Tato, ese que tiene la entrada iluminada por faroles, como de la calle. Todo iluminado, parecía una avenida. No sabe lo que es el campo ése. Y el Tato ahí, mientras trabajaba nomás, mientras revisaba el ganado que le iba llegando, ahí recibía a la gente que le iba a pedir cosas. Uno que vino, por ejemplo, esa vez, y le dijo señor Tato, discúlpeme que venga a molestarlo, pero lo que pasa es que el comisario de acá de mi pueblo me tiene cagando, no me deja tranquilo.

—¿Y qué ha pasado, m'hijo, para eso?

—Nada, señor Tato, qué va a pasar, nada. Usted me conoce, yo soy tranquilo, trabajador.

—Claro que te conozco Ramírez, pero algo habrá pasado.

—Nada, señor Tato, nada, un día tiré tres, cuatro tiros al aire y justo uno se le metió en la cabeza a un vecino. Y desde entonces el comisario no me deja tranquilo. ¿Por qué no le dice, que a usted seguro le hace caso?

El Tato es el señor Romero Feris, ex gobernador, ex hombre fuerte, terrateniente principal, caudillo en decadencia.

Es la primera vez que oigo una palabra que —sospecho— se va a repetir mucho durante este viaje: feudal, la sociedad feudal. Pregunto a varios: en síntesis, cuando dicen sociedad feudal están diciendo que las diferencias de clases son extremas, que hay ricos muy ricos y pobres muy pobres, que acá la gente —me dijo uno— o se baja del beeme o viene en patas. Que el patrón tiene el poder discrecional sobre sus trabajadores —y esas cosas.

La superación de ese modelo —la existencia de una clase media significativa— fue lo que siempre diferenció a las grandes ciudades argentinas del resto del país y, sobre todo, a Buenos Aires del Interior. Esa diferencia se pensaba como un atraso: supuestamente el Interior todavía no había llegado a ese punto del desarrollo, pero ya llegaría.

Ahora ese esquema —las grandes diferencias, la sociedad de ricos contra pobres, el poder del patrón, el estado deficiente avasallado— conforma el presente y, aparentemente, el futuro de todo el país, incluidas esas grandes ciudades. Los porteños —y rosarinos, cordobeses, mendocinos— llegamos por un camino más sinuoso al mismo lugar donde el resto de los argentinos siempre estuvo. La retaguardia, de pronto, es la avanzada.

Y entonces yo el peor de todos, el peor yo de todos, me pregunto si esta Argentina no es el triunfo del Interior —que consiguió convertir el conjunto del país en lo que la mayoría de sus partes fueron siempre.

—Lo más feo son esos correntinos que viven en Buenos Aires y después vienen acá cada tanto y te hablan todo como porteño, viste: eso sí que es lo peor.
Hay, dicen, tantos correntinos viviendo en su provincia como fuera de ella. Y muchos están en Buenos Aires.
—Pero habría que ver qué es el Interior y qué es el puerto. Para mí porteño es el que vive ahí en el puerto, porque el que vive en Matanza, en esos lugares, ese es tan provinciano como nosotros...

Pero hubo tiempos en que fue menos extremo. Digo: hubo décadas en que la autonomía —la feudalización— de las provincias estuvo recortada por el peso de un estado central fuerte, con mandos efectivos, con palancas. La educación, por ejemplo, venía en buena parte de la Nación, la salud algo menos, los transportes —ferrocarriles, aviones, carreteras— eran nacionales, los combustibles, la energía, las comunicaciones. El neoliberalismo desarmó ese estado central: queriendo o sin querer, abrió el camino para la autonomía provincial extrema —esto que, ahora, muchos llaman feudalismo.

Acá —y en tantas otras ciudades del Interior— la vuelta del perro no murió, sigue viva —sólo que ahora se da en coche. En una ciudad más chica, donde "la gente" se conoce, el valor simbólico del coche aumenta. Lo que en Buenos Aires es qué bruto ese mercedes, qué se creerá el pelado ése, acá es uy mirá el mercedes que se compró el hijo de María Marta: la identificación es inmediata —y la inversión parece mucho más rentable.

—Acá si querés poner un negocio que te vaya bien ni se te ocurra vender, no sé, sábanas, cañerías. Vendé coches, ropa, cosas que se vean. Acá la gente gasta la plata para que todos vean que la tiene.

¿Para cuándo el comando de incinerar camperas de gamuza?

Lo crucé en varias ciudades argentinas y un día quise mirar qué somos. El negocio se llama Cardón y su lema dice que vende "cosas nuestras". La idea es interesante: en tiempos del gran bluyín mundial ofrecer ropas y accesorios diferentes, propios. Me intrigaba la idea y la fui a ver: las *cosas nuestras* eran las camperas de gamuza tipo de la rúa, mocasines a la guido, cinturones de cuero, bluyíns planchados o pantalones kakis, camisas cuadrillé con un caballo y su polista bordados en el pecho: cosas suyas. Digo: cosas de aquellos que se pasan la vida pensando en el país como una cosa de ellos.

Hace tiempo que los ricos argentinos abandonaron la pretensión —que mantuvieron durante un par de siglos— de que la cultura del país era la suya, porque abandonaron toda pretensión que tuviera que ver con la cultura. Pero no con el consumo y cierta ostentación, y eso es este cardón: para este negocio las cosas nuestras son las que usa, todavía, la fracción más conserva de nuestra cosa nostra.

¿Y la brigada de desgarrar foulards de seda? ¿La de horadar con una gubia botas de carpincho? ¿La de arrancar cuentaganados con leve daño al portador? Hay más, se puede hacer una tabla de puntos: treinta y dos por tajear un cinturón de cuero crudo, sesenta y ocho por una lacoste original, once por una lacoste trucha, ciento nueve por entregar a perros callejeros mocasines de guido —y así siguiendo.

—Ahí sí que se ha equivocado el Turco, en sacar la colimba, ahí metió la pata. Porque antes a los dieciocho años te ibas para adentro y te hacías hombre. En cambio ahora todos esos chicos en la calle, sin nada que hacer: por eso hay tanto chorro.

Pero nunca —digo: nunca— me encuentro a nadie que me diga, sí, yo estoy acá pero querría ir a vivir a Buenos Aires. O sea que a los millones de argentinos que emigraron y emigran todavía a la Capital los deben haber llevado a punta de pistola o, quizás, resulta que una mañana se despiertan transformados en porteños y descubren que tienen que empezar a pensar un plan de fuga.

Los pibes tienen camisetas de fútbol y gorritas de béisbol; las chicas, musculosas y bluyíns —y las únicas con pollera son tres travestis muy producidas pero refugiadas en un rincón. También hay padres y madres con sus hijos, naranjas, tetra, birra, mucho mate. Las camisetas tienen colores varios; las pieles uno solo. En la bajada del puente que lleva a Resistencia la batalla cultural está por empezar.

Hoy es el Día del Estudiante y dentro de diez días hay elecciones en Corrientes. Los candidatos de Romero Feris, aliados con el duhaldismo, organizaron aquí, en la bajada del puente que va a Resistencia, un homenaje a los estudiantes que consiste en un festival de cumbia. A treinta cuadras, en el anfiteatro, los candidatos de Kirchner, radicales y peronistas pro gobierno, organizaron otro homenaje a los estudiantes que consiste en un festival de rock y blues, con Memphis y Javier Calamaro.

—Cuando salgamos de acá vamos a ir a pegarles a esos chetos de mierda del rock.

Me dice una especie de otelo jovencito, su barba de diseño, sus anteojos de sol dorados muy angostos. El escenario está lleno de carteles de los candidatos. La candidata a intendenta es la intendenta Nora, la esposa del proscrito Tato Romero Feris: joven, cara muy turca con sus oros al cuello, carates en la oreja y los labios bien rojos. Y hay un par de carteles que son más bien una amenaza: "Perón siempre vuelve", dicen, con la figura del extinto general en primer plano.

Lo imagino volviendo. Lo imagino siemprevolviendo de a caballo: ciento cincuenta y cuatro huesos blancos y al final del cúbito y el radio las manos ortopédicas, su esqueleto sobre los huesos de un caballo que ya no será pinto, el paso desmadejado de un esqueleto de caballo, la voz que no le sale cuando abre la quijada de huesos para gritar compañeros. Lo imagino abriendo de nuevo, cada vez más grande la mandíbula blanca, descoyuntando los huesos de su calavera para intentar ese grito que no sale, levantando los huesos de los brazos para saludar con las manos de plástico y escuchando, de pronto, con sorpresa, que alguien hace su voz: que alguien habla a través de sus huesos. Que muchos hablan a través de sus huesos. Que las voces de muchos que simulan la suya se confunden. Que se le arma un rumor incomprensible de voces que simulan y que, todas juntas, suenan a voz de mando y que muchos más la oyen y la siguen, peronistas, para eso somos peronistas y su cara de sorpresa asombro espanto, su calavera de sorpresa asombro espanto: a él, al gran imitador de voces, al gran falsario, otros le hacen la voz, otros lo gritan. Lo imagino siemprevolviendo, huesos blancos.

El acto de la clase media se hace en un anfiteatro cerrado y en la entrada hay policías que cachean a los pocos morochos que se cuelan. Hay mayoría de estudiantes, hay más bermudas y camisetas negras con nombres de bandas, los gorritos de béisbol siguen bien.

El decorado es tan distinto. El escenario prolijísimo, en blanco y gris, con unos carteles muy diseñados que proponen aire fresco para Corrientes y no dicen ni una palabra sobre los candidatos. Acá el candidato no es la esposa sino el primo del gobernador actual. Por eso los afiches del candidato a gobernador —que no están aquí, que tapizan la ciudad y la provincia— no dicen su nombre: sólo su apellido, que es el mismo que el del gobernador, su primo.

El puente está junto a la costanera, en la zona más elegante de la ciudad. El anfiteatro está bien en las afueras, zona de barrios pobres. Muchas veces las diferencias están hechas de azares. El gobierno de la provincia quería hacer su acto prolijo en el espacio desprolijo de la bajada del puente, pero ese espacio es del gobierno de la ciudad, que se lo negó y organizó ahí su propio acto. Así se repartieron los escenarios de la batalla cultural.

En el puente hay una fiesta; en el anfiteatro hay un concierto. En el puente el decorado está sobrecargado desprolijo; en el anfiteatro es cool minimalista. En el puente beben alcoholes; en el anfiteatro una gaseosa. En el puente docenas de espontáneos venden chipa, chorizo, torta parrillera, nube de algodón; en el anfiteatro, un kiosco, coca y gracias. En el puente hay olor a chori, chivo y porro; en el anfiteatro no hay olores. En el puente la mayoría camina a ver qué encuentra; en el anfiteatro están sentados escuchando. En el puente hay mucho toqueteo; en el anfiteatro besitos si acaso. En el puente se oye cumbia villera y chamamé; en el anfiteatro rock & blues. En el puente se oyen canciones que sería raro oír fuera de esta región; en el anfiteatro se oyen otras que no estarían fuera de lugar en Buenos Aires o en Caracas. En el anfiteatro muchos vienen a saludarme; en el puente ninguno.

—¿Estamos preparados para el sapucay?
Grita el locutor del puente.
—¡¡¡¡Sí!!!!
Le contesta su pueblo.
—¡Entonces, el sapucay!

Sapucay.

En el anfiteatro no hay polvo; en el puente revuela. En el anfiteatro todos están sentados; en el puente, de pie. En el anfiteatro no hay casi adultos; en el puente rebosan. En el anfiteatro hay algunos miles de personas; en el puente hay muchos miles de personas. En el anfiteatro somos prolijos; en el puente hay quilombo, agitación. La fiesta desmadrada peronista contra la cultura ordenada radical —con perdón de los clichés.

—¡Corrientes está de fiesta, impresionante! ¡Gracias por venir a la convocatoria de todos por Corrientes!

Dice el locutor en el puente. En el anfiteatro nadie dice nada. En el anfiteatro hay un acto político. En el puente, en cambio, hay un acto político.

Como quien dice: falso Woodstock contra piquete en vacaciones.

—¿Y cómo decidieron que se tocaran cumbias, chamamés?
—Y, porque acá la mayoría de la gente, de los chicos, les gusta. Acá de un cien por ciento de la juventud hay un veinte por ciento que es del centro, de las cuatro avenidas que decimos, que les gusta más el rock. Pero el ochenta por ciento que es de afuera lo que consume es todo esto. Y nosotros elegimos al ochenta. Aunque no sea lo que a mí me gusta, claro. Yo soy diputado y soy candidato acá, pero mi hija a esta hora está en el anfiteatro escuchando a Memphis la Blusera.
Dice y se le parte la boca en una carcajada. Haz lo que te digo y no lo que hago, o bien: una cosa es lo que te doy y otra lo que yo consumo, por supuesto. Si alguien tuviera que definir el populismo podría pedirle ayuda al diputado Acosta.

Ceno en la costanera, frente al río: la Costanera florecida de lapachos, el Paraná tan poderoso al fondo. Hay mellizos en la mesa de al lado, nueve o diez años, y sus padres. El mozo pone un menú sobre la mesa y uno de los dos lo agarra con una autoridad tan natural. El otro hunde la cara entre las manos y ni mamá y ni papá parecen reaccionar. Siempre me desespera que el mundo esté tan lleno de historias fugitivas.

Pero qué alivio, en cambio, cuando llega una mujer bonita a la mesa de al lado, el tipo que la está esperando la saluda con besito en la boca, ella se lo contesta y al primer cruce de palabras pone cara de ligero asquito. Ay, le pegaría, me descubro diciendo. Y entonces el aliento de estar solo —y de no tener que envidiarlos, sobre todo.

Hace días y días que no beso a un hombre. El interior es un lugar donde los hombres no se besan —cuando se saludan.

Provincia del Chaco

Resistencia

Entre Corrientes y Resistencia hay un río, un puente, quince kilómetros y trescientos años de historia. Corrientes es una de las primeras capitales argentinas. Resistencia, una de las últimas.

La rosa de los vientos.
De la calma
lapachos.

Entre Corrientes y Resistencia hay, también, mucho contacto: para empezar, la Universidad Nacional del Noreste funciona en las dos ciudades, así que los estudiantes correntinos y resistentes van y vienen todo el tiempo —igual que muchos comerciantes, empleados, varios. Comparada con Corrientes, Resistencia —el centro de Resistencia— parece más prolijito, como poco usado. Pero de pronto me parece que ya llevo muchos días entrando a ciudades que en algún punto se parecen. Si pudiera describir en qué, quizás habría entendido algo.

Las mismas plazas cuadradas, arboladas, con su iglesia banco intendencia alrededor. Los mismos carteles de cocacola, pizza y empanadas. Los mismos locutorios de colores azules, los mismos edificios altos aislados —tres o cuatro por centro—, mismos jeans ajustados con culos reventones, los mismos colectivos —oh, los colectivos—, las mismas rayas blancas despintadas, mismos cables a través de las calles, mismos vendedores ambulantes que venden los mismos estuches para celular pilas despertadores cedés truchos, mismos kioscos de diarios y revistas, mismas baldosas desparejas y las mismas veredas

—No, acá estamos bien, acá tenemos un gobierno que es bastante neutral.

—¿Neutral?

—Sí, le quiero decir que no roba demasiado, roba pero nos deja algo. No estamos como Corrientes, que se cagan de hambre. Los de Corrientes se vienen para acá, a ver si zafan con algo. Acá está bien, se vive. Y vienen gente de todos lados, vienen turistas ahora de Inglaterra, de Estados Unidos, de Suecia.

—Ah, sí, ¿y qué vienen a ver?

—Bueno, la ciudad, Resistencia, las esculturas, tantas que tiene, a pescar, a los ríos, van a Roque Sáenz Peña para ver el zoológico.

Después, el tipo me vende dos pilas truchas por un par de monedas.

Está más limpia: está mucho más limpia.

mismos desocupados que te cuidan el auto, la misma ropa un poco vieja, un poco ajada, mismas colas de jubilados en los bancos, mismas 4x4 refulgentes con sus manchas de barro, los mismos chicos pobres por monedas, las mismas cumbias en sordina

—Otra vez perdió la banda, che. Al técnico ése que tenemos hay que echarlo a la mierda, no sabe un carajo de fútbol.

—No, al técnico y a todos los jugadores, son unos putos que no pueden poner medio huevo en la cancha, manga de maricones.

El diálogo sigue, encendido, feroz. La rubia insiste en que los jugadores no son tan malos, que la culpa es del técnico, y su amiga le dice que no sea boluda, que los jugadores son igual de amargos. Después las dos terminan sus helados, se paran, se acomodan las remeritas ajustadas. Centro de Resistencia, dos chicas muy coquetas.

mismas charlas en bares y veredas, mismos miedos mismas expectativas, mismos teñidos con claritos, mismos tatuajes en los brazos inflados, mismos gestos sobre todo: mismas muecas, las mismas formas de mirar un culo

—Uy, no me digas que sos el que sale por la televisión.

Me dice el dueño de Serena, Germán. Escuché esa pregunta tantas veces. La televisión instituye claramente dos lados: la mayoría está de un lado, del otro lado hay unos pocos —y ésos que están del otro lado están realmente del otro lado. La televisión instituye una distinción instántanea: yo te conozco, vos no me conocés. La televisión produce reconocimiento, porque ya había antes un conocimiento. La televisión es la única marca de nobleza de un país sospechado: los que salen en la televisión tienen derechos que los demás no tienen —porque salen en la televisión.

—Qué raro. ¿Qué hacés vos por acá?

Derechos y deberes: no aparecer en lugares tan improbables como Resistencia Chaco, por ejemplo. Aunque Serena disimule su pertenencia. En Serena la música es muy cool y las luces, dicroicas de rigor. Germán me cuenta que es nuevito, que lo abrió hace unos meses, y yo juego mi rol: le digo que no me imaginaba que en Resistencia hubiera público para un lugar como éste. El porteño —"el porteño"— debe ser prejuicioso despectivo.

—No, acá hay gente que está muy bien.

Dice Germán, y me muestra con un gesto el salón de su bar: decoración high tech, música tecno, sillones blancos super cool. Detrás de mí un joven bastante rubio le pregunta a otro:

—¿Vos no dormiste ayer, no?

—¿Dormir? ¿Qué era eso de dormir?

En una mesa al lado dos cordobeses hablan de fertilizantes y una cosechadora que acaba de salir, que es un avión. Un poco más allá beben tres señores que, me dicen, son diputados de algo. En este barrio, alrededor de la avenida Laprida, se concentran las clínicas privadas, los velatorios finos, las concesionarias de coches alemanes, los bares y heladerías de luxe. La puesta es más moderna, cuidada que en Corrientes —y trata de parecer porteña. Hay una pizzería que se llama La Recoletta, un café que se llama La Biela, y varios bebederos del mejor minimalismo Palermo Hollywood. Esto debe ser el refugio del tout Chaco.

mismos modos de presentarse en sociedad, mismas maneras de juntarse y separarse: debemos ser un país.

Resistencia es tan nueva que disimula poco. La capital más pobre de la Argentina tiene un centro prolijo. El sesenta por ciento de todas las encuestas está a raya, del otro lado de las avenidas. Allá, del otro lado, hay unos cincuenta asentamientos, por llamarlos de alguna manera: villas miserias que albergan este sesenta por ciento de pobres —la mitad, indigentes— que hay en la ciudad de Resistencia. Resistencia —en el nombre de la cosa está la cosa, decía Borges, tan equivocado— ahora sale en las encuestas como la ciudad con más pobres del país —por delante, incluso, de Concordia.

Cuatro de cada cinco resistentes de menos de dieciocho años son pobres.

Esta mañana me desperté tarde, así que ahora en la cola sólo hay veinte madres con bebés y algunos chicos, que esperan para pedir un turno. Son las ocho menos cuarto: más allá, en un pasillo, hay cincuenta madres con chicos que ya lo consiguieron y esperan que las llamen. Los consultorios externos del hospital de niños de Resistencia están atestados. Mirian me dice que ella la trajo a la gorda a eso de las cuatro y media porque desde ayer a la tarde que no paraba de llorar. La gorda tiene ocho meses: está flaca y exhausta. La mortalidad infantil en el Chaco es apenas más baja que la de Tucumán, líder indiscutida. Y las tablas dicen que uno de cada seis chicos chaqueños es más chiquito o más liviano que lo normal: que no está bien alimentado. Mirian es muy joven, doce, trece. Lleva un rato parada en la puerta de electrocardiogramas:

—No, esta mañana vine con mi mamá pero ella se tuvo que ir a la casa donde trabaja, si no no comemos. Pero la gorda ahora no llora, pobrecita, está cansada.

En la ventanilla de turnos hay un cartel que dice que para todo trámite es necesario el DNI. Ésa es la última frontera, la casta más baja: los indocumentados. Un empleado está pegando con cola en la pared un cartel del gobierno que dice "Identidad Gratuita: el primer paso. Campaña provincial de documentación gratuita#menores hasta 10 años". Sólo en la última campaña inscribieron a sesenta mil chicos sin documentos, pero saben que todavía quedan muchos. Son los que ni siquiera figuran en los padrones de pobreza.

—Acá no te tratan como si fueras una persona humana. Ya llevo tres horas esperando acá parada.

El llanto de fondo es un bajo continuo, apagado, pero de tanto en tanto algún grito se hace contagioso y se propaga. La luz de tubos ilumina por cachos y el suelo parece sucio aunque es probable que esté limpio. Hay mucho olor a gente.

—Este hospital fue hecho para una población de doscientos mil habitantes, y ahora somos casi el doble.

Me dice el doctor. Con la crisis muchos chaqueños perdieron sus coberturas de obra social y sindical, así que la única opción que les queda, cuando pueden pagarse el colectivo para llegar, es el hospital público —y está desbordado. La ciudad de Buenos Aires gasta en salud pública 300 pesos por año y por persona; la provincia del Chaco, 97 pesos. Corrientes, con 60, es la peor.

—Se dice que acá la salud pública está en crisis. No, lo que está en crisis es la provincia: el Chaco tiene la mayor deuda per cápita del país.

El doctor es cirujano pediatra, tiene más de cincuenta, la figura elegante y una barba candado rubia sobre cara muy blanca, bien centroeuropea. En su consultorio —tres por tres— hay otros dos médicos, cada uno atendiendo a su paciente. No es fácil.

—El hospital funciona en la medida en que le ponemos buena voluntad. Pese a las dificultades damos la mejor atención posible, ahora estamos dando turnos para dentro de tres, cuatro meses —siempre que sea cirugía programada, claro. Nosotros le ponemos mucha pasión, por lo menos en los pasillos, cuando charlamos, ahí le ponemos mucha garra. Después en el quirófano la cosa es más acotada, más técnica. El problema es que vos te has pasado la vida trabajando acá, en el hospital, y ves que mientras tus colegas progresan, ganan más, les va mejor, vos te vas quedando, quedando.

Una enfermera sale al pasillo y grita para pedir ayuda:

—Necesito alguien que pueda venir a sostener a un chiquito por favor.

Un padre entra. Pasa una madre quinceañera con un bebe muy flaquito en brazos y una enfermera sosteniendo la botella de suero. Una nena de ocho se ceba mate y toma. Una madre y su hija duermen sobre un banco: la escena no es dramática; más bien pastosa, triste. La enfermera llama a González Carla y el padre que la carga se la da aliviado a la mamá, para que entre con ella. El padre se llama Maxi, dieciocho:

—Las últimas dos o tres veces no vine porque cada vez que vengo quiero matar a alguien. Me pongo como loco, no lo puedo bancar. Esperás horas y horas, después nadie te dice nada. Hacen lo que pueden pero…

Una nena pasa con un brazo en cabestrillo, entablillado con un pedazo de cartón de una caja de paquetes de arroz. Una madre chiquita mira con pena la camiseta de su hijo, manchada de sangre: arruinada. La mayoría parece muy pobre; algunos no. Algunas madres amamantan; padres no. Si no pasa algo serio, la mayoría de estos nenes va a vivir así toda su vida.

—No, yo lo peor que me he encontrado en mis viajes es la ignorancia y la pobreza. La ignorancia es terrible, la desinformación, los pibes jóvenes no tienen ni idea de nada, parece como si no les importara nada, y eso que yo soy joven pero igual me impresiona. Y después la pobreza, la pobreza es terrible, cuando vas por los caminos y ves los ranchitos al costado, ahí tirados, en el medio de la nada, es terrible. Hay algunos que no les importa pero yo no me lo banco. El otro día estaba en el centro de Posadas y ahí nomás en la puerta del hotel había un pibe como de dieciséis años, así, todo flaquito, con un nene de dos. Y el nene tenía una herida terrible en el pie. Entonces yo le pregunté al muchacho más grande qué le había pasado y me dijo que se había quemado, y yo le dije pero por qué no lo llevás al hospital. Era una terrible quemadura. Y el pibe me dijo no, si se está secando, no ves que ya se va a curar. Entonces yo lo agarré al chiquito y le dije que lo lleváramos al hospital porque hay hospital, no es que no haya, es sólo la ignorancia, y el otro me dice que no, que ya se iba a curar. Y yo lo agarré al chiquito y lo iba a meter en la camioneta y lo iba a llevar y el otro me corrió a los gritos, al final me convencieron que mejor lo dejara, porque si no andá a saber en qué quilombo te metés.

—¿Y lo mejor?

—Lo mejor es la gente, la cordialidad, las ganas de recibirte, la palabra. Por supuesto que en el Interior también hay garcas, pero la mayoría cumple con la palabra, eso les importa todavía. En la Capital nunca te van a tratar así, acá te tratan de primera, como si fueras un amigo, no un enemigo. Eso sí me da orgullo.

Los verdaderos viajeros son los viajantes: ellos sí que viajan todo el tiempo; para ellos la vida está en la carretera. Gustavo es corredor de una de las pocas fábricas de anteojos argentinas que quedan, y vende en todo el litoral y el noroeste. Dice que el otro día se metió en la página del INDEC y vio que su público eran como diez millones de personas. Gustavo conoce cada rincón de estas provincias pero todavía no sabe cómo no aburrirse un domingo como éste, acá en Resistencia.

—Y además se extraña. Yo tengo un pibe de un año y medio y de pronto me quedo dos, tres semanas sin volver a casa... no sabés. Lo que pasa es que yo hace tres años me quedé sin laburo, yo era visitador médico, redujeron, me rajaron y estuve un año y medio sin conseguir laburo. No sabés lo que es, a los treinta y pico de años no tener trabajo... te sentís una mierda, te da vergüenza hasta andar por la calle. Pensé que estaba muerto. No sabés lo que es la desesperación. Así que cuando me ofrecieron esto no me podía hacer mucho el vivo: había que agarrarlo, qué voy a hacer. Es lo que hay. Ahora soy uno más: somos una banda enorme, algunos se pelean, se compiten, pero la mayoría se ayudan, se pasan direcciones de hoteles, restoranes, talleres, cabarutes. Te digo, a veces es duro. Pero yo, cuanto más veo cómo está el país, más agradezco tener este laburo, la verdad.

Nos convencieron de que tener trabajo es una bendición. Lo tengo dicho: la iglesia católica, la mayor inventora de justificaciones de la historia de Occidente, jamás se atrevió a tanto. De Jehová en más, el trabajo fue la condena que el hombre recibió por su soberbia: por su ambición desmesurada. Ganarás el pan con el sudor de tu frente y tu mujer parirá con dolor, dijo el dios vengador porque su imagen y semejanza lo había traicionado —y sólo así podía explicarse semejante castigo. Los dueños de la Argentina contemporánea, en cambio, consiguieron el milagro: nos convencieron de que trabajar era esa bendición que todos buscamos, cuidamos, atesoramos cual delicada flor. No es su menor hazaña.

Como esas mañanas fantasmales, restaurante en hotel de ciudad chiquita. Siete y media, ocho menos cuarto. Hombres que llegan legañosos, con exceso de desodorante. Vamos a recorrer, somos viajantes.

—¿Y? ¿Cómo es el diario éste?
—Es nuestro, lo más importante es que es nuestro.
Me dice Marcos Salomón, la barba hirsuta, mucho pelo, par de aros en el lóbulo izquierdo. Marcos Salomón anima el intento de *El Diario de la Región*. En 2002, cuando su dueño, un empresario relacionado con el gobernador, pretendía cerrarlo, un grupo de sus trabajadores decidió rescatarlo. La mitad abandonó; la otra mitad sigue remando. La pauta publicitaria bajó a mínimos, los créditos también, pero *El Diario* sobrevive.

—La idea no es sólo armar una empresa diferente. Es importante que eso se refleje también en el diario, en las noticias. Queremos hablar de todo lo que nadie habla, de la realidad social, de los conflictos, de los curros del poder, del interior de la provincia. Tenemos mucha llegada en el interior de la provincia, por ejemplo, las zonas más relegadas por la capital.

Marcos tiene treinta años, muy poca grasa, la ropa arrugada y se pasa horas y horas cada día en la redacción medio pelada. A veces el entusiasmo no les alcanza, desfallecen. Muchas otras, suponen que están haciendo algo que vale la pena esos esfuerzos.

La mujer está sentada en un banco de plaza. Es joven, menuda, y toma una cocacola con pajita, sorbos muy cortos, la mirada perdida. Al su lado, junto a su cartera, hay un sobre que dice Sanatorio Buenos Aires, de los que suelen usarse para entregar análisis.

En el centro de Resistencia un buen helado cuesta un peso, un pancho cero cincuenta, un departamento de dos ambientes, en alquiler, trescientos, un estacionamiento para todo el día dos o tres pesitos. En el Interior hay muchas cosas que cuestan mucho menos. Como quien dice, acá la plata vale diferente. Es una variable que, en general, no se cuenta en las cuentas.

Títulos del *Diario* de hoy dicen que "Se extinguieron miles de causas penales", "Por necesidad, familias usurparon viviendas", "Masacre: días clave para los genocidas presos". Y una de las noticias cuenta que, "con la solemnidad que impone el camposanto, los parientes de un finado llegaron, como lo hacen con frecuencia, para encender una vela, depositar un ramillete de flores y rezar. Casi sin hablar avanzaron hacia el panteón familiar por los pasillos del cementerio de La Leonesa. Se detuvieron desconcertados al comprobar que la puerta estaba abierta. Compungidos por la profanación, el dolor golpeó con más fuerza cuando advirtieron que un ataúd no se encontraba en el estante superior. Se hallaba recostado por la pared sin la tapa de madera ni la de metal. Además la cabeza del difunto se asomaba por fuera del cajón. Tenía un corte de sierra en la nuca, pero el trabajo de succionar la cabeza no fue concluido. [...] El intento de llevarse la cabeza del cadáver abrió las más variadas conjeturas. Se presume que alguien ofreció una suma importante de dinero por un cráneo, o bien se trataría de una secta. Se cree que el delito se cometió en horas de la siesta del fin de semana. Los familiares debieron comprar otro féretro para reubicar al difunto, que falleció hace ocho años. En el pueblo suelen correr comentarios sobre hallazgos de restos de elementos utilizados en ritos satánicos".

La Leonesa es un pueblo de diez mil habitantes entre Formosa y Resistencia, sobre el río Paraguay.

Siempre hay un interior del Interior, un interior del interior del Interior —y de seguido: ¿quién tendrá, alguna vez, la sensación de haber llegado al interior? En los avisos clasificados del diario *Norte* de Resistencia, bajo el rubro domésticas, las señoras repiten un prejuicio: "Necesito empleada cama adentro, preferentemente del interior", dice la mayoría. Después le preguntaré a una de esas señoras y me dirá que son mucho más tranquilas, que se adaptan mejor, que son más obedientes y que no tienen tantas historias de familia.

—Las otras de pronto tienen el tipo que no trabaja ahí en la casilla, y los nenes y se van para atenderlos o hacen lío. Las del Interior como no tienen esas cosas, como están lejos, no hacen esos problemas...

En la radio, una señora llama a un programa de Resistencia y le dice a Julio que dos muchachos jóvenes están en Alberdi al 2600, 2700 en un fitito blanco con un sol rojo pintado diciendo que son empleados de la compañía de la luz y pidiendo ver los medidores: que qué puede hacer. Julio le dice que ahora mismo van a tratar de averiguar, porque parece que pasa algo raro: vaya a saber quiénes son esos muchachos. A los dos minutos llama un señor, dice que es el ingeniero Padilla de la compañía de electricidad y que esos dos muchachos, por supuesto, no tienen nada que ver con ellos y que hay que avisarle a la policía antes de que hagan un desastre. La radio ataca. Entonces Julio le dice que ya que está, ingeniero, necesita pedirle que ponga una bombita frente a la sala de primeros auxilios de la villa Don Alberto, porque ahí hay un dispensario que funciona veinticuatro horas. El ingeniero le dice que va a ver qué puede hacer, pero que se cuiden, sobre todo, de esos dos muchachos. Enseguida llama una señora que dice que se encontró una anciana en la calle que está perdida y no sabe qué hacer: que la anciana no sabe decirle tampoco quién es ni dónde vive. Entonces Julio le dice que se van a comunicar inmediatamente con la línea 102.

—Señorita, necesitamos pedirle un favor: mire, por favor, hay una anciana perdida en la casa de una señora y necesitaría que usted intervenga. Le doy el número de teléfono.

Julio le da un número de teléfono. La señorita le asegura que van a intervenir a la brevedad, por supuesto, Julio; ya inmediatamente, Julio. La señorita cuelga y Julio le dice a la otra señora:

—¿Ve señora? Ya estamos solucionado su problema.

—Sí, Julio, muchas gracias, pero el número que le dio no era.

—Ay, cómo...

La señora le da un número nuevo, Julio vuelve a llamar, corrige el número, la señora le dice que es un santo, Julio:

—Julio, usted es un santo. Si no fuera por usted, ¿qué sería de nosotros?

MACHAGAI-QUITILIPI

Puede que no la mugre; quizás sean los días en la ruta lo que me van cambiando de a poco las ideas. Llevo muchos: días de seguir buscando lo que no sé que busco, e ir encontrando historias, espacios, personas que me alejan de una idea global. Pienso que no hay nada más diferente de un país que ese país visto de cerca, y desespero de alguna vez entender algo.

Mauro cuida el santuario de San La Muerte al costado de la carretera pero me dice que no es de acá, que llegó hace unos meses, y se le nota en el acento. El santuario tiene menos de un año y parece próspero: las paredes de material, techo de chapa, el piso de mosaicos resbalosos. Al fondo está el altar de San La Muerte: un esqueleto con guadaña de lata y capa negra. La calavera tiene ojos brillantes y una especie de sonrisa descarnada. Y, junto a él, su oración principal:

"Señor San La Muerte, espíritu esquelético poderosísimo y fuerte por demás como un Sansón en tu majestad indispensable en los momentos de peligro, yo te invoco seguro de tu bondad. Ruega a nuestro Dios Todopoderoso que me conceda todo lo que le pido, que se arrepienta para toda la vida el que daño o mal de ojo me hizo y que se vuelva contra él enseguida. Para aquel que en amor me engaña pido que lo hagas volver a mí y si desoye tu voz extraña, buen espíritu de la buena muerte, hazle sentir el poder de tu guadaña. En el juego y en los negocios mi abogado te nombro como el mejor y a todo aquel que contra mí se viene por siempre jamás hazlo perdedor, oh San La Muerte, mi ángel protector. Amén".

San La Muerte es, dicen, un rey antiguo que fue tan bueno, tan justo que, cuando se murió, Dios le ofreció que se ocupara de las vidas y muertes de los hombres: lo sentó en un trono rodeado de infinitas velas. Algunas estaban recién encendidas; otras, a punto de apagarse. Las desfallecientes, le dijo Dios, eran los hombres que estaban por morirse: él, San La Muerte, tenía que bajar a la Tierra a recoger sus almas.

Era un empleo público privilegiado: la situación ideal para coimear. Alrededor de su altar abundan las ofrendas de los promeseros: botellas de whisky y de ginebra, tetras de tinto, cigarrillos, fotos, plata en la alcancía y una capilla a escala muy trabajada que trajo un muchacho de Mercedes para agradecerle que le hizo pagar muy barata una muerte: solamente seis meses en la cárcel.

—Lo que pasa es que no le encontraron pruebas, ni testigos, nada, lo tuvieron que soltar.

San La Muerte es el patrono de los chorros: muchos se hacen bendecir las armas por él, se encomiendan a él antes de salir de caño. Y que muchos de los fieles de San La Muerte son muchachos que tuvieron problemas y que lo bueno de San La Muerte es que uno le puede pedir que haga cosas malas, no solamente cosas buenas:

—Si son justas, si alguien le hizo algo, uno le pide a él y él se la devuelve al que la hizo.

Mauro me cuenta que es de Moreno: padre de Santa Fe, madre de Entre Ríos, pero que siempre —todos sus veinte años— había vivido allá, en el cordón de Buenos Aires, hasta que se fue, hace un año, y anduvo recorriendo Misiones, Uruguay, Brasil, y que ahora hace unos meses que está acá, tranquilo, muy contento:

—No, acá se puede vivir bien, tranquilo, no es como allá, que es todo un quilombo.

Mauro no parece el típico buscador de calma celestial, pero yo sé que las apariencias siempre engañan. Charlamos un rato. Al final, Mauro me cuenta que allá en Buenos Aires estaba todo muy difícil, que los pibes andaban muy locos, que se peleaban por cualquier cosa:

—Al final un día nos cruzamos con otra banda y se armó.

—¿Por qué? ¿Qué pasó?

—Nada, por una boludez: cuando se quiere armar, se arma. Uno que miró una mina, que le miró el orto, que dijo algo y los otros que saltaron. Éramos diez contra diez, más o menos. Murieron cuatro de ellos y dos de nosotros.

Mauro me dice que por eso se fue.

—¿Qué pasaba? ¿Podías terminar adentro?

—Bueno, si me encontraban...

Así que anduvo de acá para allá hasta que encontró este trabajo en el santuario —pero no me quiere decir cómo. Mauro lo cuida durante todo el día, y a la noche se vuelve para el pueblo.

—¿Y con eso te bancás?

—Sí, cincuenta por semana me dan. Con dos semanas me pago el alquiler, con las otras dos semanas la comida. Estoy bien, tranquilo. Y ahora conocí a una chica.

Dice Mauro y se le iluminan los ojitos.

—Así que, en una de ésas, capaz que me quedo. El santo me cuida, me cumplió todo lo que le pedí.

—¿Y qué le pediste?

Le pregunto, pudoroso, aclaro:

—Esas cosas no se cuentan, ¿no?

Le digo, pero Mauro me dice que nada, lo que tiene:

—Trabajo, tranquilidad, una mina: todo me ha dado el santo.

Mauro me muestra su merchandising: estampitas, llaveros, oraciones, figuritas de yeso. Las figuras suelen ser chiquitas: para que funcionen tienen que estar bendecidas por un cura católico, pero casi ninguno acepta hacerlo, así que los fieles llevan su imagen escondida a la misa para que le llegue la bendición general. O la guardan en la mano cerrada, agarran una estampa o medallita y le piden al cura que bendiga esa virgen o ese san josé. Aunque algunos —siempre hay puristas— dicen que eso no alcanza: que para que el Señor La Muerte empiece a actuar es necesario llevar su imagen a siete iglesias distintas siete viernes seguidos. También dicen que es muy cumplidor pero que hay que cumplirle; que si no le cumplís no boludea: te mata. Mauro trata de venderme una estampita y yo prefiero una pequeña talla.

—Éstas las hacen con huesos.

Dice Mauro y me muestra otra talla.

—Pero con huesos de animales. Si quiere hacerla con hueso de persona, nos trae el hueso y nosotros se lo hacemos. Y ésas sí que son bien poderosas.

Dice, tentador.

Parece que Bertrand Russell pasó por acá: hay una señal de tránsito que dice respete las señales de tránsito. Si respetaran las señales de tránsito no sería necesario poner una señal de tránsito pidiendo que respeten las señales de tránsito. Si no las respetan, ¿por qué van a respetar una señal de tránsito que dice que respeten las señales de tránsito? Hay, por supuesto, lógicas ilógicas.

A veces, cuando el viento entra muy fuerte por la ventanilla del Erre, lo siento que me alborota los cabeshos —y entiendo a los mancos y a los cojos, que siempre dicen que les duelen las piernas y brazos que no tienen.

Monte, monte, más monte. Voy hacia el interior del Chaco y durante kilómetros y kilómetros lo único que se ve al costado del camino es este monte hecho de árboles bajos y de arbustos, pajonal medio seco, alguna vaca flaca.

—¿Para mí, ser argentino? No sé, yo soy de acá, del Chaco. Argentinos serán los de la Capital.

Parece que la vena bautizadora de la patria se agotó, o al menos por aquí ya no funciona. Toda la región está llena de barrios que se llaman Las 200 Viviendas, Las 1000 Viviendas, Las 124 Viviendas —de los títulos de los planes de vivienda pública que los originaron. O, dicho de otra manera: la constatación de que no encontramos nombres que nos parezcan dignos de nominar un nuevo espacio.

tipos, están las pibas que empiezan a parir de tan pendejas y siguen pariendo y pariendo son como conejos, los pobres son como conejos, sí por supuesto que están los delincuentes, está lleno de delincuentes pero no hay tantos, muchos son extranjeros a menos que te vayas a meter en una villa ahí sí que la cosa está jodida, depende de los lugares aunque ahora ya no se puede estar seguro en ningún lado, antes ahí había una fábrica textil y la cerraron

En Machagai hay un parque de diversiones, un hotel, la heladería, la disco Unicornio, la megadisco Klericó. Machagai es un pueblo grande con mucho movimiento de motitos. Hay motitos que transportan unidades familiares importantes, y carros también, con sus caballos; mucha bicicleta. La mayoría de sus calles son de tierra pero hay escuelas, estación de servicio, banco y esas pequeñas fábricas de muebles de quebracho que dan trabajo a mucha gente. Machagai es un pueblo mueblero. Los establecimientos, en general, son chicos, pero hay como doscientos. El problema es que el algarrobo viene de cada vez más lejos: no hubo ninguna política de reforestación y los montes cercanos se acabaron.

—Sí, acá tenemos autonomía, no es como Resistencia o esos lugares que dependen todos del empleo público. Acá nosotros vivimos de lo que hacemos. No sabe qué diferencia es eso...

Se nota: Machagai se ve próspero o, mejor dicho: activo. Ahora, a la salida de la escuela, pregunto a cuatro chicos de final del primario si saben algo sobre la matanza.

—¿Qué matanza?

—La de los tobas, acá, en 1924.

—¿Qué?

El 19 de julio de 1924, muy cerca, en Napalpí, un centenar de policías mandados por el gobernador del Chaco emboscaron a trescientos indios tobas y mocovíes que se negaban a cosechar el algodón. En tres décadas la superficie plantada había pasado de cien hectáreas a cincuenta mil: el Chaco empezaba a vivir de esos copitos. Algunos dicen que los aborígenes se habían organizado pequeñas chacras propias y que no querían trabajar más para esos blancos; otros, que los ingenios de Salta y Jujuy les habían ofrecido mejores jornales y querían irse para allá. En cualquier caso no eran un buen ejemplo: la policía los rodeó y empezó a disparar con mausers y winchesters.

El fusilamiento, dicen, duró casi una hora. Cuando les pareció que ya nada se movía, degollaron uno por uno a los heridos —hombres, mujeres, chicos— y cobraron trofeos: orejas y testículos de un Pedro Maidana, chamán mocoví, jefe del levantamiento, se pasaron semanas colgados en la comisaría de Quitilipi. La matanza, dicen, siguió por los alrededores —hasta que no quedó ningún sobreviviente. La rebelión había tenido, también, claros contenidos religiosos: por eso los grupos socialistas y anarquistas de la zona nunca reivindicaron a esos muertos. Los programas escolares no la recuerdan. Hace unos días quise comentarla con un joven periodista chaqueño, inquieto, inteligente —que me dijo que nunca había escuchado hablar de ella.

—La ciudad es muy difícil. A cualquier lado que querés ir te tenés que tomar un colectivo, ya tenés que tener plata para el colectivo. En cambio acá podés ir a todos lados caminando, tranquilo. Por lo menos sabés que podés llegar a todos lados.

Y ahora sí, por fin, puedo decir, con todo orgullo, que estoy en Quitilipi. Recuerdo, por supuesto, aquel soneto:
"Quien llega a Quitilipi, caminante,
entiende que sus pasos no son vanos:
que lo llevan adonde fueron antes
tanta esperanza estéril, tantas manos
que olvidaron su anhelo en el plantío.
Quien llega a Quitilipi al fin comprende
que el camino no cesa: como el río
llega y se va, pasa y no pasa, enciende
lo que apaga, revive lo que mata.
Porque quien ha llegado a Quitilipi
sabe que ha de llegar a cualquier parte,
que nada les ajeno: tiene el sipi
del ancho mundo y, gracias a su arte,
en todo sitio podrá meter la pata".

Castelli

—Esto de la seca es lo más triste que hay, señor, usted no se imagina, tenés que ver cómo se te van muriendo los animalitos y no podés hacer nada. No les podés dar nada para salvarlos y te miran con esos ojos y no podés hacer nada, señor. Es lo más triste.

Todo se hizo amarillo:
polvo en el aire, algunos humos.
El agua brilla cuando falta.

Es, sí, triste: la tierra reseca, los animales flacos macilentos, esos huesos.

A la entrada de Castelli, en la avenida Juan Domingo Perón y San Martín, un monumento debe sintetizar algo: son tres figuras bastante realistas en un podio. En el tercer puesto el inmigrante, bigotes para arriba, la mirada afable. En el segundo el gaucho, bigotes para abajo, la mirada altanera, y más arriba, en el primero, el indio: taparrabos, lampiño, mirada desafiante. Pasa un camión cargado hasta los topes de troncos tremebundos. Juan José Castelli es una ciudad de treinta y cinco mil habitantes, la capital del departamento Güemes —que tiene más superficie que Tucumán y sólo sesenta mil personas. De aquí en más el territorio se hace casi desierto: aquí empieza lo que llaman el Impenetrable.

El Impenetrable ya no es impenetrable: sólo grande y vacío. Pero hay caminos de tierra y empresarios que tratan de convertirlo —sin gran éxito— en un campo sojero a la argentina:

—Están desmontando todo por el boom de la soja. El problema es que ni la soja prende bien ahí. Pero para eso están talando montes a lo bobo. Dicen que de las siete millones de hectáreas del Impenetrable ya bajaron dos.

—Mi padre fue maestro rural. Cuando él llegó hasta acá, hace cuarenta y cinco años, esto era un pueblito, y le dijeron que para ir a hacerse cargo de su escuela, que estaba en el medio del monte, tenía que esperar que viniera algún carro de allá para llevarlo. Parece que estuvo esperando como una semana y, al final vino un poblador de su zona, se subió al carro, anduvieron tres días por el monte y, de pronto, en una especie de recodo de la picada, el poblador le señaló un ranchito medio derrumbado y le dijo acá está, ésta es su escuela, maestro. Ahora las cosas han cambiado mucho.

Me dice Dany Rumbo. Dany es el director, redactor principal, diagramador, vendedor de publicidad y distribuidor puerta a puerta de *Molestando a la Oscuridad*, la revista más o menos mensual de Juan José Castelli. Dany tiene treinta y cinco y es ingeniero eléctrico; vivió en Buenos Aires, La Rioja, Barcelona —pero hace tres años que se volvió al pueblo y decidió que, ya que le gustaba vivir en su lugar, era mejor hacer algunas cosas. Su revista es un éxito: vende más de mil ejemplares llenos de avisitos. Y su gran hit son las historias de emigrantes: cada número incluye el relato de algún castelense que se fue a buscar la vida al exterior —la esposa de un futbolista en Atenas, un artesano en Barcelona, un ama de casa toba en Bélgica, una enfermera en California, una estudiante en Albuquerque, un ingeniero en Hamburgo, un fabricante de cosméticos en San Pablo: argentinos.

—Me da mucho gusto hacer la revista, contribuir de algún modo a la cultura de Castelli. Y también me da mucho gusto ganar plata con esto.

Dice Dany, y se ríe. Dany editó varios cedés artesanales de bandas de Castelli —La Bourdel, Revelión, Anestesia— y, desde hace un año, asesora al intendente. Ahí fue donde se le ocurrió el proyecto que me llenó de envidia. Un día Dany descubrió que Castelli había crecido tan rápido, tan desordenado, que tenía muchas calles sin nombre —y propuso nombrarlas. Ponerles nombres a las cosas siempre es un privilegio —Adán lo sabe. Pero bautizar las calles que uno va a caminar es un gran lujo. Dany me cuenta que trató de armar zonas coherentes —zonas cuyas calles tuvieran nombres relacionados entre sí— y se dio gustos: hay un sector donde los nombres recuerdan a personas olvidadas que hicieron mucho por el pueblo. Pero también tuvo que poner algunos nombres ineludibles:

—Todos esos tipos de la Primera Junta, por ejemplo, que parece que no pueden faltar. Y la mitad debían ser unos tránsfugas, como cualquier político.

Cuando ya había terminado el proyecto, la intendencia lo sometió a la consideración de los vecinos: si alguno no estaba satisfecho podía hacerlo saber.

—El único que dijo algo fue un señor pretencioso que no quería vivir en la calle de los Hacheros. Le parecía poco elegante, vaya a saber, que no estaba a su altura. No sé, pelotudeces.

Castelli tiene setenta años: la fundaron, entonces, doscientas familias de alemanes del Volga. Hace un par de décadas era un pueblo amable de diez mil; en los últimos tiempos —con la crisis del algodón— mucha gente del campo vendió sus tierras y se vino con un poco de plata. Se compraron una casa en el pueblo, se instalaron: en cuatro o cinco años no les quedaba nada —y ahora no tienen trabajo ni tierras ni ningún otro ingreso.

—No, acá vivís tranquilo, podés dejar todo abierto, sin problemas, nos conocemos todos. Y además están las minas más lindas del país.
—¿Cómo?
—Sí, es la mezcla de los gringos y la gente de la tierra, ya vas a ver el resultado que produce.

Me dice un treintañero, dueño del cybercafé.

—El problema es que acá todo llega tarde: la información, la música, las modas, todo llega tarde. Acá todo llega cuando ya no es.

Son las complicaciones de la velocidad contemporánea. Pero esta tarde, en Castelli, el problema principal es la sed, la seca, la sequía.

—Sí, habitación tenemos. Lo que no tenemos es agua.
—¿Qué, hay poca?
—No, no hay nada. ¿No entiende? Agua es lo que no hay.

Me dicen en el único hotelito.

En Castelli hace un año que no llueve. Las reservas de agua —unas lagunas a veinte kilómetros del pueblo— bajaban, pero las autoridades aplicaban la respuesta de siempre: ya lloverá. Así solía ser: en general, al fin, llovía. Queda agua para tres meses, uy qué suerte llovió; queda agua para mes y medio dios mío qué desastre, ah por fin llovió. Sólo que esta vez no.

En Castelli todos están de acuerdo en que habría que darle una solución al problema —pero no se la dan. En algún momento estuvieron a punto de poner en marcha el proyecto Palo Marcado, que consistía en cavar canales para traer agua desde esa localidad, a unas docenas de kilómetros, pero finalmente las autoridades provinciales desecharon el proyecto para inclinarse por un Acueducto del Norte, que traería el agua desde el río Bermejo. Se dice que lo prefirieron porque era un proyecto mucho más caro —y cuanta más plata hay, más se distrae. Pero tampoco pudieron hacerlo porque —dicen aquí— el gobierno de la provincia es radical y el gobierno nacional y peronista le ha cortado el chorro: ahora todo va para Formosa, dicen —entre otras cosas el corredor bioceánico: la gran carretera que debe comunicar Chile con Brasil a través del norte argentino. Es curioso como el desarrollo —el bienestar— de un territorio donde viven miles y miles de personas puede definirse por cuestiones tan azarosas, tan menores, como la coincidencia de un gobernador con un presidente: los caminos de la pobreza son inescrutables, decía el libro sagrado.

En todo caso nunca hicieron nada —y ya no queda agua. Castelli consumía un millón de litros por día. Ahora, en plena emergencia, consiguen traer una tercera parte en camiones hasta la planta potabilizadora, lo tratan —rapidito y sin muchas pretensiones— y lo distribuyen: doscientos mil litros van a la red urbana; cinco o seis camiones llevan los otros cien mil a cisternas repartidas por los barrios, entre las dos y las tres de la mañana. A esas horas, todas las noches, hay colas larguísimas de vecinos esperando para llenar sus baldes de agua. Las canillas de los barrios son un campo de batalla por unos litros más o menos; el pueblo está irritable, mal dormido.

—Los chicos se me duermen en el colegio porque se despiertan todas las noches, están con la vida completamente alterada.

Me dice Oscar Delfino, periodista de la radio, profesor del secundario. En Castelli todos tienen la vida desquiciada. El polvo se hace insoportable, enferma; pululan garrapatas, pulgas, todo tipo de bichos. Es difícil bañarse y casi imposible baldear la casa: todo se ensucia y aparecen los problemas sanitarios. Hay bronquitis por el polvo, gastroenteritis por el agua en mal estado. La construcción está parada porque no hay agua para hacer mezclas ni ladrillos. Y cocinar tampoco es fácil: ni siquiera se puede hacer todo el pan necesario. Las autoridades piensan en suspender las clases y todo el mundo está de malhumor. Andamos sucios, pegajosos. Hay choques, hay peleas.

En las calles el aire está lleno de polvo, espeso, turbio. Una moto policial patrulla: dos agentes con cascos y chalecos antibalas. No sé si realmente se lo creen, pero alguien dice que si sigue la seca puede haber problemas.

—Están preparando una pueblada. Éste es un pueblo muy pasivo pero ahora están viendo si hacen una pueblada.

Me dice Oscar:

—El otro día se reunieron acá muchos vecinos: médicos, abogados, docentes, empleados, gente de los barrios y decidieron que si no hay mayor novedad, en estos días van a hacer una pueblada.

—¿Cómo sería una pueblada?

—Bueno, es salir a la calle, pero no una marcha: es más violento que una marcha. Acá hace cuatro años hubo una.

Dice y me cuenta aquella historia de la tele. A mediados de 2001 gente de derechos humanos de Resistencia contactó, dicen, a un cronista de Telefé y lo convenció de venir a hacer una nota sobre "niños esclavos en el matadero de Castelli". Los de la tele y sus anfitriones llegaron de la capital un sábado temprano: no sabían que el matadero no trabaja los fines de semana. Pero ya estaban acá y tenían que aprovechar el viaje: había que inventar algo. Entonces fueron a buscar a unos chicos que trabajan en el matadero limpiando achuras, les pagaron cinco pesos a cada uno y los llevaron en una camioneta hasta un campo en las afueras. Los forasteros le dijeron al dueño del campo que iban a hacer un corto para Buenos Aires —"y acá cuando vos decís Buenos Aires todo el mundo dice sí por supuesto: así es la gente del Interior".

Entonces un señor de la tele dijo que iban a preparar un asado y le pidió a uno de los chicos que matara una ternerita. Acá, en el campo, cualquiera sabe carnear un animal, así que el chico, por diez pesos, la mató y la cuereó mientras la tele lo filmaba. Dos días después estaba en la televisión nacional: chicos esclavos en el matadero de Castelli. El pueblo se retorcía de odio y de vergüenza.

—A la semana vino Telefé a transmitir de la esquina de acá del hospital y nosotros empezamos a decirlo por la radio: acá volvieron a transmitir desde el pueblo donde los niños son esclavos.

Me cuenta Oscar, y que entonces la gente salió con palos y cascotes y empezó a correr a los de la televisión y el camión de exteriores tuvo que huir con la antena a medio cerrar para salvarse:

—Eso es una pueblada: la gente que espontáneamente salió a la calle a defender lo que era suyo. Ellos querían hablar, salir en la televisión y explicar todo y no les daban cámara, viste, encima transmitían en directo... La gente estaba como loca.

Amotinarse por orgullo, por el buen nombre manchado por la tele es, me parece, todo un gesto.

Nacho tiene diez años, una remera negra con una cara enorme de Ernesto Guevara y una carita —la propia— muy muy toba.

—¿Quién es ese que tenés ahí, en la remera?

—Che Guevara.

—¿Y quién es?

—Un guerrero.

—¿Y qué, ganó muchas guerras?

—No, él perdía.

—¿Y te gusta aunque perdía?

Nacho se queda mirándome y no me dice nada, como si mi pregunta no le pareciera pertinente.

El barrio toba de Castelli es como un barrio pobre de cualquier otra esquina de la patria: calles de tierra, ranchos de ladrillo cocido, chicos descalzos y mucha gente en los patios de las casas, engañando al tiempo. Como tantos: sólo que los que viven ahí son todos tobas.

—Dios sabe.

—¿Usted piensa que esto tiene que ver con Dios?

—Sí, porque él es el que manda todo. Nosotros no somos nada, somos humanos nomás.

—¿Pero por qué manda una seca tan fuerte?

—No sé por qué, porque a lo mejor hay algo que por eso Dios manda algo. Algo, algo, no sé, porque alguna gente no cree en Dios. Alguna gente cree en otra, otra, cómo es, la Virgen, como la iglesia, como así.

Me dice un toba sesentón, pastor de la iglesia evangelista del barrio, en el patio de tierra de su casa, junto al horno de barro. Yo intento un diálogo teológico difícil:

—¿Y algunos de ustedes creen en los dioses de ustedes, antiguos o...?

—Sí, nosotros creemos en Dios, sí. Creemos en los Evangelios. Predicamos lo que dice Jesús. Lo que dice la Escritura. Eso nomás. Ahora estamos anunciando el Reino de Dios, le estamos enseñando a la gente un poco.

—¿Pero ése no es un dios del blanco?

—No, no le predicaba que hay un dios aborigen y un dios de los blancos. Sabemos que Jesús es blanco, pero ayuda al que cree. Nosotros creemos a él lo que dice. Muchos enfermos se salvaron por creer.

—¿Y que Jesús sea blanco qué efecto tiene?

—Blanco, sí, digo yo, porque en figura sale, pero nadie conoce de nosotros a Jesús, pero en la figura sale como blanco.

—¿Y a ustedes no les gustaría tener un dios que fuera como ustedes?

—No, gustar, cómo no nos va a gustar, si Jesús nació una ciudad tan pequeña, digo yo, como ésta, porque Jesús nació Belén. Pero él es lo que es, señor, no somos nosotros para decirle cómo ser.

El diálogo sigue un rato largo: yo le pregunto de catorce maneras distintas en qué creían sus mayores antes de que llegara el blanco —y no hay caso. Toda historia anterior parece borrada por la Revelación.

Después, en el centro, Carlos Heche, el líder de La Bourdel, una banda de música pop que anima fiestas en toda la región, me dice que dos de las tres o cuatro bandas de rock del pueblo tienen integrantes tobas y que lo que les gusta de verdad es el heavy metal:

—Yo me voy a armar una buena banda toba heavy metal, me la llevo de gira por Europa y rompo todo. Que se agarre Ry Cooder.

Pero otro amigo dice que son unos truchos: que los tobas del pueblo son unos truchos que no mantienen sus costumbres:

—Se enganchan en cualquiera, escuchan cumbias, en cuanto pueden se compran celulares. Hacen todas cosas que no tienen nada que ver con sus tradiciones.

—¿Y vos vas a la iglesia todos los domingos y te casaste virgen y te ponés polainas y galera y te cuenta las noticias un trovador errante y hablás calabrés como tu abuela y viajás a caballo como tu bisabuelo?

Le pregunto, sin gran curiosidad. Siempre me sorprende esta exigencia de que los indios persistan en todo lo que fueron, que se dediquen a la conservación. Siempre me sorprende que parezca de buen sentido progre humanitario conseguir que conserven: los indios sólo son lo que deben ser si son como eran —y los que se lo exigen suelen ser los que están, supuestamente, por el cambio.

Todos nos mezclamos; por suerte, todos nos mezclamos. Nuestras costumbres cambian, nuestras vidas. ¿Por qué eso que en los demás se llama cambio —cuando no progreso— en los indios parece ser desastre?

Y tengo más problemas con "la cuestión aborigen". Me incomoda que se hable tanto de una pequeña cantidad de pobres argentinos —tanto más que de tantos millones de pobres argentinos. Que los mapuches o los tobas consigan de los gobiernos y de las oenegés apoyos que sus compatriotas igual de pobres pero más mezclados de La Matanza o de Concordia no pueden ni soñar.

Se supone que se lo dan porque son "pueblos originarios": otro concepto perfectamente conservador. Como todos, son pueblos que llegaron de algún lado, que desplazaron a los que estaban antes —a veces con mucha violencia— y el hecho de que estuvieran en tal o cual lugar cuando llegaron los españoles o los argentinos no los hace mejores: no les da más derecho a esas tierras que el que tenían esos que estaban antes, esos que ellos mismos desplazaron, por ejemplo, o masacraron. Pero se ha inventado una imagen ingenua idílica inocente de estos buenos salvajes —y a muchos les gusta ponerse roussonianos y dedicarse a protegerlos.

La tradición, la pureza, la autenticidad. Es esa idea conservadora de congelar la evolución en un punto pasado: esa idea que la izquierda comparte tan bien con la derecha, aunque la apliquen a objetos diferentes.

Sigue el calor, el polvo, el malhumor. Pero el pronóstico promete lluvia: todos miramos todo el tiempo el cielo.

—Si llueve vas a ver cómo salimos todos a la calle a festejar, a emparnos, a disfrutar del agua.
Me dice uno.
—Ojalá que no llueva
Me dicen dos o tres.
—Si llueve otra vez va a ser lo mismo: van a parar las obras, nadie va a hacer más nada. Primero porque no se va a poder seguir excavando este canal, si llueve. Y segundo porque van a decir lo de siempre: ah bueno ya llovió ya está zafamos. Acá lo que mas les gusta es poder decir ah bueno.

Relampaguea, cada vez más relampaguea: se oyen truenos. Es la hora de la espera. Viernes a la noche: la mitad del pueblo está en la calle. Los muchachos rugen motitos por la avenida principal, los señores y señoras comen en la vereda del club escuchando a un acordeonista que canta canciones mexicanas acompañado por sus hijos. Las miradas al cielo: arrecian truenos. Todos hablamos de lo mismo: la espera, la esperanza. Poco antes de medianoche doce se va la luz y llega el viento. Ráfagas, remolinos, todo vuela, todo da vueltas en el aire. En la calle suenan vidrios rotos, coches que chirrian gomas, chicos que corren, gritan. Caen gotas: pocas gotas. El viento sigue intenso, se desata. Por fin, el olor de la tierra mojada. Por fin el olor de la tierra mojada. Gritos, se oyen más gritos, sapucays, todo se mueve. El caos es un placer, el viento despedaza, vuelan techos y gotas. El olor de la tierra mojada. El pueblo a oscuras, la tormenta, el caos, el olor de la tierra mojada.

Caen, por un momento, chorros de agua. Después nada.

Esta mañana, cuando abro la canilla, sigue seca. Salgo a la calle; me dicen que la lluvia de ayer fue puro amago, no alcanzó para nada. El ruido, pocas nueces. Afuera brilla un sol esplendoroso.

—Quiero dejar un mensaje a Nancy Elena Luna, que ahora está por el campo, que venga urgente a Castelli porque ayer con la tormenta se le voló el techo de la casa y se le cayó un poquito de la pared.
Comunica la radio —y vuelve al chamamé.

Puerto Lavalle-Pirané-Formosa

Más que avanzar patino. En estas tierras, aquel lugar común de que el camino te lleva no es una frase hueca. Trato de ir hacia Pampa del Indio, en el centro del Chaco, pero la lluvita de anoche alcanzó para arruinar los carreteras —y hay varias que están intransitables. Son rutas de tierra; tres veces llego hasta algún cruce donde paisanos compasivos me dicen que ni se me ocurra seguir por ahí, que seguro me quedo. Así que en lugar de ir donde quería, voy adonde puedo: sigue mi curso de paciencia provinciana.

Termino, sin querer, en la frontera con Formosa: Puerto Lavalle. La custodia un gendarme que se aburre.

—Ah, si habría llegado hace un par de días yo habría tenido mucho para contarle.

Cuando alguien quiere contar siempre encuentra la forma. El gendarme debe tener cincuenta años, su pulóver verde oliva medio roto, la gorra vieja, cara mortificada.

—¿No se enteró? Si salimos en todos los diarios, en las radios.

Me dice y, por un momento, le brillan los ojitos agrietados. Yo le digo que no; se decepciona un poco pero enseguida se repone. Hace dos noches, en este mismo lugar, le sucedió lo más emocionante de su vida: cuatro malvivientes en fuga aparecieron, por azar, por mala suerte, en su frontera. Venían de asaltar una casa en Las Lomitas, a muchos kilómetros de allí. Era la casa de la madre del intendente Carlos Meza, madre también de Martha Meza, madre a su vez del supuesto hijo bastardo de Menem, Carlos Nair Meza. Los lazos de sangre siguen siendo fundamentales en la Argentina actual. Martha Meza murió en 2003, dicen que suicidada con veneno: nunca le hicieron una autopsia. Y su hijo sigue pidiendo el análisis de ADN que le per-

201

mita definir si el extinto ex presidente fue su padre. Anteanoche, los cuatro fugitivos se toparon con el puesto de frontera.

—Acá llegaron en un autito, uno de esos vol... ¿cómo se llaman los últimos que salieron de volvagen? No sé, ésos. Pero no conocían el lugar, porque a un camionero que estaba durmiendo allá le golpearon así el vidrio y le preguntaron dónde quedaba la salida de Lavalle. Y cuando llegaron acá, mis compañeros pararon una camioneta que venía adelante y los tipos se pusieron nerviosos y trataron de pasar por el costado, entonces mi compañero les tiró esta valla encima y ahí uno se bajó armado, lo encañonó. Y estaba otro compañero de civil ahí, que ése fue el que forcejeó con uno de los delincuentes y le sacó el arma, y los otros seguían encañonándole al que estaba ahí, a los dos, en realidad al gendarme le decían que tire el arma...

El relato es confuso; la situación debe haberlo sido más aún: la oscuridad, el barro. Mi gendarme oyó los gritos desde el puesto, diez metros más allá; estaba durmiendo pero hace años que no duerme bien —me dice: años sin dormir de un tirón, no sabe lo que es esto de no poder dormir—, así que los oyó, se levantó y en calzoncillos, con un fal en la mano, avanzó hacia los cacos —que, dice, al verlo se rindieron: la imagen de este señor escuálido semidesnudo armado debe haber sido aterradora.

—Ahí desistieron la actitud, los reducimos. Pero los diarios sacaron mal la información, dijeron que hubo un intenso tiroteo y nosotros no disparamos en ningún momento. También decían que se habían robado un millón de pesos.

—¿Qué, tenían un millón de pesos en esa casa de Las Lomitas?

—Y sí, como son gente de la política... Vaya a saber, eso es lo que se calcula.

—¿Y no era cierto?

—No, acá los que agarramos llevaban solamente una parte del botín. Pero había dos bandas, la otra parte se calcula que se la llevó la otra. Porque cuando los teníamos reducidos les sonaban los teléfonos, eran de la otra banda que querían que les den la ubicación, dónde están, por dónde iban... y nosotros atendíamos y ellos cortaban, porque nos reconocían la voz, así que no pudimos hacer nada...

—¿Y tenían algo?

—Sí, casi cuatrocientos mil pesos secuestramos nosotros.

No parece que la otra banda haya existido: todos los testigos hablaron de cuatro ladrones. Así que entre lo robado y lo supuestamente capturado hay una diferencia de medio millón largo. Le pregunto qué habrá pasado con esa plata y mi gendarme me dice que él qué puede saber y que los malhechores eran una banda seria, profesional, todos ex presidiarios, gente grande:

—Eran todos de frondosos antecedentes, muy impresionante... Y no estaban drogados, nada; bien conscientes estaban. Pero se ve que esta banda siempre operó en la zona de Buenos Aires. Acá andaban perdidos, se ve que no conocían.

—Qué buena entrada esta de usted en calzoncillos con el fal...

—Eso fue espontáneo, no había otra manera. Encima teníamos una sola esposa: con cable y tientos les atamos. Una vez que los delincuentes ya estaban reducidos, ahí yo fui y me puse un buzo, lo importante era que no se escapen, a mí qué me importa andar en pelotas. Además estaba en juego la vida de mis compañeros, también. Gracias a Dios todo terminó bien.

Me dice, tan orgulloso: satisfecho. La vida, a veces, es generosa con algunos.

El camino, ahora, es puro pozo —y espinillo a los lados. Me imagino la desesperación de esos cuatro fulanos huyendo por la noche, sin saber dónde estaban, con sus cientos de miles en el bolso, sus pistolas, preguntando, puteando, arrestados por un insomne en taparrabos.

Hoy debe ser feriado o algo así. En todo caso Formosa —la provincia de Formosa— está vacía.

A menos que sea un lugar feriado.

—Así que lleva mucho tiempo por acá.

—Sí, mucho tiempo llevo, como cuarenta años.

—¿Y le gusta?

—Sí, me gusta, donde hay trabajo a mí me gusta. Ahora cuando no trabajo ya no me gusta, viste, porque no puedo estar de balde yo, uno está acostumbrado a trabajar, andar de balde se aburre uno, yo por lo menos me aburro, no sé qué hacer, me aburro.

No puedo evitar mi tilinguería de porteño: siempre me impresiona cuando veo a alguien que parece un gaucho.

Don Miño tiene las manos como pergaminos
y la cara. También tiene un sombrero
negro pañuelo blanco al cuello botas de goma
verdes y un caballo tordillo.
Don Miño tiene su bigotito recortado muy coqueto
su nariz aguileña
tez cetrina. En la montura

lleva un lazo trenzado
una escopeta.
En la mano un rebenque.
Don Miño
dice que tuvo suerte:
que se vino para acá desde Corrientes hace ya tantos años
que acá crió a sus hijos y son grandes

que acá

pasó su vida
cabalgando los campos y que ahora
tiene lo que siempre ha querido:
un buen patrón.
Su patrón es de Córdoba
me explica:
un buen patrón es uno que está lejos uno que no
se mete pero tampoco te mezquina un buen patrón
es uno que te tiene confianza que no te anda
encima te deja hacer tus cosas te paga
cuando te tiene que pagar un buen
patrón es uno
como si no tuvieras.

—Así que el patrón y su hijo se compraron como una legua por acá,
hace tres cuatro años, y no sabe el negocio que hicieron.
—¿Cuánto cuesta un campo acá?
—Y, antes costaba cien pesos por hectárea, ahora costará quinientos,
con las mejoras que le hicimos. Cinco veces más cuesta ahora, es un negocio que hicieron estos patrones. Cuando vinieron ellos, todo estaban vendiendo por acá…
—Qué lástima que usted no tenía una platita para comprarse un poco.
—No, nada no tenía yo. Yo qué voy a tener.

Don Miño me dice que tengo que volver cuando esté todo listo
que por ahora
a veces es difícil porque no ha terminado de alambrar y la gente
le dentra:
que es un problema tener el campo abierto porque cualquiera
se le dentra y no le puede decir nada

le dice

por qué entraste y el otro le dice que dentró
porque estaba abierto entonces uno

204

qué le puede decir a los que dentran y mariscan
—me dice: dentran y mariscan
que significa que cazan animales: chancho morito tatú los
avestruces los carpinchos—
y él no les puede decir nada y no puede hacerles respetar
la propiedad: acá la gente
no sabe respetar la propiedad son
cómo decirle dice don Miño busca
una palabra fugitiva:
son
salvajes
si ve lo que le digo.

—Yo vivo ahí nomás, ahí, en ese ranchito.
—¿Vive solo?
—Solo nomás, sí.
—¿Y su señora?
—No, yo soy separado de muchos años, hace como veinte años.
—¿Así que anda solo?
—Solo, sí, tranquilo. Yo trabajo, no pienso nada, una vez por mes cuando tengo la necesidad me voy a Formosa para hacer mi cosita y después me quedo acá, tranquilo, sin problemas. A la edad que yo tengo ya tuve problemas con mi mujer y tener problemas ahora con otra yo no quiero, me encuentro viejo ya para esas cosas.
—¿Qué edad tiene usted?
—Sesenta y cinco tengo. A mí me gusta estar así, solo, tranquilo, que nadie me pida nada ni yo me tenga que ocupar de esa persona.

Sigo por caminos de tierra sin cristianos. Ahora estoy a un centenar de kilómetros de Las Lomitas y me tienta ir a verla. Pero me dicen que todavía no inauguraron el monumento al extinto presidente que la hizo famosa. Así que lo voy a dejar para otro viaje.

Formosa es la provincia más pobre del país: sale en todas las cuentas.

Todo puede ser cifras, pero me parece que hay una que sirve para saber si hay un país. En España, país enriquecido con tradición de grandes nobles y pequeños labriegos, el diez por ciento que más gana gana nueve veces más que el que menos; en Estados Unidos, país liberal individualista donde viven los ricos más ricos de la Tierra, el diez por ciento superior gana quince veces más que el diez inferior; en la Argentina, ¿país?, los tres millones más ricos ganan treinta veces más que los más pobres: treinta veces más.

La riqueza de un país es limitada —y todo consiste en cómo se reparte. Treinta veces. Digo: si a usted le va bien en la vida y gana cuatro mil quinientos pesos, le corresponde uno que malvive con un plan jefas y jefes de ciento cincuenta. Si gana más, le corresponde uno que mendiga.

El cyber de Pirané está vacío porque, me dicen, se cortó la luz. Anoche se cortó la luz. Por la puerta pasa despacio un carro con dos bueyes.

—Para mí ser argentino es venir hasta acá y abrirse paso, agrandar la Argentina. Los otros aprovechan lo que hacemos nosotros, lo que hicieron los tipos como nosotros hace muchos años. Nosotros somos los que hacemos el país.

Sobre la carretera vuelan pájaros grandes. A los costados el campo está quemado. De tanto en tanto, un rancho. Han vuelto las palmeras. Faltan cincuenta kilómetros para Formosa y el paisaje se hace chato, paraguayo. Campos de pastos bajos con miles y miles de palmeras; los cebúes.

Don Darío está sentado en la puerta de su rancho; tiene cuarenta o cincuenta, varios chicos que corren por ahí. Cae la tarde: don Darío toma mate. La pava es enorme y está apoyada directamente en el rescoldo de unas brasas: oscura, bien tiznada. Don Darío me convida un mate y me cuenta que vive bien, tranquilo, que tiene su tierrita, tres hectáreas, y que nadie lo jode. Que cultiva un poco de maíz, un poco de mandioca, que puede salir a cazar un animal y que con eso come y ha criado a los hijos, los ha mandado a la escuela. Que a veces hace algún trabajito para traerse unos pesos. Que está bien: que la vida está bien.

—¿Y lo que le sobra de la cosecha lo vende en algún lado?

—Nada me suebra a mí, por qué me va a sobrar. Yo cultivo lo que necesito, nada más.

Yo no entiendo y le pregunto si se come todo lo que le da su tierra. Él me dice que no, que cultiva todo lo que se va a comer. Entonces le pregunto si le queda tierra sin cultivar y me dice que claro, que ellos no comen tanto.

—¿Y si es así por qué no cultiva toda la tierra y vende lo que le queda?

—¿Y para qué?

—Bueno, para ganar plata, poder hacer otras cosas.

—¿Y para qué?

Don Darío me acerca otro mate. Está claro que tenemos prejuicios diferentes.

En un descampado a la entrada de Formosa unos cincuenta sesentones gordos —casi todos tienen más de sesenta años, casi todos son gordos— lanzan con sus cañas de pescar sobre un baldío. Nadie los mira: no son un espectáculo. Son los que están, son los que son; hay una sola mujer, tampoco hay chicos. Los señores están vestidos con camisetas blancas que exhiben nombres de federaciones de pescadores de lugares. Después uno me explica que esto se llama casting y que es un campeonato argentino y que vienen de todo el país y que son los mejores, los que eligió cada federación para venir y yo les pregunto a dos de Buenos Aires si esto es como un complemento de la pesca: supongo que nadie hace sólo esto. Sí, me dice uno:

—Sí, no, yo soy de Olavarría y nosotros allá hacemos nada más casting, casting puro. Esto es un deporte.

Y me explican que llegaron a las nueve de la mañana y van a estar en este descampado hasta la noche porque son más de cien, que tienen que tirar tres veces cada uno y después hay que medir los tiros y, claro, hay que tener paciencia.

El mundo está lleno de pasiones ocultas.

Un hombre camina con su canasta de chipa en equilibrio sobre la cabeza. Me habían dicho que Formosa parecía muy paraguaya. Formosa es la capital de provincia con menos habitantes —no llegan a los cientocincuenta mil. Formosa es, seguramente, también, la más reciente en hacerse ciudad: hace cincuenta años no eran ni veinte mil personas. Y se nota.

Tenía razón mi amigo de Iguazú cuando hablaba de la atracción de las fronteras. Creo que en los últimos días he cruzado seis o siete: cada vez que tuve una delante. Quizás Formosa no ofrezca grandes atractivos pero Alberdi, el pueblo paraguayo del otro lado del río, seguramente ofrece menos. Y sin embargo, la segunda cosa que hago cuando llego a Formosa es cruzar el río Paraguay —en una lancha que se llama Titanic. Le pregunto a Rogelio, piloto paraguayo, por qué la llamaron así y me dice que no sabe, que él no fue, que fue el patrón:

—¿Por qué, no le gusta ese nombre, che señor?

Los movimientos lentos de Rogelio, marinero de río: la manera en que abre el ventanuco del parabrisas de la lancha colectiva y lo sostiene con una madera para que quede abierto, la manera en que corre el banquito en el que va a sentarse y se sienta despacio, sin enmiendas; la manera en que prueba las luces de la lancha; la manera en que agarra el timón, gira la llave, inicia la maniobra. Hay un saber en repetir exactamente —sin un gesto superfluo, sin apuros.

Latinoamérica existe. Nada más cruzar, nada más salir de la lancha, el mercadito paraguayo tiene ruido de cumbia a tope, toldos de colores, gente que se agita: excitación y gritos, contrabando chino. Esta calle podría estar en Colombia o en Brasil. Latinoamérica existe —y a nosotros todavía nos faltan unas materias para recibirnos.

Después vuelvo: Formosa es una ciudad modesta, cuatro o cinco edificios altos, calles anchas, árboles, ni siquiera la peatonal de siempre. En la avenida principal, la nena muy pobre asomada a la ventana de una pizzería para mirar cómo el pizzero amasa. La nena es pobre, el verbo es asomarse.

Mirar, el otro verbo.

Como yacaré. Digo: ingiero ese reptil vernáculo. Diego, el dueño del restorán, me cuenta que es un experimento que acaba de empezar —y hasta ahora funciona. Que los crían acá a diez cuadras, en el parque industrial. Que un yacaré tarda dos años en llegar a los dos kilos, cuando los matan y faenan. Que le quemaron el restorán que tenía antes por, dice, una historia entre el dueño del local que alquilaba y un acreedor que quiso hacerle un daño y que se pasó seis meses deprimido sin levantarse de la cama. Pero ahora empezó con éste y con el yacaré, me dice, y me muestra un yacaré crudo que saca a pasear por el salón para que los comensales vean de qué se trata: la mayoría le dice que qué bueno, que la próxima vez se le animan pero ahora mejor les trae la parrillada. El bicho es chiquito: normalmente —¿normalmente?— se le come solamente la cola, pero éstos son de criadero y se comen enteros, me explica, y me dice que su cocina también hace sopa paraguaya y chipa guazú.
—No chipá, como dicen ustedes. La palabra es chipa.
Me dice, y me explica que la sopa es harina de maíz y el chipa guazú, maíz en grano —con cebolla y queso en ambos casos— y que es el tipo de cosas que cualquier formoseño come en su casa o en algún comedero de los alrededores pero que cuando van a un restorán no les parece fino y piden las milanesas pastas carnes de siempre.
—Acá todavía muchos dicen que esto es comida para pobres, la desprecian.
Lo local tiene, todavía, en los lugares más periféricos, ese karma. El yacaré llega saltado en trozos chicos: tiene la textura, la consistencia del pollo y un gusto —suave— de pescado de río. La mandioca frita lo acompaña

perfecto —y yo me lo como como quien lucha contra el unitarismo gastronómico de la patria.

—Clase baja por clase baja, los de acá viven mucho mejor que los de Buenos Aires. Yo los conozco bien, yo he estado en todo tipo de lugares acá en la provincia y vos me podés decir que sí, que tienen un rancho, que viven en condiciones muy precarias, pero comen bien: una dieta muy equilibrada, las proteínas que les da alguna vaquita y lo que pueden cazar, y tienen hidratos de carbono y calorías del maíz, la mandioca, todo eso. Acá no hay esa desnutrición que se ve en otros lados. De verdad, clase baja por clase baja acá se vive mucho mejor. Claro, la clase media, media alta es otra cosa. No tenés ningún consumo cultural, podés ir al teatro cada muerte de obispo, y si querés capacitarte, actualizarte, tenés que ir a otro lado. El problema acá es para los que tienen un poco más de plata.

Varios me han hablado de cazar: Formosa debe ser uno de los últimos rincones argentinos donde la caza todavía forma parte de la dieta. Fue así, durante muchos siglos: ahora parece tan fuera del tiempo.

Entonces me acuerdo de ese tipo que tenía que arreglarme una rueda del coche, Palermo Viejo, una tarde de enero. Hacía calor, nos aburríamos, y me empezó a contar que tenía las articulaciones hechas fruta.
—Yo primero no le di bola. Uno es del Interior, vio, así que no le di pelota.
Dijo, y me siguió diciendo que después le empezó a molestar tanto que estaba yendo a un médico y que no le encontraban el origen y la mezcla de tedio y miedo y ansiedad que tienen todos los relatos médicos. Pero yo me quedé pensando en su introduccción: Uno es del Interior, vio, así que no le di pelota. Me pareció que —quizás sin darse cuenta— el gomero me había dicho algo.

No, a mí nunca se me va a a ocurrir vender un chico, ni loca que estaría. Sí, yo sé que hay mujeres que los venden. Acá, en el barrio he sabido de alguna, pero no, yo no lo entiendo. Yo estoy sola y por más que yo camine en una pata yo las voy a mantener, a mis criaturas. Yo tengo... siete, siete tengo, tengo tres que son casados, y tengo a estos tres conmigo acá. Cuatro casados tengo. Cuando me ha dejado mi marido tuve que trabajar para afuera, yo sola los crié a todos, yo solita.
Seis muertos tengo, seis se me murieron, chiquititos. De siete años para abajo se me murieron, una que era de siete años se me intoxicó con leche y coca, yo siempre me levantaba a las cinco de la mañana y les prepa-

raba el desayuno para poder ir a trabajar, yo lavaba ropa ajena y también trabajaba en una casa y salía al mediodía recién y ahí bajaba al arroyo para lavar y esa vez cuando bajé al arroyo vino la huayna y me pidió me vas a comprar coca. No, le dije, esperá y después vino y me pidió de nuevo, yo le compré y se tomó un vaso grande y ahí nomás le empezó a espumar toda la boca, toda la espuma le salía por la boquita y saltaba y mordía y me agarraba todo el pelo y yo tuve que correr con ella al hospital pero ahí cuando llegamos al hospital ya se fue la chiquita. Se intoxicó con esa coca la huaynita, pobre, porque la había tomado con leche, es raro porque los otros también tomaron y no les había hecho nada pero ella ahí nomás se murió, pobre huaynita.

Yo tuve trece hijitos, pero otros más se me murieron y ahora tengo esos siete, y los he criado yo sola. El mayor tiene veintisiete años ahora, el otro venticinco, otra diecinueve, hay otra que es la mayora de todos pero vive aparte, se fue para Buenos Aires. Uno de los gurises trabaja de andar lustrando por ahí, otro no consigue, la huayna tiene su marido, el gurí mayor tiene como diez hijos, el más chico vino ahora que le lave la ropa pero yo le dije hoy no puedo lavar ropa yo, estoy cansada hoy yo, tengo frío para lavar ropa.

Yo tengo cuarenta y ocho años y para mantener a mis hijas yo me arrastro, hago cualquier cosa; ahora tengo un trabajo que limpio en una escuela con un plan jefas que tengo, gano ciento cincuenta, con eso más o menos me las arreglo; a veces si me falta la mando a la huayna esta que es la mayorita que me queda, que tiene once, a que busque unos huesos en el súper, algo, como ayer. Ayer no tenía nada para darles de comer, le dije a mi hija andá a ver en el supermercado que algo te van a dar, siempre nos dan algún pedazo de carne, unos huesos para la olla dan. A veces alcanza bastante y a veces no alcanza, como ahora: ahora voy a tener que comprar para mi techo, mire mi techo cómo se quedó con esta lluvia, adentro está que parece que entraron veinte chanchos, está hecho un puro charco adentro.

Menos mal que cuando vino la lluvia yo ya no tenía mi tele, que la tuve que vender porque ya no marchaba, me dijeron que para arreglarla tenía que pagarles cien pesos y no tenía cien pesos, de dónde quiere que tenga yo cien pesos, así que la vendí a un señor que me pagó cincuenta pesos pero ahora me quedé sin tele, tengo una radio que me compré hace mucho y escucho la radio, con eso me entretengo un poco, con la radio. No, por qué, a mí no me da bronca que hay otros que tienen mucha plata y yo no tengo. Yo espero de mí nomás, no espero de otros, porque a mí quién me va a ayudar. A veces sí me da tristeza que yo no tenga y los otros tengan y mis hijos puedan pasar muy mal pero tengo que aguantarme, yo no puedo hacer nada, quién me va a hacer caso a mí, yo no puedo hacer nada. Y eso que yo soy argentina, yo nací y me crié acá y tengo toditos mis hijos que son argentinos, todos nacieron acá, y yo no sé para qué somos argentinos, será para abonar la tierra que sirve eso de ser argentinos, quién sabrá.

Ramona se ríe, se ríe, cuando habla se ríe mucho. Detrás está su rancho de maderas torcidas, el barro negro, la lluvia de estos días, los chicos que le quedan.

En la ciudad, temprano, se oye cantar el gallo.

Esta mañana doy vueltas y más vueltas alrededor de la plaza principal de Formosa. La plaza principal de Formosa es grande, inmensa y está llena de árboles, fuentes, farolas, juegos, puentecitos, flores, monumentos —y no suele verse mucha gente. Dicho de otra manera: la plaza principal de Formosa es tan grande y está tan llena de árboles, fuentes, farolas, juegos, puentecitos, flores, monumentos que no suele verse mucha gente en ella. Yo escribo libros largos, muy largos, llenos de árboles, fuentes, farolas, juegos, puentecitos, flores, monumentos. Esta mañana doy vueltas y más vueltas alrededor de la plaza principal de Formosa, me preocupo.

Formosa-Corrientes

En una moto, un hombre y cuatro chicos: dos por delante del hombre, dos detrás, todos se ríen. Más palmeras, vacas, pajonal. En medio de la ruta, dos caranchos picotean una víbora muerta. Paso al lado, zumbando, y los caranchos no se mueven: su desdén es magnífico.

El calor de domingo no es lo mismo.

"A lo lejos, como una faja negra, se divisaba en el horizonte la ceja de un monte.
—Allí es Leubucó, me dijeron, señalándome la faja negra.
Fijé la vista, y, lo confieso, la fijé como si después de una larga peregrinación por las vastas y desoladas llanuras de la Tartaria, al acercarme á la raya de la China me hubieran dicho: allí es la gran muralla!
Voy á penetrar, al fin, en el recinto vedado.
Los ecos de la civilización van á resonar pacíficamente por primera vez, donde jamás asentára su planta un hombre del coturno mío.
Grandes y jenerosos pensamientos me traen; nobles y elevadas ideas me dominan; mi misión es digna de un soldado; de un hombre; de un cristiano, me decía; y veía ya la hora en que reducidos y cristianizados aquellos bárbaros, utilizados sus brazos para el trabajo, rendían pleito homenaje á la civilización por el esfuerzo del más humilde de sus servidores.
Aspiraciones del espíritu despierto, que se realizan con más dificultad que las mismas visiones del sueño, apartáos!
El hombre no es razonable cuando discurre, —sino cuando acierta. Vivimos en los tiempos del éxito".
Decía Lucio V. Mansilla, gran escritor argentino, tan dandy que era ca-

paz de titular su expedición a los indios ranqueles, una *Excursión*. Recorro General Lucio V. Mansilla, unos cincuenta kilómetros al sur de Formosa, y me imagino el gesto de desdén —las cejas levemente levantadas, la boca amenazando una sonrisa— o bien de espanto —la sonrisa desplegada, los ojos achinados, todo el esfuerzo en disimular sus emociones— que afectaría don Lucio si viera el caserío que ahora lleva su nombre: algunos ranchos, una calle de asfalto y una casilla de material de tres por tres que dice Honorable Concejo Deliberante y otra que dice Rodrigo Pub y tiene bolas de billar y cartas de póker dibujadas en el frente y para colmo el busto de Eva Perón pintado de dorado en medio de la plaza escasa.

Uno decide poco sobre su presente —y nada sobre su posteridad. Por suerte está el pasado.

—Pobre Tatita no se quería ir todavía.

Grita una mujer que llora en la puerta del cementerio de Lucio V. Mansilla. En la calle de tierra hay dos o tres coches; adentro mucha gente.

—Que no se vaya, que no se vaya.

Grita la mujer. Un tipo flaco con olor a alcohol me explica que el muerto es el padre del Nano, que el Nano vive en Buenos Aires y llevaba ocho o nueve años sin verlo y que llegó anteayer muy tarde y ayer a la mañana lo despertó para tomar unos mates y el viejo se levantó y ahí nomás dijo que le dolía el brazo y se murió. Que el hombre tenía como setenta años, que era muy gordo, la presión muy alta, pero que estaba sano: se les murió de golpe.

—Qué cosa el Nano. Vino a comer asado y se encontró con un fiambre. No somos nada, ¿no?

Más allá, por las calles de Las Palmas, corre un viento de polvo. En la principal hay un cartel que dice Atención no transitar con vehículo en día de lluvia. En medio de un descampado hay un gran tubo de fibrocemento. Adentro del tubo una nena y un nene de cuatro o cinco años conversan de sus cosas —muy serios, muy juntitos. La señora Gladys me dice que Las Palmas era lindo cuando estaba el ingenio, pero que después los obreros lo arruinaron:

—Los obreros de ahí mismo lo fundieron, tantos paros que hacían.

Ahora, dice, los únicos que tienen trabajo son los maestros, los policías, los gendarmes; el resto vive del plan jefas y jefes:

—Pero tenemos un intendente que es muy bueno y les da a todos, les da igual si son peronistas o radicales.

La señora Gladys dice que ella es peronista y el intendente también, pero que eso no importa:

—Muy bueno ese muchacho, se lo digo. Se preocupa por nosotros. Antes, por ejemplo, los cajones para los sepelios eran de machimbre. Ahora no, nos da cajones buenos. No, la calidad de vida está bien desde que está este muchacho en la intendencia.

se fueron, se llevaron la guita vaya a saber dónde, se acabó, si se levantaría el abuelo quién sabe qué diría pobre tano, con lo laburador que era, si el argentino ni siquiera necesita mucho, con su asadito y su vaso de vino y su partido de fútbol y su familia y su minita está tranquilo, qué más quiere, una casita para estar tranquilo, un coche, nada raro y con el país que tenemos eso lo tendríamos que tener

Un camino de tierra, un arroyo, un puente de madera. Palmas a los costados, pasto, vuelo de cardenales. Hay momentos en que todo consuena. Como trozos del lagarto de anoche, escucho el viento. Hasta que me digo: si pudiera durar, todo sería perfecto.
Así estamos.

Margarita Belén es un pueblo como tantos. El pibe tiene catorce o quince y está sentado en su motito haciendo nada.
—¿Sabés dónde está el monumento de la matanza?
—No, no tengo ni idea.

Le digo que en el resto del país lo primero que pensamos —digo lo primero que pensamos para no ser guarango, por no decir lo único— cuando escuchamos las palabras Margarita Belén es en esa matanza.
—Sí, yo sé, ya me dijeron.
Me dice la chica. La chica lava ropa en el patio de su casa clase media, veintipocos, una remera desteñida.
—¿Y qué te parece?
—No sé, qué me va a parecer a mí. Nosotros no matamos a nadie, nosotros somos otra cosa. Si yo ni había nacido...
—¿Y vos sabés qué fue lo que pasó aquella vez?
—No, más o menos. Yo sé que mataron unas personas, pero no sé bien cómo fue.

La matanza de Margarita Belén es la más conocida de una dictadura famosa por sus matanzas. Aquel día también era domingo; el 12 de diciembre de 1976, en la cárcel de Resistencia, llamaron para "traslado" a siete militantes detenidos: Sala, Parodi Ocampo, Fransen, Duarte, Cuevas, Tierno y Barco. Muchos años después uno de sus compañeros de prisión, Mario Burgos, contaría ese momento:

"En todos los pabellones comienza la discusión acerca de qué hacer. Es domingo, llevamos varios meses de aislamiento, sin visitas ni otro contacto con el exterior, corren rumores sobre asesinatos contra otros compañeros detenidos. Todo confluye a pensar que la vida de los compañeros llamados a traslado está en peligro. También su identidad: algunos tienen la máxima responsabilidad en la conducción de Montoneros en la cárcel, varios están acusados del intento de copamiento del Regimiento 29 de Formosa, producido más de un año antes.

En nuestro pabellón convivíamos con Duarte y Fransen. Nos reunimos con Kunkel y un compañero del PRT para hablar sobre las alternativas que teníamos. Nadie quería que los compañeros salgan y la mayoría estaba dispuesta a resistir, al menos hasta el lunes, de modo de obtener alguna repercusión en Resistencia y —con la afluencia de familiares— lograr alguna cobertura para los compañeros. La idea era evitar que fueran trasladados en el mayor de los secretos y los milicos tuvieran todas las facilidades para torturarlos o asesinarlos.

Mientras, del otro lado de la reja, la presión aumentaba. Algún oficial se acercó a avisar que si 'el movimiento' no lo hacían ellos entraba la gendarmería a sangre y fuego. Un yuga pasa y comenta que 'hay ejército en los patios de afuera' y que se ve a los milicos hostiles hasta contra ellos.

Nunca pude saber el tiempo que nos llevaron estas deliberaciones y cada vez que se menciona a Margarita Belén vuelvo a vivir esa desazón insoportable de tener la vida de varios compañeros en nuestras manos. Cualquiera que se hubiera cortado por la libre podía desatar una situación sin retorno. Pero todos aguantamos en la espera. Estábamos convencidos que iban a asesinarlos. Militantes con los que nada quedó sin compartir, hasta su suerte, a pesar de estar en organizaciones diferentes. También estábamos convencidos que si decidíamos resistir poníamos en juego la vida de los cientos de compañeros más que había en la cárcel. Sin embargo, todo nos empujaba a decidir que Fransen y el Carao Duarte no salieran.

Al fin, comunicada nuestra indefinición a los delegados de otros pabellones, llegó un mensaje del pabellón 2, en que Montoneros decidía: 'los compañeros salen'. Y el Carao y Fransen comenzaron a abrazarnos a uno por uno sin vacilaciones, sin darnos tiempo a volver a discutir nada.

Lo demás, igual que siempre: la reja que se abre, dos compañeros que salen con sus pequeños bultos y los rumores de otras rejas y otros saludos que se cuelan por el pasillo. Y una vigilia que durará no más de un día. Ya el martes a la mañana, los mismos yugas nos van tirando trozos de lo sucedido según su versión: 'dicen que se quisieron escapar, pero están todos con tiros en la nuca', 'también había gente de ustedes, de la alcaidía', 'dicen que había mujeres'. 'nosotros con todo eso nada que ver: los trasladaba el ejército'. Con el paso de los días íbamos a saber que los llevaron a la alcaidía y los torturó el ejército. Que de allí los sacaron y al llegar al paraje de Margarita Belén los bajaron de los camiones y los asesinaron. Que los siete se habían convertido en veintidós o más. Durante mucho tiempo convivimos con estos datos, que alimentaron por años la duda sobre lo que pudo pasar si no hubieran salido de nuestro pabellones."

Margarita Belén es un pueblo como tantos y el monumento, es cierto, está a quince kilómetros, carretera arriba. El monumento es una especie de pedestal en semicírculo y, sobre el pedestal, veintidós estatuas tamaño natural de hombres y mujeres —los pies y las manos engrillados— en el momento del fusilamiento. Algunos han caído; otros se doblan, gritan. La escena tiene una teatralidad que la escena real no debe haber tenido: es mucho más probable que los hayan matado uno por uno y en lo oscuro. Detrás hay grande, blanca, una cruz cristiana.

El monumento se ha actualizado: en aras del realismo, cuatro de las estatuas están rotas, tiradas en el suelo, y la placa, en un costado, también está rajada. La placa decía éstos son los mártires de Margarita Belén. Se alcanza a leer, con dificultad: el único cementerio verdadero es la memoria. Trescientos metros más allá un puesto de la Gendarmería controla, supuestamente, el contrabando. Pregunto a los gendarmes si su puesto ya estaba acá hace treinta años; me dicen que no saben.

La puerta delantera izquierda del Erre —mi puerta— hace un ruidito. Yo no puedo creer que eso me importe tanto.

Provincia de Corrientes

Corrientes

Me repiten aquella vieja frase: si la Argentina entra en guerra, Corrientes seguro que la apoya.

—Acá lo que pasa es que no soportan el éxito. Sobre todo el éxito ajeno. Yo he tenido que dejar el beeme en el garaje.

En la vidriera de un negocio de lápidas exhiben una: "Moisés Pedrozzo, 30/03/1911#20/2/2003. Te recuerdan con cariño tus hijos, hijos políticos y nietos" —que nunca pasaron a buscarla.

—Catú, chamigo, catú.

El tema es cómo quieren anotarnos en la historia. Nosotros siempre hablamos de ex combatientes, no de veteranos. Veteranos es un término militar, es una cuestión ideológica de las Fuerzas Armadas. Un oficial del ejército una vez me dice mirá, sabés lo que pasa: todos esos movimientos insurgentes, todas las guerrillas en Latinoamérica llegan a un proceso de paz y después se pasan a llamar ex combatientes. Entonces para ellos, a la puta: ¿cómo nosotros, los soldados argentinos, vamos a llamarnos así? Y con Menem empiezan a imponer ese nombre: veteranos.

Hoy somos ochocientos en todo el territorio de la provincia. Somos los que quedamos de los más de mil quinientos soldados correntinos que fuimos a Malvinas. Los otros, los que no murieron, se han ido, están en provincia de Buenos Aires, en Córdoba, Rosario. Pero el tema salud es bravo. Vos fíjate: el año pasado murieron ocho camaradas y, de esos ocho, cuatro se suicidaron. Y muchos tienen problemas graves en los lugares de trabajo, con algún jefe, algo. No renuncian, sino que un día dejan de ir al laburo. Después no hacen reclamos, nada.

Acá tenemos un hospital público psiquiátrico: entre pacientes ambulatorios y permanentes hay más de cien ex combatientes por mes que van a hacerse ver. En la década del 90 un grupo de psicólogos, psiquiatras hicieron un trabajo en provincia de Buenos Aires sobre este síndrome postraumático, que después de Cromañón viste que se empezó a hablar mucho. Y ahí daba un treinta por ciento de alcoholismo, de violencia familiar, de divorcio, de separaciones. Y eso fue en la década del 90; nosotros estimamos que ahora debe ser superior. Acá, de temas familiares, de separaciones, tenemos bastante. Y están los muertos. Oficialmente, la semana pasada fue el muerto número 453 de la posguerra. Ésa es la cifra oficial, pero nosotros creemos que son más, capaz 500. En el conflicto fueron 649. O sea que ya estamos por alcanzarlos.

El problema es cómo hacés para superar esa situación límite que viviste a los dieciocho años, cómo lo superás en tu vida cotidiana. Yo tengo una actividad sindical, estoy en la CTA, tengo un programa de radio, y siempre ando con el tema: para mí el tema Malvinas, desde que volví de la guerra, siempre estuvo ahí laburando. Y lo que hoy veo con los años es que para mí eso fue una vía de escape, no me enterré, no me aislé: todo lo contrario. Pero la mayoría de los muchachos se aislaron. Porque la mayoría solamente hablamos de lo que nos ocurrió en Malvinas entre nosotros: hacemos una reunión, nos juntamos y ahí hablamos. En su grupo familiar muy pocos hablan del asunto. La mayoría piensa que los demás no van a comprender lo que nos pasó, entonces se quedan con esa incógnita y no hablan. Que no te entienden o que no te van a creer, las dos cosas. A mí, te digo, al principio, tampoco mis viejos ni mis familiares me preguntaban nada, sino que después yo solo empecé a contar, pero recién a los años. No es que yo regresé y al mes les conté; pasaron años.

Aquello fue una gran hijaputez, porque nuestro ejército llevó sobre todo conscriptos, gente que no estaba preparada. De Corrientes fuimos más o menos mil setecientos, y de Chaco cien o doscientos más. Conscriptos fuimos casi diez mil, y tres mil éramos de acá.

Yo creo que esa mayoría de correntinos tiene que ver con la historia propia de esta provincia, con las guerras enmancipadoras y liberadoras. Desde San Martín para adelante, que hay una historia no oficial que está tapada. Está Andrés Guacurarí, el lugarteniente de Artigas, está la confederación de pueblos libres que planteaba Artigas, con Uruguay, Corrientes, Entre Ríos. Siempre está la sangre correntina, esto de dar la vida por tu patria, este concepto que acá se utilizó mucho: no por nada esto fue manejado tantos años por una familia, el feudalismo.

A mí me tocó marina, y nosotros hacíamos dos meses de instrucción en el Parque Pereyra Iraola, en un centro de formación de infantería de marina que no existe más, porque también fue un centro de detención clandestina. Y ahí, justo cuando empieza la guerra, viene una noche un guardiamarina joven y dice todos los correntinos conmigo; éramos como doscientos. El tipo dice bueno el que es analfabeto, que nunca fue a la escuela, por acá, eran bastantes; el que no terminó la primaria, bueno, ahí, y eran la mayoría; el que no terminó la secundaria, y casi no había ninguno. Y después un día el tipo me explica: ¿vos sabés por qué acá preferimos a los correntinos? Porque el correntino es distinto del porteño, del rosarino. Vos al rosarino, al porteño le das unas órdenes y te pregunta por qué. Vos al correntino vas y le decís andá y bajá la estatua de San Martín y él va y lo hace, porque le ordenó el jefe... Es un concepto hijo de puta. Y acá ese concepto y esa cultura se mantuvo por mucho tiempo. Acá lo que dice el patrón no se discute. Acá capaz que entre dos compinches se agarran a cuchilladas porque el otro le dijo puto y este le dijo cornudo, pero si lo dice el patrón, no hay problema. Esa valentía mal interpretada, esa fidelidad mal interpretada. Es ese concepto de que el correntino es macho, por el tema de la muerte por la patria y todo eso. Y creo que esos tipos se manejaron con esa concepción.

Yo no sé si nosotros somos más valientes... Vos mirá nomás acá, los ex combatientes somos todos negritos, todos feítos, acá no tenés ricachones, rubios, altos. Por ahí el porteño y el rosarino capaz que se cuidaban más, eso de decir no, yo no me tiro para este lado porque... capaz que pensaba un poco más. Y el correntino no, si me mata me mata, pero yo me voy a aquella posición y tiro y al carajo.

Todo ser humano tiene su momento de miedo. Si vos les preguntás acá a los muchachos si tuvieron miedo te van a decir que no, pero la primera vez tenés miedo y después lo superás. La mayoría de los correntinos superaron eso. El tema también es que acá hay mucha fe religiosa. Yo me acuerdo que el 1º de mayo, que fue el primer bombardeo, no teníamos idea qué era la guerra, no teníamos refugio ni nada. Y estábamos con un compañero del Chaco, un pibe que es veterinario, que le fue bien, ahora tiene un frigorífico, y él me decía yo soy ateo, yo no creo en nada, soy ateo. Y volaban tierras, piedras, yo le digo qué hacemos y él me dice vamos a rezar. Nos abrazamos los dos y era un frío, no sé, habremos rezado cientocincuenta padrenuestros en voz alta. Ahí en una situación límite vos buscás algo, viste, algo superior. Y a partir de ahí, ya te vas acostumbrando a los bombardeos y de acuerdo al zumbido vos ya calculás la distancia, cerca, lejos, y esa experiencia te hizo armar bien los refugios, todo eso...

Mirá, yo si lo mío comparo con otros compañeros, yo la pasé mejor. Yo estaba haciendo la colimba allá en Tierra del Fuego desde diciembre, y el 8 de abril llegamos a las islas. Y yo tuve más frío en Tierra del Fuego, porque después en las islas la ropa que teníamos era la adecuada, no fue como esos compañeros que se los llevaron desde acá y no tenían ni ropa de abrigo, nada, se cagaban de frío. Y al ser pocos, nosotros, en el tema del morfi estábamos mejor, y algo afanábamos. Ahí el que no afanaba morfi se cagaba de hambre. Pero yo alcancé a ir tres veces a Puerto Argentino, y ahí te metías en los galpones, en los apostaderos y algo te llevabas.

Yo estaba en un refugio en Supper Field, antes del Monte London, y en el refugio teníamos hasta unos calentadores, que nos habíamos afanado gasoil de los camiones y nafta de las camionetas y hacíamos una mezcla. Pero el tema del bombardeo naval de todas las noches, y después el aéreo... A mí me tocó combatir el 14 de junio, ya al final. Lo más terrible que yo he visto fue la noche del 13 y el amanecer del 14, cuando se replegaban todas las fuerzas, como ya empezaba a nevar, la colina toda blanca... y ésa fue la masacre. Vos veías que venían marchando nuestros soldados, tipo hormiguitas, puntitos que se movían en la nieve, y empezaban a caer las bombas y ese puntito que venía moviéndose quedaba fijo. Te digo, una masacre...

Yo siempre digo que lo que nos pasa es el reflejo de lo que somos como sociedad. Que hasta ahora no asumió su actitud del '82. Para que nuestras calles y nuestras plazas se llenen el 24 de marzo pasaron veinte años, ¿no? Yo creo que de Malvinas la sociedad argentina todavía no se hizo cargo. Yo siempre digo que nosotros somos la última víctima colectiva de la dictadura; estuvieron primero los desaparecidos, y el moñito somos nosotros. Pero lo peor es que la democracia nunca se hizo cargo.

Después de la guerra, cuando volvimos al batallón, en lugar pasar por una revisación médica, primero había una mesita con un agente del SIN, del servicio de inteligencia naval, que te hacía firmar que vos de Malvinas no tenías que hablar más nada. Y así nos pasamos muchos años.

Pero yo sigo orgulloso de haber ido, aunque haya sido con esos militares hijos de puta. No sé cómo explicarte: vos podés leer cien libros de soberanía, de imperialismo, todo eso, pero la práctica concreta de enfrentarse al enemigo histórico, de defender la soberanía con las armas en la mano, que vos lo tenías ahí al enemigo, de participar en la construcción de la patria, eso sí que no lo podés leer en ningún lado. Yo fui orgulloso, contento, sí. Yo siempre digo que si me quería hacer pasar por enfermo, me hacía pasar por enfermo y me quedaba. No, yo quería ir. Y sigo orgulloso de haber ido.

El secretario del Centro de ex Combatientes de Corrientes se llama Orlando Pascua y me cuenta su historia esta mañana, sentados en las escaleras del palacio legislativo, mientras él y veinte de sus compañeros esperan para ver si va a haber quórum en la sesión de senadores: necesitan nueve, dos tercios de la cámara, para que anule el veto del gobernador a una ley que les otorga ciertas facilidades laborales que se sumen a los 370 pesos de pensión que les pagan por mes. Está difícil: con la campaña electoral los legisladores no aparecen. De tanto en tanto baja un ordenanza y les dice llegó fulano, está por venir mengano; no, no alcanzan, parece que no, que no hay sesión. En Corrientes la temporada legislativa dura desde el primero de mayo hasta el 30 de septiembre —y ésta es la última oportunidad. Las escaleras de palacio son un lugar muy concurrido: gente que pasa y que saluda, encuentros, comentarios. Todas las empleadas que salen tienen tacos. Algunas tienen, también, problemas para bajar airosamente la escalera.

—Catú, chamigo, catú.

Hablamos tanto del rechazo a la política, de la desaparición de la política, pero sospecho que la política nunca estuvo tan presente como ahora en las provincias argentinas y, en general, entre los pobres. Para muchos millones de argentinos la política es la única fuente de ingresos: millones que viven de subsidios, planes y, sobre todo, de empleos estatales. Habría que hacer las cuentas, pero es obvio que el estado nacional y los estados provinciales son el primer empleador del país con mucha diferencia. Yo lo intenté, pero los números se intrincan demasiado: nación, provincias, municipios, planes y demás —habría que pasarse en eso meses, y creo que valdría la pena.

En cualquier caso, para conseguir esos trabajos hay que tener algún contacto con el amigo del puntero que es amigo de ese amigo del secretario del subsecretario de Planeamiento Agrícola. O sea: hay que relacionarse con la política, y cuando esos políticos cambian, son desplazados, el mapa se conmueve; muchos votan a los que están en el poder justamente para que eso no suceda. La política está más presente que nunca antes, quizás. Hubo tiempos en que relacionarse con la política era, si acaso, una elección: alguien tenía un trabajo y elegía dedicarle cierto tiempo a mejorarlo y a mejorar el mundo derredor; ahora es, para tantos, la única forma de seguir comiendo.

Habría que tratar de averiguar si alguien pensó que, si la Argentina se quedaba sin aparato productivo, mucha gente iba a depender del estado y, por lo tanto, sería más fácilmente manejable. En principio no creo, pero nunca se sabe. Digo: si alguien pensó en crear las condiciones para que el clientelismo asistencialista fuese la forma central de subsistencia de la mitad de los argentinos.

—Catú, chamigo, catú.

Y el que lo hizo fue el estado "liberal": el efecto más visible de quince años de hiperliberalismo —"achicar el estado es agrandar el país"— consistió en aumentar hasta niveles inéditos la dependencia de millones y millones de argentinos con respecto a los estados nacionales, provinciales.

La señora de Galarza está apostada entre caballos policiales; se la ve nerviosa, muy nerviosa. La señora tiene en la mano una nota que quiere darle al presidente y no sabe si va a poder llegar. La señora tiene cincuenta y tantos, cara de asustada; las bestias también están inquietas. Yo le pregunto qué puso en esa nota y ella me dice que le pidió una entrevista porque quiere contarle su vida, lo que le está pasando: que su única hija estudió medicina con un sacrificio terrible —de ella, un sacrificio terrible de ella, de la señora de Galarza— y que ahora la nena se fue a la capital a hacer una especialidad y que trabaja en un lugar que para llegar tiene que viajar más de dos horas y que encima le pagan tan poca plata y que así no puede seguir y que seguro que él va a poder hacer algo: que el presidente va a poder hacer algo porque es un hombre bueno:
—Nosotros somos diez hermanos y siempre los votamos, a los peronistas, y yo nunca les pedí nada, así que esta vez me lo tiene que dar, me lo debe, ¿me entiende?
En un parque de pasto ralo junto al Paraná, el presidente de la Nación viene a apoyar al candidato primo para las elecciones de gobernador de este domingo. El candidato es radical: el presidente de la Nación —que es el marido de la candidata peronista que más sale en los diarios, y es peronista—, les cambió a los radicales correntinos el gobierno provincial por la lista de diputados nacionales —donde entra también un señor Braillard Poccard que fue gobernador por encargo de Romero Feris hasta que los correntinos lo echaron con rechifla. El partido de Romero Feris es su rival en estas elecciones; su señora Nora, queda dicho, es intendenta y candidata a intendenta de Corrientes. Hoy faltan cinco días y el señor presidente de la Nación viene, en su Tango, a hacer campaña.
—Yo vine acá porque si vos te retobás después te garcan, te rompen las pelotas, te pueden llegar hasta a sacar el plan.
Me dice Maxi. Alrededor del parque hay colectivos, fletados por los aparatos. En el parque, mientras los fletados entran al estadio de básquet,

pancartas peronistas conviven con banderas radicales, pero Maxi me dice que él no es peronista ni radical, que él es de Boca y de su banda:

—En cambio venís, les hacés dos o tres cosas que ellos quieren y no te joden, viste. Tá todo bien, mentendés.

Maxi tiene veintidós años, una camiseta blanca que dice Aire Fresco para la Ciudad#Vignoli Intendente y un tatuaje de chinerías que le ocupa todo el brazo izquierdo. Cuatro muchachos bien robustos pasan repartiendo bolsitas con sándwiches de milanesa, mostaza y fanta para los peronistas. Entre los peronistas hay una gorda con una remera que dice UCR; está gastada: debe ser de otra elección. Los lapachos refulgen.

—¿Vos venís siempre a los actos radicales?

—No, yo voy a lo que sea.

Me dice un muchacho Carlos, con el bombo en la mano.

—¿Y qué, venís por plata?

—¿Y por qué querés que venga?

Carlos me mira con un poco de lástima; él y sus amigos se llevan veinte pesos cada uno. Una de sus amigas tiene una camiseta negra que dice El Che Es Nuestro; en una mano lleva una cocacola y en la otra una bandera radical: el rojo y el blanco. Le pregunto a unos periodistas si vieron gente suelta, ciudadanos autoconvocados, y se ríen:

—Eso sería como encontrar un trébol de cuatro hojas.

Un funcionario importante de la gobernación me confirma que no hay:

—No, a todos estos los trajeron los punteros... Y mirá que es el presidente, yo pensaba que iba a venir gente a verlo, a saludarlo, es el presidente de la Nación, pero tampoco.

Ni siquiera vienen a pedirle que cumpla promesas anteriores: en el aeropuerto, hace media hora, cuando aterrizó, había maestros, ex combatientes, desocupados, pero acá la entrada está muy controlada. La puesta en escena es impecable: pobres simulan un fervor que nadie tiene por un señor poderoso que simula creérselo —y están, del otro lado de los vidrios, los millones de televidentes, que quizás se lo crean un poquito: todo es cuestión de buena voluntad.

Suenan bombos. Adentro, la cancha de básquet es un ardor estrepitoso: banderas radicales, peronistas, patrias, rojas, amarillas, más caras de Guevara de los barrios de pie; la farsa funciona sin fisuras. Aunque la cancha ni siquiera está llena; adelante, en la zona más o menos vip, los dignatarios provinciales:

—Y, hay que venir. El gobernador nos toma lista.

Me dice uno, ya aburrido. Llevamos hora y algo de espera, y de pronto un locutor se desgañita:

—¡Ya está llegando el presidente! ¡Ya está casi con nosotros, hermanos correntinos!

La banda de la policía —tres horas a pie firme, bruta espera— se lanza con cuatro acordes de *Curupaytí*. El locutor sigue vociferando:

—¡Nuestro presidente, correntinos!

Entonces el presidente de ellos entra y todos gritan y él saluda con agitaciones de manito y cantamos el himno —o, mejor, una grabación canta ferviente el himno. Después viene un vicegobernador y nos dice que tiene que decirnos que aquí, con nosotros, está el presidente de todos los argentinos, Néstor Carlos Kirchner. Después, para caldear los ánimos, una voz oficial anuncia las dádivas que trae el gobierno nacional: los mayores aplausos son para centenares de miles de forros y docenas de miles de dius, pero el anuncio fuerte son obras y subsidios por mil ochocientos millones de pesos. El sistema es el mismo: los punteros les dan el sándwich y la coca a sus clientes para que vayan al acto, el presidente le da millones y millones a Corrientes para que lo reciban con parabienes y lo voten: todo es cuestión de proporciones.

Después el gobernador dice que Corrientes tiene que avanzar en su proceso de integración a la Argentina y el presidente de la Argentina dice que el país está tanto mejor y que está contento y emocionado de venir a trabajar aquí y que aquí tenemos un pingüino que les pide a los correntinos que lo ayuden y que el domingo, cuando vayan a las urnas, se acuerden de que todos los argentinos los estamos mirando. Después el presidente de la Nación dice muchas veces que gracias muchas gracias y se va. Su visita a Corrientes habrá durado menos de tres horas.

—Catú, chamigo, catú.

Me dicen: apurate.

El mayor error del pensamiento político es pensar a los hombres como animales políticos. Los he visto por los cuatro rincones: a la mayoría la política les importa cuatro veces tres carajos y un carajo: trece. Primero desconfían; después, quieren que no los jodan, vivir tranquilos, poder dejar la casa abierta, tener para comer. Siglos de prédica no han convencido a nadie de que esto haya que conseguirlo por la vía política. Sí con el esfuerzo personal del trabajo; no con el esfuerzo personal de la organización social —o sea la política. El mayor error del pensamiento político es esa tontería.

El hombre es cuarentón, pinta atildada y su canasta: el hombre vende chipacitos en el semáforo. Mientras espera que lleguen los coches, el hombre hace pasitos de baile con cara de contento pero sin exagerar. Yo le pregunto por qué baila.

—¿Cómo por qué? ¿Vos no escuchás la música?

Goya-Paraná

A un costado del camino, a la salida de Corrientes, el cartel es un pizarrón mal pintado: Ya ay morenas de vuelta! El mundo es un rejunte de tribus que se intersectan y se excluyen. Pienso en aquellos para quienes esas palabras significan algo. Pienso en esa gente —pescadores, supongo— que ahora, otra vez, va a poder encarnar con morena. Pienso en la cantidad de palabras que no se dirigen a mí —o que no entiendo.

La plaza de Santa Ana, con sus calles de arena, sus lapachos, sus palos borrachos, sus casas de galerías con sus pilares de quebracho, es una de las más lindas que he visto en mucho tiempo. Lapacho, quebracho, palo borracho, el chamamé, la chacarera: la tradición argentina es pura che.

—Para mí ser argentino es ser correntino. Los correntinos somos los únicos que de veras queremos y defendemos a la patria. Los otros son puro cuento.

Hay setecientos mil correntinos fuera de Corrientes. No creo que sea casual: las sociedades tradicionales, muy estamentadas, siempre expulsan. Los argentinos somos una consecuencia de ese movimiento. Primero aquellos criollos asunceños, hijos medio bastardos de españoles e indias que no tenían lugar en esa cabeza de puente del imperio y se fueron a fundar una ciudad donde fueran los dueños: Buenos Aires. Después los italianos, españoles, polacos, sirios, irlandeses que no tenían lugar en sus países y vinieron también, mucho después, a hacerse uno: la Argentina.

Al sur de Corrientes, hacia Goya, otra vez los campos bajos, ralos, medio secos —y las vacas.

Cada cosa ya encontró su lugar en el Erre: el grabador, la libreta, los mapas, los cassettes, las galletitas, los manises, el agua, las pastillas refresco, el papelito donde anoto los kilómetros del día. Y en el baúl, la caja con los libros, la caja con las camisetas. El alivio del orden. El coche está siendo mi casa últimamente y tiene la ventaja de que es mucho más chica —y que se mueve.

En el camino, un rancho pobre entre lapachos esplendorosos, florecidos. El lugar me parece increíble y, mientras me alejo, me pregunto si sus dueños también lo pensarán. Al cabo de un kilómetro doy la vuelta y vuelvo a preguntárselo. En el rancho hay sólo una mujer, cincuenta y tantos, flaca, que dice que el hombre está en el campo y los hijos no están. Incómoda, se restriega las manos; yo le elogio el lugar donde vive y ella me contesta frases de compromiso. Yo no encuentro la manera de preguntarle lo que quiero saber: ¿usted se da cuenta de que es un privilegio vivir entre estos árboles o le da lo mismo? Al cabo de un ratito de frases incómodas, banales, la saludo y me voy.

En la radio del Erre paso estaciones y estaciones y estaciones. La cantidad de mala música que se puede encontrar es casi infinita. Me preocupa: si ésa es la proporción de lo malo y lo bueno en este mundo, un día de éstos voy a hacerme elitista.

Se diría que Goya no simula: a primera vista parece homogéneamente pobre. Parece que queda poco de la época en que la llamaban la Petit París, cuando todos los productos de Corrientes se exportaban a través de su puerto y sus habitantes eran tan orgullosos que ni siquiera se consideraban correntinos. Y ni siquiera se le puede dar la vuelta en coche a la plaza principal, como en todas las demás: algún cráneo se equivocó cuando puso las direcciones de las calles. Pero tiene una iglesia inmensa y una Escuela Normal esplendorosa y un Banco Nación de toda majestad y esas casas de los años dorados. En Goya las puertas de las grandes casas antiguas están abiertas. Dan a un pasillo ancho de cuatro o cinco metros que termina en otra puerta —cerrada pero sin llave— que abre sobre el patio; en el medio está el aljibe, alrededor los cuartos.

—Yo en Buenos Aires estaba preocupado por el cero kilómetro y tenía la presión alta, una úlcera. Y mirá ahora, cómo ando.

Me dice un porteño reconvertido, y me muestra su bicicleta entre las piernas.

—Esto es pura tranquilidad, un paraíso.

Después, a lo largo de siete u ocho cuadras, seis personas me dijeron lo mismo. Lo bueno del paraíso es que puede tener formas tan variadas.

El Interior es un lugar donde miles creen que la tranquilidad es un valor definitorio. Nosotros estamos aprendiendo.

La Società Italiana di Mutuo Socorso, en el centro de Goya, podría ser una síntesis de algo. La Società Italiana es un palacete neoclásico espléndido con sus columnas y estatuas y arcos y balcones, casi en ruinas. El edificio por supuesto fue construido a fines del siglo XIX y tuvo años de gloria. Ahora en uno de sus grandes recintos funciona Nueva Imagen Salón de Belleza —peluquería: planchita rulos manicura—, en otro cursos de danza y al fondo hay un gimnasio. Las paredes están descascaradas, el piso medio hundido. Seguimos fabricando ruinas.

Goya solía producir arroz, algodón, hilo y tabaco: todo se fue cerrando poco a poco. Goya era productora de tabacos negros. En los sesentas la mujer se incorporó al consumo y las compañías americanas atrajeron al consumidor varón hacia el tabaco rubio; antes los negros eran cosa de hombres, pero dejaron de serlo. El mercado del negro se fue achicando lentamente y Goya lo sufrió: sus imparciales, sus particulares, sus 43/70 fueron cayendo en el desuso. En Goya todavía hay una fábrica de negros; en una habitación de cincuenta metros cuadrados se elaboran todos los particulares que se consumen en la Argentina. Las modas —los cambios en las modas— pueden variar las vidas de miles de personas.

Claudia te quiero puta, dice la pintada en el centro de Goya. Otra vez: la cuestión de las comas.

Ignacio Osella está en su despacho de la fundación La Fundación, en una casa de ésas con aljibe, y me cuenta que la crearon las fuerzas vivas de Goya —cámaras empresariales, asociación de comerciantes, colegios profesionales— para armar una universidad en la ciudad. Les parecía indispensable y además habían descubierto, dice Osella, que la mayor fuente de ingresos de la capital no era el empleo público sino las remesas que mandaban a los estudiantes:

—A cada uno le mandan unos quinientos pesos por mes: es un movimiento infernal. En Corrientes viven quince mil estudiantes de afuera; son cien fábricas de ciento cincuenta personas cada una.

La Fundación ya tiene veinte años, varias carreras, y el mecanismo me sorprende: la mayoría de los cursos se dicta los viernes y sábados; los setecientos estudiantes pueden trabajar el resto de la semana o venir desde otros pueblos. Y los docentes también vienen de lejos:

—Acá hay mucha gente que no se puede gastar quinientos mangos por mes en mantener al pibe estudiando en Corrientes. En la medida en que mantengamos los ingresos que estamos teniendo en la provincia, es imposible para la mayoría de la gente. Esto cubre una demanda social que existe.

Dice Osella, y el teléfono suena todo el tiempo. Ignacio Osella está en los últimos días de su campaña para intendente de la ciudad. Se lo ve cansado.

—Cuando viene el gobernador es un quilombo. Yo siempre digo que, en campaña, si viene el gobernador que venga exclusivamente al acto. Si no, tenés que atenderlo, organizar la comida, ponerlo a inaugurar algo, y mientras tenés que armar el acto. Nosotros no somos cincuenta mil; somos veinte tipos que trabajamos en esto, y las cosas las hacemos nosotros, no es que nos las hacen.

Ignacio Osella es licenciado en ciencias políticas, senador provincial —y fue ministro del gobierno radical de Corrientes; ahora todos dicen que va a ganar las elecciones.

—Sí, soy candidato, tengo bastantes chances. Ahora tengo que convivir en ese ambiente de mierda de la capital con esos tahúres que están en el senado. Entonces prefiero venirme de intendente a trabajar acá por el pueblo, y chau. Yo ya llevo veinte años de política muy baqueteados, y ya voy a llegar a los sesenta: ésta es la última oportunidad que uno tiene para hacer lo que a uno le gusta, que es ser intendente de este pueblo y ver si puede cambiar esta historia de decadencia.

—¿Alguna idea?

—Sí, tenemos un plan de gestión asociada, muy participativa. Yo he trabajado mucho en desarrollo social, he viajado estudiando todas estas cuestiones de participación, de presupuesto participativo, y la idea es avanzar por ese lado. No sé si va a ser fácil. Hacer una propuesta innovadora en este pueblo es muy complicado, es una sociedad terriblemente conservadora: le cuesta muchísimo entender que así no va más. Goya tiene una historia de ciudad industriosa, emprendedora... pero eso es historia. Esta ciudad no se cayó como las torres gemelas, en dos horas; se fue cayendo piso por piso, despacito. Entonces la gente no se da cuenta de esta cuestión, no lo asume. Acá somos como ese futbolista veterano que quiere tirar una chilena y se cae de espaldas y se pega unos porrazos infernales pero no se da cuenta de que ahora lo único que puede hacer es parar la pelota y dar el pase sin estirar mucho para no romperse los ligamentos de la rodilla. Yo en mi discurso hablo de todo eso y algunos compañeros me dicen pero no digas tanto eso, la gente no quiere escucharlo, y yo les digo pero si ahora no lo digo después no los voy a poder convocar para salir de este pozo.

Debe ser difícil, para un candidato, encontrar el balance entre lo que hay que callar para no piantar votos y lo que hay que decir para poder seguir adelante: todo un arte. El teléfono sigue sonando; el candidato atiende muy pocos, pero a éste sí —y le pide que pase a verlo al día siguiente a la mañana:

—...y necesito un buen trabajo de boleteo en el barrio, que no lo hagas vos, sino que lo haga alguien de allá. Si hay que pagar no hay problema pero que me lo controlen. Un abrazo, che, mañana nos vemos.

Unos días más tarde, ya en el sur de Entre Ríos, me enteraré de que Ignacio Osella ganó las elecciones y va a ser el próximo intendente.

La forma en que esa chica un poco gorda se alisa la remera roja stretch sobre la panza. El día que yo pueda contar la forma en que esa chica un poco gorda se alisa la remera roja stretch sobre la panza. La intuición de que nada me va a importar mucho el día que yo pueda contar la forma en que esa chica un poco gorda se alisa la remera roja stretch sobre la panza. La forma, la intuición, roja sobre la panza.

Pero ahora Rogelio y el Petiso me paran por la calle y me dicen que somos viejos compañeros. Rogelio y el Petiso estuvieron presos —juntos— en la mitad de las cárceles del país, toda la dictadura, y hoy Rogelio cumple años y el Petiso me dice que, aunque hace cuatro años que no se ven, se vino desde Buenos Aires a hacerle compañía. Me lo cuentan ahí, parados en una esquina del centro de Goya, nueve de la mañana, y después Rogelio me dice que es productor de arroz y que más tarde tienen que ir al campo a tirarles a las palomas porque se están comiendo todas las semillas: que si quiero acompañarlos. Rogelio tiene las manos grandes, bigotazos, una sonrisa afable; el Petiso, una voz de serrucho y mucha flema. Hace tanto que no agarro un arma —y les digo que sí.

Rayos del sol tan dibujados bajan de detrás de una nube —como en los cuadros religiosos del barroco. La naturaleza lo intenta una vez más.

—Este asunto ha cambiado muchísimo últimamente. En los noventas de quinientos productores chicos que había por acá, quedamos cien, porque el arroz se importaba, no había precio para venderlo. Ahora está repuntando, pero cambió mucho el sistema.

Me dice Rogelio. Recorremos el campo que arrienda, buscamos las palomas. El sistema es que una empresa grande multinacional les da las semillas, los químicos, los créditos, el know how. Ellos —Rogelio y sus hermanos— ponen su experiencia, su conocimiento de la zona, arriendan los campos y contratan los servicios necesarios.

—Antes nosotros nos las arreglábamos con un tractor viejo, un par de cosas. Ahora estas empresas grandes te exigen que labures a su modo, entonces hay que contratar sembradoras, cosechadoras, todo. También hemos tenido que hacer un sistema de irrigación bastante complicado.

Me lo muestra. Una bomba toma agua del río y la lleva a un sistema de canales primarios, secundarios, terciarios para anegar el campo cuando el arroz echa los primeros brotes. El agua siempre fue el poder —no sólo ahora. Los primeros estados, en la otra Mesopotamia, surgieron gracias a la capacidad de producir redes de irrigación más o menos parecidas a ésta: con esclusas, desniveles, terraplenes, murallones. Una bandada de ñanduces cruza por delante la camioneta, con mucho aleteo. Rogelio me pregunta si sé en qué anda últimamente Gorriarán Merlo. Después me explica que si siguen bajando los precios del arroz otra vez el cultivo va a dejar de ser rentable: que el mercado del arroz es muy volátil porque es un mercado chico, regional, que no está suficientemente regulado. Y que estas grandes multinacionales les dan un poco más de crédito que los bancos, los bancan más, pero si algún productor termina de caerse se quedan con su campo: Rogelio cree que al final van a terminar quedándose con todo.

—Lo que pasa es que con tanto químico y tanto tratamiento se te hace muy caro producir cualquier cosa, ése es el gran cambio. Ahora le sacás un poco más de rinde a la hectárea, pero como te cuesta tanto más tenés que hacer muchas más hectáreas para que sea rentable.

—¿Y les ponen mucha porquería?

—Sí, ése es el otro asunto. La verdad, ahora todo se hace con esos productos, con los agroquímicos, y no sabemos qué le estamos haciendo al suelo.

El Petiso fuma y fuma, carraspea. Viene de Buenos Aires pero sabe de pájaros: de vez en cuando grita, identifica a uno. La camioneta para. Estamos junto a un campo sembrado, plagado de palomas; me dan una escopeta, la cargo, apunto, tiro.

Caballos en el agua
hasta la panza.
Uno blanco que bebe
su imagen en el agua.

La cantidad de tiempo tiempo tiempo que se escapa en el estúpido transporte: mantener la mente más o menos blanca, fijar la vista en el camino, temer los imprevistos, esperar que los kilómetros se pasen —digo: fingir una inmovilidad curiosa, siempre sentado en el mismo lugar, y esperar que los kilómetros se pasen—: dejar que el tiempo vaya comiendo la distancia.

La Nacional 12 es una de las dos o tres importantes de la región, pero de pronto un arreo de vacas la interrumpe. Los peones a caballo lo conducen con gritos y revoleo de rebenques. Mucha vaca parida; los terneritos, dos o tres semanas, se patinan en el asfalto, caen patas arriba.

Aunque el tiempo no pasa, se desvía, todo está —decía Montana— en algún sitio.

Y aún así: viajo porque es una de las pocas formas que conozco de hacer durar el tiempo. De marcar el tiempo. De cambiar la forma del tiempo. El tiempo del viaje es totalmente distinto del tiempo cotidiano. El primer día de un viaje suele ser infinito. Una semana normal en Buenos Aires no deja marcas: allí el tiempo, sin marcas, con las mismas acciones repetidas, se achica, se comprime. En cambio una semana en Colombia o en Rusia o en la Mesopotamia están plagadas de situaciones que la marcan: el tiempo se estira, se subdivide inflnitamente —como en el cuento de Aquiles y la tortuga. De ahí la decepción cuando vuelvo de un viaje y hablo con un amigo y le pregunto y, qué pasó, qué novedades. Y mi amigo, en general, me mira, dice nada. Yo insisto, hasta que entonces él me dice pero si no pasaron ni diez días, qué querés que pase.
Pero además: cada viaje es como una puntuación del tiempo general. Si no voy a ningún lado, los meses simplemente pasan. Llegás al final y ni te diste cuenta. En cambio, cada vez que me voy, la monotonía agresiva del tiempo se interrumpe. Es como un bache en el camino; después, el asfalto se alisa, pero el sobresalto ya ha impedido esa estúpida velocidad de crucero en que todo pasa sin que uno lo perciba.

Muchas veces, atravesando pueblos, pienso que tienen la sabiduría del animal que se muestra horrible para que los predadores posibles no apetezcan su carne. Nada más feo tienen los pueblos que lo que se ve desde la carretera.

Y, de pronto, otro exponente de la cultura del cartel: Atención, pavimento con deformaciones. En efecto, las tiene, y Erre salta para todos lados —pero no digas que no te lo avisé.

Aunque no hay corrientes en Corrientes, ni empedrado en Empedrado, ni ningún Goya en Goya. Y en cambio, sí, muchas esquinas en Esquina. Y la estúpida desazón que me da cuando se me pasan ochenta, cien kilómetros de ruta y no he escrito nada —y me pongo a pensar estas pavadas.

—Si sentís que tu vida está vacía, si todavía estás buscando la manera de ser vos mismo, si creés que no estás aprovechando plenamente tu existencia, el arte es la salida. El arte te permitirá plasmar tus sueños y mostrarle a todos que vos sos el que sabés que sos. La profesora Estela te espera en su casa-estudio de la calle Presidente Perón...
Dice la radio: hay quienes creen, todavía.

Pero es evidente que sólo viajamos los insatisfechos. Los satisfechos se quedan en su casa gozando de la satisfacción de lo que tienen. Los que viajamos somos los que pensamos que nos falta algo. Alguna vez, si me sale, escribiré el elogio del insatisfecho injustamente denostado y su muy justa queja.

Llueve: otra vez llueve. El mundo —ya lo debo haber dicho— se cierra cuando llueve, se defiende.

Provincia de Entre Ríos

Paraná

La entrada a Paraná es bastante impresionante: hace muchos días que no veía tantos edificios. Nunca había estado en Paraná. Y al principio, confieso, me sorprende la grandeza y la elegancia de muchas construcciones, ciertas calles. Hasta que recuerdo que Paraná es la única otra ciudad que fue capital de la Argentina. Desde el 24 de marzo de 1854 hasta el 16 de septiembre de 1861 —del 24 de marzo al 16 de septiembre: dos fechas como para que todo saliera mal. Cuando don Bartolo consiguió en Pavón —y en vaya a saber qué componendas— que la capital volviera de una vez y para siempre a Buenos Aires, decidió muchas cosas: el Interior lo sería durante todo el siglo XX.

Paraná está bastante arrosariada: circundada de soja, tiene un centro próspero, arreglado. Alrededor, por supuesto, la pobreza, aunque menos acuciante que en muchos otros sitios. Las calles del centro tienen veredas angostas, muy de ciudad vieja. Se me ocurre que antes —antes de la aglomeración, antes sobre todo de los coches— las ciudades no necesitaban veredas anchas porque la calle también era una vereda.

—Hace un par de años esto parecía un pueblo grande, pero ahora cambió. Ahora hay cosas que antes no había.

Me dice un periodista joven y le pregunto qué.

—Mirá, por ejemplo las peleas de bandas que generan muertos: es una boludez pero ahora en los barrios todos los fines de semana hay peleas con dos o tres muertos, de esas de pobres contra pobres. Eso se ha hecho recomún, todo el tiempo aparecen; el año pasado hubo un récord impresionante de muertes violentas acá en Paraná. Y por el otro lado se da

233

también eso de que hay una movida cultural bastante importante, hay cosas que llegan a la ciudad: lo que antes se veía por la tele ahora es bastante más accesible acá.

—¿Qué tipo de cosas, por ejemplo?

—Por ejemplo anoche estuvo Marta Argerich. Y las bandas que antes venían a Santa Fe o a Rosario ahora se cruzan acá también.

—O sea que todo tiene que ver con las bandas, que se pelean o que tocan...

Digo, y me pregunto si será una condición necesaria, si realmente para que haya cultura tiene que haber combate. Por un momento me convenzo.

sin problema pero acá lo que pasa es que todos roban parece mentira que haya tantos ladrones y eso que los argentinos somos tan buena gente pero siempre nos va mal por la culpa

En el restorán del hotel caro, tremenda vista al río, veinte muchachos vestidos de deporte almuerzan en cuatro o cinco mesas. Desde otra, cuatro mayores los controlan. Los muchachos se hacen chistes, joden. Uno muy joven le dice al mozo que no le gusta el bife.

—¿Qué querés, que te traigan una salchicha?

Le dice, desde otra mesa, uno más grande. El más chico le dice que sí y el más grande se para, se agarra el bulto, suelta una carcajada. Casi todos los demás se ríen, el chico lo mira como quien dice me la vas a pagar. La primera de Colón de Santa Fe espera el partido de mañana refugiada en Paraná. El fútbol sigue siendo la mejor forma de hacer durar la adolescencia muchos años.

de esos hijos de puta, cuando se van a ir de una buena vez por todas a la mierda y dejarnos el país para nosotros, la gente de bien, los verdaderos argentinos

Entre Paraná y Santa Fe hay veintitantos kilómetros y el túnel, que fue una de las últimas grandes obras de ingeniería, y las conecta.

—Entre las dos ciudades hay mucha circulación, pero son dos historias muy distintas.

Me dice Daniel Enz.

—Acá no se leen los diarios de Santa Fe ni se escucha la radio ni la televisión de allá. Está claro que aunque vayamos todo el tiempo de uno a otro lado son dos historias bien distintas.

Son raras estas parejas de ciudades que el litoral ofrece: Corrientes y Resistencia, Santa Fe y Paraná —para no hablar de las multinacionales: Posadas y Encarnación, Gualeguaychú y Fray Bentos, Concordia y Salto —y siguen firmas. A los dos lados del gran río, complementación y desconfianza, necesidad y resquemores.

Paranaenses me hablan de una ciudad a mitad de camino: a mitad de camino de Córdoba, de Rosario, de Buenos Aires. A mitad de camino entre un pueblo y una ciudad. A mitad de camino, me dicen, sobre todo, de sí misma.

Y otros me dicen que aquí están cerca, que siempre se pueden ir a ver un espectáculo a Rosario, a comprar algo a Buenos Aires, esas cosas: hay una idea de la ciudad incompleta.

—Acá somos doscientos cincuenta mil; yo creo que ya conozco a toda la gente que está haciendo algo que me parezca interesante. Acá la cosa se agota un poco rápido, como que no hay sorpresa.

Dice una chica de veintitrés que trabaja en La Hendija.

—Bueno, yo creo que la sorpresa la tiene que armar uno. Ésa es la diferencia. Es cierto que acá es difícil encontrar experiencias o formas de vida que no te imaginaste. Pero podés armar tu sorpresa, juntarte con la gente que conocés, tomar una cerveza y decir che, ¿y si hacemos esto?

Le contesta Armando, cincuenta y tres, que fundó La Hendija hace dieciséis años:

—Cuando recién arrancamos un intendente nos dijo que éramos un grupo de homosexuales zurdos y drogadictos; homosexuales había bastantes, zurdos también, y drogadictos... Al principio fue un impacto fuerte, pero después mucha gente fue cambiando su impresión, participando. Hay gente que nunca vino y nunca va a venir, pero después de diecisiete años hay muchos miles que pasaron por este lugar.

La historia es sorprendente. El padre de Armando siempre había tenido un taller de rectificación de motores en el centro de la ciudad; cuando decidió que para trabajar mejor tenía que mudarse más afuera, Armando le preguntó si podía usarlo para una vieja idea.

—Era uno de esos proyectos que te quedan de la mesa del café de la adolescencia, ¿viste?

Armando se había recibido de ingeniero en Santa Fe y se fue a trabajar a Buenos Aires en 1975 —gran momento. Unos años después se volvió a su provincia para participar en una curtiembre modelo que quebró por la ley 1050. Hacia 1983, ya en Paraná y en plena fiebre de la nueva democracia, se le ocurrió, con varios amigos, la idea de La Hendija: una pequeña grieta, un espacio que permitiera mirar del otro lado. Entonces retomaron el viejo local de rectificaciones y empezaron a arreglarlo de a poco, canjeando materiales por trabajo: así se hicieron con las maderas, las butacas, las tarimas, los adoquines de la entrada.

—Muchas veces viene gente de Buenos Aires y nos dice che, qué bárbaro hacer algo así en una ciudad chica, y yo les digo que un proyecto así se puede hacer únicamente en una ciudad chica, donde vos estás a veinte minutos de tu trabajo, entonces todos los días cerrás y te venís a trabajar, y además todo el mundo se conoce, se pueden hacer estos canjes, estas cosas.

La Hendija funciona desde 1989: dos salas de cine/teatro/recitales, un espacio para bar que a veces tiene bar, un largo pasillo adoquinado para exposiciones. Ahora Armando me dice que lo que querían era que los artistas independientes tuvieran un lugar donde mostrarse, y que le interesa más la forma autogestionaria que sus resultados y que prefiere producir el espacio para que pasen cosas y no las cosas que pasen en ese espacio. A mí siempre me sorprenden esas formas del altruismo, la capacidad de no querer el escenario, y Armando me dice que no es por generosidad:

—No es una cuestión de generosidad tonta; el hecho es que vos disfrutás creando esos espacios. Disfrutás de ese hacer. Ésta es una propuesta contra ciertas formas de la charla café. Viste que está ese modelo che, ¿cómo puede ser que…? Por ejemplo: che, ¿cómo puede ser que en Paraná no haya ni un cine?, y eso termina ahí. La diferencia es que acá cuando viene alguien con el che cómo puede ser le decimos bueno vamos a hacerlo, pero vamos a hacerlo siempre y cuando además de la idea pongas el laburo.

Ahora La Hendija maneja una pequeña editorial, un proyecto de FM, las obras de teatro, los ciclos de cine, los recitales varios —y están ayudando a producir el primer largo entrerriano. Armando, mientras, sigue manteniendo a su familia con el taller de rectificación —que pasó de veintidós obreros en los años preMenem a nueve en estos días.

—Para una pyme ahora la única diferencia con la época de Menem es que llegás a fin de mes pagando las cuentas. Pero el punto principal, que es la posibilidad de reinvertir para equiparse, sigue sin existir. No se puede ni siquiera reparar la maquinaria. Esto va a llevar pronto a una situación de quiebre.

Dice Armando, pero insiste en que una ciudad del tamaño de Paraná es un buen lugar para hacer estas cosas:

—Mi hija tiene una posibilidad de vivir en Buenos Aires y ha ido varias veces; el otro día me decía algo que me pareció interesante: que ahí tenés todo para ver, pero para generar algo propio con otros es muy difícil, por las condiciones de vida, las dificultades para encontrarse, todo eso. Además ésta es una ciudad que podés salir sin plata, porque si te falta plata siempre podés decir Cacho mañana te lo pago y Cacho sabe que mañana se lo vas a pagar.

—Sí, pero donde no podés boludear porque sabés que Cacho te ve y al día siguiente se enteraron todos.

—Es cierto, y hay determinado tipo de situaciones que no podés forzar, porque te falta el anonimato para poder generarlas. El otro día vino un grupo de Rosario que quería hacer algo que habían visto en Barcelona, un grupo de pibes que se meten por ejemplo en un supermercado y agarran comida y arman una mesa e invitan a la gente a comer ahí mismo con ellos y dicen no, esto es un hecho artístico, y no les pueden hacer nada. Bueno, eso acá ni podés imaginarlo. No podés ir al Coto, que es el supermercado donde vamos a comprar todos los días y sacarles la comida y decirles no, esto es un hecho artístico…

No hay tanta gente que tenga un barco en el jardín, y menos un catamarán de pasajeros. El catamarán está viejo, oxidado, y tiene diez metros de ancho, treinta de largo —y el jardín también. El catamarán y el jardín están en un barrio pobre pero no miserable, junto al puerto viejo. Quisiera saber quién, cómo, por qué puso un catamarán en su jardín pero es la hora de la siesta y en la calle no hay nadie a quien le pueda preguntar.

Le pienso opciones: que alguna vez imaginó el negocio portentoso que haría recorriendo las islas del Paraná con su catamarán, lo compró en un remate, se lo llevó al jardín para reconstruirlo y nunca pudo. Que hace diez años, cuando compró la casita y el jardín, el catamarán ya estaba allí y que por eso la consiguió a un precio mucho más bajo y pensó que lo iba a sacar pero no hay modo. Que cuando era chico soñaba con navegar por los mares del mundo en un catamarán y que ahora, con esa serenidad horrible que llaman adultez, se resignó a tenerlo en el patio de su casa —y que a veces se sube, gorra de capitán, y grita órdenes. Que hace cinco años varios muchachos del barrio hicieron, una noche de copas, una apuesta muy seria —que involucraba favores de alguna hermana o prima— para ver quién pondría el objeto más raro en su jardín, y que él se agenció el catamarán y que, curiosamente, la perdió frente a…

No se me ocurre frente a qué sería. Así que me prometo que, en cuanto pueda, voy a volver a preguntarle.

—¿Qué es lo que más te gusta de la historia?
—Que siempre es posible suponerla.

Puede que sea una impresión falsa, pero me parece que en Paraná —como en Concepción del Uruguay— algunos de los mayores, más majestuosos edificios antiguos son escuelas. Cada vez me cae mejor el padrecito Urquiza.

—A mí me parece muy bien el marxismo pero te tienen que enseñar algo concreto, algo que te sirva para trabajar el día de mañana. A veces lo que nos enseñan en la facultad nosotros lo llamamos posmodernismo, nada es real, puro palabrerío. Todo muy semiótico, gente que está como en una nube de pedos y después yo voy a tener que salir a laburar y no me enseñaron ni a modular para hablar en radio ni a escribir un artículo.

Me dice, en una calle del centro, un estudiante de comunicación que, en este momento, es el cadete de una lavandería.

En un barrio tranquilo, clase media, casas bajas, a pocas cuadras del centro, la calle Presidente Perón se convierte, de pronto, en Santa Cruz. Una síntesis posible de la historia.

¿Usted tiene idea de cuánto cuesta la política? ¿Mantener los cuadros, hacer la publicidad, pagar las movilizaciones? En una provincia grande como ésta, donde Paraná es el veinte por ciento, donde usted para sostener el poder tiene que estar por lo menos en veinte o treinta ciudades... ¿Usted tiene idea de cuánto cuesta mantener a los punteros, toda la estructura funcionando, una campaña?

Es muy difícil. Nosotros cuando armamos la vuelta de Jorge Busti la armamos con recursos privados y obviamente después lo pagamos con recursos públicos. A ver: nosotros nos fuimos del gobierno, y el que viene se instala en el gobierno para la eternidad, agarra todo. Nosotros le armamos una interna: Jorge era intendente de Concordia, ellos tenían cincuenta municipalidades y la casa de gobierno y les ganamos. Para enfrentar semejante aparato hay que disponer de recursos iguales que los de ellos, pero sin el gobierno. Yo lo decidí, yo lo manejé y les ganamos. Obvio que después lo pagamos con recursos del estado. ¿Con qué lo iba a pagar, si hubo un momento que yo debía un millón y medio de dólares de las cuentas mías y de algunos amigos? ¿Con qué quiere que lo pague, después? Eso se paga con negocios del estado, no les va a pagar con... Porque de últimas usted dice llegamos, los muchachos de diputados y los muchachos de senadores se ponen unos presupuestos de veintipico millones de dólares cada uno, para pagar a los vagos, los malentretenidos. Es lo que yo llamo el principio de las heladeras vacías, Caparrós: llegan con la heladera vacía, entonces el primer año, el segundo año hacen lo que el poder ejecutivo quiere, hasta que llenan la heladera. El tercer año ya ven que se viene la interna, ya tienen unos mangos, algunas cosas, y se pudre todo, empiezan a hacer cualquier cosa.

Todo eso es una máquina de fabricar dinero sin ningún costo. A ver: ¿por qué es más difícil conseguir un legislador nacional que un provincial? De legislador nacional nadie quiere ir, es empobrecerse. A la nación van los tipos que tienen la obligación de aceptar o que es la única forma de mantenerse porque no quieren volver al territorio o son una personalidad expectante que le interesa entrar a la política... Pero ésos son los que pierden: van a cobrar seis lucas y les van a dar dos pasajes de avión. Acá en la provincia entre lo que cobra en blanco y lo que cobra en negro el tipo se lleva treinta lucas por mes, vive en la casa, sigue en el territorio, y tiene todos los otros negocios para hacer.

El hombre me habla en su digamos quincho: una construcción lujosa, un loft de cien metros cuadrados en el medio del parque con su rincón parrilla, su rincón comedor, su rincón living con televisor y música, sus alfombras, sus perros, su bodega de vinos muy caros.

Usted me puede decir sí, Duhalde tiene esto, esto, esto y le deben quedar ocho, diez millones mensuales y los usa, y está fenómeno. O el mismo Busti. La política es efectivo. Si usted me dice mire fulano tiene esto, esto, esto, yo le digo ese señor se fue de la política. Por más que haga notas, salga en los diarios... Podrá estar, hacer ruido, ir a un congreso, hacer una declaración, pero poder efectivo de la política, eso no. Esto es así, desde el pope, este chico Manzano, para abajo. Andará haciéndoles lobby a los negocios, pero eso es otra cosa.

Si usted sigue en la política no hay plata que le alcance. Si usted se va de la política sí, y si me dice el que estaba con vos que era ministro se la llevaba le digo que sí, claro, pero entonces era uno que con la política no tenía nada que ver. ¿A Yedro lo denunciaron por enriquecimiento ilícito cuando manejaba el Senado? Sí, todos los meses hacía una cosa muy simple: hacían un cheque de transferencia de fondos y se robaban la plata entre cuatro. Terminaron mal; ahora se está defendiendo como puede, tiene todo embargado, va a perder todo; algunos tienen más suerte, otros menos, en un mundo que va cambiando. Yo no tengo un peso de la política, yo la puse toda, lo que yo tengo no tiene que ver con la política. Por el puesto que yo ocupaba, cuando la política se judicializó, se pudrió: te meten en una picadora de carne, te tiraron la DGI, te tiraron la fiscalía, te tiraron doscientas cincuenta causas, algunas que son ciertas, otras que son mentiras. Pero yo soy el único tipo que no tiene una denuncia por enriquecimiento ilícito, así que... ¿Usted cree que los que están enfrente son pelotudos? Lo que pasa es que yo tengo muy bajo el sentido de la propiedad, esto que llamamos la manera de tener.

Pero estas cosas que hicimos acá, y que tienen que ver con el uso del poder, traen muchos problemas, personales, familiares, económicos, judiciales. A ver: vos les pusiste un diario, les arruinaste el monopolio. ¿A cuántos les rompiste el culo, les quitaste el poder, el lustre, el apellido, la tradición? Entonces cuando pueden te embocan. Y si no te embocan los padres te embocan los hijos. Por eso me parece normal que un día me enganches en una, me desinflaste las cubiertas del auto, me rompiste el culo, está bien, yo lo entiendo. Lo que no me parece es esta política de judicializar, usar los jueces, denuncia, denuncia, denuncia. A vos te meten en el juzgado y vas con veinte locos con poder, con el estado, con plata, con todo, les rompés las bolas, rompés la justicia, rompés todo... ¿y entonces la gente cómo termina? Tampoco creyendo en la justicia. ¿O me va a decir que la gente cree en la justicia?

El hombre tiene cincuenta y tantos, barba corta, más panza, una esposa joven rubia jogging, muchas lecturas, ropa buena pero no ostentosa, un pasado muy largo.

Nosotros tuvimos esa radio, por ejemplo, que es una radio de las más escuchadas, exitosas, radio La Voz. Pusimos a un periodista capaz de decir cualquier barbaridad, muy inteligente. Antes de irnos del gobierno la otra vez, en el '99, viendo cómo venía el tema de la Alianza, que los medios nos iban a matar, le regalé esa radio. Y todo el mundo decía cómo regaló la radio: la transformó en exitosa, la hizo crecer, le compró todos los mejores equipos, ¿cómo que se la regaló? Pero ésa es plata de la política, no es plata mía.

Digo, porque el tema acá es la propiedad, Caparrós, la forma de tener. A ver si nos entendemos. Esa radio está declarada peronista, él con eso educa a sus hijos, mantiene a su familia, le da laburo a veinte personas, tiene la independencia de pelearse con el intendente o no, estar con Busti o no estar, extorsionarlo... Yo lo que necesitaba era que la radio me sirviera cuando la Alianza estuviese en el gobierno. Y necesitaba un tipo que no es un tipo cualquiera, porque estar dispuesto a pelearse con el poder de turno, en cualquier lugar del país, es casi un acto suicida.

El diario igual, nos compramos el diario. Es una gesta que vos podés darte el lujo de hacerla. En las capitales de provincia los diarios tradicionales dominan de tal forma que si vos te morís y no salís en el diario estás vivo. Tomá la *Gaceta* de Tucumán, el *Liberal* de Santiago del Estero, lo que era el *Diario* de Paraná. Cuando arman acá el *Hora Cero* llega un momento que no lo pueden bancar y se les iba a caer. Necesitaban dos palos verdes, buscamos una salida, llamó el dueño, no tiraban dos mil ejemplares, no encontrábamos la forma de que alguien lo comprara. Entonces yo dije me voy a hacer cargo. Conseguí un tipo más o menos presentable que se pusiera al frente, y lo llevamos hasta que logré hacer un enganche con Manzano y en todo un desbarajuste se lo transferimos.

El diario nos costó dos millones y medio de pesos que robé de acá, robé de allá, abrimos una cuenta en el Senado para pagar los sueldos y lo sostuvimos hasta que lo pude transferir. ¿La plata de la cámara de diputados, la plata del concejo deliberante, adónde va? Es eso: contratos, más contratos, más pago a periodistas, contratás a un tipo que esa guita nunca le llega o que te deja el veinte por ciento, la mitad, según. Esto es así. Tenés toda la provincia detrás: con eso pagábamos los sueldos, pagábamos el papel.

Pero la cuestión es analizar cómo es el sentido de la propiedad. A ver, ¿el tipo se quedó con un diario? ¿Se quedó con un diario para qué? No nos quedamos con un diario para que sea propiedad nuestra. La apuesta era que hubiese dos diarios en la ciudad de Paraná. Si hay dos diarios se democratiza la sociedad, avanza.

Ahora, ¿qué análisis hizo Etchevehere cuando yo me senté con el hermano y quedamos que íbamos con una sola planta impresora para El Litoral y nosotros y ellos, nos quedábamos con LT14 porque Corach nos la daba, nos quedábamos con una FM, yo ponía una redacción y él una redacción, y entre los dos alambrábamos la ciudad? Entonces Etchevehere dijo cómo, si perdiendo tanto por mes se funden. Él se funde perdiendo tanto por mes; los contribuyentes no se funden nunca, ¿me entiende lo que le quiero decir? Es el análisis del tema de la propiedad, si el análisis era que yo me quería quedar con el diario y la radio, capaz que ese análisis estaba bien, pero ése no era el tema.

Le digo: todo eso es plata de los negocios de la política. No yo siendo empresario sino siendo político, cajero, administrador o tipo que juntaba los recursos, como usted quiera. Yo siempre dije que mi problema no es ser candidato; yo era un soldado de estado mayor en la organización: mi función cuando trabajo en política en un equipo no es ser candidato. Yo armo los pactos, invento los candidatos pero no soy candidato ni estoy en la lista del partido ni nada. Yo si tengo ganas de comprarme un auto me compro un auto; si tengo ganas de cagar y limpiarme el culo con la cortina, me limpio el culo con la cortina. Y si soy político candidato no puedo, tendría que vivir mintiendo, y a mí eso no me gusta.

El hombre es amable, se sonríe, habla como una catapulta. El hombre tuvo mucho poder en la provincia —y tiene, ahora, cantidad de juicios. El hombre sabe mucho más.

¿Usted sabe lo que es hacer política en una provincia con cincuenta ciudades? ¿Usted sabe lo que es hablar por teléfono una vez por día nomás con todos, caminar las cincuenta, enganchar cada tipo, acordar con uno, enganchar a los otros, armar cada grupo, cada unidad básica, cada aparato departamental?

Todos los meses tiene que darse una vuelta por la provincia, pone los intendentes, los diputados, te llaman che a fulano le están por rematar la casa, por qué no juntan diez lucas, veinte, doscientas lucas, pone la de él, pone la tuya, pone la que le roba al vecino y se va armando las lealtades, enganchando a los tipos, se va haciendo la provincia. ¿A un tipo así usted le va a hacer una interna, Caparrós?

Pero lo peor que le puede pasar al peronismo es que no haya internas. El peronismo necesita movilización. ¿Y movilización cómo se llama, Caparrós? Movilización se llama plata. Usted ve ahora las campañas en la provincia de Buenos Aires: las están haciendo sin actos, porque ninguno de los dos, por más plata que tienen, está en condiciones de armar actos. Acá armar un acto de dieciséis, diecisiete mil personas en la plaza me costaba ciento sesenta mil pesos de transporte, antes de toda la debacle, es decir que hoy armar un solo acto te cuesta cuatrocientos, quinientos mil.

Usted fíjese: ahora Mayita lo trae a Menem a la provincia. Mayita es un tipo folclórico, divertido, amigo; tiene suerte: no quedó pegado en la ley laboral porque cobraba en la otra caja. Mayita la guardó y la está poniendo; a Mayita nosotros lo hicimos senador y se hizo muy rico. Y el Turco no se mueve si vos no le pagás los gastos. Entonces a Mayita traerlo le cuesta cincuenta mil pesos un día: quince mil de avión, seis mil de hotel, cinco mil para la cena, los colectivos.

Pero yo le digo: cuando un tipo se hace rico se va de la política. Digo rico en propiedades, empresas, plata afuera. Pero rico en serio: acá un tipo que tiene un millón de dólares no es rico. Y si quiere seguir siendo rico se retira de la política en serio, boludea, habla por los medios, tiene algún periodista amigo que lo ayuda a seguir en el aire, pero la política en serio es otra cosa. Los tipos que son políticos en serio, animales políticos, como Duhalde, Busti, tipos de aparatos grandes, siguen ahí, siguen gastando. Para eso mantienen las cajas: las estructuras de empresas provinciales como vialidad, las afjp, las loterías, los bingos, eso es efectivo. Cuando uno dice la caja dice efectivo, no teoría. La política es efectivo.

Usted me va a decir sí, pero hay tipos que se enriquecen. Los empresarios que se enriquecen son empresarios. Usted no puede criticar a un empresario porque aumentó su patrimonio en negocios con el estado: el tipo es empresario. Y los tipos que están en el estado y han hecho plata son marginales de la política o se han ido de la política, no queda otra. Yo hice plata, gasté fortunas, y el año 2003 terminé de sacarme de encima todo. Yo decidí que mi vida no era ser intendente ni ser administrador de cajas. Ésta es una máquina sin sentido de sostener el poder para tipos que son caudillos, tipos que la política es su vida. Para ellos yo lo puedo entender, pero a mí ya no me divertía. Entonces yo salí y puedo volver mañana a la mañana. Mi pregunta a esta altura de mi vida es si quiero seguir siendo gerente de un aparato de mantemiento del poder, para qué. Para mí ya no tenía sentido, ya no me divertía. Ya no es un desafío.

El hombre ahora se divierte: se ve que se divierte. Le entretiene esta caminata por el filo, la sorpresa en mi cara, épater les bourgeois. Yo juego el juego.

Busti, como Duhalde, vive de encuestas: si no quieren papeleras no hay papeleras, si no quieren maíz pisado no hay maíz pisado. No se resuelve nada en la realidad, todo se resuelve en el discurso. Busti estaba con Menem, hoy le pega; estaba con Kirchner, después andá a saber. A ver: él tiene un déficit en la caja de jubilaciones. ¿Vamos a arreglar la caja? La provincia no tiene la guita. Entonces arregla con Kirchner y Kirchner le manda cien palos para la caja. Si vos te imaginás un gobierno conservador de los años treinta, es esto mismo: no genera nada en la provincia que no sea una transformación que se produzca antes en la realidad; desde el gobierno, nada.

En vida de Perón nosotros nos ubicábamos a la izquierda, a la derecha, arriba, abajo de Perón. Se murió Perón, los militares toman el poder. La razón de ser de los militares era Perón; se murió Perón y los militares se quedaron sin razón. Los políticos quedaron sin partido, los empresarios sin empresa, los curas sin feligreses y llegamos al '83 e inventamos la democracia. Reinventamos el peronismo con una generación como la suya y la mía, de la cual quedaron las hilachas, la culpa, la vergüenza y las bases. Sin un aprendizaje normal de la cuestión política, sin un desarrollo intelectual y práctico de la realidad, llegamos al gobierno, unos en el '83, otros en el '87, en general sin práctica, muertos de hambre y con una concepción: el 99 por ciento de los tipos que quedaron en la política inventó este sistema. Pero acá el país tendrá que encontrar un cauce, una generación, una forma de funcionar, porque esto es profundamente anormal. Es profundamente anormal que la sociedad funcione así y creamos que esto está legitimado. Este profundo divorcio entre la conducción y la construcción real del país no se puede sostener en el tiempo.

Hoy es mucho más ideológico Estados Unidos: ahí, a partir de Bush, ser demócrata o republicano realmente hace diferencia. En la Argentina vos podés estar con López Murphy, con Kirchner, con Menem, con Busti, ser adventista a la mañana, travesti a la tarde, cogerte a los chicos y te nombran obispo a la noche, y todo es lo mismo. Y si encima te agarra Lanata en su apogeo, te bendice y resulta que sos progresista.

Nosotros en el '87 ganamos la gobernación que estaba en manos de los radicales; eso sí que era un desafío. En la interna del '88 yo fui con Menem; éramos tres funcionarios que íbamos con él. Después en el '95 otra vez tuvimos que hacer campaña desde afuera, ellos estaban decididos a barrernos y a meternos presos, los empezamos a enfrentar sin el aparato. Era todo un desafío: jugarte el patrimonio, la inteligencia, las relaciones y pelearte contra el gobierno provincial, Caparrós: para un timbero como yo era todo un desafío, dijimos sí, les vamos a romper el culo. Entonces hicimos todo un plan de operaciones con Jorge día por día, departamento por departamento, parecía que éramos miles, mentira: yo compré una camioneta, puse cuatro tipos arriba, pegamos un millón doscientos mil afiches, cada noche hacía tres pueblos y les pintaba todo. Todos los días una acción. Era una cosa épica. Después vino la Alianza en el '97, todavía era un desafío para ver cómo perdíamos por poco las legislativas. Y después vino todo lo que vino: lo de Duhalde fue un golpe de estado, no seamos boludos, y lo de Kirchner fue un fraude electoral total dentro del peronismo. Y entonces la atomización del peronismo y una nueva interna y una nueva forma nacional que yo no he encontrado todavía mi lugar en eso. Lo que sé es que conmigo no va eso de que hoy estoy con vos, mañana con el otro, porque yo si soy amigo de Caparrós soy amigo de Caparrós. Si mi hijo juega con su hijo juega con su hijo. Y yo no voy a Tribunales a denunciar a la mujer de Caparrós. Yo no acepto que vos me pegués por la espalda. Si vos estás enfrente yo te acepto cualquier cosa, pero la regla de juego es que no me vas a pegar por la espalda. Cuando vos pusiste otro diario en la ciudad rompiste muchos intereses, te peleaste con mucha gente, alguno se va a enojar, otro perdió el negocio, alguno se va a poner nervioso. Me parece normal. Ahora, si vos me pegás por la espalda... Hay un límite, porque si vos comés en mi casa, el día que vos necesitaste te banqué todo, yo te construí la posición, éramos socios, y hoy me salís a pegar porque tenés un negocito, ¿qué historia es ésta? Puede haber una traición por plata, por mujeres, por pasiones, ¿pero en esto qué pasión hay, si es todo razón? Es al cuete. ¿Usted vio alguna vez que dos banqueros se peleen?

A mí me han pedido que hiciera mandados contra mis amigos y yo dije no, mandalo a Caparrós, porque yo... Claro, porque en la vida tenés que tener algo, porque de últimas, ¿qué te queda? ¿Qué te queda, de últimas? Algún respeto por vos mismo, en algún punto, la remil putas. Eso es lo que te queda.

El hombre también habla, de vez en cuando, por teléfono: lo interrumpe el teléfono. Por teléfono, el hombre mantiene el tono perentorio que debía tener cuando mandaba tantas cosas. Conmigo, en cambio, es juguetón: cínico, gracioso, confesional, impúdico.

Yo fui viudo a los treinta y tres años: mi mujer falleció, antes me falleció un nene, y después me falleció una nena a los doce años. Yo siempre digo que cuando a vos te pasan estas cosas… Yo perdí la inmortalidad a los treinta y tres años. Cuando a vos se te invierte el orden de la naturaleza te queda como una idea: si algo me gusta lo hago y si no me gusta no lo hago. ¿Cuál es la sanción social que me puede producir a mí que un juez me diga algo o usted me diga algo o el papa me diga algo? Me chupan la pija en hilera, Caparrós. A ver si nos vamos a entender. Cuando a vos se te invierte el orden de la naturaleza… es muy complejo. Tenés que generar tus cosas para sobrevivir. Yo a veces veo a los tipos de Cromañón, las veo a las abuelas, y los comprendo, pero creo que eligieron el peor camino, que es la reconstrucción permanente del pasado. La vida, lo que yo entendí, son los vivos. La vida es la vida, la muerte es lo opuesto. A ver: el nene falleció muy chiquito, entonces… Pero mi señora estuvo enferma un año y pico, terrible para todos. Y después cuando la nena se enferma, que se murió a los doce años, la tuvimos dos años y medio en terapia intensiva. Yo siempre digo ojalá que el día que me muera que explote como un parabrisas, no le hinchás las pelotas a nadie, no le jodés la vida a nadie…

El hombre habla y habla y habla. Tiene ganas de hablar y yo lo escucho. Por supuesto, también se calla tanto. Cuando me tengo que ir me muestra el resto de la casa —muchos libros, poca televisión, todo muy limpio— y, al final, me ofrece una caja cerrada con dos vinos. No sé qué son, pero parecen caros: yo le digo no gracias y el hombre, por primera vez en toda la tarde, pone cara de enojo:
—¿Cómo no gracias, Caparrós? Sí, gracias.
Yo pienso que quizás tenga razón, que mi actitud puede ser grosera innecesaria, y me llevo los vinos. Después sabré que son botellas de muchos cientos cada una. Es, imagino, un buen comienzo.

Más tarde, me sumerjo en el túnel.

Provincia de Santa Fe

Santa Fe

En la ciudad de Santa Fe hay carteles que reclaman un lugar en la historia. Son institucionales: uno dice que en Santa Fe empezamos a llamarnos argentinos —por Martín Del Barco Centenera, que escribió aquí su poema *La Argentina*, y Ruy Díaz de Guzmán que escribió más o menos lo mismo. Otro dice que aquí cerca, en San Lorenzo, la famosa batalla febo asoma lanzó la gesta libertadora de América. Santa Fe quiere ser una ciudad original: originaria.

Los carteles no dicen que Santa Fe, una de las primeras ciudades argentinas, fue fundada por Juan de Garay y su banda de alegres muchachos asunceños siete años antes de fundar Buenos Aires otra vez. El cartel —la historia— nos evita el origen paraguayo.

—¿Vos qué querés ser cuando seas grande?

—Yo quiero ser como mi viejo.

—¿Qué hace tu viejo?

—Nada, putea mucho.

Pero la ciudad original ha sido desdeñada. Los ricos, como suele pasar, se fueron hacia el norte —y dejaron el centro. La plaza central —el sitio del origen, el espacio político— es enorme pero está vacía: hoy lunes, once de la mañana, está vacía. Sobre la plaza 25 de Mayo hay un par de comercios, una catedral chica del siglo XIX, una iglesia más chica del XVII y tres edificios de cien metros de frente cada uno. La Casa de Justicia es un masacote sin estilo con sus rejas que preludian la cárcel. Enfrente, un emprendedor aclara su negocio: "Se cuidan moto y bicicleta, dar moneda", dice su cartel escrito con tiza sobre un pedazo de madera. El Colegio de la Inmaculada Concepción es una mezcla de falso románico con falso gótico con falso mozárabe y un toque falso veneciano en los leones. La Casa de Gobierno en cambio, con sus columnas y sus techos mansardeados donde prosperan yuyos, es como la intendencia de Poitiers o de Angoulème justo después de algún diluvio. La bandera de Santa Fe es la de Francia desteñida. Y hace cuatro o cinco días un grupo de inundados entró en este palacio, quemó muebles, destruyó ventanas. Trató de hacerlo más parecido a sus hogares. Hollín, cristales rotos, hierros retorcidos y un cartel que quedó, perdido cuando la represión produjo fuga: Los de Villa Oculta queremos lo nuestro. Me imagino cuánto se podría discutir qué es lo de ellos.

—¿Eh, usted es el que sale por la radio?
—Bueno, en realidad...
—No, no me diga que no, si yo siempre lo veo. Acá a la gente no le gusta ver los noticieros porque dicen que están cansados de problemas. Pero no entienden, a mí me gusta verlos porque ahí me doy cuenta de que mis problemas al lado de lo que muestran ahí no son nada, no son nada de nada. No sabe, los veo y me quedo mucho más tranquila, relajada.

El problema, en general, son las imágenes: la sucesión de las imágenes. Junto a la plaza 25 de Mayo, el claustro del convento de San Francisco es un oasis de sosiego colonial. Olivos centenarios, rosales redentores, hortensias orgullosas y cuatro o cinco curas que caminan arrastrando los pies, viejos muchachos. El lugar es bellísimo. Cuando salgo, en un banco del parque, un chico de veinte está sentado con su chica a horcajadas: a horcajadas quiere decir las piernas de ella alrededor de la cintura de él, abiertas, pies descalzos. Ella tiene una musculosa roja, él una camiseta anaranjada. Se besan, se tocan, la iglesia se confunde.

Pero esta ciudad se llama Santa Fe de la Vera Cruz —y le ganó la pulseada otra ciudad que se llama Rosario.

Qué forro, dice la chica de al lado en el cybercafé, morocha, pelo rubión teñido, varios anillos grandes, un arito en el labio pero se ríe y teclea y se ríe y sigue hablando en los auriculares: qué forro, dice, pero se ve que le gustó la foto que le acaba de mandar el pibe con el que está chateando escribiéndose flirteando porque se ríe y le dice que vuelva a ponerle esa canción y se ríe y le pregunta de dónde es.
—¿Cómo, de Mendoza?
El pibe debe estar diciéndole que sí, que es de Mendoza y a ella la risa

se le apaga hasta que se le ocurre, al final, un consuelo que tampoco la consuela tanto:

—Bueno, de últimas eso también es la Argentina, ¿no?

Santa Fe no deja de ser una ciudad de medio millón de habitantes y la capital de la segunda provincia del país. En el barcito del cyber un cincuentón pelado de bigotes finos y chemise Lacoste le dice al dueño —rubio, jodón, petiso, treinta y tantos— que limpie la taza de su amigo que acaba de irse con mucha lavandina.

—Éste tiene los dos hijos con hepatitis, capaz que es un transmisor sano.

El patrón rubio lo mira con sorpresa, parece que se va a asustar, después le dice que no joda.

—Dame la taza, doctor, que le doy un besito. Las enfermedades no son de los contagios, son del destino. ¿No sabés todavía? ¿Para qué estudiaste tanta medicina?

Enfrente, la versión local del Jockey Club se llama Club del Orden, para que quede claro. Lo fundaron el 27 de febrero de 1853, justo justo cuando ganó Urquiza. Tiene un caserón con loggia veneciana, mucho lobby, sus salones llenos de boiserie y actividades febriles en el ramo del bridge y la canasta. A mediodía está vacío. Entro a hurtadillas y le pregunto a un empleado si los socios son muy elegantes y suelta una carcajada como si eso fuera realmente divertido.

—Y, son todos jueces y abogados, elegantes son. Imagínense que no los dejan venir con short.

Pero los letrados y estancieros y empresarios que lo frecuentaban ya no tienen el poder que tenían:

—No, ahora los que manejan las cosas no son ellos.

Me dice el empleado: los políticos, me dice el empleado.

—Yo trabajé veinticinco años, siempre laburé. Laburé acá en el puerto, en el campo laburé. Y ahora tengo que hacerle la corte a un hijo de puta, un puntero que me dice si querés hacer lo que yo te digo está bien, y si no la guita se la doy a cualquier otro. Candidatos sobran, me dice. Y es verdad.

Se queja, por la calle, frente al Club, un señor de cincuenta que parece muy pobre.

—No, si yo acá a los políticos los conozco a todos, por eso le puedo decir. Yo los conozco a todos.

Pero nadie me dice porque ésta es mi tierra y acá viví siempre o porque acá tengo a todos mis amigos y parientes o porque me gusta ver esa montaña todas las mañanas o porque acá todos hablan como yo y no me van a discriminar por eso o porque acá sé hacer las cosas que hay que hacer o tantas otras razones que tienen que ver con el arraigo y que son seguramente más reales. Cuando les pregunto por qué viven en sus pueblos o ciudades, todos me dicen que porque acá es tranquilo y podés dejar abierta la puerta de tu casa. Otro triunfo de los medios, de la ideología.

Hay estadísticas que dicen que la mitad de los delitos cometidos en la provincia de Santa Fe involucran a menores de edad: la mitad. Así que acaba de formarse una Policía de Niños, Niñas y Adolescentes que se presenta, por supuesto, con las mejores intenciones: mejorar la comprensión y tratamiento de los chicos en las comisarías. La mayoría de estos menores delincuentes nacieron en hogares muy pobres, donde sus padres muchas veces también eran menores: el concepto de menor de edad tiene problemas.

Aquí, el aspecto de la gente es como en Buenos Aires: blancos de inmigración con leves toques de la mezcla.

Entre tiendas de zapatos, artículos de plástico y ropa de la China hay una librería de izquierda. Los libros, las revistas son los que deben ser: la andanada de siempre. Los libros, las revistas se exhiben en una vidriera sin el menor glamour, ningún intento de seducción hacia el cliente: una idea de la estética de izquierda. A veces me pregunto si es dignidad o tontería pero, en cualquier caso, nunca habría creído que el modelo de la fiambrería despojada gris soviética iba a conservarse, tantos años después, en la ciudad de Santa Fe.

A mí la política me interesa, me dice el dueño de un restaurant cerca del río, pero nunca puedo hablar, vos nunca sabés si el cliente está a favor de Menem o en contra o está con Reutemann, con quién está. No podés decir nada porque no sabés cómo le va a caer; y para mí lo primero es el negocio, dice el dueño, me guiña el ojo izquierdo.

Hace unos años, en Rosario y en pleno menemismo, les pedí a unos amigos que me llevaran a comer pescado local. Fuimos a un restaurant muy coqueto donde servían merluza negra, salmón rosado y otras joyas oceánicas. Ahora como en un parrillón frente al Paraná: grande, lleno de fotos. Un templo de los dos dioses que los argentinos reverenciamos al comer: la amistad y el empacho. El mozo no para de llamarme amigo y de decirme que la amistad es lo más importante. Y de traerme, sin preguntar, un plato y otro y otro. Ensalada de lisa, empanada de surubí, suflé de armado, bocaditos de raya, trocitos de pacú y al final, una boga asada a la parrilla. Son animales que hasta hace poco se consideraban bastante impresentables: espinas, grasa. un gusto fuerte —errores provincianos. Ahora hay un camarero que me los trae, se ríe y me dice ustedes no tienen estas cosas.

Junto al río, al principio del bulevar Pellegrini, que parte la ciudad con tipas y jacarandás y caserones de columnas, un pasacalles dice Florencia gracias por cinco años de ternura y pasión incondicional, Joaquín. Lo habría olvidado enseguida si no fuera porque ahora veo, frente a la cancha de Unión, al final del mismo bulevar, otro colgado: Joaquín, te amo con locura, Florencia —y este diálogo amoroso a los gritos de una punta a otra de la ciudad casi me aturde.

Los inundados piden por lo suyo. El agua, en su momento, lo pidió con más fuerza: hizo de Santa Fe, para todos nosotros, el espacio del agua. El agua, de todos modos, no se queda. Ataca, copa, demuestra su poder y se retira. Voy por lugares que hace un año fueron presa del agua. Todos lo recuerdan. El agua, me dice uno, nos lavó la cara, nos sacó el maquillaje. Ahora sí que se ven las arrugas, las muecas. Cuando le pregunto si es mejor o peor me dice que no sabe. No sé, me dice, ya se pasaron los tiempos en que las cosas eran mejores o peores.

Gabriel me cuenta que cuando vio llegar el agua no lo podía creer. Que era como si fuese un remolino, que venía y venía:

—No sabés que rápido venía. Debía ser el mediodía y en un rato llegó, en un ratito llegó hasta la casa y se llevó todo por delante.

Gabriel dice que no lo podía creer, que era como una película —pero que estaba sucediendo. Que agarró a las dos nenas y a Sandra que estaba embarazada de seis meses y se las llevó hasta el terraplén de las vías, unos cien metros más atrás, y las dejó ahí arriba. Que después volvió a la casa a buscar lo que podía, pero ya no podía casi nada. Y que fue y volvió algunas veces y el agua siguió subiendo y la última casi no pudo abrir la puerta de la casa desde adentro y pensó que ahí se iba a quedar, nomás, ahogado.

—Por tratar de sacar un par de cosas, ahogado por tratar de sacar un par de cosas. Me sentí el rey de los boludos. Me iba a morir por pelotudo.

Y que al final pudo salir y subió al terraplén y cuando estaban todos allá arriba de la vía, viendo cómo el agua subía y se tragaba todo y les llegaba ya a los pies, arriba, sobre el terraplén, ya no le parecía una película: le parecía algo muy raro porque nunca había visto a su papá y a su mamá llorando como chicos. Y a su tío, que es un hombre muy duro pero no había podido salvar a su perro y se sentía un infeliz y decía que era un infeliz y que no servía ni pa salvar a un perro y lloraba a los gritos. Y que ahora pasó el tiempo, pasó el miedo y lo que queda es bronca, dice Gabriel:

—No podés imaginarte cuánta bronca.

Evita sonríe desde su busto blanco. Estoy en el barrio Santa Rosa de Lima, empieza a llover y un chico llora.

Después la madre de Gabriel me dice que a algunos la inundación les cayó como regalo del cielo, a los pobres la verdad que les hicieron un favor, me dice. Tenían un ranchito por ahí y les dieron lo mismo que a nosotros, que teníamos una casa de material, armada. A ésos no sabés qué bien les vino.

A Mariela Cisneros   ·
no le importaba que los hombres se le fueran. Me decía:
un hombre no es como esas cosas
que se quedan para siempre —o bueno, decía:
más o menos para siempre porque siempre siempre es cosa de
los ricos
me decía: que un hombre se le fuera
nunca le había importado mucho
y se le iban: todos
al cabo de unos años o unos meses terminaban
por irse
porque ella no les hacía esas cosas que un hombre espera
que le haga una mujer para guardarlo
—esperarlo todos los días con la comida hecha la concha
bien mojada la sonrisa
de imbécil que no le huele el vino en el aliento me decía
Mariela Cisneros— y que por eso
se le iban y le dejaban hijos y a ella
qué le importaba si total
se ganaba la vida con su knittax y sabía
que los hombres no son como esas cosas para siempre.
Pero que las cosas que sí son se le hayan escapado como un
hombre eso sí
que no podía entenderlo me decía
Mariela Cisneros la cara tan oscura las tetas desvaídas los dedos
de las manos huidizos

la mirada huidiza perdida me decía:
que los hombres
no son para quedarse pero yo nunca me esperé
que las cosas que sí son de quedarse
—un árbol cuando es firme la casa si es
de material esos recuerdos que se pegan la foto
de mi padre la única foto de mi padre—
se las llevara el agua.
Los hombres sí pero no
los recuerdos. Los hombres
sí pero
qué raro
los recuerdos.

Con el agua algunos perdieron familiares, la casa, los objetos, lo que
habían ido juntando con el trabajo de toda la vida. Otros perdieron el pasado, la foto de la hermana muerta: quizás era la única, la imagen que quedaba. Y la ropa, la heladera, los tres o cuatro muebles, la vajilla. Todo, todo
lo que tenían. ¿Te imaginás si de pronto no tenés más nada de lo que siempre tuviste?, me pregunta Gabriel:
—Es muy raro, hermano, muy muy raro. ¿Sabés qué? Te parece que
vos no sos más vos.

MOISESVILLE-SUNCHALES-CERES

¿Cómo se dicen esas avenidas largas desangeladas que salen de las ciudades argentinas, los carteles de lata de materiales para la construcción viveros muebles de algarrobo, las pizarras de duraznos por cajón cuatro kilos de tomate por tres pesos, el puesto de choripán con sus dos parroquianos bajándose cervezas, los colectivos la pickup hecha mierda el falcon como nuevo el carro de caballos, las casitas de un piso árboles sucios ralos el asfalto emparchado las estaciones de servicio el barrio, al fondo, de vivienda social que inauguró un intendente ya olvidado la línea de faroles medio rotos, los ciclistas la heladería sorrento los talleres mecánicos, esa carnicería que ahora es casi un súper, los carteles del hiper 5' más al centro, la pizza grande y una docena de empanadas todo por 9 con 99, el batallón de telecentros, la foto en una hora, la gomería que una cubierta vieja anuncia, la farmacia que cerró por los asaltos el kiosco con rejas la poca gente nadie, casi nadie que la recorra a esta hora de la siesta?

En el medio campea el busto del prócer sobre un pedestal bajo de venecita, azul celeste y blanco. Alrededor barracas blancas con techos de tejas a dos aguas y, orientado a la ruta, un cartel que quizás me conteste varias preguntas: Liceo Militar Gral. Belgrano, 1947-2002#Medio siglo formando buenos argentinos. Y el problema no es que no sepan hacer cuentas.

El Litoral cuenta el choque frontal entre dos coches en Veravebú, departamento Caseros: "...como consecuencia del encontronazo los mencionados sufrieron lesiones de extrema gravedad, a tal punto que perdieron la vida en el acto...", dice para decir que se mataron. Quizás así murieron menos. Después el diario dice que en todo el verano hubo lo normal: seis personas atendidas por picadura de yarará. También dice que este fin de semana hubo seis muertos en accidentes de tránsito. Me cruzo un coche muy chocado. Paro, le preguntó al policía de plantón que fue del conductor:

—Ah, no. El joven ha dejado de existir.

Dijo: dejado de existir.

Casi me muero.

Los medios, sin duda, hacen cultura.

Horas y horas manejando, mirando campo, pensando qué debería pensar. Qué preguntarme.

Hasta que de pronto todo se hace distinto. Desaparecen los campos de cultivo, los montes de frutales, los bosquecitos de eucaliptos. Hay, aquí y allá, un campo de girasoles, unas vacas. Pero también arbustos, tierra seca. Territorio de frontera. Un cartel en la carretera indica el desvío que lleva a Cululú. Paso y me pregunto a quién se le puede haber ocurrido ponerle a un pueblo Cululú. Es la clásica pregunta que uno no se contesta. Entonces me digo que estoy viajando para eso: para buscar respuestas a las preguntas más idiotas —y freno, doy la vuelta, entro a Cululú.

Son las cuatro de la tarde, todos duermen y solamente veo un pibe de quince o dieciséis en la puerta de una despensa, charlando con un hombre grande con una pierna menos. Le pido una gaseosa, abre la despensa, me la vende y le pregunto de dónde viene el nombre Cululú.

—No sé, vaya a saber, es por los indios.

—¿Cómo por los indios? ¿Había indios que se llamaban así?

—No, los indios le pusieron ese nombre al río que hay acá. Les gustaba tomar el agua de ese río y hacían Cululú, Cululú.

—¿No será una leyenda?

—Acá hay muchas leyendas, es lo que más tenemos.

El hombre grande de la pierna sola es, me dice, su tío, y nadie sabe bien cómo perdió la otra. O alguien debe saber pero que él no. El pueblo son quince o veinte casas, chiquitas, apartadas y el pibe me dice que no lo cambia por nada del mundo. Que es tranquilo, que nadie roba, que no se aburre. Que una vez fue a Buenos Aires y no lo soportó. Yo no le creo pero me encantaría.

Ahora la luz
incendia girasoles.
Un caballo muy blanco camina solo
suelto.

—No, acá todos trabajan en el campo pero son todos campitos chicos. Imaginesé. Salvo la grande, La Pelada, que tiene más de veinte mil hectáreas. Pero ésa es de uno de Buenos Aires. ¿Cómo era que se llamaban? Bor, los hermanos Bor, me parece que eran.

Solo. Suelto.

Acá las carreteras ya no tienen carteles. Las carreteras sin carteles son un signo: no esperan forasteros. Están hechas para los que saben dónde están, adonde quieren ir.

Yo estaba sorprendido, maravillado mirando aquel teatro cuando vino el sargento Rodríguez y me tendió la mano:
—Sargento Rodríguez, mucho gusto.
El sargento Rodríguez tenía una panza poderosa, una pickup agonizante y un revólver o catapulta o batidora yelmo colgándole del cinto. Yo soy un muchacho educado:
—Martín Caparrós, el gusto es mío.
—Identifíquese.
—Es lo que acabo de hacer, señor: Martín Caparrós.
—No, le digo que me muestre un documento.
—¿Por qué?
El sargento Rodríguez no está acostumbrado a las preguntas por la causa.

Moisesville tiene un nombre que es toda una proclama. Aquí llegaron, en 1889, los primeros colonos judíos organizados que desembarcaron en la Argentina. Venían de Podolia —Rusia— y no querían venir a la Argentina: de hecho, estaban tratando de ir a Palestina. Así que mandaron a dos representantes a París para pedirle ayuda a un Rothschild; el Rothschild no quiso dársela y allí, de casualidad, se encontraron con un tal Franck, agente de un tal Rafael Hernández, argentino, que les ofreció tierras en su país lejano. Los paisanos no estaban muy convencidos pero no veían otra opción. Por si acaso, fueron a preguntarle al gran rabino de París dónde quedaba ese país, si allí se esclavizaba a los judíos o se los convertía. El gran rabino les dijo que no, que viajaran tranquilos. Los rusos se compraron las tierras, que se anunciaban cerca de La Plata. El vendedor Hernández tenía un hermano llamado José. El señor José escribió un libro sobre el Interior: el libro nacional. El hermano Rafael escribió escrituras falsas.
Cuando los judíos desembarcaron en Buenos Aires, después de ven-

cer la resistencia del inspector de Migraciones que quería mandarlos de vuelta a su lugar, descubrieron que las tierras compradas, por supuesto, no existían.

Entonces se encontraron con otro pariente: un señor Pedro Palacios, tío de un joven Palacios que después sería Alfredo, les ofreció unas tierras en un lugar lejano, Santa Fe. Los llevaría el ferrocarril; se bajarían en una estación Palacios y allí podrían ocupar sus tierras. Cuando llegaron, descubrieron una vez más que las tierras no estaban. Era, en verdad, un viaje de descubrimiento.

Aquellos judíos de Podolia se pasaron varios meses en la estación Palacios, y muchos se murieron por el tifus. Al fin, un barón Hirsch los auxilió: les consiguió unas tierras para que fundaran Moisesville. Ahora —visto desde ahora—, me parece que arraigarse en Moisesville, en el norte pelado de la provincia de Santa Fe, sí que era enterrarse en la Argentina. Distinto debía ser instalarse en Buenos Aires, en Rosario, en Tucumán o Córdoba —y ser parte del mundo todavía. Acá era salirse de él: hundirse en otro. Pero también sería, supongo, armarse un mundo propio. Una ciudad —una ciudad entera— que pudiera tomar el nombre del profeta. El sueño de la ciudad propia. El sueño inverosímil del errante.

El sargento Rodríguez está poniéndose violento:

—¿Cómo por qué? Porque yo le digo que tiene que identificarse.

A mí me gustan, me calientan los sargentos violentos. Está pesado, son las tres o cuatro de la tarde:

—No me parece una razón. Estoy en mi país, no estoy haciendo nada raro. Yo me presenté, fui amable con usted. Hasta ahí llegamos.

—Identifíquese o lo voy a tener que detener.

—¿Me va a tener que detener?

Un poco más allá, junto a la puerta del teatro, un viejo en bicicleta nos mira como si quisiera entender qué nos sucede.

Los inmigrantes al final se instalaron, se repartieron quince o veinte hectáreas cada uno, criaron vacas, las ordeñaron cada día, fueron haciendo el pueblo, le construyeron sinagogas. En el museo de Moisesville —el museo que recuerda a esos primeros inmigrantes— hay un mortero de tronco que debe pesar quince o veinte kilos, para moler semillas para hacer el pan ácimo, que alguien se trajo desde casa. Me impresiona ese mortero, esa desolación: señores creyendo que se iban a un lugar dónde era necesario llevarse hasta el mortero tosco hecho con un tronco: hacia alguna forma del vacío.

El sargento Rodríguez está a punto de la ira; la panza le desborda, amenaza los botones de su camisa de fajina.

—Ponga las manos sobre la camioneta.

—¿Cómo?

El comisario llega justo a tiempo, con el viejito de la bicicleta. El comisario empieza por pedirme disculpas:

—No, no se crea, el sargento sólo trata de cumplir con su deber. Lo que pasa es que tenemos que tener mucho cuidado.

Me dice con la mirada cómplice. Yo se la devuelvo: no la quiero.

—Bueno, usted sabe cómo son las cosas. Éste es un lugar lleno de objetivos hebreos.

Que no parecen muy amenazados, pero nunca se sabe. De pronto se me ocurre que las repercusiones del miedo global son muy curiosas: todos queremos tener miedo. Los que no tienen miedo son los despreciables: los dejados de lado, los que no merecen siquiera la amenaza. El miedo a la amenaza global en Moisesville, Santa Fe, noreste de la Argentina, a la hora de la siesta.

Hace treinta años Moisesville tenía cinco mil habitantes; ahora tiene la mitad, y sólo unos trescientos son judíos. Los judíos fueron dejando el lugar, víctimas de su propia idea del progreso. A partir de los veintes o los treintas, las familias que podían empezaron a mandar a sus hijos a estudiar a Rosario o Buenos Aires para que fueran médicos, abogados, ingenieros. Por eso el pueblo se fue volviendo goy, pero mantiene marcas: las cuatro sinagogas, el museo, los nombres de las calles, el teatro Kadima.

Un problema grave para tratar de pensar la Argentina es que su presente fomenta uno de los cliches más bobos, más antiguos: que todo tiempo pasado fue mejor.

—No, pero no es un cliché. No me va a decir que usted no se acuerda de lo bien que se vivía acá en los cincuentas, los sesentas, cuando los obreros tenían para el asadito de cada mediodía, cuando todos éramos clase media. ¿O no se acuerda?

Trato de dejarlo de lado, pero aparecen en mi camino fábricas cerradas, vías muertas, pueblos abandonados: la tentación de compararla siempre con lo que fue —o, peor: con lo que debería haber sido. Ése es, en verdad, el problema: la Argentina se jugó a una carta muy botona. La Argentina era la tierra de la gran promesa, el país del mañana: ahora, que el mañana ya llegó y es esto, es casi lógico comparar su realidad con aquella ilusión. Y es un engorro.

Tras mi liberación, el viejo judío y una joven judía me muestran el teatro. El teatro Kadima tiene un frontis neoclásico con palabras en castellano e iddisch, una biblioteca y una sala con trescientas butacas, pullman, palcos, que parece salida de una película sobre los años treintas: *El huevo de la serpiente, Tierra y libertad*. El teatro Kadima es un exceso en un pueblito que tenía, entonces, dos o tres mil habitantes: me emociona de verdad. No siempre me da orgullo ser judío, pero esta tarde sí: pensar que estos fulanos, perdidos ahí en la fin del mundo, supusieron que la cultura era tan importante como para creer que tenían que edificar en este lugar este teatro.

Pero aún comparada con su realidad de entonces —cuando era todavía la promesa— esta Argentina pierde, y se dedica a fomentar aquel lugar común molesto, tan vulgar.

Cuando llego a Sunchales ya es de noche y está todo prolijo, cuidadito, apagado. Noche quiere decir las nueve —y es verano. Sunchales es un pueblo rico: la sede de una gran fábrica de Sancor.

La parrilla que me recomendaron en Sunchales —a la entrada del pueblo, bien rutera, los manteles de hule, tinto y soda, las gaseosas de litro, luz de tubos, ventiladores, la tele en un partido— está llena de parejas que comen sin hablarse. Las miradas perdidas, mastican sin hablarse.

Después, en la plaza del pueblo, la heladería desierta. La heladera es joven y bajita, las tetas anchas bajo el delantal blanco. Los ojos grandes como de vaca pava. Me mira, me sonríe, se pasa la lengua por los labios, me pone dulce de leche para un jardín de infantes. Se que me voy a ir, pero se lo agradezco.

Duermo en una pensión de trece pesos: una vieja casa de familia llena de cuartos. En el mío hay tres camitas, una toalla vieja pero limpia, un ventilador de techo que funciona, un armarito con su pequeño espejo, dos sillas de metal y en el baño, después de tantos años, volver a tirar de la cadena. A la mañana siguiente llueve a chorros y yo quiero tomarme un par de mates antes de salir. El termo que me da la dueña de la pensión se transforma de pronto en un geyser y escupe agua hirviendo, me quema en serio. Entonces me pregunto, como siempre en estos casos, qué carajo hago acá. Después pensaré que es una suerte que limite la pregunta a tales situaciones.

La señora ha encontrado una oportunidad de hacerse útil y me presta una pomada de hierbas y enseguida me empieza a contar quemaduras terribles. El operario de la Sancor que cayó hace un mes sobre un tablero de electricidad y está en Rosario con setenta por ciento de su cuerpo quemado y todavía no saben si va a sobrevivir. Una señora que vio ayer, en la cola del gas, con los dos brazos y la cara llena de cicatrices. Y finalmente una de sus hijas, que se cayó de cara sobre una salamandra cuando tenía un año y la curó una curandera porque los médicos no sabían qué hacer y arrastró una cicatriz que le jodió la adolescencia.

Lo cuenta con fruición; con eso que solemos llamar lujo de detalles. Me pregunto por qué nos gusta tanto, a nosotros, argentinos —estoy quemado, es mi cuarto de hora de sociología barata—, bañarnos, chapotear en la tragedia. Por qué aprovechamos la menor oportunidad para pasar revista a todas las desgracias —y me acuerdo de uno de los peores viajes de mi vida. Yo tenía ocho, nueve años y estaba con mis padres en la casa de mis abuelos, sur de la provincia de Buenos Aires, y teníamos que volvernos después del almuerzo. Varios amigos de mis abuelos comían con nosotros. Alguien habló de un accidente y durante horas todos los comensales se regodearon contando los más terribles, los más disparatados. Esa tarde mi viaje fue espantoso.

El accidente es la irrupción de lo imprevisto, la conciencia de la fragilidad. La evidencia de que todo pude cambiar en un segundo. La palabra accidente se liga, tantas veces, con la palabra viaje. El accidente, es obvio, tiene que ver muchas veces con lo desconocido. Yo conozco mi termo: nunca habría soltado un chorro tan imprevisto que me quemara así la mano.

Me fui en cuanto conseguí curarme un poco. Sunchales debe ser un pueblo extraordinario pero no creo que vuelva para comprobarlo.

Llueve a mares: es rara la carretera cuando llueve. El coche se hace más y más íntimo, como si el afuera se volviera inalcanzable y sólo quedara este pequeño habitáculo. Un lugar personal.

En una estación de servicio de San Cristóbal, al norte de Santa Fe, un hombre me pregunta a dónde voy. A Los Juríes, le digo, Santiago del Estero.

—¿Y pensás ir por Tostado?

—Y, sí.

—¿Con ese coche?

—Y, sí.

—No podés.

Me dice y Erre se encabrita y yo le muestro el mapa, el camino asfaltado en ese mapa y el tipo larga la carcajada:

—Sí, en el mapa. ¿Vos no sabés que hay caminos que existen y hay caminos que están en los mapas?

Yo creo que lo sabía pero no lo pensaba.

Después el tipo me dice que es ingeniero agrónomo y que está llevando esa tremenda cosechadora alemana a trabajar al Chaco. Me dice que la bestia —es una bestia, un verdadero monstruo de avidez— cuesta doscientos mil dólares y que tiene dos y me da una clase completísima sobre la siembra directa, el roundup, la raíz pivotal y los fotones necesarios para la soja y me dice que la soja es buena, que funciona y que el problema está, como siempre, en los excesos. En el hecho de que ahora todos plantan soja, porque el monocultivo deja al país indefenso ante cualquier maniobra de los mercados internacionales, ante cualquier caída del precio, por ejemplo.

Entonces yo le digo que eso es lógico cuando lo único que cuenta es la iniciativa individual. Así, cada cual tiene derecho a pensar que con la soja va a ganar un poco más —y planta soja. Si hubiera algún tipo de planificación se podría incentivar otros cultivos: decirle a fulano bueno, vos plantás sorgo pero yo a cambio te doy tal y tal cosa, más asesoramiento, menos retenciones. Y armar un plan de conjunto, que funcione para el país y no sólo para algunos de sus habitantes. Y me siento una especie de estratega.

Y él, para mi sorpresa, dice que sí: que él es capitalista, claro, pero no pelotudo y cuando hacés una cosa de éstas te entregás, quedás atado de pies y manos y los tipos se aprovechan. Le pregunto quiénes son los tipos. Todos, los yanquis, todo el mundo:

—Te digo, yo soy capitalista pero no pelotudo; si hacemos el capitalismo que sea para estar bien todos. Si van a estar bien ellos solos, entonces me hago comunista y me meto a tirar bombas.

Llueve, sigue lloviendo. Voy despacio; Erre igual patina. No se ve nada a los costados. Decidimente el mundo no está pensado para la lluvia. La lluvia es una mezcla de estados que complica todo. Normalmente la base está hecha de sólido y líquido, tierra y agua, y arriba está el gaseoso. La separación más o menos clara entre los tres estados marca el orden, da la pauta de que la Tierra es un trabajo terminado, no como esos planetas incandescentes que parecen la obra de un perezoso o un perverso. La lluvia en cambio, el líquido mezclado en el gaseoso saliendo de su lugar para ocupar el de otro, es una muestra de que esto está incompleto, de que todo puede cambiar súbitamente, de que Dios, si existe, no terminó el trabajo.

Después alguien me dirá que dejan la ruta de Tostado así de arruinada para que sólo la usen los narcotraficantes. Parece inverosímil —pero el hecho de que me lo digan tan en serio dice algo.

A la entrada de Ceres, norte de Santa Fe, una estatua de la diosa romana que le da nombre al pueblo campea junto a vírgenes sufrientes y cruces con espinas. Ceres era una diosa de la fertilidad: mucho rito pagano, fiestas, bacanales; me gusta imaginar que en este pueblo la veneran como se merece. Me ilusiono con eso, pero pronto encuentro la verdad. Es de mañana y quiero chequear mi correo. Voy al cybercafé y veo que está cerrado: el horario es de dos de la tarde a cuatro de la mañana. Las fabulosas bacanales han sido reemplazadas por internet —parece.

—Nosotros acá los gringos piamonteses somos lo más envidioso que hay. En cuanto uno tiene alguna cosita, el de al lado tiene que tener una mejor. No sabés cómo es esto. Por eso muchas veces aunque estemos bien, ganamos diez pero tenemos que gastar quince. Somos increíbles.

En una esquina, dos tipos en bicicleta charlan bajo la lluvia. Las bicis están viejas, remeras desteñidas, las zapatillas rotas. Uno tiene un paraguas amarillo con pintitas rojas. Una 4x4 muy brillosa está a punto de pasarlos por encima. Los dos tipos se corren. El del paraguas le comenta al otro qué lindo que está ese land rover, eh.
—A vos sí que te gustan los coches.
—Y claro, qué te creés.

Y el que no levanta las manos en un cheto, dice el cantante de la cumbia que sale por el altoparlante del mercadito, justo atrás: el que no levanta las manos en un cheto.

El efecto país se refugia en los súper: entrar al mercado y encontrarse con los mismos productos, con las mismas marcas que uno ya conoce. La patria es bagley, cruz del sur, cepita, cocacola, hellmans, la campagnola, lux, colgate. Si sigue la tendencia lo vamos a lograr: las marcas nacionales son cada vez menos, las referencias nacionales más escasas: dentro de poco no va a haber más fronteras en el mundo.
Pero en este súper —Ceres, Santa Fe— empieza un continente. Yo nunca lo había visto en la Argentina; hasta ahora me lo había encontrado en Colombia, Ecuador, Brasil, otros sitios sudacas. En la caja del supermercado, chicos te embolsan lo que vas comprando: trabajo no sólo infantil,

también innecesario. La Argentina, ahora, también es una de esas sociedades donde falta trabajo y sobra gente.

—Ah, vos debés venir por lo del pibe ese que mataron acá en la comisaría el año pasado. Eso sí que es un asunto turbio.
—No, la verdad que no.
—Claro, acá estamos lejos. En Buenos Aires se cae un plato y recién al año lo escuchamos, pero lo escuchamos. Acá de nosotros ustedes ni se enteran.

—El desastre son los 150.
Me dice un cosechero y me invita un café. El tipo tiene cuarenta y tantos, la cara enrojecida y bien cuarteada, muy preocupado por la corrupción y la venta del país durante el menemismo, por la traición de los políticos:
—Lo de los 150 mangos del plan nos tiene muertos. Imaginate, acá en el norte nadie está casado entonces el tipo cobra 150 por acá, la mujer 150 por allá, Cáritas les da de comer y no te quiere laburar nadie. Les ofrecés el algodón, que vayan a alambrar, que limpien el campo y no quieren, dicen que no, si ya tienen sus mangos. Antes se mataban por un laburito, ahora toman mate y te miran por arriba del hombro. En este país con los 150 están haciendo un país de vagos.
Yo le pregunto tímidamente si la solución no será pagarles más.
—No hermano, el campo no da para tanto, no podemos. Yo qué más quiero, pero no podemos.

Después se sienta otro y me cuenta la larguísima historia del fulano que abría la puerta del prostíbulo y lo echaron porque no sabía inglés. Pero cómo, yo lo hice, mi padre lo hizo, mi abuelo lo hizo, todos lo hicimos, qué voy a hacer ahora, piensa el fulano y piensa que sabe arreglar muebles pero en su pueblo no puede conseguir las herramientas. Entonces se va a comprar herramientas a otro pueblo. Empieza a trabajar, pero el vecino se las pide prestadas; al otro día el vecino le dice que todavía las necesita y el fulano se las vende. El fulano se va a comprar otras herramientas pero otro se las pide; el fulano descubre que gana más vendiéndolas que usándolas. Entonces pone una ferretería, vende, se hace rico. Después pone una fábrica de herramientas. Después necesita que los obreros trabajen más y consuman mejor: pone una escuela. Es el acto de inauguración: el intendente del pueblo hace un discurso:
—Este hombre que ha hecho todo esto y tururú y piribí, sin siquiera saber hablar inglés. Todo sin hablar inglés, imagínense. ¿Qué habría sido de usted si hubiera sabido hablar inglés?
—Y, estaría abriendo la puerta del quilombo.
Dice el tipo.

—Uy, vas para Santiago. Ahí sí que te vas a hacer un picnic.

Me dijo el que pensaba que había venido a resolver un crimen. Y ahora estoy entrando en Santiago del Estero, provincia donde nunca estuve. Santiago es, para mí todavía, un par de mitos: el desierto, la sequía, el feudalismo, la vagancia o pachorra. Para empezar por algo, llueve a chorros.

Detesto esta costumbre tan prudente: me subo al Erre, me abrocho el cinturón. Prevenir es un gesto complicado: suponer el desastre. Nada más lleno de futuro que atarse como quien acepta la posibilidad de que sea necesario. Ponerse el cinturón es apostar al futuro: al horror del futuro. Pero también es optimismo: el destino es cruel pero yo puedo pelear contra eso y, si acaso, ganarle. El optimismo perfecto sería no ponérselo; el pesimismo perfecto, no ponérselo. Ponérselo es entrar en un mundo mediatinta, suponer que todo puede ser una desgracia pero uno tiene una chance de pelear contra eso: hacer política, vivir.

La ruta bordea, empecinada, la vía del tren que ya no existe.

Provincia de Santiago del Estero

Pinto-Añatuya-Juríes

El primer pueblo santiagueño se llama Selva y es más bien monte bajo. Hay una plaza, la iglesia, un par de escuelas, el banco de Santiago del Estero, la cooperativa de tamberos y el casino. Un hospitalito, ocho cuadras de asfalto. Un pollo se vende a 3,40, una gallina 2,95. Hay un bar que dice que es un Pub. Una estatua de San Martín, la de la madre amamantando, la estación de servicio, los dos o tres minimercados, un telecentro, las dos "boutiques de moda", las casas parecidas. Se acabó.

Después, junto a la carretera, aparecen imágenes, y las miro encantado: es la tilinguería paisajística, el gusto de encontrarse con lo que uno ya vio en todas las fotos. A veces, el viaje es una busca de confirmación, y acá la tengo: el ranchito de adobe bajo el algarrobo, la letrina, la mesa hecha de troncos, gallinas picoteando sin apuro, alguna flor a veces, el sulky, su caballo aburrido, el horno de pan hecho de barro.

Lo dije: llueve, voy despacio; los tramos se hacen largos y a veces me entretengo con pavadas. Ahora cuento los hombres a caballo. Ahora les busco formas a las nubes. Ahora saludo con las luces a todos los que pasan —a ver si me contestan. Y trato de pensar qué pensarán de mí, si es que soy tan gentil o que no entiendo nada. Después me río por esta compulsión a pensar cómo me juzgarán unos señores que cruzo una vez para siempre. El paisaje se convierte en tierra baja, desierta, anegada. Y de pronto de la más bruta nada aparece la Argentina: hay un pueblo que se llama Argentina.

Argentina es una estación de tren desafectada con su antena de Direct TV. Ocho, diez casas en estado dudoso, cinco calles de tierra y una cancha de fútbol puro polvo. Ya sé que tengo que cuidarme de las metáforas baratas, pero Argentina existe: ruta 34, kilómetro 438, arbolitos que no supieron pasar del metro y medio.

Ninguno de estos pueblos existía hace poco más de un siglo. Todos tienen fecha de fundación: 1880, 1890. Todos tienen un pasado preciso; todos tienen un futuro muy precario.

La tormenta arrecia. Trato de recordar, repaso mentalmente mi archivo y no registro historias de coches achicharrados por relámpagos. Pero es impresionante ver los rayos cayendo cerca en este campo tan abierto. Después me río de mi recurso a la historia, salvador.

—Esta lluvia, señor, no sabe cómo necesitábamos una lluvia como ésta. No sabe lo bien que nos viene, la alegría.
Como siempre, todo se juega en el punto de vista.

En el parador de Pinto un camionero me cuenta en qué pueblo de Santiago del Estero está la balanza donde todas las noches por veinte pesos te dejan pasar con sobrepeso, y cómo hay que seguir hasta un pueblo en Santa Fe donde le pasás el excedente de granos a otro camión porque si no en el barco no te dejan embarcar. Dice que es muy fácil, que todos lo hacen, que todos lo saben. Después me dice que se va, que todavía le falta mucho viaje. Entonces se acerca a mi mesa una señora de treinta y pico, bien vestida:
—Usted es periodista, ¿no?
—Sí.
—Mire, quería hablar con usted. No sé qué se puede hacer, pero el sándwich que me dieron recién tenía un gusano.
Dice la señora tucumana elegante que está volviendo a su provincia desde Punta del Este. Hay personas que tienen gran confianza en los poderes de la prensa. Su marido es un señor mayor; la pareja viaja con su nena y su mucama. Yo le digo que, en efecto, no creo que pueda hacer gran cosa pero que claro, que voy a tomar nota.
—Yo salí de Buenos Aires ayer a las ocho de la noche.
Me dice otra, sin ninguna elegancia. El bar del parador es oscuro y húmedo, efecto de la lluvia; el piso está embarrado.
—Cuando paramos acá, a eso de las siete de la mañana, se rompió el ómnibus y todavía estamos esperando.
Son las tres de la tarde y la mujer me dice que no tiene para un sándwich, que como iba a llegar a Santiago a la mañana no trajo plata para

comprar comida. Detrás de las ventanas hay dos chicos descalzos que piden una moneda, un chicle, un pedazo de pizza: piden algo. Un mozo levanta de la mesa de los tucumanos el sándwich del gusano. Lo mira como quien dice qué raro que no se lo comieron. Se acerca a la ventana y se lo da a los chicos:

—Repartan con sus compañeros. Vamos, rápido, que no los vean, dale, dale.

Los chicos salen corriendo. Yo no sé si decirles o callarme la boca. Esto es una frontera.

—¿Vos que querés ser cuando seas grande?
—Yo quiero ser millonario y dueño de un avión.
—Pero eso es muy difícil.
—Y qué me importa, vos me preguntaste qué quería.

Pirincho limpia.
Pirincho limpia el baño.
Pirincho limpia el baño de la estación de ómnibus de Pinto, Santiago del Estero, y dice que por lo menos desde que limpia el baño nadie le dice más Pirincho.
Que no le dicen mucho ahora sus amigos: ni Pirincho.
Dice que por envidia:
porque yo me gano mis monedas
señor
me gano mis monedas.
                    Y ahora sé
lo que hace la gente en este asunto. Usté no sabe
señor
lo que yo estoy sabiendo
dice Pirincho
                    remera que fue verde pantalones
cortos deshilachados nadie sabe
dice: lo que hace la gente en este asunto.
Yo los he visto sacarla como si se la fueran a cortar sacarla para
paja sacarla con vergüenza de sacarla con pena de sacarla con miedo
de sacarla los he visto
sacudirla revolearla partirla en dos para secarla
los he visto mirarla con cariño y con desprecio y con
resentimiento te lo juro
señor
era resentimiento

dice Pirincho y dice: nadie sabe.
Pirincho limpia y dice nadie sabe
lo que yo estoy sabiendo.

Pero voy a tardar en darme cuenta de que paso de una Argentina a otra
Argentina, de un país verde húmedo fácil de trabajar a un país seco estéril
amarillo resistente: de los ganados y las mieses a los matojos y las piedras.
Llego a Añatuya —y todo se hace de pronto tan distante. Al costado de la
ruta avanzan dos muchachos con escopeta en bandolera, uno en bicicleta,
el otro a caballo: versión kitsch de don Quijote y Sancho. Pasa la combi que
va desde Añatuya hasta Juríes: se llama Transmilagros. Un camioncito de
reparto de cervezas tiene pintada una leyenda: ¡El esfuerzo y el recuerdo de
mis viejos siguen en pie! —con mucha admiración. Las calles de la entrada
son de tierra, los ranchos con sus hornos de pan, los algarrobos; un burro
maneado se escapa a los saltitos. Un chico de diez años camina en patas con
una gallina en cada mano. Las gallinas están vivas. Se sacuden apenas, como si ya lo hubieran entendido. El chico tiene una camiseta de la selección:
celeste, blanca, rota.

Después, para marcar la entrada, el monumento a Evita. La Argentina es celosa de sus bustos; no hay tantos que estén en todos sus rincones: Sarmiento, Belgrano, San Martín. El club de los bustos nacionales era
muy exclusivo y la conscripción de socios se había cerrado hacia fines del
siglo XIX. Ahora, últimamente, se le agregó la señora Eva Duarte. Es un
honor sin duda y un mérito extraño: ¿por qué ella en vez de su marido?
¿Por qué ella, en estos últimos años donde todo lo que dijo o creyó se fue
al carajo? ¿Por eso?

Añatuya, de pronto, se transforma en ciudad: tiene unos veinte mil habitantes, cierto asfalto, sus casas de dos pisos, sus negocios. Añatuya tuvo
un ciudadano ilustre: Homero Manzi nació acá, para demostrar que ser
porteño es un invento.

y mirá que este país tiene todo para ser un gran país pero decí que los
políticos son todos corruptos y afanan, nos afanan, acá todos afanan, el que
no es político es chorro la cosa es que todos te afanan y la gente es buena, a
veces de tan buena más parece boluda

—Acá los únicos que se joden son los chicos, los que no tienen nada.
Por ejemplo se ponen duros con los que cazan nutrias. Son paisanos que
no tienen otro trabajo, entonces ponen su trampita en el río. Con eso se

compran una bolsita de harina para hacerse el pan, para su subsistencia, ¿me entiende? A ésos los persiguen, los meten presos, para cuidar los animales. Pero mejor que se muera el animal y no el hombre de hambre. Esto no era un desierto, esto era un bosque de quebracho; lo hizo desierto la Forestal, en las primeras décadas del siglo. Lo explotaron tanto que lo hicieron desierto. Yo no sé por qué vivimos acá, por qué seguimos viviendo acá. Acá no hay bellezas naturales, no hay vida cultural, no hay esperanzas de crecer. Acá no hay nada.

Me dice y se le arma una sonrisa triste. El hombre tiene un nombre que no voy a nombrar: es médico y periodista, tranquilo, amable, desesperanzado.

—Acá ya llevamos tres generaciones acostumbrados a un régimen feudal. Ya sabemos que si seguimos derechito sin levantar la cabeza nos van a dar lo suficiente para no morirnos de hambre. No mucho más, pero por lo menos eso sí. Imagínese que acá el setenta, el ochenta por ciento son empleados públicos, dependen del gobierno. Así que nos acostumbraron a eso: a no querer nada más de lo que ya tenemos, que no es nada o casi nada.

Le pregunto si será tan así y me dice que nosotros no nos damos cuenta:

—Ustedes no se dan cuenta. Ustedes desde Buenos Aires no se dan cuenta. Yo a usted a veces lo escucho, lo leo y me parece que habla de otra Argentina. Primero me ilusiono, y después pienso que está hablando de otro país. Acá esas ilusiones no tienen ningún curso, acá nos enseñaron a no hacernos ilusiones. Y en cuanto alguno saca un poquito la cabeza se la bajan. ¿No ve que acá estamos en un estado policial donde todos están fijándose lo que hace el vecino y uno nunca sabe quién lo va a denunciar?

El hombre cuenta todo muy oscuro pero me insiste en que es así. Yo le pregunto una vez más si no exagera; él me mira, callado, como si no supiera si contármelo o callarse. Después me dice que tiene leucemia, que no le queda mucho tiempo, que él sabe porque es médico, no lo van a engañar, y que si me parece que en un momento así me va a mentir:

—¿Para qué, qué voy a ganar con eso?

En Añatuya ya casi todos son ¿cómo decirlo? ¿Morochos, cobrizos, aindiados? Hay problemas para describir ciertas cosas tan visibles.

El cuarentón se baja de su pick-up en el bar más elegante de Añatuya. Tiene la cara y el cuello muy quemados, el pecho casi blanco, el pelo rubio. La pick-up está nueva y el cuarentón me dice que acá el que se queja es porque no tiene voluntad. Me cuenta que está plantando soja, maíz, trigo, que viene de Santa Fe y que está ganando buena plata. Después se sienta con sus amigos, cuatro o cinco, a fumar y tomarse vermús. Yo me pregunto cuánto se tarda en conseguir esa cara de hastío, de rechazo perfecto: la cara que estos cuatro o cinco señores, parroquianos del mejor bar de Añatuya, pueden armar cuando pasa un mendigo y les pide una moneda. Dije: el bar más elegante de Añatuya.

Por suerte ya no llueve. En los días de lluvia la municipalidad cierra ciertas calles para que no se arruinen, con sogas tendidas de una a otra vereda.

—La ventaja del pueblo es que es muy tranquilo. No te molestan, no te roban. Bueno, a mí me robaron.
Dice el Bebe.
—A mi abuela también.
Dice Vanina.
—Si, bueno, no te roban tanto. De vez en cuando hay alguno, pero igual seguimos dejando las puertas abiertas, los coches con las llaves puestas.

Una médica me dice que en toda la provincia no hay ninguna unidad de terapia intensiva salvo, por supuesto, en Santiago capital. Me dice que en Santiago hay muchas porque el gobierno hacía algunas para hacerse propaganda y sacar plata y hubo privados que hicieron otras para lavar dinero. Entonces hay demasiada oferta de terapia intensiva en Santiago y han impedido que se construyan otras en el resto de la provincia para que todos los enfermos de la provincia no tengan más remedio que ir a la capital:
—Por supuesto los caminos son muy malos y no hay aviones ambulancia. Una de las causas de mortalidad más fuerte en la provincia, junto con la vinchuca, es que no tenemos ninguna posibilidad de dar atención urgente.

El hombre tiene una camisa muy lavada y fuma en una esquina; son las nueve, la noche está fresca. En el centro del pueblo hay gente que se encuentra, que charla, que se ríe. El hombre me dice que tiene un sueldito del gobierno, que con eso tira, que más o menos va llegando a fin de mes, y que no se queja, que hay tanta gente pasando hambre, que él está muy bien. ¿Cómo se va a quejar? Sería un desagradecido: si me quejara sería un hijo de puta, dice el hombre.

—Si alguna vez querés hacerte una cura antistress, te venís con un reloj de arena y mirás pasar el tiempo. Vas a ver que nada te distrae.

Mariana nació acá, estudia en Santiago capital y vuelve todos los veranos. Pero tiene miedo:

—¿Sabés que es lo que me da mucho miedo? Enamorarme de un pibe de acá y tirar la chancleta. Casarme con él, tener chicos acá, vivir toda mi vida en este pueblo. Yo tengo que salir de acá, no puedo enamorarme.

Él dice que ellos no toman tierras: que tienen tierras y quieren defenderlas: que tienen la posesión, desde hace décadas, de sus tierras pero no los títulos.

—El invento de que tomamos tierras es la manera de descalificarnos.

Me dice Lucho Catán, cuarenta y tantos, presidente del Movimiento de Campesinos de Santiago del Estero-Los Juríes.

Yo, por supuesto, no sabía que había dos. Fui a Los Juríes, a unos setenta kilómetros de Añatuya, porque quería encontrar gente del Mocase: había escuchado hablar de ellos y quería hablar con ellos. Pero no sabía, hasta que Lucho Catán me lo contó, que el Mocase se dividió, tiempo atrás, en dos grupos que se disputan el nombre y las áreas de influencia.

Y es curioso —o no— que en esta casa de adobe y vigas de quebracho, sobre una mesa de madera muy gastada, Catán me dé razones que suenan a la historia del siglo XX: cómo los movimientos de izquierda se convencieron de que lo que tenían que hacer, siempre que fuera posible, era quebrarse:

—No, los de Quimilí son los revolucionarios modelo. Los que promueven la reforma agraria y la redistribución como si fuera a pasar dentro de dos semanas. Qué vamos a hablar de eso si no puede pasar todavía. Ojalá pudiera, pero para qué nos vamos a engañar. Ellos quieren modelarlo al campo al gusto de ellos, que sea como ellos piensan. Ojalá, pero hoy o mañana no va a ser. Vamos a cambiar este país, ojalá, pero no va a ser con discursos y páginas de internet, me entendés. Y además los dirigentes campesinos tienen que ser campesinos, no tipos esclarecidos que llegan desde afuera.

El sector más principista versus el más posibilista: un clásico del fútbol argentino —y mundial.

Los Juríes fueron, hace siglos, los indios que dominaban esta zona; ahora es un pueblo de cinco mil habitantes, tranquilo, sin nada muy particular, salvo un gran cementerio de autos. El resto es lo que queda en esos pueblos: los seis o siete negocios, los tres bares, la escuela, la salita, las calles de tierra que hoy están embarradas, poca gente en la calle, las casas pobres con su árbol en el patio.

Lucho Catán tiene una cara que podría ser andaluza, el pelo negro corto, la nariz ancha y aguileña, la barba muy cerrada, y me cuenta que la mayoría de los campesinos de la zona desciende de los hacheros que vinieron hace décadas para talar quebracho y que se fueron quedando cuando se acabó el monte. Que su propio abuelo, por ejemplo, era un capataz de esos desmontes y conoció a una mujer y se casó, se afincó, crió a sus hijos. El nieto del capataz, con los años, se volvió dirigente sindical.

—Yo era engreído, de esos culo crespo que le plantaba cara a la realidad. No sabíamos ni aca. Qué duro fue aprenderlo, hermano.

Catán ceba un mate con una imagen de Guevara y me cuenta que ellos empezaron a pelear por sus tierras hace más de veinte años, que se fueron organizando de a poco hasta que en 1990 formaron el Mocase. Pero que para ellos, pequeños campesinos algodoneros, los años de Menem fueron el culerío: que se quedaron con el culo por el suelo. Que el algodón pasó de 550 pesos la tonelada a 180 y que ya ni siquiera lo sembraban porque no compensaba, que se quedaron con la vaca y el cabrito y que para vivir tenían que salir a buscar trabajo afuera:

—Las huaynas a la ciudad a trabajar de mucamas, los changos de albañil. Las familias se rompían. Y tampoco es que conseguían mucho laburo, no te vayas a creer.

Y que producían todavía un poco de carbón vegetal, que los asados de la costa se hacen con su carbón aunque nadie lo sepa, que ellos siempre estuvieron a mil kilómetros de donde se cocina todo, que hasta las ideas se cocinan lejos de acá, me dice Lucho Catán, y que ellos no deciden nada, que las grandes cuestiones se deciden en las oficinas:

—Nosotros agachamos el lomo para trabajar pero los que deciden son ellos, y capaz que es gente que nunca vivió con la angustia de no saber si va a comer mañana. A ellos no les hace calor, tienen otro clima, tienen aire acondicionado, tienen plata para comprar remedios, tienen lo que se les antoja. Lo que no tienen es imaginación, ni quieren tenerla. Si tuvieran la imaginación para entender cómo vivimos no podrían hacernos las cosas que nos hacen.

Son actitudes de estos tiempos: el heroísmo —¿el heroísmo?— de los que aceptan que el mundo no podrá ser pronto muy distinto pero van a seguir haciendo lo posible para que no sea tan igual.

—Y sobre todo, ¿sabés qué? El olor del algodón en el campo no se compara con nada.

Veinte hectáreas alcanzan, por acá, para dar de vivir a una familia: diez de algodón y el resto de maíz, sandía, melón, zapallo. Un par de chanchos, unas cabras, gallinas. Si acaso algún ternero.

Los campesinos del Mocase son grandes militantes antisoja: temen que la soja, si se sigue difundiendo, termine por acabar con ellos.

—La soja desertifica. Los tipos usan unos herbicidas que secan el algodón y cualquier otra cosa. Usan cada vez más fertilizantes, todo valuado en dólares, todo artificial. Nosotros hacemos orgánico. Y además la soja hay que hacerla en grandes extensiones, con máquinas de siembra directa, hay que pagarles al toque. En cambio el algodón podés sembrar una hectárea y trabaja toda la familia y después es como tener un billete: vos vas con tu bolsa de veinte kilos de algodón al almacén y te comprás la comida que necesitás. Para soja hay que tener capital y mucho terreno, es para productores grandes y medianos. Es la que más degrada la tierra, se lleva toda la riqueza en pocos años. El algodón lo podés sembrar mil años que está todo bien. Pero gracias a Dios los superbochos no han podido inventar una forma mecánica que pueda cosechar todo el algodón. Sólo el treinta, cincuenta por ciento, pero así queda la necesidad de mano de obra. A nosotros nos va la vida en eso. Mientras sigamos plantando algo vamos a seguir existiendo. Después vamos a empezar a desaparecer, de a uno o de a montones. En serio te digo, si esto sigue así se van a acabar los campesinos, los pequeños productores. Nos vamos a ir todos a la ciudad a ser mano de obra barata, con suerte, o desocupados. El día que terminemos cobrando 200 pesos de la municipalidad o 150 del plan jefes y jefas será que todo se fue al carajo de verdad.

Es interesante: resulta lógico y razonable que quieran conservar sus costumbres sus tradiciones, su forma de vida. Pero también es probable que su eficacia como productores sea mucho menor que la de un campo de soja bien sembrado. Uno tiene, en primera instancia, el reflejo de defender su derecho a seguir viviendo como viven. Pero, después, preguntas: si hubiera sido siempre así, ¿no seguiríamos viviendo en magníficas cavernas con fogatas vacilantes y macanas y bisontes?

—¿Qué se sabe de acá? Lo que vende. Pero nuestras vidas no venden.

Lucho Catán me dice que a ellos nadie les hace caso si no hay una noticia horrible. Que hace unos años estaban ocupando unas tierras y un periodista amigo les dijo que por qué no prendían fuego a una topadora.

—No, estamos en contra de la violencia.

Le dijeron ellos y él les dijo que sí, de acuerdo, pero yo quiero seguir cubriendo la historia, y para eso tienen que hacer algo que me permita seguir dándoles bola, les dijo el periodista.

—La televisión de Buenos Aires es peor que la cobra. La cobra te tira el veneno en los ojos de cerquita, pero ellos te lo tiran de lejos, son peores.

Dice Catán, pero también me dice que su mejor aliado es la prensa: que la única forma de que les den bola es la denuncia pública; que la denuncia en la justicia no sirve porque la policía muchas veces no las toma. Que, al fin y al cabo, dependen mucho de los medios.

—Con tal que tengamos para parar la olla todos los días y un poco de dignidad, yo estoy cero a cero con Dios, sigo tirando.

Ahora el precio del algodón se ha recuperado, y plantarlo volvió a ser rentable. Y el algodón mantiene a la familia unida, me explica Catán: trabajan los hombres, las mujeres, los chicos. En una pequeña explotación algodonera los chicos de seis años ya andan matando las hormigas, cuidando que la cabra no se coma los sembrados. Lo cual les da un lugar pero, al mismo tiempo, los pone a trabajar muy chiquititos. Esa forma de trabajo está inscripta en la cultura local: en ese punto las tradiciones chocan con ciertas convicciones contemporáneas; la costumbre incluye el trabajo infantil, lo justifica.

A la casa de adobe del Mocase llega un campesino que viene a preguntarle a Catán qué puede hacer, porque sus vecinos están tratando de sacarle sus tierras. Sus vecinos son tan pobres como él:

—Tampoco es que los campesinos somos todos buenos, todos víctimas. Entre nosotros también hay atorrantes. Te meten en la cabeza una manera de actuar, y termina armándose la guerra de pobres contra pobres.

Me dirá, después, Catán, casi incómodo. Supongo que habría preferido que yo no viera eso.

Lucho Catán me dice que, aunque me lleve a verlos, no voy a entender cómo son las condiciones de la vida de los muchachos que andan talando bosques:

—Eso no se puede contar; hay que vivirlo. Cortando raíces todo el día, sin comer suficiente, la soledad, las víboras, arañas, escorpiones.

Pero igual me lleva. Primero hacemos veinte kilómetros por el asfalto; después nos metemos otros ocho o diez por una huella entre algarrobos, talas y maleza, alguna palma, algún cardón: la belleza de lo que el hombre no supo cómo usar todavía. Al final llegamos adonde los peones tienen que desmontar unos potreros para hacerlos cultivables. Es mediodía y los peones descansan en los benditos: unas carpitas muy precarias hechas con palos y un plástico negro por encima, donde viven las dos o tres semanas que se pasan en el monte. Los peones ganan quince o veinte pesos por día por diez o doce horas de trabajo; el resto del tiempo, en medio de la nada, es de comer, dormir, jugar a las cartas y esperar que empiece otra jornada. Los peones nos preguntan si podemos ir a buscar a otros muchachos que estaban trabajando más adentro: que hay uno que se ha lastimado y necesita salir.

—Así nomás es la vida del pobre, andar de acá para allá buscándose el pesito. Si hay agua podés trabajar, siempre que no te cague el contratista.

—Si te caga ¿qué podés hacer?

—Nada, ¿qué vas a hacer? Somos pobres nosotros.

Vamos en una F100 con muchos años: al cabo de cinco o seis kilómetros de barro nos hundimos hasta el moño. Me sorprende pensar que caminando nadie se empantana: hay una vieja ecuación que define la relación del hombre y su hábitat —y no necesariamente se mantiene entre el hábitat y las máquinas que el hombre inventó. Dos horas y un tractor más tarde conseguimos salir, llenos de barro.

Ahora vamos por la carretera: nubes muy bajas sobre la tierra acostumbrada al sol, de pronto una tortuga en el camino. Más allá, quince muchachos sentados, recostados; algunos sobre la banquina, los más sobre el asfalto. Aquí no pasan muchos coches.

—Vení, vení a mi pecho mamuchita. No llores más, vení conmigo.

Los muchachos estaban desmontando, diez kilómetros monte adentro, pero el contratista los dejó abandonados, sin abastecimiento. No tenían coche ni medios de comunicación; esa mañana muy temprano decidieron caminar para salir al mundo y conseguir comida. Ahora, tres de la tarde, el sol como piedrazos, esperan un camión o un colectivo que los lleve a algún lado.

—Aquí tenés mi pecho para cobijarte, vení mamuchita. ¿Viste lo que te pasó por ser caprichosa? Casi te come el lobizón.

Los quince se amontonan sobre el asfalto alrededor de una pórtatil inmemorial que media docena de gomitas mantienen casi unida. Las voces de la pórtatil salen sucias:

—Ya mismo me voy al pueblo y le aviso al comisario que salga la partida policial y lo mate a Juan Carranza, convertido en lobizón o no, pero que lo mate. Y si las balas no le llegan cuando está transformado en bestia, que lo maten cuando deje su forma animal para volver a ser Juan Carranza. Ya mismo me voy al pueblo y le aviso al comisario.

Dice un tal Chimango, con tono de malísimo, y una mujer, doña María, llora y grita:

—¡No, no, por favor! ¡Que no lo maten! ¡Que no lo maten a mi hijo!

Una joven, Aurora, trata de interceder, pero Chimango la interpela:

—O te casás conmigo o yo lo denuncio al rotoso y las partidas policiales lo van a matar como a un perro.

—¡Usted está loco, loco, Chimango!

—Sí, loco de amor, y contestame ya mismo, Aurorita. O te casás conmigo o lo denuncio. Contestame ya mismo, Aurorita. Hablá, ¿te vas a casar conmigo?

—Sí, sí, Chimango. Me voy a casar con usted. Por salvar la vida de Juan soy capaz de hacer cualquier cosa.

Dice Aurora y llora. A mi alrededor, las caras de los hacheros se congestionan; juraría que dos o tres tratan de contener el llanto.

—Ya va a perder ese hijo de mil putas.

Susurra uno de los hacheros y cinco o seis asienten, muy solemnes. Después me explicarán que la radionovela sale de lunes a viernes y que ellos no se la pierden nunca y que la hace un tal Roberto Blanco que le dicen Cambacho, el patrón de una troupe de chaqueños que recorre estas provincias en un viejo colectivo repintado y ofrece, en pueblos y poblachos, funciones que son un éxito seguro. En la portátil, el Chimango festeja:

—¡Ahora sí! Ahora los labios carnuditos de la Aurorita serán míos, de Chimango, de papá. Porque donde Chimango pisa no vuelve a crecer el pasto, no vuelve a crecer el pasto.

—¡Hijo de puta! ¡Hijo de remil putas!

Le gritan los hacheros con un acento muy cerrado y miran la radio con ganas de romperla más. El sol está imposible, por la ruta no pasa ni un quirquincho, una música de película de los cincuentas dice que la radionovela ha terminado, y quince hacheros jovencitos se miran como diciendo bueno, ahora sí vamos a tener que ir a algún lado.

Llevo días y días viendo cosas; la imagen de esos muchachos tirados en medio de la ruta —todos alrededor de la pórtatil y aquel radioteatro— es la que más me ha impresionado.

Galíndez dice que lo que más le gusta es trabajar pero que no le gusta. Es raro, dice:

no hay nada que me guste más
pero a veces quisiera vivir sin trabajar
como si fuera un rico
o un político o el comisario de mi pueblo.

Galíndez dice que tiene veintiuno y se presenta así:

Galíndez.

Ni Pedro ni Marcelino ni Simón:

Galíndez

es peón de campo: golondrina.

Galíndez ya fue y volvió de Buenos Aires varias veces.

Una vez se consiguió un trabajo
algunas no. Lo que le gusta —lo que me gusta
dice
más que nada
es que ahí sí puedo descansar.
dice y sabe que yo —que ahora lo escucho— voy a poner mi
mejor cara de sorpresa.
Los de ahí se creen que trabajan en serio:
es porque no conocen lo que hacemos nosotros en el campo
dice Galíndez y que lo que ellos hacen
en el campo
son diez o doce horas cada día sin sábados domingos o feriados
truene el sol o la lluvia caliente
bien adentro del monte
donde no hay nada dice:
no hay mujeres
no hay tele no hay un baile una madre que te cocine una
empanada un amigo que te diga vamos hasta la plaza a ver qué sale
y sobre todo dice
no hay mujeres. Ya me lo dijo y otra vez lo dice:
no hay mujeres.
Galíndez dice que un lugar sin mujeres es más fácil
menos complicaciones pero que a veces se le sube la sangre a la
cabeza y que entonces se va a dar una vuelta por el monte porque le
agarra miedo
de lo que pueda hacer
ahí
con los muchachos
pero eso no es lo peor
dice Galíndez:
lo peor es divertirse.
Cuando usted está en el monte señor la diversión es la baraja y
la pelota:
la baraja
te puede hacer perder todo lo que ganaste en diez minutos
quince la pelota
también es un problema: si te llegás a lastimar
no podés trabajar y si no trabajás nadie te paga
te tenés que quedar solo todo el día ahí en medio del monte
en el bendito solo
solo

en el bendito
los demás trabajando
solo
tan aburrido
con la cabeza dando vueltas:
con la cabeza dando vueltas.
Es como estar en Buenos Aires dice:
que en Buenos Aires como no hay trabajo un hombre tiene
demasiado tiempo
que cuando tiene trabajo el tiempo pasa
fácil pero si no lo tiene
la cabeza se le pone a dar vueltas
empieza a pensar cosas
se le va se
retoba
y Galíndez
no sabe cómo domarla
perseguirla.
Por eso le digo señor dice:
a mí trabajar no me gusta pero es lo que me gusta más
porque entonces mi cabeza se queda más tranquila.
Yo sospecho que Galíndez dice Galíndez solo
que no quiere más nombres
porque
no le gusta el modo en que los nombres
le complican las cosas.
                    Que Galíndez
teme el modo en que las cosas se complican el modo en que los
nombres
        las complican:
Galindez dice que las personas en la capital hablan de trabajo
por ejemplo y está mal
        que no puede ser que llamen igual a su trabajo y mi trabajo
        dice: el mío y el suyo dice Galindez
        para que lo entienda: que no pueden hablar del mío y el suyo
como si fueran una misma cosa.
        Que así nunca nos vamos a entender.
        Que no nos entendemos.
        Que las palabras —dice— siempre le fallan a la gente.

Santiago del Estero

Bienvenido a Santiago —dice otro cartel—, madre de ciudades. Los manuales siempre cuentan que Santiago es la primera ciudad argentina que sobrevivió: que la fundaron varias veces, la destruyeron, la cambiaron de lugar y, al fin, cuando logró asentarse, de aquí salieron conquistadores que fueron ocupando el territorio alrededor.

Buena parte de nuestras estructura de posesión —y muchas de nuestras convenciones sociales— están basadas en la idea de la primeridad, de ser primero, de haber llegado antes. El que viene primero y ocupa unas tierras, el que por ser uno de los primeros forma parte de la "buena sociedad": esas ventajas. Las "aristocracias argentinas" se formaron con los supuestos primeros por oposición a los "inmigrantes" —los que vinieron, igual que ellos pero después. Santiago sería la demostración del error de esa idea: ésta fue —te insisten— la primera ciudad de la Argentina, y así está.

Caballo blanco trisca basura, atado; alrededor dos o tres chicos en calzoncillos se persiguen. Otra vez las fotos de la pobreza urbana: ya lo sabemos, aunque no. Suburbios de una ciudad u otra. Entro en Santiago por el puente de La Banda, el viejo puente sobre el río Dulce. Voy muy despacio: un carro no me deja avanzar. Lo primero que veo a la derecha es un hipódromo. Lo segundo, a la izquierda, una fuente sin agua llena de chicos sin zapatos. Sigo cuidándome de las metáforas más fáciles. Después hay una cancha de fútbol con la tribuna de cemento semiderruida por los árboles que le han caído encima.

Más adentro, la ciudad de Santiago del Estero me parece, a mi primera vista, tan insípida: casas sin gracia, calles sin estilo, negocios más o menos feos. Lo único que parece fuera de escala es la catedral: enorme, porque en ciertas cuestiones el tamaño sí importa.

Las calles están llenas de farmacias y de locutorios. Aquí el principal deporte debe ser comprar remedios y hablar para contarlo. También rebosan de "Casinos Sol": debe haber muchos excedentes, mucha guita de más para la timba. O quizás no, porque también hay muchas clínicas —para atender, supongo, úlceras o infartos o suicidios causados por el juego. Me malhumoro; después me digo que si tuviera paciencia trataría de entender Santiago del Estero: tengo la sensación de que es una especie de síntesis de mucho de lo grave de la patria. Pero no sé si estoy viajando para sufrir, especialmente.

Otra vez: dicen que viven más santiagueños fuera de la provincia que adentro. Un millón y medio de emigrados me parece mucho, pero es lo que te cuentan. Después te explican las razones por las que siempre se están yendo.

Dos chicas como de dieciocho que caminan decididas, el mentón levantado, la mirada allá lejos, una mano en cada manija del bolso que comparten. Ya están llegando a la estación de micros y les pregunto adónde van.

—A Buenos Aires, a hacer algo en la vida.

En Santiago del Estero sólo la mitad de los chicos y chicas en edad va al colegio secundario. En Buenos Aires, por ejemplo, cuatro de cada cinco.

—Si hasta en la puna me han dicho santiagueño vago, perezoso. Imaginate, los kollas son peores que nosotros pero hasta ahí nos llegó la fama.
—¿Por qué?
—Bueno, será por eso de hazte la fama y échate a dormir.

Los chistes santiagueños son crueles con los santiagueños. Siempre presentan personajes miserables, maltratados. O sirven para pelear con los vecinos: el día está espléndido, y el santiagueño se lo comenta al tucumano:

—Che, qué lindo, qué solazo que hace.

El tucumano mira al suelo, modesto:

—Gracias, che, se hace lo que se puede.

En estas ciudades medianas el centro está pegado a la periferia. El centro se repite: la plaza con la iglesia, eventualmente la gobernación, el banco, la heladería, los bares para que se sienten los importantes y los falsos importantes. Y de ahí la peatonal con sus faroles que suelen tener bolas tipo años setentas. Y de pronto, cuatro o cinco cuadras más allá el barrio más oscuro y sosegado.

—Yo soy porteño pero me vine acá hace treinta y siete años.
Dice Walter, director de una radio, y le pregunto por qué.
—Porque no quería ser un empleado público toda mi vida. Pensé que si me quedaba en Buenos Aires nunca iba a pasar de eso. En cambio estaba seguro de que en el Interior iba a encontrar oportunidades para salir adelante, y me vine a Santiago. Yo no quería ser un vago.

La vieja tentación de la fábula. Hay dos perros bastante parecidos color canela, pelo corto, cara de ovejero que no fue. Uno es apenas más grande que el otro. Una mujer deja seis o siete huesos de asado roído junto a un árbol. Hay para los dos pero el más grande quiere todo y espanta al otro con un par de ladridos. El otro cruza la calle, lo mira comer a la distancia. Después intenta algún retorno que no funciona: ya está vencido de antemano y el grande lo espanta con un gesto apenas insinuado. Recién al final me doy cuenta de que el grande ni siquiera apoya bien la pata derecha.

Muchas chicas chiquitas, catorce, dieciséis, caminan como si fueran tan grandiosas. Cabeza alta, cuello estirado, el culo enhiesto, los pasitos medidos. Es probable que se lo crean. Es probable que así consigan que alguien se lo crea.

Como el esfuerzo de ir a tirar el papel en el tacho municipal en medio de la calle y descubrir, ya tirado, que el tacho está sin fondo.

El tipo tiene de verdad el aspecto apropiado. Borceguíes, pantalones bombachos, camiseta blanca, la barbita candado, la quijada prognática, la gorrita de béisbol que dice escolta y por supuesto el mágnum a la cintura, un poco bajo. El tipo está parado a la entrada del mercado del centro; mira todo con ojo avizor y le pregunto qué es lo que le llama más la atención. Se queda mirándome como si no hubiera entendido; entonces me preocupo y pienso que mirar no garantiza nada.
En el mercado hay carnicerías que anuncian, con pizarrones en la calle, lo accesible: hígado \$2,80, mondongo, cara y bofe \$2, puchero \$2,40. Una docena de puestos ofrecen comidas populares: sándwiches de milanesa, sándwiches de pollo y de jamón y queso y de salame, tortillas de papa, bombas de papa, buñuelos de acelga, albóndigas, kipis. Ninguno vende empanadas santiagueñas.

Meta.

En Santiago empieza, ahora, para mí, esa Argentina Turca —que en general era siria o libanesa y que seguramente nunca imaginó la influencia que podía llegar a tener en su país de acogida. Aquí los kipis —esas croquetas de carne con un toque de trigo y especias insolentes— son comida de todos los días. Aquí decir el Turco es dar un dato demasiado vago.

—¿No estarás preñada vos?
Le dice una vieja a una chiquita con remera corta al uso, panza más que pancita al aire.
—¿Yo, de qué?
Pregunta la chica.
—¿De qué?
Le retruca la vieja, y ahora sí que sospecha algo serio.

Al fondo se oye el canto del cura en la misa de ocho de la catedral. En la plaza central de Santiago mujeres clase media amamantan a sus bebés. Una sacude un trapo por encima de su teta para ahuyentar las moscas. Primero me sorprende, después me sorprende que me haya sorprendido. Después camino más.

Meta.

—¿Cómo estás Rosita?
—Bien, Alicita, bien. ¿Y vos cómo has estado?
—Yo bien, ¿y Pedro?
—¿Cómo, no sabés? Se nos murió.
Rosa y Alicia conversan de los muertos, de los nietos, de alguna amiga, de los que ya no saben qué se han hecho.
—¿Pero cuántos años hace que no nos vemos?
—Cómo se nos ha ido la vida, Alicita.
—¿Te parece, Rosa?
—Sí, pero yo no me quejo.
—Ah no, yo tampoco.

Un gato chiquitito, pardo, muerto en la vereda.

Meta.

Francisco Santucho tiene una cara que se podría llamar aindiada pero a mí me hace pensar en un rey moro de Granada. Francisco atiende con su madre la librería que fue de su padre. La librería se llama Dimensión y

a principios de los años sesentas era el lugar de reunión de jóvenes santiagueños inquietos, entre los cuales un hermano del dueño, Mario Roberto.
Hablaban de literatura, de culturas autóctonas y, por supuesto, de política. La librería, ahora, tiene cinco por cinco y muchos de esos libros que ya
no aparecen en ningún catálogo; Francisco me dice que en Santiago las cosas se mueven otra vez y le pregunto cómo pudo ser que después de quemar todo los santiagueños volvieran a elegir al mismo gobierno. Francisco me dice que para entenderlos hay que pensar en ciertas rasgos del
carácter indígena:

—Acá a los vecinos cuando les van a hablar, por ejemplo un político,
le dicen siempre que sí y mientras tanto están pensando que van a hacer lo
que tengan que hacer. Pero para el que los que ve de afuera parece que aceptan, que obedecen.

Meta.
—¿Cómo?
—Meta, digo: meta.

—No, acá hay mucha producción, producimos de todo. Formularios,
partidas, expedientes, certificados, actas, de todo producimos acá nosotros.

Las diferencias son visibles. Yo digo dale donde ellos dicen meta, yo
digo mierda y ellos aca, yo digo tostado y ellos dicen carlitos, yo digo Argentina y ellos dicen, en cambio, Argentina. Las diferencias son notorias.

—Joven, ¿usted es porteño?
Me pregunta un cuarentón aindiado con una camisa de la municipalidad. Las calles están llenas de empleados municipales; las esquinas están
dirigidas por señoras cincuentonas todas gordas, todas con tacos importantes, todas teñidas con claritos. Le pregunto al cuarentón en qué consiste su trabajo:

—Bueno, ordenamiento de vehículos, imposición de multas.
Recita, y se calla porque lo estoy mirando fijo. Está recostado contra
el paredón con un pucho en la boca. No parece estar haciendo nada de eso.

—Claro, ahora estoy en la sombrita porque hace mucho sol.

La primera ciudad que los españoles consiguieron sostener en la Argentina ha sido tomada por los dos enemigos de aquellos inmigrantes invasores: los indios y los moros.

—Acá dicen que no trabajamos pero nosotros trabajamos más que nadie. ¿Sabés lo que cuesta mover un brazo con cuarenta y cinco grados a la sombra? Eso sí que es laburo.

En Santiago o todos son católicos o los que no lo son nunca se mueren. Me pregunto si han descubierto la clave de la inmortalidad, pero no es muy probable: si lo hubieran hecho ya habría salido en la televisión. En todo caso aquí los ateos no se mueren —o no mueren ateos. Llevo días leyendo los avisos fúnebres del *Liberal* y no he visto ningún difunto que no se presentara con la fórmula: "Se durmió en el Señor el día tal de noviembre y espera la resurrección".

—Dice que vienen dos negros muy borrachos y que entonces cuando se cruzan, se esquivan apenas, y que uno le dice al otro:
—Hola Juan
Y el otro:
—¿Cómo estás Pedro?
Y el primero:
—Pero yo no soy Pedro.
Y el otro:
—Bueno, yo tampoco soy Juan.
—Ah, entonces es que no somos nosotros.

Otro triunfo porteño: aquí, como en casi todas las provincias del norte, ahora se dice sho por yo y sha por ya, como en sha shueve. Y de eso no se quejan.

—Para mí ser argentino es ver a esos bolivianos, paraguayos, todos esos, y darse cuenta de cómo nos envidian.

Esta noche Zulma cumple años y salió a festejarlo con las chicas. Las chicas ya tienen esa edad en que llevan anteojos, usan el pelo corto y dicen en mis tiempos; todos comemos en una especie de peña al aire libre —yo, en la mesa de al lado. El cantor del cuarteto folclórico anuncia que va a cantar *La Olvidadiza* y que se lo dedican a la Zulma, por su cumpleaños. Entonces las chicas le dan un paquete violeta con un moño rojo y Zulma se emociona y se enjuga una lágrima y les dice chicas, qué hubiera sido de mi vida sin ustedes.

Hasta que de pronto se cortó la luz y sólo quedó la que entraba de la calle y todos empezaron a hablar mucho más bajo, casi en murmullos. Y yo empecé a pensar para qué podía servir saber que la gente habla más fuerte con la luz más fuerte. Después, la idea de servir saber me horrorizó un poco. Y justo volvió la luz y todos empezaron a gritar de nuevo.

Más allá, los cuatro dedos de él sobre el hombro de ella, tan medidos, superficiales, respetuosos o distantes. Han terminado de comer y esperan, calladitos, el café. Llevan, me dirán, casi treinta años de casados.

—¿Por qué creés que dicen que los santiagueños somos medio vagos?
—No sé, decime.
—Porque somos muy vagos pero no nos quieren ofender.
—¿Y a vos te ofende?
—Malo sería.

En Santiago vive el padre de una vedette muy de moda en estos días. Por esos azares me lo cruzo tres o cuatro veces; siempre estoy con alguien distinto y cada vez el que está conmigo le dice que cómo se hace para ser su yerno. Es como un chiste y cada uno cree que acaba de ocurrírsele. La originalidad es algo tan difícil.

Sobre el muslo del lustrabotas, pantalón corto, las piernas estiradas alrededor del cajoncito, las zapatillas rotas, está grabado con trazo torpe y con aguja: Carla.

—Los santiagueños somos lo mejor que hay. Buena gente somos. Si estás solo siempre vas a encontrar alguien que te invite a comer una empanada, a tomar un mate. Somos de lo mejor pero somos quedados. Apáticos somos, por eso estamos así. Acá con que nos paguen nuestro sueldito y no nos jodan mucho nos conformamos. Después que hagan lo que quieran, mientras sigan pagando el sueldito...

Uno de los aportes tecnológicos de la zona es el horno móvil: una especie de carrito o trailer sobre dos ruedas y arriba un horno de barro para hacer empanadas. Es curioso: el horno fue durante milenios la quintaesencia de lo fijo. El horno es el hogar: alrededor del horno se fijaban las residencias, las familias, los linajes. Un horno móvil es un oxímoron perfecto.

pero es buena, el argentino en el fondo es bueno, se hace el vivo, sí, a veces se te agranda pero no lo hace de maldad, el argentino es buena gente, hace lo que puede, el problema es que siempre lo garcan y encima el criollo es medio vago, tendríamos que trabajar para salir adelante pero tampoco hay cultura del trabajo, no, ahora ni hay trabajo, hay muy poco trabajo, la verdad que el que tiene un trabajo tiene suerte, para uno que tiene hay veinte que quisieran

Las paisanitas de trenzas, moños blancos y vestido a lunares también hacen la cola de las entradas frías y las entradas calientes del fast food del hipermercado Libertad, en las afueras de La Banda. El menú del día —de esta noche— es pastas, milanesas y parrilla. Comer muy bien sin pagar de más es el lema de la casa.

—El dúo Ashpa Sumaj por favor presentarse al costado del escenario. Si está presente el conjunto Utopía, presentarse también.

El patio de comidas del hipermercado Libertad tiene espacio para dos mil personas. Al fondo del sector no fumadores han montado un escenario chico con una tarima, un telón negro, varios micrófonos, las columnas de sonido a los costados. Es viernes y los grupos del pre-Salamanca se juegan la vida. Al costado, en Crucijuegos, territorio de diversión, los chicos saltan para seguir el ritmo hip-hop de la máquina de ritmos. En el escenario cinco pibes de quince o dieciséis atacan chacareras. Hay familias, chicas sueltas, chicos que las cazan; los nenes corretean por todos lados y las nenas de once son mujeres muy pintadas, con sus taquitos altos. El conjunto Utopía se acerca al escenario arrastrando el bombo, la caja y las guitarras en un carro de supermercado.

—Es nuestra oportunidad hermanos, nuestra gran oportunidad para salir de perdedores.

Les dice un chico repoblado de granos nervioso como un perro. Dos chicas de catorce con ombligos profundos y morochos los miran con sonrisitas zafias. Con este sistema de campeonato que tiene el folclore en la Argentina, los ganadores de cada una de las cuatro noches de este Pre se clasifican para el festival de la Salamanca. Utopía toca; la zamba se les arrastra, repta, no despega: Utopía la deja pasar una vez más. El público come, bebe, charla; los aplausos al final suenan a lástima. Y encima ahora viene —fuera de concurso— el grupo La Sima, tan profesional, con sus camisas negras todos iguales y el auspicio de la Rectificadora Noroeste, la mejor rectificadora de motores de La Banda. Van a hacer que la diferencia sea más bruta. El granudo de Utopía, detrás del escenario, no acepta los consuelos:

—No puede ser, carajo. Siempre lo mismo, siempre. Cuándo carajo vamos a aprender.

Todo el tiempo tengo la sensación de que estoy a punto de entender algo y después, antes, durante, la sospecha de que ese punto nunca va a llegar.

285

Cada hora los oyentes catamarqueños, santiagueños, tucumanos, riojanos y demás se enteran de que la temperatura en Buenos Aires es de 23,7°, la humedad relativa ambiente del 68 por ciento y el cielo está parcialmente nublado. Cada hora, cuando conectan el noticiero nacional, el verdadero noticiero.

—¿Y, cómo andan las cosas?

—No, ahora, con este gobierno, andan mucho mejor.

Me dicen, casi al unísono, dos de los seis muchachos cincuentones que están sentados tomando un copetín, siete y media de la tarde, en la vereda de la confitería Jockey Club, frente a la plaza principal.

—Ustedes están mucho mejor, porque ahora los que afanan son ustedes.

Les dice otro de los muchachos, y otro asiente.

—¿Y qué? Y antes afanaban ustedes, qué tiene que ver.

Hace dos años anduve por acá: la ciudad era un volcán. En esos días conocí a Diego Rodríguez. Un botones de mi hotel —un hotel que fue clásico y ya era sólo viejo— me había dicho que quería que conociera a alguien:

—Vos sos el periodista, ¿no? Hay una persona que deberías encontrar.

Yo no fui muy entusiasta, pero el pibe insistió:

—Dale, no te vas a arrepentir. Mañana a las once pasá por acá y te lo presento.

Rodríguez, por supuesto, no llegó a las once sino a la una y media, con un amigo que lo acompañaba o protegía. En esos días, Diego Rodríguez tenía ojeras como cuervos y el aspecto de no haber dormido en una cama en mucho tiempo. Diego Rodríguez ya llevaba cuatro años de su pequeña guerra.

—Sí, todos te dicen dale, hacelos mierda, pero cuando las papas queman todos se abren, se hacen los boludos.

Diego Rodríguez era un analista de sistemas que se encontró con una información caliente sobre las corruptelas del gobierno de Carlos Juárez y de su ¿socio? Néstor Ick. Entonces decidió crear una página web para difundir los datos que tenía —y los que le fueron llegando de ahí en más.

—Ahora acá todo el mundo conoce la página, saben que si se enteran de algo me lo cuentan y yo lo cuelgo en la red. Estamos consiguiendo informaciones increíbles sobre todos los curros de estos tipos.

En esos años Rodríguez había sido seguido, amenazado, golpeado; varias veces le avisaron que lo irían a buscar y tuvo que escaparse a Catamarca; otras su página fue bloqueada, intervenida. Es curiosa la mezcla entre el feudalismo y la modernidad: un gobierno personalista que llevaba, con sus más y sus menos, casi cincuenta años —y que controlaba la provincia— jaqueado por las revelaciones de un programador en internet.

—Estoy podrido, no sabés. Lo que pasa es que estoy tan cerca que no quiero parar.

Después sabría que Rodriguez solía dormir en una habitación en ese mismo hotel, pero que no lo registraban en la lista de huéspedes: cada madrugada, un funcionario del gobierno pasaba a buscar la lista, para tener la ciudad bajo control.

—¿Podrido de qué?

—No duermo, salgo, ando por ahí hasta las tres, cuatro de la mañana porque igual no me puedo dormir, y a las ocho de nuevo arriba, a dar vueltas. Me duele todo el tiempo la cabeza, tengo como una puñalada en la cabeza. No te puedo explicar el miedo que he pasado.

En esos días todo se desbandaba: el gobierno juarista, que estaba débil desde la muerte de las dos chicas de la Dársena, un año antes, parecía a punto de caer.

—Yo voy por el bronce, ahora no tengo ni trabajo. Voy a seguir hasta que todos estos vayan presos. Pero no quiero quedarme pegado con ningún político. A mí no me gusta la política. Yo lo único que quiero es que la gente no se cague de hambre. No lo vamos a conseguir mañana, pero algún día sí, te lo aseguro. Y cuando esto termine yo me voy del país, a mí ya nunca me van a dejar tranquilo, nunca más.

Poco antes de mi llegada, Rodríguez se había aliado con Juan Manuel Baracat y, juntos, hacían mucho ruido. Baracat era un gordo que parecía el sultán malo de las películas malas: las bolsas debajo de los ojos, la papada, el narizón, treinta años, familia de políticos, todos diputados, intendentes, senadores. Baracat era un muchacho que se había formado con los Juárez, que trabajaba para ellos en el Congreso en Buenos Aires y que llevaba unos meses en Santiago, a cargo de la delegación local de la Anses. En esos días, Baracat había denunciado una serie de maniobras turbias de la gobernadora Nina con la plata de la repartición. Su denuncia apareció en todos los medios nacionales y aquí, en Santiago, pocos hablaban de otra cosa.

—Ayer una señora vino y me dijo quiero saludarlo, quiero tocarlo porque usted es un enviado de Dios. Usted es el que va a hacer que se caiga un régimen de cincuenta años en esta provincia.

Me contaría entonces Baracat, y yo le pregunté qué pensó en ese momento:

—Yo creo que es cierto que le he dado una cachetada espectacular, algo que nadie se esperaba, y que puede ser que yo haga caer este régimen. El otro día me duchaba y miraba los azulejos del baño. Me hablaba solo, me decía vos no tenés idea de lo que has hecho, de la cosa extraordinaria que has hecho. Son cincuenta años. Se necesitaba a alguien que tuviera el coraje de hacerlo, presentarle una denuncia penal a esta ladrona.

Me decía Baracat, extraordinario, y que una vez, años antes, la Nina lo había puteado porque en lugar de ocuparse de una causa que ella le había encargado, estaba armando un proyecto de ley de reconocimiento de Taiwan: le dijo que era un atorrante y un traidor. Y que si ella no lo hubiera amenazado, si ella no le hubiera dicho beduino hijo de puta, turco muerto de hambre, piojo resucitado, ladroncito, seguramente él no habría hecho nada. Pero dijo que no podía tolerar que esa vieja lo insultara así, aunque después le dio tanto miedo de que lo mataran:

—Por cosas mucho más chicas ha muerto mucha gente acá. Pero esto se empezó a desmoronar cuando se cayó Musa Azar, que era el cerebro de todo esto y que con su trabajo de inteligencia lo mantenía funcionando.

Me dijo Baracat y recordó más humillaciones, como quien quiere darse ánimo, y una frase de Carlos Juárez: "En política hay que tragar muchos sapos para un día poder vomitarlos". Entonces yo imaginaba la provincia, toda una cantidad de gente tragando sapos uno tras otro sin parar con la esperanza de vomitarlos algún día —o al menos de seguir llenándose los bolsillos mientras tanto. Como esos que, en esos días, habían firmado una solicitada de apoyo a los Juárez contra Baracat y después lo llamaban para decirle que él, Baracat, tenía razón:

—Disculpame, vos sabés que firmé porque no tenía más remedio pero vos tenés razón, estoy con vos.

Aquí, aquellos días, sí me pareció claro que éramos —que somos— de verdad un país federal, donde las condiciones de vida en una provincia pueden ser radicalmente distintas de las condiciones de la provincia de al lado a causa de su gobierno provincial. El ejemplo de Santiago era preciso: todos hablaban del régimen, estaban muertos de miedo, salían a la calle, querían derrocarlo. Era como si vivieran lo que el resto vivió hacia 1982.

Aquí, aquellos días, vi a la madre de Patricia Villalba —una de las dos chicas muertas en la Dársena— cuando dejaba dos rosas medio ajadas sobre un bloque de cemento donde está escrito el nombre de su hija. Después empezaba a llorar y las cámaras se precipitaban sobre ella y le ponían todos los micrófonos adelante: era el momento que no debían perderse. Y ella gritaba que por qué se la sacaron, que por qué se la sacaron, que por qué se la sacaron y que los Juárez se tienen que ir, que Santiago no es de ellos sino del pueblo, de nosotros, y que no vamos a parar hasta que nos devuelvan nuestra provincia, y alrededor todos gritaban con ella y la escena parecía una vez más una puesta en escena de cómo la muerte de una chica cualquiera abría la vía para el cuestionamiento del poder político: como si la única forma de cuestionar al poder político fuese que mataran a una chica cualquiera. Como si lo que no se puede tolerar del poder político es que maten a una chica cualquiera o a un fotógrafo de prensa o a un hijo de papá. La lógica de la muerte sigue viva, tan viva.

Entre estos y otros crímenes se acuñó una definición que hizo fortuna: "los hijos del poder". Jovencitos aburridos, más o menos desbocados, que crecieron con la convicción de que todo les estaba permitido —porque vivían en un ámbito donde eso sucedía. Cuando empezaron a matar demasiado algunas cosas se les complicaron pero, en lo más grueso, los hijos de papá siguen triunfando.

Aquella vez estuve en esa marcha contra Juárez: antorchas, canciones, la esperanza de un cambio. Había, como siempre, más mujeres que hombres, unos cuantos que marchaban y muchos en las veredas aplaudiendo. Aquella marcha terminó en la plaza central y la mayoría entró en la catedral, donde un obispo Macarone decía que Santiago le exigía confiado la justicia a su único Señor —decía Señor con una mayúscula bien grande:

—Esta causa de la justicia que Santiago ha asumido exige confiar en el único Señor y evitar la idolatría de confiar en los poderes que lo quieren seducir. Porque necesitamos gobernantes justos y honestos, Jesús, reconstruyamos tu reino de amor y justicia.

Ahora los Juárez han caído, el obispo también ha caído. El crimen nunca se resolvió. En la calle todo se parece.

Ahora, dos años después, pregunto por Diego Rodríguez en un par de lugares: les parece que no está en la ciudad, anduvo viviendo afuera, pero nadie sabe. Baracat, en cambio, sigue en su mismo puesto de delegado del Anses en la provincia.

—Bueno, estamos haciendo lo posible para conseguir que Santiago vaya cambiando un poco.

Ésa es la diferencia —o una parte importante de la diferencia: en Buenos Aires, si alguien habla de política, dice lo que hay que hacer para arreglar este país es tal y cual. En cambio en estas capitales de provincia dicen lo que hay que hacer para arreglar esta provincia... Los porteños nos pensamos como país: como argentinos. En cambio, en general, los salteños se piensan como salteños y los misioneros como misioneros. Aunque digan, por supuesto, que son argentinos, y lo sientan, pero a la hora de pensar políticas piensan en lo que habría que hacer en su provincia: es su marco de pensamiento, su espacio de influencia.

Quizás sobran provincias. Digo: quizás uno de los problemas sea que cada millón de personas hay un gobernador, un vicegobernador, ministros, viceministros, secretarios, directores, senadores, diputados, asesores, directores de diarios, de radios y de canales de televisión, dueños del banco, ricos influyentes, hombres fuertes, testaferros, chupamedias y demás entenados, empleados, jubilados, gerentes provinciales, comisarios: un aparato innecesario que debe mantenerse. El problema no es el exceso de políticos sino el exceso de estructuras.

La organización administrativa de la Argentina sigue siendo tributaria de los caudillos del siglo XIX. Lo que cada caudillo pudo imponer como territorio propio se transformó en provincia y se convirtió en el espacio para que aparecieran caudillos sucesivos, herederos. Quizás la solución sería repensar esas divisiones: hacernos otro mapa, armar alianzas, reconstruir culturas, romper con esas trenzas. Los políticos y los ricos de cada provincia, por supuesto, se opondrían: sería una forma de privarlos de sus curros. Pero mucha gente, supongo, podría vivir mucho mejor.

—No, acá Juárez era un gobernador muy querido, ayudaba mucho pa'l pobrerío, y tenía esa mujer que era tan buena. Pero igual no pudo hacer nada para que no se degeneren las costumbres.

Me dice un viejo criollo, boina y alpargatas, que me cruzo en la vereda del hospital central. Me dice que acaba de llegar de un pueblo acá a veinte kilómetros porque lo han llamado para decirle que su mujer está internada con un ataque de presión y no sabe cómo está, si va a sobrevivir, pero se empeña en hablarme de la falta de agua y las cosechas que se están por perder. Después, de vuelta las costumbres:

—Están muy degeneradas las costumbres, señor, acá. Los changos van a esas bailantas que tienen hasta la mañana, que las changuitas van desnudas. Y machadas. Se machan las chicas, señor, eso nunca se había visto. ¿Usté sabe dónde vamos a ir a parar, señor, con todo esto?

"En su escritura colaboraron la aplicación, la resignación y el azar", decía un crítico de un libro que trató de resumir el mundo —y eso que no había leído éste todavía.

Martínez ya llevaba un rato en ese cruce, a la salida de Santiago, y el sol era tremendo. Martínez es guardiacárcel porque su padre fue guardiacárcel y cuando se murió le dejó el puesto: las herencias, por aquí, pueden ser muy variadas. Martínez tiene su casa y su tierra a treinta kilómetros del centro; allí siembra maíz, cuida unas vacas y podría hacer carbón con el quebracho que queda en el monte, pero prefiere la garantía de un empleo:

—En el campo nunca se sabe, capaz que te da para comer, pero yo no conozco a nadie que haya progresado con el campo. En cambio con el puesto yo sé que tengo la comida asegurada y que a fin de mes me llega el sueldo. No me hago problemas.

En la casa de Martínez no hay luz ni agua y sí muchos cardones. Martínez tiene una buena sonrisa, algunos dientes y dice que igual nunca se iría a vivir a la ciudad porque en la ciudad no se duerme:

—Dormir, dormir, se duerme en el campo. En la ciudad uno cierra los ojos nomás.

Cada dos días Martínez pasa uno en la cárcel de Santiago, y me dice que a los internos hay que saber tratarlos con respeto para que ellos te respeten porque son tipos que no tienen nada que perder y si los enfrentás vas muerto. Martínez parece satisfecho, bonachón y carga su pistola como si fuera un celular de los de antes. Aunque está preocupado, me dice, porque en la cárcel de Santiago siempre hubo unos doscientos presos pero en los dos o tres últimos años aumentaron tanto: ahora son más de cuatrocientos. Le pregunto por qué.

—Usted sabe que hay muy poco trabajo, la gente roba. Muchos hay que roban y además se ha perdido el respeto.

Martínez no me explica su idea del respeto, pero me dice que lo más raro es que ahora hay violadores:

—Eso no había, señor. En Santiago nunca hubo, ahora está lleno.

—¿Será que ahora hay más o que antes no los denunciaban?

—Yo, señor, considero que ahora hay más.

—¿Por qué?

—Por eso de que no comen suficiente. Les falta calcio señor, alimentación cerebral no tienen. Y entonces hacen esas cosas, violan criaturas, chiquitos de diez años. Eso no es de gente normal: es porque no tienen el calcio en el cerebro.

Martínez habla con cuidado, eligiendo palabras: yo es muy raro que hable con porteños, señor, me dice, como para explicarse, y me dice que sus dos hijos se van mañana a Buenos Aires, que los han seleccionado para ir a probarse en Nueva Chicago.

—En Chicago, señor, un equipo de primera.

Me dice que los pibes tienen dieciocho y diecinueve: que el mayor es muy habilidoso, un diez, y que el más chico es un siete, una auténtica furia.

—Mire si los dejan allá, si quedan. Se nos arregla la vida, señor. Se nos arregla la vida a todos.

Pero no es tan fácil. Martínez me cuenta el esfuerzo que le cuesta mandar a los dos a Buenos Aires, comprarles los pasajes a cincuenta pesos cada uno, darles plata para que se mantengan. Aunque yo tengo mis ventajas, señor, dice, porque el Servicio Penitenciario tiene una mutual que le adelantó el dinero y después se lo va a ir descontando por planilla. Y que valía la pena hacer ese esfuerzo: que primero pensó en elegir a uno de los dos para no gastar tanto pero que cómo, que el otro lo iba a odiar toda la vida.

—¿Y si no quedan?

—Y si no quedan se volverán para acá. Tendrán una buena vida, señor, como su padre. Serán santiagueños y vivirán su vida.

Dice el guardiacárcel Martínez, y me sobresalta la idea de que irse a jugar al fútbol a Buenos Aires es vivir otra vida, no la suya. Llega, le deseo suerte, me dice que él ya no pero que sus pibes van a necesitarla, que gracias, hasta pronto.

Quiero creer que es un azar: "Cuando salí de Santiago todo el camino lloré", canta la radio del Erre, "lloré sin saber por qué".

Yo siempre abominé de los autos, pero Erre es otra cosa. En estos días me gusta pensar que lo cuido, que le reviso el agua, que le paso un trapito por el tablero para sacarle el polvo. Nuestra relación se está volviendo íntima.

Se cruza un perro y no me mira. Le toco bocina y no me mira. Enfrente viene un camión. Voy frenando pero no tengo posibilidad de desviarme para ese lado. Calculo si podré desviarme para el otro. Calculo cuánto me romperá el coche el impacto del perro. Calculo cuánto me dolerá habérmelo cargado. Me impresiona la cantidad de cosas que puedo pensar en los segundos que preceden al accidente que nunca se produce.

Me desvío de la carretera: un camino de tierra. A la entrada de un pueblo, un cartel mal pintado y sin firma sobre una tabla de madera: "Atención, en estos lugares nos asusta la luz mala y nos persiguen los fantasmas. La única luz mala es la del mechero ha querosén y les recuerdo que estamos en el siglo XXI y los fantasmas son muchos, entre esos la miseria, la ignorancia, la superstición, la injusticia, el olvido, la desesperanza".

En el árbol, colgados,
unos cueros de zorro: son del sol.
Bajo por un camino secundario:
el mundo es otro.

Corral de Soria es un pueblo de siete u ocho casas de adobe desperdigadas, con cercos de palo y muchos animales dando vueltas: caballos, burros, chanchos, gallinas. Un rancho abierto, todo al aire salvo los lugarcitos adonde duermen: las alcobas. Doña Mencia parece la abuela de sus hijos y una lagartija nos escucha por pura cortesía:

—No, claro que me gusta esto. Usted no me va a entender a mí, pero yo nunca querría vivir en otro lado. Yo soy criolla y éste es mi pago.

Suena a zamba pero lo dice en serio y yo sé que tiene razón. Hay algo que yo no voy a entender —que ella, supongo, necesita que no entienda: una parte importante de su ser criollo consiste en mantener un gesto que los demás no pueden entender, así se crea un ellos y un nosotros. Doña Mencia tiene las uñas pintadas de rojo, despintadas. Se ve que hace unos días decidió que tenía que hacerse linda. En una cuna al fondo, una beba de meses trata de papar moscas. Es casi mediodía, su marido y otros dos matean bajo el algarrobo y conversan de sus cosas. Pienso en los miles de millones de personas que han vivido y viven sus vidas sin preguntarse cómo será vivir fuera del lugar donde cayeron en el mundo: que aceptan que ese lugar es su lugar —y seguramente lo disfrutan.

Es tan injusto hablar del Interior como hablar de Buenos Aires. ¿Qué es lo que hace que por ejemplo el Doque y la avenida Alvear sean parte de lo mismo? La Cava y Caballito, Santa Fe y Santa Cruz, Chubut y Chaco: ¿qué continuidades, qué unidad, qué coincidencias? El efecto patria no alcanza. El efecto patria es un estallido que puede producir el fútbol, una guerra u otras conmociones. Fuera de ese momento de reconocimiento, ¿se puede postular que existen rasgos que nos hacen argentinos?

La puerta de un ranchito es una toalla con la cara de Travolta joven, fiebre de sábado a la noche. Una mujer que está entre los cuarenta y los setenta me dice que lo ha puesto ahí porque es muy buen mozo y que desde que su marido se le fue, a ella qué le importa.

Voy hacia San Miguel de Tucumán dando una vuelta: quiero pasar por la cuesta del Portezuelo. A unos setenta kilómetros de Santiago por la Nacional 64, aparecen las primeras sierras y el mundo se hace más complejo:

muestra, además del plano, ondulaciones, piedras, árboles distintos, curvas en lugar de la recta. La llanura es una simplificación extrema. La llanura es a la geografía lo que la tele al pensamiento. Llevaba, según el cuentakilómetros, mil ochocientos kilómetros de llanura. Después —fue falsa alarma—, la llanura vuelve.

A lo lejos, breve, veo una llama. Hay algo raro en la excitación de ver un animal suelto. Se lo ve tanto mejor en un zoológico —y sin embargo aquí parece que fuera verdadero.

Alguna vez voy a escribir la teoría de la recta: rutas argentinas hasta el fin.

Provincia de Catamarca

Portezuelo

—Caballero, ¿de dónde procede?

Me dice en la frontera entre Santiago del Estero y Catamarca un policía en uniforme de fajina azul. Le digo que de la Capital.

—Bien, prosiga.

Prosigo. Un cartel dice Atención, a cien metros salida de vehículos. Cien metros después un cartel igual dice Atención, a cien metros salida de vehículos. La carretera está poceada y el primer vehículo que veo avanzar en sentido contrario a mi trayectoria es una mula en bolas. Nunca había estado aquí. Hace muchos muchos años, con mi amigo Jorge Dorio, solíamos llamarla Catamerca. No tengo muchos datos sobre ella: una dinastía de origen árabe, una chica asesinada en una fiesta, el burdel de la Yoli y las minas de oro del Famatina que Rivadavia quiso vender a los ingleses. Creo que eso es más o menos todo lo que sé.

El cuidado del cuerpo está hecho de simular desplazamientos que no te llevan a ninguna parte —cinta, remos, bicicletas de gimnasio. Y los desplazamientos verdaderos simulan no implicar al cuerpo. Horas y horas sentado, el asiento del Erre.

Y de pronto estoy alto, sierra subtropical recorrida por nubes. De pronto todo es nube: Cuesta del Portezuelo, no se ve a cinco metros. Tanta majestad —y no se ve.

A veces la belleza es suponerla.

También junto a la carretera hay escrituras. Las piedras de la patria están repletas de historias de amor. Pero ya nadie quiere a Marta, Silvia o Laura, ahora todos quieren a Carla, a Maxi o a Paola. Y las quieren distinto. El amor va cambiando con sus nombres.

En una estación de servicio pongo una moneda de un peso en una máquina de hacer café y aprieto el botón de café largo. Dos muchachos desde el fondo me miran y se ríen. Yo los miro y me pregunto por qué. Ellos se ríen más y más, miran la máquina. Cuando la miro veo cómo el chorrito de café está terminando de caer en la rejilla en vez del vaso que no puse. Yo alucinaba una máquina que baja el vaso y echa el café adentro. Los chicos del fondo sabían cómo era la verdadera historia.

Lucas Lobo me dice que todos los fines de semana tiene que llegar desde Los Altos hasta la ciudad de Tucumán, y que por eso está acá en la ruta esperando que alguien lo levante. Que no, gracias, que ahora va solamente hasta Simoca, si lo puedo llevar. Lucas Lobo trabaja de portero en la escuela de Los Altos pero vive en Tucumán. Me dice que el pobre debe andar mucho para ganarse su platita pero que no se queja porque tiene su trabajo, su familia y es titular, tiene su nombramiento:

—Yo soy muy feliz. Yo tengo mi trabajo, mi señora, mis chicos, los voy a poder criar. A mí, Dios me ha tratado muy bien y yo se lo agradezco. Tengo muchos amigos. Aunque soy pobre como una rata tengo muchos amigos. Será que uno cosecha lo que siembra.

Dice Lobo, y que Dios siempre ha sido muy bueno con él: que es tan bueno que ahora le está curando a su hijito Jonathan Lucas que tiene los ojos picaditos. Jonathan ve cada vez menos porque tuvo una meningitis; lo llevaron a Buenos Aires, al Garrahan, y les dijeron que no se podía hacer nada. Y lo peor fue cuando se estaban por volver y les robaron todo en la estación:

—Imagínese lo que era eso señor, quedarse sin nada, ni pasajes, ni plata. Mi señora y los dos chicos en ese lugar sin conocer a nadie. Los chicos lloraban, no sabíamos qué íbamos a hacer. Pero la gente fue buena con nosotros. Los policías juntaron plata y nos dieron para que compráramos unos sándwiches. Y después el comisario consiguió que nos devolvieran los pasajes y pudimos volver. Porque Dios siempre nos ha cuidado. Ahora hace unos meses lo llevé a Jonicito a ver a la Virgencita del Valle y lo pasé por ahí, por la cadenita milagrosa. Fue como si se hubiera dado vuelta una página. Todo empezó de nuevo. Él estaba tan bien y sigue estando, señor, mucho mejor que antes gracias a la cadenita milagrosa.

Lucas Lobo lleva su bolso de trabajador, la cabeza y el jean recién la-

vados, las uñas largas sucias, las zapatillas a punto de quedarla: cada día, me
cuenta, lava cuatrocientos veinte vidrios en la escuela, y antes vivía ahí en
Los Altos en una casa del Fonavi y era más cómodo, más fácil, pero cuando se tuvo que ir a Buenos Aires el intendente se la sacó para dársela a su
amante y nunca más se la quiso devolver. De todas formas Lucas Lobo no
se queja: le agradece a Dios porque tiene una señora que es tan linda y que
lo trata bien:

—Ella fue dos veces la reina de la primavera ahí en Los Altos, así como me ve. Por eso también nos fuimos, porque mis suegros no me quieren
a mí porque soy viejo.

Dice Lobo, porque él ya tiene cincuenta y ella treinta. Pero que Dios
los castigó a los suegros porque ahora la hermana menor de la mujer se casó a los quince años con uno de sesenta y dos. Está feliz, dice que no lo cambia por nada al viejo que tiene, un negro grandote el viejo. Y que tienen una
hermana más chiquita y que ésa es la más bonita de todas:

—Tan bonita es la chiquita.

Dice Lobo y le brillan los ojos oscuros, y que por tantos problemas que
han tenido él lo quiere mucho al Jonicito y que ha andado con él a dedo por
todos lados:

—A Santa Fe hemos ido, a Santiago. Al Aconquija hemos ido y tuvimos que dormir una noche los dos sentados en una piedra. Fuimos a ver a
un curandero que me dijeron que era bueno por ahí.

Y que lo quiere tanto a Jonicito que hasta cuando le tiene que dar un
chirlo le duele a él porque él no tuvo ni papá ni mamá. Porque su mamá se
murió en el hospital de Los Cocos, ahí en Córdoba, que hubo un incendio y
entonces él quedó suelto por ahí, hasta que lo dieron a una familia en Catamarca. Él dice: hasta que me dieron a esa familia en Catamarca, allá en el campo. Y que el tipo se tomaba dos o tres vasos de vino y lo llevaba al corral y lo
hacía tirarle el lazo a las vacas bravas y que a cada tiro que fallaba le pegaba
un azote. Y que cuando salían a caballo lo enlazaba y lo tiraba limpio del caballo, que tenía siempre los hombros zafados, y que también le pegaba con
un palo, lo llenaba de cicatrices, moretones, magullados. Él le tenía tanto miedo a ese hombre que cuando lo escuchaba silbar nada más empezaba a tem-
blar y se orinaba y ahora, que ya tiene cincuenta, cada día sueña con él y se
despierta sobresaltado. O a veces está por ahí en el campo y piensa en él y le
dan ganas de llorar y eso que ahora él ya tiene cincuenta años, dice:

—Yo ya tengo cincuenta, así que fíjese cómo habrá de sido malo ese
hombre.

Pero después me dice que al final se fugó por la hija de ese hombre, la
Beba, que tenía como doce y se escapaba por la ventana cada noche porque
andaba con un chango. Y una vez los padres se despertaron porque había

tormenta y vieron que la Beba no estaba y lo cagaron a palos a él. A la mañana siguiente consiguió que una vecina lo ayudara a escaparse y lo llevara hasta la comisaría y el comisario lo protegió y lo dio a un policía que lo cuidó durante una semana.

—Fue como vivir otra vida, como nacer de nuevo, si yo hasta jugaba.

Dice Lobo, y dice que entonces tenía ocho, nueve, diez años, vaya a saber:

—Si yo no sé nada. Yo no sé ni siquiera si me bautizaron.

Y que al final lo dieron a otra vecina que era una mujer grandota que lo agarró y le dijo qué lindo, qué lindos ojos tenés, vos vas a ser mi bebé y le compró una camisa, un pantalón, unas zapatillas y un calzoncillo y él pensaba que por fin iba a estar tranquilo, hasta que llegaron a la casa y le mostró un árbol y le dijo que mirara esa soga:

—Mirá, ésa es la soga donde cuelgo a mis hijos para pegarle azotes y vos no te vas a salvar.

Y desde entonces empezó a ser peor todavía. La vieja lo azotaba, le metía la cabeza adentro del inodoro, lo dejaba días encerrado sin comer. Hasta que un año después se decidió a escaparse y corrió y corrió y corrió de vuelta al pueblo. Y vivió un tiempo debajo de un puente hasta que se encontró un colectivo viejo y lo arregló. Sus amigos lo ayudaron y a veces le traían comida y ahí se crió, dice:

—Ahí nomás me crié porque ya me hice más grande y empecé a trabajar de pintor gracias a Dios.

Pero también me dirá que lo que más le agradece a Dios es que no lo hizo ladrón porque eso sí sería terrible. Que él conoció a muchos chicos que choreaban pero que él nunca, gracias a Dios. Mire qué bueno es el Señor que nunca me dejó tener esa tentación. Yo siempre les digo a mis hijos, al Jonicito y al Ramón, que lo más importante es no chorear, dice Lobo y me pregunta si yo creo que él tiene algún vicio y yo me callo; hay preguntas que no esperan respuesta:

—Yo tengo un vicio solo, que es bailar. Si yo me paso un día sin bailar es como si no como, y bailo bien, no se vaya a creer. Así como me ve yo fui campeón de rock, pero campeón de rock de toda la provincia en Tucumán. Y me llevaron a bailar a Santiago, a Catamarca, a Salta. Y una vez estaba yendo para Mendoza en un camión de esos descubiertos y me pegó una rama en la cabeza y me volteó al asfalto y me estalló la cabeza y se me hizo un bruto agujero.

Lobo me contará durante un rato largo las tribulaciones de su cabeza en tantos hospitales y, cuando crea que no le estoy creyendo, me dirá que le toque el cráneo con la mano: su cabeza tiene una zona blanda, sin hueso, muy impresionante.

—Es cierto, es todo cierto. Y yo sé lo que es vivir sin padre. Por eso siempre le pido a Dios que me dé vida para que Jonicito tenga padre, para que mis hijos tengan padre y no tengan que criarse como yo. Y Dios me escucha, porque sabe que es para bien. Que si me deja vivir es para el bien. Hay gente que no sabe para qué está viva; yo sí sé.

Lucas Lobo ya se bajó pero queda en el coche el olor de su jabón y su desodorante y yo pienso que alguna vez entenderé cómo se arman las historias: qué es lo que hay que contar primero y qué después; qué es lo que hay que decir y qué callarse; lo que nunca debe faltar y lo que siempre sobra.

Provincia de Tucumán

Aguilares-Chicligasta-Bella Vista

A veces me cuelgo con un nombre. Quiero decir: hago muchos kilómetros para llegar a un nombre. Hay pueblos que he escuchado nombrar tantas veces que al final voy a verlos: el poder de los nombres. Y las canciones son su mejor publicidad. Para eso funciona mucho mejor Simoca —que rima con poca toca roca loca— que Yavichatú, sin ir más lejos. Cuando salga la luna en Simoca/ con poquita cosa/ se ha de conformar. Poquita cosa: aquí, dicen, hay una feria los sábados que ya se ha vuelto muy turística o muy china, pero hoy no es sábado y hay, todo lo más, algunos sulkies dando vueltas. Alguien me dice que por qué no voy, mejor, a Chicligasta.

—Acá lo que ha arruinado todo es la policía nomás. Desde que pusieron la comisaría ya no se puede vivir. Usted hubiera llegado cuatro, cinco años atrás y hubiera visto lo que era esto. A esta hora estaba todo lleno: con látigos, cuchillos, con todo se peleaban los muchachos. A esta hora estábamos todos bien machados, y en cuanto uno le decía a otro una palabra de más ya se largaba la trifulca.

Hay nostalgias para todos los gustos. Me dicen que llegué a Chicligasta cinco años tarde y aún así me parece que llegué hace cien años. Chicligasta es un pueblo realmente perdido: quince kilómetros de camino de piedras desde la Nacional 157, una iglesia pobre y bellísima con los muros de adobe, la torrecita mocha, una sola ventana y tres o cuatro santos sobre una repisa, al fondo, donde estaría el altar; techo de tejas, galería de columnas de quebracho.

—Por ese cabrito te puedo dar cinco kilos de yerba como mucho.

—Qué me vas a dar por este cabrito cinco kilos. Doce kilos por lo menos vas a darme. Mirá cómo está. Gordito está.

Es lunes, día de feria; los paisanos vienen con los chanchos, los chivos, las gallinas, y se los cambian a los ferieros por ropa y por mercadería —arroz, fideos, harina, mate, azúcar. El parking rebosa de sulkies y caballos. Palomas, gallinas, cardenales picotean la basura. Señores con sombrero de gaucho y el rebenque en la mano toman vino como si el tiempo no existiera. Hay pedazos de chancho y de chivo asándose despacio; las moscas son amplia mayoría. Gallinas aletean, atadas por las patas. Se oyen los gritos del regateo, los saludos, una cumbia villera, señoras que vocean empanadas. Me quedo un rato largo pero es cierto: no hay peleas. La policía decididamente arruina todo. Un criollo cincuentón con piel de pergamino me dice mire si serán hijos de puta que hasta te meten preso por llevarte una vaquita, un chancho.

—Después para soltarte te piden la fianza: te ponen cuarenta, cincuenta pesos. ¿Quién los tiene? A un hijo mío, como no podía pagar, le han cobrado con sangre.

Yo imagino una historia truculenta de golpes y torturas policiales pero no. Aquí todo es el trueque: como el muchacho no tenía plata para pagar esa fianza, dice su padre, los policías le sacaron sangre, la vendieron, se cobraron su parte.

El carancho que masca perro en medio de la ruta, me ve llegar, se retira despacio, caminando, hasta el costado; se queda ahí, parado en el banquina: sabe —carancho sabe— que no hay peligro fuera del asfalto.

Ya estoy en Tucumán. Mis primeras referencias tucumanas son, como se dice últimamente, paquilombo. A mediados de los sesentas, cuando yo empezaba a mirar diarios, en Tucumán el gobierno de Onganía cerraba ingenio tras ingenio y esa desocupación precoz convirtió a la provincia en la más conflictiva del país. Tucumán era, para mí, entonces, una especie de foco de la revolución inminente. No sólo para mí.

La caña baja
—estamos en verano—,
detrás las chimeneas orgullosas.
Al fondo la montaña:
es otra escala.

Junto a la plaza de Aguilares hay un chalet enorme antiguo fracasado. El techo de tejas está roto, las paredes en grietas, el jardín se le ha vuelto selvita. Es la residencia de los Simón Padrós y me cuentan que lo ocupa una vieja señora que sale todas las mañanas a hacer las compras, que sólo va a los negocios más viejos, que vive de una pensión mientras su mundo se derrumba. Los Simón Padrós eran los dueños del ingenio de Aguilares: una de esas familias poderosas de principios del siglo XX, cuando Tucumán se jactaba de tener una burguesía industrial emprendedora e ilustrada —que se fue arruinando poco a poco. Después me dicen que ahí adentro también vive su hijo de cincuenta y tantos que se pasa años sin salir a la calle porque dice que la decadencia de su familia ha caído sobre su cuerpo y no quiere que nadie lo vea en esas condiciones.

—¿Usted viaja solo?
—Sí.
—¿En serio viaja solo?
—Sí, ya se lo dije.
—¿Y no se aburre?

Tras los cierres de los sesentas, el siguiente golpe a la economía azucarera fue la industrialización. A partir de los ochentas entraron máquinas que hacían, cada una, el trabajo de quinientos cañeros. Hace cincuenta años un ingenio grande tenía mil o dos mil trabajadores fijos; ahora se las arregla con treinta o cuarenta —y el resto son máquinas y temporeros. La tecnificación hizo que la mayoría de los cañeros tuviera que buscarse la vida en otra parte. Los precios internacionales cayeron y los ingenios se compraban y vendían para vaciar, para lavar dinero. Hacia mediados de los noventas dos o tres mil pequeños productores de caña habían quebrado y el azúcar parecía cosa del pasado. La reemplazaba, aparentemente, el limón: en esos años Tucumán se transformó en el segundo productor mundial. Pero los cítricos no dinamizan la economía local: no necesitan mucha mano de obra —ni para la cosecha ni para el procesamiento—, no hay pequeños productores y el dinero que producen no llega a la provincia.

—Si el citrus no existiera, a la mayor parte de los tucumanos nos daría lo mismo. En cambio el azúcar es lo que siempre hizo vivir, mal o bien, a Tucumán.

Ahora el limón está en baja, y varios ingenios han resucitado: los compraron grandes fábricas que los usan para producir sus endulzantes. Arcor, por ejemplo, para sus golosinas, o ciertas colas para sus gaseosas.

—¿A qué no sabes de dónde viene la expresión meter la mula?
—Te prometo que no.
—Meter la mula viene de la industria azucarera: los campesinos llevaban a vender su caña al ingenio y, si podían, se las arreglaban para que la mula de su carro pisara la balanza y aumentara el peso de su producción. Eso era meter la mula. Linda tradición, ¿no te parece?

Dentro de un par de días, ya en Tucumán, le diré a Eduardo Rosenzvaig, historiador del azúcar, profesor, novelista, que me ha llamado la atención que, charlando con distintos tucumanos, todos fechan el principio de la decadencia provincial a mediados de los años sesenta, cuando el cierre de ingenios. Y que en el resto del país solemos situar ese declive una década después, con los militares, o en el período menemista. Él me dirá que sí, que es así, porque Tucumán siempre fue un laboratorio:

—Tucumán siempre fue un laboratorio. En los años treintas fue un laboratorio donde la burguesía aprendió a tener industrias que no producían nada y vivían de los subsidios estatales. Fue un laboratorio del primer peronismo: acá Perón ensayó sus primeras leyes sociales en el '44, antes de llegar a la presidencia. Fue un laboratorio del neoliberalismo, porque esta universidad fue, junto con Mendoza, la primera en mandar egresados a formarse a Chicago a fines de los años cincuentas y eso llevó a que, en el año '66, Tucumán fuera el primer proceso neoliberal en el país, cuando Salimei cerró todos esos ingenios so pretexto de someterse a las reglas del mercado. Por eso Tucumán se transformó en un laboratorio del movimiento insurreccional en el país: era una herida que la tocabas y saltaba todo. Y eso tuvo como respuesta un laboratorio de la guerra de contrainsurgencia: de cómo transformar un territorio en un campo de concentración. Esto fue un laboratorio del golpe de estado, que empezó un año antes que en el resto del país con el Operativo Independencia y el general Bussi. Y después el laboratorio para lograr que un representante del genocidio fuera elegido democráticamente. Y así de seguido.

—¿Y ahora qué sería, un laboratorio de qué?

—No, me parece que ahora no somos ni eso.

Rubén me dice que vayamos hasta el embalse de Escaba, que es un lugar que vale la pena conocer. Rubén es escultor y pintor en Aguilares; vive de sus clases y de los encargos de las municipalidades de la zona: un mural aquí, una restauración, un monumento allá. Rubén se crió en la selva: sus padres tienen un terreno, lo cultivan, y él estudió con mucho sacrificio. Rubén me dice que las principales actividades productivas de su pueblo son la fábrica de Alpargatas, lo que queda del ingenio, los planes jefes y jefas y el robo de bicicletas: que en Aguilares nadie roba otras cosas, pero que bicicletas todo el tiempo: que las bicicletas son como una forma de dinero que circula en el pueblo. El camino son curvas y más curvas en medio de una selva de ésas que suelen llamarse lujuriosas. Me gusta la palabra lujuriosa.

El Embalse de Escaba forma un lago en medio de montañas; en una pequeña península que se mete en el lago hay un club de pesca descuidado, solitario. El lugar es bellísimo. Rubén me dice que allá enfrente, del otro lado del agua, en esa isla, suelen encontrarse cerámicas de una cultura que vivió acá hace ocho o diez siglos. Yo le digo que ah bueno y él sigue hablando de otra cosa.

—Los militares decían que los subversivos iban a volar este dique y entonces el agua iba a tapar Aguilares y Concepción. Así conseguían que mucha gente pensara que eran necesarios: era ellos o la inundación, la catástrofe. Yo me acuerdo que tenía seis o siete años y mis viejos no me dejaban salir, había mucho miedo.

Al cabo de un rato le pregunto si no habrá forma de llegar hasta la isla.

—En bote, nada más.

Allá abajo, en la orilla, se ve uno. Buscamos a su dueño: es el encargado y único habitante del club de pesca —y dice que nos lo podría alquilar por diez pesos. Le pregunto a Rubén si sabe remar.

—Bueno, yo tengo fuerza. Lo que no tengo mucho es experiencia.

—Estamos bien. Yo experiencia tengo, lo que no tengo es fuerza.

La travesía no es fácil. Es mediodía, el sol a plomo, la corriente nos lleva —adonde quiere. Del otro lado, la isla es un mundo casi virgen: sus praderas muy verdes con caballos y burros salvajes, árboles florecidos, zonas pedregosas. El agua bajó mucho últimamente y dejó al descubierto unas orillas pedregosas: la tierra llena de trozos de alfarería de mil años. Caminamos encorvados, los ojos fijos en el suelo, agachándonos cada cuatro o cinco pasos para ver si esa piedra es una piedra o una punta de flecha, si ese añico anaranjado tiene algún dibujo que lo haga interesante. Es la auténtica actitud del cazador. Lo que me gusta de viajar para contarlo es esa obligación de estar atento todo el tiempo porque todo lo que veo puede ser materia del relato: recuperar el atavismo, la actitud que debían tener los hombres primitivos que sabían que no podían distraerse, que si saltaba la liebre o el mamut cuando no estaban mirando aquella noche no comían: la actitud del cazador, adrenalina pura.

Acá, mirando pedacitos, me pierdo en esa caza. Después me daré cuenta de que pasamos dos horas caminando bajo el sol del mediodía —y mi pelada lo sabrá mejor que yo. En un momento Rubén pega un grito: un mortero, un mortero de piedra. El mortero, por el momento, es un filo de piedra redondeada de treinta centímetros de largo. Empezamos a cavar con lo poco que tenemos: palos y otras piedras. Hay algún tipo de justicia histórica: tenemos que buscar sus restos con las mismas herramientas que usaban estos señores y señoras. Cavamos y cavamos, excitados. Finalmente conseguimos desenterrar un mortero plano para moler granos: cincuenta centímetros de largo por veinte de ancho. Pesa toneladas; lo dejamos ahí y seguimos buscando.

—Acá no podés hacer un rancho que te dure: en muy poco tiempo se te pudre, por el clima del trópico, el calor, la humedad. Acá son cañas y barro y se pudre y hay que hacer otro nuevo.

Ruinas: diversas ruinas. Aquí quedan, como siempre, árboles: árboles increíbles. El ingenio Santa Ana llegó a ser uno de los más grandes de Latinoamérica y ahora es ruinas pobres, pero queda este parque —palmeras, pérgolas, orquídeas, un lago, raíces como mundos: cuentan que su dueño, el francés Hileret, monsieur Terrón, lo hizo hacer para que su hija tuviera donde pasearse por las tardes. Queda, dicen, también, perdida, aquella red de túneles que iban desde su mansión hasta el ingenio o hasta la famosa Casa de Piedra, el burdel lleno de compatriotas donde solía agasajar a sus amigos. Y queda, sobre todo, el Familiar.
Clodomiro Hileret era un busca genial. Llegó a la Argentina a los veinte años, en 1872, sin un centavo; se empleó en las obras que llevarían el ferrocarril desde Córdoba hasta Tucumán y en pocos años había juntado suficientes contactos y dineros para instalar un pequeño ingenio azucarero en Lules. Ganó plata y al cabo de un tiempo lo vendió; se había comprado casi treinta mil hectáreas en Santa Ana y estaba construyendo, aquí, el ingenio más grande de América Latina. A fin de siglo el Ingenio Santa Ana era un monstruo de vidrio y acero en medio de la selva que producía ocho mil toneladas de azúcar y dos millones de litros de alcohol al año; tenía, entre otras cosas, luz eléctrica, cincuenta kilómetros de vía férrea, una central de teléfonos y diez escuelas primarias para el personal. No era fácil tenerlo controlado. Dos mil peones con machetes debían obedecer a treinta o cuarenta capataces, sus armas y sus perros. Parece que fue entonces cuando Hileret inventó el Familiar.

Aquellos peones comían todos juntos todos los días todas las semanas el sascha locro que les daba la empresa. Les daban lo justo para mantenerlos bajo control: poco menos que hambreados. La primera huelga azucarera, a principios del siglo XX, no fue por mejores sueldos ni condiciones de trabajo: fue para que les pagaran con mercaderías que les dieran la libertad de prepararse su propia comida. No solemos recordar que —salvo para los más ricos— comer distinto cada día es un invento muy reciente. Cuesta pensar la comida como algo que era igual todos los días, pero así fue, para la mayor parte de la humanidad, hasta hace poco tiempo.

El Familiar era el cobrador del Diablo. Hileret había difundido, como rumor, la historia: su éxito económico era el resultado de un pacto con Satanás: a cambio de su protección, debía entregarle cada año por lo menos un peón. El Familiar —un gran perro que vivía en el sótano de la casa principal y salía en las noches de luna arrastrando cadenas— se lo comía.

—Acá los peones estaban capturados de por vida por sus deudas, entonces la única forma de dejar el ingenio era fugarse. Los patrones tenían hombres armados que trataban de impedirlo; cuando agarraban a algún fugitivo generalmente lo mataban, para dar el ejemplo. Para que eso funcionase en la psicología de los peones, se crea el mito: que en las noches de luna sale el Familiar. Y que el Familiar hace desaparecer —ésa era la palabra que usaban— al peón más rebelde.

Me dirá Rosenzvaig y yo le preguntaré si cree que Hileret instaló el mito a propósito, con premeditación y alevosía.

—Yo creo que sí: el tipo era brillante. Terminó loco, por sífilis o por opio, nunca se supo. Pero, sin esas historias, ¿cómo parabas una revuelta de ésas, salvajes, que había en esa época? Había que producir un sistema de temor muy intenso. Una vez un viejo peón me dijo que todo el pueblo sabía de antemano quiénes eran los tipos que iban a ser chupados por el Familiar. Los mismos capataces hacían correr la voz de que ese tipo no llegaba al final de la zafra, y todos lo sabían menos él: todos lo miraban como el futuro muerto, el futuro desaparecido. Algo de la tragedia griega: el coro sabía pero el protagonista no. La historia duró hasta el primer peronismo: los derechos sociales y los sindicatos acabaron con el Familiar. Pero en los años ochenta todavía encontré a mucha gente que lo había visto, que lo describía con detalles: cómo tenía la cara, cómo arrastraba las cadenas. Y cuando vino la Conadep, en 1985, descubrió, en el sótano del ex ingenio Lules, donde Hileret instaló por primera vez al Familiar, una sala de torturas de la dictadura.

—Y, me tocó que en 1976 justo tenía que hacer la colimba, era soldado. Yo conocía bien el monte y sabía manejar, así que me pusieron a manejarles los vehículos.

—¿Y entonces?

—Vi muchas cosas.

—¿Qué cosas?

—No sé, no era lindo de ver las cosas que hacían.

—¿Por qué?

—Torturaban mucha gente. La mataban.

—¿Y usted qué hacía?

—Y bueno, yo salía con ellos así de noche a levantar gente, yo manejaba los vehículos. Después a mí me hacían llevar los muertos, los dejaba en el monte.

—¿Cómo?

—A mí me hacían llevar en camión a los muertos, enterrar a los muertos. Les echábamos gasoil a los muertos en el pozo, les prendíamos fuego y ahí los enterrábamos. También con nafta, entreverada.

—¿Por qué, prende mejor así mezclada?

—Sí, prende mejor.

—¿Cómo elegían a los que iban a buscar?

—No sé, ellos entraban a la fuerza nomás, de noche.

—¿Pero cómo decidían?

—Me parece que ya tenían más o menos el dato, o alguna denuncia, alguno que no lo quería al vecino.

—¿Cómo que no lo quería?

—Sí, pongale que yo no lo quiero al hombre este, entonces lo denuncio que hay cosas raras, movimientos raros, y así lo iban a buscar.

—¿Alguna vez fueron a buscar gente a alguien que usted conocía?

—No.

—¿Y cuál es la persona que más se acuerda, que le quedó en la cabeza?

—No sé, un viejo de setenta años, su señora. También había un hombre que les escapaba a ellos. Se escapaba. No sé cómo hacía, ahí no se escapaba nadie. Será que lo largaban de gusto, no sé. Después iban, lo buscaban, lo volvían a traer. El hombre se escapaba pero se iba de vuelta a la casa nomás, no se disparaba. No sé qué destino habrá tenido este hombre.

—¿Por dónde andaban?

—Varios lugares, zonas del cerro. Caspinchango, Santa Lucía, Lules, Potrero de las Cabras, todas esas partes... San Javier. Yo manejaba a veces camión, a veces jeep.

—¿Y entraba a las casas?

—No, yo tenía que quedarme en el vehículo.

—¿Y después qué hacían?

—Los llevaban de la casa a la base, al campamento donde estábamos nosotros, en Caspinchango, a veces en Santa Lucía, y ahí tenían un cuarto para torturarlos. Les metían picana...

—¿Usted lo ha visto?

—Sí.

—¿Qué veía?

—Uy, gritaban. Los colgaban de las muñecas, los ataban, así pues, les hacían las herejías más peores.

—¿Qué les hacían?

—Les metían alfileres bajo las uñas, les hacían todo lo peor. Y a las mujeres lo mismo. Les metían el fal en la vagina.

—¿Y usted también hacía esas cosas?

—Y, me obligaban a veces que yo también pegue, ha visto.

—¿Y usted qué pensaba?

—Y, me daba un poco de bronca. Pero no podía hacer nada porque no podía ir en contra de ellos, me mataban. Ahí nomás me mataban. Yo era un soldado.

—¿Pasó alguna vez que mataran a un soldado?

—No, que yo sepa no. Pero seguro que lo iban a matar. Seguro.

Antonio Jerez habla en voz baja, palabras para adentro, sin gestos, casi sin inflexiones, muy despacio: no siempre encuentra las palabras. Sus silencios son largos: forman parte. Tiene las manos grandes; espanta alguna mosca.

—¿Cuánto tiempo los tenían en la base?

—Una semana, dos semanas. Les preguntaban si andaban en la guerrilla, en qué andaban. Los hacían hablar a la fuerza. Pero muchos no sabían nada. Y después los mataban.

—¿Cómo los mataban?

—A veces los mataban ahí adentro. A veces los subían al camión así esposados y los hacían a saltar del camión.

—¿Y cuando saltaban?

—Cuando saltaban con el fal los mataban. Y ahí paraban el camión y los subían, me mandaban a enterrarlos.

—¿Y entonces los quemaban?

—Claro, con esa mezcla de gasoil y nafta. Los ponían en la fosa, los rociaban, los quemaban.

—¿Qué olor tiene eso?

—Un olor muy feo. Un olor así… como de un chancho quemado, así.

Hace calor, el sol nos corre. Un arbolito flaco no alcanza para darnos sombra y nos vamos moviendo, escapando. Las moscas zumban, alguna cigarra, de vez en cuando pasa un coche con altoparlantes que ofrece una rifa o un baile. Sentados sobre unos bancos tambaleantes en un terreno descuidado; unos metros más allá, un barrial: Jerez, ahora, vive de hacer ladrillos. A un lado, su ranchito; el horno de cocerlos, más al fondo. Ese calor, las moscas, los zumbidos.

—¿Y usted andaba tranquilo en esa época?

—Y, en esa época, más o menos. Después no se me iba de la mente. Ahora tampoco.

—¿Qué hacía?

—Y, tomaba, esas cosas. Yo no he estado de acuerdo con lo que hacían, moría gente inocente, que no tenía nada que ver. No les importaba matar a un viejo de setenta años, nada.

—¿No pensaba en irse, en salir de todo eso?

—No, yo era una persona que prácticamente no tenía casi estudios, siempre criado en el campo. Tenía poca experiencia. A veces tenía ganas de agarrar el fal y empezarlos a balear, a todos esos. Pero seguro que me mataban.

—¿Cuánto tiempo estuvo con ellos?

—Dieciséis meses, casi siempre en el monte. Después no me querían dar la baja. Ya me correspondía la baja a mí y no me la daban. Un día he hablado con el sargento que ya estaba cansado de todo eso y él me ha mandado que fuera a buscar el camión. Y yo me he calentado y le he dicho aunque me tires hijo de mil putas yo no voy a ir. Y él ha sacado la pistola, un santiagueño, me dice venga acá corriendo. Yo he ido caminando, despacio, y le he dicho dieciséis meses, ya me tienen que dar la baja ustedes. Y él hace así, con la pistola, y yo también la saco, metele le digo, y yo tengo una puntería bárbara, ha visto, yo ya lo iba a matar, porque ya estaba muy caliente. Al otro día viene un teniente y yo le digo no le parece mucho ya dieciséis meses que me tienen a mí en el monte. Yo tengo un hijo para mantener y mi mujer... Y el teniente ahí nomás me dice andá, vos te vas ahora mismo, ya estás de baja. Y ahí mismo me he salido.

Antonio Jerez me dice que entonces se fue de la provincia, que anduvo un tiempo sin saber dónde parar. Yo no le digo que ahí sí que se jugó: que para conseguir la baja se jugó la vida que no se quiso jugar cuando mataban gente —por lo menos— delante de sus ojos. Él, supongo, lo sabe, lo recuerda.

—A veces venía Bussi a Caspinchango, bajaba en helicóptero, en la canchita ahí, al lado del dispensario donde torturaban a la gente.

—¿Y qué hacía?

—Llegaba, entraba, conversaba con los jefes que estaban a cargo de nosotros.

—¿Y no iba a la sala de tortura?

—Sí, claro que iba. Pero esa base la negaba él, decía que no existía. Era la base más horrible que había, la primera. De ahí bombardeamos el cerro, con morteros. Ahí mataron animales, todo.

—¿Usted lo vio a Bussi torturando?

—Sí, lo he visto por allá, en esa base de Timbó Viejo, en una escuela que hay ahí, a garrotazos los mató, a dos tipos, a manguerazos. Los hacía que declare y los ha muerto.

—¿Y usted estaba ahí?

—Sí, yo estaba mirando ahí, de afuera, por la ventana. Los hombres tenían atadas las manos para atrás. Él pegaba, pegaba.

—¿Y quiénes eran los que mataron?

—No sé, después han aparecido un montón de cigarros, nos regalaban como diez paquetes a cada uno, parece que eran contrabandistas de cigarros... Cigarros lindos, de calidad, malboro, parliamen.

—¿Por qué les pegó personalmente a ésos?

—Capaz que algo personal habrá tenido, no sé.

—¿Y después lo volvió a ver alguna vez?

—Sí, lo he visto, en una reunión política.

—¿Estuvo yendo a reuniones de Bussi?

—He ido para observar nomás.

—¿Pero lo votó?

—No, no. No lo voté. Ahí yo pensaba: si él me hubiese muerto algún pariente mío ahí mismo lo mataba. Ahí nomás, estaba diciendo un discurso, lo tenía cerquita, tres metros, sacás y empezás a meterle bala. Si hubiese muerto a un solo pariente mío lo mataba.

—¿Y por qué será que nadie lo hace, que nadie se desquita?

—Son cobardes. Hay mucha gente cobarde.

Antonio Jerez tiene cara de boxeador antiguo —el pelo corto, frente estrecha, ojos claros, un bigotito casi anchoa— y tiene dos hijos boxeadores, ganadores de títulos: hace un rato me mostró los recortes con un orgullo pudoroso, tan medido.

—¿Los militares hablaban de lo que hacían, decían algo?

—Se ponían a tomar de noche, se ponían a hablar, se cagaban de risa: te acordás cuando a fulano lo hemos levantado, que le hemos hecho esto, lo otro.

—¿Y a los soldados les hablaban, les hacían discursos?

—Nos hacían discursos, sí, que estábamos defendiendo a la patria, que los subversivos se querían apoderar de la Argentina, todo eso.

—¿Y ustedes estaban convencidos?

—No.

—¿No?

—Yo por lo menos no estaba muy de acuerdo con lo que hacían ellos.

Si ellos después iban a buscar gente vieja, cualquiera. Capaz que los que tenían algo que ver no los han encontrado.

—¿Si encontraban a esos que había que hacerles?

—Meterlos presos nomás. Yo creo que no hay derecho a matarlos así, de la peor manera. Tenían que investigar si verdaderamente andaban en eso y meterlos presos, ¿no?

—¿Y ahora por qué cuenta estas cosas?

—Y, las cuento porque me desahogo un poco, ¿no? Me deja la mente un poco más libre para pensar.

—¿Usted piensa mucho en esto?

—Y más o menos, sí.

—¿Qué piensa?

—Y, a veces me acuesto y no me duermo, por ahí sigo oyendo cómo bramaba la gente, bramaba del dolor.

—¿Usted se siente responsable?

—Responsable no porque yo era un mandado, si no lo hacía me mataban a mí. Ellos me mandaban; dueños del mundo pensaban ellos que eran. Yo decía algún día los podrá castigar Dios por lo que están haciendo. Y no ha pasado mucho tiempo: los castigó allá en las Malvinas. No es lo mismo sacar una persona de su rancho que ir a pelear una guerra. Ahí se ve el macho, no yo con una gomera y el otro con un fal. Eso lo hace cualquiera.

—¿Y ahora le da miedo por estar hablando?

—No. No tengo miedo. Nunca he conocido casi el miedo.

—Pero usted decía que en aquella época no hacía nada porque lo podían matar.

—En esos tiempos sí. Más que yo tenía un hijo, mi mujer. Pero ahora ya tengo todos los hijos criados, ya soy grande, no tengo de qué tener miedo. Yo ya he vivido mi vida. Yo me quedo solo acá muchas veces. Salgo solo. Casi nunca ando acompañado con otros amigos. No, nunca.

—¿Anda muy solitario?

—Solo.

—¿No le gusta andar con gente?

—Sí, por ahí hacemos un asadito, pero para salir así no, no me gusta.

—¿Si le tocara todo de nuevo qué haría?

—¿Volver a hacer eso?

—Sí.

—Y, es difícil pensarlo.

Antonio Jerez se mueve como si nunca hubiera hecho lo que hace —agarrar con la mano derecha una birome, sacarle con la izquierda el capuchón, escribir en un pedazo de papel un número—: como si cada movimiento fuera nuevo, tuviera que pensarlo, tantearlo, probar cómo le sale. Jerez se ríe, nervioso, y me dice que cuando me vio pensó que yo era militar y que ahora está escribiendo un libro en un cuaderno que tiene ahí, en su rancho. Le pregunto qué cuenta. Es curioso: hablo con él como quien habla con alguien que no es, que cuenta desde lejos una historia ajena. No pienso, por ejemplo, este es un asesino hijodeputa mató ayudó a matar a gente que yo podría haber querido.

—La vida mía. Llevo unas páginas… cincuenta.
—¿Pero qué quiere contar?
—Y cuento la vida mía, de más antes. Desde más antes hasta que llegué al militarismo, todo eso.
—¿Y por qué se le ocurrió?
—Tenía ganas de hacer un libro.
—¿Por qué?
—Y, digo yo, para que quede la historia algún día. Cómo fue el militarismo, mi vida, esas cosas. La vida de uno es tan corta, ha visto. Prácticamente uno no hace nada, lo único seguro es la muerte. Tantos problemas que se hace uno, anda y anda y ya está, ya pasó.

Calor, las moscas.
Sobre todo el zumbido.

Lo más extraño de escuchar a los que hablan es pensar cuántos nunca dirán nada —y, sobre todo, quiénes son, dónde están. Todos pueden. O, digo: tantos pueden.

Zumbido, más zumbido.

La escuela está al costado del camino y cuando paso veo algo raro. Sigo, creo que leí mal, doy media vuelta; ahí está, en el frente, ese cartel, letras de molde, que dice Dios Patria Hogar. La escuela es pública, provincial, y me sorprende. Yo creía que éramos un país laico. Le pregunto a un maestro por qué está ese cartel y me dice que no sabe, que él es nuevo acá, que cuando llegó ya estaba pero que es como un lema para que los chicos sepan cuáles son sus valores. Después me explica que él enseña un área de religión. Yo le digo que me sorprende que con los impuestos de muchos no creyentes se pague una educación religiosa y él me dice que no, que en religión solamente les enseñan valores, la moral, cosas así. Yo le digo que darles clases de religión es como enseñarles a ser peronistas o hinchas de Boca y él me dice que no les enseñan que sean católicos:

—No es que les enseñemos una catequesis católica. Se apunta a los valores, la familia, los conceptos básicos para vivir en sociedad. También tenemos evangelistas y les enseñamos lo mismo, no hay discriminación.

—Pero les están enseñando a creer en dios. El truco está en relacionar ciertos valores, cierta moral con la religión. ¿Por qué esos valores tendrían que ser parte de la religión?

—Y sí, acá en el norte la cultura es así, todos son católicos, somos muy fervientes en la fe. Acá en cada casita va a ver sus imágenes de la virgen, sus santitos. Acá somos muy devotos, eso es parte de la cultura nuestra. Además, si no hubiera religión todo sería un libertinaje. Mire ahora, hasta con religión pasa lo que pasa. Se están perdiendo todos los valores, estamos completamente materializados, no hay más valores éticos. Está lo que inculcan los medios de comunicación, y no hace falta ir a grandes ciudades, fíjese acá mismo, en estos pueblos, que están llenos de cyber, pero nuestros chicos en vez de ir para formarse e informarse van al vicio: los juegos, hasta la pornografía, y están horas y horas sentados frente a una pantalla, se pierde la lectura, la diversión sana, el contacto con el entorno, la familia. Y con la televisión pasa lo mismo, hoy ya no se respeta el horario de protección, se ve sexo erótico a toda hora. Y además está la moda, que le hace perder la autenticidad a las personas: vos no sos nadie si no te ponés tal zapatilla, si no te ponés un arito en la nariz, y la música, que antes nosotros escuchábamos cumbia o Trulalá o el Cuarteto Leo, por decir los más conocidos, que le cantaban al corazón, por medio de buenos sentimientos, y ahora todo es una barbaridad, el mensaje es todo una burla, la violencia, la droga, y también está el hábito de fumar a temprana edad, el hábito de beber, el hábito de no bañarse, que es una moda el hábito de no bañarse. Y de ahí viene la prostitución juvenil, a los trece, catorce años hay chicos que se están prostituyendo, antes los chicos a esa edad jugaban con autitos, con muñecas, ahora a esa edad ya saben lo que es un mouse, un teclado. Por eso le digo que se necesitan los valores, eso es lo que les damos en las clases de religión, me entiende. Sin la religión volveríamos a la época de Calígula, todo esto sería un puro descontrol…

El muchacho se exalta, no puede parar su perorata. Yo no sé si debo decir amén o vade retro. Después me cuenta que se levanta todos los días a las cuatro de la mañana porque su casa está a ciento treinta kilómetros de acá, que se toma un colectivo que tarda casi tres horas en traerlo pero que está bien, que en cuanto se sienta se duerme, que trabaja en esta escuela hasta el mediodía y después se va a dedo hasta otro pueblo que está veinte kilómetros más allá de su casa porque el colectivo a esa hora no pasa y además si tuviera que pagarlo el sueldo no le alcanzaría para nada y que ahí da clase por las tardes, que a él le gusta lo que hace y no se queja pero que le vendría tan bien tener un solo trabajo que no fuera tan lejos, a treinta, cuarenta kilómetros nomás, algo más fácil.

"Ninguna sociedad puede existir sin una moral. Y no hay moral sin religión. O sea que sólo la religión puede dar al estado un apoyo firme y duradero", decía Napoleón Bonaparte —que era bastante ateo pero de estado sabía mucho.

Veo pasar más y más autos viejos, pienso:
al Interior van a morir los coches argentinos o
el Interior es el gran cementerio de coches argentinos o
en el Interior agonizan, lentos, los coches argentinos o
el Interior es la morgue de los coches argentinos o
muchas más, porque tras las otras posibilidades funerarias se pueden explorar combinaciones en que coches argentinos sea sustituida por coches de la patria, por ejemplo, o coches patrios o coches nacionales o los coches argentos o autos cada vez o tantas otras. Y cada opción va a tener su matiz propio, su sentido alusión evocación que las otras no tengan. Cada frase es la muerte de tantas. Si no consiguiera —a veces— olvidarlo, escribir sería siempre una pérdida, una derrota horrible.

San Miguel de Tucumán

Pero después pienso que la tarea más laboriosa del escritor consiste en reducir su vocabulario hasta quedarse sólo con sus propias palabras.

—¿Vos qué querés ser cuando seas grande?
—Yo no quiero ser grande. ¿Para qué?

Hace unos días le pregunté al maestro Tomás Eloy Martínez, tucumano pese a todo, qué valía la pena contar de su provincia. Me habló de varios temas y, sobre todo, de la preocupación que tienen sus paisanos por el avance de Salta: durante más de un siglo —desde su pequeña revolución industrial de fines del XIX— Tucumán fue, sin dudas, la capital del Noroeste. A principios del siglo XX Tucumán era el tercer territorio argentino en desarrollo industrial, detrás de Buenos Aires y la Capital. Y ahora, por primera vez, su lugar se discute. El crecimiento de Salta —economía, turismo, imagen general— los hace sentirse amenazados. La idea me interesó pero ahora, que acabo de llegar, hay algo más: este mediodía, la plaza central de San Miguel está repleta de hombres y mujeres vestidos de gauchos salteños —sus botas negras, sus ponchos federales—, que reparten folletos de su provincia: Salta/ sentí viví disfrutá. La invasión, parece, ya se había consumado.

—Entonces pedimos ocho empanadas, no?
—Sí, dale. ¿Y qué vamos a tomar?
—Eso: ¿qué vamos a tomar?
—¿Cerveza?
—Claro, Bichi. Si vos siempre sabés lo que yo quiero.

Hay algunas que lo disimulan mejor que otras, pero la característica central de toda ciudad argentina es el desorden, la sensación de que crecieron sin que nadie las haya pensado, organizado. Una casa del centenario, balconcito de hierro forjado, junto a una de los cincuentas mosaico caramelo, un edificio de ocho pisos descascarado años setenta, un arrebato de acero y vidrio menemista, un estacionamiento, una farmacia vagamente art decó, un baldío un kiosco un galpón. Hasta las baldosas de las veredas cambian cada diez metros. Las ciudades argentinas son un producto de la iniciativa individual descontrolada, de la libre empresa —que ahora llaman mercado. Algunas lo disimulan más que otras; Tucumán muy poquito.

—Parece que los salteños tuvieran un proyecto más coherente, más unido. Quizás porque tienen una sociedad más concentrada, donde unos pocos definen todos los rumbos: es una posibilidad. Lo cierto es que ellos parecen saber hacia dónde van —y nosotros más o menos.

Me dice un periodista tucumano. Y me comenta que en los últimos meses han aparecido tres diarios nuevos: es una especie de exceso para una sociedad que consume apenas *La Gaceta*. Un par no llega a vender mil ejemplares, pero por el momento siguen adelante. Y uno de ellos es la edición local del *Tribuno* —de Romero, gobernador de Salta. En estos lugares —queda dicho— los diarios no siempre son empresas que se justifiquen con la venta.

no, para qué voy a trabajar si no me pagan nada no, por esa guita no me rinde, me sale más caro el colectivo, todo sube

El busca es jovencito y atildado, camisa gris de manga larga, su corbata, su pelo bien cortado, sus zapatos lustrados —y entra al bar para ofrecer de mesa en mesa unos perfumes falsos. En la puerta se cruza con un chico de la calle que sale, contento, con un cacho de pizza que alguien acaba de darle. El chico le sonríe y le palmea el brazo. El busca le sonríe; después, cuando el chico se va, se mira el brazo con un asco infinito. Entonces se acerca a mi mesa y me ofrece el perfume que vende: Nuestro Kenzo. Yo le digo que no gracias, que no uso.

—Claro, usted debe usar importado. Pero por lo menos compreseló para la chica que le limpia la casa, así le hace un regalo en estas fiestas.

todo sube porque no hay quien ponga orden y cada cual hace lo que quiere, lo que se le canta, acá la administración es un desastre y los privados lo único que quieren es llenarse de plata y al resto que lo parta un rayo y peor el estado

El país rebosa de calles Nueve de Julio: desdichado, muy triste el pueblo que no tiene una. Pero hay sólo una ciudad en cuya calle Nueve de Julio está la casa que todos aprendimos a respetar como emblema de la fecha. La famosa Casita de Tucumán —qué lindo que la nación haya nacido en una casa que todos insistimos en llamar Casita— es un recuerdo de ilustración Billiken, una de esas imágenes que cada argentito lleva en la cabeza; es, también, una puesta en escena de cómo la Argentina pensó su historia en el último siglo y medio.

Porque la Casita, tan bien conservada, no siempre fue como es ahora. Fotos de 1870 la muestran modesta, olvidada, semiderruida, habitada por dos ancianas señoritas Zavalía. En 1905, la patria liberal triunfante decidió que esa casucha no era una cuna conveniente y la derrumbó y construyó un palacete neoclásico para recubrir lo único que conservó: la sala del Juramento. Eran tiempos de orgullo en que la precisión histórica importaba menos que la fanfarria del Centenario.

En los cuarentas, el revisionismo histórico impulsó la reconstrucción de la Casita: no sería verdadera pero por lo menos sería semejante. Así que levantaron una parecida a la que había sido aunque, claro, levemente más grande y bastante más sólida. En 1974 un historiador demostró que la Casita había sido construida por mano de obra esclava: en esos tiempos era un pecado original muy serio. En 1976 la dictadura militar decidió que todo lo que había alrededor del monumento no era necesario y tiró abajo varias viviendas: la patria se edificaba sobre las ruinas circundantes. Ahora, la Casita de Tucumán es un museo sobrio, correcto y, en esta tarde de sábado, perfectamente desierto. La famosa sala impresiona sobre todo por lo chiquita: puede que tenga seis metros de ancho, quince de largo —y yo me demoro pensando qué le harán en la próxima etapa de la patria. Ya se pasó la época en que tuvo chances de convertirse en shopping; ahora quizás le armen una muestra resaltando el papel del diputado santacruceño en la declaración de la Independencia y su influencia para que aquel Congreso acabara de una vez y para siempre con toda posible injusticia en la Argentina.

—Para mí, ser argentino es juntarse con los pibes y boludear, tomarse una cerveza, hablar pavadas, ser amigos, ¿viste? Eso en otros países me dijeron que no lo hacen.

De los veintinueve diputados que proclamaron la famosa independencia, sólo cinco no habían nacido entre 1770 y 1785: todo aquello fue, entonces, cosa de una generación que tenía entre treinta y cuarenta y cinco años. Hombres jóvenes —aunque la gente entonces se muriera antes— encabezados por el benjamín: Laprida no tenía treinta cuando su voz declaró la independencia de estas crueles provincias:

"Nos los Representantes de las Provincias Unidas de Sud América reunidos en Congreso General, invocando al Eterno que preside al universo, en el nombre y por la autoridad de los Pueblos que representamos, protestando al Cielo, a las naciones y hombres todos del globo la justicia que regla nuestros votos: declaramos solemnemente a la faz de la tierra, que es voluntad unámime e indubitable de estas Provincias romper los violentos vínculos que las ligaban a los Reyes de España, recuperar los derechos de que fueron despojadas, e investirse del alto carácter de una nación libre e independiente del rey Fernando VII, sus sucesores y metrópoli. Quedan en consecuencia de hecho y derecho con amplio y pleno poder para darse las formas que exija la justicia, e impere el cúmulo de sus actuales circunstancias. Todas y cada una de ellas así lo publican, declaran y ratifican, comprometiéndose por nuestro medio al cumplimiento y sostén de esta su voluntad, bajo del seguro y garantía de sus vidas, haberes y fama".

No debe haber sido, entonces, inocente que el acta de nacimiento del país se firmara allá lejos, aquí, en Tucumán. Quizás no lo sea —todavía.

Fueron veintinueve; si hablamos de una Argentina fundante y una Argentina fundada, sus orígenes podrían darnos una pista muy precisa: había siete porteños, tres cordobeses, tres de Charcas, dos de San Juan, Salta, Catamarca, Mendoza y Santiago del Estero y uno de La Rioja, Jujuy, Mizque y Potosí. El litoral no estaba: seguía a Artigas y los demás caudillos.

Me acuerdo que había una época en que esta provincia solía llamarse el Jardín de la República. Fue hace mucho, supongo.

—Yo entonces cubría judiciales para el diario. Y uno de esos días me encontré en un pasillo de Tribunales con una médica forense. Se la veía mal, jodida, y me vino a contar que había hecho, en una semana, tres autopsias a niños pobres que les había encontrado bolos de gusanos en las pancitas. Tres chicos desnutridos con esas bolas muy grandes de gusanos que les estaban comiendo los órganos. Yo llegué al diario con ese dato y les dije acá hay algo. Empezamos a hablar con médicos y autoridades sanitarias; recién dos días después logramos el primer dato de que esos tres chicos habían muerto por desnutrición.

Me cuenta Facundo Pereyra, periodista de *La Gaceta*, joven, entusiasta.

—Entonces empezamos a patear los barrios, los centros de atención primaria, y fuimos encontrando cada vez más casos. Y ahí explotó, el tema se convirtió en una cuestión nacional, pasó de todo. Pero a mí siempre me queda esa sensación extraña de qué hubiera pasado si no fuera por esa casualidad, por ese encuentro en un pasillo.

Sucedió en septiembre de 2002, lo peor de la crisis; al final encontraron veintiún muertos por desnutrición. Y fue, me parece, un ejemplo del papel de la prensa en estos años argentinos: decir —porque ha buscado o porque encuentra— lo que el poder institucional debería decir solo. Reunir datos, crear sentidos: producir un hecho donde no lo había. Y fue, me parece también, un ejemplo del lugar que el azar ocupa en casi todo. A partir de esos casos, Tucumán se volvió, en la imaginería nacional, el espacio del hambre.

Las cifras de desnutrición son más secretas que los códigos nucleares de Guyana. Pero se calcula que debe haber unos veinte mil tucumanos menores de seis años con desnutrición severa. Y tantos más que, por mala alimentación, no se desarrollan como deberían. La desnutrición —sabemos— es mala en sí pero, sobre todo, es terrible en sus efectos: un chico desnutrido nunca va a terminar de desarrollar su cuerpo ni su mente.

—Ay, no sabe lo que me está costando conseguir servicio doméstico. Ahora con los planes sociales siempre se llevan una platita y no tienen la necesidad de trabajar. Yo ya no sé qué hacer, hace dos meses que estoy buscando una empleada. Saco avisos todo el tiempo, no pido referencias. Si me dice que no sabe trabajar yo le enseño, tengo alguien que le puede enseñar. Le pago doscientos pesos, comida y una habitación y no hay caso: acá la gente no quiere trabajar.

La pregunta horrorosa: cómo contar las vidas de la gente normal. Cómo saber quién es gente normal.

—Ésta es una sociedad muy compleja.

Me dice un amigo. En cada capital alguien me dice que su provincia es muy compleja, que no es como las otras:

—Acá si te dejás guiar por un solo síntoma te equivocás absolutamente. Acá eligen gobernador a Bussi y vos pensás que son todos fachos. Pero después lo eligen a Alperovich, que es judío, y resulta que enseñan religión en las escuelas. O eligen al primer concejal travesti de América Latina, y tampoco es una sociedad tan tolerante. Te digo, esto es una mezcla muy extraña.

—Yo creo que todo el país ha usado a Tucumán por el tema de la desnutrición. En Córdoba, en San Luis, en todo el NOA el cuadro es igual o peor, pero Tucumán es muy importante y entonces muchos periodistas dijeron bueno, vamos a Tucumán. A nosotros eso nos ha ayudado, porque hemos conseguido muchas cosas para el hospital, y quizás como provincia también, hizo que el gobierno nacional nos apoyara.

—¿Por qué Tucumán es importante?

—Bueno, es el centro del noroeste argentino. Salta tendrá algunos indicadores mejores que nosotros, pero Tucumán tiene universidad, tiene industrias, tiene una vida cultural distinta a las demás provincias del norte. Además no se olvide de que Tucumán es la cuna de la independencia, es importante.

Me dice Oscar Hilal, subdirector. El hospital del Niño Jesús —el hospital de niños de Tucumán— tiene un frente moderno impecable con macetas y flores, perfectamente desierto. La verdadera vida del hospital del Niño Jesús está del otro lado, por detrás; allí sí se parece a tantos hospitales argentinos: olor espeso, pisos gastados, muchos chicos en brazos, llantos, tetas, cables sueltos, metales oxidados. Me preocupa que haya un frente falso y un fondo verdadero: otra vez, la amenaza de la metáfora barata. Un poco más allá, la entrada de la oficina de la directora del hospital es una romería —o un piquete: docenas de personas se apretujan para pedir un remedio, una cama, algún otro favor. Dentro de su oficina, la directora me dice que la desnutrición no se va a terminar de un día para el otro:

—La desnutrición acá en el NOA es crónica. Lleva muchísimos años y por supuesto va a durar muchos más. Básicamente porque, a pesar de su riqueza natural, ésta es una provincia pobre. La gente que viene de afuera siempre me dice que no puede entender cómo es posible que con tanta vegetación, con tantos recursos naturales acá haya gente que se muera de hambre. Pero es así.

Dice Graciela Lavado, médica, cincuenta y algo, bien enérgica. En estos días están peleando contra un brote de meningitis: los diarios hablan de epidemia y hay principio de pánico. Las escuelas privadas cierran, algunos de los empleados del hospital van con barbijos, hay zonas de acceso restringido. Pero la doctora Lavado y el doctor Hilal dicen que no es para tanto, que no se puede hablar de una epidemia, y se quejan de que la prensa local les presta más atención que a ninguna otra cosa, que todos los días se pasan horas atendiendo periodistas, que siempre les están buscando el pelo en la sopa y así es difícil trabajar.

—Después de la hecatombe se han hecho unos programas para contener a lo que llamamos "familias críticas" con planes jefes y jefas, bolsones, leche. Y se los premia si mejoran la situación de los chicos, si pasan del grado tres de desnutrición al dos, por ejemplo. Porque antes había unos planes como el plan Huevo, que les daban huevos y leche a los chicos desnutridos porque son pura proteína, pero los agentes sanitarios notaban que la desnutrición de los chicos no bajaba. Entonces descubrieron que las madres no se los daban o les daban poco, porque si los chicos mejoraban mucho las dejaban sin ninguna ayuda. Por eso ahora premian a los que mejoran. Pero esto sigue siendo lo mismo: se sigue con la asistencia, con la dependencia del estado, y así no vamos a salir nunca de este círculo vicioso.

Graciela Lavado me cuenta que uno de los problemas es que la desnutrición se centra en los chicos y en los viejos: que en muchas familias pobres, si no tienen para todos, se trata de que coman los activos, los que producen: los que no se quedan relegados.

—¿Pero no se supone que las madres van a darles de comer a sus hijos más desprotegidos?

—No siempre. Acá en el norte el hombre es el rey indiscutido. La mejor comida es para él. En el hospital les repartimos unas bandejas con el almuerzo a las madres que están con sus chiquitos internados. A menudo cuando se están por repartir las bandejas aparece el padre, que no vino en todo el día, y se come toda la bandeja. A mí eso me subleva. Más de una vez he ido, antes de que llegue la comida, a echar a todos los hombres de las salas, para que las mujeres puedan almorzar. Y a veces las propias mujeres salen a defenderlos: al mío no lo va a correr. Al tuyo y a todos los demás, le digo yo, todos afuera. Pero acá está totalmente internalizado en nuestra cultura: el hombre es el rey y la mujer tiene que darle todo lo que tiene.

—La desprotección de la infancia en Tucumán es tradicional. Durante un siglo, antes de salir a hachar la caña, el tipo se tomaba una botellita de alcohol de caña, el Hornett, de etiqueta colorada, y le daba el final a su hijo, que pelaba la caña. Esta combinación de pobreza y alcoholismo fue muy profunda —aquí y en el resto de las regiones cañeras. Eso fue creando, durante décadas, eso que ahora podés ver aquí enfrente, en el hospital de niños: esas chicas de trece o catorce años encorvadas, que parecen viejitas, trayendo sus chicos a la consulta. Son el resultado de generaciones y generaciones de mala alimentación, de alojamiento muy precario y de alcoholismo. Y hay otra cuestión, una diferencia fuerte con el norte andino. En la Puna, por ejemplo, pueden ser más pobres que acá pero casi no hay subalimentación: lo poco que hay se reparte. Es la supervivencia de la comuna indígena. Una de las pérdidas más dramáticas que hemos tenido en la Argentina es la pérdida de esa cultura comunitaria. En las zonas más pobres tener o no tener esa cultura hace una diferencia básica.

Me dice Eduardo Rosenzvaig.

—Acá la caña creó un campesinado individualista, y los chicos a la deriva. Vos ves a la mujer andina con el hijo a la espalda, protegiéndolo, amamantándolo hasta muy grande. A ese chico no le falta alimento ni ternura.

Esto viene del mundo incaico, donde el estado no te permitía tener muchos hijos: cuantos menos tenés, más protegés a cada uno. En cambio acá es la cultura de los cazadores-recolectores: muchos hijos sueltos por ahí, y a ver cuántos sobreviven.

Tremenda la decepción de las personas que me preguntan qué ando haciendo por acá, la pregunta obligada.
—Un libro.
—Ah.
Me suelen contestar con la palabra o con el gesto.

Una chica de delantal muy fea le está contando a su novio, los dos parados junto a un banco de una plaza, que una amiga suya se peleó con la profesora de dibujo porque tenía que hacer un dibujo con los colores primarios pero se equivocó y no eran. Él trata de besarla pero ella le saca la cara y le dice a vos no te importa lo que te estoy contando. Él le dice pero seis besos ya te di y vos no me diste ninguno. Ella, severa, anteojos gruesos, la cara gorda, las cejas muy espesas, bozo sobre el labio, lo mira con reproche:
—No puede ser, Maxi, que todo el tiempo estés pensando en eso.
Escucharla me alegra la mañana.

—Vos fijate cuántas veces te dicen por favor y gracias en esta ciudad. Después vení y contame.

Tomo un café en el centro con un amigo periodista, mesa en la vereda. No tomo el tiempo exacto, pero calculo que cada tres minutos veinticuatro segundos un conocido para y lo saluda —e interrumpe la charla. Trato de pensar qué tipo de narraciones, qué tipo de razonamiento produce este sistema de suspensión constante. Tengo hipótesis: que preparan todos sus relatos en unidades de menos de tres minutos —como los viejos discos simples— para que quepan entre dos saludos; que imaginan complejas reglas nemotécnicas para poder retomar el relato allí donde se deja cuando llega el saludo; que los que disfrutan de repetir catorce veces la misma cosa tienen la excusa perfecta para hacerlo, so pretexto de retomar lo que decían antes del saludo; que los relatos tienen menos disgresiones porque hay que aprovechar el tiempo entre saludos para ir directamente al punto; que los relatos están llenos de disgresiones porque como de todas maneras los va a interrumpir un saludo no vale la pena esforzarse en ir al punto...
—Hola, hermano, cómo andás.
—Bien, muy bien. Y vos.

Una morocha gordita: esa sonrisa increíble que sólo tienen algunas mujeres cuando se sienten deseadas.

La batalla del panchuque está que arde. En la consabida peatonal he visto carteles que anuncian panchuques a setenta centavos, a sesenta centavos, a cincuenta centavos. ¡He visto incluso un cartel que anuncia panchuques a cuarenta centavos! Ahí fue cuando decidí averiguar qué era un panchuque.

—Los otros podrán tener más plata, pero nosotros somos cultos. Los salteños, por ejemplo, tienen un sheraton, todos los turistas, pero nosotros tenemos diez salas teatrales, seis cines, los salones de plástica.

Me dice un amigo que, dice, parodia la idea que los tucumanos tienen de sí mismos —pero a mí me parece que también lo dice en serio. Después extrema la parodia:

—Sí, somos recultos, pero lo único que llena los teatros grandes son las obras que vienen de afuera. Ahí sí vas a ver a todos de traje y corbata, sacón de pieles aunque sea en enero.

—Pero vos sabés cómo es. Los tucumanos tenemos fama de gatos.

—¿De qué?

—De gatos, de ladrones.

Es curioso que la palabra que los porteños usamos ahora para nombrar a las mujeres de vida airada, se use aquí para decir ladrón. Aunque esta acepción sea puro clasicismo: el maestro Quevedo, por ejemplo, la usa con frecuencia.

Llamo al intendente de Famaillá para pedirle una cita porque me han hablado mucho de él y quiero conocerlo. José Orellana me pregunta para dónde es la nota esa, para qué revista.

—No, es un libro.

—Ah, si tiene gasto estamos mal, porque estoy de licencia.

Yo le digo que no, no se preocupe, y quedamos en vernos dentro de unos días.

Nunca lo había visto, y me parece un hallazgo. Uno de los nuevos diarios, *La Ciudad*, publica todos los días una página con un mapa —y el detalle— de los delitos del día anterior en Tucumán:

1. Enzo Exequiel Tibaldo dejó estacionada su camioneta en una playa de estacionamiento, el miércoles a las 9. Al volver, a las 13.50,

vio que habían ingresado forzando la cerradura y se habían llevado el estéreo con reproductor de CD.

2. Mendoza 2664. Adolfo Antonio Alderetes, empleado de la Dirección de Materiales y Construcciones Escolares, se encontraba rea-
   lizando un trabajo en la Escuela Marcos Paz, el miércoles, cuando a las 15.30 dejó su bolso con herramientas en una de las aulas,
   descubriendo al volver en su búsqueda que había desaparecido.

3. Bulnes y Pasaje Coviello. Roxana Isabel Robles, de 41 años, fue in-
   terceptada el miércoles a las 13 por un hombre que, en forma vio-
   lenta, le arrebató la cartera, donde llevaba un celular y $422 en
   tickets de comida.

4. Sargento Cabral 367. Del garaje de la casa de Hugo Ernesto Frari
   sustrajeron el miércoles cerca de las 18 una bicicleta que pertene-
   cía a un joven de 17 años, que suele dejarla allí mientras asiste a
   clases.

5. Jujuy 2565. Violentando los candados del portón ingresaron personas desconocidas al taller de José Armas, el miércoles. Se llevaron un compresor, una bordeadora, dos bicicletas y dos amola-
   doras de mano.

6. Jujuy al 3200. A Julio Roque Espinosa le arrebataron el miércoles
   su bolso, donde llevaba la documentación de su motocicleta.

7. Gobernador Gutiérrez al 2500. Jorge Alberto Amarilla, empleado
   de la firma CTI, descubrió el miércoles que de la torre base autores desconocidos se llevaron cables de cobre.

8. Haití al 1600. A la casa de Karina Hortencia Herrera ingresaron
   ladrones, el miércoles cerca de las 7, cuando no había nadie. Se
   llevaron un televisor color.

9. Isabel la Católica y Castro Barros. A Verónica Elizabeth Palaveci-
   no, de 23 años, tres muchachos le arrebataron una guitarra criolla, el miércoles por la siesta, y luego se dieron a la fuga.

10. Castro Barros y Colombia. Segundo Delfín Ledesma dejó esta-
    cionado su automóvil VW Gol, el miércoles por la mañana, y al
    regresar, al cabo de una hora, se dio con la novedad de que ha-
    bían forzado la cerradura del baúl y se habían llevado la rueda
    del auxilio.

11. Castro Barros al 2500. Mientras esperaba el miércoles a las 16 en
    la parada del ómnibus, a Adriana Marcela Sari, de 30 años, un
    hombre le arrebató la cartera, donde tenía $100 en Tickets Proms.
    El delincuente se dio a la fuga en un caballo.

12. Avenida Santo Cristo al 1100. Elizabeth Guindan de Rojas, docen-
    te de la Escuela Ramón Paz Posse, denunció que, el martes mien-

tras trabajaba, autores desconocidos robaron de su coche, previo forzar la cerradura de una de las puertas y la del baúl, el estéreo, un matafuegos, una rueda de auxilio y el gato".

Todo lo cual demuestra que en Tucumán hay varias Elizabeth, ladrones a caballo, cierta apetencia por las bicicletas, menos dinero que diversos tickets y, sobre todo, que el Interior —aún en sus sitios más ásperos— sigue siendo ese lugar casi tranquilo del que tanto me hablan.

—Acá hay mucho robo, mucho robo. Yo conozco la historia de un tipo que dormía con su única vaca encadenada a su cama. Y una mañana se levantó y tenía los huesos de la vaca, la cabeza, todavía encadenados, pero la carne se la habían llevado. Donde hay caña —en toda América Latina— hay violencia. Ya el acto mismo de cortar la caña es muy violento, doce horas con el machete cortando y cortando, y los tipos acostumbrados a que todo lo hacen a machete.

Me decía Eduardo Rosenzvaig en su oficina de la universidad, atardecer tranquilo, el mate:

—En toda América Latina, donde hay caña aparecen dos elementos: delitos y violencia. La violencia ya está en el acto mismo de cortar la caña, doce horas con el machete pegando y pegando, tipos que todo lo hacen a machetazo limpio. Y que tienen siete meses por año sin trabajo, sin nada que hacer: que hacen changas, pequeños robos, cuatrerismo... Desde un comienzo los ingenios presionaron para prohibir a los campesinos plantar cualquier cosa que no fuera caña: eso crea un hombre que no sabe hacer otra cosa y que cae fácil en ese sistema de delitos y violencia.

Un vendedor de cospeles, en medio de la peatonal desolada por la lluvia, me escucha quejarme del agua.

—A vos qué te importa, chango. Vos te mojás, yo no como.

Hay lugares donde las particularidades se disuelven. La aspiración de los burgueses de provincias está, muchas veces, hecha de esas disoluciones: acceder a lugares que les olviden su diferencia con la capital, con el mundo exterior. Veo un partido internacional de Boca en un local de Locos por el Fútbol: un espacio enorme, atestado de comensales y pantallas. Locos por la Tele, supongo, sería más apropiado: no hallé dónde posar la vista que no fuera pantallas de la tele, habría escrito el maestro Quevedo —que hoy aparece mucho. Hay veinticinco pantallas entre treinta centímetros y dos metros. Fenómeno: todos miramos la misma tele —las mismas imágenes en la tele— sin mirar al mismo lugar. El local cumple su cometido: vemos un partido que se juega en Chile en una Argentina global que podría estar en cualquier parte mientras comemos pizzas y hamburguesas que también. El lugar rompe con el estilo local, se hace capitalino sólo en la medida en que la capital, a su vez, lo tomó de mayores capitales: nosotros, supongo, lo hacemos para salir y suponernos en Estados Unidos; ellos, para salir y suponerse en Buenos Aires —y los Estados Unidos, para salir y suponerse en el futuro. Y el público también está desterritorializado —con perdón—: los únicos morochos son los mozos.

En un service de una marca conocida de electrónicos un cliente reclama porque el arreglo que le han hecho no lo conforma. El empleado le dice que en todo caso llame al gerente de service y le diga y en una de ésas le hacen caso.
—¿Y adónde está eso, en Buenos Aires?
—Sí, en Buenos Aires.
—¿Y qué le importa a uno de Buenos Aires lo que le pueda decir yo desde acá?

—En el country se puede dejar la puerta sin llave, los chicos dejan sus juguetes tirados por ahí, pasean por donde quieren. ¿Y sabe por qué tenemos esa seguridad? Tenemos guardias, sí, pero lo importante es que acá sabés quiénes son tus vecinos, sabés quiénes son los padres de los amigos de tus hijos, estás mucho más tranquila.
El country recupera el Interior, cuando el Interior deja de ser ese lugar donde se pueden dejar las puertas abiertas y el coche con la llave puesta, uno siempre puede irse a vivir al country. Aquí los countries están en Yerba Buena, saliendo de la ciudad rumbo a los cerros; un informe en el diario informa que en Yerba Buena ya casi no queda terreno sin vender.

Ay, me gustan esos bigotes que tenés. ¿A tu pareja le gustan? ¿Vos estás en pareja? Deben ser una experiencia para ella, ¿no? Yo de chiquita nomás siempre supe que mi convicción era ser mujer, yo siempre fui mujer. Y mi padre siempre me apoyó. No, no es que yo le haya dicho nada, pero los padres siempre saben. Él me veía cuando yo era chiquita, que me pintaba, me arreglaba, y él entonces a veces me decía ah, hoy estás más linda que otros días, y así se veía que me estaba apoyando. Pero él no tenía plata y yo empecé a trabajar de muy nena, tuve que hacer muchas cosas, entendís. Tuve que trabajar en el campo, manejar tractores, muchas cosas. Sí, también estuve tentada de meterme en la prostitución cuando era chica, porque no tenía de qué vivir y me tentó, pero me dio miedo, esa vida es muy peligrosa, las enfermedades, la violencia, me entendís, y pensé no, mejor no me meto en eso, ya Dios va a proveer, y proveyó.

Entonces descubrí las cartas, y con las cartas yo me hice muy famosa. A mí me llama mucha gente importante para que le tire las cartas del tarot. Pero yo no soy como ésas que te dicen un futuro, que te cuentan lo que te va a pasar. Yo primero te cuento más o menos quién sos, qué te ha pasado, para que veas que lo que te voy a contar después yo sé por qué lo digo, me entendís. Y a mí la gente me empezó a querer por eso, porque yo he ganado bastante plata con las cartas y siempre estaba ayudando, yo he puesto un comedor que comían treinta chicos y a veces si viene un empresario rico le digo no te voy a cobrar pero tenés que darme mercadería, ropa, comida para darle a la gente. Por eso la gente me quiere mucho a mí, todo el tiempo me lo están demostrando. A mí las que me han apoyado mucho son las mujeres, porque se identifican, me sienten como a una de ellas. Mujeres grandes sobre todo, y eso me gustó. Pero claro, por supuesto que me hubiera gustado más que me apoyaran los hombres, entendís…

Esta tarde he venido hasta Bella Vista, cincuenta kilómetros al sur, a conocer a Rody: amigos me habían dicho que valía la pena.

Yo siempre he criado muchos chiquitos. No, no sé si soy una buena madre; yo no soy ni madre ni padre, yo siempre les digo que yo soy la persona que los quiere, pero a mí me han dado muchos chiquitos así, padres que no pueden criarlos, y yo he criado diez, tengo una grande ya que ahora vive en España; yo desde los quince años que estoy criando chiquitos y tengo treinta y cuatro, me entendís. Ahora tengo uno de un año y medio pobrecito, que le tienen que hacer un transplante de riñón, y yo lo tengo desde que tiene doce horas, la madre me lo dio, entendís, y otros tres más grandecitos. Yo lo que siempre quiero hacer es ayudar a la gente: también por eso me convencieron de meterme en la política, pero ése sí que es un mundo de mierda. Por eso a ellos se les ocurrió que yo me presentara para el Concejo, a mí ni se me había ocurrido, nunca lo había pensado, pero ellos vinieron y vinieron y me decían vos tenés que presentarte vas a ver te vamos a votar y me armaron una lista y me hacían las caravanas, todo, nosotros éramos los únicos que hacíamos caravanas, entendís, los únicos que juntábamos gente acá en Bella Vista. Y entonces el gobernador me aceptó en su lista porque sabe que yo le llevaba muchos votos, y gané, como quinientas personas me votaron, y acá con cien ya te alcanza para ir al Concejo. Yo era la primera de la lista y el segundo era mi pareja, así que imaginate.

En las elecciones de octubre 2003, Rodolfo Antonio Humano resultó electo concejal de Bella Vista y asumió como vicepresidenta primera del

Concejo. A Rodolfo, en Bella Vista, en Tucumán, todos le dicen Rody. En Bella Vista, ahora, Rody es un nombre de mujer —o casi.

Yo era tan linda de chica, una cinturita de cuarenta y cinco y la carita así chiquita, linda, no sabés cómo se ponían los hombres cuando me veían. Después tuve una pareja, como diez años duró esa pareja, con un hombre que tiene mucho dinero, mucho poder, y me daba de todo, todo lo que quería yo lo tenía. Yo no le pedía nada pero él me daba: tres vehículos me dio y yo los he vendido para darles cosas a mis chiquitos, darles de comer, cuidarlos. Él se enojaba, me decía que no me los daba para eso y yo le decía pero si me los das a mí yo puedo hacer lo que quiero, para eso me los das. Diez años estuvimos juntos y él sigue loco por mí. Ayer nos encontramos y me dijo que él dejaba todo si yo dejaba todo, y nos íbamos juntos a otra provincia y nos quedábamos ahí. Si me iría con él yo tendría todo lo que necesito, pero yo no quiero tenerlo que alguien me lo dé: yo quiero conseguirlo sola. Por eso voy a seguir en la política, ahora: voy a ver si me eligen para legisladora. Y además yo tengo un marido ahora, el de la lista del concejo, que es carnicero, bueno, trabaja en una carnicería. No, él no se hace problema por andar con una travesti. Él me quería a mí, él me tenía que conseguir y al final me consiguió y acá me tiene. ¿Vos estás en pareja? Digo, porque te siento como que estás un poco solo.

Rody tiene una blusita rosa, crucifijo de plata, las uñas largas muy pintadas de rosa, las pestañas con rimmel, labios con rouge, el pelo largo oscuro y un flequillo de peluquería; tacos altos, pantalón ajustado. Su estudio de vidente tiene una Virgen del Valle grande, una más chica de Luján, un San Jorge, un Arcángel Gabriel y varios otros: un ambiente de santería recargada. La Virgen del Valle tiene velas prendidas; huele a incienso. Al fondo hay una cama o diván o yo no sé.

Sí, yo me quería poner siliconas pero una vuelta vi un programa en la televisión y me dio miedo las cosas que te pasan con las siliconas. Lo que sí quería era sacarme lo que me sobra y echárselo a los perros, me entendís, pero eso era muy caro y yo no tenía plata. No, sí, yo muchas veces pensé que tenía que llamarme Romina, pero cuando entré en la política me di cuenta de que me conocen tanto como Rody que tenía que dejármelo. Yo sí claro que quiero tener un nombre de mujer, yo soy una mujer, pero tengo que seguir llamándome Rody para seguir en esto, en la política. Yo he marcado historia, soy la primera travesti que tiene este poder, la primera acá y en la Argentina y en esta parte del mundo, la primera travesti con poder. Pero claro, a muchos no les gusta y así me han tratado después. Lo que pasaba era que cuando el intendente tenía que hacer una obra nosotros teníamos que firmarle la autorización, entonces le dábamos la plata para que las hiciera y las obras nunca estaban, me entendís, y nosotros le reclamamos, entonces fue que después dijo que nosotros le habíamos pedido cincuenta mil pesos y nos hizo intervenir el Concejo, nos echó, me entendís. Pero yo la voy a seguir. Ahora lo que quiero es ayudar a que haya un lugar para nosotras. Viste que siempre que se habla de travestis se piensa en prostitución. Porque claro, si no nos dejan hacer ningún otro trabajo, qué querés. Nosotras tenemos un lugar en este mundo, estamos, tenemos un lugar, lo que pasa es que no sabemos dónde está. A nosotras nos discriminan en todos lados. ¿Por qué una travesti no puede trabajar en un banco, o ser policía, o en la municipalidad? Yo quiero sacar a las travestis de la calle, de la prostitución. A mí me gustaría hacer una fábrica para que trabajen las travestis. Podría ser una fábrica de ropa, como a todas por nuestra condición femenina nos gusta tanto la costura… O cualquier otra cosa, pero que podamos tener nuestro lugar, nosotras.

Rody tiene manos gruesas, algunos pelos negros donde termina la manga de la blusita rosa. Rody dice que siempre fue muy católica practicante, habla con mohínes, se arregla el pelo, apoya delicada el mentón en la mano. De vez en cuando me da palmaditas en la rodilla o en el brazo. Bella Vista es un pueblo chico donde había un ingenio muy grande, que cerró. El pueblo, ahora, parece muy dejado, y la gente en la calle se queja del descuido y la inseguridad. Anoche mismo un kiosquero corrió a tres pibes que quisieron asaltarlo —y mató a uno.

Ahora el gobernador no me quiere recibir. Yo creo que está empuado, que le han hecho la cabeza. Porque si él tuvo que hacer una presentación para que lo dejaran asumir siendo judío, para que no lo discriminen, cómo no va a ayudarme a mí, que también me discriminan. Él siempre me trató muy bien. El intendente no: cuando hacíamos campaña siempre se apartaba, no quería salir en las fotos conmigo. Pero el gobernador… mirá, acá tengo una foto que estamos abrazados, con él siempre a los abrazos, a los besos. El intendente a mí me tenía miedo, porque a nosotras siempre nos han gustado las plumas, yo soy fanática de Cris Miró y de Florencia de la Vé, y a él siempre lo amenazaba, mirá que voy a ir con una minifalda y botas por acá y vas a ver el lío que te voy a armar. Pero en el Concejo era muy tranquila, porque lo que yo quería era demostrar que nosotras también podemos ocupar esos lugares, así que nunca andaba haciendo lío. A menos que alguno me insultara, muchas veces me decían puto, yo me reía y le contestaba chocolate por la noticia. Después cuando me echaron fui a ver a unos legisladores amigos ahí en Tucumán, a pedirles que me mantengan la obra social porque yo tengo a mi madre enferma con cáncer y el chiquito con este problema del riñón y los otros chiquitos, yo necesito la obra social y les pedí si no me podían dar algún trabajo para tener la obra social. Me dijeron que eso no podían, que cómo le iban a dar trabajo a un travesti, pero que si quería le daban un empleo a cualquiera que lo cobraba para dármelo a mí. Pero a mí eso no me sirve, yo lo que quiero es la obra social, yo plata tengo, si me la gano trabajando. Lo que yo quiero es que me respeten, que me reconozcan. Eso es lo que yo quiero y lo voy a conseguir. ¿Ya te dije que yo siempre consigo lo que quiero?

Rody se ríe mucho, hace caídas de ojos, me dice que le gusta hablar conmigo porque sé escucharla: que yo más que periodista debo ser psicólogo porque le dan ganas de contarme todo —y siguen palmaditas. Después dice que la puerta está cerrada: si vi que la puerta está cerrada. Le pido que me tire las cartas y me dice que no porque ella siente que yo no creo en esas cosas.

—No, a vos no.
—¿Por qué?
—Porque vos no creés en esas cosas.
—Pero si te lo pido es que estoy creyendo.
—No se trata de que estés creyendo; se trata de que creas.

Los tucumanos hablan todo el tiempo de sus docenas de teatros, y yo hago lo posible: voy a la Casa Club, un caserón con patio y gran gomero donde dan obras más o menos under. Hoy hay un grupo que se llama Manojo de Calles; desde la puerta se oyen canciones de los sesentas, tipo Speedy González o Bienvenido Amor, y alguien me dice que está buenísima, que es una de esas obras en que los actores improvisan e interactúan con los espectadores hasta que se pierde la división entre actor y público. A mí me gusta la división; esta noche, además, estoy un poco intolerante y me parece que no hay nada más viejo que la vanguardia de hace quince o veinte años.

Los actores y actrices son muy jóvenes y están vestidos raro: de personas mayores. Al cabo de un rato sacan una mesa a la calle —a la calle, no a la vereda— y se sientan a tomar mate. Algunos espectadores se sientan con ellos porque se han roto las barreras; los coches tienen que pasar despacio, tratando de no pisarlos mucho. Algunos choferes se ríen, otros se enojan y les gritan.

—Puta de mierda.
—Ay, cómo es que me reconociste.

La pieza sigue, jolgoriosa: bien, nada especial. Pero esa abundancia permite cierta identidad, lo dicho: nosotros somos los que tenemos teatros cines exposiciones facultades —la cultura. Aunque me suela incomodar ese uso de lo cultural como consuelo: como si la cultura fuera el refugio de los vencidos, diría, si quisiera pelearme.

Ya no quiero: aprendo, del Interior, cierta paciencia.

Llegué a un bar más o menos de moda nueve y media: no había nadie. Me fui a las diez y media: estaba lleno. Tucumán parece una ciudad con reglas claras.

La música retumba
                    yo
tomo cerveza. Cada vez
estoy más lejos de la noche.
La vejez es una búsqueda del día.

La Escuela de la Patria ya no tiene ningún cartel que diga que es la Escuela de la Patria: tenía, pero me dicen que no está. En realidad hay muchas cosas que la Escuela de la Patria ya no tiene: pupitres sanos, inodoros enteros, tubos fluorescentes, techos que no goteen, un patio en lugar de este baldío encharcado. La Escuela de la Patria sí tiene, en cambio, un altarcito muy coqueto con imagen —escudo, flores y columnas— de una virgen vestida de blanco, tiene un cartel en un pizarrón —el único cartel en el único pizarrón de la entrada— que convoca a la misa de egresados en la parroquia de la Victoria y tiene también un mármol que dice Escuela de la Patria, Legado Belgraniano. Inicio de Obra: 01 de Octubre de 1998. Presidente de la Nación Argentina: doctor Carlos S. Menem. Gobernador de la Provincia de Tucumán: don Antonio D. Bussi. Y no dice nada más —porque no debe ser preciso.
—Señor, ¿a quién anda buscando?
—No, miraba.
—Bueno, retírese, por favor.
La Escuela de la Patria es, con perdón, una parábola argentina. En 1813 Manuel Belgrano legó un premio en plata que le acordó el gobierno por sus triunfos en Salta y Tucumán para la creación de cuatro escuelas, una de ellas aquí. La escuela nunca se hizo; ciento ochenta años después algún legislador supuso que ya era hora. Actualizaron el monto del legado: aquellos 10.000 pesos se habían convertido, según cuentas complejas, en cinco millones de pesos dólares. Cuando la plata llegó a la ejecución del proyecto se

había perdido tanta entre las manos del camino que sólo quedó para hacer unos corralones que parecen provisorios: la Escuela de la Patria.

Quizás, en algún momento, me asuste ante esta idea de que estoy en una ciudad que se jacta, sobre todo, de su teatro: un espacio de representación, una puesta en escena. Quizás, en algún momento, entienda que ésa es su verdadera gracia.

Tucumán me confunde. Le doy vueltas y vueltas pero me sigue confundiendo. Tiene sus edificios neoclásicos bastante imponentes —su casa de gobierno, su casino, su legislatura—; tiene su barrio bajo arrastrado que se llama El Bajo; tiene su zona californiana sanisidro tan bonita, Yerba Buena, con su cerro de fondo; tiene su centro zona bancaria comerciante peatonal; tiene, por supuesto, sus docenas de villas ¿de emergencia?; tiene su barrio de negocios baratos repletos de carteles, sus zonas de boliches, sus cuatro bulevares
    su parque de árboles titanes
    su diario tradicional sus perros sueltos
    sus facultades heladerías cyber bancos
    sus lustrabotas tantas cuatro por cuatro
    sus teatros
    —tan orgullosa está de sus teatros—
    sus estadios de fútbol sus colectivos viejos
    sus judíos sus árabes sus franceses sus tanos
    sus chicas en bluyín sus chicos
    de la calle sus muchachos
    muy rugbiers. En Tucumán
    he visto muchos mocasines he visto
    sobre todo
    muchas barbas candado mucha gente
    con tiempo para tomar café muchos
    mendigos mucho de casi todo.
    Tucumán
    tiene todo.
    Tucumán tiene tiene y sin embargo no la encuentro. No sé
dónde sucede, cómo, cuándo. No sé si todo sucede en otra parte o si
lo que sucede es lo que veo
    y creo
    que debería haber más
    en otra parte.
    No lo sé: me esquiva.

Provincia de Salta

Rosario de la Frontera

A la chica, anoche, la atropelló una moto pero ella no se acuerda nada. Después le dijeron que dio dos o tres vueltas en el aire; ella sabe que estaba caminando por la ruta, yendo al baile, y que vio a su amiga que llegaba y dijo allá está la María y quiso cruzar a saludarla y después se despertó en un hospital pero que no fue grave, unos golpes en las caderas, los brazos, este corte en la boca, nada grave, no, este diente ya lo tenía roto de antes, no fue ayer no, si te contara. Y que ahora está yendo a ver a su mamá para tranquilizarla porque quiso llamar a lo de unos vecinos pero no consiguió, y que quiere dejarle las nenas y descansar un poco. La chica tiene veintitrés años, una pollera corta y una remera roja, el diente roto, moretones, sus dos nenas de siete y de cuatro, y le pregunto qué hace y me dice que ahora está viviendo en Trancas en la casa de una amiga pero que no le gusta porque es una pieza muy chiquita y el barrio no es muy lindo y su amiga tiene hijos que son muy mal hablados y les enseñan malas palabras a sus nenas y que se quiere ir pero no puede.

—¿Por qué, no hay trabajo?

—Hay, creo. Bah, yo nunca he trabajado.

—¿Por qué?

—Mi mamá no me ha acostumbrado así. Yo a los catorce años me he juntado con un chico y él trabajaba.

Con ese chico tuvo a su primer hijo pero no lo crió:

—A él lo crió mi mamá y no me lo quiere dar, me lo sacó cuando era muy chiquito. Pero él tampoco me quiere a mí, solamente cuando necesita una ropa, algo así, me dice mamá mamita, si no me dice vieja de mierda

—A mí me pega y nunca me dice Brisa.

Dice Brisa, la nena de siete, desde el asiento de atrás, y la madre me

333

cuenta que le puso Brisa porque en una novela, Verano del 98, había una chica que tenía una nenita y la llamaba Brisa y a ella le gustó porque era tan original: ella nunca había visto una nena que se llamara Brisa.

—¿Y no tenés ganas de buscar un trabajo?

—No sé, yo trabajar trabajar, nunca he trabajado, pero sí, he trabajado en una barra y baldeando baños y...

—¿Y entonces por qué decís que nunca trabajaste?

—No, yo digo un trabajo de verdad, limpiando casas, lo que hacen otras chicas.

—¿Y te las arreglás?

La chica me dice que sí, que tiene un plan y además lo tiene al papá de la nena más chica que es una persona mayor, cincuenta y ocho, que anoche cuando la han chocado apareció enseguida diciendo que ella lo necesitaba y ella le dijo que era un viejo chocho, que ella no lo soporta y no le gusta más, que lo ha llegado a querer mucho pero que es tan celoso que la ha cansado, que le pegaba demasiado y le decía que la iba a matar y ya no lo soporta, que el señor tiene sus ventajas porque es jubilado y tiene un coche que hace viajes y está muy bien de plata pero que ella no lo soporta y además él nunca le dijo mirá te doy doscientos pesos comprale ropitas a la nena y que ahora ella tiene un amigo que es solamente amigo y no la jode, que la semana pasada se fueron juntos a Entre Ríos porque él la invitó porque tenía que comprarse una casa y quería que ella fuera con él y yo le digo que si viajaron juntos no serán sólo amigos. Entonces ella se ríe pero dice que no se puede reír que le duele la boca y que a veces le gusta salir un poco con un hombre que le haga algún regalo y la nena de siete dice regalo, mami, yo también quiero un regalo y su hermana de cuatro le hace coro regalo, mami, queremos un regalo.

—Mami, decile al señor que nos haga un regalo, un regalo, señor, un regalo.

El griterío no para pero por suerte ya llegamos al cruce de El Tala; la chica me dice que se bajan acá, que acá vive su madre. Estamos en el medio del campo, de la nada.

El hotel termal de Rosario de la Frontera es un elefante blanco que asoma del monte más espeso. Colinas rebosantes de verde y un edificio que inauguró en 1880 un catalán, Antonio Palau, que pensó que podía ser negocio. Para hacerlo tuvo que pedirle plata a un banco Tornquist; pocos años después, el elefante era del banco. Pero para ese entonces ya se había convertido en un alto lugar de los ricos argentinos del roquismo. Los señores venían desde Buenos Aires en un tren especial; entre ellos estuvieron Avellaneda y el penúltimo Sarmiento que, dos años antes de su muerte, quiso ver si las aguas le hacían algún bien. En esos días Rosario de la Frontera era un fuerte contra el indio chaqueño; el elefante blanco estaba defendido por muchachos con winchesters. Mucho después el elefante y la Argentina empezaron a decaer y consiguieron llegar a casi ruina: sus concesionarios los saquearon, se llevaron muebles, vajillas, cristalerías. Pero el edificio, orgulloso, entre hospitalario y opulento, seguía ahí: un mausoleo de esa Argentina que pasó y no ha sido.

—Esto es monumento histórico provincial. La Nación lo quiso hacer momumento histórico nacional pero la provincia se opuso, y tienen razón: si lo llegaba a agarrar la Nación lo hacía volcar. Ahora lo gestionamos nosotros, la provincia de Salta.

Me dice el administrador. A la noche me tomo unos vinos con un viejo conocido que ahora asesora a Romero —y me encuentro por casualidad en el elefante. Los vinos son excelentes y las historias no son malas.

—Los porteños se creen que todo el país es como ellos, aduaneros y contrabandistas. Pero esto es el Alto Perú. Tenés que averiguar qué es eso. Esto no tiene nada que ver con la historia del puerto.

El gran salón para quinientas personas está casi vacío.

—Acá tenemos yacimientos de gas, acá tenemos agua para hacer represas, acá tenemos petróleo; los del puerto, que no tiene ni gas ni represas ni petróleo ni aca, tienen en las casas agua, gas, electricidad, y nosotros que tenemos todo eso no tenemos nada. ¿Entonces cómo querés que no estemos cabreados con los del puerto?

Más abajo, en un quincho en el parque, junto a la pileta de agua tibia, dos docenas de empleados de una repartición pública celebran fin de año; hay discursos, buenos deseos, algo de coca, mucho vino. Me invitan, como asado, los oigo cantar chacareras y zambas como si de verdad fueran su música. Yo los escucho con placer —el cuarentón y el veinteañero cantan bien, con brío, zambas y chacareras— pero el ataque de envidia llega ahora, al final, cuando el cuarentón dice que se despide y muchas gracias, en su nombre y en nombre de su hijo y compañero.

A dos kilómetros del hotel, en medio de más y más árboles, está la estación de tren. Es un edificio sólido, inglés, más románico que normando: el administrador me había dicho que piensan reciclarla para hacer un anexo del hotel. Ahí vive, sin luz, con faroles y velas, una familia santiagueña —que la ocupó hace diez años. Le pregunto a una de las hijas —quince, dieciséis— si no tiene miedo de que los saquen de ahí:

—No, a nosotros nos ha dado permiso el jefe de la estación, así que no nos puede sacar nadies.

—¿Cómo, el jefe de la estación, si acá no hay jefe?

—Sí, no sé, uno que vive en Buenos Aires. Le digo: nosotros estamos bien, tenemos uno que nos defiende.

Llueve llueve llueve:
árboles escondidos en la niebla.

Quizás no me vaya a quitar del todo el sueño, pero acabo de descubrir que la palabra árbol no acepta aumentativos. Nuestro idioma no está hecho de selvas como éstas.

Lo que me sorprendió fue el templo sikh. A la entrada de Rosario de la Frontera podría haber esperado encontrarme muchas cosas —que quizá no interese enumerar— pero no ésa. El templo es un chalet con dos cúpulas de yeso y un cartel que dice Gurdwara Nanak Sar#Templo Sikh, y al lado lo mismo en caracteres punjabis. En la puerta había un auténtico sikh, con su barba sin cortar y su turbante. Me bajé del Erre, le pregunté qué hacía ahí, me contestó en un idioma que él creía que era español pero yo no. Al final, por señas, me hizo entender que, si quería hablar con alguien, entrara al pueblo y preguntara por un supermercado. Después fue fácil que me indicaran cuál era el súper de los indios.

—Sí, Kuldeep, el dueño. Espere un minutito que lo voy a buscar.

El súper es grande y parece bien puesto, y el patrón es un argentino perfecto —del norte, se entiende: moreno, pelo corto, jean y camisita— que nació hace treinta años en la India. Kuldeep Singh me cuenta que su abuelo emigró a San Diego, California, en los sesentas, pero al cabo de unos años lo agarraron y lo deportaron. Cuando volvió a su pueblo en el Punjab, al norte de la India, discutió el asunto con los ancianos de la comunidad. Alguien sabía que América del Sur era mucho más fácil, que ahí no echaban a los inmigrantes —o, por lo menos, siempre se podía intentar algún arreglo. Varios pusieron plata para que uno viniera en misión de exploración. El abuelo de Kuldeep también la puso, con el compromiso de que si al pionero le iba bien se la devolvería trayendo a uno de sus hijos. Años después, el padre de Kuldeep, el menor de todos sus hermanos, recibió una invitación para venir a instalarse a Rosario de la Frontera. Aquí se encontró con que había mucho espacio: en la India todo está lleno de gente, es muy difícil hacerse un lugar; aquí era lo contrario.

—Ahí fue que vinimos, hace mucho. Imagínese que yo tenía casi dos años.

El padre de Kuldeep trabajó mucho: ahora tiene cinco supermercados en la zona, incluido éste, que Kuldeep administra. Los empleados, por supuesto, son criollos.

—Nosotros no podemos mantener todas nuestras tradiciones, un poco nos mezclamos. Entre otras cosas por temor, porque acá en el Norte es muy difícil que acepten culturas diferentes. Y también porque nos vamos acostumbrando a estas formas de vida.

Hace diez años la comunidad sikh en la región llegó a tener unos trescientos miembros; después la crisis echó a más de la mitad. Pero Kiram llegó hace poco:

—You can't imagine. Para alguien que vivió siempre London to come to Rosario de la Frontera fue such incredible shock. Yo pasé un año de llanto, desperada. No understand sus costumbres, I felt isolated, diferente. No soportaba tener no private life, todos saben todo sobre vos, anything you do todos comentan. It was terrible. Ahora a veces vuelvo a London a ver familia y extraño, digo here nothing cares what I do, nadie hace ningún caso, no me gusta.

Kiram es una punjabi londinense, veintiocho, los ojos negros grandes, la sonrisa muy blanca, que me cuenta que se enamoró de Kuldeep cuando era muy chica, a los dieciséis, la primera vez que él fue con su familia a visitar a la familia de ella, en Londres, porque todos venían del mismo pueblo del Punjab. Y que mantuvo su amor en silencio durante años, que se veían de vez en cuando en Londres o en la India pero que nunca se atrevió a decir nada porque Kuldeep era un tipo muy latino, dice, que siempre tenía mujeres y ella nunca había tenido un novio ni quería tenerlo, dice, porque estaba enamorada de él. Hasta que una vez que vino a la Argentina con su madre y sus hermanos se atrevió a decírselo, y descubrió que a él le pasaba lo mismo.

—¿Y tus padres te permitieron casarte? ¿Entre ustedes los matrimonios no se arreglan?

Kiram me dice que sí, que algunos sí pero otros no y que no, que su matrimonio no fue arreglado, que ella tuvo suerte porque sus padres son amplios y aceptaron su elección y además Kuldeep es de la misma casta que ella, la casta de los granjeros, la más alta, y por eso pudieron casarse sin problemas. Lo aprovecharon: se casaron tres veces —en Londres, en el pueblo del Punjab y en Rosario de la Frontera— y ahora tienen un chico de tres años que habla inglés, un poco de castellano, un poco de punjabi. Karim ayuda a Kuldeep con los supermercados y ha empezado a diseñar ropa de alta costura con mezcla de sus tres culturas: su formación inglesa, telas bordadas de la India y confección criolla. Hace unos meses hizo su primer desfile de ropa en Buenos Aires —en el hotel Alvear.

—Fue difícil. Pero here one lives muy seguro, tranquilo. That's quite something.

Dice, repitiendo el mantra del Interior.

—Nada que ver London: here you may go everywhere sin problemas, sabés vas a estar bien, no como allá. Estoy agradecida. My dream ahora es to make un comedor para la gente pobre que no tiene nothing to eat y darles cosas, agradecer este país maravilloso.

el estado sí te da es porque quiere aprovecharse, ahí sí que son todos unos tránsfugas prendidos de la teta se agarran

En Salta ya tenemos un lugar para el comerciante ilegal, dice un cartel al costado de la ruta. Y el dibujo son unas manos agarradas a los barrotes de una cárcel.

de la teta y no la sueltan, habría que rajarlos a todos y que vayan a laburar

Todo esto, me dicen, son campos poroteros: el oro blanco, dice un señor —y ni siquiera se sonríe.

que trabajen como todo el mundo, que se pelen el orto como todos que encima si después te enfermás estás jodido

Cruzo Yatasto, un pueblo muy chiquito. Al principio Yatasto fue el sitio donde se encontraron, bien Billiken, San Martín y Belgrano alguna vez, para cambiar de manos un ejército. Pero, para generaciones de argentinos, Yatasto fue el nombre del mejor caballo de carrera de la historia. A tal punto que entró en el lenguaje: como en "ésta tiene más carreras que Yatasto", para hablar de una mujer ligera. Ese uso se está perdiendo con el tiempo. Ahora Yatasto es, otra vez, un pueblo muy chiquito. Es curioso cómo las palabras van y vienen.

A la entrada de Metán, un cartel dice que la ciudad tiene 28.872 habitantes. Me imagino al empleado municipal que, cada mañana, tiene que repintar el número, agregar un par si nacieron mellizos, sacar uno si el viejo Palacios finalmente crepó; todavía debe acordarse del día en que tuvo que restar cinco de golpe por aquel accidente espantoso. La verdad, sabemos, es algo muy difícil.

Belleza del camino serpenteando
por valles y por montes:
por el verde.

Señor automovilista pruebe sus frenos. Animales sueltos: denuncie su presencia. Precaución: en días de lluvia agua sobre la calzada. Si conduce no beba. Colabore: respete la velocidad máxima. Si bebe no conduzca. No arroje basura: cuidemos el medio ambiente que es de todos. Pare siempre fuera de la calzada. Un buen conductor debe mantener una distancia segura entre su vehículo y el que lo antecede. Usted hoy debe disfrutar del día: de usted depende. Vos que tenés cerebro, usá casco —se ve que los que andan en moto son tuteables. Son carteles: la cantidad de directivas que he recibido desde que entré en Salta me hace pensar que debo estar haciendo todo mal. O que Salta lo supone, por lo menos. O, si olvido cualquier afrenta personal, que Salta supone que su gente, en general, necesita muchas indicaciones para hacer lo correcto. O, en última instancia: que Salta cree que sabe qué es lo correcto y está dispuesta a decírselo a quien lo quiera oír —y a quien no quiera.

Son tantas horas de pensar, solo, en el coche.

En la cultura contemporánea, todo tiende a que nunca nadie se sienta solo con sí mismo: la tele en casa, el celu en la calle, la radio en el coche. Por eso, en estas largas carreteras silenciosas, Erre y yo tenemos demasiados momentos de intimidad levemente cargosa. Viajar puede volverse aterrador, algunas veces.

SALTA

La llegada a la ciudad de Salta fue inquietante: era la hora de la siesta, calor y algunas gotas, y los salteños se habían vuelto todos rubios, agringados. La publicidad oficial era cierta: Salta no sólo era próspera, sino que sus habitantes parecían alemanes. Después entendí que, a las tres de la tarde, los salteños no salen: abandonan sus calles a americanos, ingleses, españoles.

El heladero joven, su gorrita, se sorprende porque silbo una zamba mientras espero que me atienda.

—Ah, ¿pero usted es de acá?

Le digo que depende de lo que llamé acá y él me dice que no, que argentino, que acá es la Argentina y que cada vez viene gente más rara:

—Hace un rato me compró un sudafricano.

Me dice el heladero joven, su gorrita.

—Rubio, alto, grandote era. Y yo que pensaba que allá eran todos negros. ¿Sabe qué es lo malo de esto del turismo, jefe? Que usted se da cuenta de todas las cosas que no sabe.

Me preguntaba si los turistas estarían cambiando esta ciudad, esta provincia —y pensaba en los efectos del turismo en España en los sesenta, cuando millones de franceses alemanes suecos abrieron una sociedad que parecía blindada por años, muertes, leyes, las herencias occidentales y cristianas.

—Acá lo que viene es turismo barato, turismo de jóvenes y de jubilados. Dejan algo, por supuesto, pero vienen porque no es caro y les parece aventurero. No es un turismo de esos que te cambian la economía de un lugar.

No era la economía, estúpido.

Por el momento el turismo volvió a valorizar las comidas autóctonas: los llamados platos regionales. Ahora es mucho más fácil encontrar un buen locro, unos tamales, que hace unos años, cuando no había extranjeros que vinieran a buscar color local. La tradición puede llegar de cualquier parte.

Salta está mucho más antigua que hace cinco o seis años. Ahora le cuidan la vejez: la tradición vende, los turistas la aprecian. Y han conseguido darle un aire regional andino paracuzqueño bastante extraordinario. Salta tiene algunas construcciones coloniales y docenas de neocoloniales: un falso estilo colonial edificado entre los años treintas y cincuentas, para que pareciera. En esos años de conflicto, la recuperación de la apariencia hispana era una forma de buscar una tradición que no fuera nacionalista popular; una relectura de la historia que se opusiera al nacionalismo plebeyo, peronista: ese hispanismo aristocratizante que Salta sintetizó mejor que nadie.

—Nadie sabe cómo llamar a ese sector: le dicen la sociedad tradicional —pero no siempre conserva las tradiciones—, la oligarquía —pero ya dejó de serlo hace mucho tiempo—, la clase estanciera —pero muchas estancias ahora son de otros—, la clase alta —pero de alta no tiene nada—, la gente decente —si supiera...—, la gente bien —pero qué mal suena, no, buena gente hay en cualquier clase.

El señor juez es uno de ellos pero tiene, queda visto, problemas de definición. Yo lo escucho y recuerdo que hace unos años escribí que la izquierda era como el servicio doméstico: así como no sabemos qué nombre dar a las mucamas —la señora que nos ayuda en casa, la mucama, la shikse, la mujer que limpia, la empleada— tampoco sabemos cómo llamar(nos) a los que queremos un mundo más equitativo. Que la famosa oligarquía salteña tenga el mismo problema puede ser un chiste —o un comentario aterrador.

—Acá en Salta hay algo curioso: también les dicen cholos. La clase tradicional le dice cholo al recién llegado o al hijo de inmigrante en ascenso social o a los mestizos, digamos, los kollas. Pero todos los demás les dicen cholos a ellos, fíjese usted.

Después sabré que fue porque la mayoría llegó del Alto Perú —de Bolivia— a mediados del siglo XVIII: ellos también fueron inmigrantes. Pero hicieron todo lo posible porque nadie lo recuerde. El lugar común sobre Salta muestra el triunfo de ese intento: siempre se dijo que Salta era la provincia argentina con una "aristocracia" más antigua, tradicional, consolidada. O, dicho de otra manera: que tres o cuatro familias la controlaban sin disputa.

Tener alcurnia, en la Argentina, es saber quiénes fueron tus bisabuelos. Es cierto que la mayoría de nosotros no sabe nada de sus choznos —y vivimos bastante bien con eso. Pero los que sí saben fueron, hasta hace cuarenta o cincuenta años, los dueños de la torta. Después se confiaron, la perdieron.

—Esta clase tradicional no sólo perdió preponderancia política sino que se ha dormido en laureles ajenos. De esas familias tradicionales hay muy pocos que sean profesionales: qué poco estudia toda esta gente. Ya no están en los hospitales, en la justicia... y se han quedado con algún pedazo de tierra, algunos, unos pocos, y esas glorias ajenas. Por eso empezó lo que no había: la verdadera mezcla. Los Patrón Costas, los Cornejo, los Saravia, los Torino, los Solá han empezado a casarse con gente de, digamos, clase media no aristocrática, que eran más pujantes, y se ha hecho una simbiosis. Así que estos casamientos han producido una apertura, incluso acá en el club. Y ahí aparece la contradicción: que los hijos de esta mixtura son los más conservadores, los que se oponen a que entre gente nueva...

Me dice el señor juez. El señor juez es alto, amable, reídor, sordo de un oído, la voz nasal que me recuerda a su consocio Gustavo Leguizamón, denominado el Cuchi. El señor juez fue nombrado primero por el gobierno militar y echado en el '83; después volvió, hace diez o doce años. El señor juez, además, fue profesor y es un genealogista reputado: un buscador de ancestros.

—A ver si me dejan entrar, porque no he pagado la cuota.

Me dice el señor juez en la puerta del chalet enorme neocolonial pomposo, a diez cuadras del centro.

—Buenas tardes doctor, cómo está usted, tanto tiempo.

El doctor Rogelio Wenceslao Saravia Toledo me ha invitado a tomar una cerveza al Club Veinte de Febrero (a) Club Veinte, uno de los más excluyentes del país. El Club Veinte fue fundado en 1858 y dice ser el segundo más viejo de la patria.

—Ser del club, para esa gente nueva, es como si diera un status estúpido. Hay gente de ésa que cree que entrar al Club Veinte es como entrar al palacio de Buckingham: como vivir en un club de campo, tener el auto último modelo...

Su sede anterior fue un palacete afrancesado pomposo en la plaza principal: cuentan los viejos que, cuando los señores salían a tomar el vermut a la recova, la cuadra se cerraba; por eso la llamaban el paseo de los cholos. En 1952 un gobernador peronista la expropió; unos años después, el hermano del ex gobernador, exiliado en Chile, vendió esta casa al club —y todo quedó más o menos en familia.

—Es cierto que el club tiene una diferencia. En otros clubes usted se llama Piriquitungo y va con cien mil pesos y lo hacen socio. Acá no: los socios tienen que votar si lo aceptan. En una de ésas Piriquitungo es un tipo de la san puta, que lo conoce todo el mundo, que lo hemos visto en la finca de fulano, en la empresa tal, amigo de éste, y el tipo entra, aunque se llame Piriquitungo. Y paga lo que pagan los que no son hijos de socio. Pero en una de ésas a Piriquitungo no lo dejan entrar, porque acá está el sistema de bolilla negra, y una bolilla negra anula no sé cuántos votos positivos. Y cualquiera puede ponerla porque tiene un encono personal, porque lo han cagado en una operación comercial, por lo que sea.

El gobernador Romero, dicen, fue uno de los Piriquitungos que recibió bolilla negra —y el caso resonó: la vieja oligarquía intentando un último gesto contra los que la habían dejado mirando la función desde su palco con terciopelo y borlas.

—Ahora el club hace mucha actividad cultural: ya no es el lugar donde se reunían los conservadores para decidir quién iba a ser el próximo gobernador. Eso se acabó en el año 43. Los descendientes de los Patrón Costas, digamos, o de los Cornejo, ahora se han juntado con los nuevos ricos, están en sociedades anónimas que se dedican al turismo, inmuebles, comercio, con socios... que pueden ser el gobernador, un turco, un italiano, lo que sea. Y el club ahora se alquila para congresos, casamientos, esas cosas.

Me dice el señor juez. Pero una de sus actividades principales sigue siendo el gran baile de gala en el que, cada año, las niñas de quince de la buena sociedad son presentadas en esa sociedad: puestas en el mercado.

El señor juez me pasea por salones, saloncitos, comedores grandes y pequeños: el club es sobre todo comedores, lugares donde nutrirse entre iguales —o, al menos, parecidos. Las paredes tienen fina boiserie y muchas fotos, cuadros y más cuadros: uno de esos espacios donde los años se quedaron en las paredes, en el aire. El aire huele a cera.

—Éstos son los inventos que para mí no tienen tradición: un escudo del club, mire usted. Lo que no tiene tradición, lo que no está asentado por los años... El poncho colorado lo hicimos tradicional nosotros.

—¿Cómo?

—No diga nada, pero lo que se usaba antes era el poncho celeste, el

poncho de vicuña gris con unas guardas. El poncho colorado ha empezado en los años veinte, por ahí. Todas esas historias de que los usaban Güemes y sus gauchos...

Quizás no sean tan diferentes pero se vendieron tan distinto. Los gauchos pampeanos siempre dieron la imagen del vagabundo, del matrero; los
salteños, en cambio, quedaron definidos como "los gauchos de Güemes",
los heroicos, los que defendieron la patria contra el godo.

Después me muestra el gimnasio, el quincho, el jardín, la biblioteca,
la sala de juegos, las dependencias, el bar inglés, el salón de té para señoras,
el teatro con su escenario y su telón, la "boite" en un sótano lleno de columnas —que hizo hacer el dueño original. El señor juez saluda a todo el mundo. Su forma de tratar al servicio —, los policías en el juzgado, los camare-
ros en el club—, tan cortés y cortante, no es algo que se aprenda.

—Éste es un Belgrano que hizo un tío abuelo mío que fue pintor, un
Usandivaras.

Dice el señor juez, y también me muestra, en las paredes, fotos de su
abuelo, de sus padres, de sí mismo chiquito en la escalera, de los Chalcha-
leros —uno era su tío— que empezaron aquí, del rey de Bélgica, de sus primos y amigos y sobrinos, de su suegro que acaba de morirse. En la pared
de un saloncito está la lista de las donaciones de los socios del '58 para comprar la casa nueva, ésta:

—Mirá la cantidad de guita que ha donado mi tata mientras nosotros
estábamos estudiando en Buenos Aires cagados de hambre...

—¿Cagados de hambre?

—Bueno, es una forma de decir.

Al día siguiente pasaré por la casa de una señora tradicional, presidenta de las Damas Rosadas y viuda reciente de un Solá Figueroa. La señora me
va a dar unos escritos de su marido, también interesado por su historia, y
le preguntaré qué queda de aquel pasado.

—Bueno, las familias de antes siguen. Han venido muchas nuevas últimamente, sobre todo de Buenos Aires, de otras partes, pero las familias de
antes seguimos aquí, rodeadas de antepasados gloriosos y victoriosos y nosotros así... navegando en este mundo. Antes todos eran personajes de la
historia, y ahora uno está aquí, manteniéndose nomás.

Me dirá la señora, digna, triste. Ella al menos les da dado un nombre:
las familias de antes.

Pero ahora tomamos una cerveza con papitas en el bar para hombres —mayores y ruidosos. Son caras de cajetillas argentinos: se me mezclan el reconocimiento y el espanto. Como volver a casa —supuesto que tuviera una casa, supuesta tanta historia— y encontrarme a un mi padre —supuesto un padre así— que me maltrate.

—No, esto ha cambiado mucho, realmente.

El señor juez me muestra la revista del club, repleta de sociales, y choca contra ciertos apellidos italianos:

—¿Vio lo que le decía? En Salta antes nos conocíamos todos.

Después se tranquiliza:

—Éste es un Cornejo, éste es un Alvarado, éste es un Patrón Costas, éste es un porteño...

—¿A los porteños cómo los tratan?

—El porteño en general se hace amigo, entra con facilidad, en los countries, en los barrios, y la mayoría de la gente se entremezcla...

El señor juez, por momentos, escribe palabra por palabra en una hoja las frases que pronuncia; otros diseña esquemas, dibujitos; un gran tachón cuando dice que ahora todos se mezclan.

—¿Pero les siguen teniendo cierta desconfianza?

—No, no. Bueno, algunos sí, tienen su resquemor. El porteño es muy entrador, si uno no lo conoce puede chocar. Es como en Buenos Aires: cuando uno ve una linda mina en la calle, si no se la atraca enseguida no la va a ver más. En cambio acá ve una linda mina y sabe que se la va a volver a cruzar mañana o pasado, entonces no es necesario atracarla de inmediato. Por eso la personalidad del porteño es más mundana, más entradora, más atropelladora.

Nunca había pensado en esa explicación demográfica del carácter de mi ciudad: es un aporte.

El Club Veinte está lleno de Güemes: bustos de Güemes, retratos de Güemes, referencias a Güemes. Martín Miguel de Güemes era, vienen a decir sus socios, uno de ellos, el que les dio gloria y loor.

"Con todo el lleno de majestad y energía propio de un pueblo cansado de sufrir los males que su capricho le ha causado en los seis años de la más penosa esclavitud en que ha gemido bajo el execrable yugo con que se le ha tiranizado, se reunió ayer 24 de mayo en esta sala capitular (...) quedando en consecuencia Usted legítimamente depuesto de la magistratura que no mereció y borrado del catálogo de ciudadanos, por los crímenes con que ha manchado hasta el nombre americano", decía el decreto del Cabildo de Salta que, el 25 de mayo de 1821, destituyó al general Güemes del poder. Lo firmaban Saravia, López, Frías, Usandivaras, Echazú, Solá, Uriburu: los apellidos de los que, en el club y el siglo XX, se apropiaron de la historia del cacique.

—Se lo hemos dejado a estos oligarcas, que son los que lo mataron. Eso es lo que no entiendo.

Me dice David Slodky. Slodky es psicoanalista, cincuentón, la barba y todo el resto: un buen judío centroeuropeo con acento salteño.

—Güemes era un verdadero caudillo popular. Un tipo que incluso proponía recompensar a sus soldados con las tierras que les expropiaría a los señores, traicionando a su propia clase, porque él era uno de ellos, pero después los señores que lo combatieron y terminaron por matarlo se apropiaron de él y lo transformaron en esta figura lavada del general hábil y heroico pero sin niguna otra connotación ideológica o política.

Cada año, para el aniversario de Güemes, Slodky recita el *Romancero* que le compuso un poeta salteño, Julio César Luzzato. Y me cuenta que hace un par de años lo presentó en el Cabildo y que al final una señora bien de antes lo paró y le dijo pero qué curioso que usted que no es salteño sepa tanto y me haya hecho emocionar con estas cosas.

—Pero señora, yo soy salteño.

—Bueno, sí, por supuesto, usted me entiende. Lo que le digo es que yo, que soy descendiente de Saravias y Tejadas, no sé ni la mitad de lo que usted sabe sobre esto.

Don Bartolomé Mitre lo contó bien claro en su *Historia de Belgrano*: "Don Martín Güemes (...), destinado a adquirir una gloriosa a la vez que triste celebridad, hacía parte entonces de la oficialidad del Ejército Auxiliar; y aunque educado y perteneciente a una notable familia de Salta, manifestó siempre una tendencia a halagar las pasiones de las multitudes para conquistarse su afecto, y dividirlas de las clases cultas de la sociedad, haciendo de ellas el pedestal de su elevación".

En la esquina de Belgrano y Mitre —pleno centro, un banco y un convento—, hay dos policías y una barrera que dice Tránsito clausurado. De cada diez coches que se enfrentan a ella, tres o cuatro doblan; el resto pasa por el espacio que queda entre la barrera y la vereda. Los policías los miran y cuidan la barrera.

—No, mi señora quiere trabajar, a ella le gusta, es enfermera recibida, pero yo le he dicho que se tiene que quedar en casa y criar a los chicos. Ella no quería pero yo le he dicho que ése es su trabajo, que si no quería no se habría casado. Además le he explicado que si un hombre no puede tener a su señora en casa, mantenerla, si un hombre necesita que su señora salga a trabajar muy hombre no ha de ser. Y ella me ha entendido, y al final le ha gustado. Usted vio cómo son las mujeres.

Una peluquería del centro ofrece quinientos pesos por kilo de pelo natural, más de cuarenta centímetros de largo. A veinte metros la competencia ofrece quinientos más un frasco de tintura —y no dicen para qué serviría el frasco de tintura. Es cierto que el pelo crece más fácil —a algunos les crece más fácil— que el hígado, por ejemplo, pero igual me impresiona.

Nunca había visto un gorrión comiendo una polilla. El gorrión —triste, gris, tan humilde gorrión— la agarra con el pico, deja que se le escape un poco, la vuelve a controlar, la goza. Después se aburre: de cuatro picotazos la desarma, la traga. Seguimos contra las metáforas berretas.

—¿Vos qué querés ser cuando seas grande?
—Yo quiero ser alguien imporante, que me vengan a hacer muchas preguntas.

El hombre en el banquito alto, camisa blanca refulgente, rayban dorado y verde, un manojo de llaves poderoso colgando, se hace lustrar. Tiene un diario en la mano y las piernas abiertas; abajo, con la cabeza bien metida entre sus piernas —entre las piernas del hombre en el banquito alto—, el viejo no se pierde un detalle de los zapatos negros. El viejo mueve el cepillo como quien frota con el arco cuerdas de un violín; después será franela, y otra vez el cepillo, el toquecito: listo. Plaza de Salta, tras la lluvia.

Le decían Salta la Linda cuando era puro orgullo, vanidad de la buena. Ahora en cambio es una profesión: Salta trabaja de linda, y eso no la hace necesariamente más simpática.

Al lado otro lustrín se lustra sus zapatos con esmero. Alrededor de la plaza hay un cabildo generalmente abierto, una catedral muy rimbobante, dos o tres palacetes afrancesados, el museo de arte moderno, el museo muy moderno de las momias que no tiene momias —y algunos otros edificios meritorios. En el medio está, en el lugar de San Martín, su oficial Arenales a caballo rodeado de palmeras, palos borrachos, tipas, sauces y palomas. La plaza central de Salta es, creo, la más bonita del país y tiene vida: varios cafés, sus mesas en la calle, la recova, la gente que circula. Pasan dos policías a caballo. En los bancos de la plaza hay mucho beso: a todas horas, con manos y con piernas.

Me siento a una mesa de la recova de la plaza, una cerveza, y me cuentan de un señor de los suburbios que llevaba cuatro años fornicándose a su hija de —ahora— dieciséis, que últimamente se había puesto insoportable porque celaba al hermano de la chica, su hijo, que tiene diecinueve. La madre, la esposa, terminó por decidirse a una respuesta y su marido, el padre, dicen, fue capado por su familia organizada. Pienso de pronto en la masturbación como un estadio superior de la cultura: la forma en que sí interviene la representación, el imaginario, el recuerdo o el proyecto contra esa necesidad brutal de la presencia de la carne como única opción, como única salida.

Pasa una nena: vende
jazmines. ¿Sabe
que nos perfuma el aire?

Supongo que los turistas vienen con gusto a Salta porque es lo menos argentino que hay, una especie de Sudaquia light organizada y casi limpia.

En el museo del Cabildo, frente a la plaza, hay una buena colección de objetos precolombinos: piedras talladas, vasijas medio rotas, hachas, flechas. Un guía comenta con entusiasmo los petroglifos de "nuestros ancestros": son dibujos sobre la piedra, tan bonitos, tan bastos: el típico dibujo que trae el nene del jardín y uno le dice qué bueno diego qué lindo ese dibujito contame qué es. Muy preciosos. Un cartelito dice que datan del 500 después de Cristo. En esos días Homero y Platón y Cátulo y César y san Agustín habían escrito muchas cosas, Roma ya estaba dejando de ser una ciudad con edificios de ocho pisos, en China había papel, pólvora y murallas muy grandes, en la India refulgían templos y palacios —y la rueda, que los americanos nunca supieron, era algo muy antiguo. Digo: lo siento, pero parece lógico que los invadieran, que los conquistaran, que les ganaran la pelea.

—Creo que ustedes los de la Capital están muy ansiosos por figurar, por salir en los medios, por hacerse conocidos. Debe ser porque allá no los conoce nadie: uno va por la calle y se puede pasar cinco horas caminando y no va a encontrar a nadie que lo reconozca. En cambio acá no tenemos tanta ansiedad, porque usted ya ha visto cómo es esto, uno sale a caminar y cada treinta metros se saluda con alguien. Nosotros ya sabemos quiénes somos, cuál es nuestro lugar.
Me había dicho, en su club, el señor juez.

Esta plaza puede ser un invento for export, pero hace tiempo que no tenía la sensación de que podría pasarme un tiempo largo sentado a una mesa en la vereda leyendo, escribiendo, mirando pasar el tiempo por delante.

¿Sabe
que nos perfuma el aire?

—Los tucumanos se durmieron sobre sus laureles. Se creyeron que porque eran pujantes a principios del siglo pasado eso les iba a durar para siempre. Y después tuvieron tantos quilombos que se fueron quedando atrás. En cambio nosotros, ahora resulta que somos más ordenados: ésta es una sociedad muy obediente: si alguien los pone a trabajar, un poquito trabajan. Y este gobernador, con todas sus truchadas, lo bueno es que los puso a trabajar a todos. Acá hay orden, todo el mundo sabe a quién hay que pagarle para hacer las cosas.

Amigos preocupados comprometidos concernidos por la exactitud de mi visión, por la ingenuidad de mi mirada, por la astucia del poder que siempre nos engaña, me dicen que sí, que el centro está muy lindo muy limpito pero que salga veinte cuadras para ver lo que es la verdadera Salta. Ahora estoy a veinte cuadras y es cierto que la ilusión se me disipa: por aquí, Salta es una ciudad bastante parecida a las demás ciudades argentinas, uno de esos eternos suburbios de la patria —casitas bajas, los carteles iguales, las veredas distintas, la gente más oscura. De pronto, un gran mural: una especie de manifestación, grupo de caras y más caras recorridos por una gran bandera que dice 11 de Marzo de 1973, y después, en tres pancartas que los manifestantes llevan: El Pueblo unido, En democracia, Con libertad. A un costado la cara del presidente Cámpora; al otro, un mapa del país, con los nombres de cada gobernador. La plazoleta donde está no tiene nombre pero también debe llamarse Cámpora; hay un busto herrumbrado del presidente breve. Las caras en el mural son curiosamente aindiadas, porque el pueblo, en algunas versiones, se amorocha. Delante del mural, en la plazoleta, tan breve como su presidente, hay bastante basura y tres borrachos vagabundos. Uno tiene dos piernas, otro un gorro de Boca, el tercero un perro chiquitito. El mural culmina en una frase, como en un pergamino: "La victoria de un pueblo no puede tener más que un solo artífice, que es el pueblo mismo, Juan D. Perón".

Como en la casa de un matrimonio que siempre tuvo servidumbre, criados en casas que siempre tuvieron servidumbre: como si los platos llegaran o se fueran solos, perfectos los dos en el arte de ignorar a quienes los transportan. Otro comensal comenta que no sabe qué hacer con un dinero que ganó últimamente:

—Hacé lo que hemos hecho todos los salteños desde siempre: comprate cuero y echalo al campo.

—El pobre Romero anda perdido como turco en la neblina. Quiere que el presidente lo quiera y se olvide de que le fue en contra en las elecciones y entonces qué, tiene que ir a hacerle la corte a este tipo que viene de aquellos pajonales. Nosotros estábamos construyendo iglesias y plantando viñas, ya teníamos miles de indios trabajando cuando allá no había ni indios. Allá abajo nunca tuvieron nada, y siguen sin tener.

Me dice un viejo salteño, sonrisa socarrona, suficiente

Cada cual apoya su cabeza sobre el lomo del otro. Cada cual, cada tanto, picotea el lomo del otro, ya muy rojo, o el cuello del otro, la cabeza del otro, enrojecidos. Están trabados pecho a pecho, pasos cortos, más pico, cierta sangre. De pronto uno se alza, salta en un revuelo de plumas y de alas y ataca al otro con los espolones de sus patas; de pronto el otro salta, chocan en el aire. Alguien grita vamos papá, otros gritan vamos papá vamos: hay griterío, y después otra vez se hace silencio.

—¡Diez pesos al cintas negras!

—¡Veinte pesos al cintas rojas, carajo!

El Club Avícola Criollo —que presidió durante años un cura de muy buena familia— es un galpón en un camino de tierra a veinte minutos del centro de Salta. El galpón tiene dos naves paralelas; en una está el bar —cuatro o cinco mesas desparejas en un espacio donde cabrían dos docenas, una parrilla al fondo, la cumbia consabida. En el otro, los bretes. En los bretes, los gallos.

—El gallo es el animal más macho que hay en el mundo. Ya te gustaría a vos ser como un gallo.

Me dice un cincuentón morocho gordo, modelo barra 2006, y se da cuenta de algo:

—O a mí, a cualquiera de nosotros.

Después me pregunta qué estoy haciendo acá:

—Nada, mirando, quiero ver cómo es esto.

—Mirá, papá, ésta es una cuestión tradicional en la cual nosotros tratamos de preservarla en la mayor de las reservas, me entendés.

Dice, y me mira subrayando. Yo me hago el tonto y el gordo se me desalienta: la amenaza necesita cierta complicidad. Desde los bretes llegan cacareos —de gallos, de personas. Los bretes son como piletitas sin agua, dos por dos, donde riñen los gallos; alrededor hay tribunas de madera de tres gradas donde se apiñan los galleros. En la nave hay cuatro bretes —seguidos, pegados uno al otro— y, al fondo, el principal: un óvalo de dos por cuatro con tribunas más grandes. En las tribunas hay cien, ciento cincuenta hombres; casi todos coquean, muchos fuman, muchos toman cerveza. Algunos ya la tomaron toda, tambalean. Hay remeras rotas y remeras lacoste; hombres pobres que se juntan de a cinco o diez para tener sus gallos y señores de los famosos apellidos. Un gallo bueno puede costar hasta mil pesos.

—Acá usted va a ver muchachos que tienen más de una entrada en la cárcel, pero cuando están en la gallera son todos niños bien. Acá hay códigos, y los respetamos todos.

Me dice un doctor sesentón buena familia con camisa ralph lauren, sombrero y varios gallos, dos o tres empleados que los cuidan.

—Acá viene el abogado, el milico, todos, pero también vienen de los pueblos del interior, de las villas. Usted ve que ése por ejemplo no es un anglosajón, obviamente.

Me dice, señalando al barra.

—Y todos nos mezclamos sin el menor problema, éste es un deporte popular, democrático como pocos. Acá en la gallera somos todos iguales. Bueno, casi iguales...

Me dice, y se sonríe.

Hoy es domingo y, como cada domingo, en el Club Avícola hay riñas todo el día. Cae la tarde: me dicen que están peleando desde las diez de la mañana, y que van a seguir hasta la medianoche por lo menos, porque hay más de cien gallos anotados. Las riñas de gallos no son legales pero casi. El doctor me lo aclara:

—Yo a veces he tenido que hablar con el comisario. No le podemos pedir permiso porque no es legal, pero le aviso para que sepa y él me dice bueno, pero no me armen lío. Y acá todos saben eso y nunca se arma ningún lío. Acá la riña está por encima de cualquier historia personal.

—No, no hay problema. Como acá hay muchos ricachones que son galleros, obispos, jueces, doctores, nunca hay problema con la policía.

Me dice, más claro, un pibe muy tatuado. Viene de la Villa Lavalle, una de las más duras de la ciudad, y tiene un gallo en brazos; dentro de un rato va a pelear contra uno de la Villa Mitre, la enemiga de siempre.

—Yo cuando fui diputado pensé en legalizar la riña, pero al final me pareció que era mejor mantener este statu quo confuso, esta pax romana, porque acá el hábito está tan arraigado que es mejor no complicar las cosas y dejarlo así.

Me dice un abogado sesentón con acento de prócer. Carlos Saravia Day fue presidente de la UCR salteña, compañero de Fernando de la Rúa en el Liceo Militar de Córdoba. Una vez —me contará después— el finado presidente fue a Japón en visita oficial y le trajo del palacio nipón unos huevos de gallos imperiales. Yo prefiero no imaginar al presidente con los huevos. Carlos Saravia se me había acercado, preocupado, para decirme que si yo iba a escribir sobre la riña de gallos él quería contarme algunas cosas. Lo acompañaba su primo Alfonso Saravia, que también fue diputado radical.

—Ésta es la televisión de la gente de antes. ¿Qué tenía la gente antes de que hubiera televisión? Su familia, sus cuadreras, sus guitarreadas, sus galleras... Y algunos queremos que siga siendo así.

Me dicen, y también que el gallo tiene un cerebro chiquitito y no siente el dolor y que es tan tonto que nadie puede enseñarle a pelear, que pelea porque así son su raza y su instinto y su grandeza y que acabar con las riñas sería terminar con la raza, convertirlos a todos en pollos parrilleros.

—En Buenos Aires ven todo muy distinto, siempre pensando que los del interior somos unos bárbaros. En cualquier momento van a empezar a cuestionar que matemos a las vacas... Una señora gorda en Buenos Aires puede pensar que éstas son dos criaturitas que las obligamos a pelear. No, señor, si un gallo no quiere pelear no hay forma de obligarlo. Éstos pelean porque lo llevan en la sangre. Y no hay nada más noble que responder a los ancestros.

Vamos papá matalo. Vamos papá vamos.

Sobre los bretes hay ventiladores pero el calor aprieta. Y los olores: alcohol, cerveza usada, hombres. En el segundo brete está por empezar una pelea. Los dos gallos tienen que pesar lo mismo y, en general, se parecen mucho. Antes había más variedad, me dicen, pero, hace décadas, el presidente de Brasil Getulio Vargas se propuso hacer los mejores gallos del mundo y empezó a cruzar distintas razas y al fin lo consiguió: ahora todos los gallos son de esa raza brasilera.

—Voy con diez, con diez al cintas negras.

Cada pelea es por cien pesos —entre los dueños. Además, en las tribunas, los hombres gritan sus apuestas:

—Voy con veinte al rojas.

Dice uno, porque los gallos se distinguen por una cinta negra o roja atada a cada pata. Los dueños preparan a sus gallos: les colocan el pico de metal, los espolones de metal, les refriegan el cuello con alcohol, las piernas rojas. Los gallos de riña tienen la carne rojo oscuro: el amarillo es grasa —y tienen poca. Después los ponen en el brete, los excitan con movimientos, golpecitos, y les dicen palabras al oído. Los gallos son orondos, orgullosos: parada de patrón de la vereda.

—Vamos papá. Muestreles cómo somos los jujeños papá.

Una riña debería durar una hora, con dos descansos para bañar y reanimar al gallo. Pero muy pocas llegan al final: si un gallo no pica durante un minuto o si se escapa o si se rompe un ala o una pata, el juez lo declara perdedor. Y si un gallo parece superado su dueño le ofrece al contrario un arreglo: pagarle parte de la apuesta, treinta, cincuenta, setenta por ciento. Los dueños regatean allí mismo, en el brete, hasta que llegan a un acuerdo. Entonces bajan, agarran a sus gallos, y algunos en las gradas festejan con gritos y los brazos al aire y más grande papá vamos papá vos sí que sos bien macho.

—Los que nunca vieron una riña de gallos, los que solamente se comen el doble pechuga, van a creer que somos unos animales, pero esto es otra cosa: es una escuela de vida.

Dice un primo Saravia, ex diputado.

—Yo a mis hijos siempre los he traído, desde chiquitos, para que se acostumbren a que la vida es lucha, como dijo Goethe, y es pugnaz, como dijo Nietzsche, que sólo merece la libertad y la vida el que sabe conquistarla día a día. Eso el gallo lo sabe.

Agrega su primo Saravia, ex diputado, voz de mitin antiguo, buena cara, la verba inflamada:

—El gallo es un ejemplo de decoro, de orgullo, de coraje, de disposición para pugnar. No se puede vivir como carmelitas descalzas: ésas son existencias de confesionario, estériles, hueras. Esto es activo, bien de machos... En la vida tenés que luchar, siempre tenés que luchar, pero con reglas claras y en liza honorable. Como el duelo. No sé por qué nos han sacado el duelo, que ahora lo equiparan al homicidio y nunca lo fue ni nunca lo será, porque en el duelo está de por medio la honra. Esto es... ¿cómo te lo diré?: es como la pedana donde los hombres luchan por su honra.

Y el otro primo dice que los gallos también enseñan cierto desprecio por la vida y la muerte:

—A mí el médico me ha dicho que tengo problemas en el corazón y creyó que me iba a dar miedo; yo le he dicho no, hermano, por qué, la vida es la vida. Como los gallos, que están en la pelea y lo hacen con naturalidad, con gusto. Uno aprende de ellos, ya le digo.

El murmullo se ensancha, nos hace hablar a gritos. En el brete los gallos se pican y repican, muy tintos de sus sangres. Los dos cuellos pelados, picoteados; las cabezas rapadas, picoteadas.

—Vamos papá, mostrale lo que somos papá.

Los dos gallos no se sacan ventaja, me dicen: es una riña del carajo. Crece la gritería, siguen volando apuestas, los gallos pican, saltan, clavan sus espolones.

—Usté sí que es un macho, papá

Hay un revuelo de patas y de plumas. De pronto el cintas negras acierta un golpe; el cintas rojas cae fulminado: de espaldas, fulminado.

—¡Ídolo!

—¡Qué pingo, papá!

El negro se abalanza sobre el rojo inmóvil; su cuidador salta a la gallera y lo retiene; el rojo queda chato en el suelo, como muerto. El juez controla que pase el minuto y declara ganador al negro: arrecian gritos. Ha sido, me dicen, una riña increíble. El muerto se levanta, resucita: ya vas a ver, mañana va a estar perfecto, la semana que viene ya está otra vez culeando, me dice el doctor. Más atrás, los amigos del ganador lo palmotean, lo abrazan:

—¡Te felicito, hermano! ¡Cómo peleaste! ¡Cómo lo hiciste aca!

Para los dueños de los gallos los que pelean no son los gallos: ellos mismos. Un Saravia me dice que un gallo ordinario, cobarde, es un baldón terrible para su propietario:

—Ese gallo que no tiene raza, que no tiene huevos, te puede matar de vergüenza. Pero el gallo tiene más honor que un hombre, responde al llamado de sus genes, de sus ancestros. Los gallos son mejores que la mayoría de los hombres.

Dice Carlos Saravia, y me habla de otro primo que tenía un gallo que perdió una riña y, al final, el gallo vencedor se le paró encima, cacareó su triunfo y lo culeó —y le brillan los ojos.

—Y un día charlando con él se lo comenté y no sabés cómo se ha enojado: me dijo que era lo peor que le había pasado en su vida, que era como si lo hubieran culeado a él, que nunca más se lo mentara.

—¿Y se lo ha vuelto a mentar?

—No, pero desde entonces espero ver una cosa así alguna vez. Eso y que un gallo mate a otro en la gallera. Nunca lo he visto, pero no pierdo las esperanzas: no sabés cómo me gustaría poder verlo.

Vamos papá vamos. Vamos papá matalo.
Vamos dale
papá.

—¿Va para algún lado?

—No, bueno, sí, para la plaza.

—Suba, suba, lo llevo.

Yo no sabía si era un taxi, un remís trucho, y resultó que no.

—No, le vi cara de preocupado y me pareció que estaba llegando tarde. Venga, yo lo llevo.

Entonces pienso que son, una vez más, los efectos de la televisión, pero al cabo de dos cuadras el tipo me pregunta si soy corredor de alguna empresa. Cosas que pasan en el Interior, todavía.

Hay coca y cigarro y gelatina.
Dice, en un kiosco, un pizarrón.

Ya hace varias provincias que vengo viendo las largas colas de gente más o menos pobre frente a los cajeros automáticos —a menudo del banco Macro o de alguno de sus subsidiarios— y ahora pregunto. Una señora me explica, cara de incrédula, lo que todos saben: están sacando plata de sus sueldos. En el estado liberal, mayoría de argentinos —ya queda dicho— vive del estado, y cada estado provincial ha hecho un acuerdo con algún banco —que en general son del banquero Jorge Brito— para que se ocupe de pagar sus sueldos. Esas cuentas —siempre lo dicen— no tienen ningún costo para el usuario; tienen, sí, grandes beneficios para el banquero, que maneja millones y millones. Antes los bancos sólo conseguían aprovechar la plata de los ricos o los medio ricos; ahora el estado liberal-prescindente ha conseguido que muchos de los más pobres también le dejen usar su plata a los banqueros.

Y esa rara sensación de que quizás entendí algo: veo venir un pibe de veintipocos, rubio, barba rala, pantalones anchos, camiseta: ropa muy de joven aleman o francés en excursión al tercer mundo. Y sin embargo algo en su cara me hace pensar que es argentino: una leve expresión de hastío sarcasmo desconfianza. Le pido fuego: es absolutamente argento.

—Para mí ser argentino es una desgracia, qué querés que te diga.

Me cuenta que su tío falleció hace muy poco, pobrecito:

—Era un loco del fútbol, mi tío, pasión era lo que tenía por el fútbol. Siempre andaba con la cuestión del fútbol, era el director técnico del equipo de acá. Y el otro día en medio del partido nomás se ha caído al suelo y después se ha levantado y le ha dicho al que estaba ahí al lado teneme mi reloj y se lo dado. Pero ahí nomás se ha vuelto a caer y ya no se ha podido levantar. No sabe cómo le gustaba ese reloj, el pobre. Y era joven, mi tío, cincuenta y dos, tenía, pobre viejo. Yo me quedé pensando por qué le habrá dado al otro ese reloj. ¿Será que tuvo miedo de que se le rompa?

Erre se quedó en Salta —despechado. Y ahora estamos yendo hacia Orán, casi trescientos kilómetros al norte, con mi amigo Lanata, conducidos por un gendarme en una camioneta de gendarmería. No nos han detenido —todavía. Sólo nos llevan a dar una vuelta en helicóptero.

Es domingo temprano, carretera desierta. Todo salvo Pichanal, donde paramos un momento. Son las diez y hay gente que toma cerveza en mesas al costado del camino, hay gritos, ya sube aquel calor de perros.

—¿Acá querés parar?
—Me dijeron que es un lugar muy increíble.

Pichanal es una cruza de far west, mina en el Amazonas y frontera argentina, que no es poco. En Pichanal se separan la ruta que va hacia Orán y su frontera, Aguas Blancas, y la que va hacia Tartagal, Mosconi y su frontera de Profesor Mazza. En Pichanal hay prostíbulos de travestis a cinco pesos el servicio y las mujeres a veces se cotizan menos. En la zona, cuentan, hay muchos travestis: un pueblo cercano, Bernardo de Irigoyen, se jacta de tener el récord argentino. Además, al este de Pichanal empieza el Chaco salteño, un espacio donde la ley nunca aparece.

Hace unos días, en Salta, un amigo me había contado que acá en Pichanal conoció a la persona más desdeñosa de la muerte. El hombre vivía en un trailer arruinado, me dijo, varado, con una cama desfondada y muchos calendarios de rubias en pelotas. El hombre hacía trabajos de gomería y también, de tanto en tanto, algún transporte en un rastrojero que había arreglado mal. El hombre, me contó mi amigo, le contó que por ejemplo una vez tuvieron que llevar un cadáver a otro pueblo, para que lo enterraran. Por supuesto, como suele pasar en Pichanal, no había ningún certificado: lo tiraron en la parte de atrás del rastrojero y el cadáver viajó cómodo, acostado, la mayor parte del camino, pero que cuando tuvieron que pasar el puesto de gendarmería lo sentaron, muy tieso, entre él y su compañero —y ni siquiera olía, me dijo que le dijo, parecía vivo de verdad— y cuando el gendarme les preguntó qué le pasaba a ése le dijeron que estaba hasta el aca, para decir que se había tomado todo. La historia me gustó: entre otras cosas porque es lo mismo que hicieron sus sobrinos con Voltaire cuando lo sacaron muy sentado en carroza de París, donde el obispo había prohibido que lo enterraran en sagrado.

Y entonces mi amigo me contó que el hombre le contó que otra vez, monte adentro, encontró a un tipo con un tiro en la frente, apoyado en un árbol. Que el tipo, hablando muy bajito, le pidió que lo llevara a algún lugar que lo curaran pero que él vio que no tenía ninguna cura y quiso seguir viaje. Y entonces el tipo le pidió que se quedara, que no lo dejara ahí morirse solo, y a él le pareció que eso sí podía hacerlo. Entonces el tipo, dijo, le fue contando quién lo había matado, un pariente, y por qué, con la voz cada vez más bajita, dijo el hombre, mientras se iba acomodando, sentadito, contra el árbol, y al final se murió. Y mi amigo me dijo que le preguntó si fue a buscar a la gendarmería, a la policía, a contarles todo eso, y que el hombre le dijo no pa qué.

—No, pa qué. Si encima me iban a cargar el muerto a mí.

Y después mi amigo me contó también que este hombre un día estaba sentado en la puerta de su trailer gomería cuando vio que, a quince o veinte metros, un muchacho de veinte —rubio, ojos celestes, muy pintudo, le dijo, lindo chico— se había trepado a un árbol y se estaba sacando el cinturón, atándoselo al cuello y asegurándolo a una rama. El hombre, dijo mi amigo, miró con mucha curiosidad las incidencias: cuando el muchacho se tiró vio cómo el cinturón se le rompía y el chico caía a tierra. Hubiera visto se dio un golpe tremendo, me dijo que le dijo, y que él le preguntó y usted qué hizo. Nada, yo estaba acá mirando: el muchacho parecía decidido. Después me contaron que era porque a él lo mantenía una mujer y se enteró de que ella trabajaba en el cabaret y no lo pudo soportar, pobre muchacho, con lo lindo que era. Entonces el muchacho se fue hasta una alambrada que había ahí nomás, cortó un pedazo de alambre retorciéndolo y se lo ató al cuello, se lo pasó con tres vueltas para estar seguro y se subió de nuevo al árbol y lo amarró a una rama, que también le dio dos o tres vueltas. Y ahí se tiró y crac, quedó colgado —me dijo mi amigo que le dijo el hombre: colgado ahí, colgadito nomás, y pataleaba.

—¿Y usted qué hizo?

Le preguntó mi amigo.

—Y, yo me fui a almorzar, ya se me estaba haciendo tarde.

Esta mañana pregunto en Pichanal por este hombre: no lo encuentro.

—Y al final, con todo lo que nos costó agarrarlo, al tipo lo soltaron a los ocho meses.

—¿Por qué?

—Eso no se pregunta.

Me dice, mirada socarrona, el jefe del aeródromo de la gendarmería en Orán. El jefe nos muestra en un mapa su área de trabajo, nos habla de sus dificultades para mantenerla controlada. La zona es una de las fronteras más permeables: toneladas de coca y cocaína. El jefe nos cuenta que los métodos para pasar la merca son innumerables: capsuleros —los que se llenan el estómago con cápsulas de drogas— en los colectivos, aviones en el

Chaco —hace poco hicieron una campaña y detectaron ochocientos vuelos clandestinos en tres meses—, peones que caminan por el monte un mes hasta Jujuy, navegantes que bajan los ríos por la noche flotando sobre sus bolsas de consorcio repletas de coca, camiones con todo tipo de cargas falsas, dobles fondos, y siguen tantas firmas. El jefe dice que es imposible controlarlos en serio con los medios que tiene pero que siguen intentando y le pregunto de qué viven los ricos que hemos visto, un rato antes, en el hotel pretencioso del centro.

—No, muchos de ellos no tienen ningún trabajo conocido.

Me dice, con gesto de vos me entendés.

—¿Y no los investigan, no los detienen?

—Lo que pasa es que para detener a uno de ésos de pronto tenés que pasarte diez, veinte meses juntando información y pruebas. Y no podemos dedicarle tanto; lo que podemos hacer es esto, patrullar, tratar de secuestrar la droga cuando viene entrando.

—Pero ésos son los que organizan todo.

—Y sí, pero es muy complicado hacerles nada.

No sólo por razones técnicas, supongo.

La gendarmería es el arma más identificada con el Interior. El ochenta por ciento de sus miembros vienen del Interior, y al jefe le parece muy bien que así sea. Le pregunto por qué y me dice que bueno, que son los que conocen el trabajo, el espíritu de los gendarmes porque los vienen viendo desde chicos y que, además, son más fiables:

—Los del Interior son muchachos más puros, menos corruptos, muchas veces.

El helicóptero es una burbuja de plástico mal colgada en el aire: inverosímil. Allá abajo, Orán se vuelve de juguete. La madre naturaleza, sabia, nos impidió volar porque desde arriba todo parece un chiste. Y, al mismo tiempo, desde arriba se ve demasiado: el espacio se hace demasiado grande, extenso por demás, y eso tampoco sirve. El mundo, para los hombres, tiene que ser algo restringido y serio y no, como ahora, desde aquí arriba, un chiste enorme. Estamos dejando atrás Orán, su campo cuadriculado, cultivado, humano: falta para la selva.

Lanata quiere ir a la selva de las Yungas: está escribiendo un libro sobre unos muchachos guerrilleros que vinieron a morir a estos montes, año '62, y quiere conocer sus escenarios. La burbuja avanza, se mantiene. Nos han dado unos auriculares para taparnos los oídos; de todas formas, el ruido haría muy difícil cualquier conversación. El aislamiento sonoro tiene un efecto raro: no se puede hablar, sólo se trata de mirar. La burbuja persiste, torcida, zigzagueante, auricular: pura serenidad de movimientos en el aire, sonido amortiguado. De pronto, allá abajo, la cultura se acaba y el mundo se hace selva: árboles y más árboles y muchos más árboles, una textura verde impenetrable y el suelo más allá, supuesto. Acá, hace cuarenta años, esos muchachos decidieron que iban a hacer una revolución en la Argentina. Es raro, visto ahora, que creyeran que para hacerse con el país tenían que alejarse de él lo más posible, encerrarse en su lugar más inhumano. Muchos creían, en esos años, esas cosas.

La burbuja avanza por el río de las Piedras, serpentino: un cañadón de barro que se abre entre la selva. Empiezan las sierras y ahora sí desaparece cualquier rastro humano. La tierra es roja, misionera. Después de un rato bajamos en el cauce del río y caminamos unos metros selva adentro: hay ruidos, hay olores, movimientos que no sé interpretar. La selva, desde acá, no sólo parece impenetrable; es, también, un mundo con códigos perfectamente ajenos. La mariposa se me posa en el hombro. Para no desentonar, es verde loro.

—El helicóptero es mi pasión, no lo cambio por nada. Volar en avión es como manejar un colectivo. Esto es andar en moto.

Me dice el oficial piloto, y que ya es tiempo de volvernos. Otra vez estamos el aire. De tanto en tanto la cultura contraataca: lotes deforestados —o incluso plantados—, un pueblito de calles de barro. El piloto nos grita que volamos sobre El Yuto: un pueblo escaso, bien perdido; desde aquí arriba se le ven unas casas, una plaza vacía y un cementerio optimista, con mucho más lugar que el ocupado. Sale el sol, y en la burbuja hace un calor gomoso —pero todo brilla. Ya estamos llegando de vuelta a Orán. Abajo, en la ruta, un cochecito rojo no pasa a un camión con acoplado porque hay una curva y su conductor no puede saber si viene alguien. Yo, desde acá, veo que en la ruta no hay nadie hasta varios kilómetros más allá y me imagino la incertidumbre del tipo en el rojito, pienso en mi propia certidumbre —y esquivo una vez más la tentación de la metáfora.

Recova, de nuevo, de la plaza:
—Ahora por ejemplo estamos en plena campaña contra el sida. Todo el mundo habla de la lucha contra el sida. En Buenos Aires le ponen un forro al obelisco. ¿Sabés cuánta gente ha sido víctima del sida en la Argentina? Entre 30 y 40.000 personas. ¿Sabés cuánta gente es víctima del mal de Chagas? Dos millones de personas. ¿Y sabés qué se necesita para combatirlo? Ningún coctel de drogas supersofisticadas: pintura a la cal para poner en las paredes de los ranchos y que no pase la vinchuca.

Salgo hacia Cerrillos, La Merced: valle de Lerma. En la ruta cruzo un piquete virginal: quince o veinte manifestantes ocupan la mitad de la calzada y marchan detrás de un bombo y la imagen de una virgen católica. No se ven policías en los alrededores. Los manifestantes no interrumpen el tránsito; sólo lo entorpecen. Los manifestantes llevan una bandera nacional, una de la provincia color poncho, una extranjera blanca y amarilla, una cruz cristiana. Dos mujeres llevan también paraguas —que hacen de parasoles; otra lleva dos globos; un señor su bicicleta de la mano. Los manifestantes avanzan en silencio —protegiéndose del sol con papeles y prendas que sostienen sobre sus cabezas con las manos—, aunque un grupo de cuatro señoras murmura una letanía donde se distingue de tanto en tanto la palabra maría, la palabra señor, la palabra pecados. Los acompaña un perro sospechoso de sarna pero, grosso modo, no parece que sean inmediatamente peligrosos.

El Interior es un lugar donde los pobres andan sueltos.

O sea: las barreras que en Buenos Aires mantienen a los pobres más alejados, menos visibles, en muchos lugares del Interior funcionan menos.

—Cuando me dijeron que me habían elegido, que me habían tomado yo estaba feliz, dije uy, pa'l estado, aleluya, ahora sí voy a tener un trabajo fijo, un trabajo pa siempre.
Cuando lo eligieron, Carlos tenía veintidós años y ya llevaba nueve o diez trabajando de peón en el tabaco. En el Valle de Lerma, al sur de la ciudad de Salta, la mayoría trabaja en el tabaco. Pero el tabaco son seis meses por año, y el resto del tiempo se hace lento. Alguna vez, en esas esperas, Carlos había hecho un curso de enfermería en la Cruz Roja; cuando se enteró de que en su pueblo, La Merced, estaban contratando nuevos agentes sanitarios, se presentó —con muchos otros. A él lo seleccionaron y lo mandaron a Cerrillos, la cabeza del departamento: ahí, en el hospital, había doscientos cincuenta postulantes para seis lugares. Se había preparado y contestó bien muchas preguntas; a los pocos días lo llamaron para decirle que tenía el trabajo. Carlos estaba feliz, decía esos aleluyas. Le dijeron que primero lo tomarían por contrato, con la plata de un programa nacional, pero que pronto la provincia lo iba a efectivizar. Primero le pagarían un poco menos de trescientos pesos; después le subirían. Carlos hizo una cuenta y se dijo bueno, con el tabaco saco cuatrocientos pesos pero sólo seis meses, son dos mil cuatrocientos; con lo otro serán trescientos pero son todos los meses así que voy a hacer más de tres quinientos, y además voy a quedar efectivo.

—No sabe lo que es para uno como yo saber que tiene un trabajo asegurado.

Carlos se pasó trece años trabajando con el contrato provisorio y los trescientos. Hubo momentos en que tardaban cinco, seis meses en pagarle el sueldo. Muchos de sus compañeros se fueron, no aguantaban; él sobrevivía con las changas y pensaba que tenía que seguir ahí porque era un trabajo que alguna vez sería seguro y porque estaba haciendo algo que le importaba hacer. Yo lo conocí hace tres o cuatro años, una vez que vine a hacer un reportaje sobre el tabaco y sus trabajadores. Carlos me llevó en su recorrida: caminamos por el campo, por quebradas, visitando ranchos donde vivía gente muy al borde. Fue un viaje impresionante: sus imágenes me duran todavía. Cuando nos íbamos de uno de esos ranchos, Carlos me preguntó si había visto esa puerta cerrada que había ahí al costado, ese cuartito —el cuartito era una construcción de adobe maltrecha, medio derrumbada:

—Ahí adentro tienen a una chica que les salió lisiada, pobre, por las cosas que le meten al tabaco. No la quieren mostrar: usted no sabe la cantidad de gente por acá que sale con problemas, con un bracito corto, sin los pies, o que no pueden moverse, no pueden comer solos. Pero la gente los escuende, les da vergüenza. Hasta los patrones de las fincas tienen hijos así, y los escuenden.

Carlos se tomaba su trabajo muy en serio: pesaba a cada chico, le charlaba, le preguntaba por la escuela, instruía a la madre en la alimentación y las enfermedades, les daba sus vacunas, les dejaba remedios y refuerzos, leche en polvo. Todos lo conocían, le confiaban: me pareció admirable —y todo por trescientos pesos.

—¿Sabe que al fin me pasaron a la provincia?

Me dice ahora, sonriendo, el diente de adelante que le falta.

—Y me han hecho supervisor, me han dado una responsabilidad. La verdad, no lo tendría que decir así pero estoy orgulloso. Y también me pagan más, me pagan como setecientos, es otra vida. Sólo que sigo estando por contrato. Nos dicen que nos van a hacer efectivos, pero cada año nos prometen que va a ser el año que viene, vaya a saber cuánto tiempo me voy a pasar así…

Estamos, ahora, en su oficina en el hospitalito de La Merced, y entra una chica trayendo unos papeles. La chica tiene un plan jefas y jefes de ciento cincuenta pesos pero como es inteligente la pusieron a hacer un trabajo administrativo por el que otros ganan cuatrocientos, quinientos. Las contrataciones siguen siendo confusas —y el estado aprovecha. Después Carlos me cuenta que está preocupado, que las cosas en el pueblo están cambiando. Que ahora, como han prohibido que vengan bolivianos, se necesita más mano de obra local y las mujeres también están trabajando en la cosecha, entonces no hay quien se ocupe de los chicos, y por eso andan sueltos, sin nadie que los cuide, y algunos se han puesto a tomar droga, poxirrán, dice, y ha empezado a haber algunos robos.

—Esto ya no es lo que sabía ser.

Después me aclara que esos chicos que andan sueltos son los que no trabajan. Últimamente ha habido una ofensiva del ministerio para impedir el trabajo infantil en el tabaco: un peón, días después, se quejará:

—Yo no los entiendo. Yo siempre he trabajado, desde chico, desde los seis, siete años, y mis changos también han trabajado conmigo. Para colgar el tabaco en las estufas son los mejores.

Me dice y que, además, si los chicos no trabajan él no consigue redondear un dinero que les permita comer lo suficiente.

—A mí me pagan por producción: si ellos no me ayudan no juntamos. Si quieren que los changos no trabajen que nos den otra cosa, señor. Así lo único que hacen es dejarnos sin comer.

Carlos me dice la desnutrición infantil en su sector está más o menos controlada, un seis, siete por ciento nada más, me dice, la media nacional. Pero que el problema viene ahora, en tiempo de cosecha, porque cuando el padre y la madre se van a trabajar los chicos comen menos, no hay quien les haga la comida, los dejan con la hermana mayor y no siempre les da todo lo que debiera. Es curioso: como si la desnutrición a veces fuera más una cuestión social y cultural que puramente económica: en estos meses en que los padres ganan un poco más de plata los chicos comen menos —o peor.

Carlos es flaco, bajo, una buena sonrisa. Me dice que ahora está viviendo en San Agustín, el pueblo de al lado, porque ahí le adjudicaron una casita, y la alegría que tuvo cuando se la dieron: que siempre había vivido de prestado, en casa de sus suegros, en casa de un abuelo, y que tener la casita para él y su familia es muy distinto.

—Casi lloré cuando me dijeron que la tenía.

Me dice, pudoroso. Y que esta mañana tuvo que salir muy temprano para ver a una chica que la han tenido que operar por la tuberculosis —sí, me dice, hay bastante tuberculosis en la zona— y que ayer me vio pasar porque estaba ahí en la procesión, con la virgen, que yo pasé con el coche y que él se preguntó si sería o no sería pero que cuando terminó de creer que sí ya me había ido. Que los porteños somos así: pasamos rápido. Como si siempre quisiéramos estar en otro lado. Y que él siempre le pide a dios y a la virgen que le cuide a la gente, que la cure, y sobre todo que no lo deje sin trabajo.

Al fondo nubes sierras.
Aquí el tabaco:
sus hojas tentadoras.
Dicen que la naturaleza es sabia.

El hombre —su pantalón de agujeros, su camiseta sucia, unas sandalias—, está carpiendo la tierra con su azada. El hombre es bajo, piel oscura, nariz corva, todos los rasgos indios, y está haciendo lo mismo, con el mismo instrumento, que sus ancestros hace trescientos años. Ahora, además, en algún bar puede mirar la tele. Hablamos un rato. En un momento le pregunto si lee. Me mira, con orgullo ofendido.

—Claro señor. ¿Cómo no voy a saber? Yo fui a la escuela.
—¿Y lee algunas veces?
—No señor, nunca, pa qué.

la salud es una porquería porque desvían la guita para cualquier lado y las escuelas son muy malas porque les conviene

El tabaco es lo contrario de la soja: sus campos no son alfombras compactas, homogéneas, sino conjuntos de plantas bien individuales, con hojas exuberantes, muy barrocas. Su cultivo exige todavía mucha mano de obra y sus métodos no han cambiado mucho en los últimos cien años. Su elaboración requiere bastante trabajo posterior. Su producto es políticamente incorrecto, perseguido: una planta más pasado que futuro.

que seamos una manga de brutos, a ellos les conviene pero fijate justo acá que vos tirás una rama en el suelo y crece

El peón arranca flores de tabaco —para que la planta no pierda su energía en pavoneos— y me dice que es una injusticia, que le pagan diez pesos por día y que qué hace.

—Mire, señor, siempre lo mismo nos pagan, no nos alcanza. Hace ocho años que no nos dan aumento, y eso que nosotros no rompemos las bolas, no salimos a cortar la ruta, no hacemos ningún quilombo, nosotros, señor.

—¿Y no será por eso que no les dan aumento?
—Pero cómo quiere que lo hagamos, señor, nosotros solos. Tendría que haber algún machista que nos guíe.

—¿Un qué?
—Un machista, señor, un tipo fuerte, alguno que nos manden de Buenos Aires que nos diga cómo hacer esas cosas, a nosotros. Nosotros somos peones nada más, señor.

El peón nada más tiene unos treinta años, cinco chicos, una buena sonrisa, las manos como piedras y ahora me dice que su patrón es tan bueno, que todos los sábados les da veinte o treinta pesos para que tengan para la semana, y corta más. Yo le pregunto si a veces no le da bronca ver que su patrón tiene coches, ropa nueva, plata, comida tan frecuente y ellos nada.

—No, señor, así son las cosas. Qué vamos a hacer, señor. Nosotros somos pagados, matamos el día, él nos paga como debe ser y… qué vamos a hacer, no nos alcanza, señor, porque la situación está muy fiera. Muchos días no nos alcanza para comer, cosas así. Llueva, haya yuyo, calor, lo que sea, hay que trabajar, porque el día que no trabajás no podemos comer. Qué vamos a hacer, señor, hay que darle nomás.

Al peón nada más le queda un diente para acordarse cómo era. Yo le insisto:

—¿Si el patrón fuera bueno no les tendría que pagar lo suficiente para comer todos los días, por lo menos?

—Es que ése es el convenio que hay, señor, que a nosotros nos pagan diez pesos el día. Es el convenio, que lo puso el gobierno, así que no podemos pedirle más. Vamos a ver cuándo se podrá acordar el gobierno, por lo menos un peso que nos aumente…

—¿Pero les tiene que aumentar el gobierno o el patrón?

—Y… es el gobierno, señor. Si el gobierno no hace, ninguno de la CGT de Buenos Aires no hace, ¿quién nos va a aumentar, quién va a ver por nosotros?

La charla sigue y es lo mismo, y después se repite con otros. De pronto me parece que entiendo algo que debería haber entendido hace ya tanto —que tantos ya entendieron, imagino: hay pocas operaciones ideológicas más brillantes que ésta que estoy viendo. La coronación perfecta de la gran transferencia de riquezas militar-menemista: la transferencia de responsabilidades. Los ricos que se quedaron con todo no sólo consiguieron que muchos creyeran que la pobreza que eso produjo es culpa de los políticos. Además, parece, consiguieron que miles de trabajadores argentinos piensen que ganan poco por culpa del gobierno: que, si su patrón les paga apenas, la culpa es del gobierno.

un árbol, un país tan rico cómo puede ser que no haya comida para todos

Suena el coro. La iglesia —centro de Salta— es tal que gótica normanda, la Kronungmesse es de un austríaco Wolfgang Amadeus, estoy parado al lado de una virgen francesa con una banda que dice Je suis l'Immaculée, el director es venezolano —y, con perdón, el noventa y ocho por ciento de los presentes tiene el cutis lo más blanco. Ahora sí estoy en la Argentina que conozco.

Suena el coro. El coro es la democracia de masas vestida de negro: cada uno de sus miembros tiene una conciencia extrema de sí, se ha preparado acicalado maquillado, ha estudiado su parte —su parte— largamente, la canta con movimientos ampulosos de la boca y, sin embargo nosotros —sus destinatarios, sus observadores—, que vemos todo eso —el acicale, el estudio, la emisión ampulosa— sólo oímos el sonido mezclado que produce esa masa. Digo: los vemos mover al unísono las bocas y los pechos y los ojos y nunca sabemos qué sonidos produjo cada quien y cómo. El coro no anuncia el destino trágico; es el destino trágico.

Todo lo cual parece tan banal ahora, cuando suenan los primeros acordes de la Misa de la Coronación.

Hay, sí, un director, unos solistas —que se ven y se oyen.

Los bostezos nunca están bien vistos pero en un concierto —esta noche, por ejemplo— son más que una señal de tedio o desdén o mala educación: un signo de incultura. La evidencia de la incapacidad para gozar del arte, lo sublime. Por Dios, qué morisquetas, mis señoras
para disimular lo tan visible.

¿Se podría pensar que la música podría dividirse en: música para escuchar inmóvil, música para escuchar moviéndose? ¿O, dicho de otro modo, para escuchar con el cuerpo y sin el cuerpo?

—Dicen que los patrones de aquellos años habían hecho un arreglo con el Familiar, que era uno que trabajaba para el Coludo.
Me dice doña Anita, y que lo llama el Coludo para no nombrarlo por su nombre, por si acaso. Pero después se atreve:
—Habían arreglado: para que tengan mucha producción los patrones hacían su contrato con el Diablo pues. El contrato ése decía que cada año le tenían que entregar una persona: cuando tomaban personal acá para la Cerámica agarraban a algunos que no tengan familia, que sean de Bolivia, digamos, cosa que si se perdían nadie les reclamaba nada. El asunto es que cuando el Diablo no tiene de comer las máquinas empiezan a andar mal, entonces el patrón busca a fulano de tal, lo hace quedar último, vení un momentito vos, vas a bajar al sótano y me vas a llevar esto para abajo, y ahí hay un sótano profundo y lo dejan ahí solo pues, ahí es donde se lo come el Dia-

blo y después se vuelve al horno donde vive. Entonces todos los que trabajaban llevaban una cruz o una estampa bendita o un pedazo de pan: los que tenían eso se salvaban...

Doña Anita tiene sesenta y tantos, baja y ancha, la cara de menina, una gracia especial para contar historias. Doña Anita es Legionaria de María en el barrio 20 de Junio: del 20 de febrero al 20 de junio casi todo cambió, del club al extrarradio, de Belgrano a Belgrano, de su mejor victoria a su muerte tristona.

—Y después parece que vendieron esta fábrica, vaya a saber si los dueños nuevos no sabían el contrato que tenían, entonces no le han dado de comer durante muchos años, y dicen que el Diablo sabía tener hambre. Por eso dicen que después cuando tiraron el horno salió como salió pues, a comer veinte, porque hacía veinte años que no le habían dado de comer. Usted no sabe cómo nos daba miedo. Todos andábamos con los rosarios, el agua bendita, un montón de botellas para tener en las casas por si llegaba a aparecer el tipo. Hasta yo tenía miedo: el tipo se metía por todos lados, se escuchaban los ruidos, andaba por las casas. No sabe el miedo que pasamos.

—¿Alguien lo vio a ese diablo?

—Sí, mucha gente me ha dicho que lo vio.

—¿Y cómo era?

—Y, era alto, pelo rubio, todo vestido de negro, mirada penetrante. Era como usted pero con pelo.

Dice, y la carcajada le sale muy poco demoníaca.

El barrio 20 de Junio no es una villa: son casas de material, luz en algunas calles, población pobre, marginal. En esos días muchos habitantes del barrio creyeron que el Diablo andaba por la calle, cobrándose su cuota: en octubre 2004 se colgaron nueve chicos en un mes. Y todos —casi todos— estaban convencidos de que era el Diablo que había venido a reclamar su deuda.

—Decían que habían abierto el horno para arreglarlo y por eso se había salido el Diablo de ahí adentro, que parecía un hombre que venía y les decía a los chicos que tenían que matarse, que se ahorquen.

Me dice una chica de veintipico, madre de familia y animadora de programas sociales en el barrio. Está con dos amigas; las tres se ríen nerviosas: ¿te acordás cómo nos encerrábamos todas en las casas, trabábamos las ventanas, ni sacábamos un pie a la calle?

—¿Qué les daba miedo?

—Y, que venga a tocarte la puerta. Mi marido por ejemplo trabajaba hasta la una, dos de la mañana y yo me quedaba acá sola cuando oscurecía y no quería salir a ningún lado. Me quedaba con todo cerrado, las ventanas, las puertas, todo.

—¿Y cómo se les pasó?

—Bueno, después fue pasando el tiempo y vimos que no venía y empezamos a escuchar esas otras historias, que las muertes habían sido por la droga y todo eso y ya nos quedamos un poco más tranquilas. Ya veías que el Diablo por lo menos no había sido, has visto.

Entonces sale su madre con un nieto en brazos y una crítica teológica: nenas, ustedes no parece que sean creyentes de verdad. Después me explica:

—Yo nunca dije que era el Diablo, ellas sí decían, pero yo les decía que no: cuando las veía llegar a la iglesia les decía si ustedes tienen miedo es que no tienen fe en Dios. Si uno anda con Dios el Diablo nunca se le va a atrever a una. Todo eso son historias para tapar la droga.

La historia tiene puntos curiosos: después sabré que, durante mucho tiempo, se murmuró que en esos hornos de la fábrica de cerámica los militares incineraron desaparecidos. Y es notable que el período de hambre de ese diablo familiar haya durado veinte años —entre 1984 y 2004, o sea: la democracia. Y es triste que ese pobre diablo fuera también un proletario: un empleado a sueldo del patrón, dependiente del patrón para comer.

La historia, en todo caso, llamó la atención de toda la ciudad: los suicidios seguían. Lucrecia Miller quiso saber más.

—El asunto ya me había preocupado, pero lo peor fue cuando me enteré del caso del chico ése.

Lucrecia Miller tiene cuarenta y tantos, anteojos negros grandes, pelo rubio teñido, título de psicóloga. Miller fue, durante más de veinte años, funcionaria de la policía provincial —y llegó a jefa de recursos humanos. También dirigía una oenegé —la Red Papis, Plan de Ayuda Para una Infancia Segura— con el apoyo de la policía y del gobierno de Romero. Hasta que escuchó que uno de los ahorcados del 20 de Junio, un chico de catorce, era hijo de una policía del barrio que, con algunos amigos y parientes, lo abastecía de drogas. Miller fue a hablar con su jefe; su jefe le dijo que no se metiera, que se olvidara del asunto; ella insistió. Unos días después la pasaron a disponibilidad y el gobierno le quitó todo apoyo.

—¿Y en los veinte años que trabajaste en la policía nunca supiste que andaban con temas de drogas?

—Pero sí, siempre: el juego, la droga y la prostitución es lo que da de comer a los policías, eso se sabe.

—Entonces, ¿por qué recién en este caso te pusiste a hacer lío?

—No, yo siempre fui un grano en el trasero para ellos.

—Pero seguías ahí.

—Claro, era mi trabajo. Pero esta historia no la pude soportar: que una policía siguiera vendiendo drogas a chiquitos para que siguieran matándose, y nadie hiciera nada… Era fácil hablar del diablo. Era una forma más de eludir el problema.

El Familiar varía: si en Tucumán se dedicaba a los revoltosos, a los obreros peligrosos para el dueño, acá se contentaba con los abandonados: los que no tenían quién fuera a preguntar por ellos. Del frente al margen hay todo un recorrido.

—Nosotras a veces pasamos y los chicos están con el poxirrán ahí enfrente de los policías, transformados, desfigurados están los changos y la policía no les dice nada. Le sacan las cosas a la madre para vender para la droga; hay una señora que hizo una base con cemento para poner una cadena y le puso la cadena al chico para que no pudiera sacarle cosas para ir a venderlas por ahí, un chico de trece años, mire: hay algunos que la única forma de controlarlos es así. Pero eso es porque la policía no hace nada, ahí al lado del tanque de agua está la gente que pasa a trabajar y ellos los roban y la policía tan tranquila.

Me dice una de las chicas. Y que después ves a los pibes que les venden que también son de acá, que no trabajan y andan en semejantes motos y la policía ni los mira y que el poxirrán no es lo más grave, que sobre todo venden paco —pasta base— y pecosos —cigarrillos con cocaína: que los chicos que se suicidan, que se siguen suicidando, son sobre todo los que consumen mucho paco. Estamos en el patio de la casa de una de ellas, chicos que gritan y un perro sin un pelo. El perro ladra fuerte.

—Ay, los perros pila siempre son así.

—¿Los perros qué?

—No me diga que usted no conoce al perro pila.

Les digo que no y me explican que es esta raza de perros sin pelos. Entonces les digo que me recuerdan a esos perros precolombinos, los escuincles, que los aztecas desayunaban día por medio. Las chicas se ríen, nerviosas: pero cómo se le ocurre, comerse a un perro pila, no, mire, pobrecito lo flaco que está. De pronto, nada más importa: están soprendidísimas:

—¿Sabe, mama, que este señor no conocía a los perros pila?

—Bueno, ahora los conoce.

Lucrecia Miller me dice que cuando se metió con el tema de los suicidios se dio cuenta de que la ley no era ley, que la gente indefensa no hablaba, que estaba enmudecida y que esos suicidios eran la forma de expresión de esa comunidad callada: que allí nada era lo que parecía.

—Salta es una sociedad absolutamente hipócrita, basada en el ocultamiento, en la doble moral. Hoyos es nuestro símbolo, nuestro mejor representante.

Simón Hoyos es un abogado y hacendado tabacalero que fue detenido en 2003 por violar nenas. Hoyos tenía una larga historia de ejercer el derecho de pernada, la norma medieval que le daba al señor la potestad de desvirgar a las hijas de sus siervos. El derecho de pernada, me contaron entonces, todavía funcionaba en muchos lugares del campo salteño. Y Simón Hoyos había caído preso por ingenuo: se había llevado —como tantas veces— a una nena de ocho años a un motel, la nena gritó más de la cuenta y —esa vez— una empleada no pudo soportarlo: llamó a la policía. Esa tarde, cuando lo sacaron detenido del motel, Hoyos vio mucho revuelo: patrulleros, periodistas, más curiosos. Fue entonces cuando lanzó su frase célebre, todo un lema, la síntesis perfecta:

—¡Pero che, tanto escándalo por una chinita!

Ahora Lucrecia Miller dice que los suicidios de los chicos son un intento de romper esa doble moral, ese silencio:

—El ahorcamiento tiene un simbolismo que otros no tienen. Era un castigo para delincuentes, en la plaza pública, exhibidos como mensaje para el pueblo. Aquí estos chicos se cuelgan para denunciar algún delito que hay en el seno de la familia o, incluso, de la sociedad, de la estructura de poder. Se cuelgan, quedan pendiendo en el aire para que sepamos que están pendiendo en el aire, que sus vidas cuelgan de un hilo. Esos chicos nos dicen que no hay un orden que garantice sus vidas. ¿Y sabés qué? Yo diría que esos chicos ya estaban muertos cuando se colgaron. Yo creo que la sensación aquí es que están todos muertos, pero estos chicos por lo menos trataron de decirlo.

Doña Anita tiene, en su casa del barrio, un pesebre suntuoso: un par de metros de alfombrita verde con cientos de animales, sus pastores, su cristo, su familia. Doña Anita me cuenta que juega con ellos, se divierte como una nena, y que a veces necesita esa distracción porque tiene que pasar por situaciones difíciles. Doña Anita es rezadora de novenas: la que conduce las nueve noches de rezos que deben seguir a cada muerte.

—¿Y también rezan cuando alguien se suicida?

—Con los suicidas es un poco distinto, porque según dicen Dios no los perdona porque no es él que les mandó la muerte, ellos se mataron en contra de lo que él quería. El padre no va a las casas de los suicidas, pero nosotras sí tenemos que ir. Yo he estado en las casas de varios de estos chicos, rezando sus novenas. Y no sabe el miedo que he pasado...

Le pregunto por qué va, entonces, y doña Anita no me dice nada sobre el deber, el compromiso, la misión. Doña Anita pone cara de pícara:

—Lo que pasa es que yo soy muy curiosa. Si una tiene miedo no se entera de nada. Pero es cierto que el alma del suicida queda ahí, no la deja que rece, le dice a mí no me nombrés, usted siente en el cuerpo como si le quisieran tocar, agarrar, queda incómodo el cuerpo, no le puedo explicar, claro que le da miedo porque nota que el alma está ahí, molestándola a una.

Las almas de los suicidas quedan ahí: sus historias quedan ahí, sus acusaciones quedan ahí, molestando, diciendo a mí no me nombrés, vos estás muerto.

—¡Pero che, tanto escándalo por una chinita!

—Cuando se colgó este muchacho Rodrigo, que debía tener dieciséis años, diecisiete, también estaba en esas cosas de la droga pues. Y se juntó con una chica que tenía como veintitrés, con dos hijitos, y la chica dicen que iba a mucho a bailar. Dicen que la chica una noche le ha dicho yo me voy a bailar; no, no te vas a ir a bailar porque cuando vos vuelvas yo no voy a estar. Yo me voy igual, le dijo la chica, pero cuando volvió se lo encontró colgado al pobre chico ahí encima de su cama.

Me cuenta doña Anita —y se regodea en los detalles, en la atención que consiguen sus historias.

—Pero entonces estaba esta chica Gisela, la prima de Rodrigo. Bueno, todos creían que eran primos porque la madre no abría la boca pero no, en verdad eran hermanos, tenían el mismo padre que los había tenido a los dos con dos hermanas, así que eran primos pero también eran hermanos pues. Y esta chica Gisela le contaba a la abuela que Rodrigo se le aparecía y le decía yo voy a venir a llevarte porque vos sufrís mucho. Entonces dicen que una tarde le dice a su abuela me voy a visitar a la tía, que vivía a unas cuantas cuadras y se ha ido pues, pero en la casa de la tía no había nadie y cuando llegó un changuito hijo de esa tía ha abierto la puerta y la ha visto a la Gisela que estaba ahí colgada, en la casa de su tía, la madre de Rodrigo, que era su hermano y su primo al mismo tiempo.

Fue el caso más resonante: dos chicos, dos primos/hermanos.

—La chica estaba hablando del incesto, de la ruptura de esas reglas. Y el incesto es terriblemente destructivo. Cuando tu tata, en lugar de ser el padre que te quiere tiernamente, se convierte en el tipo que te quiere coger, te quedás sin padre, sin alguien que te quiera, te apoye, te cuide.

Lucrecia Miller dice que la chica hizo todo lo posible porque la escucharan, que se pasó esos meses diciéndole a su abuela que sufría, que su primo la iba a venir a buscar porque sufría mucho y nadie le dio bolilla, ¿has visto?:

—Tanta devoción de la muerte para adelante y tan poca dedicación de la muerte para atrás. Eso fue lo que nos inspiró a hacer estas tareas comunitarias, para tratar de evitar esas muertes.

—¿De verdad nunca había visto un perro pila?

La Red Papis tomó varias iniciativas para frenar los suicidios en el barrio 20 de Junio: grupos de producción, apoyo escolar, reconstitución de lazos familiares. La cifra bajó, pero la tendencia se mantiene en ése y otros barrios marginales.

—La tarea es parar los suicidios, pero para eso hay que ver qué condiciones familiares, sociales, políticas los propician, porque si no, van a seguir. A veces, en mi alma, aunque soy muy buena, me digo que esos chicos tienen que seguir matándose para que terminemos con el proceso, para que nos hagamos cargo de lo que nos dicen y lo solucionemos de algún modo.

Dice Lucrecia Miller. Este año la cantidad de menores de veinticinco años que se suicidaron en la provincia de Salta es el doble que el año pasado. Hace unos días, autoridades del hospital San Bernardo informaron que en la ciudad de Salta hay, todos los días, entre cuatro y seis adolescentes que intentan suicidarse.

—¿Está seguro? Haga memoria.

El mes pasado hubo otro caso resonante: una chica de once llegó a la escuela una mañana, pidió para ir al baño, fue, tardó en volver. Cuando la fueron a buscar la encontraron colgada del caño de una ducha. La noticia corrió, llegó la prensa. A las pocas horas los medios comunicaron que Marisol estaba embarazada porque había sido violada por su padre. La policía, esa misma tarde, detuvo al padre réprobo. Horas después, tras terminar la autopsia, los forenses informaron que la nena era virgen.

—¡Pero che, tanto escándalo por una chinita!

Provincia de Jujuy

San Salvador de Jujuy

De tanto en tanto un rancho, un casco colonial, unas hectáreas de tabaco, más monte entre los cerros. Los sauces, molles, ceibos florecidos. Y después la montaña, escándalo de verdes, arroyos que atraviesan. La Nacional 9 ya no se usa —han hecho otra, moderna y derechita— y está tranquila y placentera. Entre Salta y Jujuy hay cien kilómetros de curvas entre cerros de vegetación lujosa —y todo un mundo. Jujuy es india y plebeya donde Salta se pretende criolla y aristocrática. Jujuy es andina donde Salta es serrana. Salta es verde, agropecuaria; Jujuy es árida y minera. Jujuy es el final, el límite; Salta quiso ser, alguna vez, un centro, y lo vuelve a intentar de vez en cuando.

De tanto en tanto se ve algún resto humano —yegua con su potrillo, un huerto, un perro flaco— pero hace kilómetros y kilómetros que no me cruzo una persona, un auto. Una vez más me ataca la belleza despiadada. Una vez más, la desazón de no saber qué hacer con ella. Por lo menos, me digo, no mirar la hora.

Después aparece el primer cactus: la entrada a otra cultura.

Y un micro de la empresa El Futuro: es blanco, no muy viejo, va despacio, y está casi vacío. Para en el Barrio El Paraíso —pero sigue viaje. Y enseguida, sin mucho suburbio, San Salvador de Jujuy, la Tacita de Plata.

Pasa un muchacho en bicicleta sin las manos, con las manos cruzadas a la espalda, desafiante: cada cual se reafirma como puede.

"Dicen, algunos comentan
que don Vene fue abogado.
Es un error; bien ahogado
en vino vivió su vida.
Beber pueda su osamenta
de esta tierra donde anida".

Tomo un café, conozco a don Venencio. Don Venencio tiene una camisa que debe haber sido moda en tiempos de Frondizi, su corbata finita, su saco muy correcto: todo limpio, atildado, sólo un poco gastado en las costuras. Don Vene me repite el epitafio que se ha escrito porque a mí me van a enterrar en cualquier momento, dice, aunque va a ser mejor si ya estoy muerto, y me pide que me reserve su apellido. Ya bastantes problemas le trajo, dice, todo a lo largo de su vida.

—No hay nada que yo deteste más que este apellido.

Dice, y que es la cima o la sima de tantas generaciones de inútiles que cristalizaron por fin en un inútil perfecto:

—Creo que todos ellos fueron inútiles sin arte, sin grandeza. Yo he llevado la inutilidad al punto más extremo.

Don Vene me dice que se ha sentado en una silla de café todos los días de su vida adulta, exceptuando enfermedades y velorios —porque claro que no se pierde ni un velorio—, pero que detesta parecer un habitué, que sería lo más fácil.

—Yo tengo un plan que por supuesto nadie entiende, para ir variando los lugares. Cada mes lo diseño y sé adónde voy a tener que estar cada uno de los días. La única regla, la que siempre cumplo, es que de seis a nueve estoy sentado en el café: es mi único compromiso en esta vida.

Don Vene tiene, me dice, setenta y siete años, pero es probable que tenga sesenta y tres u ochenta y nueve, la nariz afilada, un poco pico, la piel delgada y quebradiza que le marca los huesos de la cara, los ojos pardos rojos de venitas, la barba perfectamente rasurada y el pelo gris con su gomina. Don Vene ha escrito, entre otras cosas, la Oda al Opa, que ahora me recita: "Opas de toda ropa, opas de copas,/ opas de oros y de bastos, opas/ opulentos que la fortuna arropa/ y opas de poca boca, opas de estopa,/ que no arden en fuego consagrado./ Opas pacatos, opas apocados,/ opas como los gatos, recatados/ que pasan por la vida haciendo el opa,/ opas que cuando el cielo manda sopa/ tienen el tenedor bien agarrado./ Hay opas para todo gusto, hay opas/ aún que de verdad parecen opas:/ son los menos, los más son los opacos,/ todos nosotros, opas ignorados…" —y así de seguido.

—Pero no le dije a nadie que es mía. Se la he hecho recitar a algunos changos folcloristas y nadie sabe de quién es, alguna gente la conoce pero

373

se creen que ha de ser de un salteño, porque eso de los opas es más bien de ellos. Los de Salta se jactan de sus opas, que tienen los mejores opas porque como eran tan pocas familias la consanguineidad los hizo tontos. Yo no sé, pero los de Salta siempre tienen que ser mejores en todo, incluso en eso. Nosotros tenemos muy buenos opas, no se crea. Le insisto: nadie sabe que la he escrito yo. ¿Usted no me va a traicionar, me va a guardar el secreto, no?

Don Vene parece preocupado: como quien se da cuenta, un poco tarde, de que perdió una gran oportunidad de callarse la boca.

El Interior es un lugar donde casi nadie almuerza afuera. Almorzar afuera es una costumbre de la gran ciudad: los que trabajan y no tienen tiempo de volver a la casa, y los afortunados que pueden elegirlo. En las ciudades chicas —y en los pueblos más— si acaso alguna vez algunos cenan afuera, pero nadie almuerza.

No sé por qué recuerdo de pronto lo que me dijo, hace muchos años, un corresponsal americano en China: que el que se pasaba una semana en China escribía un libro, el que se pasaba un mes en China, un artículo largo, el que se pasaba un año en China se daba cuenta de que no podía escribir nada. Camino, calles de San Salvador.

Yo vine acá porque mi marido me pega mucho, me golpea, y toma y toma y yo no sé qué hacer. Ya varias veces le denuncié y a él nunca le llevan, nunca le detienen, siempre hacen lo que él quiere. Y cada vez me pega más, cada día que me pega me está golpeando más. Anoche me ahorcó y me... Tengo todo lastimado, tengo tres golpes acá en la columna, uno acá, en la costilla, y ahora quiero que... Como él vive al lado, en la casa de mi suegra, él se va a ir de la casa pero va a volver a venir y me va a volver a pegar. Entonces yo quisiera hablar al tribunal, si me pueden conseguir un galpón, algo, para yo vivir con mis cuatro hijos.

Yo llevo diez años ya con ese hombre y cada vez me pega más. Él cuando viene del trabajo, hay días que viene... yo no le hago nada, le trato de comprender, pero para mí que él es enfermo, no sé, no le entiendo yo a él. Y él me pega, toma y después me pega y me pega y yo ya no puedo más, no doy más. Diez años hace, pero ahora hace un tiempo ya no aguanto más. Él me va a matar. Yo quiero vivir para mis hijos. El más chico, el varón, tiene cinco años. Y él... Por eso yo quiero que él no me golpee más, quiero vivir con mis... para criar mis hijos. Él va a volver, si él se va, va a volver, él no se va a ir, va a volver y ahí me va a volver a pegar, y siempre me va a pegar. Y yo tengo miedo, ya le tengo terror.

Yo ya le denuncié varias veces, sí que le denuncié, pero nunca le agarran. Ahora otra vez le denuncié, que me trajo esta señora, la señora que justamente me vio llorar cuando esperaba mi colectivo, me iba a subir y me encontré que ella está trabajando para defender las mujeres, ella me ve golpeada y me trajo a la fiscalía y bueno ahí me animé… Pero ya no tengo más ganas de ir a la autoridad, porque es peor, porque él me pega más.

Es todos los días igual. Es todas las noches de vuelta. Porque yo tardo un poquito cuando vengo del trabajo o por cualquier cosa, porque yo trabajo todo el día, de las ocho hasta las once, de la una a veces hasta las seis, a veces hasta las siete, no tengo horarios, a la hora que yo termino. Yo cumplo mi trabajo y él no me ayuda. Delante de todo el mundo me pega, me arrastra por la calle y cuando me tiene que pegar en la calle, me pega en la calle. Yo pido el teléfono a los vecinos y nadie me quiere dar… La gente no colabora, tienen miedo que él la trate mal o que le hagan mal, está atemorizada. Pero yo necesito que alguien me ayude a mí. Yo no pido mucho, solamente un lugar para vivir con mis hijos, yo tengo mi trabajo, soy empleada doméstica. Y yo quiero criarles a ellos, no quiero que me haga daño por esa casa, porque él pelea por esa casa, porque él dice que no se va a ir. Y si se va dice que me va a matar y se va a ir a Buenos Aires. Yo quiero si me pueden dar un lugar para que yo pueda estar con mis hijos. Si me pueden ayudar…

Elena está parada en la puerta del juzgado; tiene la cara muy golpeada y llora y habla entre sollozos con una empleada judicial. Elena tiene veintiocho años y es una mujer grande, fuerte, un poco flaca, los ojos aterrados. La empleada le dice que vaya a hablar a la radio a ver si le consiguen una casa: que ellos no pueden hacer nada, pero quizás si habla por la radio se encuentre a alguien que la pueda ayudar, en una de ésas.

La historia de Jujuy es triste: su única anotación importante en los anales de la Patria consiste en haber sido abandonada —en 1812, cuando el famoso Éxodo Jujeño. Jujuy es una ciudad agradable, chiquita, con una gobernación neoclásica desmesurada, un centro desbordado de coches y de caras y las villas muy pegadas al centro —no más de ocho, diez cuadras. Estoy un poco harto de ciudades. Y estoy impaciente por irme a la Quebrada.

Quebrada de Humahuaca

Al salir de Jujuy, al principio, la Quebrada de Humahuaca es un tajo verde entre montañas, magnífico. Pero a partir del río León el verde empieza a ceder ante grises y rosados. La ruta se interna en la Quebrada y las piedras se muestran y se imponen: imponer es la palabra clave.

El 1 de julio de 2003, con fanfarria, funcionarios, declaraciones de orgullo y alborozo, la Quebrada de Huamahuaca —un valle de doscientos kilómetros de largo y quince de ancho, con su río— fue declarada por la Unesco Patrimonio de la Humanidad. En la resolución oficial aparecían sus justificaciones: "La Quebrada de Humahuaca fue utilizada durante más de diez mil años como paso esencial para el transporte de poblaciones y la transmisión de ideas desde el altiplano andino hasta las llanuras. La Quebrada refleja la forma en que su posición estratégica favoreció su población, la agricultura y el comercio. Sus poblaciones prehispánicas y preincaicas, con sus sistemas de campos asociados, refuerzan de forma espectacular el carácter de un paisaje extraordinario".

Nadie sabía, entonces, qué cambios traería esa declaración.

El árbol se hace raro: hay alguno, de tanto en tanto; se los ve esforzados. Me confunde pensar que todo esto —la montaña imponente, las nubes, los colores— forman parte de algo que incluye también a la manzana de mi casa: país es un concepto muy osado.

En Tumbaya es la hora de la siesta y por supuesto no hay un alma en las calles. A la entrada del pueblo, un pastor rebaña siete ovejas. Una vieja pintada, hecha a mano, chorreada, dice Viva Perón y el nombre de un candidato a gobernador que se murió hace mucho: creo que voy entendiendo cómo es esto. Las casas son chiquitas, marrones, puro adobe: sospecho que su mayor mérito es silenciar que existen, confundirse con la tierra alrededor, como si la tierra se hubiera alzado levemente. Tumbaya descansa contra un cerro rojo cortado a pique, un murallón; en la cumbre del cerro, los muertos, desde sus tumbas, vigilan a su pueblo.

Todo es apenitas.

La belleza es tan otra: belleza de la desolación.

Las montañas se van erizando de cardones. Una montaña roja verde roja entre las grises: Purmamarca es el elogio de la diferencia.

Purmamarca es preciosa en medio de los cerros, con su plaza rodeada de casitas viejas, su iglesia encalada, sus árboles de siglos. Purmamarca siempre tuvo vocación de postal, sólo que hasta hace poco pocos querían sacar la foto. Ahora Purmamarca se ha vuelto un lugar bastante fashion: un pueblo boutique, un museo de sí mismo. Los locales están muy conmocionados: desde hace tres o cuatro años resultó que lo que siempre habían tenido —y que no valía nada— se volvió mercancía muy vendible.

El pueblo se transformó. La mitad de las casas son bares, alojamientos varios, ventas de artesanías, comidas regionales. A una cuadra de la plaza un albañil cincuentón está terminando el muro exterior de una casa de lajas. Está subido a un tablón y tiene al lado cantidad de piedras: las va probando para ver cuál encaja en el agujero que tiene que llenar; cuando no encuentra ninguna agarra la más aproximada y la adapta a golpes de martillo. Le pregunto dónde aprendió a hacer eso y me dice que no tuvo que aprenderlo:

—No, acá eso se ha sabido de siempre.

Después me dice que desde que son patrimonio —dice: desde que somos patrimonio— tienen que hacer las casas igual a las de antes, con piedra y con adobe, de una sola planta, con su techo de barro —ni losa ni chapa:

—Está bien, así seguimos con nuestras tradiciones. Antes se hacía cualquier cosa. Si no venían los del patrimonio a decirnos que teníamos que seguir siendo como éramos, vaya a saber cómo íbamos a ser, nosotros.

Ahora Purmamarca tiene que parecerse todo lo posible a lo que los forasteros imaginan de un pueblito quebradeño. Una cosa es mantener las tradiciones por convicción o por desgana; otra porque se venden bien. Aunque quizás sea una manera artística de ganarse la vida: representando todo el tiempo un papel, como en un teatro menor y permanente.

377

Pasa un chico muy kolla con un pan bajo el brazo. Me mira y me dice monedita:

—¿Monedita?

—¿Pancito?

—¿Monedita?

—¿Pancito?

El atraso ha sido su fortuna. Ninguno de estos pueblos quedó así porque no quiso ser moderno y tener casas con mosaicos al frente y cocinas de fórmica y cerramientos de aluminio. Quedaron así porque no podían pagar esas cosas o, incluso, porque no podían siquiera concebir la idea de quererlas. Por eso ahora son rentables; si hubiesen tenido una módica fuente de ingresos, algún cultivo más o menos vendible, una fábrica cerca, no le interesarían a nadie.

En una calle hay un cartel: Peligro, obreros trabajando.

El turismo es curioso: para que los turistas quieran seguir viniendo hay que mantener el pueblo en este estado, no se lo puede desarrollar de ninguna manera. Entonces los turistas traen plata pero esa plata se destina a embalsamar el pueblo.

—Acá hay un gran mercado de artesanías y no hay un mercado de verduras. Hay diez o doce tiendas de regionales pero no hay una carnicería. No hay ni siquiera una farmacia en el pueblo, y la gente se está teniendo que ir del centro porque las casas ya valen demasiado. Y además muchos no tienen título de propiedad: simplemente habían estado siempre ahí, y nadie nunca había pensado en sacarlos, pero ahora una casa en el centro de Purmamarca vale mucho.

Me dice una mujer que no es de acá, que vino a trabajar en el turismo pero le da vergüenza.

Purmamarca se volvió caro: un lujo. Algunos no pudieron.

—Sí, entonces nos juntamos toda gente de acá de Purmamarca, claro, para armar la comunidad aborigen de Chalala. Primero surge la idea de unos pocos, cuatro o cinco, y después ya se convoca y los que quieren integrar la comunidad pueden ingresar, pero que sea la gente del lugar, no de afuera, descendientes de acá, que sus abuelos ya vivían acá, que pertenecen acá.

Me dice la señora Rosa.

Chalala huele a vaca y hay dos chicos con baldes amarillos que van a buscar agua. Chalala está a medio construir, sus casitas de ladrillos de adobe que se confunden con la tierra, sus techos barro y caña. Algunas casas están hechas, otras recién empiezan; algunas parecen abandonadas en la mitad. Chalala está a tres kilómetros de Purmamarca en un lugar extraordinario —una pequeña meseta árida rodeada de montañas de todos los colores, ni un árbol, mucho aire— pero sus habitantes no vinieron por eso.

—Yo estaba en el pueblo pero se han puesto tan caros allá los alquileres que no he podido pagar más, y me he venido.

Me dice la señora Nelly, y que fueron muchos los que vinieron como ella y que tuvieron que pelear por los terrenos porque había un diputado que los quería para hacer un negocio de turismo:

—Formamos una comunidad aborigen y ahí nomás fuimos a pedir los papeles, que cuando nos salga la escritura nos va a salir así, para la comunidad toda junta, no para cada uno.

La comunidad aborigen es una figura legal que permite a los habitantes de estas tierras reclamar la posesión de tierras —en el supuesto de que pertenecían a sus ancestros. Las tierras se escrituran a nombre de la comunidad, y ninguno de sus miembros puede vender o alquilar su casa. Le pregunto a la señora Nelly si todos sus vecinos son aborígenes y me mira un poco preocupada:

—Bueno, eso yo no lo entiendo, pero yo estudios no tengo, hay muchas cosas que no entiendo. Somos personas comunes y corrientes, gente que está trabajando allá en el pueblo. Yo soy residente casi veinte años en el pueblo, yo nací por ahí por Susques, pasando las Salinas Grandes, pero tenía dos niños, el papá de los niños abandonó, entonces dije qué voy a hacer, me vine para acá a trabajar, y he criado a mis hijos que ahora han ido a la escuela…

—¿Y consiguió trabajo en el pueblo?

—Siempre trabajé de muchacha. Así, limpiando, lavando platos, con eso voy viviendo. Los dos hijos los tengo estudiando, uno en Maimará y el otro lo he mandado a Jujuy, que ha ido para terminar el secundario ahí, porque acá se hacía mucho festejo, puro festejo por acá. Yo me vine acá nada más para conseguir un terreno. Ahí me pude hacer mi casita, me costó, pero ahora pronto ya voy a terminar, que me dicen que la termine rápido pero una sola no puede, pa lo que una gana…

—¿Gana muy poco?

—Y, más o menos, como ser lo que yo estoy trabajando ahora en el residencial me están pagando doscientos setenta y trabajo diez horas, doce horas. Y para mantener la casa y los chicos en la escuela a veces por ahí me voy a hacer changas a otro lado, a rebuscar.

—¿Y los días feriados qué hace, cómo se entretiene?

—No nos dan feriados para nada, no. Todos los días trabajo yo, ningún feriado.

Se lo vuelvo a preguntar porque no estoy seguro de haberle entendido, pero sí: la señora Nelly trabaja todos los días de dios —y los otros también: todos los días de su vida. Le digo que no es legal, ella me dice que se lo han dicho unas amigas, ellas me dicen cuidado, te están abusando, pero yo les digo que yo no tengo estudios, yo no entiendo. La señora Nelly habla tan delicado, tan amable. El rancho de la señora Nelly son dos piezas de adobe; para traer agua tiene que cargar sus baldes media hora; la única luz que tiene son las velas.

—¿Le gustaría tener electricidad?

—Por ahí sí, pero yo estoy acostumbrada. Quizás para los chicos, para que estudien, pero mi hijo igual estudia con velas, hasta las dos o tres de la mañana con su velita ahí, se queda.

Los habitantes de Chalala llegaron con sus carpas en octubre 2003 y se pasaron en esas carpas mucho tiempo; mandaban petitorios a la capital, a veces se plantaban en la ruta; finalmente, las autoridades provinciales les dijeron que sí, que podían instalarse. De pronto me doy cuenta de que fui un idiota cuando pensé que Andresito era el pueblo más joven de la Argentina. Quizás fuera el pueblo más joven fundado por el estado argentino, pero en la Argentina todos los meses, todas las semanas se fundan pueblos —como Chalala: argentinos que ocupan espacios donde intentar sus ranchos. Aunque muchos lo tienen más difícil —si no son comunidad aborigen.

—¿Tienen muchos chicos, ustedes?

—No, cuatro nomás tenemos.

La señora Rosa y su marido Alberto viven más abajo, en la calle más ancha de Chalala, su vista a la montaña. Su casa es grande; tiene un generador a nafta, un tanque para agua, un garaje para su peugeot 504. Alberto y Rosa son los ricos del pueblo:

—Todos nosotros somos descendientes de los purmamarcas, que eran antepasados. Tenemos que preservar nuestras tradiciones, nuestra cultura, por eso nos juntamos acá en comunidad, para evitar que esto se llene de cosas de afuera.

—Bueno, ustedes tienen un coche bastante occidental.

Alberto y Rosa me miran sorprendidos, yo me río, se ríen. Después me cuentan que entre todos están construyendo la salita de primeros auxilios y les pregunto si está bien que haya casas grandes como la suya y tan pobres como la de la señora Nelly.

—Y sí, las casas son según: algunos son empleados, otros son changarines nomás, pero todos deben ayudarlos a los que no tienen, para ir formando el pueblo.

La señora Nelly me había dicho que a veces tenía miedo de que, al final, la obligaran a irse:

—Yo soy muy pobre, señor, muy pobre soy. El presidente acá de la comunidad a veces nos obliga, nos dice no, acá tienen que poner todos plata para una fiesta, como el aniversario, tienen que poner todos diez pesos y el que no pone se va. Y yo no tengo, de dónde voy a sacar yo los diez pesos. Yo tengo miedo que se cansen de eso, que me echen.

Cuando estoy volviendo al Erre recuerdo que me dejé la puerta abierta y, sobre el asiento, dentro de un bolso, una laptop que vale más que muchas de las casas. La laptop está ahí; ahora tengo vergüenza de mi miedo.

La altura me vuelve calculador. Siempre me ataca fuerte, así que sé que tengo pocos tiros —y debo pensar bien en qué los uso. No es que pueda ponerme a caminar sin ton ni son: tengo que decidir adónde voy e ir lo más directo posible. La altura me hace gerente de mí mismo.

No me gusta la altura: soy rastrero.

Pero peor fue la discusión interminable en un bar frente a la plaza de Tilcara con un criollazo de bigotes sombrero y pañuelito al cuello, que me explicó que pertenecer al pueblo indígena no es una cuestión de raza o de color sino que consiste en abrazar una visión del mundo. Y que ese pensamiento indígena o visión cósmica se opone a las otras dos formas ideológicas que son el individualismo o visión liberal y el homocentrismo o visión marxista porque considera que es la naturaleza la que rige las cosas y el hombre debe respetar y adaptarse a los cuatro elementos —aire tierra agua fuego— y que, como esos cuatro elementos no compiten entre sí sino que colaboran, el hombre del pensamiento indígena se organiza de forma comunitaria, todo lo cual sonaba muy amable hasta que me dijo que la concreción de ese ideal era Chalala, y yo le pregunté si no le incomodaba que en Chalala hubiera mujeres tan pobres como Nelly con dos piezas, velas y media hora de caminata para el agua junto con mujeres como Rosa —la casa grande con ventanas, el coche, generador de luz y tanque de agua. A par-

tir de ahí todo desbarrancó, pero la caída duró más de dos horas. El criollazo me decía hermano todo el tiempo, nunca me contestaba una pregunta e insistía en que yo no entendía el pensamiento de ellos los indígenas;
que entre los incas no había ninguna forma de poder más allá de la comu-
nión con la naturaleza; que entre los incas no había guerras, aunque se hayan combatido tan brutalmente que Pizarro los encontró tan débiles que
pudo conquistarlos; que el pensamiento indígena americano tenía sesenta
mil años aunque ningún historiador piense que el hombre lleva más de
veinte o treinta mil en estas tierras. Todo porque yo no era capaz de asimilar la visión indigenocósmica del mundo, porque yo estaba completamente atravesado por el liberalismo y el marxismo. Y ya estoy harto del argumento anticuarista:

—No, ésta es una civilización que tiene muchos miles de años.

Sospecho que la idea de robar y matar y engañar y trampear no debe
ser más joven. El argumento siempre aparece, en toda defensa de las "culturas originales": como si la antigüedad justificara algo.

El soroche es un preview de la vejez: experimentar, levemente antes de
tiempo, esa debilidad general, ese agobio, esos movimientos tanto más lentos y pesados —que uno supone que sufrirá cuando sea viejo.

Es difícil caminar por una calle de Tilcara y no ver, hacia algún lado, un cerro. La tierra —la famosa tierra— está siempre presente en este
pueblo.

En la plaza, un chico me canta un par de coplas por monedas:
—Aguacero pasajero
no me mojes el sombrero.
A vos no te cuesta nada,
a mí me cuesta el dinero.
Sigue, canta dos o tres más. Después me amenaza:
—En la puerta de mi casa
Hay una planta de ají.
Si no me da la propina,
usted no se va de aquí.

Pero muchos se quejan de que los que ganan más plata con el turismo
son los extranjeros: que los que invierten en hoteles y otras infraestructu-
ras son los extranjeros, y que ellos se la llevan. Pregunto, y recién entonces
entiendo que extranjeros puede significar franceses, americanos, porteños,
cordobeses.

—Para mí ser argentina significa querer a esta tierra, defenderla, amar-la, estar junto a ella en las buenas y en las malas, no eso de que cuando ocu-rre algo que nos avergüenza decimos no, no soy argentina. Soy argentina porque es mi tierra, es mi patria, donde nací, donde estoy: acá me siento se-gura, me siento como dueña de casa.

Me dice, en la puerta de su escuela, una maestra —y yo le envidio esa idea de sentirse dueña.

Le pregunto a una señora con puestito de dónde vienen sus artesanías. La señora me dice que hay cosas que se hacen acá en la zona, en la parte del cerro, los tejidos, que hay comunidades que las hacen. Y que también hay cosas que llegan más de afuera, de Bolivia, del Perú: todo lo que es de alpa-ca, los aguayos, algunos tejidos que se da cuenta porque se nota que están hechas a máquina.

Acá el atardecer es largo, persistente: no quiere dejar de ser atardecer, pasar a noche.

—Oh, I'm so delighted with everything here, the scenery, the people. I just want to tell them they're so nice and I don't know how to say it.

—Lindo, you gotta say lindo.

—Ok, lindo!

Y se ríen. Los americanos de la mesa de al lado —tres chicas y un mu-chacho— en el restorancito cool de Tilcara —quesos de cabra, lomitos de llama, mucha quinoa— se ríen todo el tiempo.

—You know why I really enjoy coming to South America? People are so authentic, so lindo...

Después se ponen a hablar de signos del zodíaco y una chica pecosa dice que astrología y astronomía son las dos ciencias más antiguas así que algo tendrían, y una chica muy lacia pregunta qué diferencia hay entre as-tronomía y astrología. La lacia es una de esas chicas que dejan sólo la pun-ta de los dedos fuera de las mangas del pulóver. El muchacho le explica. La ventaja de comer solo es que se pueden escuchar conversaciones. Y siempre me maravilla cuanto tienen para decirse los viajeros gregarios. Ahora ha-blan de asuntos personales: si es posible descubrirse a sí mismo cuando uno está con otro o si el amor te anula como individuo y te convierte en otra co-sa. Bucay tiembla.

—Well, sometimes you just realize that you knew yourself much bet-ter than what you thought you did.

Dice él. Dos de las tres le coquetean; él no para de hablar de cuánto ama a su novia que se quedó back home; ellas lo escuchan, comprensivas. La llama es un poco dura pero no tiene mucho gusto. Cada vez que pruebo estas carnes emergentes alabo la sabiduría de los ancestros que eligieron domesticar la vaca la oveja la cabra y el chancho.

—Yeah, but life is a journey, and all along the road you find people you learn from.

Le dice una de las chicas mirándolo a los ojos como quien dice vení papito enséñame latín. El muchacho la esquiva:

—Oh, that's lindo. I'll write it to my girlfriend.

Me impresiona que la Argentina —ciertos lugares argentinos— se haya vuelto meta de gringuitos.

El coche viejo, destartalado de adelante lleva un trailer casero y va muy despacio, pero el dueño es precavido y vengativo: que Dios te dé el doble de lo que tú me deceas, escribió en su trailer. Que te recontra por si acaso, decíamos en la escuela. Un roedor cruza la carretera a los saltitos. Como es de campo, natural, lo llamamos cuis; queda más lindo que decirle rata.

De tanta, la belleza se hace tonta: como una sueca rubia piernilarga ojos celestes naricita pecas curvas de manual. Me pregunto cuánto dura, en un paisaje —en cualquier otro asunto— el placer de la belleza así, ofrecida.

Pasa en bicicleta un kolla joven. Lleva, en la mano izquierda, una prepizza.

Hay lugares, como éste, que me dan la nostalgia de poder recorrerlos en tren. El tren es una forma distinta de hacerse con el paisaje. En el coche, el viajero siempre ve que está dentro de un coche —el volante, el parabrisas, la carretera alrededor. Una buena ventanilla en un tren es como estar inmerso en la escenografía.

—Pero el coche puede parar, idiota.
Rezonga Erre, cascarrabias.

Poco después, al costado del camino, en el pueblo de Huacalera, hay un cartel que dice Lugar donde se llevó a cabo el descarne de los restos del general Juan Galo Lavalle. En Tilcara, ayer, vi una casa que decía que esos mismos restos habían reposado en ella cuando sus comilitones se llevaron su despojo a Bolivia para que no cayera en manos federales —en ese episodio que aprovechó con tanto éxito el finado Ernesto Sabato. Me bajo: la capilla donde descarnaron al general Juan Galo es austera y bonita y está cerrada con candado. La Argentina es un país de iglesias feas: la Quebrada y la Puna son su reserva de bonitas. Adobe, cal y un poco de madera, las dos torres y una puerta muy chica. En la puerta hay un papel que lista lo que hace falta en la capilla: pata de micrófono, micrófono, ecualizador, parlantes, grabador, bombo, guitarra, una mesa para altar, dos mesas medianas para los santos, un alba —vestimenta para el sacerdote—, patena, copón, cáliz, frazadas, colchones, cuchetas, una peluca para la virgen, flores blancas, cabellera nueva para el niño Jesús, una Biblia, cinco estufas, dos ventiladores, dos posadores para los difuntos, un recipiente para poner agua bendita y varias otras cosas. El mundo del espíritu depende mucho de la triste materia.

El paisaje se apuna: los cerros se hacen más chatos, los árboles más raros, avanzan los cardones.

"Humahuaca: población de la Quebrada de Humahuaca, de fines del siglo XVI. Todo en ella es típico: las calles angostas y empedradas con canto rodado, la iluminación con faroles de tipo colonial y sus habitantes aferrados a sus antiguas tradiciones". Hay guías que sí saben.

El pueblo kolla, el mercado con yuyos, los cachos de cabrito tirados sobre una mesa de ocasión. Un muchacho pregunta cuánto cuesta un huevo; veinte centavos.

—Ah, entonces deme también cinco centavos de estos damasquitos.

La doña le da dos, y el muchacho se gasta su moneda. Doña Cleta me ofrece queso de cabra y le pido probar, pero me dice que no tiene pruebe.

—¿Y cómo quiere que compre algo que nunca probé? Mire si después me gusta.

—Claro, quizás. Tal vez. En una de ésas. Vaya a saber.

Dice, tomándome el pelo. Le digo que sabe muchos sinónimos:

—Y, se necesita preparación para vender verdura.

Su puesto es una mesita de madera de dos metros cuadrados llena de frutas, verduras, chuño, quinoa, los quesos improbables. Le pregunto si hace mucho que lo tiene y me dice que quince años, que ya se lo conoce de memoria, que conoce hasta los turistas que vienen una sola vez, como yo, pero que no se queja porque el puesto le permitió educar a sus dos hijos sola, porque los hombres son unos mentirosos y más vale perderlos que encontrarlos y mejor sola que mal acompañada. Su hijo mayor ya tiene veinte años y estudia para odontólogo en Jujuy; el segundo acaba de terminar séptimo grado y quiere ser gendarme.

—¿Gendarme? ¿Cómo se le ocurrió? ¿Tiene algún amigo, algún pariente?

—No, solo nomás. De tanto ir a esos cyber donde están esas máquinas, cómo es que se llaman...

—¿Computadoras?

—Sí, computadoras, esas máquinas de tirar tantos tiros parece que le han dado ganas, así que se me va a hacer gendarme.

Humahuaca ya es decidamente una ciudad andina sudamericana —boliviana, peruana, ecuatoriana.

El peruano, cara de cajetilla peruano, un Vargas Llosa excedido de peso, sombrero Indiana Jones, me cuenta que vino a recorrer, a oler la tierra. Yo me río y me dice que no, que de verdad: que es empresario minero y está recorriendo para ver qué encuentra.

—¿Pero así nomás, recorriendo?

—Sí, la tierra es un libro abierto, hay que saber leerla. Si uno sabe, va por ahí mirando las vetas, las formas, y empieza a tener una idea de dónde están los minerales.

—Bueno, pero hace siglos que hay gente mirando eso. ¿Por qué podría encontrar algo nuevo ahora?

—Es como el Quijote, que es un libro que sobrevive porque cada época lo lee de una manera distinta. Nosotros también: ahora se lee la tierra diferente de hace cincuenta años y entonces de pronto cosas que en ese momento no se veían o no se buscaban o no estábamos en condiciones de explotar, ahora nos interesan.

Le pregunto si sabe que acá hay problemas con las empresas mineras y me dice que claro que lo sabe, que ha trabajado mucho en la Argentina, pero que eso es porque hay empresarios mineros que son muy prepotentes y se instalan sin preguntar. Que él siempre pregunta antes, negocia: si lo quieren se queda y si no se va. Y que de todas formas acá en la Puna es diferente: acá hay muy pocas fuentes de trabajo, así que la gente está más dispuesta a aceptarlos, dice, y se sonríe.

—Acá salís a la puerta y todos te saludan, cómo está don Antonio, cómo te va Antonito, todos. En cambio te vas a la ciudad y sos uno más del montón, no te conoce nadie. Al final no sabés quién sos, en la ciudad.

Cada vez que el profesor Toqo llega y les dice a sus alumnos que les va a enseñar quechua, los muchachos se miran sorprendidos, incómodos: es como si les dijera que va a enseñarles a ladrar.

—El muchacho, para empezar, no entiende para qué le ponen la materia ladrido en el currículum. Se pregunta para qué quiero aprender a ladrar. Y después dice los que ladran son los perros: yo no quiero ser perro, ni siquiera parecerme a los perros.

El profesor Toqo lleva muchos años enseñándoles quechua: conoce bien sus reacciones:

—El quechua es una lengua indígena: ese alumno no quiere parecer indígena. El conquistador siempre trató de enseñar a su conquistado que era más poderoso, más rico, más lindo. Y de tanto escucharlo durante quinientos años, el indio se lo creyó. Por eso ahora la mayoría no quieren ser indígenas: piensan que si ser indio es todo lo peor, para qué voy a ser indio. Y los padres quieren lo mejor para sus hijos, entonces lógicamente no quieren que sus hijos sean indios. Por eso les mutilan muchas cosas de su cultura y ese chico crece con esa idea y hace lo mismo con su hijo, y así sucesivamente. El idioma aborigen, como uno de los máximos bienes culturales, es lo primero que se extirpa. Hasta los amigos lo hacen: si escuchan que alguno habla una palabra de quechua lo empiezan a cargar.

Me dice el profesor Toqo, la voz siempre pareja, amable, mesurada, y que el que no es indígena no se da cuenta, pero nosotros sabemos bien que al buscar un trabajo, postular para un ascenso, enamorar a una chica, es mejor no ser indio: entonces, dice, uno busca disimularlo, mimetizarse, busca de todas formas parecerse al blanco. Yo le digo que debe ser complicado convencer a gente de que tiene que recuperar una identidad que desdeña.

—Por supuesto. Más sí uno encara todo esto solo, sin apoyo de ninguna parte. Entonces la única solución es un medio de comunicación —la radio, la televisión— que tienen mucha llegada. Si logran que uno tome determinada gaseosa, también pueden enseñar a valorar la propia identidad. Todo depende de cómo se los utilice.

tenemos todos los climas y todos los paisajes y están los chicos en patas, los que piden

El profesor Toqo se llama en realidad Sixto Álvarez Zuleta, pero me dice que acá en Humahuaca todos le dicen Toqo: que se siente mejor con ese nombre. El profesor Toqo ha enseñado en universidades de Buenos Aires, de Alemania, de España. El profesor ha creado y dirigido un par de radios y, hasta hace un par de años, el único canal de televisión indígena de la Argentina, Indiocanal. El profesor ha pensado mucho la cuestión indígena —con inteligencia, con audacia. Es un placer escucharlo, debatir con él; ahora le pregunto cómo hace para alentar a los suyos a que valoren su identidad.

—Les digo que hay una cultura que no tiene nada de miserable, que es digna de mantenerse, algo original, único en el mundo, que por eso se ha declarado Patrimonio Cultural de la Humanidad a la Quebrada de Humahuaca, porque se valora esa forma de vida. Y que debemos mantenerla no sólo por razones líricas, sino también por razones económicas: para que tengamos algo que mostrar a los visitantes forasteros. Porque si todos vamos a empezar a cantar cuarteto, o a tocar rap o hiphop, yo creo que eso no va a llamar mucho la atención a nadie.

—Pero uno no mantiene una cultura para mostrarla como en un zoológico...

—No, pero ya que tenemos algo original lo mantengamos. Fundamentalmente para que no nos masifiquemos, para que conservemos eso que nos hace únicos en la Argentina. La conclusión es obvia: o nos masificamos o conservamos lo que tenemos. No tenemos que inventar nada. Yo he escuchado por ahí que hay lugares tan desprovistos de identidad que empiezan a copiar, por ejemplo, el carnaval del Brasil. O, en el otro extremo, tenemos núcleos de inmigrantes que conservan su cultura y la transmiten a sus hijos. Entonces, ¿por qué ellos sí y nosotros no?

Yo le digo que la Argentina se hizo de la mezcla de todos los que llegaron a estas tierras y los que ya estaban en ellas. Que en esa mezcla hubo, por supuesto, injusticias, triunfos y derrotas, pero que somos esa mezcla, que no veo por qué ellos deberían mantenerse al margen.

—Eso habría que decirle a los menonitas.

—Cuando vea un menonita se lo digo, pero ahora estoy con usted.

—Con los menonitas nadie se mete, nadie trata de cambiarles la vida. En cambio a los indígenas, cuando quieren mantener sus cosas, vienen los comerciantes y le dicen pero no seas tan retrógrado, para qué vos querés volver la historia atrás, cómpreme este nuevo modelo de freezer... Eso no se lo hacen a los menonitas.

—La verdad, los menonitas no me interesan nada. Yo quiero saber de ustedes. Y lo que decía es que si casi todos los demás argentinos —salvo los menonitas, por supuesto— nos hemos hecho en la mezcla y en el mestizaje, ¿por qué ustedes no quieren participar de eso?

—Nosotros no podemos ni queremos meternos en una campana de cristal. Seríamos también muy estúpidos si despreciáramos los adelantos sanitarios, tecnológicos y culturales que hay actualmente. Pero tampoco sirve pasarse al otro extremo: adoptar todo y cambiar de cultura, transculturarse, aculturarse, como usted lo quiera llamar. Y para pelear es lo mismo. Somos indios pero no estúpidos: no pensamos pelear con arcos y flechas. Tenemos que usar todas las armas a nuestro alcance, incluso las del blanco.

los cartoneros ésos, los tipos de las villas, los jefes y jefas que no quieren hacer nada porque ya tienen los cientocincuenta mangos en la mano

El profesor tiene muchos proyectos para esa pelea. Quiere impulsar la educación bilingüe castellano-quechua, como hacen en el noreste con el guaraní. Quiere armar una comisión que controle el Patrimonio. El Patrimonio es también cultura y la cultura la ponen ellos, los indios, dice: que los turistas vienen a verlos y ellos son como los animales del circo: el que cobra es el dueño, nunca el mono o el león. Y que lo que quieren es cobrar una entrada a la zona del Patrimonio y que esa plata se reparta entre las comunidades, para que puedan mantener sus tradiciones, sus costumbres.

—¿Entonces ya habría gente que quiere asumirse como indígena? ¿Quiénes serían?

—Yo me hice la misma pregunta hace muchos años. Y, con mi tendencia pesimista me dije nadie va a querer ser indígena. Pero cada vez hay más gente que se asume como indígena. Hasta hace veinte años, aquí en Jujuy, nadie hablaba de comunidades aborígenes, de lo indígena. Y en los últimos veinte años sí, ahora ya tienen el valor de presentarse ante los demás, se proclaman como indígenas…

—Bueno, asumirse como indígenas tiene ventajas inmediatas. Por ejemplo en Chalala definirse como comunidad indígena les dio derecho a pedir la tierra que si no, si hubieran sido gente suelta que quería ocupar tierras fiscales, no habrían podido pedir.

—Claro, si se hubieran declarado como criollos o gauchos se habrían reído de ellos. Por supuesto que hay una conveniencia de declararse indígenas. Yo les digo a mis hermanos que no sean estúpidos: ahora conviene ser indígena. Y si ustedes no lo ven, el tren se les va a ir. Y muchos lo entienden.

los desocupados, los perdidos, vos viste que hay algunos que ya tiraron la toalla y no esperan más nada, pobres tipos, están las pibas

El profesor Toqo atiende un negocito que se llama La Chichería y también se llama Museo Folclórico Regional. Su negocio está a una cuadra de la plaza de Humahuaca; en la sala de adelante vende libros escritos por él. En un costado hay una especie de probador de plástico: adentro tiene la computadora, aislada para que no se le llene de polvo. Del techo cuelgan ponchos, algunas máscaras. Detrás está su museo: un museo vivo, dice, donde les cuenta a los turistas cómo vive su gente. Yo le pregunto por qué este cambio en la situación de los indígenas y él me habla de la leyenda del Incarri: que cuando los blancos mataron al último inca lo cortaron en trozos que dispersaron por todo el continente. Y que esos trozos se han ido juntando pero que, cuando se junte la cabeza, el Incarri —el Inca Rey— volverá para conducir a su pueblo a la victoria.

—Yo lo atribuyo al Incarri. Es inexorable. Me animo a pensar que tienen razón los antropólogos, cuando hablan de que el proceso de nuestros pueblos conquistados tiene tres etapas. Primero viene la etapa contemplativa: quedan totalmente achatados, desprovistos de futuro, sin saber qué ha ocurrido con sus vidas y sus historias, se limitan a vegetar, contemplativamente. De ahí, con el tiempo, pasan a la etapa filosófica, en la cual ya aprenden a leer y escribir, piensan en lo que ocurrió, empiezan a analizar su presente y a pensar un futuro. En ese momento ya están maduros para la etapa política, en la cual ya pasan a la acción, a exigir sus derechos. En Bolivia, por ejemplo, en Ecuador, ya están en la etapa política.

—Pero ahí son mayoría.

—En Jujuy también.

Me dice, con sonrisa y un gesto de triunfo. No suele hacerlo; en general habla pausado, sereno, con sintaxis perfecta: como quien dicta un texto que no tendrá que corregir. El profesor Toqo se viste como habla: atildado, preciso.

—¿Y en Jujuy en qué momento están?

—En la filosófica.

—¿Maduros para pasar a la etapa política?

—Todavía faltan algunos detalles. En otras palabras: en estos momentos el indígena recién está tomando conciencia de que es indígena, y más aún en esta Quebrada, con el nombramiento de patrimonio y todo lo que se vino encima, el indígena está un poco confuso, porque pasar de una vida agropastoril a una economía de mercado es difícil, doloroso, hasta shockeante. Imagínese que hay un aborigen campesino que vive en la montaña y viene un señor muy bien vestido que le dice yo quiero que me venda su terreno. Es el encuentro crudo entre la cultura agropastoril, acostumbrada a una economía de subsistencia, y el neomercantilismo. Eso está ocurriendo mucho desde que se nombró patrimonio, con el aumento vertiginoso del turismo, porque las tierras se han valorizado enormemente desde entonces.

—¿Y están vendiendo, se dejan tentar?

—Ahí ya depende de la visión de cada uno, de la información que se maneje, que no es mucha. Pero estar sembrando y criando ovejas y de golpe negociar con un señor que domina el marketing, la información económica, ¿quién va a salir perdiendo?

que empiezan a parir de tan pendejas y siguen pariendo y pariendo son como conejos, los pobres son como conejos, sí

Hablamos de parados: llevamos casi dos horas hablando de parados, él detrás de su mostrador, yo de este lado. El profesor no parece cansarse; es flaco, nervudo, sus anteojos gruesos. De tanto en tanto aparece su madre, noventa y tantos, y le pregunta algo: hablan en quechua. El profesor es paciente e impaciente al mismo tiempo —con esa paciencia de los que saben que no los van a entender, de los que creen que han entendido cosas que los otros no. De pronto me parece que el profesor se ve como un líder, uno que puede conducir a su pueblo a alguna parte, y le preguno cuál sería su lugar, su papel en su comunidad.

—Simplemente uno que tiene claras muchas cosas, maneja mucha información, ha conocido otras realidades. Es como si yo viviera en Buenos Aires y un día me llega un llamado que me dice che, estoy yendo para Buenos Aires, voy a buscar trabajo porque aquí está fea la situación, así que voy a llegar a Retiro tal día a tal hora. Lo menos que puedo hacer es ir a buscar a este hermano, recibirlo cuando baja del ómnibus y orientarlo: dónde alojarse, cómo viajar, por dónde es peligroso, dónde buscar trabajo, todas esas cosas. Todo eso que uno ya conoce, no porque uno sea más sabio, sino que tiene más experiencia, maneja más información. Eso es lo que yo tengo que hacer con mis hermanos.

—¿Y si después resulta que no le hacen caso y se meten en líos?

—Ah, entonces que se jodan. Les diré que yo se lo había dicho.

Después me dice que la etapa política está cerca, que en algún momento va a haber partidos y candidatos indígenas, diputados indígenas, incluso un gobernador.

—Está predestinado, es inevitable. Y en algún momento, acuerdese lo que le digo, se van a formar partidos indígenas en Jujuy que van a poner sus candidatos a diputados y quizás a gobernador. En estos momentos suena algo utópico, pero hace veinte años parecía imposible, y ahora no.

—¿Y qué pasó para que eso ocurriera?

—Ni yo mismo lo sé, poco a poco se fue gestando. Por eso le digo que hay leyendas, mitos, que tienen una razón de ser y que demuestran su eficacia. El triunfo de los indios está en la leyenda, es imparable. Todo esto me confirma que la cabeza de Incarri se está reuniendo con su cuerpo. Quizás no lo veré yo, pero los que vendrán sí lo verán: es inevitable.

Yo, de pronto, no entiendo más nada: estaba hablando con un señor razonable, racional, que argumentaba con astucia y elegancia, y me encuentro con uno que pone, como argumento irrebatible, una leyenda. Se lo pregunto varias veces, de distintas maneras, pero siempre llegamos a lo mismo: la leyenda del Incarri lo anuncia, y él cree en ese anuncio:

—Es así, ya está predestinado. Es como los judíos: ellos son el pueblo elegido, va a llegar un momento en que todos los demás se van a extinguir y van a quedar ellos solos: ése es su argumento. El nuestro es una leyenda, y yo creo en ella. Y creo que un pueblo sin esa mística no puede llegar a ningún lado: para que los indígenas puedan aspirar a gobernar tienen que tener algo que los mantenga unidos y en tensión. Pero no tenemos que ser fundamentalistas, excluyentes. Hay hermanos que han sido tan explotados, tan humillados por los blancos, que tienen una posición muy extremista: dicen que de los blancos no se puede esperar nada bueno, los blancos al mar. Pero los que hemos sido discriminados no podemos discriminar. Y además tenemos que tratar de ser más cada vez, no menos. Por eso yo creo que nos interesa que también los no indígenas puedan participar de los posibles beneficios que vamos a conseguir asumiéndonos como indígenas: que se conserve la naturaleza, que el ser humano viva mejor, que los beneficios se repartan más equitativamente. Ser indígena no depende de antepasados, de sangre, de rasgos físicos, sino que es espiritual y psicológico, porque usted puede encontrar a un blanco que le guste tanto esta forma de vida, esta cultura, que venga, se case con alguien de aquí y lleve una vida indígena, con todos sus valores.

El profesor es generoso.

La oratoria de los educados: en Buenos Aires, me parece, ya la clase media no hace esfuerzos por mostrar su educación cuando habla, cuando elige palabras, cuando las organiza. El habla silvestre se ha impuesto a través de los medios, los líderes variados: nadie cree que una frase cuidada y bien armada sea un valor distintivo —o, más bien, muchos creen que es una antigüedad. En estos pueblos, ese respeto por la corrección aparece todavía en muchos giros.

—Todo eso de las tradiciones, las costumbres está muy bien, y a mí me gusta el carnaval, el carnavalito, pero ésa no es mi música, hermano, mi música es la cumbia. Y a mí esta tierra me encanta, pero en cuanto pueda yo me voy para Buenos Aires, o por lo menos para Córdoba: quiero vivir en un lugar en serio, no en un pueblo como éste.

Me dice un muchacho bastante indio, gorra de béisbol, camiseta del Milan, que vende dvd truchos en el mercado de Humahuaca.

—Y donde haya minas en serio, ¿me entendés?

Yo no sé si lo entiendo, pero supongo que sí cuando miro las fotos en las paredes de su puesto: rubias con tetas rubias, culos rubios. No hay nada más opuesto al modelo rubia dominante que una mujer andina. Las piernas cortas y anchas donde las largas flacas; cutis oscuro donde la piel clarita; los ojos negros donde los verdes o celestes; la nariz aguileña donde respingada; el pelo duro donde lacio y sedoso; el talle ancho donde fino de avispa; el cuerpo concentrado donde debía estilizarse.

—La gente por acá es muy celosa de sus cosas. Al principio cuando yo iba a verlos se callaban, nadie hablaba. Yo quería charlar con ellos pero ellos no me hablaban. Si pasaba por sus casas me decían que tenían que irse o que ahora no tenían tiempo para charlas...

Fue hace cincuenta años: todos los lunes, Ernestina Cari, maestra humahuaqueña jovencita, caminaba veinticuatro kilómetros para llegar hasta Rodero, donde estaba su escuela —y se volvía los viernes. Lo hizo durante veinte años:

—Me costó mucho ganarme la confianza de ellos, pero poco a poco ya me recibían, al cabo de dos o tres años empezaron a hablarme, a invitarme a sus fiestas...

En esas fiestas la señora Ernestina empezó a oír las coplas con que los kollas se decían sus sentimientos, sus sorpresas, sus amores, sus riñas. Primero no le gustaban; después, de a poco, empezó a cantarlas con su hermana Candelaria. Ahora la hermanas Cari son copleras famosas y llevan décadas recorriendo el país con sus canciones, pero dice que los porteños no las consideran argentinas:

—Siempre nos dicen que somos bolivianas. Sí, no hay ningún problema, si Jujuy pertenece a Bolivia somos bolivianas, con orgullo, pero resulta que pertenece a la Argentina, así que somos argentinas. El kolla no sólo está ahí para tener sus ovejitas; también sabe pensar en su país, defender a su país. Y sabemos cómo mantener nuestra cultura, defender nuestra identidad, no avergonzarnos de lo que somos. Sabemos de dónde venimos, también sabemos adónde vamos. En cambio, los que viven más al sud, ¿saben de dónde vienen? Es una mezcla de razas... Acá somos kollas puros, nos casamos unos con otros. En cambio en las ciudades cosmopolitas no es tan así, están formados con distintas razas.

—¿Y no es bueno estar formado con distintas razas?

—No es que lo critiquemos. Lo que decimos es que sabemos dónde están nuestras raíces. Ellos a veces también, aunque sean una mezcla también saben dónde están sus raíces, pero muchas veces su identidad no está adentro de nuestro país.

La señora Ernestina es una dulce viejecita, amable, hospitalaria que me abre las puertas de su casa sin preguntarme quién soy, de dónde vengo. Pero su desconfianza a los extranjeros —los mezclados— se parece mucho a la que los campesinos kollas tenían con ella hace cincuenta años. La señora Ernestina me dice que nunca viviría en otra parte, que lo podría haber hecho pero no porque acá la gente es honesta, puede dejar la puerta abierta toda la noche y nadie entra: que últimamente están robando, sí, pero que es gente que viene de afuera, no son gente de acá: acá nos conocemos todos, y sabemos que los de acá no roban. Su desconfianza también llega a la huerta:

—Nosotros somos sanos porque comemos las cosas nuestras, que salen de la tierra: maíz, trigo, quinoa, papa, cebolla, que todo lo cosechamos nosotros. No vamos tanto a lo que está hecho. Sí compramos nuestro arroz, nuestra azúcar, por ahí unos fideos. Pero no comemos esas comidas truchas de la ciudad, los sandwich, los lomitos… No, acá esas cosas no.

Tampoco es fácil conseguir agua en estas tierras secas. Hay una empresa, Aguas de los Andes, que la administra y vende. La regla es que el agua de manantial se usa para beber, la de ríos y arroyos para el cultivo. Así funcionaba hasta hace poco, antes de que la demanda aumentara tanto. Ahora la compañía saca agua de los ríos para hoteles y otros emprendimientos turísticos, y muchos campesinos se quedan sin regar sus chacritas. Yo, porteño, tan urbano, recién ahora empiezo a entender lo que se dice cuando se habla de la batalla por el agua.

La Puna

Voy hacia Abra Pampa. El camino trepa y trepa y ya veo la parte de arriba de las nubes: esto es la Puna, una de las zonas más altas y desiertas y áridas del mundo, un capricho insensato, una belleza tremebunda.

Gabito tiene veinte y es huraño: habla con pocas letras. Gabito cuida sus cien cabras al lado de un arroyo, mancha de pasto, sentado bajo el único árbol. Me cuenta que a la mañana cuando se levanta va a cultivar el rastrojo, su tierrita, y que recién después, a eso de las once, saca las cabras a pastar, y que se queda hasta las seis o siete.

—¿Y no te aburrís a veces?
—Sí, a veces me aburro, pero entonces pienso en otras cosas.
—¿Qué cosas?
—Cosas, otras cosas.
—¿Y no te gustaría irte de acá, cambiar de vida?
—No.
—¿Por qué?
—Yo con las cabras estoy tranquilo, nadies me molesta.
El interior del interior del Interior —decíamos.

La mayoría de los kollas vive de sus cabras y sus lotes de tierra —los rastrojos. Deben hablar de eso cuando hablan de vivir en armonía con la naturaleza: las papas crecen y ellos se las comen, el maíz crece y ellos se lo comen, las cabras crecen y ellos se las comen.

La luz, en general, es pura modestia: sirve para dejarnos ver lo que ilumina. La luz de la Puna es orgullosa: se hace ver, se muestra. La luz en la Puna es parte del paisaje.

—Por favor, a la persona que se robó la bicicleta de la puerta de mi casa, que por favor la devuelva, que ya está identificada y no queremos llegar a tener problemas. Que apele a su conciencia, que siempre es muy útil, y la deje en el lugar donde la levantó. Es la mejor forma de no tener problemas. Dice la radio; Erre sonríe.

La relación tan estrecha con la naturaleza en un lugar donde casi no hay gente para relacionarse, donde lo que sí hay es justamente eso: pura naturaleza.

Felipe me cuenta que, desde que vive allá en el sur, cada vez que viene esto le gusta más.
—¿En el sur? ¿Dónde en el sur?
—Bien al sur. En Santa Cruz trabajo yo, en la otra punta.
La familia de Felipe cría llamas unos kilómetros antes de Abra Pampa, pero él se pasa los días allá abajo, en la mina. Hace treinta años Felipe trabajaba en la mina de Aguilar; después le ofrecieron un empleo en el ferrocarril y se cambió. Estuvo mucho tiempo en el ferrocarril, hasta que lo cerraron. Entonces anduvo un tiempo sin trabajo, cuidando las llamitas, sobreviviendo. Hace dos años supo que una minera de Perito Moreno, al sur del sur, andaba contratando —y que pagaba más o menos bien. Entonces se fue para allá y lo tomaron. Ahora Felipe trabaja veinticuatro días y tiene doce de franco: como hay tantos jujeños en la mina, la compañía les pone un micro especial, directo, que los trae en menos de cincuenta horas. A Felipe le queda una semana en casa antes de volver al micro.
—Pero el sueldo es bueno y acá no hay nada, qué se le va a hacer.
Felipe trabaja doce horas por día cavando túneles en la montaña:
—Hace poco en Abra Pampa hicieron la primera feria de la llama y yo quería verla, pero no pude porque justo se me terminaba el descanso y me tuve que volver pa'l sur. Dicen que fue grandiosa. Así me pasa con todo: parece que todo lo bueno es justo cuando yo no estoy.

Cuando se fundó Abra Pampa, en 1883, algún iluminado decidió bautizarla la Siberia Argentina. No era la mejor manera de ganar amigos y triunfar en sociedad. Pero al ver el lugar, uno lo entiende.

Avanzo en medio de la nada. Llevo más de una hora por caminos de tierra buscando un pueblo que no está en los carteles ni en los mapas. Todo empezó hace un rato, cuando llegué a Abra Pampa. Quería ver a Rosario Quispe, la presidenta de la Fundación Warmi Sayajsunqo —Mujeres Perseverantes. Pero cuando encontré su local, a la entrada del pueblo, dos chicas que trabajaban con una computadora me dijeron que Rosario había salido quince minutos antes.

—¿Y cuándo vuelve?

—Vaya a saber. A la tarde será.

Eran las diez de la mañana. Pregunté dónde había ido y una chica me dijo que creía que al entierro del padre de una socia: que si quería la podía esperar, que volvería en cuatro o cinco horas. Esperar no es mi fuerte; pregunté dónde sería el entierro y me dijeron que bien adentro, en medio de la Puna, en un pueblito que se llamaba Agua Caliente. Una chica me dijo que sería una hora de viaje; la otra, que dos o dos y media. Y aquí estoy, ahora, en un camino cada vez más angosto y pedregoso, lleno de nada a los costados.

—¿Agua Caliente? Por aquicito, señor. Si sigue ese camino por ahí llega.

Desde la carretera, la Puna parece un desierto homogéneo; vista desde más cerca es un laberinto de caminos y senderos entre ranchos de adobe dispersos y, de vez en cuando, un pueblito de cinco o seis casas, una iglesita blanca. Más a menudo hay llamas; las llamas se cruzan por el camino de paseo, tranquilas. Hay llamas blancas, negras, grises, marrones, color llama; muchas están marcadas en la oreja con una lana roja o verde. También alguna vaca, un rebaño de ovejas o de cabras. Personas no: ya llevo más de media hora desde que vi una —un kolla en bicicleta. El camino se hace más y más angosto: ahora corre entre cerros y pequeñas lagunas. Hay diez o quince burros durmiendo en el camino: se levantan de a poco. Más allá hay una llama echada sobre otra, en una postura que en cualquier otro animal sería fornicio; acá no sé: las dos llamas están quietas, mirando a los costados. Acá las casas ya no son de adobe sino de piedra, con sus placas solares. Desde una loma baja, seis guanacos me miran compasivos. En la Puna hay tan poquitos pájaros.

—¿Agua Caliente? Acá está, señor, esto es Agua Caliente.

Y que el rancho de don Velázquez —del finado Velázquez— está ahí arriba, pasando las tres casas, la escuela y la iglesia que conforman el pueblo: dos kilómetros más, ahícito puede verlo.

Rosario Quispe me recibe como si fuera lo más normal del mundo: sí, qué bueno verte, claro sí, contame bien qué estás haciendo, sí, sí, ahora charlamos. El rancho de don Velázquez son unas piezas de paja y adobe alrededor de un patio: chiquitas, oscuras, sin ventanas, sin electricidad, sin agua.

—Él había sido minero y hace poco el médico le dijo estás mal vos, como si fuera incurable, le dijo el médico, que tenía muy fibrosos los pulmones.

La viuda es una mujer seca, enjuta, su pollera su delantal y su sombrero, la cara de sorpresa: parece que no entendiera todavía. Me dice que su marido era un buen marido, que al principio era muy borrachín y ella lo renegaba pero que después cuando dejó de tomar andaba siempre trabajando su huerta, sus cositas, sus tomates, sus habas, su maíz: hasta ahora que ya no podía andaba queriendo hacer cositas, dice la viuda, y le pregunto si alguien más vivía en el rancho:

—No, acá no vive ninguno, ya, ninguno. Ya los hijos se van haciendo grandes y se van haciendo padres o se van haciendo madres y van haciendo hogares y se van nomás.

Y que sí, que va a vivir sola, que siempre vivió ahí, en ese rancho, y ahí se va a quedar: creo que todavía no sabe que esa muerte le ha cambiado la vida.

El difunto Velázquez era de esa generación de campesinos kollas que se fueron a trabajar a las minas, en los años cincuenta, sesenta, y dejaron sus rastrojos y sus cabras. Cuando las minas empezaron a cerrar, en los ochentas, descubrieron que no tenían más nada.

—Ha sido muy duro: muchos de nosotros no hemos tenido ni para comer.

Me dice ahora Rosario Quispe, que se quedó con siete hijos propios y tres sobrinos que criar en su ranchito de Abra Pampa. Rosario tiene cincuenta y tantos, un pantalón bordó, una camisa gris y su sombrero gris, la trenza larga atada con un pañuelo rojo cerca de la cintura.

—Ahí empezamos a ver qué hacíamos las mujeres. Los esposos no estaban porque la mayoría se va lejos, al sur, y no vuelve o tarda muchos años en volver. Yo entonces hacia de todo, vendía comino, vendía ropa en Jujuy, de todo. Y ahí se me ocurrió pensar que podíamos hacer una asociación de mujeres, la Warmi, para tratar de sobrevivir, y empezamos a trabajar en el año 94. Al principio buscábamos recursos, mandábamos proyectos a todos lados y nos contestaban que la Argentina era un país del primer mundo y no nos daban nada. Pero después ya hemos empezado a capacitarnos, a conseguir algunas cosas...

Rosario Quispe siempre tuvo el apoyo de la iglesia —a través del obispo de Humahuaca, Pedro Olmedo, progre y español—, que les dio, sobre todo, formación y contactos.

—Hacíamos artesanías, había chicas que sabían coser, hilar, y esos tejidos vendíamos en Jujuy o en los encuentros que nos invitaban. Y trabajamos mucho tiempo así sin nada, sin recursos, peleábamos contra los políticos porque no te daban nada, y encima éramos mujeres y menos nos daban. Pero ya éramos muchas, en el '97 éramos como trescientas, empezaron a salir algunos proyectos, como era año de elecciones la Nación nos dio plata para un proyecto de salud y ahí pudimos hacernos ese primer salón para reunirnos, que lo levantamos nosotras trabajando...

El difunto Velázquez ahora es un cuerpo en un cajón abierto, apoyado sobre dos sillas de madera en uno de los cuartos de adobe sin ventanas. El difunto está tapado con su sudario y unas flores de plástico y una biblia para rezarle y una plancha de fierro, de las que se calientan al carbón.

—Es pa que el cuerpo no se levante nomás, con el calor que hace.

Bajo el cajón, en el piso de tierra, hay botellas de alcohol, hojas de coca, cigarrillos. Al costado, en una vasija rota, se quema incienso para que el cuarto no huela tanto a muerto. De a poco van llegando los ocho hijos e hijas: vienen con sus maridos, sus mujeres, sus hijos a su vez.

—Y ahí en el '97 la Cumbre Mundial de Mujeres nos dio un premio y vinieron periodistas, nos hicimos más conocidas y las cosas empezaron a hacerse más fáciles. Y un señor Schmidtheiny leyó una de esas notas y para nosotros fue un cambio tremendo: ese señor es un millonario suizo que da plata para estas cosas y decidió darnos una cantidad de plata en dólares, que cuando bajó el dólar en la Argentina eso se mantuvo. Cuando todo el mundo estaba mal nosotras estábamos muy bien, porque teníamos tres veces más plata para nuestros proyectos. Yo les decía a las compañeras que era el momento para aprovechar, y ahí hemos hecho los microcréditos que funcionan en noventa comunidades de la Puna: les prestamos plata y ellos hacen una comisión como ellos quieren, con la única condición de que tiene que tener por lo menos la mitad de mujeres, y ahí administran la plata para hacer sus emprendimientos: pasturas, animales, telares, lo que sea. Una comunidad se ha comprado un colectivo para poder entrar y salir, otra ha hecho una cooperativa para embolsar sal en las Salinas, otra ha plantado alevines de trucha en un embalse...

La Warmi Sayajsunqo se encontró, de pronto, próspera: con la diferencia del cambio pudieron comprarse la estación de servicio de Abra Pampa, instalaron dos cybers, armaron el criadero de chinchillas, venden lana, fibra de llama, sus tejidos. La Warmi tiene tres mil seiscientos socios en todos los departamentos de la Puna.

—Esto nos permite plantarnos de una manera distinta: no vamos a pedir nada al estado, hemos aprendido a vivir de nuestro trabajo y eso nos da otra posición. La que dirige todo es la asamblea de líderes: son ciento ochenta líderes de las noventa comunidades, que se reúnen una vez por mes, mes y medio, y van decidiendo cómo siguen las cosas. En la asamblea hay mitad de hombres y mitad de mujeres, pero la comisión directiva somos todas mujeres, por estatuto. El sistema ya está funcionando solo, a mí ya no me necesitan, algunas asambleas yo ni voy y todo sigue funcionando. A mí me encanta. El otro día le decía a mi marido que ya me puedo morir tranquila...

Le digo que no se apure, y Rosario se ríe.

La cocina del rancho es una habitación de paredes de piedra de un metro de alto, sin techo, al aire libre. En una de las esquinas está el horno de barro; en otra hay leña para el horno. Cinco o seis mujeres hacen pan y tés de coca con canela y sopas. La sal es una piedra de sal de las salinas; el agua está en un bidón de plástico tapado con una bolsa de harina para que no se ensucie. Hay ollas grandes y pavas —y están todas negras. Los parientes me miran, al borde de la curiosidad, pero nadie me pregunta qué hago, por qué estoy acá; alguien me da un plato de guiso. El incienso y el humo del horno vuelven el aire muy pesado; por suerte hay poco: estamos a cuatro mil metros. Almuerzo en una mesa chueca con seis deudos: hablan de llamas, de cultivos. Pero lo que más abunda es el silencio.

—A mí me han pasado cosas increíbles en la vida, imposibles. Yo muchas veces a la Warmi la he manejado con mis intuiciones. Yo a veces sueño lo que va a pasar. Si yo las sueño a las chicas es que se va a aprobar un proyecto, que vamos a recibir plata, pero si me sueño un tren es que alguien se va a morir.

Rosario y yo charlamos sentados sobre una piedra grande, a un costado del rancho. Yo ya no sé cómo ponerme; Rosario, en cambio, está muy cómoda.

—El tema legal es un problema. Yo no puedo entender por qué Aguas de los Andes puede cobrarme por poner un pedazo de manguera y me cobra el agua. Si el agua es de la naturaleza, del cerro, por qué se la voy a pagar a una empresa. A mí me cuesta entender esas cosas, y no les pago. En general, las leyes no entienden nuestras costumbres. Por ejemplo en estos cerros hay oro, pero para mí, si hoy puedo comer, que ese oro quede para mis nietos. Las casas nuestras no son plata para nosotros, es transferencia de bienes a los hijos: mi casa es prestada, no es para venderla ni es plata, es para dejársela a los hijos, a los nietos. Nosotros nada más guardamos las cosas para los que vienen.

Todo está lleno de perros, gatos, chicos, ovejas y gallinas. Los chicos juegan: hay una docena adentro de un ford falcon que lleva muchos años sin andar. Los chicos me preguntan varias veces si tengo un celular, me piden que les muestre. Los chicos tienen las caras sucias. Los familiares dan vueltas por el patio, entran a ver el cuerpo, salen. No hay llantos, no hay desesperación: palabras cortas, en voz baja, y algún abrazo breve. Una oveja trata de entrar al falcon; los chicos la rechazan y se ríen. Los familiares comen, toman, charlan, fuman. Ya deben ser las tres, las cuatro: el sol a plomo. Ahora se juntan alrededor del cajón en la piecita, rezan.

—Esto de las cominidades aborígenes ahora se vende y se compra. Hoy todo el mundo quiere ser indio, muchos aprenden a vivir de eso. A mí, cuando me han llevado a Buenos Aires a esperar a Rigoberta Menchú, la que estaba a cargo me dice ay hermana por qué no te ponés tu ropa. Y yo le digo qué me tengo que poner; sí, tu ropa de kolla. Y yo le he dicho mamita, yo no me disfrazo, si yo ando así por la Puna nomás. Yo nuestra historia la llevo de mochila para no olvidarme lo que nos ha pasado, nada más, pero yo quiero que mis hijos aprendan computación, quiero que sean empresarios, no me voy a quedar en los quinientos años de resentimiento.

Rosario tiene una bolsita de hojas de coca y va sacando; me convida, coqueamos.

Ya se preparan para llevarse el cuerpo. Un hijo agarra las dos coronas de plástico, el rosario. La viuda arropa a su finado: remete su sudario contra los bordes del cajón. Un viejo recita una oración que habla de cerros y montañas y ánimas del purgatorio y la felicidad de dejar por fin este mundo sufrido. Los hijos fuman y se van pasando un vasito de plástico con agua y echan agua sobre el cuerpo con una cucharita. También echan alcohol al suelo, para la Pachamama. Las caras son muy indias. Al fondo, contra el muro de adobe, un viejo duerme. Los hijos cierran el cajón y dos o tres mujeres lloran. Ahora cantan coplas:
—Al cielo al cielo
al cielo quieres ir.
Al cielo al cielo
al cielo quieres ir.
Al cielo al cielo
al cielo quieres ir.

Y lo repiten. Otro hijo agarra la cruz de madera adornada con florones de plástico, de colores muy vivos. Entre cuatro llevan el cajón hasta un galponcito, metros más allá, y lo ponen sobre unas patas de madera y le arman las cruces alrededor y las velas, las coronas. Pregunto si el velorio va a seguir acá y un hijo me dice no, acá va a descansar un poquito nomás porque a él le gustaba mucho descansar acá. La copla insiste: al cielo al cielo quieres ir.

Rosario es una mujer de un entusiasmo desbordante: siempre parece estar haciendo algo, contando algo, imaginando algo.

—No, yo en política no me quiero meter. A mí me han ofrecido, estas elecciones yo podría haber ido primera por la lista justicialista, otros partidos también me han ofrecido, pero yo no quiero. Yo he visto mucha gente buena que se mete ahí y a los seis meses empieza con que ay no eso no se puede y después te enterás de que se han hecho ricos. Aunque sean buenos se meten en eso y enseguida se vuelven malos: a mí me da un poco de miedo, yo ya estoy grande para hacer esas cosas.

Más lejos suenan truenos. Seis hijos y yernos, labios negros de coca, agarran el cajón por las manijas y ya están por salir del galponcito, pero la única que se da cuenta de que delante hay una mesa con las velas que les va a impedir el paso es Rosario —y se apura a sacarla. Supongo que esos detalles construyen una líder.

—Yo creo que lo más grande que ha logrado la Warmi en la Puna es que la gente ha recuperado la voluntad. La diferencia es tomar la plata como un subsidio o tomarla como un capital para empezar a hacer empresas que después puedan seguir con nuestros hijos. Nosotros hemos tenido la suerte de tener la crisis diez años antes, en el '85, '86, cuando empezaron a cerrar las minas. Entonces en los noventas, cuando éramos un país del primer mundo, nosotros andábamos cortando las rutas por ahí y éramos la vergüenza del país, pero eso fue nuestra suerte, porque tuvimos que empezar a organizarnos antes, y ahora estamos como estamos. Yo siempre les digo a mi gente: mi sueño es que la Puna esté llena de empresitas que sean independientes de los punteros, del sistema político, que vivamos de nuestro trabajo sin depender de nadie como hacían nuestros abuelos: eran libres de verdad. Ahí sí que nadie nos va a poder venir a decir nada.

Era otra falsa alarma: la procesión hace menos de cien metros por el camino y se para de nuevo, y de nuevo los rezos. Los truenos son más fuertes. Pasan unos minutos. El cortejo, unos treinta, baja el cerro cantando rezos, cargando el ataúd. Adelante va el de la cruz, los florones de plástico. Detrás mujeres con panes y gaseosas y damajuanas atadas a la espalda porque piensan quedarse un rato largo acompañando al muerto. A los cien metros el cortejo se para de nuevo. Hay un kilómetro hasta el cementerio: a este ritmo podemos tardar horas. Y después, me dicen, se quedarán horas más acompañándolo, descansando, coqueando, fumando, bebiendo, recordando al difunto, hasta que se decidan a enterrarlo. Cuando terminen seguirán coqueando, rezando, todo el resto, y mañana juntarán la ropa del finado y todas sus cositas; después, durante nueve días, rezarán las novenas.

—Y al final se hace el despacho: se mata el mejor perro que tenía el finado y se cava un pozo y ahí armamos una persona con la ropa y todo lo que tenía el finado, lo que más quería, y lo ponemos encima del perro como si fuera un caballo y en las ancas del caballo se ponen como alforjas, bolsitas chiquititas con mercadería, su bebida, su comida, harina, azúcar, para que se lleve como avío, para que tenga pa su viaje. Y entonces a la tarde se tapa el pozo, se reza, y ahí ya se termina, ya lo despachan al finado. Entonces el alma ya se va del todo, con su avío, que decía mi abuelo que cruzaba el río y ya se iba.

Me cuenta, mirando al cerro, en voz muy baja, la presidenta de la Warmi, y yo tengo miedo de preguntar cuál sería su perro favorito —y miro a todos, ahora, muy distinto.

—Dios es así.
Dice la viuda.
—Nos tiene separados, después nos junta por un rato, y después nos separa de nuevo. Quién sabrá para qué hace lo que hace.

En la Puna —en toda la Puna— viven cuarenta mil personas. No son muchos menos que en la villa del Bajo Flores, por ejemplo.

La Quiaca-Yavi-Santa Catalina

Yo sigo siempre hacia otra parte —mi trabajo es seguir hacia otra parte: yo miro y me voy. Ellos se quedan, yo soy el que se va. ¿Cómo contar lo que es de ellos?

—En Buenos Aires lo más peligroso son los porteños. Allá los porteños vuelan, te dan cuatro vueltas.

Aquí son raras las tormentas. A mi derecha, el sol espléndido sobre colinas bajas; a mi izquierda, unas nubes bien algodón de Rubens. Atrás, el sol en rayos filtrando entre otras nubes. Adelante, una borrasca estrepitosa, las nubes negras, la lluvia que se ve, relámpagos y truenos. Aquí sí el tiempo está loco: lo que debería ser sucesivo se vuelve simultáneo.

—No, La Quiaca es un pueblo de paso. Acá la gente no se queda: viene y enseguida se va. Si hasta por eso nos conocen: todo el mundo sabe que existe La Quiaca porque está la frontera, porque pasan.

Ahora estoy en La Quiaca: he llegado a un extremo.

Hace veinte minutos el pueblo estaba muerto. Pero siempre dijeron que los bosteros éramos todos bolivianos. Ahora en La Quiaca hay caravanas de coches y camiones que dan vueltas a golpes de bocina, gente en la calle con camisetas y banderas, un verdadero festejo porque Boca acaba de salir campeón tan lejos, en Bahía Blanca, junto al mar improbable. El efecto patria del fútbol no sólo funciona para reunirnos alrededor de la selección, para convencernos de que ser argentinos es gritar un mismo gol con personas que uno podría odiar o despreciar; también hace que, en lugares tan remotos, muchos celebren, ahora mismo, lo mismo. Esta tarde, en estos festejos en todo el territorio, somos un país en acto: no es poco —y es tan poco.

Estoy a mil ochocientos kilómetros de casa. Creo que en este libro no voy a estar más lejos.

—No, el padre Jesús no, hace tiempo ya que se ha ido.
—¿Cómo que se ha ido?
—Sí, hace dos años que ya no está acá con nosotros.

Hace cinco o seis vine a La Quiaca a hacer un reportaje para televisión sobre aquel cura rojo que agitaba la frontera, Jesús Olmedo, el hermano del obispo de Humahuaca, que me dijo, entonces, que los que sabemos que Cristo se enfrentó al poder económico, político, al poder militar y religioso, tenemos claro que este sistema es inhumano, satánico, anticristiano, y por lo tanto lo queremos destruir.

—No, nosotros no somos de extrema izquierda, somos de extrema necesidad. Y la extrema necesidad es el hambre, la falta de trabajo, la injusticia, el dolor de los pobres: en este sentido somos extremistas. Cuando estoy en los cortes de ruta, en los conflictos, y nos defendemos mutuamente, yo me siento feliz porque creo que estoy haciendo lo que Cristo haría: yo siempre digo que si Cristo volviese a la Tierra estaría con los piqueteros. Por eso trato de luchar por un mundo tal como Cristo lo imaginó en su Evangelio: un mundo nuevo donde no haya ni explotadores ni explotados, donde la justicia y la solidaridad imperen, donde la libertad no sea sólo una palabra, un mundo de hermanos y de hermanas sin distinción de razas, religiones, culturas.

Ahora, al llegar, lo segundo que hice fue salir a buscarlo: el padre Olmedo era un personaje extraordinario, un andaluz petiso, agitador incansable— pero me cuentan que no, que se cansó, que tuvo problemas de salud, que le subía la presión, que lo presionaban porque hacía cosas que no tenía que hacer un sacerdote, que se enojó porque la gente no le respondía. Las versiones son múltiples: lo único en que coinciden es que, desde que se fue, acá no pasa nada.

—No, esta iglesia en sus tiempos estaba llena de gente que venía a hacer cosas, a organizarse, a pedir. Ahora mire cómo está: mire qué silencio. Ya no hay manifestaciones ni crucifixiones ni líos en la frontera…

Y la Comisión de Desocupados que él había organizado sigue existiendo pero tiene mucha menos presencia que antes. Es duro cómo en ciertas formas de hacer política —en casi todas las formas actuales de hacer política— la presencia del líder es central, y todo se derrumba cuando el líder parte.

—Acá la que te enseña a vivir es la tierra. Es muy fácil: ves a los de afuera que llegan apurados, quieren ir corriendo a todas partes, y a los diez minutos están quietitos, con la lengua afuera, por la altura. Y así van aprendiendo que hay que hacer las cosas de a poco, despacito. Acá tenés que hacer lo que la tierra quiera.

La Quiaca es un pueblo un poco triste, casi sin centro, casi sin negocios, sin una identidad muy clara. Debe ser el efecto frontera. Del otro lado, Villazón burbujea.

—Lo que pasa es que acá si vos querés abrir un negocio te matan a papeles, y después te controlan, y los impuestos te revientan.

En la Argentina solía haber más estado —que en Bolivia o Paraguay, sin duda. Cuando ese estado ofrecía, a cambio de su presencia y su exigencia, salud educación vivienda bienestar, el trueque era opinable pero claro. Ahora el estado argentino ya no da nada de eso —pero sigue siendo más exigente que el de los vecinos, y por eso nuestros pueblos vegetan y sus primos fronterizos no paran de crecer a sus expensas. Era bueno tener estado cuando servía para algo. Que joda pero no dé no parece ser un gran negocio.

Villazón es una pujante localidad llena de puestos y puestitos, negocios, negocitos, mercados y esas cosas, que venden todo tipo de objetos más o menos contrabandeados —siempre que sean chinos. La calle principal —justo después de la frontera— tiene cuadras y cuadras de puestos y negocios de zapatillas falsas, dvds truchos, hojas de coca, ropa imitada, bebidas dudosas, electrónicos berretas: los sospechosos habituales. Yo, tonto de mí, busco un diario boliviano: ningún negocio parece dedicarse a ese ramo tan raro. Me dicen que pasando la plaza, siete cuadras más allá, hay una librería que los vende. Voy, me atiende una señora muy amable, me dice que hoy el periódico no ha llegado porque hay problemas con los aviones pero que tiene algunos atrasados que me puede ofrecer: el más nuevo es de hace cinco días. Le compro un dominical de hace semana y media: la señora no parece sorprendida; de hecho, lo vendía.

Acabo de recibir, después de tantos años, un golpe de Poisson, uno de los perfumes que más me hizo querer. Lo llevaba una kolla gorda, petisa, sonrisa vivaracha, trenzas largas. Notó que la miraba y se rió.

Debo estar viejo —digo, por la forma en que ciertas cosas me deprimen. Vuelvo al mercado callejero y me saltan a la vista las pirámides de zapatillas falsas: falsas nike falsas reebok falsas adidas diadoras pumas falsas con naranjas flúo verde flúo amarillo flúo dorados redorados plateados acerados suelas inteligentes cordones sin cordones y sobre todo esos pictogramas —tres tiras, una ene, el dibujo de un felino saltando— que cualquier analfabeto cholo chino checo chico grande lee.

Y me impresiona que tantos siglos de reflexiones y de inventos —descubrimiento en la caverna de que unas pieles envolviendo los pies permiten hacer tantas cosas que sin ellas nunca, sorpresa de mancharse con pigmentos vegetales y animales que dan colores a las cosas, disección de cadáveres a riesgo de la vida del científico porque los curas lo prohibían, hallazgo de que el petróleo puede volverse plástico, tantos esfuerzos, tantas ilusiones— desemboquen en esta pila de calzado.

La civilización es algo tan extraño.

Son las dos de la tarde. El mercado está quieto, como paralizado. No hay clientes y los dueños de los puestos dormitan o charlan en voz baja. Los ruidos de varias radios se confunden y la luz es verde, del color del plástico del techo. Un mundo que se aburre y espera. A la salida una mujer, sentada en un banquito bajo, vende unos cuantos corpiños que ha puesto sobre un plástico azul. Tiene una nena en brazos; a su vera, entre ella y el plástico, está acostado otro hijo, de ocho o nueve años. Yace de lado, las piernas encogidas porque no tiene más lugar, los ojos como si cerrados. Está inmóvil: a primera vista parece que durmiera pero no: mira, disimulando, por las hendijas de sus ojos, la quietud de la calle bajo el sol. Yo me acuerdo de esa edad en que uno odia las siestas —pero yo nunca tuve que hacerlas en el piso. Si sólo pudiera saber qué está pensando —y contarlo de alguna manera— creo que ya habría hecho suficiente.

—¿Y vos qué querés ser cuando seas grande?
—Yo quiero ser un jugador de fútbol brasilero.

Debe ser cierto que el turismo ayuda. El turismo no llega hasta La Quiaca, y el mejor lugar que encuentro para comer es una fonda donde tengo que esperar media hora una tortilla de papas requemada y una ensalada mixta sin cebolla, mientras Tinelli berrea a todo volumen desde el televisor. Estoy seguro de que hay cenas peores, pero en este momento no se me ocurre cuál.

A la salida de La Quiaca paro a mirar una vez más el paisaje imponente y pasa caminando una chola joven, su sombrero con florcitas de papel, sus dos trenzas, su bulto a la espalda. Le pregunto dónde va y me dice allá arribita al campo. Le digo si vive ahí; no, por ahí no, ahí estoy conchabando. Conchabando de qué. De ovejera pues; cuido las ovejitas de un señor. ¿Son muchas? Y, bastantes son, como trescientas. ¿Un buen conchabo? Lindo es pues; sólo que las ovejitas siempre se están queriendo ir, adónde querrán ir pues, las ovejitas. Si acá no hay nada donde ir.

Sobre la puna el arco iris:
basta.

El arco iris está más adelante: voy a él. El arco iris es la quintaesencia del paisaje: cuando llegue desaparecerá, quedará sólo agua que me moleste y moje.

En Yavi llueve.
En Yavi ya ha llovido.
La lluvia en Yavi es como si lloviera.

Yavi pelechó. Hace unos años no había ni una hostería; ahora hay cuatro o cinco, pero están cerradas. El pueblo también lo parece. Son, me dicen, doscientos cuarenta y seis habitantes. Esta tarde sólo dos o tres están en la calle. Yavi ahora está incluido en algunos circuitos, en algunas guías. En enero y febrero vienen argentinos, en julio y agosto americanos y europeos, pero sigue siendo una mezcla de oasis y desierto, lleno de casas de adobe abandonadas.

Yavi —la plaza de Yavi—, entre la iglesia y la casa del marqués y los álamos de siglos y el viento que los mueve, es un espacio suspendido: un espacio perfecto.

Aquí sí hay árboles.
Aquí sí hay pájaros —y un búho.
Aquí hubo un marqués
y un tiempo mudo.
Aquí ha pasado tantas veces
pero tantas
nada.

Yavi es uno de esos lugares que te hacen hablar en voz muy baja. Ahora sale el sol, y las hojas que brillan.

Hasta la independencia, Yavi era la sede del marqués de Tojo, el mayor terrateniente de la Puna, el dueño de todas estas tierras. El primero fue un Juan Fernández Campero y Herrera, que casó en 1679 con la hija del dueño del lugar, una Juana Bernárdez de Ovando; ella tenía once años, él treinta y cuatro —y no lo metieron preso: lo hicieron marqués. De esos tiempos quedan una iglesia y una casa que ahora es un museo. En esa casa vi, hace casi veinte años, una primera edición de un libro que había estado prohibido en toda América: el *Ingenioso Hidalgo don Quijote de la Mancha*. Algún marqués se trajo la primera edición —Juan de la Cuesta, Madrid, 1605— y allí quedó, en su biblioteca, varios siglos. Aquel Quijote único yacía en una vitrina sin llave, no muy limpia, de la casa museo. Desde entonces, siempre jugué con la idea de organizar un buen golpe comando. Sabía que no lo haría, pero me gustaba imaginarlo. De hecho, alguna vez pasamos una sobremesa bebiendo con un par de escritores latinoamericanos muy famosos, planeándolo. Imaginábamos una gavilla muy calificada de novelistas varios que viniera, lo robara y lo exhibiera como una muestra del trato que nuestros gobiernos dan a la cultura —o algo así. Hicimos listas de participantes, imaginamos los detalles, supusimos sorpresas y victorias. Después, en 2001, leí que alguien se lo había robado.

Los cerros son alarde:
cuando la tierra
no soporta ser sólo un escenario.

En estas rutas de tierra hay una relación más real, más compleja con el camino. En el asfalto, la superficie por la que uno mueve el coche es una constante —y, como tal, es desdeñable. Hay que considerar los cambios de dirección, los demás coches, la marcha del propio. Aquí hay que atender también al suelo: buscar la huella, esquivar piedras y pozos, pensar la trayectoria. El suelo existe, es real, ya no una alfombra continua y uniforme.

Un valle, en cambio:
la tierra en su lugar
común: la madre tierra.

Sigo dándole vueltas: es curiosa esta idea kolla de vivir en armonía con la naturaleza. Es curioso que esa idea se le haya ocurrido a un pueblo que vive en una naturaleza que ofrece tan poquito. Esto de reverenciar a la Pachamama por lo que da y cuidarla para que siga dando cuando en realidad no te da casi nada. Quizás el secreto para que te quieran es no dar demasiado.

Un hombre lava ropas en el río. Yo le imagino historias: que su mujer lo dejó por uno del pueblo, que su mujer se ha muerto en alguno de los innumerables partos, que su mujer se fue porque él le pegaba demasiado cuando se machaba, que en estas soledades no es fácil conseguir una mujer, que era tan tímido que nunca pudo conquistar a una. Ya curioso, bajo hasta el río; no sé si me voy a atrever a preguntarle, porque imagino que es humillante para un hombre de la Puna estar lavando, pero voy a intentarlo. Cuando llego, el hombre me dice, con la voz más amanerada que he oído en muchos días:

—¿Cómo está, maestro, qué anda haciendo por acá?

Después me contará que siempre ha vivido con su madre pero que la pobrecita falleció y entonces él se quedó solo, solito. Por suerte siempre hay una historia que uno no imagina —los prejuicios persisten.

Todo esto es un avance hacia la extrañeza, la diferencia radical: estoy cada vez más lejos de lo que conozco y suelo pensar como Argentina.

Las pocas radios que se oyen en la Puna ofrecen dos opciones: cumbias villeras o sermones cristianos. Es muy difícil encontrar otra cosa —y eso es casi una síntesis.

Ahora supongo que eso es un país: un espacio que contiene muchas cosas que no solía pensar como parte de él.

A la entrada hay un cartel muy caserito que dice Bienvenido a Santa Catalina, Cofre de Virtudes y Tradiciones. Y abajo, en una hondonada, yace el Cofre. Son las diez de la mañana: los pueblos a esta hora no suelen estar así de quietos; en Santa Catalina tampoco se ve un alma. Santa Catalina es un pueblo en serio con su placita y su iglesia de trescientos años, donde están registrados setecientos habitantes pero no vive más de la mitad: muchas casas tienen su cadena y su candado. En la iglesia de Santa Catalina, tan bonita, con sus altares y retablos rojo y oro, su púlpito pintado, sus pequeñas tallas, hay, estos días, un pesebre importante. Tiene vacas ovejas chanchos cabras burros gallinas y varios animales más, comprados; en un costado, casi tímida, la llama está hecha a mano. No deben vender llamas para pesebres navideños.

No sé cuándo fue que los hombres empezaron a pensar que era normal tener en la boca muchos dientes. Quizás fuera en algún momento del siglo XIX o principios del XX —habría que averiguarlo. Lo cierto es que durante tantos siglos no fue el caso; y aquí, todavía.

Al costado de la iglesia está la calle principal, con el correo, el registro civil, la comisión municipal. Es una calle empedrada, casas viejas de adobe; algunas están habitadas. En la calle principal hay una plan jefas y jefes que barre, dos muchachos con una bicicleta que charlan de sus cosas, el ruido de una máquina de escribir —una máquina de escribir— que sale de la comisión municipal; adentro una chica me dice que está escribiendo una carta a telecom a ver si vienen a arreglarles el único teléfono, que lleva un mes sin funcionar. Diez metros más allá un hombre subido a una escalera está podando un árbol; dice que interfería con los cables de teléfono: que quizás sea por eso que dejó de andar. Al pie de la escalera, ramas del árbol caídas y una llama que las rumia sin mayor interés. De tanto en tanto pasa alguien y saluda.

—Buenos día señor, cómo le va.

Yo les contesto que muy bien, gracias y usted. Un poco más allá, la escuela: un edificio de veinte o treinta años. En la puerta hay una chapa que dice que se fundó en 1858. A la entrada hay una virgen y una frase de Juan XXIII: Me han buscado, estoy aquí, he puesto mi corazón junto al de ustedes. La escuela es pública; yo ya me estoy acostumbrando. Después de la escuela, la calle y el pueblo acaban en un río. El río es un lecho de piedras: está seco. En la puerta de la escuela dos chicas de doce hablan de chicos. Les pregunto si les gusta vivir acá y me dicen que sí pero que hace mucho frío en invierno y llueve en verano y además se aburren; otra las mira con asombro y les dice que cómo pueden aburrirse si tienen todas esas peñas para pasear, caminar, llevar las ovejitas. Las dos primeras le aplican pestañeo de desprecio:

—Ay, Gisela, vos sí que sos medio brutita.

A unos metros charlan cuatro chicos. Uno me dice que las calles están vacías porque la gente se va a trabajar al campo, temprano, y vuelve más de tarde.

—Igual no se crea que cuando vuelven se ve mucha gente. Estamos de vacío: hay muchos que se han ido, se retiran por eso de buscar algún conchabo afuera.

Otro me dice que ahora el mes que viene se va a Mendoza, a la cosecha de la uva. Que lo lleva su hermano mayor, que ya fue. Un maestro se acerca y me dice que ellos tienen que presentarse a mediados de febrero y empezar las clases en marzo pero que la mayoría de los alumnos no llega hasta abril, cuando se acaban las cosechas. Le pregunto al chico qué va a hacer con la plata, y el maestro, como suele pasar, me contesta por él:

—Bueno, se tiene que sustentar para seguir estudiando el resto del año.

—Pero seguro que algo te vas a comprar.

Le digo al chico y él asiente.

—¿Qué va a ser?

El chico se sonríe, no me dice.

Después el maestro me recomienda que vaya a un pueblo que se llama San Francisco, muy bonito.

—¿Y está lejos de acá?

—Está lejos, sí. Como veintitrés kilómetros.

Las distancias no son una variable de la geometría. Aquí veintitrés kilómetros pueden hacerse eternos.

Erre se puso ávido. Yo tomo té de coca, él toma nafta —mucha nafta. Y él, por momentos, como yo, se ahoga, no responde. No estamos hechos —ni él ni yo— para estas alturas desmedidas.

La abuela me para al costado del camino; no que me pida con la mano o el dedo: me para, con absoluta autoridad. La abuela es diminuta, llena de polleras, las trenzas todavía, la nariz afilada y ni un diente en la boca. La abuela tiene zapatillas nike falsas y un jogging bajo las polleras. Antes de entrar, la abuela pone sobre el asiento del Erre su piel de cordero y su mantita y me dice que ella es operada, que no puede sentarse de cualquier manera. Cuando estamos por arrancar se santigua tres veces:

—Señor, mi padre, que lleguemos salvitos a La Quiaca.

No es muy alentador. Le pregunto si va mucho a la iglesia:

—Claro señor, yo soy católico, pues.

Por un rato la abuela se queda en silencio vigilante, al borde del terror, controlando dirección, velocidad, destreza del conductor, maniobras varias: se agarra de la manija de la puerta, se hace cruces en los saltos y las piedras. Cuando se calma me pregunta si vengo de Santa Catalina: yo le digo que vengo.

—Ésos son ricos ahí pues, tienen mucho oro. Pero ahora son pobres, porque en el verano nomasito se saca el oro. En invierno, como no hay agua, no se puede.

La abuela me dice que salió anteayer de La Quiaca para venir a ver a su hermana y que pensaba seguir hasta Santa Catalina pero que se olvidó la llave. Yo no entiendo —y ella, paciente, me lo explica:

—Sí, quería ir a Santa Catalina a saludar a las almitas. A todos mis muertitos los tengo enterrados allá, en Santa Catalina: mi tata, mi mama, mis abuelitos, todos. Pero están en una capillita y no he traído la llave; voy a tener que volver otros días. Ellos esperan, igual, no se preocupe.

Yo le digo que no y ella me pregunta si soy de la ciudad y me dice que pobre, que en la ciudad la gente son como hormiguitas, cualquiera los aplasta. Pero después me dice que ella quiere irse a Buenos Aires porque allí van a poder curarla.

—¿Cuánto cuesta el pasaje de un avión para ir a Buenos Aires?

Le digo que no sé pero bastante caro. ¿Y en micro? Más barato, le digo, quizás unos cien pesos, y sonríe: ahí sí puedo.

—En Buenos Aires yo sé que sí hay especialistas; no como los de Jujuy, que no son muy especialistas. A mí cuando me operaron estuvieron a punto de matarme.

Dice, como quien muestra sus medallas, y me dice que Jujuy no le gusta pero que una vez estuvo en Salta y esa ciudad sí que me gusta a mí, señor:

—El agüita es muy buena ahí, muy rica, no como la de Jujuy.

Es un criterio de evaluación que yo nunca había usado. La abuela tiene la cara un pergamino. Las caras cuarteadas de los kollas son un preview de lo que vamos a ser todos si la capa de ozono se sigue deshaciendo. Aquí, por la altura, esa capa siempre fue más delgada, y el sol hizo más fácil sus estragos. La abuela podría ser la chica poster del Tratado de Kyoto —aunque, seguramente, debe ser muy cara. Después la abuela me habla de los corderos que tenía, porque ella se pasó la vida pastoreando ovejitas y tenía una tierrita y sus corderos, ahí donde la levanté, pero que le dejó todo a su hermana cuando se enfermó y se fue a La Quiaca y además ya los corderos no le gustan porque el médico le ha dicho que tienen colesterol por todos lados.

—Ya de verlos nomás te hacen mal, me ha dicho el médico. Él me dijo que me cambie la dieta.

La abuela saca un chicle bazooka y lo mastica a pura encía. Se cruzan unas ovejas, sus corderos. Yo estoy a punto de pisar uno, y la abuela se indigna:

—Esa ovejerita, se ve que es jovencita pues, que está pensando en otras cosas.

Y se ríe, pícara, sin dientes.

—Si no, ya tiene que saber que cuando viene un vehículo hay que retirar los animalitos del camino.

Le pregunto cuántas ovejas se necesitan para vivir y ella me dice que ciento cincuenta o si no treinta o cuarenta llamas.

—¿Y usted cuántas tenía?

—Yo ovejitas nomás tenía, cincuentita. Y con esito ya vivía.

—¿No me dijo que se necesitan ciento cincuenta para vivir?

—Eso para vivir pues.

La abuela se queda callada, como quien recuerda; después me dice que tiene miedo del tormento.

—¿De qué?

—Del tormento. Ayer escuché por la radio de Buenos Aires que ya llega.

—¿El tormento?

—Sí señor, pues: como un granizo muy grande, tamaño de una pelota, que arruina todo el campo. Pero acá por suerte nunca llega. Otras cositas hay, lluvia acá, granizo, pero el tormento no. Eso han de ser mentiritas de la capital, gracias a Dios.

Dice la abuela, se persigna.

Aquí las palabras están llenas de bisbiseos y de diminutivos, como si quisieran aligerar, achicar lo que dicen. Como quien teme decir con demasiada fuerza.

La abuela ya llegó, se baja. Me regodeo en el silencio.

Es curioso que el silencio haya dejado de ser una amenaza para ser un bien raro. Durante siglos —todos los siglos, hasta nuestros años—, producir sonidos fue difícil, y más si eran armónicos: la música era un milagro que sucedía de tanto en tanto, cuando había alguien que tuviera la habilidad de conjurarlo. Ahora, en cambio, la música aparece todo el tiempo en todas partes: casas, bares, micros, calles —en todas partes hay una canción sonando. A la clásica dificultad de producir música sucedió la dificultad contemporánea de escaparse de ella —y no sé cuál prefiero.

Aquí, a veces, hay silencios que gritan.

Voy por el medio de la Puna y cruzo pueblos que también son diminutivos: Tambillo, Sausalito, Alfarcito, Rinconadilla —como si no creyeran que son lo que son, ni un tambo ni un sausal ni un alfar ni una rinconada. Susurros, más susurros.

"Aquí la tierra es dura y estéril; el cielo está más cerca que en ninguna otra parte y es azul y vacío. No llueve, pero cuando el cielo ruge su voz es aterradora, implacable, colérica. Sobre esta tierra, donde es penoso respirar, la gente depende de muchos dioses. Ya no hay aquí hombres extraordinarios y seguramente no los habrá jamás. Ahora uno se parece a otro como dos hojas de un mismo árbol y el paisaje es igual al hombre. Todo se confunde y va muriendo", escribió Héctor Tizón en uno de sus grandes relatos de la Puna, *Fuego en Casabindo*. Parece pavo pero la primera vez que tuve la sensación de la existencia de una Argentina radicalmente otra —el Interior— fue leyendo aquellos relatos de Tizón, hace ya muchos años. Primero pensé que no eran de un autor argentino; después tuve que aceptar que *argentino* podía significar bastante más que lo que yo solía creer.

Estoy en la única plaza de toros que queda en la Argentina: un cuadrado de tierra de cuarenta metros de lado con una tribunita de siete escalones a uno de los costados y pircas de piedra de un metro de alto en los otros tres. En el medio del ruedo hay una capilla muy chiquita, dos algarrobos y un mástil; a un costado, la iglesia; detrás, un cerro pedregoso. Aquí cada 15 de agosto, hacia las cinco en punto de la tarde, toreros de ocasión citan a toros del azar con trapos rojos e intentan, en lugar de matarlos, sacarles una vincha con monedas que ofrecerán, si la consiguen, a una virgen.

Pero es diciembre, son las once de la mañana y hace calor y poco aire y en el pueblo vacío se oye una cumbia fuerte y voces que la cantan —la berrean. La rastreo hasta que los encuentro, dos calles más allá: están, me dicen, terminando de festejar una flechada. Aquí, cuando se termina una casa, se pone un huevo de suri —que otros llaman ñandú— encima del techo nuevo y los invitados tiran desde abajo con la mano unas flechitas. No ven el huevo, pero lo presienten. Cuando alguien le pega todos ven caer, desde la chapa del techo, la yema y la clara confundidas —y el ganador se lleva un par de damajuanas. Éstos las están atacando desde anoche, y no parecen dispuestos a dejar el asedio: son siete u ocho, sentados alrededor de una mesa bajo un algarrobo. El Suri es uno:

—A mí me dicen el Suri porque tengo unos huevos así de grandes. Yo soy un capo pues: sé jugar al fútbol, al basquet, soy un deportista completo. Ahora estoy jubilado...

Me dice el Suri, cincuenta y tantos años, borracho perdido, y que se va a poner a trabajar en turismo porque es un negocio redondo: que él tiene una casita allá abajo y que va a poner un kiosco, información, esas cosas para los turistas porque acá, para la toreada, vienen de todos lados:

—Hasta vinieron cuatro holandesas pues, con el pelo rubio y los ojos celestes.

—¿Y el resto del año?

—El resto del año no, poquito, pero igual es un negocio redondo. Nosotros somos únicos, señor, únicos en el mundo: somos los únicos que hacemos la toreada.

Tristes los pueblos que no son únicos en nada. Tristes los miles que no son únicos siquiera en no conseguir serlo.

Tristes —o felices.

—Para mí ser argentino es lo más grande que hay. ¿Usted ha visto que acá vienen extranjeros y se quieren quedar, cómo les gusta esto?

Entre montañas de colores, el camino va por el lecho seco, salino, de la laguna de Guayatayoc. Un poco más allá, el agua es verde, de un verde que no existe; un remolino hace girar arena, una ronda en el aire; al fondo, una vicuña desbocada corre y corre.

El hombre no me dice su nombre. No creo que le parezca un dato relevante. No creo que ningún dato le parezca relevante. El hombre quería saber la hora.

(En la Puna la hora es un albur:
sol detrás de esas nubes un color
del aire los olores
que van mudando del tórrido a la noche.)
Son las siete —podían ser
las siete o tantas otras.
                    Mi reloj
me dice que las siete.
                    El hombre
me dice gracias no es
tan tarde
ni tan temprano:
                    no es
la hora. Mi tata
se me ha muerto: el tiempo
ya no está para él.
A mí me quedan
doce horas
dice el hombre: doce
dice me quedan como quien dice el tiempo
se me ha muerto mi tata
se me ha muerto dentro de doce horas
lo ponen en la tierra y yo
no sé si llego yo
camino.

Esta mañana me han llamado
dice
para decirme que mi tata ha muerto y que mañana
lo entierran allá arriba. Yo
no sé si llego.
Dice: no sé si llego
        dice
me queda tanto camino por hacer
y se va
deshaciendo
por el cerro.

Con ese modo de caminar que te convence de que el aire es denso, casi sólido, un obstáculo grave.

Adiós patrón, adiós.

Y sin embargo el aire de la Puna redefine el aire: todo lo que suele decirse del aire —etéreo, leve, transparente— se hace mentira porque aquí se hace cierto. Esto es aire; lo demás es un barro donde pelean tres gordas.

Es mediodía y las calles del pueblo están vacías. Hablemos de hospitalidad —o de control. Entro en Alfarcito, un pueblo bien escondido, al fondo de un cañadón, y voy a la iglesia de adobe encalado —la más chica que he visto en mi vida, con su nave de cuatro metros de ancho por diez de largo, cinco bancos para tres personas cada uno, tan austera, vacía. La iglesia es lo más parecido a esas iglesias de barro pintado, modelos a escala, que venden en algunos puestos para turistas: el diseño es el mismo, y el tamaño no es tanto mayor. A los treinta segundos de llegar, un hombre entra y me pregunta si necesito algo. Sus dientes son azares, como casualidades: cada cual saliendo en direcciones imprevistas.
—No, gracias, le agradezco.
—Bueno, lo acompaño.
En las paredes hay un par de láminas de santos, una cruz de madera. Cada quien cuida lo que tiene.

Estos pueblos, en general, no se ven desde el camino: están siempre escondidos entre cerros, como si temieran.

Y también me impresiona —con perdón— que acá la gente tenga tanto pelo: que todos tengan pelo en la cabeza. Es raro, en general, el pelo:

unas tiras de tejido graso que nos crecen en sectores del cuerpo para recordarnos todo el tiempo que en algún momento fuimos monos. El pelo es arcaico: un recuerdo de cuando no nos vestíamos y precisábamos algún material que nos cubriera y calentara. Ahora tenemos menos y, en general, muchos se lo afeitan; salvo en la cabeza. El pelo se atrincheró en la cabeza como último refugio. Para modernos estamos los pelados, más evolucionados, pensaba esta mañana, cuando me di cuenta de que en esta tierra no los hay.

Ahora, llegando a las Salinas, el mundo se volvió de arena —y el camino también. Erre y yo penamos para no quedarnos atascados; se complica. Aquí los caminos son de lo que es la tierra alrededor: hay partes muy pedregosas, piedras grandes cuando se cruza un cerro; hay piedra chiquita en muchos sitios; arena en estos cruces de tierras más desiertas todavía. En el río de las Burras corre un poco de agua y casi nos ahogamos. Salimos, nos sentimos heroicos.

La Salina es un mar
que fuera sólo espuma.

La Salina Grande es como un holograma de la Puna: el lugar donde la Puna se concentra y se extrema. Si toda la Puna parece bastante desierta, la Salina sólo deja vivir a unos pocos en sus bordes. Si en la Puna esos pocos hombres trabajan muy duro para sacarle a la tierra lo poco que tiene, en la Salina trabajan en condiciones imposibles. Si la Puna es una gran reserva mineral, la Salina es puro mineral, sal pura. Si la Puna da esa sensación de aridez y de vacío, la Salina es el lugar más vacío, más árido del mundo. Si la Puna es un espacio extraño, sorprendente, la Salina es un espacio único. Si la Puna es luz, la Salina es explosión del blanco.

Siguen los problemas: la palabra enceguecedor no está en el diccionario.

Pero esperan la lluvia:
—Acá sin agua no pasa nada. Es como todo: tiene que caer el agua y quedarse, dos, tres semanas se queda, y entonces ya ahí abajo florece la sal y se puede ir a sacarla.
Incluso aquí, en el lugar más seco, necesitan que la lluvia les madure los frutos. Algún día vamos a hablar muy seriamente de este asunto.

Enorme lago blanco bronco entre montañas.
El brillo de la sal entre montañas.

"La superficie es blanca refulgente, impecable, implacable. A veces la belleza es así: la perfección impenetrable. Entonces, la belleza es espanto. Aquí, en las Salinas Grandes, el mundo se hace blanco despiadado: plano enorme vacío, claro como una pesadilla, sereno como no se puede ser sereno, inmaculado. Aquí el blanco tiene la majestad de lo inmutable. Y, sin embargo, algo pasó: la belleza perfecta es el relato de una catástrofe —de un cambio desmedido.

Bajo el blanco se mantienen sus restos: agua llena de sal. Aquí hubo, alguna vez, hace miles de años, un mar bullendo de peces y de plantas. Aquí hubo, entonces, aquella vez, un cataclismo que encerró el mar entre montañas que crecieron de pronto, con ríos de lava y fuego y estallidos. Aquí hubo, después, durante siglos, la agonía silenciosa de ese mar: cegado, vuelto isla, sus aguas fueron concentrando sus sales y matando la vida que tuvieran. Aquí hubo, en el final, ahora, una capa de belleza blanca que terminó la historia.

—Y sí, venimos cuando necesitamos. Total, la sal siempre está ahí.

El mar quedó encerrado bajo la capa blanca, invisible, callado, pero sigue ofreciendo: la salina es su espuma. Una docena de hombres la recoge. Las Salinas Grandes están en el medio de ninguna parte pero muy altas, más de 4200 metros sobre el nivel del mar, perdidas en la Puna. A la vera de las Salinas hay un pueblo, o algo así como un pueblo: Tres Cruces tiene cincuenta o sesenta habitantes, quince casas de adobe, los postes de la electricidad, una cabina de teléfono, ni agua ni cañerías", escribí, hace unos años, para contar estos lugares.

"Los saleros son jujeños que nacieron en casitas dispersas de la Puna, entre piedras y cabras: ariscos, desconfiados.

—La sal está acá, para el que quiera sacarla. Pero acá no viene nadie nadie. ¿Quién va a venir acá?

El sol pega en el blanco tremebundo, y el calor es brutal: la belleza lastima, y el sol, y los reflejos. Los saleros son una caricatura de la modernidad de los ochentas: anteojos de sol y el acullico de coca en el costado de la cara. Aquí delante, el salar reverbera; al fondo, detrás de las montañas, están Bolivia y Chile y es lo mismo. Aquí el país cuenta muy poco.

—¿Por qué nos habrá tocado este lugar, señor? Esto es una desgracia. Acá no hay nada nada.

Todos queremos lo que no tenemos y despreciamos lo que sí, pero algunos exageran. Los saleros se quejan todo el tiempo de su belleza tan perfecta, el blanco sobre blanco sin Malevich".

Ahora entro hasta el medio del mar blanco, donde los muchachos de la cooperativa de Tres Cruces están paleando sal y la meten adentro de un camión. La temperatura debe andar por los cincuenta, cincuenta y cinco grados, y el reflejo del sol contra la sal. Hay momentos en que mirarla duele: literalmente duele. Los muchachos se tapan: gorra, capucha, anteojos negros. Los muchachos no son muy parlanchines; uno me cuenta que para trabajar acá hay que tener una concesión y que la cooperativa tiene veinte parcelas de cien hectáreas cada una: inmensidad salada. Que cuando llueve, después que se retira el agua la sal queda ahí arriba, nomás hay que palearla. Y que todo el resto del año hay que excavar estas piletitas —una fila interminable de piletitas de dos metros por tres, medio de hondo— y sacar sal del fondo.

Si la palabra alucinante —que yo detesto y nunca usé— sirve para algo, debe ser para esto.

A la hora de la siesta los trabajadores tallan en sal llamitas, cardones, ceniceros y los venden al numeroso público presente: hoy soy yo, mañana quizás vengan dos más.

La diferencia es depender tan fuerte de lo incontrolable: un modo de vivir en el que dos horas de lluvia cambian todo, en un lugar donde el margen es tan estrecho, donde todo se hace tan escaso, donde no se juega ganar un poco más o menos sino comer o no comer durante el año.

Va a ser difícil de ahora en más ponerle sal a un bife sin acordarme de esas caras. Conocer el origen de las cosas puede ser un problema.

En el medio de la nada, en el medio del camino, un camión atascado en la arena. Si paro detrás me quedo; tomo por el costado y estoy a punto de quedarme, pero el Erre vence. Erre está orgulloso de haber pasado por donde se quedó tremendo Scania. Después sí paro, les pregunto cómo puedo ayudarlos. El conductor, un jujeño de Ledesma, jovencito, putea en arameo:

—Mirá que ya estábamos llegando. Salimos antinoche de Buenos Aires y le metimos pata sin parar porque queríamos ir a descargar hoy, así nos podemos ir a casa.

Hoy es viernes: el chofer me dice que si no llegan antes de las seis se tienen que quedar hasta el lunes en San Antonio de los Cobres esperando que les descarguen el camión. El camión lleva caños de plástico: para un gasoducto o algo así, me dice, que están haciendo ahí. Son las cuatro y media y se lo ve bien enterrado en la arena. El chofer me pide que vaya a decirles a los de Vialidad de San Antonio, veinte kilómetros más allá, si pueden ayudarlo. Y que se apuren, porque si no se va a pasar todo el fin de semana en ese pueblo. Yo miro la hora y no le quiero decir que ya es seguro.

Pero lo que más envidia me da son los misterios:

—No, yo cuido a mis cabritas, yo estoy bien ¿qué problema me voy a hacer? Yo tengo todo. Cabritas, mi rancho, el partidito de fútbol con los amigos a veces, unos mates, alguna chinita que no se me escapa: ¿de qué me voy a quejar yo?

El hombre tiene cincuenta y tantos, el pelo encaneciendo, cinco o seis dientes que resisten y el pucho armado colgado de la esquina de los labios. El hombre debe saber algo.

En una zona de pueblos tan bonitos, San Antonio de los Cobres —de lejos el más grande— tiene escuelas, gendarmería, ejército argentino, ferrocarriles que no andan, varios negocios y ninguna gracia. Delante de la iglesia hay una cola larga de personas porque hoy le toca venir al padrecito y, sabe, no viene muy a menudo, así que lo están esperando desde temprano, para confesarse. Esto debe estar lleno de pecados. Entro en un almacén —y reconozco. La Argentina es eso: un lugar donde puedo entrar por ejemplo a un almacén, incluso aquí en San Antonio de los Cobres, y pedir cien de salame y cien de queso y saber que saben, que entendieron: eso ha de ser la patria.

Pero la bajada de ciento cincuenta kilómetros de curvas y contracurvas hasta Salta es uno de los caminos más bellos del país: puna y montañas desoladas que se van convirtiendo de a poco en unas pampas verdes y amarillas con pastores, ovejas y cardones; después, todavía con cardones, aparecen las vacas, que inauguran un mundo distinto. Pasa un gaucho con su caballo corto, enjuto, serrano. Pero de pronto una larga quebrada muy estrecha, de montañas hechas de cascotes torpes, que termina por abrirse a un gran anfiteatro de cerros de colores. Y después una quebrada entre farallones oscuros y amenazadores y un río dando vueltas allá abajo y más y más y más.

Cardones trepan
por la falda del cerro.
El viacrucis se ha vuelto un laberinto.

De golpe me parece tan inverosímil que ser presidente de la Argentina signifique gobernar, por ejemplo, la Quebrada del Toro.

En medio de la aridez un valle es la verdura, el agua, el fresco: todo lo que —optimistas— solemos pensar como la vida.

Provincia de Salta

Salta

Vuelvo, y vuelvo a la plaza, me siento en la recova de la plaza como quien llega a alguna parte. Pasa un opita muy sucio pidiendo plata con gruñidos. Pasa un suboficial del ejército llevando tres bolsos con su ropa. Pasa un señor de smoking con un bebé de días en los brazos. Pasa un chino con pinta de americano, botella de agua mineral. Pasa una chica no muy linda que mira si la miran. Pasa un señor leyendo el diario y se tropieza. Pasa un matrimonio con muchos años del brazo, sin hablarse. Pasa una moto que lleva una familia tipo: papá mamá y dos nenes. Pasa de nuevo el señor del smoking y el bebé: barbita sin bigotes. Pasan dos alemanas rubias de la mano. Pasa una pareja de quince criolla de la mano. Pasa una madre joven opulenta producida con un carrito de bebé y le dicen piropos. Pasa una cincuentona en ropa de salir muy repintada. Pasa la nena de la canasta de jazmines. Pasa un muchacho gorra de béisbol al revés trotando; unos metros más allá, cuando encuentra a su madre, la abraza y la besa. Cada uno es una historia que me pierdo. Y eso que es viernes a la noche y no pasaron diez minutos. No entiendo cómo no le han vendido al turismo, todavía, este espectáculo.

Peor sería la lista de los que no han pasado.

Un chico me ofrece lustrarme y le muestro mis alpargatas. Tiene los ojos vivos, once años, me da charla. Al final se anima:

—¿No quiere que le presente a mi hermanita?

—¿Y qué edad tiene tu hermanita?

—La que usted guste, patrón.

422

¿Sabrá
que nos perfuma?

Es, digamos, amarga, muy amarga. Sabe, digamos, a pasto húmedo
cortado hace tres días a punto de pudrirse. Llena, digamos, la boca de una
confusión anestesiada extraña: te hace extraña la boca. Me gustaría saber
por qué llevo días mascando —chupando, mordisqueando— coca.

Ahora sé qué hacer si no hago nada

Escribió don Manuel J. Castilla. Y lo recita Patricio y Romancito le
contesta con un soneto de Luzzatto y el Pato recuerda aquél de Dávalos, y
así. Yo estaba comiendo en la Casona del Molino cuando Patricio Jiménez,
cantor del Dúo Salteño, me invitó a su mesa. La Casona tiene cinco o seis
cuartos alrededor de un patio con árboles frondosos. En el patio se charla;
en algunas de las habitaciones también, pero en otras hay gente que toca la
guitarra, el bombo, canta. No es un espectáculo: hay muy poco lugar para
mirarlos. Lo hacen porque quieren, y de pronto en dos, en tres habitaciones hay personas haciendo músicas distintas. En la mesa de Patricio Jiménez, del Amarillo Witte, somos media docena —pero algunos se van, otros
llegan— y bebemos, coqueamos, conversamos. Los comensales —hombres,
todos hombres— hablan de su ciudad y su provincia, de los curas con seis
o siete hijos, de los abogados que nunca vieron casos, de los borrachos más
borrachos, de sus poetas sobre todo.

—¿Y te acordás cuando el Cuchi llegó con ese arreglo intocable que
nos tuvo toda una tarde y una noche…?

—No, la cosa fue así. Perecito le había dicho que…

Yo creo que compiten a ver quién cuenta la mentira más grande y la
mejor contada —y ellos al final me dicen algo así, aunque puede que eso
también sea una mentira, o que tampoco. Pero, sobre todo, recitan poesía.
Son horas y horas de poemas: es un placer —un placer verdadero. Podría
decir que me maravilla la entonación de un gran recitador como Patricio,
o que me sorprende la impronta española —Quevedo, el romancero, Hernández— tan fuerte en algunos poemas; pero en realidad lo que me gusta
es estar en una mesa como las que aparecen en las memorias de los intelectuales de los veintes o treintas, gente que quiere tanto a las palabras que ha
dedicado horas y horas de su vida a memorizarlas, a saber repetirlas. Son
palabras ajenas: por momentos pienso que quizás han inventado algunos
de esos versos y que, pudorosos, magníficos, los atribuyen a otros para mostrar que la buena poesía puede no ser jactancia.

Cada cual con sus hojas de coca frente a sí, sobre la mesa, y su frasquito con la bica —la ceniza o bicarbonato que se pone en la boca para que la coca suelte sus sustancias. En Bolivia o Perú la coca es sólo para pobres; en Salta coquean todos: es, más bien, una marca de identidad de la región, de diferencia.

Después, el estertor, el hondo tajo.
El hombre indiferente en su trabajo
limpia el puñal en la cerviz del toro…

Escribió don Juan Carlos Dávalos. Los comensales celebran el vino, la conversación sin intereses, cierta idea del hedonismo que suele estar en retirada. La mesa se renueva, pero si se levanta antes de las cuatro o cinco de la mañana fue un fracaso. Yo les digo que en Salta se ha escrito muy buena poesía —y poca prosa. Que se me ocurre que quizás sea porque la poesía es una ocupación de caballeros; no como estas cosas del relato, que precisan sudor, trabajo, esfuerzo. Lo discutimos por un rato —cuidándonos, faltaba más, de llegar a conclusión alguna.

—Nos encontremos mañana, entonces, a eso de las once…

Probablemente la particularidad más distintiva del idioma del noroeste de los argentinos es una inversión: esta costumbre de poner el pronombre delante del subjuntivo.
—Nos sentemos.
—Sí, dale, y nos pidamos algo.
Primero lo escuché con mucha extrañeza: me costó darme cuenta de que están diciendo exactamente lo mismo que nosotros. El orden de los factores, en este caso, no altera el producto, y da igual decir nos entendamos que entendámonos.

Dicen lo mismo aunque no lo parezca: ahí, sospecho, hay una clave.

—¡Pero che, tanto escándalo por una chinita!

Yo tengo hijos más grandes, pero hace cinco años tuve una bebé; cuando tenía diez meses le empezó a crecer algo al costado del cuello. Primero pensamos que era una inflamación, un ganglio. Pero seguía creciendo, y finalmente el pediatra nos mandó a ver a un oncólogo, le hicieron los estudios y resultó que era un tumor. Nos dijeron que era un tumor benigno pero que en el veinte por ciento de los casos se malignizaba y que de todas formas había que extirparlo. Te imaginás cómo estábamos.

Mi madre es médica, oncóloga, sabe mucho de esto, y siguió toda la cuestión, por supuesto, muy de cerca. Después de la operación el cirujano nos dijo que el tumor estaba bastante extendido, que él había sacado lo que había podido pero que no estaba seguro de haber sacado todo. A las tres semanas la bebé tenía ocho protuberancias más chiquitas distribuidas por la zona del cuello. Nos desesperamos. El oncólogo decía que había que operar, pero el pediatra se oponía a operar a una nena tan chiquita en ocho puntos, era muy complicado. Mi madre me dijo que tendríamos que ir al Garrahan, en Buenos Aires, a ver qué podían hacer, y gracias a sus contactos consiguió que nos dieran una cita para diez días más tarde. Si no conocés a nadie, a veces tenés que esperar meses.

Yo estaba desesperada, preparando todo para el viaje. Ya me imaginaba la situación, la operación, la quimioterapia, meses y meses allá, las dos, internadas, mi bebé y yo en el hospital —si teníamos suerte. En esos días en mi familia había otra desgracia: viste cuando vienen así como en catarata. A una prima mía, muy joven, le descubrieron un tumor de mama muy avanzado. Mi prima tenía un negocio y su contador, el hombre que le llevaba las cuentas, le dijo que por qué no iba a ver a su señora, que quizás la podía aliviar un poco. Su señora era una mujer que entonces empezaban a decir que hacía milagros, esas cosas, que se llamaba María Livia. Y le dijo que todos los sábados se reunían en un cerro, acá nomás, en las afueras.

El sol es bruto; yo llego al pie del cerro poco antes de las cinco. En el estacionamiento, entre docenas de micros y camionetas, 4x4 y todo tipo de últimos modelos, uno de los tantos voluntarios me dice que ya es tarde, que después de las cuatro no se puede subir. Los voluntarios se uniforman con jeans lavados, zapatillas blancas, camisa blanca y su pañuelo celeste a modo de estandarte.

—A mí me dijeron que duraba mucho más.

—Sí, los que ya están arriba se quedan, pero no se puede seguir subiendo después de las cuatro.

Hay santos más difíciles que otros. Insisto:

—Por favor, vengo de muy lejos, y no voy a tener otra oportunidad. Por favor.

El tipo me relojea, me sopesa, y al final me dice bueno dale, dejá el coche y agarrá por la senda ésa de ahí atrás, caminando nomás. Por ahí vas a poder subir.

La solución puede ser non-sancta, pero sin duda es bien argenta.

Mi prima decidió que iba a ir a ver a esta mujer, que necesitaba probar todas las posibilidades, y fue, y la hizo sentir mucho mejor. Entonces cuando se enteró del tema de mi bebé me dijo que la llevara. Y yo pensé no, qué la voy a llevar a esas cosas, si son tonterías, son huevadas. Yo vengo de una familia judía y siempre tuve una formación racionalista, materialista dialéctica te diria. Mi marido, que sí es de origen católico, es un ateo militante. Yo estudié una carrera universitaria y la ejerzo, y siempre me consideré perfectamente racional —o imperfectamente racional. Pero te repito: nunca creí en ninguna de esas cosas.

Así que ahora camino y resoplo por un sendero delicioso, abierto entre los árboles del cerro. A un costado todo tipo de flores; al otro, más montañas frondosas; por encima pájaros y pájaros que se mezclan de a poco con los himnos sacros. La pendiente se pone cada vez más pendiente. Si llego a la cima voy a pedir el milagro de un poquito de aire. Cada vez oigo menos pájaros, más himnos, y trato de ponerme a tono: me golpeo el pecho y susurro confieso que he fumado, confieso que he fumado. Me sorprende que la salvación pueda volverse una cuestión de estado atlético. La virgen se debe estar riendo. Trato de imaginarla, así, agitada, y la única escena que se me ocurre es la de su parto —inmaculada concepción— pero no recuerdo haber leído al respecto. Me pregunto si habrá parido con dolor o recibido una dispensa especial. Me cruzo con muchos que vienen bajando; no me parecen particularmente conmovidos, pero tampoco sé cómo sería la cara de uno que lo esté. Hay unos metros de camino llano, un alivio: entiendo por qué los pueblos, a veces, las personas, se hartan de remar contracorriente, y agradecen poder hacer la plancha. Uno que debe conocerme me ve con un filito de sonrisa y me dice te estás riendo de nosotros; yo le digo que no pero que no creo en todo esto. Él me dice que no tengo derecho a reírme y yo no digo nada: siempre me sorprende que ellos crean que pueden torturarme en el infierno por no creer y yo en cambio no me pueda reír un poco de ellos por creer. Si Videla o Massera o sus obispos se hubieran reído de nosotros la Argentina habría sido distinta. Ya estoy llegando. Desde lo alto del santuario se domina —la palabra es domina— todo Salta; las casas allá abajo parecen, una vez más, juguetitos baratos.

Pero mi prima me insistió mucho y al final le tuve que prometer que ese sábado, antes de irnos para Buenos Aires, iba a llevar a mi bebé. Imaginate las ganas que tenía: yo nunca creí en esas cosas, al contrario, siempre me parecieron curros, sanata, y encima estaba preparando todo; era realmente una complicación, y acepté ir más que nada para tranquilizar a mi prima, para no llevarle la contra en la situación en que estaba. Así que el sábado agarré a mi bebé, nos fuimos en coche hasta el pie del cerro y cuando vi todo lo que había que subir pensé bueno, ya está, me vuelvo, le digo a mi prima que era un lío y que lo intentamos pero que no la encontramos, pero como ya estaba por ahí empecé a caminar un poco por una senda y entonces pasó una 4x4 con gente que estaba yendo para arriba y me ofrecieron llevarme. Y yo como ya estaba les dije bueno, dale, llévenme. Arriba había un círculo de gente, poca gente, serían treinta o cuarenta, muchos jóvenes, tocaban en la guitarra unas canciones muy católicas, y yo empecé a preguntarme qué estaba haciendo ahí.

La cima del cerro es una especie de jardín de paz —flores, caminitos, voluntarios, baños, ermitas con sus santos, carteles que recomiendan el silencio— inundado de canciones sacras. Recuerdo aquel gerente de supermercado que me explicaba cómo cierta música hacia que los clientes compraran mucho más —pero esto es otra cosa. Todo está organizado muy Liniers —corredores y mangas para guiar al creyente hasta el lugar del toque— y controlado por docenas de pañuelos celestes. Los pañuelos son firmes, decididos: el bien está con ellos.

—No, yo no vengo todos los sábados. Vengo, sí, pero no tanto como querría mi señora.

Dice Juan, un veterinario de treinta y pañuelito, que me cuenta que él y su señora llegaron hace cuatro años porque a ella, a los dos meses de casarse, le descubrieron un cáncer de tiroides.

—¿Y cómo está?

—Bien, muy bien, gracias a Dios. Acabamos de tener nuestro primer hijo.

Somos, parece, varios miles. Los fieles tienen rosarios en las manos, cartelitos que dicen que vienen de Mendoza, Buenos Aires, Córdoba, Tucumán, las caras tristes: muchos vienen a buscar su última chance.

—A mí los médicos no me dicen que me voy a morir, pero yo me doy cuenta.

Me dice un hombre de cincuenta y pico, el pelo ralo, la mirada enturbiada: que ojalá la santa pueda interceder. Eso es lo que dice que hace: la llaman oración de intercesión —y la presentan como un pedido que ella le hace a la virgen para que ayude a este señor, esta señora.

Pero bueno, como ya estaba ahí, me acerqué a esta mujer que estaba en el centro de esta ronda, con mi bebé en brazos, y ella me preguntó qué le pasa a tu bebé. Así que le dije que tenía unos tumores y que íbamos a tener que operarla, y ella me la pidió, la tuvo en brazos un minuto y dijo ojalá dios pueda curar a tu bebé, y me la devolvió. Eso fue todo, no hizo más nada, pero yo en ese momento sentí algo que no había sentido jamás, nunca antes, ni nunca después: sentí una especie de paz infinita, de amor infinito, como una armonía perfecta con todo, con esa gente, con la ciudad, con el país, con el mundo. Sentía como que todo estaba bien, que todo estaba perfecto, que yo estaba bien, que el cáncer de mi bebé, que los tumores, que las operaciones, todo estaba bien, que estaba bien todo lo que había pasado en el mundo desde que empezó y que estaría bien todo hasta que se terminara, que estaba bien todo, cualquier cosa, los militares, Bush, el holocausto, Auschwitz, los hornos crematorios donde mataron a mi familia, en ese momento sentí que todo estaba bien.

Allí, en lo alto del cerro, el epicentro es un anfiteatro de diez o doce gradas; abajo en el —digamos— escenario, hay cinco filas de hombres y mujeres esperando, las manos cruzadas adelante, cabezas bajas, ojos en el suelo, en el gesto más consagrado de la sumisión: están pidiendo a un poder superior que haga algo por ellos, y lo piden como quien pide patroncito por favor un poco más que no me alcanza. Me pregunto qué sería de las religiones sin la enfermedad. La señora María Livia recorre las filas: le pone a cada cual una mano en el hombro —tiene dos manos, el movimiento es doble: dos creyentes por vez— y dice algo, o eso me parece. La señora es una cincuentona baja y regordeta, raya al medio en el pelo recogido, pollera tableada larga y ancha beige, camisa blanca bien monjil, sus zapatillas, el rosario en la mano. Detrás de los fieles que la señora está a punto de tocar se apuestan, precavidos, optimistas, voluntarios robustos. Son los que atajan al creyente cuando el creyente, si hace lo que debe, cae de espaldas.

—Es como una energía total y una paz increíble.

Me dice una chica rubia, acento conchet cordobés: que es tanta paz de espíritu que el cuerpo ya no importa y se te va. La señora sigue pasando dos por dos: algunos caen —y el pañuelo los ataja con la maña que da el entrenamiento—, y otros no. Algunos trastabillan pero se mantienen: como quien recibe una descarga fuerte. Ahora recorre una fila de sus voluntarios con pañuelo y ahí sí: todos caen al primer roce, cual dominó sagrado. Los volteados duran un rato panza arriba, aquí y allá, desparramados. De a poco se levantan, se sacuden el polvo, caminan con la mirada ausente. Toda la escena tiene un regusto antiguo, primitivo: una mujer que cura con ensalmos en el medio de un bosque en lo alto del cerro, cerca del cielo, la ciudad a sus pies, la música, el silencio.

Yo no te lo puedo explicar, es algo realmente inexplicable, pero era una sensación de paz perfecta. El tiempo se había disuelto, no había tiempo, no sé cuánto habrá durado ese momento, pero era lo que después he visto descripto como el nirvana, la sensación de, cómo decirlo, correspondencia perfecta con todo, con el universo, la sensación de que todo tiene un orden y un sentido, y que todo está bien.

La señora María Livia Galliano de Obeid era un ama de casa tranquila y sosegada cuya vida cambió —cuentan sus hagiógrafos— de cabo a rabo en 1990, cuando una voz de Virgen empezó a hablar con ella:

—¿Me recibes en tu casa? ¿Aceptas compartir tu hogar conmigo?

—Madre, acepto. Ven y comparte todo mi hogar. Es tuyo, te pertenece a partir de hoy. Te lo entrego.

Dicen que se dijeron. Y después:

—Hija, deseo ser coronada como Reina en este hogar.

—Sí. Si ése es tu deseo seré obediente y lo haré inmediatamente.

Y otra vez:

—Hija, deseo que me entregues a tus hijos.

—Madre te entrego a mis hijos, desde hoy te pertenecen. Son tuyos.

Y otra:

—Hija hoy he venido a pedirte un deseo de mi corazón: deseo estar entre tú y tu esposo.

—A partir de hoy, Madre, Tú estarás siempre en medio de los dos.

Y por fin:

—Dios tiene designios sobre ti desde toda la eternidad. ¿Aceptas esto de parte de Dios?

La señora María Livia le dijo que sí y entonces, unos días después, ella se apareció: la Virgen María era "una mujer de catorce años de una belleza extraordinaria, que lleva un vestido blanco purísimo, un manto azul profundo con destellos verdosos, cubre su cabeza con un velo blanco. Apoya sus pies descalzos sobre una pequeña nube que permanece a pocos centímetros del suelo". De ahí en más, la Virgen empezó a dirigir su carrera: le ordenó que se contactara con las Carmelitas Descalzas, que hablara con el arzobispo, que le edificara un santuario, que difundiera su mensaje. María Livia lo hizo.

Y ahora su marido, el contador Obeid, recorre la multitud con una camarita: alguien me dijo que ha filmado, desde el principio, cada paso de su señora esposa. El marido tiene el ceño fruncido, los ojos huidizos, ojeras negras: mala cara. Yo sigo mirando desde afuera y tardo un rato en darme cuenta de lo obvio: que si quiero saber qué hace, qué dice, tengo que pararme en la fila y que me toque. La espera se hace larga: la cola es numerosa. En un árbol, un cartel dice Libro de quejas a su disposición en puesto central de agua. Los creyentes son clase media argentina clásica: es verdad que hay pocos pobres pero no es cierto que todos vengan de los countries. Sí es cierto que hay muchos más blancos que morochos. Todo esto me da un poco de impresión. La señora se acerca: tiene un grano bermellón en la mejilla izquierda.

—Buenas tardes.

Le digo, pero no me contesta. La señora me pone una mano en el hombro y mira para abajo. No dice nada. Me da un empujoncito con la mano, me la saca. No ha pasado gran cosa. Junto a ella, una chica, camarita en mano, la captura en video: hay, está claro, un gran deseo de registro. A mi lado dos mujeres caen como moscas fulminadas. Yo me quedo unos minutos tranquilo, relajado, mirando la ciudad que refulge allá abajo, los rayos del sol como dibujos de rayos de sol entre las nubes, hasta que una pañuelo me dice que ya puedo irme:

—Ya puede irse.

Me dice, un poco seca.

—Disculpe, ¿dónde se puede dejar una contribución?

—No, por favor. ¿No le han dicho que no aceptamos nada de dinero?

A mis lados los tumbados siguen ahí, tumbados. Un gordo joven de remera azul lleva casi media hora boca arriba, las piernas abiertas, los brazos abiertos, en plena siesta mística. Me voy. La bajada es cuesta abajo y eso es, como todo, bueno y malo.

Esa tarde volví a casa con mi bebé, seguía con los restos de esa sensación, me puse a cocinar, a hacer cosas de la casa pero estaba como en otro mundo, de hecho ni la bañé esa noche, nada. Después me fui a dormir. Al día siguiente, cuando me desperté y fui a buscar a mi bebé a su cuna, vi que los nódulos habían desaparecido. Desaparecido, no había absolutamente nada. La llamé a mi madre, mi madre vino, la revisó y confirmó que no había ni rastros de esos nódulos: ni el menor rastro. Ella por supuesto trató de buscar una explicación racional, científica, pero yo creo que no la encontró. No sabíamos qué había pasado, no sabíamos qué hacer. Decidimos ir de todas formas al Garrahan, por si acaso, ya que teníamos la cita y estaba todo preparado. Le llevamos la nena al oncólogo, la revisó, y él le preguntaba a mi madre pero doctora dónde está, en qué consiste el caso. Mi madre le mostraba los estudios, los informes de las biopsias que decían que efectivamente la bebé había tenido esos ocho nódulos y todo lo demás y el médico nos miraba como si estuviéramos locas, de dónde salieron estas dos, qué están haciendo.

El fenómeno María Livia ha despertado, también, un aluvión de críticas. Dicen que su marido organiza todo el asunto con criterios empresariales de managing y marketing aplicado a lo sacro. Que alguien está ganando mucha plata con los charters desde Buenos Aires que cuestan unos mil pesos —con pasaje de avión y alojamiento y ritos incluidos. Y, sobre todo, que la nueva santidad del cerro —y las obras que le hicieron por eso— triplicó el valor de los terrenos circundantes, entre ellos de una urbanización en la que, dicen, tienen intereses el romerista Marcelo Cantarero y algunos miembros de la familia María Livia. A mí me interesó, también, que fuera una santona para ricos: la Argentina está llena de cultos más o menos marginales, paralelos a los cultos más institucionales, más antiguos, pero suelen ofrecerse a los más pobres. En el santuario de la señora María Livia, en cambio, queda dicho, casi no hay piel oscura.

Mi hija tiene cinco años ahora: nunca más tuvo ningún problema, y yo realmente no sé qué es lo que pudo haber pasado. Pero sé que yo estoy increíblemente agradecida a María Livia por lo que hizo. Yo seguí yendo, un tiempo; después dejé de ir porque ya hay mucha gente, y además quisieron que contara mi caso a gente a quien no me gustaría contárselo. Sí hice una carta para el arzobispado, con toda la documentación, porque lo que tiene de particular este caso es que no hay ninguna posibilidad de sugestión: si la nena tenía once meses…

Yo no tengo para qué mentirte. Yo no tengo nada que ver con ellos, además vos sabés cuál es mi formación, que va en el sentido contrario, yo nunca he ido a una iglesia. Pero lo que sé es que lo que te cuento sucedió, que fue así como te lo he contado.

La mujer se emociona todavía —y me emociona. Después me pide que no ponga nombres. Supongo que, sin su historia, mi relato habría sido más fácil, más unívoco.

—Hay cosas que el pensamiento científico actual no puede explicar. Eso siempre ha sido así, en toda la historia de la ciencia: nos enfrentamos a fenómenos que las condiciones presentes del conocimiento no son capaces de entender. Pero no por eso vamos a tratar de explicarlas con razones perfectamente irracionales.

Me dirá, después, un amigo científico, y discutiremos la cuestión un rato largo.

Hay cosas que yo querría ni suponer, pero:

1. cuando salí de charlar con la madre de la bebé curada mi grabador —recién comprado, última generación—, dejó de andar

2. cuando salí del santuario de la señora María Livia el burro de arranque del Erre —erre con erre guitarra— capotó, y me lo tuve que llevar con un grúa.

Yo ignoro cómo funciona el Erre —pero no tanto como ignoro todo sobre las estrellas o los circuitos de mi computadora o los principios del remedio que tomo todas las mañanas. Tuvimos un momento breve —¿1850-1950?— en que pareció que íbamos a entender lo que nos rodeaba. Después todo se desbordó, los especialistas se especializaron más y más, sus conocimientos se hicieron incognoscibles y el sistema volvió a basarse en la presunción de que todo es tan complicado que los mejores pueden entender si acaso muy bien una porción ínfima —y nada más. O sea: otra vez al estadio religioso. Vivimos vidas de cuyo funcionamiento sabemos casi nada. Nos regodeamos en un estado de barbarie menguada por la supuesta información.

Después el Turco Alí y Álvaro Borella, de la revista *Cuarto Poder*, me consiguen un grabador para zafar. Tengo que ir a buscarlo a la redacción y es día de cierre: me dicen que pase a la hora que pueda. Así que me entretengo y llego como a las tres de la mañana. Entonces los muchachos me dicen que me están esperando para entrevistarme, que quieren incluir esa entrevista en el número que va a estar en la calle en pocas horas más. Nos sentamos para empezar la charla y uno de ellos me pregunta si en estos viajes he encontrado la esencia de lo argentino.

—Esencia es una gran palabra; yo trato, si acaso, de encontrar rasgos comunes. Sobre la noción de esencia se construyeron proyectos detestables, los fascismos: la idea conservadora, tradicionalista, de que, como hay una esencia, debemos recuperarla, volver al pasado donde habría existido. La noción de esencia supone que hay cualidades inmutables, que no dependen de las circunstancias históricas y que, por lo tanto, no se podrán cambiar. Y que si nos va mal es porque somos así y siempre lo seremos: la idea inmovilista tan brillantemente sintetizada por el maestro Maradona cuando dijo que "estamos como estamos porque somos como somos". Yo prefiero creer en la historia, en lo que cambia todo el tiempo. Y cuando escucho la palabra esencia saco mi revólver.

VALLES CALCHAQUÍES

Nunca había oído tantas frases empezadas por "mi abuelo me contaba que" —como en mi abuelo me contaba que antes había mucha más gente en el pueblo, mi abuelo me contaba que antes sabían irse a llevar ganado para el lado de Chile, mi abuelo me contaba que— como ahora en Amblayo. La tradición debe ser eso.

Por Amblayo no pasan los caminos. Hay uno que llega hasta ahí, pero después no sigue. Por eso Amblayo ahora es más chico que antes, cuando hicieron la capilla de techo de mosaico azul, hacia 1700. Amblayo tiene doscientos habitantes y sus cuatro docenas de casas de adobe, muchos sauces, montañas de colores, sus famosos quesos y dos horas de luz cada sábado y domingo. La luz viene de un generador y hay un señor que lo maneja. Cuando alguien quiere un poco más de luz porque su hija cumple quince —un suponer— puede pagar los seis litros de gasoil que consume por hora. Entonces, esas noches, todo el pueblo tiene luz: todo el pueblo participa, de alguna forma, de la fiesta.

—Es un poco raro cuando viene la corriente, ha visto. Viene esa luz que está por todas partes.

Me dice una vieja. La luz de las lámparas es grosera, no hace distingos; una vela, en cambio, crea su propio espacio: ilumina sólo a su alrededor, a quienes tiene cerca.

En un rancho en medio de montañas en medio de la nada como un cabrito extraordinario. José me dice que es porque ha podido mejorar la raza de su rebaño con un chivo anglo:

—Acá los políticos cuando quieren que los votés vienen y te regalan chivos. Tá bien: por lo menos sirven para algo.

433

En Amblayo, es obvio, no hay televisión. Para escuchar la radio Nacional y una radio de Córdoba pueden poner unas antenas y orientarlas: así se enteran, de vez en cuando, de las noticias que se les ofrecen: un aumento de precios del petróleo, un crimen en Martínez, un tsunami en el océano Índico, la pelea de un presidente con un gobernador.

Yo llegué a caballo, desde el sur del valle de Lerma. Fueron tres días de quebradas tropicales, helechos como casas, olores sedicentes, ese río, y después caminos de montaña donde las patas de los caballos trastabillaban sobre piedras a diez centímetros del vacío más perfecto. Cruzábamos a 3.200 metros, envueltos en la nube que escondía el precipicio que se abría tan al lado. Cada tanto había que parar para ajustar las cinchas de los animales y hacerlos descansar y preguntarnos si estábamos vivos todavía. Fueron dos días sin ver otras personas, y todo el tiempo recordaba aquella frase de que la patria se hizo a caballo, y me preguntaba qué idea de la patria se hizo a caballo. No me imagino a Sarmiento a caballo pero sí a Facundo, no a Echeverría pero sí a don Juan Manuel, no a Moreno pero sí a San Martín, no a Miguel Cané pero sí a Roca. Aunque, de todas formas, en estos viajes, en esa travesía lenta, al paso, con las mulas cargadas, pensaba que lo que sí se hizo a caballo fue la población de todas estas tierras y los transportes y comercios que la hicieron vivir durante siglos, hasta hace muy muy poco. La patria, durante muchos años, fue un hervidero de trabajadores de a caballo, de pobrerío de a caballo. A caballo el tiempo cambia —son horas y más horas al paso por caminos que no se acaban nunca, el silencio tan largo. A caballo uno no pasa por los lugares: está en movimiento en los lugares. A caballo uno depende de casi todo lo que lo rodea: forma parte. A caballo un viaje se hace tan aleatorio.

Fueron tres días extraños, en un borde. Después de esa jornada, Amblayo me resultó tan hospitalario y, sobre todo, tan civilizado.

Jacinto el carnicero anda puteando porque acaba de descubrir que la vaca que está carneando está preñada.

—Yo qué iba a saber, me la trajeron así del campo. Yo no me fijé, pensé que si ellos la habían traído por algo era.

Jacinto, el carnicero de Amblayo, tiene poco trabajo. Una vez por año, para las fiestas de la Candelaria, dentro de dos días, mata y carnea dos vacas. Después, en mayo, cuando se viene el frío, mata unas pocas más para hacer charqui que dure lo que el frío. El resto del tiempo cada cual carnea sus corderos, y Jacinto el carnicero cuida su finquita o se va a buscar trabajo a Salta.

Alcanza con mirar cardones y algarrobos para entender algunas cosas de estas vidas; después, cerrar los ojos y entender que no entendiste nada, o casi nada.

Avelino me dice que las cabras son mucho mejores que las hembras.
—¿Qué hembras?
—Las hembras de nosotros, pues.
Avelino vive muy solo, un rancho en medio de la nada, y parece que tiene ganas de charlar —o por lo menos de contarme:
—Usted se pone cada pata de la cabra adentro de la bota, para que no lo patie ni se cierre, y ahí nomás va pa delante. Son mejores le digo: no hablan, no le piden, nunca le hacen reproches.

Vuelvo a Salta y vuelvo a salir, pero ahora sí, de nuevo con el Erre.

Estoy desorientado. Voy hacia Cachi por la Quebrada de Escoipe y la Cuesta del Obispo y me pierdo en el diccionario. Hace unos días, cuando bajaba la Quebrada del Toro, traté de encontrar un par de adjetivos que hablaran de la maravilla; ahora, ante ésta —mejor, si hubiera comparación posible—, no sé más qué decir. Primero la quebrada, estrechísima y verde; después la majestad episcopal y seca y grandiosa y colorida de la cuesta.

Carlos ara con dos mulas su pedazo de tierra entre montañas. Quiere sembrar maíz y me dice que él no podría comprarse un tractor pero que aunque pudiera no lo compraría: para qué, si es un pedazo tan chiquito, con las mulas alcanza, y a mí me gusta más ir caminando así, detrás de ellas, despacito, callado, que subirme a un bicho de esos que hacen ruido, que te ponen a dos metros de la tierra.
Carlos me dice que mientras pueda tener los dos pies sobre esta tierra todo va a estar bien, me dice: todo va a estar en su lugar
para decir yo en mi lugar
para decir yo esto. Me parece
como si hubiera oído demasiadas zambas y le pregunto si le gustan las zambas y me dice que sí, que claro que le gustan, pero que cuando él va a bailar al pueblo, allá abajo, una o dos veces cada mes, lo que le gusta en serio son las cumbias. Frente al rancho de Carlos hay un río
allá abajo hay un río y arriba
enfrente un cerro una pared
entera la falda entera la corona
de enormes piedras rojas frente al rancho

de Carlos también se ven dos vacas
allá abajo
bebiendo del río seco y todo
alrededor los pájaros infinidad
de pájaros agitación
de pájaros serenidad
de pájaros callados
el olor de las hojas
—como si fueran pájaros.
Ésta es tierra de pájaros:
frente al rancho
de Carlos no hay más gente
ni una sola persona y él
me dice que cuando tiene que ir a la ciudad le duele
tanta gente no soporta, se atonta. Si parece mentira que se caminen
los pies unos a otros, dice y yo no entiendo si dice que se pisan que se pe-
san que se pasan que se posan en el lugar equivocado. Carlos, en todo caso,
cree que su lugar no tiene errores —o lo simula
y puede simularlo. Debe
ser tan sereno, tan
lujoso
vivir de esa manera.

Y trepo más y más hasta llegar a la altura de las cumbres y, de golpe,
otra vez puna: cardones, cielo bajo —o la tierra muy alta, pegando con las
nubes. El camino sube hasta los tres mil quinientos metros, pasa un tiempo allá arriba, después baja. Y después, de nuevo, allá a lo lejos, verde: los
Valles Calchaquíes.

He escrito algunas novelas. La que realmente me importa, La Historia, está falsamente situada aquí, en los Valles Calchaquíes: estoy entrando
a un escenario que inventé, a un decorado, a la realidad aparente de lo que
quise desnaturalizar.

Una mujer joven con dos chicos chicos me cuenta que viven de plantar tomates y cebollas pero que eso es el verano nada más porque en invierno todo se les hela y que en invierno no se puede hacer nada, hay que esperar nomás que se pase el mal tiempo.
—¿Y ahora cómo están las cosas?
—Más o menos.
—¿Por qué más o menos?

—Porque nos falta agua.

Que no llovió, que las plantas no crecen: el agua, siempre el agua.

Cachi es coqueto, casi colonial, vacío a la hora de la siesta: las casas bajas encaladas, ventanas enrejadas, sus farolas, cinco mil metros de montaña al fondo. Sólo tres chicos que tiran cuetes intentan desentonar, hacerse oír. En la puerta de la iglesia te lo dicen: Al ingresar a la casa del Señor, salúdalo con una genuflexión —doblar la rodilla, explica el cartel, porque a los fieles hay que hablarles con palabras magníficas, y saber que no van a entenderlas.

Estas casas con grandes galerías, sus columnas, el frente blanco, el fondo puro adobe. En el medio de la plaza, frente al consabido San Martín, hay un cartel —letra cursiva— que dice Tirar un papel en su plaza es como arrojar el alma de su cuerpo. En Cachi las metáforas son subidas, pero igual se aburren. Maxi está debajo del cartel, con su propio aviso de DirecTV, una mesa delante y una gran antena al lado, para que todos vean de qué se trata. Maxi me cuenta que recorre estos pueblos vendiéndoles televisión a setenta pesos por mes. Yo le digo que me parece caro para mucha gente.

—Sí, pero acá casi no llega el cable. Hay muchos que, antes de aburrirse todo el día, deciden poner la plata. A veces voy a ver a mis clientes y me dicen cómo les cambió la vida, están agradecidos.

¿O sea que, pese a lo que dicen, querían que les cambiara?

Seclantás no tiene trescientos habitantes pero tiene una plaza tan bonita y extraña: sus palmeras y pinos. De Seclantás, me han dicho, son los mejores ponchos, increíblemente mejores que los de cualquier otro lugar. Esos ponchos rojos, federales, son signos de bastantes cosas: federales, gaucho salteño, Güemes, y también ese intento fallido de apropiación de ciertas tradiciones —el peronismo, la guerra de guerrillas, el patriotismo, el poncho— que fue el montonerismo de los años setentas. En esos días, muchas chicas y algunos chicos iban a las marchas con sus ponchos rojos, como quien dice hay una historia en la Argentina —y queremos ubicarnos en ella. En esos días, por ejemplo, un tal López Rega pudo decir en entrevistas que sabía que bajo esos ponchos rojos nosotros escondíamos armas largas.

Duermo en Molinos, donde el alojamiento, regenteado por una monja gallega, cuesta quince pesos y los chicos se amontonan en el único cyber y me dicen que no, que en la calle no les gusta jugar, que ojalá tuvieran más plata para las máquinas porque les gusta tanto, y la mayor parte de las ca-

437

sas ya tiene la luz apagada porque son como las nueve y media. Además, en la radio, hablaron de tormentas.

La noche calma; el cielo,
un almíbar de estrellas.
Tras la montaña, el rayo.

Cuando Herr Hess era el joven Donald Hess y tenía veinte, su padre se murió y le dejó la vieja fábrica de cerveza que había fundado algún tatarabuelo en Berna, Suiza, y un castillo cerca de Ginebra con veinte hectáreas de viñedos que producían un vino horrible. El joven Hess tuvo que hacerse cargo: empezó por vender el castillo por un buen dinero y se creyó que era el más vivo del barrio pero recién aquella noche, al apoyar su bienestar sobre la almohada, recordó que su padre le había dicho que hiciera lo que quisiera con su herencia salvo vender ese viñedo. Entonces se prometió —me dirá muchos años después el joven Hess, ya Herr— que no dejaría esta tierra antes de tener una buena bodega que dejarle a sus hijos.

Le tomó un par de décadas: mientras tanto prosperó con unos hoteles en Marruecos —donde abrigaba, entre otras cosas, los amoríos del príncipe heredero— y la cervecería y una fábrica de agua mineral, la Valser Wasser, que terminó vendiendo a Cocacola. En 1978, cuando se peleó con el príncipe —que, ya rey, tenía que mostrar otra conducta— y vendió los hoteles marroquíes, se fue a buscar la tierra para su viñedo en Napa Valley, California: se compró seiscientos acres por menos de tres mil dólares cada uno —y ahora valen cien veces más.

—Yo soy europeo con todo mi corazón, pero ya no puedo creer en Europa. La idea de la Europa unida estaba bien pero los políticos la arruinaron. Y en Europa es imposible comprar cien hectáreas de buenos viñedos y, sobre todo, hay tantas regulaciones que uno nunca puede hacer lo que quiere sino lo que le dicen que haga. Así es muy difícil hacer negocios. Entonces me dije: para qué complicarte la vida, si en el nuevo mundo podés comprar toda la tierra que quieras, podés plantar lo que quieras y hacer el vino que quieras. En el nuevo mundo uno tiene libertad para poner en marcha sus propias ideas.

Dice ahora Herr Hess, y que por eso después compró viñas en Sudáfrica y Australia y que, por eso, decidió venir a Sudamérica —así lo llama: Sudamérica.

—Yo quería venir a Sudamérica y, por supuesto, fui primero a Chile, porque Chile tenía fama de estable y bien organizado: cualquier empresario, si puede elegir un país para invertir en Sudamérica, elige Chile.

Me interesa la certidumbre, la afirmación que no precisa precisiones: el país para invertir en Sudamérica es claramente Chile.

—Entonces fui a Chile, pero los chilenos me parecieron como los europeos, serios, correctos, no muy amistosos: me dije no, de esto ya he tenido mucho. Y además en la región viñatera vi todas esas fábricas, esas empaquetadoras de frutas y me dije ¿pero esto es Sudamérica? Para esto me quedo en Europa o en California. Si me voy a Sudamérica quiero estar realmente en Sudamérica. Y aquí lo estoy.

Es curioso: nos hemos pasado un siglo largo creyéndonos los europeos expatriados para que ahora empiecen a llegar europeos expatriados que disfrutan de nuestro carácter profundamente latinoamericano. Y Herr Hess sólo es uno de muchos.

—Esto sí es Sudamérica: la gente es cálida, encantadora... Sí, hay que tener cuidado, igual que hay que tener cuidado en todas partes. Pero acá la gente es amistosa y les gusta la vida, la comida, las mujeres, el vino. ¿Qué más quiere?

Herr Hess, parece, no quería más nada y quería mucho. Cuando decidió venirse a la Argentina —comprar en la Argentina— primero recorrió Mendoza pero le pareció que ya estaba demasiado poblado: demasiadas personas, demasiados vinos. Así que siguió buscando, encontró los Valles Calchaquíes y los recorrió durante semanas buscando rincones, midiendo alturas, registrando temperaturas, hasta que dio con Colomé —donde un viejo señor Dávalos hacía, con técnicas caducas, en once hectáreas de viñas del siglo XIX, el vino más poderoso que yo he probado nunca. Entonces se pasó un año regateando con él, hasta que finalmente se quedó con la finca: casi cuarenta mil hectáreas de cerros áridos a 2.400 metros de altura y, en el medio, el verde, el caserón, las viñas.

Colomé está en el medio de la nada: desde Molinos, que está en la periferia, todavía quedan veinte kilómetros de una senda de tierra enrevesada, que avanza ya por dentro de la propiedad, montaña adentro. La senda es puro cañadón y piedra hasta que desemboca en un oasis en medio del desierto bello y ondulado. Aquí Herr Hess, ya de setenta años, empezó a plantar más uva, construyó una bodega modernísima, reconstruyó el caserón y lo amplió para hacer un hotel de diez habitaciones, quichicientas estrellas, la elegancia.

—Los que lo descubrieron fueron los franceses: en Argentina todavía están las tierras más baratas del mundo para hacer buen vino. Pero hoy en día para vender vinos no alcanza con hacer buenos vinos; también hay que tener una buena historia. Si no, ¿quién sabe que usted hace buenos vinos? Sus amigos, y a ellos el vino hay que regalárselo. Así que se necesita sobre todo una buena historia, porque el vino es algo romántico, un tema de conversación. La historia tiene que ser verdadera y corta: si tengo que explicarle mi historia en media hora usted se aburre, no la recuerda. Pero si cabe en una frase nadie se la olvida. Aquí hay una gran historia, porque tenemos los viñedos más altos del mundo, aquí al lado, en Río Blanco, donde hemos plantado viñas a 3.050 metros; la segunda más alta está en Nepal, a 2.750. Y así es como se conquista el mundo: con un buen vino y una buena historia.

Quizás no el mundo, pero sí un mercado.

Si algún dios quiere: anoche, en la tormenta de anoche, cayó una granizada tremebunda. Herr Hess me había dicho que una de las razones por las que compró Colomé fue porque en cincuenta años habían caído tres granizos: el granizo es el gran enemigo de las viñas, las destruye —y aquí casi no hay. Pero ayer hubo y ahora, mientras charlamos en el patio del caserón magnífico, llega uno de sus encargados a decirle que parece que se perdió entre el treinta y el sesenta por ciento de las uvas: Herr Hess impávido, impasible, me sigue contando. Al cabo de un rato le pregunto si no está muy cabreado. Después de todo, acaba de perder más plata que la que yo podría ganar en muchos años:

—Sólo me enojo si es mi error. Si lo hubiese podido evitar y no lo hice. Pero no es el caso, qué le voy a hacer. Ahora hay que ver cómo se puede salvar lo que queda, eso es todo. Nunca me enojo por cosas que no puedo cambiar.

Dice Herr Hess, tan zen, y me dice que vayamos a recorrer las uvas.

Colomé es uno de esos enclaves más o menos extranjeros que ahora abundan en la Argentina. A Colomé vienen esos turistas europeos que buscan la distancia con lo civilizado, y su dueño es uno de esos empresarios europeos que la buscan, también, y que quieren un lugar donde puedan decidir sin que las normas se interpongan. La Argentina permite esas cosas:

—Yo soy un lobo solitario. No me gusta correr con la manada. No me gusta que nadie me mire las cartas y sé lo que quiero mejor que nadie, así que hago las cosas por mí mismo. Con la ayuda necesaria, por supuesto, pero manteniendo el control.

Me dice Herr Hess y me cuenta que él mismo hizo los planos de todo el establecimiento y después consiguió arquitectos jóvenes que los pasaran en limpio. Y que así construyó el hotel, la bodega, todas las dependencias y la iglesia. Herr Hess me muestra, sobre todo, orgulloso, su iglesia.

—Porque aquí, cuando compramos las tierras, heredamos cuatrocientas personas.

Dice Herr Hess para decir que en esas tierras vivían cuatrocientos, sus ranchos, sus historias, sus ovejas. De esos cuatrocientos, cien trabajan para él: es casi toda la población activa. Herr Hess es el señor, sin duda.

—Es lo más gratificante que me pasó aquí: cuando llegué esa gente era tan tímida que me veía y se escapaba. Y ahora nos saludamos, podemos hablar. Ellos nunca tuvieron muy buenas vidas. Primero vinieron los incas y los maltrataron, después vinieron los españoles y los maltrataron y violaron a sus mujeres y todo eso y ellos pelearon pero perdieron y ahí dejaron buena parte de su orgullo, de su virilidad. Tuvieron una historia difícil. Cuando yo llegué les dije miren, yo los necesito, ustedes me necesitan: tratémonos en consecuencia. Somos iguales, todos tenemos que hacer bien nuestros trabajos.

Herr Hess parece un hombre acostumbrado a que le hagan caso; un hombre a quien ya le han hecho tanto caso en la vida que ahora puede relajarse un poco —pero no demasiado. Herr Hess usa un sombrero de alas anchas, un chaleco de pescador y ropa de trabajo: una especie de Jon Voigt maduro.

—Y entonces les dije veo que no tienen una iglesia, ¿quieren una iglesia? Y ellos no dijeron nada y yo les dije bueno, entonces no les voy a hacer una iglesia. Si no los oigo pedirla alto y claro no les hago la iglesia. Gritaron que sí, que la querían, pero después de mi discurso vino uno de los más viejos y me dijo mire, usted es el tercer patrón que nos promete una iglesia. Yo le dije puede ser, pero dentro de dos años la van a tener lista, van a ver.

—¿Usted es protestante?

—Sí, soy protestante. Pero les he construido esta iglesia. ¿Cuánta gente puede decir que ha construido una iglesia?

Su iglesia es católica, bonita; tiene, justo después de la entrada, a mano derecha, dos toilettes —damas y caballeros. Yo le digo que nunca en mi vida había visto una iglesia con baños y Herr Hess intenta argumentar pero, por primera vez en toda el día, lo veo descolocado:

—¿Sí? ¿Está seguro? ¿Le parece que ninguna iglesia tiene baños?

Colomé se rige por los principios de la biodinámica —un intento de recuperar métodos de explotación antiguos, de armonizar los animales, las plantas, la gente, los ciclos de la luna y las estrellas: son religiones de estos días. Por eso, por ejemplo, no pueden dar a las vacas alimentos compensados: tienen químicos y, como usan su bosta como fertilizante, el químico se trasladaría también al vino. Los vinos, en cualquier caso, son extraordinarios —y se producen, por supuesto, casi todos para la exportación.

—Yo creo que no es por nada que nos cayó este lugar entre las manos. Tenemos una gran responsabilidad con el lugar y con su gente: conservar su naturaleza y hacer que su gente no cambie lo básico que tiene, esa concordia con la naturaleza, pero al mismo tiempo ayudarlos a prepararse, a adaptarse a nuestros tiempos. Es una gran tarea, yo le dedico mucho esfuerzo. Pero bueno, nosotros hemos recibido mucho y me parece que éste es el lugar donde podemos devolverle algo a la humanidad. Sólo espero que no cometamos demasiados errores y que podamos mejorar sus vidas.

Me dice fraulein Ursula Hess. Fraulein Hess es menuda y distinguida, los ojos muy vivos, la elegancia discreta. Los Hess, ahora, pasan ocho meses por año en Colomé; cada vez van menos a la casa de Londres, la casa de Berna, las propiedades en California, Australia, África. Y están tan ocupados que todavía no pudieron dedicarse, en la Argentina, a su otra pasión: la colección de obras de arte.

—Yo estoy orgullosa de lo que hicimos con estas chicas: hace un año, cuando empezamos a entrenarlas, tenían miedo, no se atrevían a mirarte a los ojos, se asustaban si veían un extranjero. Ahora son capaces de atender una mesa perfectamente, de hacer bien su trabajo. Yo creo que vamos por el buen camino.

Si existiera semejante cosa, Herr Hess sería un suizo de libro, correcto, atildado que rezonga: ¿no pueden mantener un poco de orden? El arreglo fue que yo les hacía la plaza y ellos la mantenían; bueno, yo les hice la plaza, y mire lo que es. Recorremos las viñas: algunas están muy destruidas por el granizo; después nos encontramos otras —las más viejas, las mejores plantas— menos afectadas, y eso lo alegra, aunque no haga aspavientos. Herr Hess me cuenta que también quiso construir un pueblito para sus hombres y mujeres pero que ellos no quisieron: le dijeron no, preferimos vivir cada uno por su lado, con los chanchos, las gallinas: que son una comunidad pero no quieren vivir todos amontonados.

Comemos bajo un molle de doscientos cincuenta años, un árbol venerable; detrás las viñas de 1830, al fondo las montañas de vaya a saber cuándo. Todo respira una serenidad extrema: la fuente, con el agua que ameniza el patio, las luces bajas, a veces una ligera música new age, a veces nada.

—Sí, el patrón es un buen patrón: nos ayuda para que arreglemos los ranchos, nos ha traído la televisión, nos ha hecho la iglesia.

Cuando les pregunte, los peones me dirán frases de compromiso sí sí muy bueno, el patrón es muy bueno y poco más; es obvio: para ellos yo soy un amigo del jefe —si no un tira.

Dentro de un par de días, cuando salga de este círculo cerrado, sabré que la tormenta de anoche fue, según *El Tribuno*, "un devastador temporal

442

que azotó el norte salteño: en una hora cayeron ciente veinte milímetros, se rompieron los acueductos de Tartagal y de Mosconi, la ruta 34 está cerrada, un gendarme murió arrastrado por un alud y una estación de servicio fue saqueada".

Ernesto me cuenta cómo caza con boleadoras burros salvajes; cómo a veces sale con dos caballos y una mula a perderse cuatro o cinco días en los cerros —y que nada puede hacerlo más feliz. Ernesto está tan orgulloso del modo en que amansa sus caballos: no los doma, más bien los domestica a fuerza de mimos, de palabras, de buenos tratos, y los brutos responden mucho mejor —también los brutos. Sus caballos de paso peruano son extraordinarios: me da de pronto ese placer antiguo de mezclar sudores con una bestia que corre entre mis piernas.

—Es el paisaje, el cerro: acá siempre tenés un obstáculo cerca. ¿No has visto cómo andan los caballos de acá, pasitos cortos, vivos? Nunca pueden hacer lo que hacen los de ahí abajo, en la pampa, de tirar el tranco largo, el galope confiado. Acá siempre hay que estar pensando si no vas a chocar contra el próximo obstáculo.

En el galope el tiempo se suspende; no soy un gran jinete, no sé si sería capaz de hacer la maniobra correcta ante un imprevisto o un obstáculo. Cuando el caballo se lanza, mi voluntad es suya. Yo soy lo que él quiera hacer de mí, y en ese lapso acelerado, resigno todo control. El tiempo —creer que uno tiene conciencia del tiempo— es la primera forma del control; sin control, con el caballo literalmente desbocado, el tiempo se transforma en otra cosa.

Placer del árido
vacío: solamente
lo llenan los colores y las formas.

Voy recorriendo el valle. El paisaje es, como suele decirse, lunar, o sea: completamente ajeno. Ahora, detrás del valle estrecho verde, los enormes peñascos puntiagudos parecen lajas amontonadas al tuntún, como arrojadas sin ton ni son por alguien que no sabía qué hacer con ellas. En estos casos, en estos lugares completamente diferentes, imposibles, me tienta imaginar un dios —un pipiolo aburrido, un chico malcriado con demasiados juguetes en su cuarto que los iba tirando en siestas de rabieta sobre las tierras más olvidadas que tenía. Ese dios me entretiene: un dios indolente, caprichoso, imprevisible, un dios que —de puro azaroso— no pudiera tener ningún profeta. Un dios cuya existencia no cambiara nada.

Después supongo que eso es lo que solemos llamar naturaleza.

Todo a lo largo del camino, los puestos de Vialidad Nacional —que solía ser la repartición que se ocupaba de mantener las rutas— llaman a gritos a alguien que los mantenga. Son, diseminados por todo el territorio, más ruinas de aquel país cada vez más lejano.

La Argentina es siempre una amenaza.

Y de pronto, tras cientos de kilómetros, el asfalto. Si cualquier camino es la cultura, el asfalto es la modernidad: todo paisaje atravesado por la cinta negra con las pinturas blancas y amarillas aparece domado, sometido, civilizado por ese código de barras.

San Carlos, ahora, es un pueblo sin rasgos muy particulares: el más grande que encontré desde que entré a los Valles pero nada atractivo. Es, sí, un ejemplo de tozudez: en el siglo XVI lo fundaron tres veces en seis años, y una vez más sesenta años más tarde. Pero igual lo destruyeron las guerras calchaquíes y tuvieron que volver a fundarlo —para esto.

Los "barrios" unifican, crean efecto patria. En las afueras de tantos pueblos del país se ven las mismas casitas de dos habitaciones todas iguales una al lado de la otra, con su tanquecito de agua y su perfil sin gracia: paisaje bien argento.

Y después todo se vuelve viñas:
entre montañas viñas.

Herr Hess me decía que dentro de diez años los Valles van a hacer los mejores tintos de Sudamérica: oscuros, poderosos, diferentes.

por supuesto que están los delincuentes, está lleno de delincuentes pero no hay tantos, muchos son extranjeros a menos que te vayas a meter en una villa, ahí sí que la cosa está jodida, depende de los lugares aunque ahora ya no se puede estar seguro en ningún lado, antes ahí

A la entrada de Cafayate otro mural: FM Intensidad 97.1 ha querido sintetizar en una pared los Valles Calchaquíes. En el dibujo aparecen, de izquierda a derecha, una iglesia, un racimo de uvas blancas, un cántaro, una vasija indígena que derrama agua, racimo de uvas negras, un cardón, las lajas mal tiradas por el dios, un gaucho de poncho rojo con el sombrero que le tapa los ojos, una guitarra, un bombo, una barrica. Eso es todo, parece, para la FM —que no sabe de mujeres ni otros animales.

había una fábrica textil y la cerraron, se fueron, se llevaron la guita vaya a saber dónde, se acabó, si se levantaría el abuelo quién sabe

Parejitas rubias: estoy harto de ver parejitas rubias de pantalones anchos, camisetas, que recorren Cafayate —hoy, un ejemplo, Cafayate—, que recorren este país como quien recorre Bolivia o Ecuador. Aun si tienen razón.

Cafayate se ha convertido en un pueblo francamente turístico—un pueblo de diez mil habitantes con dos mil camas hoteleras— y el centro rebosa de restoranes, hoteles y chucherías artesanales. Como siempre, hay discusiones: los comerciantes que llenan el espacio de carteles modernos, marquesinas, y los que les dicen pero qué es lo que querés, que esto sea Carlos Paz. ¿No ves que acá la gente viene porque somos un pueblo como los de antes, tranquilo, sin esos quilombos?

qué diría pobre tano, con lo laburador que era

Don Palo Domingo coquea unas hojas como no he visto antes, impecables, iguales, ya despalilladas. No parece un hombre que se dé grandes lujos pero éste, me dice, no se lo saca nadie. Don Palo hizo muchos trabajos antes de salir a vender vinos y, por fin, hace unos treinta años, empezar con su propia bodega. Durante mucho tiempo su bodega se especializó en el torrontés de damajuana: buen vino popular, sin pretensiones, digno. De a poco se fue quedando con ese mercado —y ahora sus damajuanas están por todo el país. Pero, en los últimos años, empezó también a producir vinos de mucha calidad, elegantes, potentes. Es lo que ha pasado, en diversas escalas, de distintas maneras, con la producción de vinos patrios.

—Ésta es la única bodega grande de Cafayate que sigue siendo familiar, que no se vendió a las multinacionales. A mí muchas veces me han preguntado por qué no vendo y yo siempre les digo lo mismo: ¿vos venderías un hijo tuyo?

Don Palo es de esos empresarios argentinos que se hacen escasos, que disfrutan de hacer más que de ganar. Yo lo vine a ver por los vinos que hace, que siempre me gustaron, pero él me cuenta que fue intendente de los militares y que enseguida se peleó con ellos, que los mandó a la puta madre que los parió —y que después en el '91 fue el primer intendente elegido por el voto popular y que eso sí le da mucho orgullo. Después me lleva a recorrer su bodega, sus viñas, su muy reciente fábrica de quesos de cabra y, sobre todo, su invento más extraño: una aldea aborigen colgada en la falda de un cerro.

—Menos mal que acá no había colegios ni universidades, porque si no los kollas serían jefes y yo andaría de peón. No, esos son más vivos que… son un poco tímidos, desconfiados, hay que ganárselos. Pero inteligentes… para qué te voy a contar.

El pueblito son diez o quince casas de adobe y piedra con sus huertas y parras, coqueto, y un restorán para turistas y un paisaje fantástico. Una mujer me dice que desde que están acá vive mucho mejor:

—Acá si tengo que ir al pueblo a comprar algo en el día puedo ir y volver. Allá donde vivíamos antes eran dos días de ida, dos días de vuelta. Usted no sabe lo que es vivir tan lejos.

Llego a las ruinas de Quilmes cuando anochece y el sitio está desierto. Las ruinas fueron descubiertas hace más de cien años y reconstruidas por los militares; en la Argentina, queda dicho, somos muy buenos fabricando ruinas —y algunos más que otros: 1978 fue un año culminante. En este atardecer, Quilmes es un refugio de fantasmas solitarios, su cerro al fondo y las casas de piedra sin techo que bajan en anfiteatro, pobladas de cardones. El lugar es perfecto. Aquí, dicen, se atrincheraron los últimos resistentes de las guerras calchaquíes; aquí los derrotaron.

La guerra había empezado hacia 1560 y duró, con sus más y sus menos, hasta 1642 —cuando acabó con la extinción de varias tribus. Parecía que los españoles se habían ganado la paz, hasta que apareció —1656— un raro personaje.

Pedro Chamijo era un buscavidas andaluz que se hacía llamar Bohórquez y llegó fugado desde Chile. El andaluz debía ser el mejor vendedor de aquellos tiempos: sin más respaldo que su labia convenció al gobernador que lo guiaría hasta tesoros increíbles, a los encomenderos que les devolvería la sumisión de sus indios, a los jesuitas que los haría cristianos —y, sobre todo, a los indios que era el último descendiente de los incas. El andaluz era sin duda blanco y no sabía una palabra de quechua o de kakán, pero supo hacerse con la confianza y el mando de los calchaquíes. En 1658, amenazado por sus ex compatriotas, levantó una fuerza de varios miles y los condujo, audaz, a la desgracia. A él lo ejecutaron en Lima unos años más tarde; a los indios los dispersaron o mataron. Los habitantes de Quilmes fueron arreados —1666— hasta el sur de la ciudad de Buenos Aires; los pocos que llegaron se establecieron allí y le dieron su nombre al lugar. Por eso la cerveza más popular de la Argentina —ahora brasileña— se llama como unos indios derrotados, como una ruina recién hecha.

No se le rinde su debido homenaje: Pedro Chamijo Inca Bohórquez inauguró un linaje de gran trascendencia en la Argentina. Fue, sospecho, nuestro primer caudillo populista: un tipo de otra clase que lideró a los más pobres, pretendiendo que era, de alguna forma, uno de ellos —y que sabía, mejor que ellos, lo que ellos querían.

—Para mí ser argentino es ser bien nacido, agradecer a Dios, acordarse de los mayores que nos dejaron esta tierra. ¿Usted alguna vez pensó cómo sería su vida si no fuera argentino?

Es de noche. Busco un hombre en Los Zazos, un pueblito en las afueras de Amaicha, si es que Amaicha puede tener afueras. En Los Zazos no hay alumbrado público; las personas se mueven como sombras. Las calles iluminadas, que nos parecen tan normales, son un invento relativamente reciente y no están en todas partes. Pregunto por él; todos saben quién es y dónde vive, pero las indicaciones que me dan siempre son incorrectas: ahí nomás, enfrente de aquella casa, y resulta que enfrente de aquella casa hay un descampado. Lo busco porque me han contado que la comunidad indígena de Amaicha recibió, en 1712, una "cédula real" que les daba la posesión de sus tierras, que mantienen hasta ahora porque ninguna revolución, ningún gobierno se la sacó, y que se la dieron porque habían ayudado a los españoles a sofocar a sus hermanos en aquellas revueltas: por traidores. Me interesa la historia y me dicen que Luis César Segura es quien mejor me la podrá contar, que ahora forma parte del consejo de ancianos que rige la comunidad, pero que tuvo muchos problemas porque se empeñaba en andar con mujeres criollas —entre otras excentricidades.
Pero cuando por fin doy con su casa no hay nadie, ni una luz prendida. Los perros ladran, nadie más contesta. De todas formas es muy tarde, y tengo la sensación de que ya hablé con demasiada gente.

Provincia de Tucumán

Tafí del Valle-Famaillá

Llego a Tafí del Valle bien entrada la noche —en contra de mi costumbre de no manejar en la oscuridad— y doy una vuelta por el centro: lo único más o menos despierto tiene ese aire inconfundible de vacaciones argentinas. El tipo de aspecto que es muy difícil definir, pero que uno reconoce enseguida cuando ve —esta vez con sauces y con sierras donde otras veces hay playas y eucaliptus o lagos y coníferas.

Le escribo que voy por tantos rincones tratando de saber qué hace que esto sea un país. Me contesta que es una tarea muy loable, tanto más cuanto que es perfectamente innecesaria.

Después, ya en mi cuarto de hotel, paso un rato frente a la danza de la cucaracha. La vi cuando paseaba por la mesa de luz y le atrapé una pata con el interruptor de la lámpara. Desde entonces, y por un tiempo que quizás fue largo, la cucaracha no dejó de mover sus otras cinco patas de un modo que podría suponer desesperado. Trato de encontrar en esos movimientos algún cambio, alguna indicación de que la cucaracha —por la experiencia del fracaso— intenta otra maniobra, pero no. Espero: imagino que en algún momento tiene que aparecer el cambio de conducta, y no quiero perdérmelo. No lo veo. Es probable que yo no sea un gran observador de cucarachas y se me está cansando el dedo con el que aprieto el interruptor de la lámpara de noche sobre la superficie de la mesa de luz y la patita de la cucaracha. Me pregunto si debo aplastarla por idiota o dejarla ir por inútil. El debate promete ser largo: tengo muchos argumentos a favor de cada. Y de pronto, la injusticia perfecta de la que están hechos los viajes —y todo lo demás: en mi recuerdo, Tafí del Valle será el pueblo de la cucaracha.

448

He estado en tantos de estos cuartos de entre treinta y cincuenta, con esa cama de uno noventa por setenta, esa televisión de catorce colgada de la pared, ese baño donde no siempre hay papel, esa ventana que da a un aire y luz del tamaño del aire, de la luz. He estado en tantos de estos olores a cuerpos que pasaron. He dejado mi propio olor —mi propio cuerpo— en esas fundas percudidas, mis cenizas en la alfombra raída, mi apuro en una ducha que nunca es placentera.

Esta mañana, la quebrada que sale del valle de Tafí hacia la tierra chata tucumana es una explosión de sol, de verdes y de chanchos sueltos. En el medio un arroyito cantarín. Después de tantos días de aridez, el despilfarro de hojas y más hojas se me hace casi obsceno. Tentados por tanta espesura —y por la supuesta combatividad de los habitantes al pie del monte— aquí trataron de instalarse hace treinta años militantes del ERP y de los Montoneros. Sus intentos de guerrilla tropical fueron un fracaso rápido y sangriento. Es la historia que me contó Jerez, desde otro punto.

Seis muchachos de vialidad en overol anaranjado pican piedras al costado del camino. Yo me paro a mirar la vista extraordinaria. Después les pregunto si el trabajo es muy duro.

—No, no es pa tanto. Se pasa rápido, sabés. Te ponés a pensar en cualquier boludez y de pronto ya se te fue una hora. O nos hacemos chistes acá con los muchachos y vas pasando el tiempo. No es tan jodido; se te pasa enseguida, cuando te querés acordar ya está, ya te podés ir a tu casa.

De pronto truenos cambian todo.
Somos, sí, breves pero
es tan bueno olvidarlo.

Por suerte llueve, y las imágenes no refulgen bajo el sol estival. La Obra se ve grande desde la carretera 38, para que ningún viajero deje de notar que Famaillá es un sitio muy suyo. La Obra es espectacular: doscientos metros de columnatas de yeso trabajadas, sus tabernáculos u hornacinas, sus techitos en cúpula. Entre hornacina y hornacina hay frescos que cuentan la vida del Señor en estilo Billiken Tardío. En cada hornacina debería haber un santo pero, de las treinta, sólo cuatro o cinco tienen inquilino.

—¿Qué será, que los roban?

—Bueno, digamos que no. Más que nada es gente que viene a tomar acá, y las quiebra, las rompe.

Me dice un señor que se refugia de la garúa en el lugar de un santo ausente. La Obra está presidida, faltaba más, por el dios más común en estas tierras: en el medio del medio, alto sobre una loma, un Jesús Cristo de seis metros, los brazos bien abiertos, la túnica blanca con su paño púrpura, los ojos muy celestes. Lo escoltan, a cada lado, seis apóstoles: tienen túnicas con pliegues, barbas negras y, cada uno, su cruz, espada, llave, libro, pájaro. Las esculturas están realizadas en el mejor estilo Enano de Jardín Tardío: los rasgos muy acentuados torpes, los colores rutilantes torpes, la composición ligeramente torpe. Un poco más alejada, sobre el costado izquierdo, una virgen con niño vestida de marrón tiene corona y banda presidencial argentina; sobre el costado derecho, un centurión romano muestra una cruz y concentra todas las devociones. Ninguna de las otras estatuas tiene ofrendas; a los pies del centurión, en cambio, hay cantidad de flores de plástico, chupetes viejos, cartitas de pedidos. Llega una chica y le entrega su birrete de cartón Promoción 2005; para agradecerle algo —quizás el milagro de haberse recibido— le coloca una mano por encima de la rodilla y le besa la pollerita de romano, un poco más arriba: la escena es levemente porno. Me parece curioso que, de tanto santo, el más adorado sea el centurión, el verdugo de Cristo, la representación del poder político de entonces. Viene un muchacho con la bola de coca en la mejilla que le toca, prudente, el codo izquierdo. Le pregunto por qué todos le piden a éste, habiendo tantos.

—Éste es el gauchito Antonio Cruz Gil.

Me dice, agregándole un alias.

—No, cómo. Si éste es un romano…

—Ah, claro. Éste es san Expedito. Dicen que es muy milagroso para la plata. Todo lo que es de plata hay pedírselo a él.

La metáfora se está haciendo más y más barata. En el centro, bajo los pies del Cristo, una placa de mármol dice que la Galería de la Veneración —la Obra— fue inaugurada por el Leg. Prov. D. José F. Orellana y el Sr. Int. D. Juan E. Orellana. Adoramos a Dios y vendecimos su santísimo nombre. Veneramos a la santísima virgen su madre y a los santos intercesores, que nos protejan, iluminen y guíen, preservándonos del mal. Amén, dice la placa, y supongo que vendecir debe ser una mezcla de bendecir y de vender.

—Los santos son politiqueros, tienen su tiempo los santos. Ahora apareció san Expedito y los tumbó a todos, porque él es devoto de lo imposible, y como todos vivimos en una cornisa… Le pedimos cada boludez para cagarlo, y él va y te la consigue.

Me dice el ahora señor intendente José Orellana y me dice que es católico, que cree en Dios pero que no puede decir que no cree en los santos: cuando tengo mis aflicciones, como todo hombre, les recurro, los invoco, y no puedo ser desagradecido, me entendés.

—Pero para mí los santos son los representantes de Dios, son los dirigentes que él tiene por acá, llevan, traen. Por ahí llevan y a veces no traen, a veces median, a veces no median, pero creo que haber llegado a ser santo no es ningún accidente ni casualidad, no es ningún acomodo político. Para llegar a ser santo hay una cierta tramitación que requiere muchas habilidades, los santos no son inventados, vienen de una historia real. Pero no vas a creer que soy muy cargado de fe. No, no. Yo confío mucho en Dios, pero si me levanto a las diez diosito no va a estar cerca mío. Yo ayer me he dormido a las cinco y media y me he levantado a las ocho de la mañana, tenía mucha gente para atender ahí en la municipalidad.

Famaillá es un pueblo cañero del sur de Tucumán, treinta mil habitantes, muchos pobres, semáforos, asfalto, un hotel, una estación de servicio, negocios, escuelas, tanto cable de luz en el aire y el título de Capital Nacional de la Empanada. Pese a la lluvia hay mucha gente dando vueltas. Frente al Banco del Tucumán, tipo casita de la independencia, un pasacalle dice Gracias Sr. Int. José Orellana, Primera Promoción Bachiller IPAP. En la puerta del Club Social y Deportivo Atlético Famaillá otro pasacalles anuncia el Gran Festival Boxístico Profesional Internacional Intendente José Orellana.

—Acá es cierto que tenemos una pobreza innegable, pero también hay cosas muy bellas para mostrar. Los porteños se creen que nosotros andamos a caballo en alpargatas, son terribles, se creen que vienen al far west esos hijos de puta. Por eso está bien que vos vengás a ver, así que en mí tenés un amigo, un incondicional, cualquier cosa que necesités, acompañame, ayudame, no tenés movilidad, te pongo una movilidad... Sin ningún interés. Yo soy un tipo que el olfato le dice con qué tipo de gente está tratando. Ahora si vos me decís hermano estoy buscando unas adhesiones yo te ayudo, te acompaño. Porque esto no se hace con afecto, esto se hace con la moneda. Si no, estás cagado... esto no se maneja con amor y afecto y entusiasmo. Hay cosas que no pasan por la voluntad. Pasan por la realidad money.
Me dice el señor intendente, su voz aguardentosa, su tonada.

El intendente y ex diputado provincial José Orellana tiene cuarenta y cuatro años; el diputado provincial y ex intendente Enrique Orellana tiene cuarenta y cuatro años; los dos nacieron el mismo día, de la misma madre, y vienen alternándose en sus cargos —diputado, intendente— desde hace más de una década. Quiero decir: cuando uno de los mellizos Orellana es intendente el otro es diputado, y viceversa. Las elecciones nacionales de

2005 eligieron veinticuatro senadores nuevos: la mitad eran hermanos o cónyuges de gobernadores de las provincias que representan. El modelo tiene sus años. Ya Menem gobernó con su hermano como presidente del Senado, Duhalde con su esposa como candidata sempiterna, Kirchner con su señora senadora y siguen firmas, pero nunca se había difundido tanto como ahora. Algunos dicen que en este amasijo de traiciones que es la política argentina lo único que garantiza cierta fidelidad son los lazos de sangre. Yo a veces creo que es más amplio: en la Argentina la sangre —desde las Madres de Plaza de Mayo en adelante— se transformó en el vínculo decisivo. Y eso, supongo, tiene que ver con la falta de proyecto: la falta de política. Cuando había una meta común era fácil constituir un grupo o partido que la buscara; ahora, cuando el poder es un fin en sí mismo, sin más fines, nada crea esos vínculos que sólo la sangre sostiene. Los mellizos Orellana son el caso más extremo de la sangre.

—Mi hermano me reemplazó a mí, y yo después lo reemplacé a él: esto pa que vayas viendo cómo somos en la familia. Acá el que no pueda solucionar las cuestiones en su casa no puede solucionar ninguna otra cosa. Y el que no lleva guita a la casa también no es buen padre...

Dice, y se ríe a carcajadas o mejor risotadas: la palabra, por una vez, es risotadas.

—Gemelos somos, nosotros, ídolo. Nos parecemos, tenemos la misma voz, somos gorditos. Cuando estamos juntos se nota la diferencia, pero cuando nos ven de a uno muchos no nos saben diferenciar.

—¿Y cómo se las arreglan para seguir de acuerdo?

—Bueno, es como una sensatez que Dios nos ha dado a los dos. Queremos lo mismo, pensamos igual, no nos peleamos nunca. Sí hemos tenido discusiones, puteadas, pero pelearnos... nunca. Yo tengo de ventaja que él me cuida mucho a mí, me protege. Él considera que yo conduzco. Y yo a él le digo el depresivo Enrique. Porque él siempre es igual: cómo andás Enriquito, no, estoy cansado, no veo la hora de que esto se termine. Él está depresivo, pero cuando vienen las elecciones meta armar, meta organizar, es una bala.

Hoy es día de feria en Famaillá y la calle está llena de puestos que ofrecen fruta, verdura, cedés truchos, ropa china: lo de siempre. El hombre tiene un pantalón marrón un poco sucio, la camiseta al tono, el gesto distinguido, un gorrito de béisbol que dice cocacola. El hombre usa palabras buscadas, educadas:

—No, aquí el problema es la carencia del trabajo, mismamente. Yo siempre he trabajado en la caña, desde niñito he trabajado, pero antes teníamos trabajo de continuo, todo el año, y sin en cambio ahora la zafra dura casi nada, parece que la caña se la llevara el diablo. ¿Sabe qué es eso, señor? Eso es la tecnología.

Me dice, y deletrea: la tecnología, explotando la cé. El hombre tiene una bolsa de plástico con dos o tres docenas de cajas de dos cubitos de caldo de gallina cada una. El hombre vende cubitos de caldo de gallina y me dice que ahora la muchachada joven se va para Mendoza, para Río Negro, adonde puede a cosechar la uva, la manzana, que él está preocupado porque se está haciendo viejo y no tiene ninguna posibilidad de jubilarse porque siempre trabajó en negro, y su mujer tampoco.

—¿Y sus hijos por dónde andan?

—No, yo no tengo hijos, los carezco. Mi mujer no podía, y la verdad, señor, le digo: no sé si no será de agradecer. A veces pienso que quizás Dios sabía por qué no quiso darme hijos.

Los mellizos Orellana se criaron en una casa pobre y empezaron a trabajar a los seis años:

—A los seis años tuvimos que salir a lustrar, lustrábamos y nos daban algo, por lástima, por solidaridad. Pero éramos medio carismáticos, nos íbamos ganando el lugarcito de a poco, después hemos vendido helados, diarios, y en un momento nos convertimos en el sostén de la casa. Nuestros padres son la adoración nuestra y ellos se sienten muy orgullosos de nosotros. Después se dio la posibilidad de ayudar en la feria a un vendedor, y después la posibilidad de vender, tuvimos un puesto lindo de verdura que íbamos con la feria de pueblo en pueblo. Después llegamos a tener el carrito de mulas, que ya creíamos que éramos los hijos de Bunge & Born, salíamos a vender y después a pasear con el carrito, pa que nos vean. Y nosotros siempre fuimos activos dirigentes, con la actitud solidaria en la feria, cuando alguien estaba enfermo le hacíamos una colectita, conseguíamos remedios, pedíamos lo que había que pedir. Después nos metimos en la juventud peronista allá en el año 83, lo fuimos a conocer a don Fernando Riera. Y después de empezar a militar vos te das cuenta de que la política te puede dar una oportunidad, entonces había que prepararse. Nosotros teníamos cuarto grado, ya grandecitos hemos terminado la primaria y después, con un poco de demora hicimos la secundaria, pero a los veintiún años yo ya era concejal, de los más jóvenes que hubo…

José Orellana es petiso y robusto, buena panza, la cara ancha, el pelo negro, los labios muy rellenos.

—Acá no hay nada que inventar, ídolo. En la política hace falta… no sólo lógica y sentido común; hace falta sagacidad, viveza criolla, que te llevan a ir corriendo los mojones. Esto no es andar queriendo estar en todas.

Hay que saber los momentos, las situaciones. Yo había sido dos veces concejal y venían las internas del partido para intendente. Con lo que ganan los concejales no hay nada pa repartir... pero yo la que ganaba la repartía. Como nadie daba nada, entonces lo mío, lo poquito, era mucho. Yo a un equipo le daba una pelota de veinte mangos, pero a los veinte los hacía doscientos: hablando, les amagaba que se la daba, esperá, volvía... es cuestión de correrla. Pero la cosa es que yo estaba ahí y ya la tenía junada a la intendencia. Es un sueño de todo negro, es al pedo... Y yo les decía miren, si yo soy intendente va a ser intendente uno de ustedes, yo voy a ser intendente por ustedes, y así los conmovía.

—Cuando lo eligieron la primera vez quizá la gente habrá dicho mirá, un tipo pobre, quizás sea honrado, qué se yo. Como la pobreza es mayoría, habrán dicho eh, uno de nosotros, votémoslo. Pero es increíble la plata que han hecho en los últimos diez años estos dos. Por ejemplo ese negocio que está allá, la propiedad más alta, ésa la han comprado ellos, está a nombre de la mujer de uno de ellos. Y no tienen cómo justificar lo que tienen. Han librado cheques sin fondos, tienen deudas tremendas y nadie les hace nada, no los juzgan, nada: es impresionante la impunidad que tienen.

Me dice Fernando Iosa, que encabezó, hace un par de años, varias manifestaciones contra los Orellana. Iosa tiene treinta y tantos y un negocio de zapatillas en la calle principal de Famaillá. Su cruzada empezó porque la municipalidad, dice, le debía mucha plata.

—A mí me debían veinticinco mil, y al final, de tanto insistir, me dijeron bueno, te damos quince y vos firmás por veinticinco. Yo les he dicho ah, sí, vos me vas a robar diez mil a mí, andate a laburar, chorro y la gran puta que te parió. Había gente que la hacían trabajar contratada, ponele cinco meses a doscientos pesos por mes. No les pagaban; al final le decían lo mismo, mirá, te debemos mil pesos pero la Municipalidad no tiene plata pero si querés cobrar ya, te podemos dar trescientos. Y el pobre infeliz que vive en la miseria agarraba los trescientos... Y yo me recalenté y empecé a hablar con gente para que hagamos algo, así empezamos con las marchas y esas cosas.

Los hermanos Orellana tuvieron cantidad de causas por malversación de fondos públicos, compras irregulares, cheques confusos, contaminación ambiental, injurias, lesiones. En un debate electoral en una radio de su pueblo, Enrique acusó de corrupción a otra candidata —y dijo que no valía la pena elegirla:

—Para corruptos ya estamos nosotros.

Dijo, y un fiscal recibió la denuncia de un ex concejal, decidió actuar y lanzó un acto de procesamiento contra su hermano José. Se equivocó de reo y todo quedó nulo. Ser mellizo tiene sus privilegios.

—En la política llegar al cargo es menos de la mitad. La otra mitad es la más dura: ¿cómo subsistís? Ahí está el secreto: tenés que conseguir que los tipos estén aferrados a vos, que quieran que vos sigás.
—¿Y eso cómo se consigue?
—Bueno, yo como intendente soy el que más obra hice. Pero yo soy un convencido que el mano a mano es la mejor obra. Es lo que te consigue las lealtades. En Famaillá se enferma un tipo y lo primero que hacen es avisarme a mí. ¿Hay que operarlo? Lo llevo, lo hago operar, lo traigo, si hay que conseguir una silla de ruedas la consigo, si hay que hacer una jubilación la hago. Ha muerto alguien y y allá estoy yo, con el cajón en la mano, yo soy asqueroso en eso, ya me he acostumbrado, voy al velorio, les mando las bebidas; si hay un casamiento yo les mando la música, los ayudo con esto y con lo otro. A mí me gusta, lo siento, pero siempre estás pensando en el voto: qué querés, hermano, yo vivo de eso, qué te voy a andar contando. Y yo me encargo que se enteren cuando hago algo, no voy a querer que se quede en el anonimato. ¿Qué voy a hacer, se lo voy a dar al dirigente para que él lo lleve? ¿Y qué va a decir el dirigente, acá le manda José? No, va a decir acá le traigo esto. No, hermano, acá el que regalaba se fundió. Mientras yo tenga tiempo de hacerlo... ¿Qué te creés, que como vidrio yo?
Dice José Orellana y se entusiasma, se ríe, me palmea.

Fernando Iosa es flaco fibroso, nervioso, pelo corto, la barba rala rubia, bluyín y remerita, y me dice que así es la política hoy en día: que la pobreza hace que la gente dependa de los políticos y entonces no pueda manifestarse en contra. Y que por eso se ha cansado de las marchas que organizaba y de sus conciudadanos, sobre todo:
—¿Y yo para qué voy a seguir haciendo todo esto? Yo no puedo seguir peleando solo, somos muy pocos, no se puede. Acá la gente es muy pasiva y tiene miedo. Vos si a mí me hacés algo injusto, yo no voy a parar hasta que no te haga yo lo mismo, me lo vas a pagar. Pero acá la gente no, se deja hacer de todo. Incluso gente que tiene poder económico, que tiene cultura, no sé por qué no tienen pelotas, no sé qué les pasa... Mirá ese negocio, por ejemplo: a él también lo han estafado, y el tipo no quiso hacer nada, prefiere hacerse el amigo... Yo no, yo la lucho. O la luchaba... Ya me he cansado. Yo pierdo un poco, como ciudadano, porque éste es mi pueblo, qué sé yo... Pero los que más pierden son la gente pobre, y yo no sé si es que les gusta andar así, pero ellos no hacen nada...

Ya levantan los puestos del mercado. Es mediodía, y el calor —pese a la lluvia— se vuelve insoportable.

—Yo qué sé si él roba o no roba, qué me importa. Lo que sé es que se ocupa de nosotros, cuando nos falta mercadería, comida, siempre algo nos da. Los otros hablan mucho, pero José es el único que se ocupa de nosotros.

Me dice una mujer que barre y, cada tanto, se agacha a levantar una cebolla vieja, una papa picada.

—Yo cuando puedo voy y les hago un buen bañito. El bañito el tipo lo toca todos los días con el culo, lo mea todos los días... Yo lo convencí al gobernador, le dije con los baños no sólo solucionamos el problema de las letrinas, de sanidad: el tipo todos los días está ahí cagando con vos y no se olvida: yo he cumplido con vos, vos vas a cumplir conmigo. Yo evito darles lo que se consume ligero porque eso es pan para hoy y hambre para mañana. Yo trato de resolverles el asunto. Si un tipo está enfermo en serio yo voy y lo pensiono. Porque hoy hay plata, hermano. Si la Nación está entregando pensiones al por mayor... entonces hay que aprovechar el momento. Les podés dar cosas, solucionar problemas, y eso es lo que te dura. Entonces ellos ven que entre todos los malos hay uno menos malo: soy yo. Pa ellos yo soy el mejor, ídolo, el mejor. ¡No se van a olvidar de mí, no se van a olvidar! Y el día de las elecciones vos sabés cómo va a estar el votito ahí... Pero aún así yo los voy a buscar, no me quedo tranquilo, les digo muchachos, acá el Josecito renueva, hay que cuidarlo porque es un buen changuito, ustedes saben que yo siempre estoy con ustedes... No es que nosotros seamos mañosos; nosotros somos muy... pragmáticos. Nosotros estamos en función del voto. Por ahí puede haber intendentes que dicen ah no, yo soy independiente. Son tan independientes que se olvidan de que después va a haber una elección, no los vota ni la familia porque hasta ni a la familia la ayudan. Y se presentan pero no ponen el aparato. ¿Y eso cómo es? ¿Vas a tener el aparato y no lo vas a usar?

José Orellana se ríe con la boca, con la cara, con todo el cuerpo tirado para atrás, como quien acaba de escuchar un chiste extraordinario.

—Vamos a recibir a nuestra bandera de ceremonias, símbolo de nuestra grandeza y de nuestra gloria.

Los baños huelen fuerte; las sillitas y los pupitres están rotos. Sobre el escenario, entre dos angelitos, ante un cartel de letras doradas que dice Gloria a Dios en el cielo y paz a los hombres, un nene muy nervioso —guardapolvo blanco, corbata azul, camisa blanca— recita Escuelita escuelita mía caliente nido de amor donde hay otra madrecita como la que Dios nos dio. Escuelita escuelita mía otro año te dejaré pero en mi corazón te llevo para el otro año volver.

—Dios se hizo hombre, Dios está entre nosotros, Dios ha cumplido sus promesas.

Dice ahora una voz que parece grabada y una docena de chicos muy chiquitos con alas de cartón dan vueltas por el escenario. Algunos aletean; una maestra petisa les marca el movimiento: aletea mejor. Un poco más allá, en el fondo del patio, una docena de chicos juega bruto picado. La construcción es bastante siniestra: techos bajos de lata, puertas de rejas, rejas en las puertas de las aulas, rejas en las ventanas. Dicen que el alambrado que la rodea es el mismo de entonces: sus tres vueltas de alambre de púa.

El acto de fin de año ya se ha terminado y cinco o seis maestras muy maestras chupan un helado de palito mientras recogen sus enseres. Les pregunto si ésta es la escuela donde los militares tuvieron prisioneros allá por los setentas —digo, para no decir que éste es el lugar donde se instaló el primer campo de concentración de la Argentina, 1975, Operativo Independencia.

—¿Cómo?

—¿De qué está hablando? No le entiendo.

—No, de la época de la subversión quiere saber.

—Sí, acá había una placa, que pusieron este año, el año pasado, pero hace tiempo que no la veo.

Dice la única que dice algo —y le pregunta a la de al lado qué ha pasado con la placa ésa, dónde está.

—No sé, creo que se la han robado. Yo tampoco la he visto.

Dice, chupa el helado. Su despiste es inverosímil: el propio intendente Orellana me ha contado que, desde hace unos meses, las mujeres que limpian se van cuando salen los alumnos de la noche, que no quieren quedarse solas ahí adentro porque dicen que oyen ruidos, gritos, que hay paredes que lavan y vuelve a aparecer la sangre. La "Escuelita de Famaillá" funcionó como centro de torturas y asesinatos entre 1975 y 1977 y tenía, según la Conadep, capacidad para cuarenta prisioneros. En el pueblo, entonces, nadie hablaba de eso.

En septiembre 2003 un hermano menor de los mellizos Orellana, Miguel —que todos llamaban Piki— fue detenido y procesado por el asesinato de Adrián Mansilla, veintiséis años, empleado. Mansilla había sido secuestrado la tarde del domingo 17 de agosto en la terminal de ómnibus de Tucumán. Pasaron los días y el muchacho no aparecía. Entonces la madre de Mansilla contó que ese domingo el Piki había ido a su casa con varios amigos armados, a buscar a su hijo: le dijo que su hijo le había robado plata y que ya lo iba a encontrar.

—Nosotros somos una familia muy unida. En las familias que ha habido el padecimiento de las cosas que faltaban los vínculos son más cercanos, los afectos son más fuertes. Yo tengo un hermano jovencito, treinta y un años. Este chango trabajaba muy bien, tenía su negocito, puso uno de esos todo por dos pesos, que era un boom, y con pala levantaba la guita. Un chango que ganaba diez mangos por día, de un día para el otro entró a ganar mil pesos. Y un día descubre que un empleado le roba y entonces sale a buscarlo y lo matan, y ahora tengo un hermano preso, me entendés, ídolo, que es lo que a nosotros nos marca un antes y un después, nos cambió la vida. De últimas uno el primer día llora, se pregunta un montón de cosas, pero después decís bueno hay que seguir funcionando y a la mierda, eso ya está hecho, hizo la cagada, allá él. Pero a nosotros eso nos ha golpeado mucho...

Después aparecieron testigos que dijeron que habían visto a Piki Orellana en la estación de ómnibus pegando a Mansilla y obligándolo a subirse a un coche. Cuando los testigos intentaron retractarse ya era tarde. Adrián Mansilla, mientras tanto, seguía desaparecido. La policía lo buscaba; la madre era recibida por el gobernador y pedía a la familia Orellana que le entregara el cuerpo de su hijo "en el estado en que sea". Su abogado decía que Adrián solía ir a comprar drogas a Buenos Aires por cuenta de Piki, su patrón, que "había una relación sexual entre ellos" y que Piki y su gente se sentían impunes por el poder político de sus hermanos. Después la madre de Mansilla —otra vez la sangre— acusó a José, dijo que tenía "una organización mafiosa dedicada al narcotráfico" y que fue el autor intelectual del crimen porque su hijo iba a denunciarlo. Los diarios publicaron que el coche en el que se llevaron a Mansilla era el de la mujer de Piki y que tenía manchas de sangre.

—Él habrá creído que de esa manera se resarcía lo robado, cuando en realidad la plata va y viene... El daño hecho es irreversible. Porque también te tenés que poner en el mostrador de la otra familia: yo la he ido a ver, mamita, le digo, usted ha perdido un hijo, mal, infeliz, ladrón, lo que quiera, pero era su hijo, no hablen mal de él. Yo tampoco nunca reclamé inocencia por mi hermano, ni tampoco nunca lo negué. Uno lo quiere al tipo. Primero me enojó, tantos problemas que uno tiene y éste viene a hacer esto, lo querés matar. Pero después... sabés qué pasa, que esta actividad te va inmunizando de muchas cosas. Yo tengo que llorar en cada velorio que voy. Yo tengo que ir a ver a unos que están en el hospital y gritan, alaridos, se aferran a vos, te abrazan, si yo tengo que llorar en cada una de ésas... Yo no voy a renegar más. Disfrutá todo lo que sale bien. Por suerte me salen bien muchas cosas. Y cuando no va bien, hacé como el abogado: has ganado, champán; has perdido, perdió el cliente, hermano, y a la mierda. Como el médico: lo curó, paguenmé que festejamos; se ha muerto, uno menos en la familia del otro, qué querés que haga. Si no, voy a vivir con una úlcera tomando remedios todos los días... ¿Qué querés, que me caliente? Mi mama se ha calentado y mi tata le ha metido mellizos. Mirá si me voy a calentar, yo.

Al cabo de un mes y medio la familia Mansilla pidió que la justicia diera por muerto a Adrián. Unos días después uno de los detenidos se quebró y contó dónde estaba el cuerpo: la policía lo encontró en una plantación de paltas de Sauce Guacho, cerca de Famaillá. Lo habían enterrado poco: debían creer que nadie lo iba a ir a buscar. El arrepentido dijo que había vuelto varias veces al lugar para rezarle al muerto y dejarle flores y agua bendita. Y dijo que esa noche le pusieron una capucha, lo cagaron a trompadas, lo hicieron arrodillarse y le metieron una bala de 32 en la cabeza. Que lo llevaron a aquel campo de paltas y lo enterraron bajo un metro de tierra y que, después, se fueron todos a chupar a una bailanta.

—Acá hay que aprender de todo, y sobre todo hay que aprender a trabajar en equipo: vos hacé esto, vos esto, vos lo otro. A mí me gusta conversar, me gustan las minas, me gusta la joda, soy completo, pero no se puede estar en todo, patear el córner y después ir a cabecear. Entonces hay que estimular, el dirigente que te acompaña tiene que sentir que es maravilloso, tiene que saber que yo en él confío, que está porque yo he creído en él y que va a hacer bien porque es eficiente y que yo voy a cumplir con él. Ahora, él tiene que cumplir conmigo. Y si no, bueno, hermano, yo he cumplido con vos, vos no has cumplido conmigo. Ellos saben que yo soy bueno, muy bueno, pero también saben que soy bien hijo de puta si vos no me cumplís... Pero yo prefiero que los que me ayuden sean pícaros antes que boludos. Si un pícaro te hace una cagada ya lo vas a agarrar, pero la cagada que hace no te afecta, vos seguís funcionando; en cambio el boludo te puede hacer retroceder, en seis meses no terminás de reparar lo que ha hecho. Y hay una cosa que en esta actividad no se recupera: el tiempo perdido, hermano, no vuelve más.

—¿Y qué es lo que te gusta del poder?

—En el caso mío lo que tiene es que vos te generás una sensación... primero te da un status de vida mejor, eso es innegable. Pero a mí lo que más me encanta del poder es haber venido de un hogar humilde y haber llegado. Mirá, la vida es una balanza. Hoy yo ya podría comerme diez facturas pero peso más, estoy gordo, muy gordo, entonces me limito. Y cuando yo era chico las diez facturas las veía por la vidriera nomás, y las deseaba y no tenía. Pero hace un par de años yo había decidido dejar, no te vayás a creer. Yo había armado mi negocio, estaba en la legislatura y tenía unos manguitos y había armado un negocito, porque esto te cansa, y estaban dadas las condiciones para emprender otra cosa. Pero tampoco te vas a creer que me salvó la política a mí. Me permitió estar mejor, sí, si yo te dijera que he perdido sería hipócrita. Yo he ganado con la política. Pero yo he vivido y dejado vivir. A mí la política me dio todo: un buen standard de vida, la preocupación de entender y conocer, de estar imbuido de muchas informaciones; no te voy a decir que soy la lucidez, pero boludo no soy, que ya es bastante en estas cosas.

Aquella vez surgieron complicaciones, denuncias, disputas internas, y José Orellana pensó que era mejor no retirarse.

—Con todo aquel lío de las marchas hemos logrado que venga el tribunal de cuentas. Viene y dice administración fraudulenta… ¿Cómo puede ser que no pase nada, que todo quede en la nada? Yo no lo entiendo. Ha salido en *La Gaceta*, todos se han enterado, el gobernador se ha enterado, pero este hombre tiene una impunidad total con el gobernador Alperovich, con todos… es alevoso.

Dice Iosa: todavía no lo entiende.

—Nosotros teníamos problemas con Julio Miranda, el gobernador que había entonces, porque él nos quiso perjudicar, nos ha dado menos plata, no podíamos pagar, teníamos quilombo todos los días: hemos subsistido por la garra que teníamos. Y entonces lo he ido a ver a José Alperovich, que era senador, y le digo mirá hermano, yo cuando estoy con alguien estoy, si vos querés yo voy con vos y te lanzo. Y él me dijo mirá no sé, lo voy a pensar, y yo le digo ¿vos querés o no querés? Yo, hermano, me juego. Él estaba caliente con el otro, todo empingado, no tenía cabida, no tenía nada que perder. Y le hicimos un acto ahí en Famaillá, a todo culo, movilizamos en serio, entonces el vago se embaló y entramos a hablar con más gente y empieza a armarse un grupo. Y cuando Miranda se da cuenta esto estaba largado, ya no estaba pa mojarle la oreja, y Miranda tiene que entrar a jugar por él y ahí se terminó de armar la cosa. Y hasta el día de hoy él me lo reconoce, el primero que fue conmigo es el Mellizo, le dice a los ministros, todo: lo que el Mellizo diga… es preferido mío, vení sentate al lado mío, qué se yo. Esos privilegios tengo yo hoy, hasta el día de hoy estoy cobrando ese crédito. Tampoco vas a creer que me siento como que lo he enamorado, pero a mí me sirve, ¿qué te voy a decir, que no me sirve? Yo chapeo con los funcionarios, Fulanito aferrame este quilombo porque he hablado con José y me ha dicho que lo maneje yo. Ah bueno... Acá te tenés que valer de todo, todo suma.

El intendente José Orellana usa jeans gastados, la camisa celeste abierta sobre el pecho con pelos y la cadena de oro con su cristo, el reloj de oro, el anillo de oro con rubí potente. El intendente dice que él se siente un líder que trabaja para ser primero:
—Yo me siento un líder que trabaja para ser primero, ídolo, me entendés. Yo no voy a venir a querer hacerle el sillón al gobernador, pero el sillón mío no me lo vas a hacer. No es que sea egoísta y que no quiera convidar o pasarle el poder a otro, pero al sillón hay que cuidarlo. El hombre que vos pensás que tiene mayor lealtad, que cuando te reemplace transitoriamente va a seguir el eje de la línea política tuya y que supuestamente te va a devolver el sillón que le has prestado, el día que está sentado la primera acción que le viene es decir ése se ha ido, no debe volver más y hagamos política pa que yo me quede... Y si no preguntale a Duhalde. Si te querés ir a tu casa podés dejar a un hijo de puta que haga lo que quiera. Pero acá si querés seguir escribiendo la historia tenés que confiar en la familia, es lo único que podés confiar. El político en lo que sí tiene ambición es el poder. Yo lo sé, así que yo la voy a pelear hasta donde vea que puedo estar, que la puedo ganar...
—¿Hasta dónde pensás seguir?
—Yo soy un tipo con los pies sobre la tierra. Pero no tengo límites. Me preparo para lo más. Yo ahora soy constituyente: no voy a ser un constituyente más, voy a explotar todo lo que la vida me ha permitido. Yo estoy conforme, pero quiero más, como cualquiera. El que te diga que no quiere más te está mintiendo, es el traidor número uno: ahí cuidate. Ése no te va a cagar: te va a recagar. Ése te va a agarrar sin vaselina. Si te has confiado no tiene la culpa él; tenés la culpa vos. Una vez tiene la culpa él; dos, ya es que te está gustando. Yo soy considerado un buen orador. Lo único malo que tengo es el tono, porque el tono mío es gauchesco, muy tucumano, no es el tono del orador profesional, más aporteñado. Pero el mate a mí me funciona bien. Yo cuando estoy con vos lo primero pienso qué tengo que decirte a vos y que a mí también me sirva. Si no nos sirve a los dos, no da más, no funciona.

Hay variantes, pero el bolsón más habitual para reparto a pobres suele contener
—2 kilos de polenta
—1 kilo de harina
—1 kilo de fideos guiseros

—1 kilo de fideos soperos
—1 kilo de arroz
—2 latas de picadillo de carne
—1 ½ litros de aceite
—1 kilo de azúcar
—1 frasco de mermelada
—1 flan en polvo
—2 cajas de leche en polvo

y su distribución no tiene una regularidad precisa: alrededor de uno por mes.

Provincia de Catamarca

Catamarca

Desayuno en Monteros todavía y me dan un pote de miel. Cuando saco una cucharada de miel para untar mi pan, la miel del pote se reacomoda lenta, imperceptible. Si saco agua de una taza con agua, el agua ocupa de inmediato ese vacío: el movimiento no se ve. Si saco arena de la arena, la arena ocupa ese lugar groseramente: granos que caen hacia el vacío que quedó. Digo: si saco miel de un pote de miel, la miel recupera su lugar lenta pero poco visible —ni inmediata imperceptible como agua ni torpe como arena: no veo que la miel se mueva pero la miel, al cabo de un buen rato, estará donde tenía que estar. Así, me parece, cambian los países.

No es fácil ver cambiar países: requiere algo que debe estar entre la imaginación desbocada y la paciencia.

Vuelvo por caminos que ya he recorrido —y eso está en contra de todos mis principios. Paso Concepción, Aguilares, las montañas. De pronto el paisaje se me hace muy argentino, pienso: este lugar sí que es muy argentino —y no sé bien qué estoy diciendo. Hay zonas de Entre Ríos cuyos pobladores se llaman a si mismos uruguayos y entonan bien charrúa; hay selvas tropicales en Misiones donde sólo se habla portuñol; hay correntinos de guaraní cerrado, que se entienden mejor con un paraguayo que con un cordobés; hay valles de la Puna que no se distinguen de valles bolivianos; hay tantos mendocinos que querrían ser chilenos. Puedo suponer que lo argentino —lo "puramente argentino"— está en el punto más alejado de todas esas cruzas, aquí, en esta ruta catamarqueña, por ejemplo, o en alguna de esas pampas más abajo; puedo pensar, también, que la expresión "argentino puro" es un oxímoron, una contradicción intrínseca.

Somos, en cualquier sitio, una frontera.

Un perro flaco cruza la carretera tan despacio, mirándome, mirándome, que pienso que quiere que lo mate: no me atrevo.

A veces —no más de diez o quince veces por día— me asalta la desazón de no estar contando lo que querría, de estar armando involuntario un país que escora demasiado al drama social. Entonces hago propósito de enmienda y corrección y lo mantengo, incluso, a veces, hasta el día siguiente, cuando alguien viene y me comenta que tal, que cual, que aquello, y yo pienso que no puedo dejar de ir a mirar. Entonces, para tranquilizarme, me digo que por algo será.

Falta poco para llegar a Catamarca, y la selva subtropical se convierte en Grecia o en Turquía: paisaje mediterráneo de colinas ralas donde la diferencia con el original está en algún cardón y las cercas de palos en lugar de los olivos y las cercas de piedra.

Es la tercera vez en cien kilómetros que me topo con restos de una civilización que vivió por acá doscientos o trescientos años después de Cristo. Al costado del camino un cartel anuncia más ruinas en lo alto de un alto: es una especie de pequeña meseta entre montañas, donde se ven los cimientos de piedra de casas que desaparecieron hace siglos. El espacio parece fuera del mundo y está lleno de cardones viejos. En una esquina, la madre de todos los cardones se balancea despacio, con el viento; me quedo mirándola un rato largo: el movimiento es casi hipnótico, encantatorio. Y después pienso en estos indios suponiendo que el mundo era y sería eso que ellos veían: un cardón que se mueve, una aldea de cuarenta casas, unas terrazas para plantar maíz, acequias para regarlos, sus mujeres, sus hijos, sus abuelos, un par de dioses, las estrellas, la amenaza de un puma más allá de los árboles, historias que les llegan de más lejos.

Hacemos el esfuerzo, a veces, de imaginar mundos hacia atrás, suponer el pasado. Ésa es una de las razones del viaje: sumergirse en espacios que te dan la ilusión de haber cambiado de tiempo. En Argentina hay pocos, y éste es uno, pensaba plácido cuando un perro me ladra de pronto. Parece furioso; le grito y no se calla. Trato de asustarlo y él me asusta. Me encara; levanto una piedra arqueológica, una vieja piedra indígena, y estoy por tirarla cuando escucho el grito:

—No, pará, no le hagas nada.

Detrás de otras piedras cuatro bultos duermen envueltos en sus mantas. Uno solo saca la cabeza, con el grito. Le digo que creí que el perro estaba solo y que tendría que defenderme. El pibe tiene unos veinte años, pelo mota, las zapatillas rotas, ropa bastante sucia, y me dice que está viajando, yirando por ahí. Los otros tres siguen inmóviles. Suele venir, me dice, acá, a cargarse de la energía de los indios. Le pregunto para qué la quiere y me mira callado, por no decirme que no sea pelotudo. Le pregunto qué hace y me dice que nada.

—Nada, yo tengo todo el tiempo del mundo para hacer y deshacer, pero prefiero no hacer nada.

Por decir algo le pregunto de dónde es, me dice que de Mendoza, pero que hace mucho tiempo que no va por ahí. Me pregunta de dónde soy yo y le digo Buenos Aires.

—Ah, Babilonia.

Me dice, y se duerme de nuevo.

Mientras, las versiones de la historia van cambiando. A la entrada de Catamarca hay una especie de mural que dice: "El pueblo de San Fernando del Valle de Catamarca y sus fundadores". Y el dibujo muestra a un conquistador con su armadura y a un indio con sus taparrabos. Para mi manual de quinto grado los fundadores eran todos españoles.

Y de pronto un caserón amurallado —un búnker— que podría ser la embajada soviética en Angola, emerge de la medianía de un barrio de clase media alta. Le pregunto a una mujer quién vive ahí.

—Saadi, quién va a ser. Grande, linda, ¿no?

Me dice y le pregunto quién más vive. Ella me dice que no, que vive solo:

—Vive solo, sí, pobre. Una casa así es linda cuando uno tiene muchos hijitos, siete, ocho hijitos. Entonces ahí sí, pero imagínese una casa tan grande para él solo, pobre.

Catamarca es una ciudad agradable, modesta, conservadora, católica, cien mil habitantes y nada muy particular, nada muy diferente. Hay arbolitos, iglesias y algunas casas coloniales. En su plaza central la idea está muy clara: la catedral tiene dos torres altas, un frontis de ocho columnas imponentes y está pintada rosa vivo. Al costado, bajita, con una puerta angosta para entrar de perfil, la casa de gobierno, blanca, sin alardes.

La catedral celebra a la Virgen del Valle —y a la hora de la siesta está cerrada. La Virgen del Valle no sólo es patrona de Catamarca y del Noroeste argentino, sino también del turismo y del paracaidismo. Por eso su iglesia está llena de placas de regimientos que le agradecen su ayuda en la guerra de las islas Malvinas —y no quiero imaginar qué habría podido pasar sin esa colaboración. Los turistas, en cambio, no parecen especialmente agradecidos. Quizás no saben que su actividad, sin la protección virginal, puede tornarse muy riesgosa.

El licenciado en parapsicología es joven y bonito y se me acerca en el bar y me dice que qué bueno verme por acá, que él también está de viaje, que se pasa uno o dos meses en cada ciudad siempre con su mazo de tarot y que también se considera un viajero que está conociendo el país pero más desde adentro, me dice y se sonríe:

—No sabés la cantidad de cosas que te enterás en las consultas. Historias de amor, sobre todo. Nueve de cada diez consultas son por cuestiones de amores.

Dice, y que el resto son sobre trabajo y que acá en Catamarca ve más mentira, más infidelidad que en otras provincias y que ya recibió a varios hombres que vinieron a preguntarle si sus mujeres les ponían los cuernos pero que después, cuando las cartas dicen que ellos también lo hacen, le explican que no es lo mismo, que cómo se le ocurre comparar, que la que no puede ser infiel es la mujer. Después el licenciado me dice que por qué no vamos a pasear a algún lado, a tomar unas copas.

—Ese hombre sí que es rico, señor. ¿Sabe lo que tiene ese hombre en la casa, señor? Un quincho computarizado tiene, señor.

Acá los palos borrachos, que en Buenos Aires son casi estilizados, se ensanchan y se acercan mucho al cactus —pero florecen con más fuerza: toscos pero fértiles. Me digo, una vez más, que tengo que cuidarme de metáforas fáciles. La sequía amenaza y Aguas del Valle Sociedad Anónima pega carteles que dicen "No al riego con manguera, no al lavado de autos, no al lavado de veredas". Los coches en la calle están limpísimos.

Acá muchos tutean raro: dicen "vos quieres" —lo contrario de los uruguayos que dicen "tu querés".

El gobierno de Catamarca anuncia la construcción de una nueva cárcel a unos veinte kilómetros de la capital con una inversión de diez millones de pesos y una capacidad para trescientos presos. "Es una obra para la próxima generación", dice el gobernador.

En el diario *La Unión* de Catamarca hay una nota de un navegante solitario inglés que sigue los pasos del viaje de Darwin en la fragata Beagle.

Para explicar quién era Charles Darwin cuenta que su libro *El origen de las especies*, publicado en Londres en 1859, "no sólo se agotó en sus primeras seis ediciones consecutivas, sino que aportó conceptos que eran por entonces revolucionarios". "No sólo se agotó", dice —porque eso es lo importante. Además, como quien no quiere la cosa, "aportó conceptos revolucionarios", es decir: acabó con la hegemonía de un relato que llevaba milenios, cambió la imagen que el hombre tenía de sí mismo.

—Tucumanos y santiagueños se tienen bronca, riojanos y catamarqueños se tienen pena.

Me dice un gracioso, y me parece bien torneado.

Quiero comer locro; no lo encuentro. Averiguo en dos o tres restaurantes y no tienen. Entonces le pregunto a un taxista, y me dice no, por ahí, por la terminal capaz que encuentra, y antes de que yo diga nada me tranquiliza:

—Pero es limpio. Lo que pasa es que acá en el centro es la zona más de los ricos, y como están los médicos, que siempre dicen cosas, ¿qué restaurant se atreve a hacer un locro?

"Un joven fue detenido en las primeras horas de la tarde cuando intentaba llevarse diversos elementos de un supermercado céntrico sin pagar", cuenta el diario local. "Según se conoció, el muchacho, que actualmente se encuentra detenido en la comisaría 2ª, arribó al comercio ubicado en la esquina de la calle La Rioja y la avenida Hipólito Yrigoyen sólo con el aparente fin de hacer unas compras, y luego de recorrer diversas góndolas intentó marcharse del lugar llevando entre sus prendas de vestir diversos elementos, entre ellos colonias para menores. Cuando el joven estaba por retirarse el guardia que se encuentra apostado en la puerta del comercio notó al muchacho en una actitud sospechosa. 'Como nervioso', relató a la policía el guardia, por lo que lo hizo parar. Una vez detenido el muchacho confesó que se llevaba diversos elementos y comenzó a sacar los mismos, los cuales tenía escondidos debajo de sus prendas de vestir".

En un punto algo empieza a pasar: es como si viajara y viajara sin bañarme. Como si cada vez estuviera más pringoso y más pringado, cada vez más cerca, más adentro de lo que estoy tratando de mirar, cada vez más acostumbrado a esta rutina de viajar, mirar, escuchar, pensar: más y más enchastrado. Y cada vez más relajado, convencido al mismo tiempo, de que no hay respuestas, y de que las respuestas surgen solas.

La siesta me está echando del centro: todo es silencio y quietud y me voy hasta el Santuario de la Virgen del Valle, a unos pocos kilómetros. En el Santuario venden vírgenes de todos los tamaños, de cara triste y manto azul celeste y blanco, pero también estatuitas de amantes que se besan, de un gaucho, de un conejo, de un bulldog con ametralladora, de esos tres monos que se tapan la boca, los oídos y los ojos: la oferta religiosa es amplia y voy a tener que estudiarla con cuidado hasta que pueda decidir a cuál voy a adorar en estos días.

Por supuesto venden gorritos de béisbol con todo tipo de inscripciones. Los arqueólogos futuros también van a encontrar millones de gorritos de béisbol, que les van a demostrar la difusión de ese deporte en nuestra área.

Juegos de luz en el agua y las piedras:
un hombre y una mujer los miran y se miran.
Se besan y los miran y se miran:
creen, por un momento, que nada les importa.

Después me pierdo en el camino —uno siempre se pierde en el camino pero a veces lo hace sin querer— y aparezco en un lugar que se llama El Rodeo. El Rodeo es un pueblo delicioso entre montañas, a cuarenta kilómetros de Catamarca, lleno de quebradas, arroyitos y sauces, donde los ricos de Catamarca se esconden en verano. Casas grandes y simples, muchas flores, árboles de años. En El Rodeo los chicos andan sueltos por la calle o de a dos en un caballo gordo. El grupo de los adolescentes miran pasar a las adolescentes y todos cuchichean y se ríen. Las señoras van a comprar facturas adonde siempre fueron. Nadie los jode: se percibe que nadie los jode. Me impresiona cómo son capaces de seguir inventando esos refugios —y lo bien que les sale. Es el valle del río Ambato: si es que existe la paz debe andar cerca.

Lo que quiero entender está en el horizonte.
Y alta en el cielo un águila guerrera.

La petisa es morocha, tetona y culifuerte, y avanza bajo el sol desnudo. Domingo al mediodía. La petisa va vestida de anoche. Un pantalón rojo ajustado, la musculosa beige, los tacos altos finos que se hunden en el asfalto blando. Camina rápido, como si tuviera que llegar a alguna parte todavía.

El pibe que me atiende en la estación de servicio renquea y me mira como para que le pregunte. Entonces me cuenta que se quebró el dedo chiquito y que el médico le quería dar treinta días. Que lo tiene vendado y que tendría que hacer reposo, y cada vez que pisa se le jode. Pero que él le dijo que no, que lo mandara de vuelta a trabajar nomás porque está contratado y si se llega a tomar treinta días le dan una patada en el orto y no trabaja más.

—¿Y qué querés que haga, que me quede sin laburo, que me haga echar? ¿Vos te creés que soy un pelotudo yo?

Soy víctima de ciertas ideas de la historia: llego hasta el cementerio donde está enterrada María Soledad Morales y al fin doy con su tumba, el pequeño panteón que comparte con la abuela y un bebito en su cajón blanco. Su ataúd está cubierto de ositos y conejos y perritos de peluche. Es horrible, pero ciertas muertes son, también, una forma de elevación social. María Soledad Morales tiene un panteón que nunca habría podido tener sin su destino trágico. Un panteón que socialmente no le correspondía.

Afuera hay placas:
"En memoria de María Soledad Morales.
Su muerte revivió un pueblo.
Movimiento de Mujeres Catamarqueñas".

"Oh, María Soledad,
el Supremo juzgará.
No importa ya la razón,
y tu muerte servirá
como un don de redención.
Dios te regaló la gloria,
tu nombre no morirá,
eres parte de la historia.
Oh, María Soledad,
el gran ejemplo será.
La juventud te venera,
hoy eres ya su bandera
de amor y de libertad".
Dice un poema en una placa: "Bandera de redención, zamba. De Coleti y Rodrigo".

La primera carrera estaba anunciada para la una. Pero cuando llegué, a la una y cuarto, no había nadie. El cuidador del corralón de al lado, cadáveres y más cadáveres de autos en avanzado estado de descomposición, me dijo que sí, que seguramente iba a haber carreras porque a la mañana habían llegado las gateras que traen desde La Rioja porque acá no hay. Pero que el horario podía ser cualquiera, acá empiezan cuando les da la gana, cuando terminan de comer, cuando baja el calor. El calor no iba a bajar en las próximas cinco, seis horas: siesta de verano en Catamarca. Pero a eso de las dos empezó a llegar gente, y dos y cuarto apareció el primer contendiente: venía en uno de esos trailers de llevar caballos, enganchado a una pick up desfalleciente. Llegaba muy orondo, la cabeza erguida, como si creyera que iba a ser la estrella de la tarde.

Hay carteles pegados en los árboles: "Hipódromo Pozo El Mistol. Valle Viejo, Catamerca. Seis grandes carreras cuadreras". Hay altoparlantes; pasan, muy fuerte, una vidala. Me pregunto si tiene algún sentido estar acá, si no es puro folclore; no sé que contestarme. Se me cruzan dos mitos: el del periodista que busca lo auténtico y el del argentino que cree que el Interior es esto. Es domingo y hace un calor de perros muertos: voy a entregarme al mito.

Va cayendo la gente; el hipódromo Pozo El Mistol es un gran descampado polvoriento con pocos árboles y una pista, al costado, de tierra —que acá llaman cancha. Al fondo hay una construcción de ladrillo que funciona como establo y un par de ranchos de adobe donde venden empanadas, cerveza y cazuelitas. Las empanadas tienen mucha papa. Los caballos esperan su turno atados a los árboles; un alazán se impacienta y se para de manos y asusta a Mendigo, que está esperando al lado. En el árbol siguiente cuelga una bolsa de supermercado con chinchulines, tripa gorda y ubre. El alazán parece poderoso, rasca el suelo; se llama Pony y no le voy a poder jugar porque nadie le quiere hacer carrera: es demasiado bueno.

—¿Qué tal está Nerón, flaco?

Pregunta un viejo de patillas a la menen a un flaco de cientoveinte, cientotreinta kilos en canal, su cuidador.

—Bien anda nomás, ahí está, lindo.

Nerón es favorito para la quinta, el clásico, pero tiene que ganarle a Tesonera, una yegua que le viene haciendo fuerza en un par de carreras. El flaco le tiene fe pero sabe que no es fácil.

—Es difícil esto de los caballos, hay que saber llevarlos, vos podés ir ganando y ganando y juntando categoría, y de pronto perdés una y ya tenés que irte, antes de seguir perdiendo, porque si no el caballo no te vale nada. Hay que venderlo afuera donde no te conozcan y ahí le podés sacar buen precio.

—¿Afuera dónde?

—En el interior, a los paisanos, que hacen esas cuadreras mano a mano por ahí. En el campo les gusta.

Parece que un caballito en caída libre bien disimulada puede salir mil pesos, más o menos.

—¿Y se juega mucho?

—Mucho se juega. El otro día el dueño de Nerón le apostó como dos mil pesos.

Por el altoparlante siguen sonando zambas, chacareras. Un chico de ocho o nueve se encontró una jeringa con la que deben haber pichicateado a algún caballo y anda corriendo a sus amigos a chorritos. Un paisano se arma un cigarrillo con tabaco que saca del bolsillo de la camisa y lo prende con un encendedor chino. Cuatro policías conversan a la sombra de un tala. Tienen que controlar que no haya apuestas ilegales —porque esto es un hipódromo serio:

—Acá estamos para mantener el orden, usted sabe. También que no haya apuestas mano a mano. Eso es imposible, ¿cómo vas a hacer? Si dos personas están hablando así como vos y yo, yo te puedo estar diciendo voy con cien a tal y vos me decís voy con cien a cual, y qué te vas a meter. Nosotros tratamos que sea lo más legal posible, pero no se puede.

El oficial a cargo del asunto es una bestia de dos metros de alto y pelos que le salen de la frente. Después me dice que también tiene que cuidar de que no haiga disturbios, que nadie se propase. Algunos ya empiezan a parecer borrachos. Yo comí demasiadas empanadas y todavía falta un rato para que se largue la primera. Un chico gordo y no tan chico revolea su yo-yo. Tres pibes de quince van con camisetas que dicen que son Carlitos Tevez, de las de imitación. Un cuarentón de camiseta del Inter que dice que es Batistuta y un veinteañero de camiseta de River que dice que es D'Alessandro, las dos de imitación, cambian unos billetes y no sé si estarán apostando. El del Inter le hace propaganda a Pirelli, el de River a Budweiser, los de Boca a Pepsi Cola. Un hijo de veintipico con camiseta del Madrid de imitación que dice que es Ronaldo le dice a su padre que no apueste tanto:

—Viejo, tenga cuidado que usté no se da cuenta y se le va la mano. Ya no estamos como antes, ahora no podemos.

El viejo tiene una camisa a cuadros muy gastada y un gorrito Nike falso, anteojos culo de botella. Los hombres tienen panza. Mujeres hay muy pocas. Casi todos se saludan: es probable que por fin el único desconocido sea yo. Al fondo, a la sombra de unos árboles, dos muchachos de cincuenta juegan a la taba. Uno de los jugadores me dice que todos los años se va a

471

Buenos Aires a ver el Carlos Pellegrini, y durante quince minutos me cuenta la historia de cómo no ganó muchísima plata con una apuesta chiflada, sólo por preguntarle al porteño que tenía al lado. El porteño le dijo que no, que no lo jugara. Él lo quería matar cuando el tres ganó por varios cuerpos y pagó ciento veinte a ganador:

—Habría sacado como seis mil pesos. Lo quería matar al porteño, en serio, hasta que el tipo se puso en cuatro patas sobre las gradas de Palermo y le dijo embocame, metémela, tenés todo el derecho.

Y dice que ahí se mató de risa, y dice:

—Cómo son los porteños, a la final siempre te cagan.

Seguimos esperando. La mayoría toma cocacola; la minoría cerveza. Hay zapatillas y alpargatas: los pasos van levantando polvo. Llegan otros caballos, en trailers desconchados: vienen del interior de la provincia porque ganar acá les sube mucho la cotización. No es fácil bajarlos, marcha atrás del trailer; cuatro o cinco personas los ayudan: algunos se retoban. El heladero morocho tiene una bocina de bicicleta y los ojos muy azules. De a ratos se levanta viento. El parque automotor es más que nada pick ups de los setentas, los ochentas, y muchas motos chiquititas, pero hay un par de 4x4 japonesas, erredoces joya nunca taxi y un volkswagen passat que brilla como un diamante en bruto. Hace horas que no oigo sonar un celular. Soy, por supuesto, el único de negro.

—Hace casi veinte años que organizo estas cosas, pero de tanto en tanto me pierdo, esto es muy cansador.

Don Mas es el empresario, barba candado y menos dientes, cincuentón, la panza abriendo la camisa a rayas. Le pregunto por qué.

—Y, es gente muy jodida, son muy humildes, pobres. De repente el dueño de un caballo te dice que va a venir y no aparece. No tienen plata para pagar la nafta, hay que ayudarlos, hay que irlos a buscar.

—Dale, viejo, dale que ya empiezan.

—Bueno, hermano, sí, esperá que me tomo otro vasito.

Son las tres de la tarde, la música se para y el rematador dice que somos sus estimados amigos y que tengamos muy buenas tardes, que en unos instantes nada más va a dar comienzo a la primera carrera de la tarde. Ahora está apurado y habla rápido. Llama a los propietarios de los tres caballos de la primera a confirmar su participación, pero nadie parece hacerle caso. Al final, los tres primeros caballos pasan ante el público y el rematador empieza su trabajo:

—Necesito los diez pesos para Bagual, a ver quién banca los diez pesos para Bagual, a ver los diez de Negrita, dónde están, dónde están los diez de Negrita, a ver quién me levanta la mano por esos diez pesos, vamos muchachos qué son diez pesos para Negrita, a ver muchachos, a ver quién pone diez para José Manuel...

José Manuel parece ser el favorito lejos. El rematador tiene una gorrita que dice que es de los Grateful Dead: quién sabe. Junto a él, en una mesita de metal despintado, el escribiente anota los vales que cada apostador pasa a buscar. Un chico pasea con una soga un perro rengo. A Bagual no le juega nadie. A mí me gusta, tiene pinta de bruto, cuello ancho, la cabeza nerviosa. El equipo de sonido anda con batería de coche:

—Tengo veinte en el pozo, quién me pone los diez de Bagual, donde están, tengo veinte en el pozo, quién me pone los diez de Bagual, donde están.

El rematador parece dispuesto a repetir la frase durante horas, así que pienso en apostarle. El jugador del Pellegrini me ve y me dice que ni se me ocurra, que es una tontería:

—Ese caballo no tiene ninguna posibilidad. De hecho, le digo, hoy pierde y lo venden para que trabaje en el campo, está acabado.

Le creo y no le juego; José Manuel paga dos mangos. Las apuestas legales deben andar en trescientos, cuatrocientos pesos. Las ilegales ni se sabe. Algunos empiezan a asar carne en parrillitas y el olor nos envuelve. La carrera está por largar, hace quince minutos que está por largar. Y ya estamos todos contra el alambrado de la pista, amontonados bajo la sombra de los pocos árboles, las cabezas hacia delante para tratar de ver. Algunos colados miran trepados en las tumbas del cementerio de al lado. El tiempo está parado. Uno de vez en cuando intenta un chiste malo:

—Muchachos, quién se ha muerto que están todos callados.

Los jockeys son tres pibes de quince, dieciséis que montan sin estribo. Las cabezas se inclinan sobre la pista, pero la carrera es un relámpago: consigo ver muy poco. Veo caras tensas, gritos, brazos en el aire. Los trescientos metros se pasan en menos de veinte segundos:

—Negrita vieja nomás, Negrita vieja nomás.

—José Manuel solo nomás.

No me entero de nada. Los tres caballos llegan juntos; un señor subido a una escalera, con un gorro de lona y una polaroid de justo antes que las inventaran, mira la foto y dice que ganó Bagual, mi candidato, o sea: el caballo al que no le jugué. El calor se me ha vuelto insoportable. Cuando trato de irme, descubro que no puedo sacar el coche porque alguien ha dejado su fiat 125 mil nueve setenta y tantos justo detrás del Erre. Me siento tolerante y me siento a esperar. El tipo llega veinte minutos después, se mete en su coche, lo pone en marcha. Yo le digo que por lo menos me podría pedir disculpas. El tipo me dice que no, yo insisto, cada vez gritamos más, se va juntando gente y no me mira con cariño. No parece estilo cariñoso:

más bien brusco —y lo tengo a medio metro de mis narices, las suyas resoplando. Hasta que se decide a explicarme el concepto:

—Acá, disculpas le pedimos solamente a Dios.

Me dice, y me perdona.

Tomo infinidad de notas y muchas son inútiles: ésta, por ejemplo, que sin dudas será borrada de la edición definitiva.

Recreo-Chumbicha

Voy saliendo de Catamarca por la cresta del Ancasti, mil seiscientos, mil setecientos metros: una llanura fantasmagórica de yuyos largos, amarillos, dorados. Hay lugares que están fuera del mundo. Una vaca muy de tanto en tanto. Algún caballo, el cielo de un azul exorbitante, marejada de pasto ondeado por el viento. Los paisajes siempre son un espejismo. Caranchos, veinte caranchos negros planean sobre algo. Es raro ver señales de la muerte. Un hombre que camina, el burro atrás. Un hombre que cabalga, detrás perros.

Ancasti —el pueblo— está en el medio de la sierra y de la nada. Muchos kilómetros de tierra hasta el asfalto más cercano. Acá los paisanos no poseen tierra sino cabras: tantas docenas de animales. Las tierras son fiscales y nadie tiene títulos. La costumbre domina.

Solía pasar en la Argentina: hasta bien entrado el siglo XIX no se vendían tierras sino cabezas de ganado: el suelo donde estaban paradas venía por añadidura, era la yapa.

Colinas verdes, bosques, soledad, distancia. En medio de todo eso un cartel inocente anuncia una granja ecológica. El cartel también es ecológico: un tronco pirograbado, en la peor tradición de alfajores de San Clemente del Tuyú. En la granja ecológica crían conejos para carne. En la granja ecológica matan cinco conejos por minuto, trescientos por hora, dos o tres mil por día en un buen día: la auténtica hecatombe conejil. Después los exportan a Francia. Es el progreso: los conejos se hacen para eso. La coneja es una máquina que apenas parió ya puede preñarse de nuevo. Ocho, diez pariciones por año, unos ochenta conejos al año por coneja. La eficacia hecha carne.

Yo podría haber pasado, por ejemplo, raudo frente al cartel Tuyú sin saber nada. Me desespera pensar en todo lo que no veo cuando miro. El mundo es lo que nunca podré ver. Viajar es confirmarlo.

Una torcaza vuela entre cardones;
la imagen es perfecta:
no se posa.

El hecho de que una planta se defienda, ataque, me resulta tan raro. Los cardones realmente me sacan de mi mundo.

La pregunta por la patria. La pregunta por la patria insiste y se resiste —se retoba. Viajo haciéndome una pregunta que sé que no voy a poder contestar: las que valen la pena.

Uno corre riesgos porque cree que no existen. Yo sé que si voy a cien por hora en una carretera, esquivar un pozo me puede llevar contra una zanja. Sé también que es probable que no suceda y sé que agarrar el pozo a cien por hora puede ir rompiendo de a poco la dirección del coche. Pero el peligro inmediato, el de descarrilar, es bastante más grave. Sólo lo corro porque creo que no va a sucederme: porque hago como si no existiera. El accidente se produce porque uno cree que no se puede producir. El accidente es un efecto más de la creencia —y no es seguro que sea el más dañino.

Teresa dice que por suerte es enfermera
pero que eso la ayudó después
cuando les dijo que se quedaran quietos que no hicieran
el menor movimiento que no se preocuparan
por la sangre porque la sangre no significa nada:
que parecía que estaban todos vivos.
Que eso la ayudó después dice Teresa
que antes no
que no la ayudó nada cuando el jeep
se le fue de las manos no
cuando caíamos por la cuesta, dice, no
cuando un hijo gritó los frenos no
cuando otro gritó nos matamos ay dios no y entonces ella, dice,
con la voz que le tiembla
sin pensar pensó ojalá dios exista
vos existís diosito seguro que existís no

podés no existir por favor pensó
mientras caían
y trató de cubrir con su cuerpo a un hijo que caía
con el jeep que caía y sus cuatro otros hijos que caían
y Paola embarazada que caía y caía hasta morirse si dios no hacía
algo pronto
algo como existir pensó Teresa ya
ya
en el momento escaso
en el momento ya casi pasado
que los separaba —¿los separaba?— de la muerte

pensó Teresa y no pensó
que si dios no los salvaba y no existía no
tendrían dónde ir cuando la piedra
parara la caída los matara no
pensó que si no era no existía el mundo se le estaba
terminando en la caída no quiso supo se acordó de pensarlo pero
tampoco
pensó que él podría no existir y ella salvarse
ellos ella sus hijos Paola embarazada todos podrían
salvarse
por esas cosas de la vida o el azar o la incidencia del ángulo del
jeep en su caída sobre la piedra o arbusto o terraplén o
porque sí
no
lo pensó
o no quiso pensarlo sí pensó
que si dios no existía estaban más que muertos pensó cuando
al fondo la caída
paró por fin contra un arbusto.
                                    Teresa
dice que fueron doce metros de caída y dice
que no podía creer que dios que algo
pudiera existir tanto.
                            Desde entonces
dice
desde entonces
está segura:
sabe.

—¿Sabe que es lo que hay acá en Recreo que no hay en Buenos Aires?

—Sí, tranquilidad, supongo.

—Tranquilidad, sí, claro, seguridad. ¿Y sabe qué más? Progreso. Acá nosotros progresamos. Mi comadre estuvo nueve años en Buenos Aires y no se pudo comprar ni un par de ojotas. Se vino acá y al año ya tenía casa, muebles, heladera.

—¿Casa, dijo?

—El gobierno le da casas a la gente que viene. Acá progresamos. Yo soy docente y cobro todos los meses sin problemas, el primero. Nosotros somos los docentes mejor pagados del país. A mí me pagan como ochocientos, novecientos pesos por mes, todos los meses. ¿Y sabe cuál es la otra cosa que nosotros tenemos y en Buenos Aires no?

—No.

—Patriotismo. En Buenos Aires el patriotismo ya se lo olvidaron. Los chicos en la escuela no saben el himno, no saben lo que significa la bandera, las Malvinas. Nosotros sí sabemos, acá todo eso se mantiene.

—¿Por qué?

—No sé, no sé cómo decirlo. Será que acá mantenemos los valores, la familia sigue unida, vamos a misa todos juntos. En Buenos Aires me parece que no tienen tiempo, están muy apurados. Y no somos pícaros, nosotros. Nosotros tenemos otros valores, ya se lo he dicho: otros valores.

Recreo está en el sur de Catamarca, en un punto que siempre fue cruce de caminos. Recreo es algo raro: un pueblo que ahora tiene quince mil habitantes y que crece porque se han instalado industrias. Primero llegó una textil, después Arcor, después una de baterías. A la entrada de la pensión donde paro hay una foto de Perón en el caballo pinto, y un cartel que dice "Dios bendiga al que entra a esta casa y lo acompañe cuando sale". En la vereda, al lado de la puerta, la hija de la dueña ha puesto el moisés con su nuevo bebé y la gente que pasa lo mira y le hace morisquetas. La chica tiene trece, catorce.

—¿Cuánto me cobra por la habitación?

—¿Con boleta o sin boleta?

—Como quiera.

—Sin boleta son quince.

Por momentos me aterro. Qué fácil sería ponerme moralista.

En Recreo se celebra, cada año en febrero, el Festival Nacional del Cabrito. Porque la zona, dicen, es bastante cabritera. La Argentina tiene festivales nacionales y provinciales de casi cualquier cosa. Aquí, el Cabrito.

Pero ahora son las diez y la música del festival no empieza hasta las doce. Así que por el momento todo consiste en una calle ancha, puestos que venden choripanes, pollo asado, panchos, sándwiches de milanesa y muy poco cabrito. Parece que todos nos aburrimos un poco y caminamos calle abajo, calle arriba, llena de chicas adolescentes con bebé colgado en la cadera. Hay otros puestos que venden alpargatas, zapatillas, camisetas, cedés truchos, anillos superpoderosos que se prenden y se apagan por dos pesos, pelotas de fútbol desinfladas, ponchos federales, bombos chiquitos pero muy legüeros, llaveros para foto un llavero por cuatro dos por seis, relojes de Taiwan, chabombas de hoy te toca, cadenitas con cruces, corazones, estrellas, dulces artesanales, alfajores artesanales, cinturones artesanales, una heladera, un televisor y tres o cuatro lavarropas, auténtica artesanía de Tailandia, mates con sus bombillas, morteritos, helados, aceitunas artesanales, pororó, manzana acaramelada con pororó pegado, dos calesitas desmontables y un puesto de voltear latas con pelotas. Y hay más adolescentes embarazadas, una máquina de copos de nieve anaranjados y chiquitos que bailan con alguna de las músicas que se mezclan en el aire, adolescentes que miran a las adolescentes embarazadas o paridas: algunos incluso son los padres. Un solo puesto de los diez o quince vende cabrito. Confieso que tenía una imagen más folclórica. Alucinaba grandes fogones rodeados de cabritos chorreando grasa. El arquetipo platónico del cabrito, el überchivo.

Es un problema mío: el folclorismo urbano ilustrado es conservador, no deja espacio para la modificación, el cambio de los tiempos. El folclorismo urbano ilustrado querría vivir en un mundo modernizado del cual poder salir de tanto en tanto para sumergirse en las esencias arcaicas de la supuesta patria —que debe seguir siendo, siempre, tan igual a sí misma. Sí: problema mío.

Hay matrimonios: la hija de siete adelante con la mamá de la mano, el hijo de nueve detrás con el papá —que lo agarra de la muñeca, porque los hombres no se agarran de la mano. Dos petisas de trece de pantalones ajustados pasan y pasan, parece que no tienen bebés, quizás por eso cada vez que pasan distintos chicos les tiran bombitas de agua y siempre yerran. Ellas se dan vuelta, rajan una puteada y siguen caminando pizpiretas. Señores de mi edad pasan con chicas de quince. Señoras de mi edad pasan también, con los bebés de esas chicas de quince. La tasa de natalidad de Recreo no debe ser muy superior a la de Angola.

—¿Vos qué querés ser cuando seas grande?
—Yo quiero ser mujer como mi mamá, pero yo voy a usar la pollera muy corta.
—¿Por qué?
—Para que todos me miren a mí.

Un pibe de cara triste, piernas cortitas y un torso larguísimo, envuelto en una camisa rojo metalizado, viene y va despacio, manos en los bolsillos. De vez en cuando se pone detrás de una de las chicas con bebé y camina unos pasos con ella como si fueran suyos: como si la nena y el nene fueran suyos. Después se aparta. El pibe es apenas rengo, casi no se le nota.

—Acá, en un pueblo como éste, la cantidad de chicas no es tan grande y las conocemos a todas. Pero es complicado. Vos sabés que las de tu edad no te van a dar bola, porque queda mal que una chica de quince salga con un pibe de quince. Entonces, cuando te das cuenta de eso tenés que empezar a mirar a las más chicas y tratar de ser el primero en engancharlas. No es fácil, no te creas.

Detrás, al lado de la comisaría a medio ampliar, con paredes de agujeros sin ventanas, está la escuela privada. Se llama Inmaculada Concepción, porque la esperanza es lo último que se pierde.

—Mirá que lindo mi bebito, ¿no es fantástico?
—¿Te gusta tenerlo?
—Claro, todas mis amigas me lo envidian.
—¿Y cuántos años tenés?
La nena se ríe y me dice que doce.

—Y eso que somos la capital del aborto.
Me dirá, al día siguiente, la doctora la doctora Silvia Santander, médica pediatra del hospital Liborio Forte. Yo no le entenderé y ella me explicará que hace unos años el obispo de Catamarca, el reverendo Elmer Osmar Miani, dijo en una homilía que Recreo era la capital del aborto porque ella, que entonces era concejal radical, había conseguido una ordenanza para que el hospital distribuyera DIUs a las chicas en riesgo. El obispo logró que se anulara esa ordenanza y recién cuando se aprobó la Ley nacional de Derechos Reproductivos el hospital volvió a repartir DIUs, preservativos y otros métodos de control de la natalidad.
—Pero el problema no es distribuir métodos anticonceptivos sino educar a los chicos y las chicas, enseñarles. Mientras el embarazo adoles-

cente siga siendo una conducta tan aceptada, esto no va a parar. Y las que tengan que abortar, las que quieran abortar van a seguir abortando, como siempre. Las ricas se van a ir a una clínica y las que no tengan la plata van a hacer como esta chica que hace unos días se metió tallos de perejil y se hizo un auténtico desastre.

—¿Cuánto cuesta un aborto?

—Y, es muy caro, pueden ser trescientos, cuatrocientos pesos. A la mayoría no le alcanza.

El Festival del Cabrito sucede en un recinto grande como una cancha de fútbol, un escenario enorme, muchas filas de sillas y detrás las mesas donde se sientan las familias a comer lo que compran en los puestos del fondo. Afuera hay por lo menos tanta gente como adentro: algunos no tienen plata para la entrada, pero afuera se oye exactamente igual, se circula mejor y la cerveza es más barata. Hoy es la tercera luna del Cabrito. El Festival Nacional funciona como un programa de radio: una locutora lleva el hilo, presenta a los grupos musicales que cantan tres, cuatro, cinco temas, hasta que se van y viene la tanda publicitaria que la misma locutora lee en vivo, desde el escenario. Debemos ser algunos miles. Yo estoy al borde de la sobredosis de folclore fusión. Por suerte ahora es el momento de las chicas:

—La candidata número uno es Yanina Paola, sus medidas son ochenta y cuatro, sesenta y ocho, ochenta y cuatro, su altura uno sesenta y tres, marrones son sus ojos, la edad dieciséis años y sus estudios primer año de polimodal. Su hobbie es escuchar música y su deseo que haya paz en el mundo.

Las chicas concursan por el título de Reina Nacional del Cabrito. No son muy bonitas pero le ponen garra: vestidos con mucho tul y lentejuelas, sonrisas de batalla, grandes golpes de anca a cada paso. Las chicas tienen modelos, las imitan: hacen como si fueran esas modelos que la tele les vende. Y, en general, les sale más o menos.

En el Festival, gente me habla. Nunca deja de sorprenderme cuánto me hablan, cuánto quieren hablar. Se me acercan porque me conocen, pero no quieren conversar o preguntarme cosas, sólo que los escuche. Yo, encantado: me cuentan todo tipo de historias, me interesa. Pero estoy cansado. Todavía faltan los mariachis, el chamamé y la cumbia en manos de "la Shakira tucumana", pero decido irme a dormir. En mi pensión, a cuatro cuadras, sigo oyendo todo. El Festival Cabrito es una verdadera fiesta de todos: de verdad de todos. En un pueblo de quince mil personas, diez o doce mil están haciendo lo mismo al mismo tiempo: como si en Buenos Aires lo hicieran dos millones. Entre nosotros, eso sólo lo consigue la televisión; es interesante esta situación en que la participación común sucede en vivo y en directo.

Doy un rodeo de cuarenta o cincuenta kilómetros para pasar por las Salinas Grandes. Siempre me inquietaron estos espacios tan radicales: un lugar que niega la posibilidad de cualquier vida. Voy, además, con el recuerdo de la maravilla de la Puna. Pero estas salinas, al final, me decepcionan: son más verdes que blancas, llenas de arbustos raquíticos. El camino se hace seco y vacío, largo y aburrido. Un cardo y otro y otro: es mediodía, se fueron cien kilómetros. A veces parece claro que la condición de la Argentina es el desierto.

Lo raro de las causas de los grandes desastres es que también producen infinidad de pequeñas molestias. Aunque quizás sea más ominoso descubrir cuán pequeñas pueden ser las causas de desastres que para uno pueden resultar definitivos, pienso, porque voy por esta carretera seca a cien por hora y abro la botella del agua para tomar agua y se me cae la tapita y sin pensarlo casi me agacho para levantarla.

Al costado, todo a lo largo del camino, un terraplén del ferrocarril comido por el viento y los rieles que se van cayendo, enterrando, retorciendo, y los durmientes desparramados o ausentes, robados, mordisqueados por los bichos o el agua. Las vías logran figuras caprichosas para decir que ya no son vías hacia nada. Al costado, todo a lo largo del camino, la puesta en escena del fracaso: una larga instalación de arte bobo que se llama —que acabo de titular— Argentina, vía muerta.

En el auto suena *La Marsellesa* porque es tan fácil estar en otra parte. Entonces me acuerdo de que cuando era chico me aburrían muchísimo estos viajes; una de las pocas diversiones era que apareciera un tren en una vía como ésta, paralela a la ruta, y pedirle a mi padre que le corriera una carrera.

Argentina, vía muerta.
Ningún autor quiere firmarla —y tiene tantos.

No hay carreras. Lo que nunca perdiste —me decía, su acento español, sus zetas raras.

Hasta que de pronto una ruta de asfalto, marcada en los mapas como ruta de asfalto, que recorre la bellísima quebrada de vaya uno a saber, se transforma en un barrial lleno de trampas, de agujeros y de arroyitos que la recorren cantarines. Las lagartijas que atraviesan la ruta aparecen de pronto a la carrera, en la mitad se paran de manos y después vuelven a correr.

De Recreo a Chumbicha han sido casi doscientos kilómetros en que crucé cuatro rancheríos, seis mil doscientos veinticuatro baches y siete u ocho humanos. La Argentina sigue siendo un país por hacer, un espacio lleno de vacío.

La idea del Interior como desierto es una construcción de Sarmiento y la generación del 80: tenían que declarar vacío el lugar que querían ocupar, para legitimar su ocupación. La Argentina era un vacío cuando un vacío era prometedor para los inmigrantes que venían de un mundo ya muy ocupado —por gente o, al menos, por títulos de propiedad. Ésa fue su oferta: aquí hay tanto espacio, venga y tendrá el suyo. Pero el desierto resiste, sigue allí —más allá de cualquier discurso. La Argentina es un país hecho de vacío —como los cuerpos están hechos de agua.

Argentina, vía muerta.
Seamos arte —ya que no pudimos ser lo que quisimos.

Y ahora, que el mundo está tan despiadadamente lleno, es curioso que no hayamos encontrado la manera de aprovechar eso que falta tanto.

¿Para qué sirve, ahora, un territorio tan repleto de nada? ¿Qué significa, ahora, este desierto?

"Una de las astucias de ciertas mujeres", decía mi abuelo citando a no sé quién, "es convencerte que hay misterio donde no hay más que tedio".

Argentina, vía muerta.
¿Quién oirá el tren a lo lejos?
¿Cómo?
¿Cuándo?

Más lagartijas: Chumbicha a la hora de la siesta. Doy una vuelta por el pueblo como si existiera y lo único que veo es un caballo tostado con crines rubias que practica una danza en la plaza donde está San Martín. Voy saliendo; a la sombra de un palo borracho, un chico y una chica charlan. La chica es un travesti, los ojos muy pintados.

Entro en el único bar que veo, a la salida de Chumbicha. Es una especie de galpón grande donde deben parar colectivos. Hay mucho espacio, pocas mesas y un cuarentón desdentado que come un sándwich mientras mira una telenovela. Sólo hay baño de damas; los hombres, supongo, deben pelar a la intemperie. Entro pensando que es la tercera o cuarta vez en mi vida que hago esto —y me da, de pronto, cierta melancolía. El inodoro donde meo está repleto de cucarachas muertas: recién entonces me doy cuenta de que todo el suelo rebosa de cucarachas muertas. Voy a pensar que nunca estuve aquí. Hace un calor de chiste. En la pared, junto a la puerta, hay un pequeño nicho con una cruz y una botella de cocacola chica, el diseño famoso. La botellita está vacía. Chumbicha dice ser, entre otras cosas, la capital provincial de la mandarina.

Provincia de La Rioja

Anillaco-Aimogasta-Chilecito

La Rioja: veo un maravilloso desierto verde y amarillo, azulado y rodeado de montañas y el Erre suena con Bob Dylan, que es *Like a Rolling Stone*, y yo soy una caricatura de otra cosa.

> Unos nenes y nenas
> se hacen castillos de arena sobre el lecho
> seco del río, a contraluz.
> Atardecer, a contraluz:
> detrás, el sol se pone.

Cuando los árabes hacían un pueblo en el desierto lo juntaban, lo comprimían para que las calles fueran estrechas y sombreadas. Aquí el desierto se usa de otra manera: Empalme Mazán es un diseño con demasiado espacio. Un bulevar de entrada, por ejemplo, que debe tener treinta metros de ancho, dos calles separadas por un dibujo de piedras blancas en el suelo de arena, y al final el monumento a la zorra, un pequeño transporte ferroviario rodeado de más piedras redondas. A los lados las casas extendidas, también separadas, anchas, como para que cualquier contacto cueste metros y metros de sol insostenible. En la puerta de una casa una señora viejísima me pregunta cómo está el camino de la Cébila, y yo le digo que bastante malo. Ella me dice con razón:

—Con razón, llevo tres o cuatro días esperando el colectivo y no está pasando.

—¿Y no le dijeron nada?

—No, quién me va a decir. Los riojanos son así, un poco dejados.

Me dice, y me cuenta que ella es salteña, que hace sesenta años nomás se vino para acá. Y que es cierto que es riojana adoptiva pero igual La Rioja no le gusta porque no hay trabajo, no hay progreso, que lo único que hacen los riojanos es estudiar. Son flojos, dice, no agarran un pico y una pala ni que los mates. Entonces para que no los pongan a trabajar estudian, dice, y se ríe con los ojos.

Estos pueblos donde las calles y las casas están hechas de lo mismo: el mismo material, la misma tierra. Donde lo vertical se vuelve horizontal y viceversa.

La entelequia que llamamos Argentina se me atraviesa otra vez en el camino: se me hace más difícil cuanto más avanzo en el camino. Busco una unidad y veo cada vez más las diferencias. ¿En qué se parecen, por ejemplo, esta panadera de Empalme Mazán, Catamarca y mi madre, que tiene más o menos la misma edad? La panadera es una vieja sin dientes que nunca salió de un pueblo de ocho casas, que crió a sus hijos y los vio irse, y ahora pasa los días sentada bajo el alero de su casa cuando no hace demasiado calor. Mi madre tiene dientes, es médica, ha leído y viajado mucho y sigue haciéndolo. Esto no implica que una haya sido más feliz que la otra, ni la otra que una. Sólo que no encuentro grandes coincidencias. Es cierto que hablan aproximadamente el mismo idioma, con tonadas totalmente distintas. Es cierto que votan en las mismas elecciones y eligen de formas muy distintas a un mismo presidente. Es cierto que si alguna vez cantaran un himno sería el mismo himno. Es cierto que de una forma u otra tienen la sensación de que el país las estafó. Pero no llego a ver muchas más coincidencias —y eso me complica. La pregunta es muy obvia: ¿qué carajo es la patria?

¿La voluntad de unir lo que no es uno? ¿La suma de las diferencias? ¿El compromiso de las diferencias? ¿El famoso mínimo común múltiple, el denominador común, los símbolos que ya no simbolizan, una declaración ante la autoridad sí señor argentino nativo o por opción? ¿Un modo de no pensar la patria? ¿Una forma de no tener que preguntarse ciertas cosas, de darlas por supuestas?

Esos pueblitos, cuatro
ranchos de adobe y un olivo,
algarrobo, cardón, lapacho: es lo que cambia.

El camino a Anillaco se hace más largo que otros que fueron más largos: será por esta sensación de estar yendo al lugar equivocado.

Por fin lo encontré. Venía asombrándome de la importancia que ha tomado internet en los pueblitos argentinos hasta que llegué a Aimogasta y pregunté, para despuntar el vicio, donde había un cybercafé:

—¿Un qué?

—Un café con internet.

—No hay internet en Aimogasta.

En la plaza desierta tres chicos charlan bajo un árbol: comentan los problemas que están teniendo para conseguir agua desde que dos de ellos se pelearon con Laura, que tenía una pileta, y los ríos con tan poco agua y el club con tanta gente. Y uno dice que ayer estuvo en un estanque y los otros dos se ríen a carcajadas:

—¡Qué grasa! ¿Cómo te vas a meter en un estanque?

El lugar es precioso: la costa riojana es una franja de cien kilómetros de largo y dos o tres de ancho de tierra más o menos fértil, regada con canales y acequias al pie de la montaña; del otro lado está el desierto. El sitio es tan bonito, el pueblo es la desesperación. Hace doce años, la primera vez que estuve aquí, escribí que entendía por fin el fenómeno Menem: que entendía que un hombre era capaz de hacer cualquier cosa con tal de salir de ese lugar. Entonces yo era un poco extranjero todavía; ahora sé que la Argentina está llena de pueblos así —y no producen lo que produjo éste.

Me muevo como si estuviera en territorio enemigo. Me da vergüenza preguntar, temo que me conozcan.

En Anillaco hay un jardín de infantes Carlos Menem Hijo, un hospital Mohibe Akil de Menem, un centro con viñas cargadas de racimos, el autoservicio Los Machos, un cartel que anuncia el Festival del Alfajor Costeño —que ya pasó hace mucho. El negocio de productos regionales vende cajas chayeras donde Menem y una rubia vestida de blanco se besan con sonrisas. Enfrente una pintada de Izquierda Unida con la cara de Ernesto Guevara. Dos viejos que conversan me saludan y me alivian.

En la plaza cuatro muchachos charlan a la hora de la siesta: se ve que están aburridos porque han estacionado sus coches al costado, entre ellos un Mercedes Benz descapotable. Anillaco visiblemente pelechó y la hostería del Automóvil Club está dos veces más grande. Todo lo que antes era tierra está asfaltado. Lo han convertido en un pueblo polvoriento ya sin polvo.

Pero la pregunta horrible es si el gobierno de Menem —la época menemista, una de las más decisivas en la historia argentina reciente— puede leerse como un triunfo del Interior. Aunque la tendencia es más extensa:

desde la democracia no hubo ningún presidente porteño. Últimamente, Buenos Aires reina pero no gobierna. Salvo De la Rúa que era débil hasta en eso —un cordobés que no era cordobés, falso porteño—, los otros tres presidentes elegidos fueron fuertemente provincianos: Alfonsín Chascomús, Menem de acá, Kirchner Patagonia. El sentido común de la clase media pampa, la patota montonera riojana y el pionero autosuficiente de la tundra nos vienen gobernando. Pero el que consolidó la Argentina que es —un conglomerado de unidades semiautonómas que algunos llaman federalismo y otros feudalismo— fue el Supremo Riojano.

Es una injusticia que Anillaco no se llame Villa Carlos Saúl, o incluso Menenburgo: sin él no sería nada. Ésta es su obra; en todo lo demás cumplía órdenes, pero esto no se lo pidió nadie. Los ranchos de adobe fueron reemplazados por casitas de bloques de cemento. Alguien me dice que son más frías en invierno pero más calientes en verano, que no es un material adaptado al entorno. Me cuesta unos minutos encontrar Beverly Hills. Cada vez que me pierdo se me acaba el pueblo y aparezco en caminitos de tierra que avanzan entre olivos y desierto. Al final llego: Beverly Hills es invisible. Las casas están escondidas detrás de muros altos de piedra, ranchos de Punta del Este transplantados. Están al lado de la Bodega Menem que también prosperó y que tiene una sucursal moderna dos cuadras más allá. Cuando vine en el '91 era un galpón lleno de damajuanas de vino El Montonero. Ahora está más grande, más pintada y queda en la esquina de la calle Presidente Carlos Menem. Hay un gran colegio secundario, un enorme edificio del Conicet y las mansiones que irán cayendo de a poco en el desuso. En La Colorada, la casa del prócer, el pasto está ralo, las plantas mal cortadas, los yuyos invasores. Hay algo enternecedor en el gesto de un hombre que en plena cima decide hacerse una casa faraónica en el pueblito en vez de hacerla en Punta del Este o Villa La Angostura o en un campo pampeano. La revancha final era demostrar que él podía tener eso —y tenerlo donde se le cantara. Los demás caserones ya están cerrados, pero cuando se muera Menem —o ahora, en su agonía—, los cuatro o cinco chupamedias que los construyeron pensarán que no tiene ningún sentido mantener semejantes palacetes en un lugar tan absurdo y tratarán de venderlos y probablemente no se los compre nadie. Dentro de algunos siglos los arqueólogos se romperán la cabeza tratando de imaginar cuál era la fuente de riqueza de esta tribu instalada en un lugar tan improbable.

El centro de investigación y desarrollo del Conicet en Anillaco se inauguró en octubre del '95 y parece Berkeley. El centro tiene casas para los investigadores, pero una de ellas se queja de que no hay ni un porteño:

—Claro, porque acá la vida es muy difícil. Entre el aburrimiento y el clima que es muy duro y el zonda que te vuelve loco y los temblores y los feriados que te querés matar. No es fácil estar acá. Los porteños son blandos, no soportan venirse a estos lugares.

En el instituto cabrían veinte científicos más: está ocupado sólo a medias. Es el tipo de infraestructura que sobra en la Argentina.

Nunca vi un perro que tardara tanto en levantarse del medio de la calle ante los bocinazos —y corrrse al fin para que no lo pise. La decadencia está por todos lados: la fábrica de Adidas se retiró el año pasado, la iglesia está cerrada por el terremoto. En Anillaco hay gente que me dice que antes estaba mejor; cuando yo les pregunto cuándo es antes, me dicen en los noventas, en los diez últimos años, hasta hace poco. Nadie me dice en la época de Menem.

No tengo ganas de quedarme, me parece que ya hemos hablado de más de todo esto.

De pronto, en la carretera, la estampida de burros. Siete u ocho que galopan desaforados por la ruta: es un final casi feliz.

Mirá, en éste actúa la gorda, me dijo Palito y yo pensé que estaba hablando de su hija que acababa de presentarme porque se había pasado un rato diciéndome que para ellos lo más importante era la familia y los valores que otros ya están perdiendo, pero no. La gorda era la perra siberiana que ahora aparece dentro de una jaula, pachorra, como si la cosa no fuera con ella, como si doscientos o trescientos chicos no estuvieran ansiosos por ver lo que va a hacer. Yo había cedido al lugar más común y me fui a ver un circo. El circo Real Madrid daba su última función en Aimogasta: por supuesto que la carpa estaba toda remendada, que las cortinas de terciopelo eran de hule, que los payasos se tiraban demasiados pedos y la niña de tres años que volaba colgada de los pelos debía tener catorce y ser enana. Pero Palito me sorprendió cuando me dijo que el público más fácil para hacer reír era el de Buenos Aires:

—Les hacés cualquier cosa y se cagan de risa. En cambio acá en el Interior son mucho más duros. En Salta, por ejemplo, ni te cuento lo que te cuesta sacarles una carcajada.

Más me impresionó cuando le pregunté donde vivía y me dijo que en ninguna parte. El circo viaja sin parar, una semana aquí, un mes allá, tres días en Aimogasta. Nunca están lejos de nada: van con sus casas, sus cosas, sus familias. Siempre están en el mismo lugar, aunque sean distintos. Son los viajeros verdaderos, los que supieron convertir el viaje en inmovilidad —o viceversa.

¿Cómo hacen para que todas las heladeras donde cada mañana compro mi botella de dos litros de agua tengan una temperatura casi idéntica? ¿Quién las dirige? ¿Cómo las regulan? ¿Será eso la patria? ¿El agua siempre igual a cuatro grados celsius?

En mis escasos días riojanos ya me han parado cinco porteños que querían contarme cómo sus intentos de invertir en agricultura y en turismo chocan todo el tiempo con las autoridades locales:

—Acá si no sos riojano no sos argentino, no existís, te destruyen.

Me dijo uno que sintetizaba lo que me habían dicho todos. Pero no hay por qué creerle, ya se sabe cómo somos los porteños.

A la salida de Aimogasta, en medio del desierto, el río de los Sauces arma un valle encantador. Hay un pueblo tras otro, casas de adobe, maíz, uva, sandías, melones, los sauces, mucho verde. Lo llaman Valle Vicioso porque los españoles que lo bautizaron decían que de tan agradable y feraz hacía viciosos a sus habitantes, no los obligaba a sacrificarse, a ganar el pan con mucho sudor de su frente. Así empezamos, con unos fulanos que hablaban de la cultura del sacrificio mientras despreciaban a los que trabajaban y creían que lo único noble que podía hacer un hombre era no hacerlo. De esa mezcla venimos —y otras más.

—¿Alpasinche queda más adelante?

—Sí, más adelante.

—¿Cuánto más adelante?

—¿De dónde viene usted?

—Disculpe, le pregunto dónde queda Alpasinche.

—Claro. Lo que pasa es que Alpasinche queda de ahí del lado que usted viene. Como diez kilómetros p'atrás.

Toda esta zona —La Rioja, Catamarca, San Juan— es un desierto surcado por vallecitos estrechos alrededor de los pocos ríos que corren. En los valles deliciosos, encerrados, hay verde y hay personas. El resto está vacío. Esa mezcla del olvido y la piedra es un contrapunto maravilloso.

—No, yo puse en venta lo que tengo: los animalitos, las tierras, todo. Ya no se puede vivir por acá. Nos vienen, nos sacan. Los animales nos roban. El alambre, si le ponemos, nos roban también.

Me dice un viejo triste de sonrisa luminosa. Y después alguien me cuenta que son banditas pagadas que acosan a los viejitos pobladores hasta que terminan vendiendo por dos pesos tierras que valen mucho más.

Famatina también es bellísimo pero no sé qué hacer de esa belleza. Con perdón: cómo usarla.

En un pequeño museo una mujer me muestra piedras que los indios locales usaban como instrumentos. Me dice muy orgullosa, varias veces:

—Tantas que son, y no hay una que sea igual a otra.

Ni habría modo de que lo fueran. Los indios que tallaron y usaron esas piedras se hubieran quedado muy sorprendidos si alguien alguna vez les hubiera hablado de producción en serie, de objetos perfectamente idénticos. La identidad de los objetos no tiene más de siglo y medio. El hecho de que la lapicera con que tomo esta nota sea una entre millones de lapiceras idénticas que en este momento están escribiendo o esperando venderse en librerías o gastadas y mezcladas con otras en esos lapiceros o latitas donde yacen, cuando mueren sin que nadie lo haya notado todavía, o perdidas bajo ese almohadón que ya nadie levanta, es moderno y es raro y es, en algún punto, muy vertiginoso. Platón puro, la idea del arquetipo: la lapicera que uso ahora no es más que la concreción exacta degradada por mi utilización, los accidentes, las inclemencias varias, de la idea que un ingeniero tuvo en Chicago, en Frankfurt o en Pyongyang. En estos días yo, el usuario levemente distinto a cada uno de los otros, soy lo fuera de serie. Vos, lector. La señora del museo nos señalaría a mí y a todos ustedes y diría:

—Miren, tantos miles de lectores y son todos distintos.

Antes, durante miles de años, los objetos compartieron con los hombres la condición de únicos. Ahora somos sólo nosotros: los —digamos— seres vivos.

Dieguito tiene trece y me dice que le gusta la escuela. Su hermana de cuatro no tiene zapatos y me pregunta si tengo una moneda y si no galletitas o si no caramelos. Está lleno de chicos que saben que su primer opción es pedir algo, que seguramente piensen su relación con el rico en esos términos. ¿Debo decir el rico? ¿Si no, cómo? ¿El blanco, el rubio, el argentino de rasgos europeos? Diego me sigue hablando de la escuela y yo le pregunto si de verdad le gusta o si le hincha un poco las pelotas. La hermana salta sobre la oportunidad:

—No tiene las pelotas él, se le pinchó el otro día la pelota. ¿No tendrás vos una pelota para nosotros?

Hace tres siglos Chilecito se llamaba Villa Rita; se decía que en tiempos de los indios había tenido mucho oro. Hacia principios del siglo XIX un par de señorones locales explotaban ese oro con mineros chilenos, que llamaron a la villa Chilecito. En esos años Rivadavia le ofrecía la mina a cuanto inglés se le cruzara. Se hicieron negociados, empréstitos, amagues, pero nadie se puso a explotarla de verdad. Hace siglo y medio el gobernador de La Rioja decidió ofrecer Chilecito como sede de la Casa de Moneda nacional. Había metal y ganas, pero el nombre no ayudaba, así que la llamó Villa Argentina y le trazó unas calles y una plaza. El nombre era muy bueno pero no duró; lo demás sí. Hace un siglo Chilecito era muy próspera. La compañía minera La Mejicana había construido el cablecarril más largo del mundo —cinco kilómetros de alta ingeniería— para bajar el mineral desde la sierra de Famatina hasta el lugar donde lavarlo y procesarlo. Las nueve estaciones del cablecarril estaban conectadas por una de las primeras líneas telefónicas del país. El pueblo crecía a borbotones, llegaban ingenieros ingleses y alemanes, capataces italianos y españoles, obreros chilenos y riojanos, putas sin nacionalidad. La mina duró hasta 1929. Después la cerraron y Chilecito empezó a languidecer. En 1992 quisieron hacer funcionar de nuevo el cablecarril para el turismo. A la semana se cayó un vagón al precipicio y dos chicos murieron. Muchas cosas en la Argentina se terminan con este tipo de muerte. Pero todo eso podría haberlo sabido sin salir de mi casa. Nada de todo eso se ve viniendo a Chilecito. El turismo es una ilusión que exige mucho esfuerzo.

Ahora, Chilecito es la segunda ciudad de La Rioja, con más de treinta mil habitantes. Chilecito es zona de viñas y bodegas: zona de vinos pobres, sin cartel.

En la entrada, un cartel: Harina para chaya $ 0,50. No conocía esa masa. Yo pensaba que la chaya era una forma musical y acá me explican que no, que es una fiesta, un carnaval, y que consiste, entre otras cosas, en tirarse harina. Estamos en plena chaya; el pueblo está parado, esperando la fiesta, hoy a la noche.

Otro cartel dice que estamos a 4.000 kilómetros de Usuhaia. Yo sospechaba algo.

—Acá lo que pasa es que hemos vivido en una burbuja, esto era un coto privado. El gran hombre no iba a dejar que esto no funcionara. Así que mientras veíamos por la televisión que el país se iba a la mierda, acá mal que mal todos tenían su empleo público y algo comían, ¿vio? El problema es ahora, porque el gran hombre ya no está y se nos acabó el chorro.
Me dice, y yo le digo:
—¿El chorro?

Hace un par de años la intendencia menemista de Chilecito ordenó erigir un monumento a Ernesto Guevara de la Serna en su plaza principal —y de hecho lo hizo y ahí está. El comandante Guevara se presenta de cuerpo entero vestido de guerrillero con su boina, su chaqueta seguramente verde, sus municiones, pero no su fusil. Sí una pistola. La mano derecha apoyada en el hombro de un niño a quien le muestra el futuro, la mano izquierda extendida hacia el frente. El pelo largo, cabezón, los hombros flacos, la espalda algo encorvada. En la plaza, ahora, un perro bravo, callejero, amenaza a un gato subido a la horqueta de un árbol. El gato es un pompón, pura dulzura. El perro le ladra, le tira mordiscones. El gato lo mira con desdén. Al cabo de un rato, el perro se retira. Guevara no les hace mucho caso.

Una teoría del cerco a la riojana:
—Acá no sabe lo que se han choreado. Si el Turco les mandaba bolsas de plata a éstos. Se han comprado toda la provincia, es todo de ellos. No sabe todo lo que se han choreado. El Turco era bueno, mandaba las bolsas, son los perros chicos los que se han quedado con todo.

Siempre me gustó la frase de aquel filósofo medieval que quiso explicar cómo ellos aprovechaban a Platón y a Aristóteles diciendo somos enanos sobre los hombros de gigantes. Nosotros somos, pero no hubo gigantes. En Chilecito, todo un barrio de casas que alguna vez fuer on del ferrocarril, con esa vieja arquitectura industrial inglesa, está ocupado. Varias docenas de familias usan, del pasado, lo que no se vino abajo todavía. Y esta tarde están preparando el carnaval, la chaya.

Gabriel me muestra el diablo que hizo para el desfile de esta noche: cuatro metros de alto, la boca llena de dientes, las garras, todo rojo. Es su trabajo, está orgulloso, pero después quiere aclararme que es un muñeco y nada más:
—A mí me da cosa hacer al diablo, pero se lo explico a dios todo el tiempo, que no se crea que yo lo voy a adorar al diablo. Por supuesto el diablo está, existe, pero yo no lo adoro. Y dios me entiende, yo se lo explico todo el año. Dios me entiende que lo hacemos nada más para ver si nos ganamos un premio en el carnaval. Si ganamos el premio, acá hay muchos chicos humildes, podemos comprarles sus cuadernos, sus lápices, sus cosas. Yo hago el muñeco, pero yo no quiero ayudarlo al diablo. Yo creo que existe el bien y el mal y que el bien es dios y el mal es el diablo. Y en estos días anda haciendo sus cosas. La semana santa es para Jesús, el carnaval es para el diablo.

—¿Y qué te gusta más?

A Gabriel le brillan los ojitos:

—No, como gustar... pero no es cosa de gustar. Es que dios hace el bien y en cambio éste hace cada cosa...

¿Por qué hablan todos en esdrújula como si estuvieran cantando una zamba de versos mal medidos?

En Buenos Aires si dos personas, más allá de sus sexos, se cruzan y se miran, se miran hasta que uno de los dos desvía la mirada, como quien se avergüenza. En muchos de estos pueblos y ciudades, si dos personas que se cruzan se miran, finalmente, el local dice hola buenas tardes o qué tal. Es, sin duda, una diferencia que no le importa a nadie.

Yo a veces me creo que soy un marciano, dice uno de cuarenta que parece de treinta, petiso, pelo lacio, ingeniero agrónomo, camisa grafa de las de antes de la guerra. Sí, yo no puedo entender. Estamos todos hundidos y miro a mi alrededor y veo que nadie hace nada. Los pobres no hacen nada porque les han enseñado que no hay nada que puedan hacer, que lo que tienen que hacer es agarrar los 150 pesos y callarse la boca, que así por lo menos van a seguir viviendo. Y los profesionales, los tipos como yo, no hacen nada porque todos tienen su sueldito de la municipalidad, 1.500, 1.800 pesos, y ni siquiera tienen que ir muy a menudo a trabajar. Así que prefieren que todo siga así. Por eso estamos como estamos pero lo peor es esta sensación de que estoy loco, que estoy solo.

Después el ingeniero agrónomo me dice que tenía en su finca un molino del siglo XVII y que estaba queriendo restaurarlo cuando entró un tipo vinculado al gobierno con una pala mecánica y un camión de vialidad y se llevó las piedras del molino. Y que por más que aclaró el robo y reclamó, nunca pudo recuperarlas y que hay un terrible contrabando de piezas arqueológicas y que estos hijos de puta ya nos robaron el presente y el futuro y que ahora quieren robarse lo único que nos queda —que sería el pasado, me entendés.

Primero fueron cuatro, como fantasmas en medio de la plaza donde los chiringuitos se atacaban con cumbias cada vez más fuertes. Salían de otra película: jóvenes, ropa de pobre, máscaras de diablos, uno con un jarro de vino, los otros tres con sus cajas chayeras en las manos. No decían nada, golpeaban sus cajas y avanzaban, los gestos aterradores de las máscaras. Después se fueron y la guerra cumbiera siguió atronando el aire.

Entonces el ingeniero agrónomo se queja de que el carnaval ya no tiene nada que ver con la tradición chayera de La Rioja, que es pura cumbia, que traen de Buenos Aires grupos como Los Pericos que no tienen nada que ver y que están acabando con nuestro pasado. Después me hablará de unos abonos buenísimos, muy nuevos, que está usando en las tierras donde trabaja y yo ya no tengo ganas de preguntarle por qué no abona con la misma bosta de los mismos bueyes que su tatarabuelo. Quiero decir: ¿por qué se acepta que las técnicas vayan cambiando y no las canciones, por ejemplo? ¿Por qué ya nadie usaría un arado tirado por un burro pero todos se empeñan en cantar la zamba de los días en que sí se usaban?

—Para mí ser argentino es verte a vos y saber que yo en vos puedo confiar, porque vos también sos argentino. A mí me gustaría que fuera eso, me entendés.

Charlan, les gusta charlar. Mucho más que en Buenos Aires. En Buenos Aires nunca me tocó un mozo que me cuente a la primera oportunidad que en realidad él es de Villa Carlos Paz pero se enamoró de una chica y después tuvo una hija y entonces se vino para acá y ya no se va a poder ir y de vez en cuando va de visita pero extraña y que qué raro vivir en este lugar con el calor que hace y tan lejos y tan aburrido —dice aburrido, por fin dice aburrido y no tranquilo—, pero que así es la vida y uno al final no elige nada. Y todo esto sin que yo haya hecho absolutamente nada más que poner cara de embole porque en su restorán anuncian cabrito y no lo tienen.

si el argentino ni siquiera necesita mucho, con su asadito y su vaso de vino y su partido de fútbol y su familia y su minita está tranquilo, qué más quiere, una casita

Dos horas más tarde son docenas de enmascarados con pañuelos piqueteros que les cubren la cara, los disfraces no muy elaborados, una pollera sobre patas peludas, unos bigotes en una cara de mujer, enchastrados de engrudo a la caza de más víctimas para pintarles la cara con betún. La guerra arrecia. Algunos han tomado bastante y se persiguen. Por tirarse la harina se tiran algún golpe, corren, se putean, se ríen, se abrazan, se amenazan. Una mezcla de jolgorio y de violencia donde todos son amigos y enemigos.

—¡No sabés cómo te saca la bronca esto, cualquier bronca que tengas se te pasa!

Muchos usan antiparras de celuloide para que no se les arruinen los ojos. La guerra tiene riesgos. Chayar es arrojar, tirar, y por eso tiran esa harina y ese agua como le tiran alcoholes a la Pachamama para que los dioses ayuden a que el ciclo se renueve. Es el prototipo de la fiesta ritual, el puro desperdicio: tirar la harina que mañana va a faltar para hacer pan.

para estar tranquilo, un coche, nada raro y con el país que tenemos eso lo tendríamos que tener sin problema pero acá lo que pasa es que todos roban parece mentira que haya tantos ladrones

Después vienen las comparsas, la pesadilla de cualquier escola de samba. Decidamente el modelo carnaval carioca se ha impuesto en estas tierras, y aquí lo reproducen. Púberes casi en bolas, las piernas demasiado flacas, las tetas que no llegan a ser tetas, plumas escasas, brillos que se opacan. Pero las mismas miradas de mirame, los mismos contoneos de si pudieras, los mismos tacos nunca usados, el mismo sexo disfrazado de juego para chicos. El carnaval es de verdad pagano —y viva el carnaval.

—¿Cuándo empezaste a travestirte?
—A los doce años, en mi pueblo, en Chañar, que es mucho más chiquito que acá, de dos mil habitantes.
—¿Y se la bancaron?
—Sí, qué se yo. A mí lo único que me importaba era que estuvieran mi mamá y mi papá a mi lado, nada más.
—¿Y estaban?
—Sí, sí, sí, totalmente. Están conmigo todo el tiempo. Por ahí andan, se vinieron a ver a su única y amada hija.
—¿Pero normalmente andás travestida?
—Sí, siempre, cuando voy a la facultad, todo.
—¿Y qué te dicen?
—Nada.
—¿No? ¿Cómo te tratan?
—Bueno, es un trato… humano, la gente sabe. Yo respeto muchísimo las reglas que hay en las instituciones. Respeto, no me voy maquillada a clase, no me voy con remeras con escotes o algo así, me voy con ropa acorde a recibir una clase.
—¿Tenés novio?
—Tengo mi novio y está tocando en la comparsa contraria a mí.
—¿Y no tiene problemas?
—No, no, ¿por qué?
—¿Se sabe que es tu novio?
—Sí, sí, totalmente. Hace tres años que estamos juntos y llevamos de convivencia dos y medio. Soy muy feliz con él.

Tamara tiene muy poca tela sobre el cuerpo, las siliconas en sus puestos, la risa cantarina. Todos la miran y ella sabe: se muestra, se les ríe.

Unos chiquitos lloran, una señora me dice que hace dos horas que tiene un nene de dos años que no sabe decir su nombre y que la mamá ha desaparecido. La señora me dice si esa madre no lo viene a buscar, señor, qué es lo que pasa.

Carnaval de Chilecito,
quedan pocos como él.
El vino moja por dentro,
el agua moja la piel.

Cantan: el vino el agua la piel.

Ahora llueve. En Chilecito, en el desierto, llueve. Nos hacemos los tontos pero llueve —y la fiesta debe continuar. Las comparsas desfilan con el ritmo que ensayaron meses, pero sus músicas no se oyen porque las de las guerras cumbieras son más fuertes; el caos sonoro está a la altura de las harinas y betunes que vuelan por el aire. Las caras con la mezcla de engrudo y manchas negras son de espanto: se olvidaron de que el diablo es, más que un monstruo, un seductor. Hay un chantaje moral en todo esto: si la cuento como la veo me dirán que soy un clásico porteño —o un mal argentino en su defecto. Dudo, otra vez no sé cómo contar. Hasta que suena un trueno atronador y el cielo chaya, caen cataratas, la gente corre en todas direcciones, se resbala en los mosaicos harinados. Algunos caen, algunos siguen redoblando los tambores, algunos todavía se ríen:
—Che pará que es solamente agua. Hay que quedarse pa cuando empiece a caer harina.
La desbandada sigue, es estampida.

VILLA UNIÓN

Hace kilómetros que todo huele seriamente a mierda. Primero pienso que viene del camino; después, que es algo en el auto o en mí mismo —y me hace gracia la secuencia: primero culpar al entorno, después mirar qué hice. Hasta que entro en Nonogasta y veo los grandes barracones de las curtiembres Yoma Sociedad Anónima. Hay industrias que se presienten a lo lejos. Después se acaba Nonogasta, el olor cede.

La Cuesta de Miranda es un lugar extraordinario. La ilumina el sol recién salido, rojo rabioso, montañas y montañas y montañas y el silencio y los cardones florecidos. Cardones que florecen casi nunca.

Cardones florecidos:
belleza blanca allá en la punta,
más allá.

Y el mundo abajo, cada vez más abajo, y verdes que se mezclan con los rojos. Y unas gotas de agua que caen sueltas, de a una, como si no quisieran, y el sol y el arcoiris y un arroyo que brilla allá en el mundo. Y la luz cambia y el paisaje es otro, y otro, y otro.

Cardones florecidos:
es una confusión,
no dura.

En algún punto de la cuesta, un monolito dedicado a don Vicente Bololli dice que realizó esta carretera, 1918-1928. Y yo, tilingo exaltado, me pongo a cantar una canción de la francesa Barbara que termina et pour tant de beauté merci et chapeau bas y me pregunto si realmente es a Bololli a quien hay que agradecer esta belleza porque en definitiva es obvio que no es él quien la creó pero también que es él quien nos dio acceso a una belleza que existía inalcanzable y, más aún, quien creó el punto de vista que consiguió que exista.

El camino tiene curvas y recurvas y desde algunas el panorama es mucho más impresionante: la cuestión del punto de vista es evidente. Y sigo dándole vueltas a la carretera y al asunto y, lamentablemente —yo, que creo más que nada en los placeres del razonamiento—, debo confesarme que la estoy pasando mucho peor que hace unos minutos. Después pienso que obviamente su creación del punto de vista no fue voluntaria y entonces no está claro si supone un mérito: si la creación debe ser voluntaria para ser o eso no importa.

Cardones florecidos:
el sol
sobre la lluvia.

A diferencia del sur, esto es una especie de belleza irredenta, salvaje, que no da bien en la postal.

Cardones florecidos:
entonces
yo podría.

Hace muchos kilómetros que no veo una persona. Ahora, al costado del camino, una mujer barre la puerta de su rancho. Estoy leyendo el *Facundo*, shame on us. Como era hijo de una familia muy dudosa don Domingo se inventó se recordó se redactó una madre muy perfecta —mama perferta, deja que yo bailá; que no— que tejía y tejía y daba lecciones de moral a su prole numerosa. Del padre casi sólo cuenta que era un inútil, seguramente borrachín, pero tuvo la delicadeza de engendrarlo el día en que se enteró de que nacía también, secundariamente, la patria, su hermanita. Sarmiento era un especialista en inventar mitos y el primer mito que tuvo que inventar fue sí mismo. Para eso necesitaba también mitificar esa madre y con esa madre proba, austera, laboriosa y recta nos rompieron las pelotas a generaciones y generaciones de argentinos transformados en blancas palomitas. Lo que seguramente no imaginaban ni Sarmiento ni sus epígonos es que Doña Paula, en vez de ser el mito de origen de las madres perfectas argentinas, terminaría siendo la primera de las Jefas de hogar, la exponente mítica de esta familia desmembrada actual argentina donde el padre no existe o existe poco o por lo menos no trabaja y es la madre la que pare y cría y sustenta. Y barre la puerta de los ranchos.

La versión Pagancillo, La Rioja, del hit de este verano:

—No, esto es muy tranquilo, si hasta se puede dejar las llaves del auto puestas y no pasa nada.

Lo he escuchado ya tantas veces: me pregunto qué es capaz de hacer un hombre para conseguir el privilegio de dejar las llaves de su coche puestas, cuántas cosas está dispuesto a sacrificar con ese fin. Pero enseguida aparece la variante local.

—En cambio, lo que tenés que tener cuidado son las gallinas.

Dice Félix y se ríe.

—Acá en el pueblo las gallinas se pierden muy fácil. No es nada grave, es así nomás. Vos te juntás con cuatro o cinco changos y decís bueno, a ver quién pone el vino, quién va a buscar la gallina, quién consigue el pan, y es así no más, no pasa nada. Todo muy tranquilo. Jodidos están en la capital, en La Rioja, porque ahí ya hay muchos extranjeros, hay bolivianos, santiagueños, hay catamarqueños, cordobeses hay y con eso ya nadie está tranquilo. Mucho choreo, muchos problemas hay.

El calor está aflojando un poco y cada diez o veinte metros oigo el mismo ruido como de golpes de una madera contra otra, o algo así. Don Félix está sentado en la puerta de su rancho: adobe, el algarrobo, la cerquita de troncos —y le pregunto qué será. Don Félix me dice que mire ahí nomás, su mujer moliendo vainas de algarrobo en el mortero:

—Está para hacer ñapa, ¿gusta?

Yo no sé si gusto o no gusto, pero este oficio tiene sus sacrificios y le digo que sí. La ñapa es un brebaje hecho con polvo de algarrobo y agua: se mezcla y quince minutos después se toma, bien fresquito, una especie de líquido amarillo, dulzón, como un nesquik anémico.

Don Félix es un entusiasta y me cuenta que hasta los treinta años anduvo trabajando por ahí: en un taller mecánico en Parque Patricios, en las minas de carbón de Río Turbio y en no sé cuántos lugares más pero que al final, hace veinte años, decidió volver al pago porque extrañaba mucho. Don Félix tiene pelos fuertes como crines y un bigotito de sargento de película gaucha. Me dice que lo mejor son las comidas que hacen con sus amigos y me empieza a dar recetas para la liebre, el quirquincho, el ñandú, el cabrito, la gallina, el guanaco e incluso el zorrino. La que más me impresiona es la cabeza de vaca:

—A la cabeza hay que darle su tiempo. A la mañanita no más, cuando se despierta, hace un pozo grande y le mete mucha leña y le prende fuego. Lo deja dos, tres horas. Después le saca todo lo que tenía adentro y ahí mete la cabeza de vaca. Pero la tiene que envolver en una arpillera primero y después en barro para que no se le arrebate. La tiene que limpiar primero, claro, y ponerle un poco de adobe, chimichurri. La mete ahí adentro y la tapa y la deja que se cocine ahí, con su calor nomás, ocho, nueve, diez horas. No sabe lo buena que está después. Se come todo, la lengua, los cachetes, todo.

—¿Y los ojos?

—¡Son lo más rico los ojos! ¡Si viera!

Después le pregunto si sus mujeres les cocinan estos manjares y me dice que no, que como los hacen sábado o domingo, son cosa de hombres:

—Ese día uno no trabaja, no estaría bien que la hiciera trabajar a la mujer en la cocina, ¿no? ¿No le parece?

Me dice, para que yo le diga que lo que me dice está muy bien. Se diría que nos comunicamos.

Una mujer vestida con ropa más o menos nueva me dice que está muy preocupada porque empiezan las clases y no le alcanza para comprarles zapatillas a sus cuatro hijos. Pero que por suerte habló con la directora de la escuela y consiguió que el Ramirito vaya a la tarde y el Borisito a la mañana:

—Como tienen casi el mismo tamaño de pie, les compro un par para los dos, y así tiramos.

—Esos políticos no son argentinos. Argentinos somos nosotros, señor, que vivimos acá, cerca de la tierra, haciendo que la tierra produzca... la Argentina es eso. La Argentina es la tierra y somos nosotros, señor. No esos políticos. Si yo cuando veo Buenos Aires en la televisión a mí no me parece que eso sea la Argentina.

Llego, por fin, a Villa Unión. Llego, a veces, a lugares en los que nunca pensé estar: eso es lo interesante. Villa Unión es bastante nueva, prolijita y sin gracia: otro pueblo con un poco de viña y empleos públicos de la escuela, la municipalidad, el hospital y dineros estatales de cuando el estado era de Menem. Villa Unión es el pueblo natal del Angelito.

Bienvenidos a Villa Unión. Milagrosamente sorprendente —dice el cartel municipal a la entrada del pueblo.

Doña Zulaida está sentada detrás del mostrador de su almacén y dice que es el mejor lugar: su lugar en el mundo. Desde detrás del mostrador, doña Zulaida mira todo: si hay que pedir de nuevo esa gaseosa, si la verdura tiene demasiadas moscas, si las galletas éstas de salvado no las compra nadie, si los fiambres que pidieron a Chilecito no han llegado, si don Pedro vino a pagar lo que debía, si la hija de la María esta cada vez más descocada, si el médico nuevo que llegó es un churro bárbaro, si la maestra esa catamarqueña ya le tiró los tejos, si el intendente nuevo va a robar como todos, si, si, si. Doña Zulaida no llega a los cuarenta y cinco, es gorda, le asoma un poco de bigote, dice que el mostrador la defiende también de las tentaciones y le da un lugar y que cuando no está ahí está como perdida. Además tiene la tele y tiene la caja registradora, por supuesto, y tiene a las dos chiquitas estas medio tontas pero que le sirven para cuidar las cosas. Doña Zulaida me dice qué desea. Se pasa el día, claro, diciendo:

—¿Qué desea?

—Uy sí, el Angelito. Es muy bueno para hacer milagros. Si hasta vienen famosos. Susana ha venido, Ramón Díaz, varios cantantes cordobeses.

En la Argentina pop, el grado de eficacia de los santitos también se mide —como los champús o los cosméticos o las comidas para perros— por la fama de sus fieles más notorios.

—Argentina, mucho gusto.

Me dice la señora, y me da la mano y no le entiendo porque seguramente no esperaba que me dijera eso, porque su acento riojano es muy cerrado, porque tiene sólo medio diente dándole vueltas por la boca y las palabras le salen medio rotas. Me disculpo:

—Disculpe, ¿cómo dijo?

—Argentina de Gaitán, señor. Para servirlo a usted.

No debe ser fácil ser la madre de un santo, pero Argentina de Gaitán parece tomárselo con calma. Miguel Ángel Gaitán se murió de la noche a la mañana en 1967, cuando no tenía un año: sus padres eran pobres, tenían muchos hijos, y la muerte de un bebé no era algo extraño. A Argentina, de hecho, ya se le habían muerto dos —y tres más se le habrían de morir: sólo le quedarían nueve.

—¿Y cómo fue que empezó todo?

—Y, se destapaba, no quería estar tapado.

—¿Cómo que se destapaba?

Le pregunto, pensando en un bebé que toma frío, catarro convertido en neumonía por la falta de atención adecuada, una muerte banal y repetida:

—Sí, se destapaba. Usted le iba y le hacía la tumbita de nuevo con ladrillos y después cuando volvía ya estaba todo en el suelo otra vez.

—¿Cómo es eso?

—Sí, ya estaba el ladrillo todo tirado otra vez.

—¿Ya estando muerto?

—¡Claro, muerto! Como a los cinco años que ya había muerto empezó a hacer así, y no había forma de tenerlo tapado, se destapaba siempre.

Me dice Argentina y recién ahora entiendo que me cuenta el principio del santito, no de su enfermedad: de cómo el hijo se le volvió milagro. De cómo, aunque ellos quisieron olvidarlo, él no quiso dejarse olvidar:

—Y de ahí el padre ha venido, el cura, de ver que estaba así, y ha dicho no, esto es un milagro, que no se va a dejar tapar, hay que darle su gusto. Un milagro, los otros apenas se destapan se vuelven ceniza, pero éste no. Todo lo que tiene ahí es la piel de él. Nada de cosas que alguien le ha puesto, nada. ¿No ve que tiene las cejitas, las pestañitas, todo?

En 1972 el cuerpito olvidado pasó a ser una momia —y, por si acaso, un par de vecinos pensaron en pedirle cosas. Les fue bien, lo contaron; algo estaba empezando.

—¿Y será que él quiso morirse?

Le pregunto a su madre: si no se hubiera muerto, nunca podría haber sido santito:

—Y, vaya a saber lo que habrá sido. Dios lo habrá querido llevar. Menos mal que ya era bautizado y tenía toda la parte del cura, todo. Pero si no se moría habría sido curandero, como su abuelo, igual.

Es una historia sin historia. En el caso de la Difunta, hay una madre abnegada que sigue a su marido y salva a su hijo. El Gauchito Gil es un bandolero injustamente perseguido, otra figura clásica. Hasta Gilda o el Potro eran, por lo menos, en vida, cantantes conocidos. Pero el Angelito es pura nada: un caprichoso que se destapaba. Es el don viniendo de ninguna parte: pura fuerza divina, sin historia, ahistórica. Lo que solían llamar milagro.

Su fama se difundió de a poco. En los últimos diez años el Angelito Gaitán empezó a hacerse popular. Ahora vienen a verlo desde todos los rincones del país —y Ecuador, Bolivia, Chile, Paraguay; ahora el Angelito tiene la única tumba de dos pisos del cementerio de Villa Unión, revestida de mosaico color mar. El mar está muy lejos. En el segundo piso de su tumba hay una gran vidriera: se ve una pieza llena de osos enormes de peluche, perros, conejos, una vaquita de peluche, copas, trofeos y una imagen de Cristo. En la planta baja está su hogar —como dicen algunas de las placas. Allí vive, entre flores y más flores de plástico: dentro de una cajita pintada de azul con una tapa de vidrio, el Angelito Miguel Ángel Gaitán yace con su gorrita blanca, camisa con volados y moñito, su chaleco negro, un rosario nacarado alrededor del cuello y la cara de momia chiquitita, la boca arrugada, la nariz muy hundida, los ojos como rajas, la frente grande de piel de pergamino: la cara en un puchero interminable. Y su madre, al costado, que lo cuida: que, todos los días, se pasa horas con él, arreglándolo, recibiendo a sus fieles, sus ofrendas.

—Sí, algunos me ayudan, me ayudan con dinero, cuando ellos quieren algo y le ofertan. Por ahí nos traen mercadería, nos traen de todo. Dicen que quieren ver milagros, que haga milagros y traen juguetes y algo de valor para nosotros. Algunos juguetes los dono a las escuelas, para el Jagüel, para Guandacol, todas esas escuelitas de los campos. ¿Qué vas a hacer con tanto juguete, para que ande ahí tirado...? Son juguetes lindos.

—Sí..., ¿y además de los juguetes le traen algo de valor para usted?

—Sí, a veces traen dinero.

Doña Argentina sigue vestida pobre: sus zapatillas, los pantalones verdes anchos, una camisa azul con florcitas blancas, medio diente y ningún lujo. Argentina es gorda y retacona, setenta y tantos años, y en el pueblo las malas lenguas dice que ha ganado fortunas con el hijo. Pero vive en una casa muy pobre de bloques de cemento sin revoque, dos o tres cuartos, unas gallinas, dos vacas, tres caballos, un poquito de alfalfa, de maíz, y dice dice que no, que todo lo que gana lo pone acá, en el mausoleo, y que para eso sigue vendiendo las fotos, los llaveros, los folletos. Entonces me pregunta si le he sacado fotos a su hijo.

—No.

—Tenga cuidado: cuando quiere sale, cuando no quiere no sale.

—¿Cómo que no sale?

—Cuando él quiere sale y cuando él no quiere no sale.

—¿En las fotos?

—Sí.

—¿Y por qué, qué pasa?

—No sé, él hace lo que quiere. Si usted no viene con todo su corazón él en las fotos no le sale. Muchas veces ha pasado eso. Y más cuando vienen de Buenos Aires, ha pasado.

El interior resiste. En la tumba del Ángel el desfile de los fieles nunca para: un muchacho le trae una moto de juguete para agradecerle que se curó de un accidente, una pareja joven y muy pobre le deja un escarpín gastado, una mujer le entrega un papelito al bebé y un sobre a su mamá.

—¿A usted le impresiona que tanta gente le pida cosas a un hijo suyo?

—No, para eso estará él, para hacer un bien.

La señora Argentina los atiende a todos con la misma sonrisa y ahora charla con dos señoras y sus dos maridos, sentados alrededor del cajoncito. Es una sala como tantas, toda llena de chapas que agradecen favores: gracias Angelito por ayudarme a vivir, salvar mi matrimonio, la promesa cumplida, la salud de mi madre.

—Y no ha querido llover, ha visto, anoche…

—Y eso que pareció que caía piedra.

—Sí, pero no terminó de caer.

—Dicen que en El Jagüel sí terminó cayendo.

Después hablan de las cosechas, los nietos, las enfermedades. El muertito es un buen centro de mesa: su madre, de vez en cuando, le arregla el moño o la gorrita. Los fieles, mientras tanto, siguen. Les miro las caras cuando saludan a la pequeña momia con un beso, cuando se santiguan, cuando se quedan en silencio a su lado —y me emociono y me cabreo. Muchos escriben algo en un cuaderno: "Miguel Ángel Gaitán, vengo a pedirte que me ayudes a que mi hijo que está a punto de nacer, quiero que me ayudes para que nazca sanito y fuerte. También quiero pedirte que me ayudes a recuperar el amor de mi novio Matías que por un error que yo cometí estoy a punto de perderlo. Yo sé que voz sos un ángel que me vas a ayudar. Yo te prometo visitarte todos los lunes", dice Laura, y Carlos le pide que lo llamen de la curtiembre Yoma para darle un trabajo que anda necesitando. Gisela le pide "por una persona con la que pasé poco tiempo pero ya siento que quiero mucho. Prefiero no poner su nombre por si las dudas. Yo sé que esa persona no es del todo buena pero dentro mío siento que puedo cambiarla, cambiar su forma de ver las cosas. Sólo necesito tu ayuda. Vos sabés quién es esa persona. Por favor que se dé cuenta de lo mucho que lo quiero", dice Gisela, de catorce años. Y María, de La Rioja, dejó una cumbre —menor— del pensamiento religioso, una explicación posible de mi enojo: "Por fabor quiero cumplir mi sueño ser avanderada o escolta por favo consedeme el favor, te doy grasias por que pudimos cambiar el auto". Las otras formas de ser avanderada —haprender hortografia, por ejemplo— deben ser mucho menos eficaces.

Si uno le pregunta públicamente a cualquier argentino cuáles son sus deseos, dirá algo sobre la paz en el mundo y el bienestar de los niños y el pan para todos y esas cosas. Pero los que vienen a pedirle al Angelito Milagroso tienen una línea muy clara: que les conserve la familia, que les dé o les mejore algún amor, que les consiga trabajo o un coche o una casa o los ayude en los exámenes o les cure una enfermedad o les cuide la salud. Nadie sale de ahí: el rango de lo que nos importa parece ser bastante estrecho.

—¿Y cómo será que hace sus milagros?

—Y bueno, lo que usted le pida. Si usted le pide para andar sano, si usted le pide para comprar cualquier cosa, de alguna forma a usted se le va a presentar y se la va a comprar.

—¿Pero cómo lo hace, cómo lo consigue?

—Y bueno, usted le pide.

—¿Y él cómo hace?

—Bueno, eso es lo que hace él.

—Sí, eso es lo que le digo: ¿cómo hace él?

—No sé cómo hace él para hacer el milagro, es lo mismo que usted le pida a un santo.

Me explica doña Argentina, su mamá.

La Difunta Correa, en cambio, no tiene madre: es.

Después, Ricardo, un taxista, me cuenta que tenía que cambiar la camioneta y le pidió que lo ayudara y el negocio le salió redondo, así que le llevó una camionetita de juguete:

—Uno le oferta y después si él le cumple uno va y le cumple también. Es un negocio todo. No es una cuestión de fe, para eso está la iglesia. Esto es puro negocio.

Esa tarde trataré de hablar del Angelito con el cura, pero el cura se ha ido de vacaciones; le preguntaré a una de sus colaboradoras si es verdad lo que hace el Angelito y me dirá que dicen que tiene muchos milagros, nunca se sabe, pero la gente le tiene mucha fe y entonces a veces es mejor no oponerse a la fe de la gente para que no se alejen de la iglesia, ¿vio?

Le pedí que me vendiera una foto del Angelito, Argentina me la dio y me dijo que eran tres pesos. Yo le di cinco, me preguntó si no tenía cambio, le dije que no, me dijo que ella tampoco y que ya conseguiría. Entonces dejó los cinco pesos sobre el cajón al lado de un dólar arrugado y de una motoneta de juguete y las fotos y los cigarrillos y un par de sobres sin abrir. Al cabo de un rato le pregunté de nuevo si no tenía cambio y me dijo que no. Al final, cuando me pare para irme, no le hablaré de esos cinco pesos y ella tampoco: no eran importantes.

—¿El Angelito es el único que hace milagros, por acá, o hay otros?

—No sé.

Dice Argentina: tuerce la cara, se toca la crucecita de oro.

—Me parece que sí sabe.

—Bueno, en La Banda hay, dicen que hay.

—¿Y qué hace?

—No sé, en el diario he leido que hace milagros. Martita le dicen.

Ahora es cuando acepto que ya debía estar loco desde antes. Son más de las ocho de la noche, el sol está cayendo y yo manejo por una calle de tierra entre algarrobos, algún rancho de adobe cada tanto, subiendo al cementerio de la Banda Florida, un pueblo de La Rioja que puede tener mil habitantes. La Banda es el hermano pobre de Villa Unión: está del otro lado de un río que, cuando no crece, es de pasar a pie. Pero cuando trae agua no se puede cruzar porque no hay puente y el pueblo queda aislado, alejado de la ruta principal una docena de kilómetros. Por eso La Banda se ha quedado atrás. La Banda es más bonito para el viajero melancólico: calles de tierra, muchos árboles, viñas en el pueblo, grandes casas de adobe todavía. En cambio Villa Unión es lo peor del progreso argentino. Todo convertido en un barrio del Fonavi con destellos de peleche menemista: un hotel berreta con dos leones venecianos de yeso en la puerta, cinco semáforos que no semáforan, una pequeña galería comercial que no comercia: el éxito. Pero que, además de todo, Villa Unión se volviese el hogar de un santito famoso fue demasiado para los derrotados de La Banda. Hasta que vino la Martita.

Ruchila Rodríguez es el nombre. Cuando me dijeron que tenía que hablar con Ruchila, pregunté si era nombre de hombre o de mujer. Me dijeron:

—No, es un apodo nomás.

Y seguí sin saberlo. Después me lo encontré, en el patio de su casa de adobe de La Banda, descansando del calor bajo una parra. Ruchila es un señor entrando en los sesenta y me dice que sí, que él la descubrió, que si me dicen otra cosa es que me mienten. Ruchila Rodríguez, empleado de la municipalidad, estaba arreglando el cementerio, hace diez años, cuando se encontró con un cajón medio desenterrado. Ruchila lo sacó para arreglarlo y se dio cuenta de que estaba roto —o eso cuenta. Ruchila vio que el cuerpo tenía las alitas de cartón que les ponen a los angelitos cuando los entierran y que estaba entero, y pudo levantarlo sin que se deshiciera. Entonces sintió algo —dice— y le dijo a su compañero de trabajo:

—Ésta puede que sea milagrosa.

Y la dejó sobre la tierra y la gente empezó a llevarle flores y a pedirle. Después sabrían que la Martita tenía cuatro años y había llegado al pueblo con uno de esos parques de diversiones ambulantes, que le dio una neumonía y se murió —y ahí mismo la enterraron. Es un caso perfecto: abandonada, sin familia, nadie que la reclame ni reclame los dividendos de su divinidad.

—No, no es cierto, yo le daba a la madre. Al principio la Martita daba mucha plata y yo le mandaba algo a su mamá allá en San Juan. Ahora menos, con la crisis que hay...

Dice Ruchila y yo le pregunto si hay mucha competencia con el Angelito:

—No, ninguna. Si hasta hay una hermana de Miguel Ángel Gaitán que le viene a traer cosas a la Martita.

Dice, y se sonríe socarrón. En el patio hace un calor innecesario.

—Y además él no tiene cuerpito, nada tiene, la cabeza tiene nomás, el cuerpito se deshizo, los huesos, todo. En cambio la Martita está entera. Se puede levantar y está toda entera. Se para la Martita, se le puede cambiar el vestidito, todo. Viste que al Miguel Ángel le cambian así por arriba nada más la ropa. En cambio a la Martita la paran y le ponen lo que quieren. Como si fuese de yeso es.

—Pero la cara está peor.

—Sí, algunos han dicho que había que arreglársela. Un poquito peor está. Pero después nosotros no queríamos. Si hace milagros así, qué le vas a poner una máscara como si fuera carnaval. Ella así está bien, así nomás es milagrosa.

Dice Ruchila, y un perro ladra como si no quisiera.

La Martita tiene su casa al fondo del camposanto de La Banda, un lugar encantado que fue, hace tanto, un cementerio indio, contra una pared de rocas rojas de diez metros de alto: un Talampaya en miniatura. La casa de la Martita tiene un alero con un banco para sentarse afuera y las puertas de vidrio con los vidrios rotos. Visiblemente la Martita no funciona. Su casa es grande y está casi vacía, su cuaderno tiene menos de una promesa o un agradecimiento cada día. La Martita es mucho más calavera que el Angelito: la Martita no tiene ojos ni nariz ni piel sobre la calavera. La Martita es un esqueleto con un poco de piel pegada encima, una corona de plástico dorado y una especie de vestidito blanco y rosa del que sólo le salen las manitos con los dedos entrelazados y el rosario. Detrás hay un cartel que ordena "no poner flores naturales serca del hataúd por motivo de las ormigas". Desde el banco de afuera se ve el valle y al fondo el Famatina, seis mil y tantos metros, nieve eterna. La nieve es la corona: lo que hace respetable a una montaña.

Nadie lo dice, por supuesto, pero el mayor milagro del Angelito Gaitán fue haber creado a la Martita.

En La Banda una señora mayor me dice que ellos lo intentaron: me hace una seña discreta, que pase a su zaguán para que no me vean, y me dice que sí que lo intentaron, que trataron de pedirle cosas a la Martita para no tener que ir con el Angelito porque esos de la Villa son unos vanidosos pedantes presuntuosos pero que no había caso, que la Martita a veces les respondía y otras no, que una no puede confiar en la Martita cada vez. Y que ahora tiene que volver a ir a lo del Angelito y le revienta. Pero que así es La Banda, un pueblo que nunca le salen bien las cosas.

—Un pueblo para gente como nosotros.

Dice, y se señala.

—Una le pide, si una tiene la fe suficiente, y ella te lo da. Si no te lo da es porque no has tenido fe.

Me dice una señora. El truco es el de siempre: si no funciona la culpa no es del santo sino de su devoto. Me acuerdo del pobre Rao, el viejo maestro de escuela que dirigía el Comité Racionalista de Bangalore, en el sur de la India, y peleaba con las tristes armas de la ciencia contra el poder omnipresente de Sai Baba. Me pregunto qué habría pensado él. Se me ocurre que con este clima seco los cuerpos deben corromperse mucho menos y que si fuéramos científicos haríamos el experimento y enterraríamos, por ejemplo, cincuenta ratas, con perdón, cada una en su tumbita y las sacaríamos al cabo de un año para ver cuántas se momificaron. Y entonces sabríamos el porcentaje de santos que pueden producir Villa Unión y La Banda. Después todo sería cuestión de fe. Habría que pedirle cosas a la rata enmomiada y, si una de cada diez sucede, propagandizarla todo lo posible: así iríamos construyendo su reputación. En pocos años, creo, tendríamos la primera ratita milagrera —y haríamos mucha plata. Después, canonizarla sería cuestión de paciencia y buena diplomacia.

Provincia de San Juan

Jáchal-San Juan

El subtítulo de este libro debería ser "Tranquilo":
—¿Y cómo es vivir por acá?
Silencio y enseguida:
—Tranquilo.
—Bueno, muy tranquilo.
—No, tranquilo.
—Bien, tranquilo, vio.
Lo primero que dicen es tranquilo: después vienen todas las razones que desmienten la primera.

—Presten atención, entonces, que estas piedras tienen más de doscientos cincuenta millones de años.
—¿En serio? Vengan che, vengan. Sacame una foto.
Estoy en Talampaya, rocas a pico sin el maquillaje de la vegetación o incluso el humus: el tiempo descarnado. Demasiada belleza como para decir nada que valga la pena: algo que esté a la altura.

De La Rioja a San Juan, la ruta pasa por la Cuesta de Huaco: un camino angosto de cornisa que alguna vez tuvo su pavimento —cuarteado, roto, resbaloso, los bordes desprendidos. A los lados precipicios tremendos, peñascos ominosos, pendientes como tajos y de tanto en tanto un arroyo que lo cruza. Yo estoy cómodo en los caminos de cornisa pero éste, por momentos, me da miedo. El paisaje es bellísimo —y lo voy a apreciar mucho cuando lo deje atrás.
Después la ruta a San José de Jáchal corre en medio del desierto, entre la cordillera y la precordillera, y cada doscientos o trescientos metros la atraviesa un badén, agua que baja de la montaña. Algunos están secos, otros

embarrados, otros son arroyitos. Es una forma de darle una oportunidad a la naturaleza: el día que llueve mucho hay que quedarse en casa.

Miro el desierto y sé que en un par de horas estaré en otro lado: una ciudad, un hotel, un café. En nuestros tiempos el paisaje no significa mucho: imágenes más o menos atractivas del otro lado de la ventanilla. Hasta hace unas décadas eran un dato fuerte sobre uno mismo y lo que le esperaba: el que ahora cruzo, por ejemplo, eran tres o cuatro días en que el agua podía no alcanzar, enfermarte el sol, pudrirse los alimentos, desfallecer los caballos o los pies. Era una imagen que prometía zozobra. Ahora, como casi todo, es apenas una imagen.

Viento sobre la ruta:
viento y polvo.
Un hombre pedalea.

Paso por Jáchal a la siesta: el olor de la tierra mojada, cebolla, el ajo, el eucaliptus. La siesta es un olor que nadie huele.

—Usted sabe cómo está el país...
Me dice el viejito y yo le digo que no:
—No, ¿cómo está el país?
—Inseguro. ¿No ha visto la televisión usted?

Me cuentan que la cebolla y el ajo que se producen aquí se venden sobre todo a Brasil —que necesita mucho—, sin pasar por Buenos Aires: es un cambio. Hace unos años eso no sucedía.

Si alguna vez me preguntan por una casa auténticamente argentina diré que son éstas, las de Jachal: grandes casas de diseño italiano de principios del siglo pasado, con sus salientes y molduras, como las de tantos barrios porteños, pero construidas con ladrillos de adobe. La fusión perfecta, la que nos construyó: la materia local, las formas europeas.

Los badenes entre Jáchal y San Juan están llenos de barro y piedras que arrastró la creciente: cada uno es un riesgo, y son como doscientos. En uno de ellos hay dos grandes máquinas estacionadas. A la sombra de una, cinco operarios con casco amarillo toman mate. Son las tres de la tarde: debe ser mate time. Les pregunto cómo está lo que falta del camino y me dicen más o menos.
—No, hay varios badenes muy llenos de barro todavía que quedan por limpiar.

Estoy a punto preguntar por qué no lo hacen; no quiero caer en el lugar común, pero sospecho que nunca estuve en otra parte.

—Están mal, los badenes. Bien jodidos.

Me dice el operario y da otra chupadita a la bombilla.

Hace como diez días que no pago un peaje. Se diría que a la gloriosa empresa privada no le interesa toda esta parte de la patria: no es negocio.

Al rato encuentro a otro trabajador subido al tope de su máquina. Desde el coche nomás le pregunto si el resto del camino ya está bien y él asiente con una mezcla de venia y de sonrisa, como si fuéramos el general Patton y Eisenhower. Me gusta el gesto de orgullo con que me dice que ya hizo su trabajo: sabe que gracias a él yo voy a poder llegar a donde quiero. Si uno no consigue pensar que su trabajo sirve, está perdido.

Escrito con piedras blancas en la ladera de una colina: Dios reina. Jesús te ama. ¿No es el reparto clásico de los roles en las parejas del poder? Perón cumple, por supuesto; Evita dignifica. Bill Gates gana fortunas, su mujer se las gasta en beneficencia. Hijo si te seguís portando mal le voy a decir a tu papá. Es curioso pensar en Jesús como primera dama.

Se sabe que la curación por la palabra tiene mucho lugar en la Argentina. Curas y curanderos, psicoanalistas y políticos de comité, todos han creído de una u otra manera en esa idea. Pero yo no sabía cuánto creían las autoridades de Vialidad en la curación por la palabra: vialidades nacionales y provinciales que, en rutas espantosas, lo solucionan poniendo un cartelito al costado que dice Precaución, calzada deformada o Cuidado o Circule con atención o Estamos trabajando —cuando es obvio que no.

Pero la palabra no alcanza y me quedo enterrado en el barro de un badén: bien enterrado. Hace un sol tremebundo, y la carretera también está desierta. La sensación de estar hundido en el fango, detenido, pegado, y el recuerdo de haber escrito hace un rato que el desierto es sólo una imagen para mirar por la ventana. Tonterías. Pero todos los coches que pasan —cinco o seis en media hora—, paran para ver qué podemos hacer. Al final sacamos al Erre con el empuje de una Fiorino, un cacho de soga de un remís Peugeot y una cadena de un Falcon joya nunca taxi: la solidaridad, supongo.

El sol cae detrás de las montañas y un viejo poema que no me puedo sacar de la cabeza: "Era la tarde y la hora/ en que el sol la cresta dora/ de los Andes. El desierto…". Echeverría, parece, *La Cautiva*, y suena tan tan culto. Si no fuera porque la otra versión también repiquetea: "Era la tarde, y la hora/ en que el sol la cresta dora/ de los Andes. Flor de culo/ el avestruz,/ pa' poner huevos tan grandes".

El hombre tiene una camisa rota, un short, las patas embarradas y está parado delante de un montón de cajas, sillas, mesas, aparadores, al costado de la ruta. En la cuneta, veinte metros de ancho, chicos nadan. Del otro lado están las casas inundadas. Tres muchachos en un bote atraviesan el agua con un armario grande. De un rancho medio hundido salen dos viejos con agua a la cintura: la vieja lleva una palangana roja, el viejo una foto enmarcada. El hombre de la camisa rota dice que les habían prometido un drenaje, que nunca lo hicieron, que los políticos llevan veinte años de promesas y que cada cuatro, cinco años pasa esto.

—Pero yo esta noche voy a volver. Yo no me voy de acá, no voy a dejar que cualquiera se me meta en la casa.

El hombre me cuenta que estaba ayudando a rescatar gente y cosas doscientos metros más allá, cuando vinieron a avisarle que su casa también se estaba inundando. Fue a las siete de la mañana; ahora son las cinco de la tarde y hay un par de camiones y ómnibus municipales, tres bomberos, cuatro policías y los doscientos o trescientos inundados al costado del camino al rayo del sol, esperan algo. Lo más curioso es la calma de todos. Esperan tranquilos, casi ausentes, como espera quien sabe que lo esperado nunca llega.

Una radio de Buenos Aires dice nuestro teléfono es tal en caso de que llames desde Buenos Aires y Gran Buenos Aires y tal si llamás desde el país.

Estoy harto de saltar en lomadas, lomos de burro, serruchos y otros obstáculos artificiales que pueblan las rutas argentinas hasta el fin. Estos obstáculos son gestos de realismo —de resignación: la aceptación de que en la Argentina el discurso no alcanza para producir hechos: que para conseguir que los automovilistas no entren a ochenta por la calle del pueblo no basta con poner un cartel que lo diga, ni siquiera con amenazarlos con sanciones improbables. No se trata de explicarles por qué no deben hacer eso o incluso tratar de que lo piensen ellos mismos; hay que oponerles obstáculos físicos, barreras. La ley no sirve: se precisa la coerción directa. Las lomadas son un golpe de estado cada ocho o diez kilómetros.

Pero sigo creyendo —cuando me da el ataque de civismo y moral ciudadana— que mientras los argentinos manejen como manejan no hay país posible. Cagarse en todas las reglas y todas las señales es una falta obvia de solidaridad y sentido colectivo. El tipo que pasa a otro donde una raya continua dice que es peligroso hacerlo está diciendo que se caga en la posibilidad de poner en peligro a los demás y que él va a hacerlo —que él puede hacerlo— porque es él. Yo estaría muy de acuerdo con el individualismo; no tanto con la insistencia en escupir para arriba. Cada año mueren unos 4.000 argentinos en accidentes de tránsito; los homicidios, en cambio, matan a unos 2.200, pero el mal supremo es la delincuencia, la inseguridad. He visto pocas marchas para pedir coches más seguros, mejores carreteras, policía de tránsito que no se corrompa tan barato. Quizás sea porque a nadie se le ocurre contar que hay muchos países en el mundo donde se toman medidas para que manejar no sea tan peligroso. Quizás sea porque las automotrices son potentes; quizás no.

Y somos tantos: somos, en algún momento, casi todos: el tipo que te tira el coche encima en la bocacalle, el tipo que va por la carretera a cientoveinte a cinco metros de tu coche porque está apurado y quiere prepotearte, el tipo que agarra una curva al doble de la velocidad indicada y el coche se le empieza a deslizar al otro lado. Es difícil hacer un país con gente que piensa la sociedad en esos términos.

Y, más peor cada día hay unos 5 muertos por accidentes de trabajo en la Argentina. A ver: 5 trabajadores argentinos —y ya hay pocos— se mueren cada día por accidentes de trabajo. Digo: 5 cada día. Son muertes que no aparecen en la tele, que se producen porque las condiciones negreras del trabajo consiguen que haya 14 muertos por cada 100.000 trabajadores —casi el triple que en Estados Unidos. Pero lo que importa —lo que decide muchas cosas— es la inseguridad.

—La verdad que me da un poco de pena por ustedes. Debe ser jodido vivir en Buenos Aires. Medio terrible, no, eso de estar todo el tiempo muerto de miedo de lo que te pueden hacer los delincuentes, esas cosas.
En el Interior muchos nos compadecen. Se imaginan la vida en la Capital como una guerra de trincheras, un susto permanente —que los medios en general les cuentan. Y debe ser útil creer eso: una forma de autoafirmarse, de constatar que están en el lugar correcto o, por lo menos, lejos del más equivocado.

En los primeros seis meses de 2004 hubo 52 asesinados en la Ciudad de Buenos Aires: dos por semana. Es tanto menos que los muertos por accidentes o por el cigarrillo, para no hablar del hambre y las enfermedades atendibles. Y, sobre todo: de esos 52, sólo 16 murieron en robos. El resto fue víctima de crímenes pasionales, riñas o venganzas. Digo: en Buenos Aires, la posibilidad de que te asalten no es muy grande pero, si te asaltan, la posibilidad de que te maten es una en 2.000, o sea: el 0,05 por ciento. Mucho menos que el riesgo tolerado para cualquier operación sin riesgo. No digo que esté bien; digo que es poco, y que sigue sorprendiéndome la diferencia que hay entre la realidad y la percepción general. O, dicho de otra manera: acá hay alguien que miente como un maestro zen.

Segurismo: doctrina política que postula que el problema central de una sociedad está en su criminalidad.

De constante aparición en distintos lugares y momentos, el *segurismo* se desarrolla con más facilidad en sociedades donde ha habido cierto deterioro de la situación económica y social de las clases bajas y medias —ver Londres en los años cuarentas del siglo XIX, Berlín en los treintas del siglo pasado, Nueva York en los setentas, Bogotá en los ochentas, Buenos Aires en los primeros de este siglo. Responde al miedo de sectores sociales de clase media y media alta —las clases altas suelen tener su propio mecanismo de autodefensa— que se sienten de pronto desprotegidas —al producirse un aumento de las diferencias económicas que, en ciertos casos, se traduce en un aumento de la criminalidad. Es lo que el *segurismo* llama *inseguridad*, palabra mágica que se constituye en centro de todo enunciado y justificación de cualquier pronunciamiento.

El *segurismo* pretende que la respuesta no debe enfrentar al deterioro sino a sus consecuencias, por vía de mayor represión. No siempre desemboca en gobiernos más autoritarios, pero puede suceder. Cuando no, sólo produce una intensificación de la represión y el control social dentro de los límites del mismo sistema político.

En cualquier caso, el *segurismo* produce una demonización de esos sectores empobrecidos de los que proviene el alza de la delincuencia. Y tiende a intensificar las divisiones en esa sociedad —y a justificar esas divisiones definiendo como delincuentes en acto o en potencia a los integrantes de esos sectores.

El *segurismo* y sus eslóganes sustituyen —o intentan sustituir— el resto de los debates políticos y sociales que esa situación parece precisar.

El *segurismo*, que no analiza las razones y causas del problema, tiende a creer, con el mismo mecanismo, en soluciones mágicas, igualmente irrazonadas —irrupción policial, arsenales legales— y en la aparición de líderes salvadores capaces de aplicarlas —el famoso hombre fuerte.

Los *seguristas* suelen actuar de buena fe, aunque haya propagadores de la doctrina que intenten aprovecharse de ella para mejorar su situación política o económica.

—No, acá es tranquilo. Si nos conocemos todo, ¿quién va a hacer una cagada? Si alguno la hace ahí nomás sabemos quién es. Acá es tranquilo, no como allá. Acá sí que se puede vivir.

El segurismo es uno de los recursos con que el Interior sostiene su imagen de sí mismo.

Viniendo del norte, la ciudad de San Juan parece un límite. La ciudad de San Juan es una frontera entre la Argentina más pobre y más dejada y la Argentina clásica medio pelo. Aún sin entrar, el negocio de la estación de servicio tiene otro tipo de surtido, la radio se oye mejor, la carretera de circunvalación se abre en cuatro carriles. Hay, incluso, una sucesión de fábricas que parecen fábricas. Pero no paro: voy embarrado hasta la coronilla, y tengo previsto volver a San Juan en unos días. Ahora sigo directo hasta Mendoza.

Provincia de Mendoza

Mendoza

San Martín es la primera estatua nacional, el nombre de la calle que está en todos los pueblos, pero aquí está más, todavía más: San Martín es más mendocino que cualquier otra cosa. Obviamente San Martín nunca me cayó bien: oí aquello del Ejército Sanmartiniano demasiado, cada vez que salían a la calle a corrernos a vainazos o a tiros. Lo vi demasiado en bustos, en billetes, en manuales y en estatuas ecuestres: en todos los lugares donde sale la gente que me cae antipática. Pero me gusta ese discurso que decía que la guerra se la tenemos de hacer del modo que podamos: si no tenemos dinero, carne y un pedazo de tabaco no nos tiene de faltar: cuando se acaben los vestuarios, nos vestiremos con la bayetilla que nos trabajen nuestras mugeres, y si no andaremos en pelota como nuestros paisanos los indios: seamos libres, y lo demás no importa nada… Y acabo de darme cuenta —tarde— de que el Libertador General es uno de los pocos argentinos que es Interior puro, que no tiene nada en Buenos Aires. San Martín pasó, si acaso, un año, dos, de su vida en la Capital. El resto fue interior y exterior, España y las Provincias, Francia y América Latina; de Buenos Aires tan poquito.

—Yo soy del Chaco y en mi provincia no tenía trabajo. Me vine para acá, estoy mucho mejor. Tuve que irme de mi ciudad pero trato de moverme en la Argentina y no irme al exterior. Finalmente, aunque no parezca, esto es todo lo mismo, ¿no?

Me gustaría saber cuántos bustos del Libertador General don José de San Martín he visto en este viaje. ¿Algunos cientos? ¿Mil?

Erre se ha convertido en una bola de barro, el nido de un hornero, un horno, y todos en la calle tienen algo que opinar sobre él. Es notable como cualquier tontería de este tipo permite canalizar vaya a saber qué.

—Para mí ser argentino es una turrada. Fijate que mis abuelos eran italianos y yo ahora podría estar allá, tranquilo, con buen laburo, un coche, todo eso...

Hay turistas, hordas de turistas. Los colombianos y brasileños que a veces me confundo, los americanos de cierta edad que llegan en combis a comer a los dos o tres restoranes elegantes, los ingleses más distinguidos que recorren bodegas con chofer, los alemanes sudorosos que cruzan la cordillera en sus motos beeme con patente de Munich. Y muchos rubios sin etiqueta, de estos que antes se llamaban mochileros y ahora ya no se llaman porque vienen solos. Y sobre todo los chilenos, que se reconocen por sus bolsas de compras: dicen que llegan treinta mil cada fin de semana —y que en Mendoza ya no hay liquidaciones, porque los chilenos compran todo.

Últimamente Mendoza se convirtió en una de las zonas más sofisticadas de Argentina —para el turismo, por lo menos. Tiene un turismo que no depende, como suele suceder, de las construcciones de algún ancestro —pueblitos, fuertes, catedrales— o de los azares de una escenografía natural —grandes montañas, costas, arroyos cantarines— sino de algo que ellos hacen aquí y ahora: el vino, los paisajes del vino tan humanos, las compras, el "turismo de aventura" —con perdón del oxímoron.

Mendoza es la Argentina de Sarmiento, Mitre y la generación del Ochenta más o menos realizada —o, por lo menos, mucho más realizada que el resto del país. Aquellos fundadores tuvieron que inventar que la pampa era un desierto para exterminar a sus habitantes y transplantarles otros; esto, en cambio, era una verdadera tierra inhóspita, un desierto. Mendoza era un lugar que nadie quería por estéril, sin historia casi, arrasado por un terremoto, donde llegaron italianos más o menos laboriosos que la hicieron desde el primer árbol hasta la última casa —usando, en cuanto pudieron, criollos como mano de obra. Así armaron una ciudad y un campo limpitos, prolijos, repartidos, con un gobierno siempre un poco a la derecha del país, con un gran escritor pero sin una literatura, con esos espacios ordenados, con esas apariencias y ese orden que la clase media argentina siempre quiso. Mendoza es lo más parecido a esa América que los inmigrantes vinieron a hacer, porque es la que más se parece a esa Europa que no pudieron hacer y abandonaron. El único problema de Mendoza es la Argentina.

Mendoza es el sueño de la Argentina clase media —casi realizado.

—Acá todo es cosmética, careteo: tenemos las veredas limpias, nos cambiamos para venir al centro, hacemos como que es todo espléndido y barremos debajo de la alfombra.
Me dice un músico muy joven.

¿Qué pasa cuando a uno se le ocurre una observación tan tilinga como que los niños mendigos de Mendoza son los mejor vestidos, los menos miserables del país? ¿Lo dice, se lo calla?

Mendoza es claramente la avanzada italiana. Ya cincuenta años atrás, cuando un apellido italiano todavía era absolutamente cache, la sociedad mendocina estaba hecha de esos nombres: Pulenta, Catena, Furlotti, Rutini. Es lo que pasaría después en el país con los Di Tellas, Macris, Maccarones, Mastellones y otros.

—En Mendoza nadie te dice que es pobre, todos son de clase media. Vas a un barrio de mierda y te dicen no, es clase media, tenemos televisor. Acá no hay dignidad de la pobreza, sino vergüenza.

Alguien me cuenta que un barrio llamado Dalvian, una de las zonas más caras para nuevos ricos en Mendoza, está en tierras fiscales, que esos sí que son okupas de lujo y que por supuesto el Grupo Vila tiene que ver con eso: que los denunciaron ante la justicia y que los expedientes se perdieron y nunca más se supo. Lo voy a ver. Dalvian es un barrio privado en una colina sobre la ciudad, después del parque San Martín. En las entradas hay barreras y custodios armados pero nadie me pregunta nada cuando paso. El barrio es desolado: calles anchas vacías y a los costados repetición de chalets menemistas modelo Pinamar '94.
—Es un barrio privado perfectamente abierto.
Le comento después a un amigo, y él me dice ves, así es Mendoza: pura apariencia. Después otro me cuenta más historias de los Vila: de cómo, por ejemplo, entraron a su primera radio, Nihuil, a tiro limpio —y otros me cuentan otras. Yo pienso que es el problema de los países donde las clases dominantes han cambiado hace poco. Una gran fortuna siempre se origina en hechos turbios, pero si esos hechos sucedieron hace trescientos años, importan mucho menos —y hasta pueden formar un mito de origen distinguido. Es distinto si todos los recuerdan, si todos los leyeron en los diarios. En ese caso la sensación de estar gobernado por delincuentes es mucho más intensa.

Hay —supongo— tres soluciones para este problema: conseguirse ricos muy antiguos, que deje de haber ricos, o seguir con éstos y regodearse en el lamento: de lo nuestro, lo mejor.

Tenemos, sí, un lugar en el mundo —o por lo menos eso dicen muy diversos números. Lo curioso es que los números coinciden. Según el Índice de Desarrollo Humano de Naciones Unidas, la Argentina está en el puesto 34 del mundo, entre Brunei y Estonia. Por esperanza de vida, según datos del Banco Mundial, estamos 37. Por población estamos 33. Y así sucesivamente: en los últimos Juegos Olímpicos dos medallas de oro y cuatro de bronce nos llevaron al puesto 38, justo delante de Chile y detrás de Dinamerca. Hay más cifras, más indicadores, pero serían repetitivo: en todos aparecemos en los números treinta. Ése es, parece ser, nuestro lugar en el mundo: la clase media media.

—Mendoza, si tenés una moneda, es muy agradable para vivir. Tenés buen clima, es tranquila, hay colegios, universidad, la gente te trata bien, son educados. El problema es si no la tenés.
—Bueno, como en todas partes.
—Sí, pero acá realmente podés ver lo que te perdés por no tenerla.
Me dice, por la calle, un muchacho que me dice que la ha tenido y no la tiene. Después de Buenos Aires, Mendoza es la ciudad argentina con más universidades por habitante.

O sea, declaremos: en el mundo contemporáneo, ningún proyecto fracasó tanto como la Argentina. Corrijamos: el socialismo más. Reintentemos: salvo los socialismos soviéticos, el mayor fracaso del siglo XX es la Argentina: un país que se anunciaba, hacia 1900, como una de las grandes potencias del mañana y que, ahora, tras ímprobos esfuerzos por lograrlo, se ubica cómoda en el sector mediocre del planeta.

A veces somos optimistas y soñamos con el privilegio de una caída estrepitosa —las walkirias llorando sobre el búnker de Berlín, los húsares huyendo en Waterloo, Atahualpa cautivado por Pizarro— pero no: las caídas, en general, y la nuestra entre ellas, son lentas, casi imperceptibles, hechas de confusiones y altibajos. Nada, en principio, que uno pueda ver todos los días pero, al cabo de unos años, la conciencia de que ya no estamos donde estábamos.

Natalia lleva el pelo lacio casi rubio, camisa blanca abierta, arremangada, la cadena de oro, el jean gastado, sandalias elegantes con taquitos. Natalia dice que tiene veinticuatro y debe ser, pero podrían ser veinte y ella dice que igual ya no tiene edad, que ahora lo que tiene son obligaciones. Natalia me dice que su padre es bodeguero y su marido es abogado, que se casó hace un par de años, que él le lleva cinco y que estaba tan feliz de blanco aquella noche. Y que sigue feliz, dice Natalia, que él es un divino y ella no tiene queja pero está sorprendida: que nadie le había dicho que cuando se casara y sobre todo cuando naciera su hijo, la iban a transformar en otra. Que ella se siente igual, que tiene veinticuatro, que querría seguir como siempre y salir con las amigas pero que ahora es una madre: que todos la tratan como una madre y esperan de ella que lo sea, que le dicen señora, que tiene que estar en su casa cada noche aunque él llegue tarde, aunque él esté ocupado, aunque la mucama puede quedarse con Pedro, aunque en la tele no haya nada, aunque se aburra. Y al final me dice que ya está de nuevo embarazada.

—¿No se me nota?

Me pregunta coqueta y le digo que no, que está perfecta, y me quedo pensando por qué le digo que está perfecta como opuesto a estar embarazada y ella piensa seguramente en otras cosas porque algo le nubla la mirada y me dice que total tener uno o cinco da lo mismo, que a ella ya la cambiaron. Que todos la quieren y la tratan bien como si fuera una nena chiquita, dice. Otra vez como si fuera una nena chiquita que no sabe lo que tiene que hacer, que no es capaz de arreglárselas sola. Y yo era muy capaz pero fue corto, dice: me duró tan poco.

La pregunta a veces me recurre, y muchas me interesa: ¿cómo darle épica a uno de los proyectos mejor fracasados de las últimas épocas?

Que las puertas del parque San Martín habían sido encargadas por un sultán turco para regalárselas al zar de Rusia, pero que justo lo echaron y las puertas, que ya estaban en el barco, se mandaron a Argentina. Probablemente sea otro mito. En realidad, es interesante si es un mito: para decir que aquel país tan nuevo, la Argentina, ya estaba a la altura del gran imperio moscovita.

En la plaza, frente al colegio, un morocho lleno de granos, dieciséis, charla con una petisita de catorce o quince. Se hacen chistes, se ríen por reírse, se torean y están a punto de tocarse cuando llega una gordita de catorce o quince y trata de besar al morocho en la boca. El morocho mueve un poco la cara y el beso cae en los granos del cuello.

—Cómo te extrañé, mi amor.

Grita la gordita, el pantalón bastante transparente, el culo reventón, mirando a la petisa.

—¡Cómo te adoro, mi amor!

Vuelve a decir por si acaso. Y el morocho la mira como si estuviera loca y ella se va y él se limpia con el dorso de la mano los granos donde ella puso labios.

—No me digas que me dejó una marca, no quiero que me deje marcas.

Le dice digno a la petisa.

El padre, la madre, la hija y el hijo almuerzan juntos. Julio Rudman me ha invitado a comer a su casa y la primera sorpresa es que están todos y que además eso sucede casi todos los días y que además eso sucede en casi todas las casas. No lo había pensado, pero una diferencia bruta entre el Interior y Buenos Aires es que en Buenos Aires la familia se suspende cada mañana y se reanuda recién al caer la tarde, cuando cada cual vuelve de su trabajo o estudio u ocupación que sea. En cambio en el Interior cuatro o cinco millones de familias se reencuentran cada mediodía: debe ser una sobredosis difícilmente soportable. La oferta de televisión del mediodía no es tan atractiva como la de la noche: a veces hasta tienen que hablarse. Comemos milanesas. Cuando les pregunto cuál es la gran diferencia entre Buenos Aires y el Interior, Luciano el hijo me dice que sobre todo el ritmo. Luciano es músico y me dice que en Buenos Aires el tempo es totalmente diferente. Al cabo de unos días en la Capital ya está agotado: le parece que los porteños corren demasiado sin saber adónde van.

—Acá todo se piensa mucho más, lo cual no significa que se piense mejor pero sí que se piensa más tiempo, más despacio. Vos no ves acá, por ejemplo, que nadie saque a la venta una casa de un día para el otro, es una decisión meditada, que lleva mucho tiempo.

Dice Julio el padre, periodista.

—También se ve en las obras. En general si comparás obras de artistas porteños con obras del Interior, ves que acá todo está trabajado con mucho más cuidado, con mucho más tiempo, que no es tiro esto ahí encima a ver qué sale; es algo mucho más reflexionado, más elaborado. Lo cual no significa tampoco que sea mejor ni mucho menos.

Dice Laura la hija, pintora. Y dice que el año pasado mandó un par de obras al Salón Nacional: le dijeron que se las habían rechazado. Eso estaba dentro de sus planes; la sorpresa fue recibir los dos cuadros de vuelta en el mismo embalaje en que los había mandado, intacto.

—Antes el Salón rotaba por el Interior. A veces se hacía en Córdoba, en Mendoza, en Tucumán; ahora lo hacen siempre en Buenos Aires y les importa tres carajos lo que pase acá. La desgracia es que nosotros seguimos queriendo que nos vean en Buenos Aires, y Buenos Aires no tiene el menor interés en mirarnos: es un amor muy mal correspondido, y tampoco sé si es un amor.

—La cuestión del ritmo está en todas las cosas. Acá toda pasa más despacio, llega más despacio. Acá hay más resistencia para adoptar cualquier cosa nueva, todo se mantiene más y más.

Dice Luciano.

—Tenemos el delay del satélite: todo llega un poco después. Como la criminalidad ahora. Hace diez años acá no la veías y en Buenos Aires todos hablaban de eso. Ahora, acá nos parece normal que asalten la verdulería de la esquina.

Dice Julio y Celia la madre, profesora, dice que ella nunca se iría a vivir a Buenos Aires aunque nació en Buenos Aires —pero lleva treinta años acá:

—Me agota. No sé cómo hacen. Mirá que yo trabajo mucho, todo el día, pero esa especie de crispación de Buenos Aires me agota, llego al final del día destruida. Jamás viviría ahí.

Y Luciano dice que él iría, con todo el dolor de su alma, porque ama a su provincia, pero que ahí es donde hay espacio para que pasen más cosas:

—Esto es demasiado chico, no hay suficiente gente, no hay masa crítica para intentar cosas nuevas porque no vas a tener suficiente respuesta.

Y Julio dice que él sí se iría a vivir a Buenos Aires porque ahí tiene la sensación de que todo es mucho más posible que acá, que hay mucho más espacio y muchas más respuestas:

—Subiría varios escalones de un golpe.

Después me cuentan que a veces se sienten como si estuvieran en ninguna parte: en un espacio virtual que no es Mendoza y en un espacio real que no es el que el espacio virtual les muestra. Tienen Direct TV: el servicio de televisión más sofisticado de la ciudad no incluye los dos canales locales, no les parece necesario. Por eso ellos también pueden ver todas las mañanas cómo Ernesto Arriaga informa sobre el estado de los accesos a la Ciudad de Buenos Aires y Laura dice que lo mira y se siente más cerca de dónde no quisiera estar y se ríe de sí misma un rato.

Una agencia de turismo vende una excursión a Sandro: por 299 pesos te dan un pasaje en ómnibus, una noche de hotel en Buenos Aires y una entrada para el Gran Rex. En el aviso, por supuesto, hay una rosa roja que debería ser rosa rosa. Los actores y músicos también son como dios, están en todas partes pero atienden en Buenos Aires.

Mendoza es una ciudad horizontal, sin edificios altos: por miedo al terremoto. Muchas veces los mendocinos olvidan el miedo al terremoto; después, de pronto, lo recuerdan. Me pregunto si tiemblan.

—¿Estás segura que estos son los últimos?

—Sí, recién llegados. Importados, todavía, imaginate.

—Sí, claro. ¿Pero seguro estás segura que después no llegó ninguno más?

—No, te digo que no. Creéme. ¿Para qué te voy a engañar?

Hace quince días que no veo un shopping de verdad —y el shopping es la puesta en escena de la globalización: el famoso no lugar, un espacio que se despega de su espacio y que pasa a ser autónomo, que no depende del contexto, del lugar en el que está establecido, donde se pueden comprar los mismos Levis en Nueva York, Kuala Lumpur o Córdoba, los mismos Sonys en Londres, Nueva Delhi o Buenos Aires.

Hace quince días que no entro en un shopping: he estado en sitios donde no los hay. Estar fuera del sistema shopping es estar fuera del mundo unificado o para muchos estar fuera del mundo: un mundo limpio, claro, donde todo se muestra, donde suena siempre alguna música, donde se puede mandar a los chicos sin peligro, donde la temperatura es siempre la que debe, donde la luz se mantiene pareja. La naturaleza está definitivamente a raya. Ya lo dijo Sarmiento: el shopping es el triunfo de la civilización, la derrota final de la barbarie.

Pero los shoppings argentinos son puro interior: su exterior son paredes sin gracia, y sólo adentro importa. En Mendoza hay uno con exteriores, el único que he visto que reproduce a full el sistema Miami: una sucesión de grandes construcciones falsas —en ese estilo de material americano que imita tan bien al cartón de escenografía—, desperdigadas a lo largo de avenidas y palmeras.

—Sí, es cierto, es igualito que los "chopings" de Chile.

Me dice, cuando se lo comento, una chica local. O sea: no imitamos el modelo sino su imitación. Desde USA con escala en Santiago.

—¿Vos qué querés ser cuando seas grande?

—Yo cuando sea grande pero no tan grande voy a tener muchos novios que me quieran. Y después voy a tener uno que lo quiera yo.

—Deberíamos declararle la guerra a Chile y rendirnos enseguida, así nos anexan. Si la Argentina nunca nos da nada… Todo lo que hacemos lo hacemos nosotros solos. Además por historia, por cultura, por economía, hasta por el acento estamos mucho más cerca de los chilenos que de los porteños.

Me dice Gabriel Conte, treinta y tantos, inteligente, activo, que fue subsecretario de Relaciones con la Comunidad del Gobierno de Mendoza. Después alguien me cuenta que los chilenos están muy integrados. Tras el golpe de Pinochet, en el '73, vinieron más de cien mil en poco tiempo y se quedaron, se instalaron, formaron sus familias:

—En las villas es fácil detectar qué casitas son chilenas: las cuidan, ponen flores. Los argentinos tiran un nylon y se dejan estar.

El hospital central de Mendoza es un magnífico edificio peronista y se lo ve prolijo. Por adentro está limpio, cuidado —y la gente que espera en general también. La gente que espera espera mucho rato: largas colas de pie a lo largo de los pasillos largos. Los pacientes están muy a la vista: se puede pasear entre pacientes. En el área de cirugía general un viejo sentado en su sillita con su suero repite que quiere irse con su mamá. En las salas de espera algunos rezan; en la del cuarto piso cuatro chicas juegan al truco. Hay mucha luz; los cuartos tienen dos o tres camas. En una de cirugía una vieja acaricia a su hijo de treinta y pico. La enfermera me dice que no va a pasar de hoy. La enfermera no dice se va a morir, dice: no va pasar de hoy. Los estudiantes de medicina tienen los guardapolvos más blancos, los estetoscopios más relucientes y hablan entre sí con voces graves; todavía no se dicen doctor pero se ve que esperan. En la pared del pasillo hay un cartel que dice Se busca esclavo con título de enfermero; presentarse en tal y tal lugar.

Yo vine porque leí en el diario que hace dos meses que no funcionan los equipos de rayos X y que hay unos seis mil pacientes mensuales que tienen que esperar o tratar de conseguir la plata para hacerse la placa en algún centro privado. En todas las provincias se oyen cuestiones semejantes, pero acá en Mendoza, la más rica, me sorprende esta señora vieja que me dice que tiene una hernia y necesita un certificado porque no consigue trabajo y sin el certificado tampoco le dan el plan jefas y jefes y como no tiene plata no podía venir a buscar el certificado y ahora que le prestaron para venir no se lo dan porque la máquina de rayos no funciona. Otra dice que está desesperada porque el médico le dijo que lo suyo es una urgencia y no se lo hacen y tiene miedo de morirse.

—Cuidado, cuidado.

Gritan más atrás; en una camilla corren con un gordo de pantalón claro muy manchado de sangre, la camisa de cuadritos muy manchada de sangre, la cabeza, la cara toda llena de sangre, la máscara de oxígeno que ya parece no servirle para nada. Después un periodista me contará que se llamaba Juan Laguna y que estaba arreglando su coche, tranquilo en la puerta de su casa, cuando pasó corriendo una policía que perseguía a tiros a un sospechoso y le pegó un tiro en el pecho. Y que cuentan los vecinos que los compañeros de la policía pasaron a buscarla y la subieron al patrullero y le gritaban subí, mirá la cagada que nos mandamos, y salieron corriendo mientras Laguna se desangraba en el piso: eso contaban.

Una carta de un lector al diario *Uno*: "Tengo entendido que en Estados Unidos un oficial de policía 'reprime' a un delincuente y le otorgan una medalla al valor pero en nuestro país por poco no lo mandan preso pues salen a relucir ciertas hipocresías, diría yo, como las asociaciones de derechos humanos, que lo acusan de gatillo fácil o represor".

Mendoza es, en estos días, una de las ciudades más pesadas del país: tiene, por ejemplo, la misma cantidad de homicidios que la ciudad de Buenos Aires o la provincia de Córdoba, con la mitad de población.

—Sí, acá te machacan con que todos los días muere una persona; en una ciudad latinoamericana de un millón de habitantes, eso es lamentablemente normal. Además Mendoza tiene ese índice de delitos porque hay denuncias y un buen sistema de recepción de las denuncias. En San Luis hay el doble de muertes en los diarios que en las denuncias policiales.

Gabriel Conte ahora preside una oenegé, Espacios para el Progreso Social, que busca soluciones al tema de la violencia urbana. Cuando era funcionario, Conte puso en marcha un programa contra la inseguridad: el Sistema de Alarmas Comunitarias consistió en conectar redes de timbres en los barrios, para que cada vecino, si se siente amenazado, tenga la posibilidad de tocar un botón y alertar a los demás. Con ese recurso, esa especie de placebo contra la ansiedad, dice Conte, el miedo ha bajado mucho. Conte está convencido de que la inseguridad es sobre todo una sensación: que alcanza con que haya un asalto para que todos crean que los van a asaltar al día siguiente:

—Y el principal problema de la inseguridad es la policía: a la policía le conviene el miedo, porque refuerza su poder.

Los que tienen más miedo, dice Conte, son los vecinos de clase media venida a menos, los que temen perder lo poco que les queda. Pero con ese emprendimiento común recuperan cierto funcionamiento y empiezan a pensar en hacer otras cosas juntos y eso, dice Conte, mejora mucho la seguridad:

—En los años del menemismo, del individualismo, se perdió la relaciones sociales cotidianas. La gente ya no se saludaba en los barrios. Muchas veces ni siquiera conocía al vecino. La ventana a la calle fue remplazada por una ventana al mundo: la televisión. Y, como dice Giddens, el aumento de la criminalidad está relacionado con la crisis y la desigualdad, pero también con la decadencia de estas relaciones comunitarias.

Dice Conte y que, en los barrios con alarmas, que son casi mil en la provincia, la delincuencia bajó mucho.

—Aunque el sesenta por ciento de los delitos se produce entre gente que se conoce: familia, vecinos, miembros de una banda. El ochenta por ciento de los asesinatos por arma de fuego también. Eso ya es otra historia, claro, no se resuelve con alarmas.

Para eso, el intento fue un "Plan Canje de Armas": ofrecían cincuenta pesos —el doble de su precio en el mercado negro— en vales de comida al que entregara su pistola o su revólver. La campaña fue un éxito: en total, recuperaron unas tres mil armas y difundieron la idea de que las armas domiciliarias no son muy útiles para defenderse pero, en cambio, facilitan ese ochenta por ciento.

—Hubo de todo, claro: viejas que te traían un trabuco que nadie había usado en décadas, delincuentes que querían actualizarse, gente que entendió que no valía la pena tener un arma. Y una mujer que me impresionó mucho, que vino y me dijo doctor, acá le traigo el revólver con el que se suicidó mi marido: ya no soporto más tenerlo en casa.

La plata en el Interior está muy vieja: billetes tanto más usados, tan gastados. Como si hubiera menos, costara más, tuviera que durar porque no hay mucha. Por vieja, la plata en las provincias huele más. Y si tenemos un olor es ése: el olor del dinero argentino es nuestro olor. Huele a transpiración, papel quemándose, almohada muy usada, cabeza sin lavar, papitas fritas rancias, pasillo enmohecido, la pieza en una noche de calor, sí mismo sobre todo.

En la tapa de los diarios la muerte del príncipe consorte: el novio de la reina actual de la Vendimia se mató esta madrugada cuando volvía de bailar en un accidente de 4x4. Más tarde por la radio, la reina lo desmiente: él ya no era su novio, salía demasiado, pero igual su dolor es inmenso. La reina habla calma, serena, como una reina debe. Pero últimamente las reinas ya no son lo que eran: cada año la elección es cuestionada por alguna princesa, que va y denuncia fraudes. Algunos dicen que habría que democratizar la elección y hacerla por voto popular; las fuerzas vivas, por ahora, se resisten.

—Para mí ser argentino es criar a mis hijos lo mejor que pueda, darles todo lo que pueda, para que ellos hagan una Argentina más grande. Eso es ser argentino.

Yo ya no me resisto. Me paso dos o tres días en suspensión etílica: mirando vinos, oliendo vinos, probando vinos, oyendo hablar de vinos. Hay pocos oficios cuyos cultores te convenzan tan bien de que lo que hacen es el centro del mundo. La gente del vino puede hablar horas y horas de los polifenoles y malolácticas y stress hídricos con tanto entusiasmo que a mí incluso me gusta escucharlos, y en cualquier descuido empiezo a pensar que no hay nada en el mundo fuera de la proporción justa de cabernet y malbec que requiere una mezcla o la concentración de las uvas en la vid o el punto de la fermentación o la barrica americana pero sólo mitad de la partida y nunca más de ocho meses y medio, por supuesto.

A veces pienso que la historia del vino en la Argentina es la de la Argentina: primero el país satisfecho que chupa como chancho —una industria potente que produce vino más o menos malo pero mucho. Después el gran bajón, la depresión: en los setentas/ochentas ya nadie toma tanto vino y el camino parece perdido. Y después la fiesta con patovicas en la puerta y el descubrimiento de la producción para los ricos: hay que hacer menos vinos pero buenos para la fiesta de pocos. Hasta que, en los últimos años, empiezan a vender esos vinos más afuera que en el mercado interno porque hemos vuelto a ser un país agroexportador, dios sea loado.

Para el productor de soja o el ganadero la habilidad es sobre todo económica: cómo hacer que su campo rinda todo lo posible. El productor de vino, en cambio, le agrega toda una serie de saberes que terminan produciendo o no un vino sabroso, oloroso, colorido: produce cualidades sobre las que se puede hablar, disfrutar, basar un buen negocio.

Los grandes bodegueros, temidos y/o envidiados, y sus socios multinacionales. Los pequeños bodegueros boutique porteños o españoles o franceses que llegaron en los últimos años atraídos por el glamour de la viña al pie de la montaña. Los pequeños bodegueros sin glamour que llevan dos o tres generaciones peleando para mejorar lo que les pagan por su damajuana o su quintal de uva. Los agrónomos que controlan cada centímetro cúbico de agua para lograr la uva perfecta. Los enólogos que huelen y prueban y mezclan y huelen y prueban y vuelven a mezclar y después huelen: prueban. Los contratistas que trabajan una parcela de otro a cambio de un porcentaje chico. La cuadrilla de veinte obreros rurales de Lunlunta, que levantan quince o veinte pesos por día. La cuadrilla de quince bolivianos de Ugarteche, que levantan quince o veinte. El importador alemán que todos cortejan porque podría comprar mil o dos mil cajas por año. El turista que visita una bodega por primera vez en su vida, se aburre con las explicaciones y se asombra de que haya tanto olor a vino y se pregunta si de verdad le van a dar a probar algo. El turista foodie americano, feliz de pagar sólo 180 pesos por una botella de 93 puntos en el *Wine Spectator*. El periodista local que sueña con publicar alguna vez en el *Wine Spectator*. El relaciones públicas que invita a ese periodista y a ocho más a una cena increíble para estrenar ese vino que nadie ha bebido todavía. El periodista dispuesto a ganarse fama de incorruptible. El periodista dispuesto a ganarse unos pesos corrompiéndose todo lo posible. El periodista francés que mira a todos por encima del hombro. El hijo empobrecido de apellido sonoro que trata de vender los vinos de su patrón menos ilustre con la papa en la boca y el cuentaganado colgándole del cinto. El sommelier del restaurant de lujo en Buenos Aires al que las bodegas intentan convencer con atenciones varias. El enólogo recién recibido que mataría por trabajar en una gran bodega pero habla pestes de ellas mientras tanto. Y tantos más: el mundo del vino está muy lleno pero casi todos sus habitantes creen que lo mejor que les podría haber pasado es vivir ahí.

Ahora, tan madura, la viña con las uvas colgando parece las ubres de una vaca.

El último grito de los vinos argentinos es el mito de la altura: que, cuanto más alto se cultive, mejor va a ser un caldo —y esto está lleno de montañas. Supuestamente la altura produce mayor amplitud térmica y eso permite que la uva se cargue de sol y energía de día y descanse de noche y se concentre. Todo tiene que ver con la idea de la concentración: de la viña como campo de concentración —donde la uva se tortura. El stress hídrico —regar muy poco la viña para que el fruto tenga que concentrar sus olores sabores y colores— es la forma más clara: la idea de que hay que pelearse contra las uvas para sacarles lo que esconden. La ideología vitivinícola dominante propone la verdadera explotación de la uva por el hombre: no se trata de darle todo lo que necesita para ayudarla a desarrollarse, sino de privarla de casi todo para obligarla a un esfuerzo que la haga mejor para nosotros aquí y ahora, según los criterios actuales. Ganarás el agua con el sudor de tu frente, le dicen a la uva, en los campos de concentración de Tupungato o Godoy Cruz, y la uva acata.

Pero hay pocas cosas que me gusten tanto como pasear por ciertas calles bodegueras —la calle Cobos, en Agrelo, es uno de mis lugares en el mundo, uno de ésos donde sí viviría— y parar en alguna, probar dos o tres vinos del tonel.

En la bodega, el muchacho apila damajuanas y piensa que cuando la pila tiene tres de altura es el momento fácil, no tengo que agacharme ni estirarme. Que poco dura, piensa —me dirá después, piensa: y soy yo el que tiene que hacer que el buen momento se termine.
Sigue apilando damajuanas.

El sol casi invariable, los caminos bordeados de eucaliptos o de álamos, los sauces cada tanto, el verde de las viñas, las montañas al fondo, la claridad del aire. A veces —muchas veces— envidio todo esto.

Aire en el aire,
la transparencia.
El vino.

Mendoza tiene 140.000 hectáreas plantadas de viña. Chile —todo Chile— tiene 107.000.

La majestad del viejo viñatero sobre su bicicleta: la piel curtida, el bigote canoso, la parsimonia con que empuja los pedales, la elegancia casi papal en su saludo.

También vi entre las viñas
las estrellas:
su ruido estrepitoso.

Y el aire, a veces es cierto, huele a vino.

Los miré desde arriba del caballo: he visto sus miradas. Recorría a caballo la finca de un amigo. Iba con él y una mujer muy bella, altivos, caballeros, y una docena de peones carpían la tierra y nos miraron desde abajo con una mezcla de sumisión y odio. Hay formas muy antiguas de mirar: mirar peones desde los lomos de un caballo. Ellos tenían pañuelos en la cabeza para protegerse del sol y laboraban con azadas; tenían las cabezas hacia abajo y las levantaron y nos miraron. Y yo vi sus miradas y vi algo.

Nosotros somos argentinos, señor, somos jujeños
aunque usted nos vea bolivianos nosotros no, de Jujuy nomás
somos: argentinos,
los bolivianos
señor es otra cosa: sucios, son ellos, malolientes, nosotros
argentinos.
Nada más que somos argentinos que no paramos
quietos y vamos donde nos dan trabajo y paga y después
cuando el trabajo se acabó nos dicen se acabó el trabajo, ahora se
pueden ir: nosotros somos
dice Damiana
los que se pueden ir, los golondrina.

Damiana dice que antes
ella no lo seguía y que antes
se quedaba en el pueblo con los críos, que antes
eso era lo mejor pero que antes
cada vez que él se iba
ella sabía no iba a volver nunca cada vez.
Y que antes
él volvía hasta la vez
en que Damiana supo seguro que esta vez sí, que esta vez no
iba a volver a verlo nunca si no se iba con él
si no lo seguía, dijo,
y lo siguió.
A mí no me importa, dice Damiana ahora,
que él esté o no esté
—no se vaya a creer, no es que me importe,
cuando él se iba yo estaba muy tranquila.
Pero ido para volver es una cosa;
ido sin vuelta es muy distinto y yo,
dice Damiana, no quería ser la viuda:
lo seguí.

Desde entonces, dice, desde hace muchos años,
Damiana sigue a su marido de Jujuy a Tucumán para la zafra
de Tucumán a San Juan para cebolla y ajo de
San Juan a Mendoza para la fruta y después por la uva
y después siguen y mientras
dice Damiana: mientras tanto
—como si algo estuviera por pasar, como si siguiera esperando
que otra cosa—
mientras tanto vivimos con los seis hijos en la carpa
hecha de nylon negro que se llevan de provincia en provincia
de descampado
en descampado y no se vaya a creer que es un problema al fin y
al cabo
dice Damiana es siempre igual, en un lugar o en otro, o si no es
igual es parecido y Julio gana bien
se gana bien la vida si hasta veinte pesos
puede sacar por día y cada chico diez o doce y así
vamos tirando. El problema es el mate
dice Damiana: que el problema es el mate

porque entre sus cosas siempre lleva el mate
de plata que estaba en su familia y le da miedo
que un día se lo roben:
por eso nada más me gustaría quedarme en mi casa para
tenerlo
bien guardado
dice Damiana pero no se puede y los tres changos grandes son
gauchitos, nunca se quejan
trabajan con el padre y hacen fichas; él me dice
que venga y va y me preña y me dice
que si estoy preñada me tengo que ir al pueblo
a tener el bebé pero yo ya no voy y él
no le importa; él me dice
—dice Damiana, me cuenta tapándose la cara con la mano—
que tenemos que tener muchos changos para sacar más fichas
—más plata, quiere decir: más fichas es más plata—
y, dice, salir de pobres y comprar
una tierrita allá por nuestra casa pero los chicos comen mucho
y gastan y hasta que tienen siete ocho
no saben hacer nada pobrecitos,
dice Damiana: hasta que tienen siete ocho
son una carga más que nada pero no se crea que es su culpa.
No, no es culpa de ellos: ellos no tienen la culpa
pobrecitos.

Cada día que pasa me alejo un poco más de la Argentina. Recorro kilómetros, encuentro personas, veo, escucho; la Argentina es algo muy distinto de la suma de esas partes.

USPALLATA

La charla empezó como casi todas y no voy a decir dónde fue. El hombre atendía su bar en un pueblito de montaña que últimamente se agrandó con el turismo. Pero me dijo que era de Buenos Aires, de mi barrio, y yo le pregunté cuánto hacía que estaba acá y cómo era su vida. Me dijo que tranquila, que podía dejar su auto abierto y que podía ver el atardecer sobre los cerros. El hombre tenía unos cincuenta, fumaba como un chivo: como un guanaco, dijo él. Seguimos charlando de pavadas. Él me había visto en la televisión, quería saber cómo era eso. El hombre era simpático, lo que hace años se llamaba entrador. Me dijo su nombre: tampoco voy a decirlo. Después le pregunté qué hacía antes de venirse para acá y él me dijo que si me lo contaba no se lo iba a creer. Le dije que probara.

—No, no. Si te lo cuento en serio no me vas a creer.

—Bueno, por qué no lo intentás.

El hombre se calla, piensa un momento: tiene ganas pero no se decide. Al fin arranca:

—Yo era milico. Fui milico del setenta hasta el ochenta y cinco. ¿Qué te parece?

Dice y yo no sé qué me parece y por ahora me callo, y él me empieza a contar su verdadera vida: la parte de su vida que lo define de algún modo. El hombre no es muy alto; tiene los dedos gordos y las uñas comidas, la cara ancha, blanca y una buena sonrisa: dice que cuando era chico se metió en la Escuela de Suboficiales Lemos porque no sabía muy bien qué hacer y que después, ya de suboficial, empezó a hacer inteligencia contra los subversivos. Que el 20 de junio de 1973 fue a Ezeiza a recibir a Perón con una columna de peronistas entrerrianos, infiltrado. Después me cuenta cómo fue a Tucson con barba y las lanas por acá.

—¿A Tucson?

—Sí, así le decíamos a Tucumán en el ejército.

Dice, y me cuenta cómo se metía por todos lados tratando de conseguir información sobre los guerrilleros, cómo Tucumán cambió al ejército.

—Antes, en los tiempos de paz, te cruzabas con un oficial y ni te saludaba, no te daba bola. Pero la guerra hace que todo cambie mucho. Fijate que en Tucumán los oficiales primero iban en el jeep en el asiento de al lado del conductor, que es el más cómodo. Entonces los guerrilleros se dieron cuenta y tiraban ahí. Así que los oficiales empezaron a ir atrás, se mezclaban con los soldados y mandaban al soldado más boludo al asiento del conductor. Ya no los mataban pero para eso habían tenido que mezclarse.

Son las dos, tres de la tarde, y yo trato de terminar mi sándwich de salame y queso pero ya no puedo: no me pasa. Entonces el hombre me dice que Tucumán todavía era otra cosa, porque los guerrilleros estaban ahí enfrente y vos tirabas y ellos tiraban, era una pelea, pero que Buenos Aires ya no era lo mismo. Que él siempre creyó que lo que hacía lo estaba haciendo bien: que ponía el pecho por trescientos pesos y que creía en lo que decían las arengas del patio de formación a la mañana, pero que Buenos Aires fue otra cosa, dice, y de pronto se pone desconfiado: no me va a dar detalles, dice, no me va a contar mucho, pero me dice que él estaba ahí, en el cuartel donde mataron a algunos jefes subversivos importantes; dice: jefes subversivos importantes y me mira, y yo tengo el pulso acelerado y sigo sin saber qué hacer, entre la fascinación de su relato y el impulso de pegarle o de salir corriendo y por ahora me quedo, callado, escuchándolo decirme que él estaba ahí cuando destruyeron a bazookazos la casa de un par de viejitos porque la policía les había dado mal la dirección, que él estaba ahí cuando el oficial no sé qué mandó al cabo no sé cuánto en un allanamiento a que abriera un cajón sabiendo que podía ser una trampa y el cabo se quedó sin manos, dice: que él estaba ahí, no que hacía algo. Y después prende otro cigarrillo y me dice que no me va a contar más nada y que de pronto se pasaba diez días, quince días sin ver a su mujer, metido en el cuartel, saliendo a operar, haciendo vaya a saber qué cosas, que nunca sabía cuándo iba a poder ir a su casa o cuándo le iban a meter una granada en la espalda en un colectivo, dice: una granada por la espalda en un colectivo. Y me habla de caras que no puede olvidar, que vienen a aparecerse cada tanto, de cosas que no puede olvidar:

—Cuando ves a una mujer que envuelve a su bebito en un colchón para que no le pase nada y se tira del quinto piso. ¿Qué hacés, qué carajo hacés cuando ves a una mujer que envuelve a su bebito en un colchón para que no le pase nada y se tira del quinto piso?

Me dice, y que él estuvo en tantas cosas que trata de no acordarse nunca pero que igual se acuerda, cuando se descuida, tantas veces, sobre todo a la noche.

—¿Y mataste a alguien?

Le pregunto y se calla: ahora él se calla, y me mira cómo quien dice qué te pasa. Y después me dice que bueno, que es cierto que mataron a bastantes pero que no todo fueron ellos, el ejército, que si los desaparecidos fueron treinta mil, dice, calcula, la policía debe haber matado por lo menos a veinte y que es cierto que sí, que ellos afanaban sin parar, que se peleaban a trompadas por el botín; que había un cabo encargado de robar los coches para salir a los operativos y los tenían guardados en el patio del cuartel; que se acuerda de un mayor del Ejército Argentino empujando por el medio del cuartel un carrito lleno de tapados de piel y juegos de porcelana, que los milicos se cagaban a trompadas en plena formación por mil dólares que habían rapiñado por ahí, que alguien se quiso pasar con el botín de un compañero y lo metieron preso y estuvo y no estuvo, dice, y nunca más volvió; que tiraron toneladas de documentos incriminatorios a esas piletas donde deshacen el papel para hacer pasta de papel con ácidos y grandes cuchillas y que no sólo tiraron papeles, y que él creía que todo eso lo hacía por la patria y no por esta manga de hijos de puta, dice. Y que pidió el retiro cuando llegó la democracia, pero no queda claro por qué fue. Y se ve que recuerda tanto más que lo que cuenta pero muchas veces me dice que nunca habla de estas cosas, que con civiles menos pero que a veces hablando se alivia un poco. Que alguna vez en una noche de bohemia en un bar, dice, con un desconocido.

—Pero no te creas que la saqué de arriba.

Me dice después, y yo ya abandoné mi sándwich porque definitivamente es imposible y fumamos y no sé qué hacer con lo que escucho y pienso que hace treinta años este señor me habría pegado un tiro, o dos, o vaya a saber qué y que el mundo es muy raro y está lleno de gente y nadie sabe quién es quién: me distraigo; por un momento me distraigo. Pero ahora lo sigo escuchando cuando me dice que estuvo cinco años al borde del suicidio, deprimido, medicado, sin poder hacer nada, y que llegó a dormir con el arma debajo de la almohada para ver si se atrevía a matarse y yo le pregunto que era lo que más le pesaba, lo que más le jodía cuando estaba deprimido y él me dice:

—Todo, todo, son muchas cosas, todo, todo

Como quien dice flaco no te das una idea y dice flaco, no me apures, yo te voy a contar lo que yo quiera: que era una planta, dice, que dormía veintiséis horas por día y que tomaba todas las pastillas y que vio a todos los psicólogos, psicoanalistas, psiquiatras, curanderos del mundo hasta que un día pasó por la puerta de la iglesia y sintió algo, como una llamada, y se metió:

—Y el flaco ese que está clavado de la cruz me dio una mano.

Dice, y que ahora le va bien, que está contento, que está muy orgulloso de sus hijos, que solamente tiene que doparse para poder dormir un rato, un rohipnol o dos y duermo cuatro o cinco horas, y que a veces piensa en escribir toda su historia y le pregunto por qué no lo hace y me dice que no, que le parece que la mano le temblaría demasiado. Y que todo esto que me dijo no es nada, no es un carajo, nada, que si yo alguna vez llego a contarlo o escribirlo él va a decir que yo estaba totalmente borracho, que nunca me conoció, que era todo macana, que estábamos borrachos. Seguramente estábamos, aunque no bebimos ni una gota, pero sí: debíamos estar, los dos, completamente en pedo.

Me voy, y la impresión me dura. Otra vez: sé que hace veintipico, treinta años, este señor me habría pegado un tiro —por lo menos. Sé que hace veintipico, treinta años, este señor torturaba o mataba amigos míos. Sé que ahora, hace quince minutos, he charlado con él, compartido palabras, cigarrillos, unas sonrisas, algo parecido a la empatía.

Por delante, por suerte, hay un desierto.

El Aconcagua al fondo. Sobre la carretera, muerto, un pantalón.

Una vez más, lo que más me impresiona del bellísimo camino que va de Mendoza hacia la cordillera, siguiendo el río Mendoza, es la vía del tren. Kilómetros y kilómetros de un trayecto imposible, colgado de las rocas menos hospitalarias, atravesando el río una y otra vez para buscar alguna base. Una obra de ingeniería extraordinaria. La hicieron en 1910: era tan claramente otro país. Si los romanos muestran con tanto orgullo las ruinas del Foro para recordar aquel imperio, o los chinos la Gran Muralla, ¿por qué no llevar a nuestros chicos a que vean las ruinas del ferrocarril como el resto más claro de aquel país que se creyó posible?

Hay cientos de montañitas tan coquetas prolijamente blancas, recubiertas de nieve. Salvo el Aconcagua. El Aconcagua se eleva por encima de todas, descuella o descolla, trepa mucho más alto —y no tiene nieve en su ladera demasiado expuesta. Otro zapazo de la metáfora barata.

Provincia de San Juan

Barreal-Calingasta

—¿Y esa montaña que está ahí?
—Ése es el Mercedario, 6.770 metros, el pico más alto de la región.
—Ah, con razón.
—¿Con razón qué?
—No, que a mí me parecía alto, pero uno nunca sabe.

Lugares donde el hombre no aparece: los últimos rincones. De Uspallata en Mendoza a Barreal en San Juan hay ciento treinta y dos kilómetros de tierra a lo largo de una pampa rala que bordea la cordillera. Es un camino tan precario y no me cruzo a nadie, ni coches ni personas. Ni una casa.

Creo que nunca vi —y digo lo que digo—, nunca vi un cielo así de azul. San Juan, Pampa del Leoncito.

En el observatorio astronómico de El Leoncito sopla el viento. Estamos a más de dos mil metros metros de altura en la precordillera de San Juan. Ahí abajo hay un valle con una gran laguna seca donde corren carreras de carros a vela y alguna vez pudo aterrizar al Tango 01. El desierto perfecto, y más allá los Andes de seis mil metros con nieve en el verano. Es un lugar muy impensable.

Lo eligieron porque tiene uno de los cielos más limpios del hemisferio y porque está alejado de cualquier pueblo —y entonces no hay luces que molesten. Los astrónomos viven acá unos diez días cada mes y después bajan a San Juan; trabajan cada noche, duermen a la mañana, oyen soplar el viento: la cumbre del Leoncito está en el medio de ninguna parte. Un astrónomo me cuenta que trabaja en un proyecto de largo aliento: la medición del movimiento propio de las estrellas del hemisferio sur, organizado por la universidad de San Juan y pagado por Yale y que, cuando lo terminen, el catálogo incluirá unos cincuenta millones de objetos celestes y que es uno de los trabajos más ambiciosos de la astronomía contemporánea. Pero lo que me impresiona no es cuánto sino cuándo: el proyecto empezó en 1965 y debería terminar en 2010. Lleva cuarenta años y sospecho que es el único proyecto a largo plazo que ha subsistido todo este tiempo en la Argentina. Cuarenta años: cuando lo empezaron era presidente Illia, y dura todavía.

—¿Vos te das cuenta de que lo que están haciendo debe ser el único proyecto que sobrevive de esa época?

Le digo, y se ríe y me cuenta que el iniciador del trabajo se murió y que él sólo espera llegar a verlo terminado. Pero tiene menos de cincuenta años y parece muy sano.

—Yo creo que lo que están haciendo acá es absolutamente antiargentino: mantener una actividad y un objetivo a lo largo de todas estas décadas va muy en contra del ser nacional.

Le digo y me dice que sí, que es curiosa la sensación de continuar una obra que se extiende tanto en el tiempo, que implica a personas que ni se conocieron. Y me cuenta que es mendocino, que estudió en Córdoba, que vive en San Juan y que Buenos Aires, para él, es ese lugar donde va a tomar el avión para ir a algún congreso o a discutir con sus colegas de Yale. Por eso, me dice, hace un par de años decidió ir con su familia a conocer la capital y dice que le impresionó mucho ver la Plaza de Mayo, Balcarce 50, el lugar desconocido donde se deciden tantas cosas cuyas consecuencias lo afectan todos los días. Y que hace poco le preguntaron en una reunión más o menos científica que si pudiera desviar un asteroide dónde lo haría caer y él se acordó de ese lugar:

—En Balcarce 50, ahí sí me gustaría.

En la radio, Boca va empatando en Bolivia y ahora la ruta tiene álamos y sauces de un costado; del otro piedra viva. Es el límite entre el valle y el desierto.

Después veré que dos kilómetros más allá está Calingasta, pero yo llegaba por la ruta y no podía saberlo. A un costado esas filas de peñascos afilados que arman la dentadura de un tiburón inmenso. Al otro, la cordillera de los Andes. Al lado del camino, un ranchito de dos habitaciones y un cartel muy chiquito: "Fotocopias".

En Calingasta, Erre se pone caprichoso y precisa un mecánico. Pregunto dónde hay; me dan una explicación complicadísima y pregunto si tiene un cartel:

—No, ¿para qué? Todos lo conocemos.

Lo contrario son los avisos que pasan en las radios locales: la pizzería de la esquina, la mercería de la vuelta, la farmacia de la plaza. La publicidad apareció cuando los nuevos capitalistas quisieron vender productos a un público mayor que el que podían tocar sin ella: cuando la producción en serie hizo que ciertos objetos o servicios pudieran venderse mucho más allá de su radio "natural". Hasta entonces, la publicidad era innecesaria porque el boca a boca y la costumbre eran más que suficientes. Ahora, en situaciones en que sigue siendo innecesaria —en estos pueblos—, se hace para reproducir los modos de la metrópolis: si los grandes publicitan, nosotros también. Publicitar, en esos casos, ofrece, si acaso, el prestigio de la modernidad.

Una de las grandes diferencias de la clase media y la clase baja en la Argentina es el café —o la falta de él. Ni siquiera cuando salen y se ponen en gastos los pobres suelen terminar la comida con un cafecito. Digo, porque estas noches me dieron tantas ganas de tomarme uno.

El valle del río San Juan es una cuña de cañas doradas que rompe las montañas negras; un río azul en el medio; yo, que no importo nada. Hay caminos que habría que hacer dos veces, ida y vuelta, para verlos en sus dos perspectivas: caminos que son una lección perfecta sobre el punto de vista. Ahora avanzo hacia San Juan y el valle se va cerrando en un embudo de montañas sombrías, pero paro y miro hacia atrás y el valle se abre sobre la cordillera, grandes picos nevados. Es otra historia, otro lugar, otra experiencia: el mundo cambia. Y yo, que no soy nada, lo decido dándome media vuelta.

Están a prueba. Hasta hace un mes, este tramo del camino entre San Juan y Calingasta, demasiado angosto para que se crucen dos autos, tenía horario: a la mañana circulaba en dirección oeste; a la tarde y noche, dirección este. Ahora un muchacho de Vialidad provincial me para y me dice que tengo que esperar, que del otro lado vienen coches. Me cuenta que hay otro puesto, diez kilómetros más lejos, que dejó venir tres; hay que esperar que lleguen.

Mientras tanto, el pibe me cuenta que hasta hace un mes no tenía trabajo, que esto es duro porque viene el lunes y se queda ocho días viviendo en ese trailer que está ahí, justo al lado del camino. Yo le pregunto si no le gusta vivir en un lugar tan lindo.

—¿Lindo? ¿Le parece lindo?

El lugar es de una belleza abrumadora: el valle estrecho, montañas a los lados, el río plateado que avanza como si le importara.

—No, eso ni lo noto, pero el trabajo es importante.

Me dice, y se le arma una sonrisa en la cara curtida.

—Yo tengo que estar muy atento y contar bien. Ahora me dijeron que venían tres coches. Imagínese que yo me distraigo, cuento mal y lo mando a usted cuando todavía viene un coche de allá. Yo ahora soy responsable de sus vidas.

El muchacho tiene un pañuelo en la cabeza, anteojos negros: se pasa todo el día al sol del Zonda.

—Hay noches que no puedo dormir pensando en eso.

¿Por qué la pobreza del ranchito de adobe y algarrobo nos parece casi bonita, estética y tranquilizadora y en cambio la pobreza de la villa es ofensiva y no implica valores positivos? ¿Por el mantenimiento de las tradiciones, porque es la pobreza pero honrada que han cantado poetas y folcloristas, porque está lejos y no resulta una amenaza?

Tantos días de mirar y de escuchar me hicieron olvidarme gozosamente de mí. Esto es un desierto y es largo, yermo, largo. Y algo de eso me recuerda que es muy probable que este año también cumpla cuarenta y pico y que nadie leyó mi libro todavía.

San Juan

La mayoría son mujeres entre veinte y cuarenta, pero el jefe es un muchacho con pañuelo palestino y gorro que dice MTD. Son unos cien, tienen banderas argentinas y pancartas de la Aníbal Verón. Mediodía de San Juan: hace un calor de perros.

—A nuestras mujeres hay que hacerles un monumento.

Dice Ramón, el palestino, y cuando dice nuestras quiere decir las argentinas:

—Ellas son las que encabezan las luchas sociales en todo el país.

—¿Y los hombres?

—Y los hombres no sé, son los que están más golpeados, pero esto también es una rebelión de las mujeres que han decidido que van a ser las que lleven las cosas adelante.

Una de ellas se le acerca y Ramón la abraza:

—Me han dicho que tenés la autoestima un poco baja.

En la Argentina el dialecto psi no conoce fronteras. La mujer tiene una remera muy gastada y tres o cuatro dientes en la boca, treinta años:

—Sí, pero ahora ya estoy mejor.

—Vos no tenés que dejar que te discriminen.

—Y bueh. No es fácil.

—No, vos tenés que saber que pertenecés a un movimiento y si pasa algo así venís y hablás y entre todos lo solucionamos.

La mujer está un poco incómoda y se va. Entonces Ramón me cuenta que es HIV positiva: que por eso la maltratan más todavía. Estamos en el medio del bulevar de entrada a la ciudad; un muchacho y tres chicas queman gomas y las manejan con unos palos largos: cuando la goma arde se deshace en fibras y el gomero las va esparciendo sobre el asfalto. Las fibras siguen prendidas y hay más columnas de humo negro. De lejos, el piquete es humo negro; de cerca, mujeres que corren a sus chicos, chicos, chicas, cuarentonas gordas, un muchacho con gorrito de Boca, un par de dirigentes que van de uno a otro lado como si siempre tuvieran algo urgente. El movimiento piquetero ha organizado una jornada nacional: este piquete es uno entre docenas y docenas. Un periodista le pregunta a Ramón si toman lista de asistencia y Ramón le dice que sí. Entonces el periodista le pregunta si es para dar premios, bolsones de comida a los que vienen y Ramón le dice que es por seguridad y que no tiene por qué darle explicaciones. Después Ramón me dirá que ellos no tienen planes sociales: que lo que hacen son emprendimientos colectivos y me invitará a visitar uno.

—Venite mañana, si querés, te esperamos. Vas a ver que en serio hacemos cosas.

Ramón tiene el pelo largo, cara de indio, anteojitos sin marco. Pasa una ambulancia y el piquete se abre. Detrás una mujer en coche intenta aprovechar el hueco, pero el hueco se le cierra enseguida. La mujer los putea; alguien le dice que peor es ella que quería aprovecharse de la ambulancia. Enfrente está la policía, discreta, buscando la sombrita: una docena de agentes que se mantienen alejados. Ramón tiene treinta y seis años, parece alguno menos. Ahora baja la voz:

—¿Y vos fuiste militante montonero?

—Sí.

—¿Y lo conociste a Paco Urondo?

—Sí, ¿por qué?

—¿Y a Rodolfo Walsh?

—Sí.

—Ahh.

Ramón parece extasiado, e insiste en que tengo que ir a ver lo que ellos hacen.

Entro en San Juan —que no conozco— y me parece que ya estuve. El reconocimiento de lo desconocido es uno de los efectos más tediosos de la patria.

Creo que al fin lo que jodió al piquete fue lo mismo que lo lanzó: su eficacia. En un primer momento fue un invento genial: el modo de hacer visible lo que todos querían mantener invisible: la pobreza. Y de conseguir ciertas cosas. Tenía la ventaja de que cualquier grupito de treinta personas puede cortar una ruta o una calle y producir un efecto notorio, ineludible: no se necesita demasiado número para causar tales efectos. Y ése fue, también, su problema. El número es, de alguna forma, lo que legitima una intervención pública. Y así el piquete, que al principio contaba con todas las simpatías, pasó a ser visto como el capricho de pequeños grupos —cuya legitimidad, además, se complicó por su dependencia de los planes. El uso tan difundido, casi indiscriminado, mermó la fuerza de un instrumento que supo ser muy eficiente.

El Interior es —entre otras cosas— una constelación de microBuenos Aires. El Interior está lleno de ciudades que, en general, reproducen en chico el esquema de Buenos Aires: un centro con una peatonal, donde hay negocios pero ya casi nadie vive, edificios administrativos, algún embotellamiento para hacer moderno. Después las casas clase media, los barrios pobres más afuera y alguna zona residencial para las casas de los ricos. Y son, sobre todo, ciudades que reproducen a su escala provincial el parasitismo que le achacan a la Capital Federal a escala nacional: ciudades llenas de empleados públicos, donde se cocinan todos los asuntos de la provincia, desde donde se dirige cada detalle del territorio, que se aprovechan de su territorio circundante igual que Buenos Aires, dicen, del suyo.

En el principio del párrafo anterior —"una constelación de microBuenos Aires"— me hubiera servido que existiera un plural de Buenos Aires. Pero no hay, porque el singular —Buenos Aires— es un plural. Como quien dice: pretenciosos, ya, desde el principio.

Los tres que almuerzan en la mesa de al lado: buenos muchachos argentinos, sus remeras de colores pastel, el pelo corto, las sonrisas francas, que charlaron de sus familias y de sus empleos como ingenieros en una empresa de abonos hasta que uno empezó a contar que se estaba cogiendo a la secretaria del gerente de compras y los otros dos se excitaron y le preguntaban en serio y es tan puta como parece, más, mucho más, no se dan una idea, pero sí, contá, contá, y el muchacho cogedor se toca sin pensarlo la alianza mientras les dice que nunca nadie se la chupó tan bien y los otros en serio qué hija de mil putas y que más y el cogedor se envalentona y sigue y sus amigos se calientan o vaya a saber qué porque ahora lo felicitan con palmadas y toqueteos y vos sí que sos un rico hijo de puta, un ganador.

San Juan debe ser uno de los lugares de más bajo perfil de la Argentina. Estuve pensando un rato y no recuerdo cuándo fue la última vez que la vi en los diarios, ni tampoco ninguna característica particular que se le endilgue, ni casi nada más que Domingo Faustino —y el calor y un terremoto muy lejano. Cuenta la leyenda que un gobernador de Mendoza impedía bajarse del tren a los inmigranes de origen español y sólo dejaba a los italianos, que tenían fama de laboriosos; los rechazados en Mendoza seguían viaje a San Juan. De ahí que los sanjuaninos sean tan quedados, me cuenta un sanjuanino.

Este viaje, por momentos, me desespera un poco. La sensación de estar frente a la Espasa Calpe, la certeza de que la vida no me alcanzaría para leerla, la decisión de ir agarrando algunos tomos, mirando en esos tomos cuatro o cinco artículos, ir viendo lo posible. La inquietud por todo lo que falta para terminar. La desazón por todo lo que, después de terminar, habrá quedado sin hacer.

Pero de acá salió también Francisco Narciso de Laprida, cuya voz declaró la independencia de estas crueles provincias, derrotado, de sangre y de sudor manchado el rostro: el protagonista de uno de los mejores poemas que se han escrito en Argentina, el que se encontraba al fin, ya entonces, con su destino sudamericano.

Sapito tiene nueve años pero parece seis y vende medias. Dice que le dicen Sapito desde una vez que se cayó en un charco hace muchos años: a mí me gustaría saber a qué llama Sapito muchos años. Sapito ofrece medias; a Sapito le dicen que no, según las horas, cincuenta o cien veces por hora. Quizás al fin del día haya vendido ocho, diez pares de medias, me dice, y yo calculo que le dirán que no quinientas, mil personas: quinientas, mil personas que le dicen que no. Sapito me dice que eso no le importa, que él sabe que lo normal es que le digan no. Después me dice que no le charle tanto, que si le voy a comprar un par de medias.

Leo en la página 13 del *Diario de Cuyo* que ayer murieron tres personas en accidentes de tránsito. Después el artículo dice que uno era un obrero rural en bicicleta pisado por un camión cuando iba a trabajar, otro un chico atropellado por un colectivo mientras jugaba al fútbol y otro otro ciclista por camión. Me imagino los títulos de primera página si hubieran muerto en un asalto, por ejemplo.

San Juan es una ciudad arrasada por un terremoto en 1944, donde nada interfiere en la furia constructora de los sesenta peores años de la arquitectura argentina. Pero, ¿habrá sido necesario que pusieran el casino pegado a la legislatura provincial, casi como una dependencia de servicio de los diputados sanjuaninos? Y poco después un hotel nuevo supermenemista, que no se llama Al Kassar, pero sí Alcázar. Y otra vez la peatonal que sólo conoce en cada capital de provincia una diferencia de grado: de riqueza, de limpieza, de ruido, de carteles, de cantidad de gente. Me pregunto por qué siguen existiendo o por qué quizás en Buenos Aires no existen más y supongo que en Buenos Aires la respuesta son los shoppings y no sé si interpretar como "retraso" que aquí sí subsistan. Quién quiera armar un cuadro socioeconómico de las provincias argentinas podría empezar su trabajo comparando las peatonales de cada capital. Con eso, creo, estaría bastante avanzado.

y eso que los argentinos somos tan buena gente pero siempre nos va mal por la culpa de esos hijos de puta, cuando se van a ir de una buena vez por todas a la mierda y dejarnos el país para nosotros, la gente de bien, los verdaderos argentinos

El gordo no tiene ninguna gracia; ella tampoco pero un poco más. Ella tiene unos treinta, su musculosa blanca, tatuajes en los brazos; él es carón, pelado, unos cincuenta. Pero cuando él le habla desde la mesa de al lado ella le dice que no, que vino desde su pueblo a una reunión de ésas de vender maquillaje y que odia venir al centro y que se está tomando una cerveza para matar el tiempo, y cuando él le pregunta si se puede sentar a su mesa ella dice que sí. Están justo atrás: los oigo, los escucho. Él le hace preguntas, la hace hablar, ella repite una y otra vez las mismas cosas —que tiene dos hijos, que vive en Zonda, que odia el centro, que vino a la reunión de maquillaje— como si no lo hubiera dicho todavía. Él no se inmuta y le dice que está divorciado; ella, que está por divorciarse. Él es más blanco, tiene acento más culto; ella la voz de pito y pocas eses. Él intenta algún chiste; ella no entiende. Ella repite y repite; él se la banca. Después le dice que le gusta cómo habla, tan fresco, tan natural, no como esos que van a la universidad y hablan todo engolado. Él, le dice, sí fue a la universidad, soy abogado; ah, ya me parecía que eras alguien. El negocio progresa. Dentro de un rato, se diría, se van a revolcar mezclados. Me impresiona: será que es de verdad tan fácil, será que no se necesita entender nada. Por un momento me da pena: me parece que me he perdido algo de la vida.

y dejarnos el país para nosotros

La otra medida sería la porción de Avenida Libertador tipo California/San Isidro que tiene cada capital: más o menos arbolada, con restaurantes más o menos americanos, con bares más o menos bullangueros. Catamarca llega apenas a una cuadra, San Juan tiene sus tres o cuatro, Mendoza rebosa.

la gente de bien, los verdaderos argentinos

Cuando sea grande quiero ser Sarmiento. Lo pensaba, supongo, cuando chico, y todavía lo pienso. Estoy frente a su casa y me acuerdo de aquella vez, segundo grado, en que mi escuela organizó un concurso de preguntas y respuestas sobre la vida del ilustre sanjuanino. Yo gané aquel concurso —perdonen la inmodestia—, pero lo curioso fue el final. El director, chistoso, entusiasmado, me preguntó si no sabía el número de teléfono del gran padre del aula. Yo le dije que claro: 71-4629. Era, por supuesto, el mío: yo, ya entonces, influido por manuales y maestras, pensaba que debía ser como él; yo, ya entonces, era una muestra de cómo el sistema de próceres de la educación sarmientina te va creando modelos, te convence de que no hay nada mejor que ser como ellos. Tiempos en que la escuela te enseñaba a reverenciar a San Martín, gran capitán, e imitar a Belgrano y a Sarmiento.

"Facundo, en fin, siendo lo que fue, no por un accidente de su carácter, sino por antecedentes inevitables y ajenos de su voluntad, es el personaje histórico más singular, más notable, que puede presentarse a la contemplación de los hombres que comprenden que un caudillo que encabeza un gran movimiento social no es más que el espejo en que se reflejan, en dimensiones colosales, las creencias, las necesidades, preocupaciones y hábitos de una nación en una época dada de su historia", escribió el sanjuanino.

Hay dos grandes Domingos: Sarmiento y Perón. Felipe Domingo es una réplica barata. Ningún otro nombre se repite así en la historia argentina y es el nombre del día del ocio, pero también el nombre del día en que hay que respetar al Señor. Y su origen no es religioso: viene de domine, que significa *amo*: día del amo.

Sarmiento, el gran educador, hizo un aporte inapreciable para la comprensión de la patria: nos explicó que el único anagrama posible de *argentino* es *ignorante*.

Claro, y el de *Sarmiento* es *mentirosa*, le contestó algún comedido.

Y está claro que yo había comprado toda la propaganda escolar porque en mi recuerdo la casa de Sarmiento era un ranchito chiquito, debilucho. Y resulta que ahora es casi una mansión. En el museo casa de Sarmiento, en el centro de San Juan, está la higuera de los manuales y está la réplica del telar donde doña Paula, la supermadre, tejía para mantener a la familia. Está doña Paula convertida en bronce y está la casita original, englutida por la mansión de ahora. Está, pero los textos del museo no dicen lo que se ve, todavía, detrás de refacciones y adiciones: que Sarmiento nació en un rancho de cincuenta metros cuadrados, piso de tierra, techo de caña y barro, muy parecido a tantos ranchos que todavía quedan por aquí. El museo lo disimula; en el vocabulario del museo, el rancho original es "sala" o "vivienda" o incluso "habitación única" —nunca rancho.

De pronto me da por sospechar que Sarmiento nunca escribió ficción —como, salvando las distancias, Walsh nunca escribió una novela— porque tenían un país por escribir. ¿A quién se le ocurre inventar una historia, un romance, o unas aventuras cuando se puede inventar una nación? ¿A quien se le ocurre reproducir o recrear cuando se puede crear o producir?

Para colmo, el muy sanjuanino escribió sus *Viajes*, una de las tres mejores crónicas viajeras —junto con la *Excursión a los indios ranqueles*— de la literatura patria.

Pero lo que más me importaba eran esas palabras, así que después me fui en peregrinación al lugar donde Sarmiento dejó escrita su famosa frase, una de las cuatro o cinco más citadas de la historia argentina —y la única de ellas que no fue dicha en la agonía: On ne tue point les idées. Alguna vez, hace muchos años, creí que se me había ocurrido una idea brillante a propósito de esa frase, y pensé en escribir una novela a partir de esa idea. Cuando ya estaba trabajando, descubrí que la idea no era mía: que la había leído en un libro de otro. Fue tremendo.

Pero, aún así, quiero ver esa frase en su lugar. Mi folleto turístico decía que quedaban ruinas del edificio en cuya pared Sarmiento había pintado su pintada. Pero aquí, en el rincón más ignorado del gran Parque del Zonda, la única pared es la de la montaña y, contra esa montaña, un monumento abandonado —de arquitectura perfectamente militar setentista—, donde levantaron una pared y pusieron en letras grandes de molde: Las ideas no se matan. La frase es un invento. No es lo que escribió Sarmiento —On ne tue point les idées— ni lo que él mismo tradujo en su *Recuerdos de provincia* —Bárbaros, las ideas no se matan. Los que hicieron este monumento probablemente suponían que las ideas no se matan pero que no era de bárbaros intentarlo —y de hecho lo hacían.

El lugar es desolado. Sospecho que Sarmiento no pintó su pintada para que alguien la viera sino para contarlo, pero eso era lo que hacía con su vida: vivirla de modo de armar una buena biografía para poder contarla. En eso también fue mi maestro.

Después pensábamos: el relato de viaje es la forma más pudorosa de la autobiografía.

El centro comunitario es un terreno más o menos grande con una casita sin terminar en un costado: dos piezas de material con los agujeros para las ventanas. Hay árboles, una bañera vieja, una bandera que dice "Centro Comunitario Che Guevara" con la cara del prócer y todo alrededor está alambrado: buen alambre de púa.

—Éste es un barrio jodido. A la noche no sabés qué te puede pasar.

Me dice Pato, que se llama Patricia y vive ahí. Al fondo está el fogón, el horno de barro y el algarrobo bajo el que nos sentamos en tres sillas medio desarmadas, unos banquitos hechos con maderas, un par de latas de pintura. Están preparando un mate y yo —nabo de mí— le pido amargo. Pato me mira como quien dice no entendiste nada: el mate amargo es una especie de sofisticación, un lujo, un chupito que no te saca el hambre. El azúcar del dulce, en cambio, va engañando la panza, te suma calorías. Ramón, el del piquete, es el que habla. Ramón dice que militó muchos años en el partido Comunista pero que no heredó esa historia: que la historia que heredó es la de Guevara, por supuesto, y también la de los peronistas revolucionarios. Que sin la subjetividad de Urondo, de Walsh y de toda esa gente, sin esos héroes, dice, él no estaría donde está: ésa es la subjetividad que le interesa, dice, y por momentos lanza grandes discursos que quizá sean para mí. María, el Chavo, don Óscar, Ángela, Angélica, Ema, lo miran sin demasiado interés o no lo entienden. Patricia, su compañera que viene de Quebracho, le sonríe y asiente.

—Evidentemente al mundo le hace falta una revolución, es un proceso histórico que se tiene que cumplimentar, y no porque esté escrito o porque sea un dogma, sino porque hay una necesidad de la historia en ese sentido. Pero el eje tiene que cambiar.

Dice Ramón: que tiene que haber revolución en las cabezas nuestras, que estamos llenos de cagadas y que de esas cagadas tenemos que volver a inventarnos a nosotros mismos, transformarnos en otros. Ramón tiene una camiseta que dice Discoplus:

—Pero nadie te puede decir cómo hacer. Nosotros estamos en contra de los líderes, somos antilíder. Somos una organización que no tiene líderes: que se coordina pero no tiene una jefatura. Cada uno se organiza por su lado y piensa por su lado. Sí, el capitalismo nos ha mostrado objetivamente qué es, todos los días nos lo muestra. Ahora, ¿desde qué subjetividad nosotros cambiamos eso? ¿Desde la subjetividad de lo vertical, de pararse en una tribuna y decir nosotros somos la vanguardia y éstos son unos hijos de puta, o desde la intimidad de las cosas, desde el fogón, desde el compartir cosas con la gente y aprender de la gente también, porque mucha gente nos enseña a combatir?

El mate sigue dando vueltas, la pava ennegrecida sobre el fuego. Ramón me cuenta que Angélica y Ema ahora son las encargadas de logística porque han crecido mucho y ya pueden ocuparse de esas cosas; Angélica y Ema se miran con orgullo.

—Yo antes tenía que hacer todo y ahora, en cambio, puedo rascarme bien las bolas.

Dice Ramón y todos se le ríen. Yo le digo que para ser antilíder habla bastante, y los demás se ríen de nuevo pero él no. Ramón tarda en asimilar el chiste y me dice que no me crea, que a veces hasta consiguen que se calle. No debe ser esta mañana. Entonces les pregunto a Angélica y a Ema por qué son tantas más las mujeres que los hombres y Ema me dice que porque las mujeres ya están haciendo ese cambio en sus cabezas y además porque son las que sufren la pobreza más de cerca: que son las que tienen que darles de comer a los chicos, mandarlos a la escuela, vestirlos, y entonces se dan cuenta de cómo están las cosas mucho más que los hombres:

—Nosotras sufrimos más todo esto; por eso reaccionamos más y entendemos mejor las cosas.

Ema es flaca y prolija, cuarenta y tantos años: dice que antes estaba en contra de los piqueteros, que opinaba que estaba mal lo que hacían pero que opinaba sin participar, como tantos. Que su marido era muy amigo de Ramón y que ella lo odiaba:

—Yo lo odiaba a Ramón porque mi marido prefería estar con él y no conmigo. Pero una vuelta que mi marido se fue...

—¿Adónde se fue?

—Se fue a Buenos Aires a tomarse unas vacaciones de mí. Todo el tiempo se va. No sabe qué hacer con su vida. Se va, después vuelve, mea un poco el territorio y se vuelve a ir. Te decía, una vuelta que se fue me dejó encargada a Ramón, que era su amigo, y yo empecé a ver que lo que hacían estaba bien y empecé a participar. Y ahora es mi marido el que ya no lo quiere a Ramón porque ando haciendo estas cosas con él, cortando calles, me paso todo el día con él. Pero lo peor que tengo que hacer es ir a ver a los del gobierno, a los funcionarios, que los odio porque cuando yo necesitaba algunas cosas no me dieron nada. Y los odio pero me lo tengo que tragar y tengo que ir a verlos.

—A mí la que me rompe las bolas con eso es mi mamá.

Dice Angélica, pelo cortito teñido de rubión, cuarenta y cinco, manos gruesas con las uñas pintadas y la espalda muy ancha:

—Yo no tengo marido pero tengo mamá y no sé qué es peor. A un marido por lo menos lo arreglo en la cama. ¿A mi mamá dónde la arreglo?

Y dice que es cierto que las mujeres están más cerca de los sufrimientos y que por eso salen más a la calle. Pero la verdad, la verdad, dice, y le pregunta a Ramón si lo puede decir y Ramón se ríe un poco incómodo y le dice que claro: la verdad, la verdad, dice Angélica, es que los hombres son unos maricones. Cagones son, eso es lo que son. No tienen lo que tienen que tener. Los hombres ven un patrullero y parece que vieran al diablo, empiezan a correr:

—Y después en tu casa tu marido te dice que no tiene sentido, que no vayas, que la mujer no es para eso, que se tiene que quedar en la casa, lavar los platos, cuidar los hijos, tenerle la vela. Si te meten presa yo no te voy a sacar, me dice mi marido, las mujeres no están para eso.

Dice Ema, y que a veces parece cierto que tiene que elegir entre su familia y su actividad, su familia y su lucha. Entonces Pato le dice que si lucha está luchando también por su familia, sobre todo por su familia; Ema le dice que claro, que es así, pero que tu familia no lo entiende:

—Yo he sido también una de esas que opinaban de afuera. Cuando estás afuera no entendés cómo es esto.

Ramón las mira entre divertido y satisfecho: las mujeres, por un momento, le han sacado la palabra. El mate se lavó; Ángela, que tiene como cincuenta, dice que su marido toma mucho vino y no le quiere dar ni un peso porque se lo gasta todo en su trago, que le pega y la corre de la casa y que ahí, en el Centro Comunitario, la tratan bien y siente que puede hacer algo útil. Y los demás le dicen que sí claro, que ése es su lugar, y vuelven a su asunto: se han reunido para discutir qué van a hacer porque la provincia le bajó a la municipalidad el presupuesto para copas de leche.

—Están apretando. Hablan mucho de justicia y de equidad pero están apretando.

Dice Ramón, y discuten un rato. Después Ramón dice que hay que crear otra subjetividad, una cultura del trabajo. Subjetividad parece su palabra favorita:

—Porque acá no es solamente que no haya trabajo, es que ya no se sabe cómo es eso de trabajar, hasta eso han destruido. Nos han convencido a todos de que somos incapaces de vivir de nuestro trabajo, que lo único que podemos hacer es esperar un plan y pagarle con obediencia al político que te lo trae.

Dice Ramón, y ahora quiere que nos saquemos una foto: trae una camarita pero las pilas no funcionan. Entonces se preguntan de dónde van a sacar otras y doña María dice que por qué no las ponen al costado del fuego nomás, que ahí se calientan y vuelven a andar:

—Yo en mi casa las hiervo y un rato más las uso, pero acá es más fácil ponerlas al fogón.

Los ricos se quejan de las villas como lugar impenetrable, escondite de narcos, secuestradores y otros héroes modernos. Seguramente algunos hay; la mayoría no lo es. Pero les dan terror, mandan tropas de ocupación a las que tienen cerca de sus barrios —y se escuchan aplausos. El tema es que los ricos se descuidaron: se agrandaron, se dejaron estar. Se creyeron que toda dádiva estatal —escuelas, hospitales, calles, luz— era pura debilidad y la cortaron porque se sentían tan fuertes. Son unos brutos. No sabían —no querían saber, era muy fácil— que esas urbanizaciones y esas dádivas son una forma —la más eficaz— de control social. Que una calle de asfalto y tres faroles son mucho más disuasorios y marcan mucho más el territorio que un policía en cada esquina. Que una educación más o menos sensata es muchísimo más disuasoria y marca muchísimo más la cabeza que 357 discursos contra la corrupción y un programa de Mariano Grondona. Que comer a menudo es sumamente disuasorio. Se agrandaron: se creyeron que podían no pagar el óbolo —escuela, hospital, calles— y ahora están pagando mucho más. Se creyeron que podían hacer un país latinoamericano y seguir viviendo como en Bélgica. Quizás algún día aparezca gente inteligente —los famosos capitalistas serios— que diga que no tiene que haber pobres porque los pobres son peligrosos —y la pobreza, como estado colectivo, mucho más. Mientras tanto, se quejan de que les quieren sacar unas miguitas.

Angélica me dice que ayer cuando me vio en el piquete pensó que era un policía o un servicio. Pero también pensó que era extranjero y trató de imaginar qué policía extranjero podía interesarse por ellos. Don Óscar se mantiene a un costado: hasta ahora no ha dicho una palabra. Don Óscar es el panadero: tiene cuarenta y tantos, una mata tremenda de pelo negro, las cejas como bigotes mejicanos. Usa una camiseta blanca muy gastada y pantalones cortos: las piernas flacas, llenas de mataduras. Don Óscar trabajó veintidós años en una panadería hasta que el dueño lo echó porque pidió un aumento: le pagaba doce pesos por día de doce horas. Ahora enseña a sus compañeros a amasar con la mano, con los puños —por falta de instrumentos. En una mesa en la casa inconclusa, Don Óscar amasa en su batea de madera: harina, agua, sal, grasa de chancho. Después le pondrá los chicharrones y meterá los bollos en el horno de barro para hacer semitas:

—Si tuviera mejor equipamiento podría hacer más. Así hago doscientos, trescientos por día.

Los venden a diez centavos cada uno: son veinte o treinta pesos los días buenos y, entre hacerlos y venderlos, involucra a cinco o seis personas. Todos cobran lo mismo. Pero, cuando llegó, don Óscar pensaba que tenía que cobrar más que los demás, porque él sabía el oficio.

—Acá todos tenemos el patrón metido en la cabeza.

Dice Ramón: las leyes del mercado, no las de la solidaridad y las de la colaboración.

—Una de nuestras idioteces que queremos destruir es ésa, que la gente cree que la única salida es ser patrón, la ilusión es que la única manera es salvarse solo. Nosotros le explicamos a don Óscar que el trabajo de todos valía lo mismo y que todos teníamos que cobrar igual. Él al principio no entendía pero después lo fue entendiendo. Él con nosotros aprendió eso, nosotros con él estamos aprendiendo a hacer pan y tantas otras cosas.

Don Óscar dice que sí con la cabeza. El Chavo es su ayudante principal. El Chavo tiene diecinueve y un tatuaje en el brazo con la cara de Cristo y otro tatuaje con una tela de araña. Hasta el año pasado era ladrón:

—Andaba haciendo daños.

Dice el Chavo. Dos veces terminó en el penal, y una casi se mata con una moto que acababa de robar. La policía lo levantaba por portación de cara y también por choreos. Ahora lleva un año sin afanos:

—Ahora solamente, cosa de daño, me fumo una marihuana de vez en cuando o me tomo un vino. Pero otra ya no hago: me rescaté, estoy afuera.

Su madre, doña María, cuenta que el domingo pasado a las ocho de la mañana el Chavo andaba muy curado bailando en el callejón de la villa, dos casas más allá, y vino la policía y se lo llevó de los pelos, arrastrado:

—Por nada, por bailar. Yo les decía sueltenlón, no lo arrastren así, llevenlón pero parado, y ellos seguían: entre tres lo arrastraban de las esposas, miren cómo le rompieron los brazos, pobre chico.

Doña María tiene treinta y siete años; parecería cincuenta si la medida de los años fuera la clase media urbana: uno dice parece de cincuenta y está diciendo parece la manera en que llega a los cincuenta años una señora de Palermo. Doña María parece de treinta y siete en la villa, en San Juan. Doña María tiene nueve hijos y hace mucho que el papá de los chicos se rajó y ella salió a vender estampitas por el centro para mantenerlos. El Chavo es el mayor.

—Decí cuántas veces te metieron en cana.

Le dice Ramón.

—Y, diez veces habrán sido, doce veces…

Todos se ríen.

—Vamos, María, ¿cuántas veces? Cien veces por lo menos habrán sido.

La cooptación de los pobres —la integración por la escuela, los trabajos, los derechos— fue un lujo que la Argentina supo darse: el peronismo. Les dieron bastante y —además— servía para que no buscaran de otras formas. Ahora el peronismo se basa en la marginación de los pobres: funciona porque los pobres no tienen más salida que responder al caciquismo asistencialista —de un plan jefes, de un empleo estatal. De un peronismo al otro, maneras de leer la historia patria.

Doña María es muy flaca y su ropa está limpia, tan gastada. Más tarde ella y su hijo me invitan a su casa. La casa es un rancho de adobe al borde del derrumbe: los pisos de tierra mal pisada, los techos muy bajos, cuatro piezas llenas de camitas bajas, maltrechas, las colchas desteñidas, que doña María comparte con su madre, su hombre, sus nueve hijos e hijas. Hay una de dos pisos y en el de abajo duerme alguien tapado hasta la nariz con una frazada casi negra. Junto a una de las camas, en la pared de barro, hay dos fotos de Diego Torres recortados de revistas; del otro lado hay una virgen de almanaque. Perros se me enredan en las piernas y hay uno que está atado porque es muy malo y muerde a todo el mundo. Le pregunto a María para qué lo conserva y ella levanta los hombros:

—Y qué le vas a hacer...

La abuela llora y dice que no puede vivir sin su hermana, que ahora que su hermana se murió ya no puede hacer nada: se pasa el día llorando. El rancho es una cueva: las paredes se tuercen, los techos se te vienen encima —y me dicen que está lleno de vinchucas. Los ranchitos de adobe amontonados pierden cualquier tipicidad folclórica. Yo he conocido lugares difíciles: éste me impresiona.

—Pero está bien, nomás. Por lo menos tenemos un techo.

El Chavo tiene una pieza para él: es el que más aporta a la economía familiar y se ganó ese privilegio. En su pieza hay una cama grande renga, un silloncito roto cubierto de gomaespuma vieja, la casetera que sólo sirve como radio, varias fotos del Che y media docena de modelitos de revistas. El Chavo prende una pituca que saca de debajo de la almohada. Los otros días, me dice, estaba con una gallina acá en la cama y cuando terminamos de hacer nuestras cosas nos quedamos panza arriba, mirando el techo y de pronto me dice qué vergonzón, mirá como está el techo.

—Me gastó con el techo, la gallina.

Una gallina es una chica, me explica el Chavo porque lo miro raro, y se ríe y me dice que ahora no tiene más remedio que arreglar ese techo y que una salida sería cortar cañas y agregarle una fila más de adobe. Pero que justo ayer, me dice, justo ayer vi una casa que están haciendo acá cerca que tiene un techo precioso: es cosa nomás de irse una noche y sacarlo, y traerlo.

—Es lo más fácil: te lo vas a buscar y ya está.

Me dice, pero baja la voz. El Chavo dice que se abrió, que sus amigos a veces lo van a buscar pero que él no les da bola. Que ellos de día no andan y la noche trae muchas consecuencias, dice el Chavo:

—Están todos rajados por cuetazos, por cuchillos, la mayoría están presos. Yo con ellos no quiero saber nada. ¿Y sabe, jefe? Lo mejor es que antes las personas acá en la villa ni me miraban, se daban vuelta cuando yo pasaba. Y ahora que me abrí sí me saludan, es lindo.

—Él no sabía quién era el Che Guevara.

Dice Ramón: que lo tenía en la camiseta pero no sabía quién era:

—Pero ahora ha leído lo que el Che ha escrito, ya sabe, es más que un dibujito para él.

El Chavo asiente, callado, los ojitos brillosos; doña María lo mira con orgullo. Estamos en su casa, yo miro alrededor buscando una vinchuca, dos o tres chicos lloran: en estos casos, la escena siempre se completa con los chicos que lloran.

Caucete-Olta

Caucete es un pueblo grande o ciudad chica donde nada tiene más de treinta años: hasta los árboles son nuevos. En 1977 un terremoto la arrasó y no hay, me dice un periodista del *Diario de Cuyo*, ni un monumento que lo recuerde:

—Acá todos viven con el pavor del terremoto.

Dice, y yo pienso que es tan raro pensar en una Argentina donde hay sismos, la amenaza del sismo —para nosotros, acostumbrados a esa pileta de barro inmóvil que es la pampa.

—Tendrías que ver, cuando se siente el más mínimo temblor todo el mundo sale a la calle, se para en el medio de la calle. Los viejos gritan, se desesperan, son los que tienen más vivo el recuerdo de Caucete o incluso del terremoto del '44 que destruyó San Juan.

Será por eso que no terminan de hacer los monumentos. Le temen pero tratan de olvidarlo y de no hablar de eso, entonces le temen más y más intentan olvidarlo y temen más y así. San Juan, de hecho, tiene pendiente el monumento a las víctimas del terremoto del '44. En la plaza central de la ciudad lo empezaron cuatro veces; las cuatro veces lo dejaron, y terminaron por tirarlo. Ahora el gobernador acaba de prometer una vez más que hará ese monumento. Por el momento, lo único que los recuerda es una placa en la fosa común del cementerio municipal donde yacen los muertos sin identificar: está partida al medio.

Hasta principios del siglo XIX en esta zona hacían productos apreciados: el aguardiente en San Juan, el vino en Mendoza, el aceite en La Rioja, las telas de todos los telares. Eran provincias prósperas, prometedoras. De pronto la economía-mundo cambió: esos mismos productos —y sobre todo los tejidos— llegaban a mejor precio desde el otro lado del Atlántico, y estas provincias —el interior del Interior— se fueron a dormir. Cualquier semejanza con el proceso de la Argentina durante el siglo XX es mera coincidencia.

Me paro en uno de los puestos que venden productos regionales al costado de la carretera. La señora me atiende muy amable.
—¿Tiene algún melón bien maduro?
—No, señor, maduro no. Alguno puede ser, pero les falta todavía.
—Ah. ¿Y esas aceitunas?
—Éstas están rellenas de almendras. Son caras. Quince pesos cuestan.
—¿Y aquella damajuana?
—Es vinito patero nomás, no sé si a usted le va a gustar.
—Gracias, señora.

La artesanía es la industria envejecida. Telas, ponchos, cintos, botas, dulces, vinos que fueron la producción local —y se convirtieron en artesanía cuando los productos extranjeros, ingleses más que nada, los corrieron. Los importados eran más baratos, primero; después fueron mejores; después otros. Entonces aquellos productos nacionales pasaron a ser artesanía: industria preindustrial, sobrepasada.

Busco algo de música en la radio y topo en lo pandito con la trigésimocuarta cumbia de la última media hora y caigo en la cuenta de que hace muchos, muchos días, que no oigo en la radio ningún tango: parece que no son muy populares por aquí. Yo creía que el tango era argentino.

Sigo pensando en los ranchitos de adobe en la villa miseria de San Juan —y cómo parecen tanto más degradados que en el campo. Se me ocurre que hay también una cuestión práctica: el rancho de adobe está pensado como lo que los españoles llamaban alcoba: un lugar para dormir, un sitio que contenga una cama y si acaso sirva de depósito para los tres o cuatro objetos que cada cual posee. Pero se supone que la vida transcurra afuera, bajo el alero o el algarrobo: la comida, los encuentros, el mate, los trabajos. El rancho sin el territorio que lo rodea es como una casa que no tuviera la cocina, el baño, el living, las ventanas.

Aquí el desierto es feo: cascotes, matas ralas, la tierra casi gris de puro seca. De sed, pero sobre todo de desesperación debe haber muerto la señora Correa. A la entrada de su santuario hay un hotel, la calesita, cinco o seis comedores, veinte locales comerciales; es la siesta y hay muy poca gente. La

Difunta Correa es el culto pagano más importante del país —después de Boca Juniors.

La Difunta se llamaba Deolinda Correa y era la esposa de un Baudilio Bustos, sobrino del caudillo de Córdoba, Juan Bautista Bustos. Baudilio Bustos era un estanciero que enrolaron a la fuerza en el ejército del general unitario Mariano Acha, 1841, para pelear contra los federales. La señora Correa decidió seguirlo con su hijo en brazos pero una tormenta la perdió y le cambió los médanos de sitio —y caminó días y días en círculo hasta que se agotó. La señora Correa murió de sed y consunción; su bebé siguió mamando de su teta muerta hasta que lo encontraron. La Difunta es la segunda de las grandes madres sanjuaninas: si unos años antes doña Paula Albarracín vivía trabajando para que su hijo llegara a ser el que se creía que sería, ésta —más radical—, sobrevivió a la muerte para que su hijo fuera.

La señora Correa seguía a su marido víctima de la prepotencia militar: es un antecedente y una antítesis de las madres de Mayo. Las de Mayo arriesgaron su vida para saber sobre sus hijos muertos; la Correa, ya muerta, siguió siendo la madre que su hijo precisaba. En nuestra historia de cadáveres fundantes, no hay cadáver más nutricio que éste: lo fue en sentido estricto. Del hijo no se sabe nada: es raro que la historia no se ocupe del que fue, al fin y al cabo, la razón de este culto. Todo termina siendo el sacrificio por el sacrificio mismo, más allá de lo que pueda producir.

Hay facones, rebenques, espuelas, boleadoras, sombreros, abanicos, muñecas japonesas, un traje de Nélida Lobato, más muñecas, un busto de apolo joven, un cupido en pelotas, una trenza morocha, un gran reloj cucú, candelabros, tacitas, platos, libros, piedras, sables, rastras, miles y miles de placas con un nombre y la fecha, armónicas, cajitas musicales, televisores, acordeones, bandoneones, violines, quenas, una mandolina, un contrabajo, pianos eléctricos, una foto del Potro, discos de oro, un arpa en miniatura, radios a galena, palos de nunchaku, afiches autografiados de cantantes, bicicletas, un bmw de los ochentas, un ford T, motos antiguas, un perro y un pingüino embalsamados, bombas de agua, faroles, morteros, cataratas de flores de plástico, camisetas de fútbol dedicadas, guantes de box, cascos de ciclismo, banderines, medallas, más medallas, copas, más trofeos, chaquetas de taekwondo, juegos de bochas, coronas de laureles, tacos de polo, un sifón de soda, máquinas de escribir, coches de juguete, buzos antiflama, ositos de peluche, guitarras criollas, guitarras eléctricas, un arpa grande, cuernos, ponchos, un caftán marroquí bordado en oro, relojes de pared, diplomas de cursos y universidades, animales y bebés de porcelana, veladores, sombreros de charro, copas sobredoradas, un rolex con su estuche, anillos, prendedores, tenedores de plata, cucharitas de plata, botellas de licor, palos de golf, palos de hockey, cámaras de fotos, despertadores, raquetas, tijeras, máquinas de afeitar, radios spica, relicarios de plata, mates de plata, jarras de plata, fuentes de plata, tocadiscos de vitrola, cientos y cientos de vestidos de novia, camiones y más camiones miniatura, casas miniatura, barcos miniatura, fotos de casas, coches, motos, camiones, cuartos, cocinas, chicos, embarazadas, negocios, caballos de carrera, perros de carrera, colectivos, mujeres, hombres, la maqueta de un tambo con su pasto y sus vacas, montañas de patentes, pies de yeso, manos de yeso, un vestuario lleno de uniformes de policías y suboficiales del ejército con gorras. Se trata de agradecer ascensos, carreras, campeonatos, otros triunfos deportivos, amores, nacimientos, la casa propia, la empresa que progresa, el cáncer derrotado, el parto fácil, el hijo que se casa, la hija que se casa, el viaje bien llevado, el accidente que no fue mortal, la operación bien sucedida, el esposo que vuelve, la cocina por fin azulejada, la goleada ante River, el acoplado, esa cosecha cosechada. El santuario de la Difunta Correa es un recinto de cincuenta por cincuenta alrededor de un patio central con algarrobos, algún olivo viejo, cactus, eucaliptus. Lo rodean las trece capillitas —cada cual donada por un fiel agradecido— que se fueron agregando a lo largo del tiempo. Por afuera las paredes de las capillitas están tapizadas de placas que agradecen algo; adentro rebosan las ofrendas. Y hay, en cada una, cantidad de imágenes de esa mujer tirada en el suelo con una teta al aire y un bebé prendido de esa teta. Siempre al fondo, más seria, vestida con su túnica, preside alguna virgen —otra madre.

Busco a los cuidadores: los dos están en su oficina, en un costado, y miran una película más o menos erótica en la tele.

—Disculpe, ¿ustedes saben qué pasó con el chico de la Difunta?

—No, la verdad que no sé.

Me dice uno, y el otro que tampoco pero que algunos dicen que el chico murió esa misma noche mientras caía un meteorito extremadamente luminoso. Dice: extremadamente luminoso.

—Eso cuentan, pero la verdad, la verdad, nadie la sabe.

—Yo le vine a agradecer por mi mamá. Me la salvó, ¿sabe? Estaba muy enferma y ella me la salvó.

Dice una nena de diez, que vino con su abuela.

Y más allá la escalera que sube la colina donde la encontraron, las laderas cubiertas de chapas de coches y camiones y cientos de capillitas miniatura y maquetas de casas. Arriba hay una reproduccción de yeso tamaño natural, colores vivos, de la señora yaciendo con su teta y el bebé prendido: es el sancta sanctórum y tiene un vago erotismo nacional tipo Isabel Sarli. Puede que sea el calor. Yo la miro y alguien me habla desde atrás:

—Así que venís acá, eh. Las vas de muy científico pero venís acá.

Yo me río: no tengo ganas de aclararle que estoy trabajando —o eso es lo que me creo. El hombre se ríe más:

—Nadie me va a creer, cuando les cuente. Después de todo lo que te oí decir, venís acá.

Yo lo miro callado; el hombre tiene bombachos y ganas de charlar:

—Yo tengo sesenta y seis años. ¿Vos sabés cuántos escalones tiene esa escalera?

—No, ¿usted sabe?

—No, pero mirá, los tengo puestos acá. Todos los escalones.

El hombre tiene las piernas lastimadas y me dice que subió de rodillas para cumplir una promesa por su hijo, y que la Deolinda nunca le ha fallado:

—La Difunta te cumple con todo lo que le pedís pero vos tenés que cumplirle a ella. Si no, se te venga. Es fulminante.

El hombre dice que la primera vez que vino, hace como treinta años, con su torino blanco y su familia, paró cinco minutos y se fue. Y que ya a doscientos kilómetros, atravesando unas salinas, de noche, con las luces largas, a ciento cincuenta, frenó de golpe porque vio dos mujeres que cruzaban la ruta y mientras iba tratando de parar la cola de un caballo le golpeó el parabrisas. Dice que se salvó, que fue un milagro y que fue también una advertencia que le hizo la Difunta: que no sirve venir por un ratito. Desde entonces cada vez que viene se queda un día o dos y dice que cuando sale de acá siente una ligereza incomparable: una felicidad, me dice. Y que es una cuestión de fe:

—La fe la tenés o no la tenés, y si no la tenés para qué te voy a contar, no podés entender nada de todo esto. Pero quién me iba a decir que te iba a encontrar acá a vos, a un científico. ¿No será un milagro, che? Si parece un milagro.

—Gracias, Difuntita, que me hiciste conseguir trabajo.

Reza un hombre de treinta y pico, la gorra gastada entre las manos.

—Larralde canta "Deolinda, la pobrecita, murió juntando algarroba". Y de pobrecita no tenía nada: era hija de un general sanmartiniano, el marido era sobrino del gobernador de Córdoba, todas familias oligarcas. Pero después se inventan estas historias de que era una pobrecita y la gente se lo cree: eso nos pasa por no saber cómo somos, quiénes somos.

Me dice, después, en un negocio, un señor cuarentón, la barba larga, los ojos renegridos. Los negocios venden moldes de yeso de la mujer tirada con el chico mamándola, botellas con la imagen adentro, calcomanías de Cristo, calcomanías de Cristo con túnica de Boca, calcomanías de Cris-

to con túnica de River, ponchos, ponchitos, bolsos de lana, coches de juguete, tortas de algarrobo, cruces de mesa, crucecitas de colgar al cuello, cruces
de pared, armónicas, bombos, sombreros, guitarritas, quenas, muchas velas, flores de papel, aritos, gorros, imanes de la virgen de Luján y la Difunta, mates de algarrobo, mates de palo santo, mates de calabaza cuerno de
vaca plata, calculadoras de bolsillo, relojes chinos, fajas de lana, incayuyo,
arrayán, bombón de higo, vino patero, rosarios, rastras, estatuitas de Cefe-
rino Namuncurá, rompecabezas del equipo de Boca, chanchitos vestidos de
Boca o de los Rugrats, videos de la Difunta, rollos de fotos, piedras de la
suerte, ositos de peluche, Difuntas colgantes para autos, pelotas número
cinco, gomeras, pistolas de juguete, enanitos de la suerte, prendedores de
iniciales, linternas, juegos de cuchillos, despertadores, cinturones de cuero
crudo, llaveritos de la suerte, Barbies falsas, anteojos para sol, casetes, pe-
perina, ajenjo, cola de quirquincho, morteros de madera, ajedreces de plástico, flores de juguete, billeteras de plástico, plumas, pavas, barriletes, estatuitas de San Isidro, San Cipriano, San Martín de Porres, San Bautista, San
Roque, San Cayetano, San Jorge, San José, San Pedro, la virgen Desatanudos, Lourdes, Merced, Luján, Itatí, María Auxiliadora, dulce de membrillo,
nueces confitadas, pasas de uva sin semilla, higos, pelones, ají picante, oré-
gano, aceitunas, carqueja, palo santo, alfajores con dulce de leche, dulce de
leche en tarro, bebidas frescas: hace un calor insoportable.

Y después, saliendo del santuario, hay docenas de colinas muy bajas:
como un mundo de tetas donde nada mama.

El desierto, la nada:
allí mismo,
remolino de polvo.
Sólo la idea del vacío
está vacía.

Su culto ha llenado el país de botellas de plástico con agua. En cada una
de sus capillitas, al costado de todas las carreteras, sus fieles van dejándolas
y son perfectamente resistentes al paso del tiempo. Pueden durar miles de
años sin degradarse. Los arqueólogos que las descubran entenderán que es
un mensaje que los primitivos habitantes de estas tierras —nosotros— dejamos hacia el futuro en el material más duradero que teníamos. Pero se pre-
guntarán si queríamos decir que teníamos sed o que estábamos saciados.

Cruzo el río Papagayo: corre seco.

Junto a la carretera, el cuerpo de un caballo. Es medio huesos, medio piel: la muerte dejó el trabajo a medias.

Corro por los llanos de La Rioja porque quiero llegar a alguna parte antes de que caiga la noche —y sobre todo porque los llanos son para correr. Si no, que le pregunten a Facundo. El paisaje se va haciendo más verde, sin excesos. De pronto, contra una colina, las torres de una iglesia inesperada: majestuosas, neoclásicas, pintadas de rosado. Me desvío. El pueblo se llama Ambil y no está en mi mapa: es muy chiquito y agradable. Unos nenes juegan en la plaza y las torres son lo único que queda de la iglesia. El frente se ha desmoronado; al fondo sobreviven los restos de un altar barroco. La torre de la izquierda está muy inclinada, la otra todavía conserva la escalera que lleva al campanario. Los restos del frente forman una montaña de escombros y ladrillos.

—Qué pecado, ¿no?

La maestra del pueblo me cuenta que decían que la iban a arreglar porque la había rajado un terremoto que hubo hace treinta años y que instalaron una manguera para los trabajos y se la dejaron ahí, abierta, por error; entonces una tarde de diciembre todos oyeron un estrépito tremendo, salieron a la calle y vieron que su iglesia había caído. La maestra me dice que le da tanta lástima que todavía trata de no pasar para no verla; que es una ironía porque cuando estuvieron los militares decidieron tirarla abajo y que ya habían colocado los cartuchos de dinamita pero el pueblo se opuso y la salvó.

—Y todo para que ahora se venga abajo por una tontería.

Dice la maestra, y yo quiero evitar cualquier metáfora.

Una mujer gorda avanza entre los yuyos adelantando un bastón blanco. Le veo la cara de ciega, me imagino la tristeza de serlo en un pueblito como éste. Me compadezco, incluso. Después veo que el bastón blanco es el mango de una pala de plástico.

Los habitantes de Ambil son doscientos, trescientos y tienen empleos en la municipalidad o en la escuela; casi nadie tiene ganado.

—¿Qué iban a hacer? ¿Se iban a enojar con el funcionario que provocó el derrumbe? Si es uno de sus jefes...

—¿Y cómo se llama tu mula?

—No sé, todavía no se me ocurrió su nombre.

Me dice el chico de nueve que la monta.

—¿Por qué, hace poco que la tenés?

561

—No, mucho hace.

—¿Y no le ponés nombre?

—Sí, le he puesto muchos pero después la llamo y nunca viene, así que no han de ser.

Hay peñones con árboles magníficos: cuadros flamencos mal copiados.

Pasa un jinete con esos grandes cueros con que se protegen las piernas para cabalgar. Es monte bajo pero muy espeso. Las entradas de las casas que no se ven desde la carretera están marcadas con una cubierta vieja en la punta de un palo. Siempre me impresionaron estas formas de recuperación de los desechos industriales, desde que me contaron que los campesinos vietnamitas se calzaban con sandalias hechas con trozos de cubiertas de los vehículos norteamericanos. Pero aquello era usar recursos del enemigo; esto es sólo aprovechar lo que se les cae a los más ricos.

Sepan. A manderecha del poste rutinario
(viniendo, claro está, desde el Nornoroeste)
se aburre una osamenta —¿Color? Blanquiceleste—
que da al corral de ovejas catadura de osario.

Estoy logrando un récord. Esta noche la habitación más cara en el mejor hospedaje de Olta —su baño, cama grande— me va a costar diez pesos. Cuando la encargada de la pensión me la mostró le pregunté si no había otro alojamiento en el pueblo: el baño estaba un poco viejo, la cama parecía vencida.

—Bueno, sí. Si quiere ir a mirar acá a la vuelta, quizás le cobren un poco más barato.

Me dijo, sin nada de ironía. A mí me dio vergüenza y me callé la boca.

Yo sabía que no iba a resultar pero igual decidí venir a Olta. Fue un homenaje a nada. Alguna vez leí que éste era el pueblo del Chacho Peñaloza y sus famosas montoneras; entonces pensé que quería ver cómo era el lugar del que salió ese nombre —que yo también usé. Olta es un secreto bien guardado: un pueblo que la mayoría de los argentinos nunca escuchó nombrar. No debe haber sido tan difícil de guardar: Olta no tiene nada que pueda excitar una curiosidad ajena. Está en un lugar bellísimo, rodeado de montañas, en un oasis verde en medio de los llanos, pero el pueblo tiene tanta gracia como mi número de zapateo americano. Tiene ese tamaño justo, ni grande ni chico, unos cuatro mil habitantes, que hace que tantos pueblos argentinos no tengan el encanto de lo silvestre ni el atractivo de lo urbano —sino todo lo contrario. En el centro de la plaza central hay un busto del Chacho Peñaloza: justo en el sitio, supuestamente, donde clavaron su cabeza en una pica, noviembre de 1863. Sarmiento, que dirigió la operación, le escribió a Mitre que "...he aplaudido la medida, precisamente por su forma. Sin cortarle la cabeza a aquel inveterado pícaro y ponerla a la expectación, las chusmas no se habrían aquietado en seis meses". José Hernández lo denunció, otros lo defendieron. A mí, a primera vista —¿ya hablamos de la primera vista?— el Chacho me parecía otro señorito feudal del Interior, hacendado potente que llevaba a sus gauchos a pelear contra quiénes él decía porque no quería someter su poder al de los señores de Buenos Aires. Supongamos a un Rodríguez Saá o un Juárez a escala más chiquita y bastante más conservador aún. Que lo hayan matado los señoritos de Buenos Aires no lo hace particularmente mejor; sólo más breve.

Pero Pablo Díaz me dice que el Chacho Peñaloza era como un Che Guevara: que nadie perdió más batallas que él. Que iba para Córdoba y lo derrotaban, cuando volvía ya iba levantando un ejército de pobrerío por el campo y que entonces se iba para San Juan y lo derrotaban y cuando volvía iba levantando otro ejército de pobrerío, de montonera que se le iba sumando y que volvía a perder y así infinitamente, salvo dos o tres veces. Pero que no era un señor feudal, que era todo lo contrario de Facundo que sí era un déspota: que lo único que tenía para ofrecer era orgullo y libertad. Puede ser; era, también, un general de la Nación, un caudillo riojano.

Pablo Díaz, concejal ex Frepaso y denunciador de jubilaciones truchas y otras corruptelas, extraño héroe del pueblo, me viene a buscar y me cuenta su historia de batallas difíciles. Me llama la atención lo que le contestaron una vez en el gobierno de La Rioja cuando les reprochó que hubieran jubilado a un par de miles de amigos por izquierda:

—Pero qué te importa, si igual la que paga es la Nación. Ves que vos sos un antirriojano.

Me gusta esa idea de las provincias robándole a Buenos Aires como si fueran entidades bien distintas y como si oponerse fuera "antirriojano".

Después Pablo me habla de esa sociedad mendiga y me cuenta que su padre era un minero y gremialista chileno que se escapó para este lado hace cuarenta, cincuenta años, que le enseñó a pelear pero que se murió en 1970 dejando siete hijos y una viuda que nunca se había ganado el pan. Y que pasaron mucho hambre y muchas privaciones pero que nunca se les ocurrió pedir, que todos trabajaban: repartían pan, lustraban zapatos, repartían diarios, cuidaban jardines, lo que fuera, pero que nunca pensaron en pedir, dice de nuevo, y que ese sí es un cambio de cultura: que ahora los pobres piden; que piden, más que nada.

—Un ejemplo: en el departamento de General Belgrano, que es el de acá, viven siete mil personas. En el '83 había treinta y cuatro empleados públicos; ahora hay unos quinientos. Si se suman los planes jefas y jefes y otros subsidios, hay unas mil personas que reciben sueldos del estado, o sea: casi todos los cabeza de familia del departamento. Así se fueron armando estas unidades macrocéfalas: los intendentes para conseguir clientela política le decían a cualquier campesino venite para la ciudad que yo te doy un sueldo, y entonces los campesinos vendían sus quince cabras y se iban. Con lo cual la producción de la zona se redujo a casi nada, todos reciben dinero del estado y encima tienen que comprar las verduras en San Juan, la carne en Córdoba y la plata se va. Es una sociedad mendiga, no funciona. Sólo funciona para crear clientela política. Y el noventa por ciento de los empleados públicos gana menos de trescientos pesos.

—¿Y vos qué querés ser cuando seas grande?
—Yo cuando sea grande lo que quiero es sacarme una buena nota en todos los dictados, para que mi mamá no me rezongue.

En Olta hay como seis semáforos pero uno solo anda. Está justo al lado de la comisaría, en una esquina de la plaza principal y nadie le hace caso. Esto de los semáforos es muy riojano: en Aimogasta era igual, en Villa Unión más todavía. Los incansables arqueólogos futuros deberán averiguar por qué La Rioja aparece sembrada de semáforos en pueblos que podrían haber comprado instrumental médico, por ejemplo.

—Acá si vos no querés meterte en líos vivís bien. Cobrás tu sueldito, te hacés el boludo, cuando te llaman a votar vas y votás. Estás tranquilo, no tenés problema.
La frase es casi tan repetida como aquella de la casa abierta, el coche con las llaves.

Tomo una cerveza en el patio de la pensión y la encargada se acerca y espera para hablarme: de pie junto a mi mesa, frotándose las manos. Yo ya llevaba muchas horas escuchando palabras y la miré a regañadientes.
—Disculpe, ¿usted es policía?
La señora consiguió sorprenderme. Me han preguntado muchas cosas estos días, pero no eso. La señora me explica que cuando le di el documento para que me anotara vio que decía policía federal: era, es obvio, mi cédula. Yo le explico que no y ella dice qué pena. La señora tiene acento cordobés:

—Qué pena, yo pensé que usted era policía y quizás me podía ayudar.

—¿Ayudarla?

—Sí, ayudarme a encontrar a mi familia.

—¿A su familia?

La señora tiene un delantal sucio, los pelos desgreñados, y empieza a contarme que hace años que está buscando a su familia, que no sabe cómo encontrarlos, que en realidad a veces sabe pero que sus hermanos no la quieren ver. Y que ahora, que le falta poco para cumplir cincuenta, querría encontrarlos y reunirlos, invitarlos a todos para hacer un verdadero cumpleaños con los suyos, con todos sus hermanos:

—Seis tenía, y no sé dónde están. Y ahora me gustaría reunirlos, tenerlos a todos juntos por una vez en la vida.

Y me cuenta que cuando nació debía ser muy fea porque su padre se la entregó a unas monjas y así vivió en el colegio de monjas, dice, y nunca vivió con sus hermanos. Y sus hermanos y hermanas nunca le hicieron mucho caso:

—Ellos siempre me han evitado un poco aunque sean de mi sangre. Siempre me han escapado pero yo igual los quiero porque son de mi sangre.

Dice y me cuenta que ella recogió a su padre cuando estaba tirado por ahí:

—Yo me ocupé de él. Lo cuidé, lo hice operar, lo tuve conmigo hasta que se murió aunque él no me había querido. Pero yo le cerré los ojos a mi padre.

Y dice que ahí se encontró con una hermana y que charlaron o, mejor dicho, no charlaron sino que su hermana le contó sus aventuras:

—Y tenía mucho para contar, si entiende lo que quiero decirle.

Me dice, como insinuando cosas, y yo no sé qué hacer y trato de decirle que busque en internet, páginas amarillas, y ella no me entiende o hace como que no me entiende y me cuenta gestiones imposibles, fallidas de antemano, que está haciendo. Y yo insisto y ella de nuevo no me entiende y yo empiezo a preguntarme si tendrá algún hermano. Ella sigue, siempre de pie, frotándose las manos:

—Si los llego a reunir voy a necesitar un salón, un lugar grande. Ellos han de tener varios hijos cada uno, seríamos muchos.

Yo le digo que acá tiene bastante espacio.

—Sí, pero de acá yo me estoy yendo. Yo acá estoy perdiendo plata. Trabajo para la dueña, yo no gano nada. A mí lo del comedor me gusta mucho, pero las habitaciones... Si fuera el comedor solo estaría todo bien, el problema son las habitaciones. Hay que limpiarlas todos los días aunque no venga nadie y es mucha plata eso, se imagina. Y tampoco es que acá venga mucha gente. Acá turismo casi no llega, se lo quedan todo los cordobeses. Los cordobeses son unos capos para el turismo. Ponen una piedra de punta para arriba y le ponen una chapa que dice Monumento al Sorete y llevan a la gente y la gente dice ah, sí, se parece a un sorete, no, no, vos creés, y sí, eso dice la chapa... No, acá casi no viene gente, no se gana. Es un castigo estar acá. Yo lo hice para poder cuidar mejor a mi hijo menor, yo quiero darle todo.

El chiquito lleva un rato alborotando entre las mesas. Tiene cuatro años y síndrome de down: es muy despierto.

—Yo le pedí al gobierno, al ministerio de Bienestar Social, que me dé algo para criarlo por el down y no me dieron nada. Pero yo lo voy a sacar adelante. Así como lo ve, yo lo voy a sacar adelante. Ahora va a folclore, este año empieza el jardín de infantes. Yo voy a hacer que sea un hombre de bien, con sus problemas, pero un hombre de bien.

Dice, y me pide perdón por molestarme. Yo le digo que no, faltaba más, qué pena que no sé cómo ayudarla.

En estos pueblos mucha gente tiene tiempo para charlar y ganas de charlar: es probable que no la escuchen mucho o que quieran aprovechar la ocasión de decirle al forastero lo que nunca dirían a sus vecinos.

Y en cada pueblo o ciudad me cuentan la corruptela local como si fuera la peor:

—No, yo sé que este es un país de corruptos, pero lo que hacen acá no lo hacen en ningún otro lado.

Eso en cada lugar, uno tras otro.

Es viernes, once de la noche y todo sucede alrededor de la plaza principal. La movida olteña son unas 100 personas: 6 chicos se hamacan en los juegos, 3 señoras mayores dan la vuelta al perro por la vereda de la plaza, 9 adolescentes masculinos beben cervezas apoyados en 1 camioneta chevrolet estacionada, 3 nenas chiquitas corren sin rumbo fijo por la plaza, 1 mamá las acompaña, 1 pareja de hombre y mujer se besa en otra camioneta estacionada, 1 anciana los mira sentada en una silla de plástico en la puerta de su casa, 16 hombres mujeres y niños comen panchos y hamburguesas en las 6 mesas del kiosco de panchos y hamburguesas, 10 pibes se apiñan alrededor de los 2 futbolines del kiosco, 8 adolescentes de 2 sexos están sentados en 2 bancos de la plaza y 4 se toquetean mutuamente, 2 nenas de 8 cruzan la calle con helados que chorrean, 2 adolescentes femeninas se charlan de sus cosas sentadas en el borde de un cantero, en la vereda de enfrente el telecentro —2 mesas en la calle— reúne a 9 adultos, el bar pizzería con sus 11 mesas a 17, la cancha de bochas del Club de Caza y Pesca a 9 hombres maduros y un chico sin barba todavía, el negocio de fichines a 3 adolescentes masculinos, la puerta de la comisaría a 2 agentes que fuman, la iglesia abierta no convoca a nadie. El resto está cerrado.

La obvia sensación de que en las grandes ciudades se vive en un mundo más o menos electivo: las opciones parecen muy variadas. Acá, en cambio, no hay nada que elegir. El mundo es uno solo y cada uno forma parte de él, indisoluble. Dos muchachos de veinte pasan en un coche con cumbia a todo lo que da, las ventanas abiertas.

A la mañana voy a Loma Blanca a ver el sitio donde lo mataron: un lugar encantador entre cerritos, con el rancho de adobe donde quiso esconderse, en casa de un amigo, bajo unos algarrobos increíbles. Han puesto un mástil, un cuidador y un monumento al Chacho: el hombre está de pie con la lanza en una mano y el puño izquierdo levantado. La imagen se parece tanto al Che de Chilecito: no sólo por los borceguíes con cordones —que nadie pudo ver en 1860 en estos pagos—, sino también los pantalones, la barba, el gesto general. El pelo de este Chacho se parece a una boina: quizás sea una picardía del escultor, de acuerdo con lo que me dijo Pablo Díaz.

"En un orcón de algarrobo/ el Chacho queda sujeto./ Ya le pegan cuatro tiros,/ ya el crimen está completo.

"Y para que haya, señores,/ de todo, como en botica,/ a la cabeza del Chacho/ la exponen en una pica.

"Ya se acabó Peñaloza,/ ya lo lograron matar./ Tengan cuidado, señores,/ no vaya a resucitar."

—¿Está muy lejos la casa de don Atanasio?

—No, acá no más, tiene que bajar esa quebradita, cruza el río, camina, pasa la lomita y detrás ahí… ahí nomás está. Pero yo lo vi que se iba para el pueblo, así que no debe estar.

—¿Le parece?

—No, no está, seguro. Yo sé lo que le digo.

Erre tiene sus días. Ayer el baúl no cerraba, la puerta no se abría, vibraba a más de cien y al caer la tarde tuve que arrancarlo empujando. Hoy, en cambio, está hecho un rolls. Todo se arregló solo. Uno tiende a pensar la mecánica en general y la automotor en particular como pura entropía: las cosas se van degradando y el proceso avanza en una sola dirección. Erre trata de demostrarme que no es así y se lo agradezco. Cada vez más mi lugar en el mundo o por lo menos en el país es la butaca del conductor de Erre. A veces, después de horas en algún lado empiezo a extrañar ese lugar, subo, doy una vuelta. Estar ahí, además, es pura producción: avanzar, seguir adelante, ir hacia alguna parte, acumular palabras. Lo peor de mí se sienta al volante de Erre. Y Erre no me reprocha nada.

Provincia de Córdoba

San Marcos Sierra-Capilla del Monte-La Cumbre

Cuando hablo de entelequia —de la Argentina como una entelequia— estoy pensando el país como una fatalidad: suponiendo que un país es ese espacio geográfico que tantos millones de personas comparten por azar —porque nacieron—, donde cada uno de ellos intentará sacar el mayor provecho posible de la situación —o ni siquiera. Pero quizás habría que pensarlo como un principio activo: como reunión de voluntades. Quizás habria que definir un país —¿una patria?— como el espacio geográfico cuyos habitantes comparten un proyecto: consideran que tienen intereses comunes cuyo logro y sostenimiento van a beneficiarlos a todos. Si es así, puedo recorrer cien mil kilómetros más y no voy a encontrar un país Argentina.

La Argentina fue así, sin duda: eso es lo que fue. Eso —mucho más que los Liebig, ferrocarriles, puentes, ranchos— es lo que realmente ha caído en ruinas.

En Serrezuela, primer pueblo cordobés, queda claro que el Toti está desesperado por la Turca. Lo ha pintado por todas las paredes, con letra muy cuidada: Turca te adoro; Turca yo me muero por vos; Turca vos sos mi amor —y un intento de invertir la carga de la prueba: Turca yo soy tu vida. Uno nunca sabe qué estrategia amorosa puede dar resultado. Hasta que aparece al fin, triunfante: Turca gracias por esa noche inolvidable. Hay, todavía, historias que terminan bien.

Serrezuela está festejando el Festival del Cuarzo. Son las doce de la mañana y los muchachos pasan a caballo con cervezas en la mano. La radio, a todo trapo en los altoparlantes de la calle principal, transmite el sorteo del concurso que organizó la academia de folclore Sol Naciente para recaudar fondos, a un peso el número. Primero sortean el segundo premio y se lo gana el 21 de doña Porota de Ros: son tres kilos de azúcar. Después el 32 de la señorita Alicia Díaz se lleva el primer premio: un pollo al horno con papas, gaseosa, vino y peras al natural. La radio urge a la señorita Alicia que se presente enseguida a reclamar su premio, no vaya a ser que se lo coman.

Hace días y días que oigo hablar de los cordobeses como los nuevos conquistadores —y ahora por fin estoy acá. Entrar a Córdoba es llegar claramente a otra región. Un pueblo que no había escuchado nombrar nunca en mi vida, Villa de Soto, aparece más grande, más poblado, mucho más desarrollado que otro que sí escuché bastante: Calingasta, por ejemplo, en San Juan. Y más feo, también.

La nena dice que tiene dieciséis, yo le doy trece y medio, y me dice que la ciudad es una porquería, que viven todos encerrados, que no pueden salir ni hasta la esquina: que la ciudad es una mierda. Que ella sabe, que le contaron que la ciudad es una mierda. Después me dice que no soporta más el pueblo.

—¿Por qué?

—Porque están todo el tiempo mirando lo que hacés y lo que no hacés, con quién estás, con quién no estás, quién te va a buscar. Es insoportable. Así no se puede vivir.

Dice la nena con la remera muy lejos del ombligo y la pollera también. Yo le pregunto dónde querría vivir.

—En un termo, para que nadie me vea, nadie se meta. Vivir mi vida tranquilita.

Córdoba siempre nos tuvo engañados: todos compramos su imagen de sierras y arroyos y burritos, y sin embargo tiene grandes extensiones de monte ralo casi desierto al norte, mucha pampa húmeda hacia el sur.

Tucutún tucutún tucutún tucutún tucutún tucutún: el ritmo del cuarteto.

Hay carteles que orientan: Arte esencial, Taller de Alquimia, Encuentre el paraíso, El centro Arcoiris, Comedor Río Quilpo con la magia de lo intangible, Osho's Centerterapias. Más que carteles son proclamas: Gesell '68 sigue vivo. Llevo veinte años oyendo hablar de San Marcos Sierra: resistiéndome a venir.

San Marcos Sierra es un refugio de señores y señoras que han decidido concentrarse aquí para tratar de armarse una vida distinta: algo que con cierta prisa podríamos llamar hippie o new age —según las épocas.

—Siempre es mejor fumarse un porro con este cielo estrellado increíble que con una película en la tele.

Dice Silvia, cuarentitantos, pollera hindú con elefantes. San Marcos Sierra tiene un estilo nos conocemos todos y compartimos cosas. En San Marcos la convivialidad no es heredada sino elegida —los habitantes más distintivos no nacieron acá sino que se vinieron, decidieron compartir un espacio. Entonces la vecindad sí significa algo: no es el rejunte fatal de cualquier pueblo donde la historia y las circunstancias compartidas tratan de disimular el hecho de que las vive gente muy distinta, con intereses muy variados.

—No, yo traté de vivir en Buenos Aires pero me volví. Me sentía muy agredida, muy avasallada todo el tiempo. Están todos muy nerviosos. No sé cómo hacen para vivir así. Voy una vez cada tanto para ponerme al día con la cultura, nada más. Pero ahí no se puede vivir.

El olor dulce de la algarroba —que yo no conocía.

—Acá en el Interior también ves muchas vidas que son nada. Pero parece que la nadas de acá son más arbóreas que las de Buenos Aires, más serenas. Allá la pobreza es un fracaso; acá es una costumbre de siempre.

Me dice mi amigo Martín Kovensky, el artista plástico, viejo vecino de San Marcos. Y me dice que lo que más le impresiona es sentarse con su mac bajo el aguaribay, dibujar, escanear, y saber que al día siguiente su dibujo va a aparecer en *La Nación*.

—Los porteños se entusiasman, vienen. Venden lo que tienen en Buenos Aires, se arman la quintita, plantan algo, se instalan para toda la vida. Pero después pasa el tiempo y empiezan a extrañar, no sé, los amigos, la vida en la ciudad, no sé. Así que se terminan yendo. Al final los únicos que siempre nos quedamos somos nosotros, los criollos.

Yo pensaba mirar y preguntar muchas cosas en San Marcos Sierra. Y fue entonces cuando me entró la basura en el ojo. Hablábamos del accidente: un accidente puede ser tan tonto como eso. Una partícula de algo yendo un poquito más rápido que el párpado, lastimando la córnea. Nada que no se cure con un par de días de no mirar. Justo lo que necesitaba.

El viaje, sabemos, es muy frágil.

Ya que vamos a bajar por la puerta de atrás corrámonos hacia el interior, me dice Kovensky, y habla de armar otras formas de producción, kibbutzim, un capitalismo gaucho, retorno al campo, unidades de producción más chicas, distribución de tareas por regiones. El Interior perdió la batalla económica en el siglo XIX, me dice, y la verdad que no nos fue tan bien.

Cuando me recuperé tenía, más que nada, ganas de irme a cualquier otro lado. Hice unas docenas de kilómetros: si en San Marcos bucean el espacio interior, en Capilla del Monte escrutan el espacio exterior.

—¿Quiere almorzar bien?
—Gracias, estoy yendo a la pizzería de la esquina.
—Bueno, si junta un poco más de plata, lo esperamos. Si quiere almorzar bien...
—Ok, cualquiera de estos días.
—Sí, cuando le parezca que su esposa lo merece...

Pero uno se pregunta por qué los platos voladores, teniendo tantas opciones, habrían elegido este pueblo —donde la comida es cara pero fea, los hoteles sombríos, el helado de dulce de leche insostenible, los negocios repetidos, la arquitectura triste— para aterrizar en el mundo o al menos en la República Argentina. A menos que, como tantos inmigrantes, lo hayan elegido a principios del siglo XX, cuando aquí levantaban esos grandes caserones a la inglesa rodeados de jardines arbolados que todavía sobreviven en algunas esquinas, majestuosos: restos.

Jorge Suárez me dice que él tenía todo el bienestar económico que un tipo como él puede tener:
—Llegué a cambiar un cero kilómetro por año.
Me dice, para que entienda de qué habla. Pero que todo se dio vuelta en 1986 cuando vio esas huellas en el Cerro Pajarito, esa quemazón redonda que nada explicaba y escuchó las historias de los paisanos que decían que habían visto posarse una especie de nave. Desde entonces Jorge Suárez se decidió a recopilar y difundir información sobre los ovnis.
—Y no se crea que es una vida fácil.
Suárez ha hecho de su casa un Museo del Ovni —libros, folletos, fotos en las paredes— y dice que muchos lo toman por loco pero que a él no le importa porque la convicción de que no estamos solos en el universo lo

llevó a revisar muchas cosas y a intentar otra vida. Y que los grandes poderes que dominan el mundo, no los que se notan sino los ocultos, no quieren que el mundo sepa de la existencia de los ovnis:

—Pero no se crea que lo hago por eso. Lo hago porque quiero hacerlo.

Jorge Suárez tiene más de sesenta, una casa, una esposa colombiana, su restorán al pie del cerro, camiseta sin mangas y voz pausada, muy tranquila. Todo el tiempo me dice que él no quiere convencer a nadie, que tampoco podría demostrar nada, que conoce cosas que le hacen creer que existen extraterrestres que nos visitan pero que, por supuesto, no puede asegurarlo. La figura del militante desapegado es muy curiosa: Jorge Suárez se pasa los días atendiendo su centro de información sobre objetos voladores no identificados, todas las noches da una charla en su restorán sobre el asunto, todas las semanas hace su programa de radio sobre el asunto, asiste a congresos, pronuncia conferencias, hace libros sobre el asunto pero se muestra distante, razonable salvo cuando dice que en este asunto del ovni hay mucho loco, mucho aprovechador y que él no gana plata con esto pero que la secretaría de Turismo de Capilla del Monte debería ocuparse de dar toda la información que él da. Su programa de radio se llama *Alternativa extraterrestre*:

—Acá tenemos estadísticas que dicen que el sesenta por ciento de los visitantes de la ciudad viene por el tema de los ovnis. Hace veinte años el Uritorco lo caminaban cuatrocientas personas por año y ahora son cincuenta mil.

Dice Jorge Suárez, y que no hay que matar a la gallina de los huevos de oro porque Capilla, últimamente, se ha transformado en un hervidero que rebosa de maestros de reiki que no llegan a alumnos, astrólogos para hacer mermelada y chamanes para juntar con pala. Y encima ahora todos son descendientes de los comechingones, dice Suárez, todos llenos de magias: un día uno de esos chamanes va a matar a alguien y se va a pudrir todo. Él no tiene nada que ver con eso, dice: él no compra ni vende ni obtiene beneficios. Él sólo hace lo que tiene que hacer: son las ventajas de tener, supongo, una misión en la vida.

—Es muy narcisista suponer que somos los únicos habitantes del universo.

Dice, y yo sospecho que lo realmente narcisista es suponer que los demás habitantes del universo van a venir a interesarse por nosotros. Ésta es la Capital Nacional del Ovni: un título tan merecido.

—Pero hay mucho chanta. La gente viene todo el tiempo a decirnos que ha visto ovnis y quizás en el cincuenta o sesenta por ciento de las cosas sea cierto, pero yo no sé si los han visto o han creído verlos.

—Bueno, si vienen acá, es porque quieren verlos.

—Claro, y sería una decepción no ver nada. Más todavía si algún amigo vino antes y vio, ¿Cómo puede ser que mi amigo vea un ovni y yo no?
Me explica Suárez.

En el jardín de una casa modesta, un padre panzón juega a la pelota con sus dos hijos adolescentes. La pelota le llega pasada, la para con el empeine, de espaldas al arco, se deja caer al suelo y lanza una especie de chilena subterránea que se clava junto al supuesto poste izquierdo. Los chicos le gritan y le aplauden y el padre panzón es muy feliz.

—Yo no sé, un amigo mío que trabaja en la municipalidad dice que mandaron a unos bomberos a quemar ese cacho de monte, que así fue como hicieron la huella del Pajarito.
En los últimos tres años la población de Capilla pasó de nueve a doce mil personas. Y muchos de ellos son porteños que están haciendo countries al pie de los cerros. Un mueblero me cuenta que eso dinamizó mucho la economía local:
—Y es gente de muy buen nivel, usted viera las 4x4 que tienen.
—¿Y por qué vienen?
—Dicen que por la inseguridad, porque no quieren vivir más en Buenos Aires. Algunos vienen y se quedan acá, otros dejan a la familia, se van a laburar, vienen los fines de semana. Son muchos. Y gente de muy buen nivel, ya le digo.
—¿Y por qué acá, a Capilla?
El mueblero me mira y se ríe:
—Por la mística, ¿por qué va a ser? Son de ésos que se compran todos los paquetes. Esto es maravilloso, da para todo. Acá el más nabo se va a mear ahí en el cerro y de atrás de un árbol le sale un extraterrestre.
En la vereda hay un cartel que ofrece Ovnis: consulta por conferencias con vigilia y avistamiento. Precios razonables —y da un par de nombres y números de teléfono.

—Dejame andar en bici.
—Largá, no me molestes.
—¡Pero dejame andar en bici!
—¡No jodas, tomatelás!
—La bicicleta es mía.
Dice el chico, y se sorbe los mocos.

—Son civilizaciones que tratan de ponerse en contacto con la humanidad para avisarnos que lo que estamos haciendo no es correcto. Aquí mismo está Erks, la ciudad intraterrena a muchos miles de metros bajo la superficie de la Tierra. Y el mundo está lleno de esas cosas.

En el Club de los Abuelos un señor da una conferencia: en Capilla del Monte todas las noches hay de eso. El hombre por lo menos tiene una explicación para tanto viaje extraterrestre: son civilizaciones avanzadas tratando de advertirnos de que cambiemos de rumbo si no queremos destruirnos. Lo escucho un rato pero es demasiado para mí: hoy ya he tenido exceso de revelaciones. Me he reencarnado cuatro o cinco veces, me han desvelado otras tantas los secretos finales del espacio, llevo una hora tratando de refinanciar el karma de mi vida como chacal cubano, me arde el tercer ojo, me pesa un huevo el aura y la energía que me rodea me hace difícil cada paso. Esto es agotador, casi sobrehumano.

—¿Y a mí qué me importa? Así como lo ves, el gordo es más bueno que el pan.

—Sí, Cristina, pero son doscientos kilos.

—¿Y qué me importa? ¿Vos qué preferís, que sea como tu marido, que nunca sabés a qué hora va a llegar, si es que llega, y con qué loca estuvo? El gordo es bueno, me trata bien. El marido perfecto.

Esos ríos de la sierra que avanzan entre piedras cubiertos por los sauces, agrestes, cantarines, con esos raros peces que parecen personas, bikinis sobre carnes rebosantes, las piernas flacas en la bermuda un poco ancha, los pasos vacilantes sobre el musgo, el coche un poco más allá, el termo, la canasta, el mate.

La Cumbre es lo contrario: tan terreno, tan civilizado. La Cumbre es un pueblo de chalets enormes despampanantes de los años treintas y cuarentas sobre todo: esos chalets medio normandos o esas casas de falso colonial que parecen hechas a una escala equivocada: el mismo diseño cuatro veces más grande sin salto cualitativo, sólo cuantitativo. Maquetas al revés: alcanzan el tamaño del castillo o palacio pero mantienen la traza de la casa. Son lo que las guías describen como casonas señoriales —juntando dos de las palabras más desagradables del idioma argentino: dos de los desodorantes más usados para cubrir el olor a dinero. Los caserones pretenciosos en jardines de viejas arboledas tienen, sin embargo, una serenidad —diré: serenidad— que no se ve en los barrios ricos de Punta del Este o Cariló. El dinero que, nuevo, es brilloso y ofensivo, se va estetizando con el tiempo. Una vez más, la pelea entre nuevos ricos y ricos que se van haciendo viejos —y más pobres.

Los chicos en la calle son muy rubios. En La Cumbre hay una calle Runciman y debe ser el único lugar de este país que homenajea al ministro inglés que firmó aquel pacto con el hijo de Roca en 1937, declarándonos casi parte del Imperio Británico. Aquí todo es inglés, o querría serlo: retiro de oficiales ingleses en un país más o menos hostil, en tierras ocupadas.

La Cumbre me recuerda mucho a Kodaikanal, un pueblito falso Devonshire donde los ingleses de la India trataban de pasar sus vacaciones a mil quinientos metros de altura: chalets y noches frescas para olvidarse de que estaban en un país caliente y polvoriento. O a ese otro tan parecido que se llamaba Kandy, en las montañas de Ceylán. Como ellos, tiene una belleza que no le corresponde: traída de otros mundos. La frase es tramposa y le doy vueltas. Los griegos decían que es verdadero aquello que persevera en su esencia. Si supusiéramos que sólo es bello aquello que mantiene su esencia, estaríamos jodidos: una especie de purismo insoportable, bien conserva. Pero lo curioso es que son estos los espacios puristas: puristas de otra cultura. Acá hay costumbres, tés a las cinco, un colegio inglés pupilo que mantiene las viejas tradiciones: todo trata de guardar la distancia con el país que lo rodea. Como el país que lo rodea, por supuesto, eso tampoco funcionó. Ahí, seguramente, está su encanto.

—Vieja, la verdad que estoy cansado.
—¿Cansado de qué, si no hacemos nada?
—Y eso, vieja, de no hacer nada.
—¿Qué más querés, Rodolfo?

Viajar por las zonas turísticas es más complicado —porque todo está hecho para que sea más fácil. Es como mirar la tele: todo preparado para que cumplas con un papel de receptor, para dejarte en un lugar acotado, cerrado. Consumir milanesa con fritas, paisaje serrano, alfajor de fruta, espectáculo folk. Hasta los recuerdos —el relato de ese viaje— están previstos de antemano. El objeto que dice Recuerdo de Talsitio o la foto en el punto señalado. El viajero debería perforar esa superficie y debajo tampoco hay demasiado: una legión de tipitos sosteniéndola con las manos levantadas, el olor de los sobacos disimulado por desodorante de cuatro con cincuenta.

—¿Para mí, ser argentino? La verdad que nunca lo pensé.

Cuando vi desde la ruta las torres almenadas y las estatuas griegas pensé que sería un telo a gran escala: polvos en serie con hidromasaje. Después, cuando entré al jardín, entre bustos de Hipócrates, Hipólito Yrigoyen y el

Dante Alighieri y carteles con citas citables de Séneca y Belgrano, me pareció que estaba en el ashram de un santón fugitivo: Trata de ser el mejor pero nunca te sientas el mejor, dice en un cartel Juan Manuel Fangio; Serás lo que debas ser y si no, no serás nada, dice desde siempre don José de San Martín; Lo que quise ayer lo tengo hoy, pero hoy ya no es ayer, dice Aforismo; No pise el césped ni corte flores, dice un sabio ignoto, cartel semejante. El Jardín El Descanso de Los Cocos no se priva de nada.

Y yo seguía perplejo: me preguntaba qué sería. Pero cuando llegué al lugar donde un supuesto templo romano yace junto a un patio andaluz y una cúpula bizantina y una familia de ratas verdaderas —las ratas son, por supuesto, lo único que se mueve—, me di cuenta de que estaba en la versión argentina de Disneylandia: una que no es un juego. El Descanso no sólo es un delirio; también es la versión tres dimensiones del Libro Gordo de Petete.

El templo romano es un museo. El museo consiste en media docena de reconstrucciones de utilería donde leones comen cristianos para poner en escena el martirio, Nerón toca la lira ante Roma incendiada o los hunos de Atila violan a una monja. Todo mezclado, equivocado: fantástico y fantástico. Más allá, el patio argentino rebosa de próceres pintados de dorado. El patio tiene una falsa casita colonial: adentro hay dos escenas tamaño natural con maniquíes. De un lado don Francisco Narciso de Laprida sigue declarando la independencia de estas crueles provincias y los delegados al Congreso se alborozan y levantan sus brazos y sombreros: nacemos, somos. Del otro, setenta años más tarde, la calma de la pulpería muestra el éxito de aquel inicio: un borracho en su poncho federal abona su ginebra, una pareja de viejos toma mate mientras se dora al fuego un corderito, un payador dice requiebros a una china que —se nota— ya se está calentando, dos paisanos con vino conversan con un milico de a caballo: la patria pastoral bien avenida. Después, en el salón de los espejos, los hijos de esa patria nos vemos las verdaderas caras: deformes, estiradas, anchas, huecas. Mientras las miro un picaflor se acerca a la ventana.

Más allá aparece uno de los pocos monumentos a Caperucita Roja que el mundo ha levantado. Después hay un museo inespecífico; el cartel sólo dice Museo. El sistema es el mismo: escenas congeladas, pura utilería. San Martín cruzando los Andes está al lado de un par de armaduras dizque medievales, tallas de madera, un fusil de un tiro, puntas de flecha de piedra, frases del Martín Fierro y un caballo de yeso ensillado con un apero riojano que reverbera de estrellas y lunitas. La inspiración general es más bien gaucha. Lo que anuncia, de algún modo, el laberinto.

Los laberintos, es obvio, quedaron registrados con la marca de un tal

Jorge Luis Borges. Borges nunca escribió que el laberinto del gaucho es la pampa, un lugar tan enorme y vacío que contiene infinitos caminos que se cruzan incansablemente. Pero lo dijo sobre un rey moro y su desierto y da lo mismo: en la tradición sarmientino-borgiana los gauchos son beduinos.

Entro al famoso laberinto de Los Cocos. El laberinto, por criollo, está hecho de plantitas y ligustros que dejan entre sí pasillos angostos y revueltos, casi enfurruñados. Varias veces leí que en los laberintos hay que doblar siempre a la izquierda, pero hasta ahora los únicos que había visto estaban en los libros o en los mosaicos de la catedral de Ravena y no había forma de meterse adentro: es mi primera oportunidad para saber si ese saber libresco sirve para algo. Muy rápido choco con un ligustro sin salida y compruebo que esta hipótesis de la izquierda, como tantas otras, no funciona. Estoy perdido; insisto, pero estoy perdido. Chicos gritan, los perdidos se ofrecen instrucciones. Sería muy fácil si uno pudiera mirarlo desde arriba —como en los juegos de las revistas de pasatiempos. Las cosas suelen ser muy fáciles cuando uno puede mirarlas desde arriba; todo es cuestión, una vez más, del punto de vista. Pero si la lección es que no puedo encontrar el camino porque estoy adentro, debería abandonar inmediatamente el intento de este libro. Adiós.

Me voy, vuelvo, me voy. El laberinto no me deja.

En eso estoy, cuando alguien me interpela:

—Disculpe, caballero, ¿usted hace un programa en Utilísima?

—¿En Utilísima? Sí, seguro, un programa de decoración y neonatología.

Me arrepiento: sigo. El laberinto se está haciendo irritante. Un chico mete la cabeza en una especie de agujero en la maleza. Su madre va a sacarle una foto.

—Agus, por acá, mirame.

Agus mira, muy serio.

—Agus, poné cara de algo.

El laberinto se abre a una plataforma con vista a un paisaje con guanaco que pasta. Pero es otro camino sin salida y hay que volver a las vueltas y revueltas. Irritante es poco. Los deudos de los perdidos, cuando los tienen, están en una especie de mirador central y desde allí los guían a los gritos. Estamos atrapados en nuestra estupidez. Unas risas se vuelven crispadas. Una mujer le dice a su marido:

—¿Viste, Beto? Te dije que no nos metiéramos acá.

—¡Si vos eras la que quería entrar!

Después me doy cuenta de que los deudos no son deudos; son los que ya salieron y se convierten en una alegoría de la utilidad de la experiencia.

Yo sigo dando vueltas. Al fin, por casualidad, encuentro la salida. Pese a lo que esperaba no me siento mejor —ni más tranquilo.

—Johnny, acostumbrate a que las cosas son como dice tu papá, no como decís vos.
Le dice a Johnny su papá, ceñudo.

Otra vez: lo que nunca has perdido.

La patria, lo que te pierde sin perderte —la derrota que es tan fácil considerar ajena.

La Falda-Cosquín-Villa Carlos Paz

La Falda es la patria peronista, el apogeo del turismo sindical. Recuerdo cuántas veces hablé o escuché hablar en mi adolescencia militante de los programas de La Falda y Huerta Grande, un conjunto de propuestas del peronismo revolucionario de los sesentas. Y nunca relacioné esa Falda con el pueblo dormido donde había pasado unos días bien chiquito.

La patria peronista es la que quiso edificarse contra esa idea de colonia inglesa: La Falda, desde abajo, pelea contra La Cumbre. En la entrada del pueblo hay un monumento a la Madre —busto de mujer con un bebé colgándole del busto— y una avenida principal que parece de Munro. Es un paisaje muy urbano: el triunfo final de la ciudad sobre el lugar donde van los ciudadanos para olvidar que lo son. El problema de los lugares de turismo masivo en la Argentina es que se convirtieron en ciudades demasiado parecidas a las ciudades que sus visitantes dejaban para ir a disfrutarlos. El problema del peronismo en la Argentina es que se convirtió en un régimen demasiado parecido al que sus seguidores dejaron para sumarse a él.

En La Falda ahora el turismo sindical en decadencia fue reemplazado en parte por los viajes de egresados para escuelas primarias —trabajadores industriales por alumnos de colegios ricos: quizás eso también signifique algo.

Más allá de todo, inmenso, imponente, el Hotel Edén, refugio privilegiado de los millonarios de principios de siglo, es una ruina. En sus variados recovecos funcionan ahora un café, una escuela de artesanos, otra de equitación y un cementerio de pilas agotadas. El hotel está en las afueras de La Falda, y lo construyeron en 1892. La famosa casa de Mujica Láinez en La

Cumbre se llama El Paraíso y esto es El Edén: a los argentinos, en esos días, todavía no nos habían expulsado de ninguna parte.

Aquí estuvieron todos aquellos potentados y también Einstein, el Príncipe de Gales, Rubén Darío, muchos otros. El Edén tuvo sus días de gloria hacia 1915: cuando la primera Gran Guerra obligó a los riquísimos argentinos a quedarse en el país, muchos de ellos empacaron todo y en vez de irse al campo, que era aburrido, vinieron a pasarse dos o tres meses al hotel. Los chicos dormían con sus niñeras en un pabellón apartado; las damas solo podían ir a cenar si las acompañaban señores de etiqueta. Había una pileta olímpica —una de las primeras del país—, un teatro al aire libre, dieciocho hoyos de golf. Era casi como estar en Alemania: había cristales de Bohemia, mármoles de Carrara, cubiertos de Christofle y sólo se tomaba vino del Rhin; los fiambres alemanes se hacían con chanchos propios. Los dueños eran teutones intachables: dicen que la campaña política de Hitler cuando todavía no era el Führer recibió sus generosos donativos. Todavía quedan cartas manuscritas del gran hombre, fotos con él, Rudolf Hess y Joseph Goebbels y una condecoración que Der Adolf mandó personalmente. Eran tiempos de gloria, cuando el hotel creó el pueblo alrededor: La Falda, entonces, era el purgatorio de quienes no llegaban al Edén.

Todo bien, pero ahora leo en el diario que en un pueblo muy cerca de acá, Agua de Oro, se murió un bebé de siete meses de deshidratación causada por diarrea. Es una muerte que ya no se usa: algo que remedios muy simples saben evitar. Parece que el bebé no se murió porque no hubiera con qué tratarlo —el tratamiento es fácil—, sino porque la madre no sabía que en un caso así tenía que llevarlo al dispensario.

Hace un siglo moverse costaba mucha plata. Según mi guía *Baedeker* de 1907, el pasaje en tren de Buenos Aires a La Falda costaba 64 pesos, mientras que la pensión completa en el Hotel Edén costaba 8 por día: el pasaje equivalía a ocho días de pensión. Que, ahora, en un hotel de esa categoría, costarían 3.000, 3.500 pesos. Con esa plata, en estos días, uno no se toma un tren a La Falda sino un avión a Nueva York. Es otra forma de medir el mundo.

Quizás caigo en un lugar común, pero frente a la intensidad de ciertos lugares de Catamarca, La Rioja, Santiago del Estero, estas sierras de Punilla se me hacen blandas —y yo mismo me relajo, miro peor.

Es una zona hecha de vueltas y revueltas, de pequeños secretos y multitud de recovecos, una escena que no se aprecia de primeras: que hay que ganarse, ir desvelando metro a metro. La montaña tremenda, el acantilado, el farallón, el desierto son más obvios.

581

Cosquín: aquí descubrí hace años, después de muchos de vivir fuera de la Argentina, que existía algo que se llamaba el Interior. Un paisaje desconocido y muy ajeno, gente que me resultaba familiar y a veces me conocía, que hablaba mi idioma con un acento extraño, que sufría el mismo presidente, que gritaba los mismos goles y que escuchaba una música lejana. Esa mezcla de proximidad y de exotismo empezó a ser para mí, desde entonces, el Interior. En el Festival de Cosquín empezó, hace años, este viaje.

"Cosquín quiere decir 'pequeño Cuzco': vaya a saber por qué le pusieron semejante nombre, pero ahí está, limpito, previsible, con sus 17.000 almas. Cosquín empezó a crecer a principios de siglo, cuando la medicina decidió que lo mejor para la tuberculosis era el clima seco de las sierras cordobesas: se construyeron sanatorios y Cosquín dependió, por décadas, de los vaivenes de la tisis. Algunos dicen, incluso, que la idea del festival de folclore —1958— apareció para reemplazar a la enfermedad —que empezaba a desaparecer—, y para hacerla olvidar:

—Bueno, sí, es posible que el festival se haya inventado para ocultar el esputo tísico.

Me dice Paola, una intelectual lugareña, y se ríe con ojos y dientes. Lo cierto es que Cosquín empezó a crecer con esa inmigración que venía de todas partes, los enfermos y sus familiares. Fue, de alguna manera, una reproducción a escala de la patria: el crisol de razas, la mezcla tremebunda. Eso, quizás, la autoriza para creerse una encarnación de la patria —en lo que la patria tiene de menos mezclado, más cerrado: su 'folclore'. A veces me molesta esa pretensión del folclore de ser la verdadera Argentina. Ese disco de la chica Soledad, por ejemplo, que salió hace unos meses: 'Yo sí quiero a mí país'. Ella sí."

Escribí entonces.

—No se deje engañar por lo moderno. Prefiera las ventajas de lo viejo por su peso y material. Casa Aymará. Muebles y objetos de época.

Ofrece la radio de Cosquín. La radio también da los precios de la carne en la carnicería La Primera: picada, milanesa, osobuco, puchero. En el país de la carne, los cortes que más se venden son los que requieren disimulo: para la olla, no el asado.

"—Si te bajan acá en un plato volador no sabés si estás en Córdoba o en el África, con todos los negros que hay.

El balneario La Toma tiene un río muy agradable, una cascadita de tres metros de alto, una playa de tres metros de ancho, un puente para el tren que ya casi no pasa, un bar, los sauces, gran cantidad de piedras, multitudes.

—No, hermano, fue Ruckauf que se hinchó las bolas y mandó Fuerte Apache para acá.

—No, no entendés: acá el negocio es vender cascos para salvarse de los lanzazos de los indios.

Es cierto que los pibes son rubios y parecen un poco más prósperos que el resto de la concurrencia, pero su despliegue de racismo es casi excesivo en estos tiempos de corrección política. Yo igual entro como un caballo:

—Todos buena gente, ustedes…

Les digo, a punto de empezar una pelea desigual. Recién entonces sueltan la carcajada:

—No, maestro, lo que pasa es que nosotros somos de San Francisco, la tierra de Cavallo, y tenemos que seguir sus lineamientos.

Los rubios son cinco, estudiantes en Córdoba. Dicen que el folclore les da igual pero que querían ir a algún lado y no tenían guita y que acá con tres pesos se pagan el camping y que la joda es casi gratis. Después me cuentan la historia del padre del prócer de su pueblo, que tenía una fábrica de escobas y se fundió cuando su hijo fue ministro de Economía, como tantos otros.

—Acá estamos, en la Argentina profunda.

Dice uno de ellos. A nuestro alrededor yacen miles de personas apiñadas: no hay cuerpos de papel ilustración. Abundan los juanetes, las camisetas viejas, las mallas con medias y zapatos, el mate siempre dulce, bizcochitos de grasa, pastelitos de dulce, gaseosas de dos litros, panzas incontrolables, celulitis rampantes, besos como sopapas, siestas, trucos, puteadas, la grupa presumida de una venus de campo. También hay torsos blancos con brazos muy bronceados, camisetas de la selección, los frascos de sangría, chicos gritando tan fuerte que casi se los oye por encima de los gritos del folclorista de turno: aquí también hay un folclorista de turno.

—…la cantamos en criollo/ para que la entiendan pues./ No aprobamos otro idioma,/ no entendemos el inglés;/ somos hijos de Argentina/ y se nos nota en la piel…"

Escribí entonces.

Cosquín sin festival y a la hora de la siesta es un museo de sí mismo sin mucho que mostrar. Ya volveré otro día. Quedan un par de casas art déco de la época gloriosa en que todo el pueblo era un gran sanatorio, y esa fama. Cosquín es la invención y la apoteosis del festival: una ciudad que existe gracias a que algún cráneo, hace más de cuarenta años, tuvo la idea de reunir cuatro o cinco recitales de folclore. Digo: que existe para el resto del país gracias a eso.

"La peña de los Coplanacu tiene fama de universitaria; en la de los Carabajal, en cambio, no se debe poder entrar sin libreta de matrimonio y cuatro hijos. En las esquinas de Cosquín siguen caminando pibes con y sin instrumentos. Algunos se sientan en una esquina y cantan: es cierto que les resulta más fácil que a otros:

—Nosotros podemos agarrar una guitarra y un bombo y hacer la música que nos gusta. En cambio los rockeros necesitan máquinas, enchufes, salas de ensayo: están jodidos.

Me dice un pibe de veinte con un bombo, anteojos negros, pelo largo y barbita afilada: el coolest guy de Catamarca.

—Los de Buenos Aires como no tienen nada nos corren con el rock. Pero nosotros sí tenemos una historia, una tradición. Con el rock los de Buenos Aires siempre te van a cagar. En cambio ésta no la saben, ahí les podemos hacer fuerza.

—Pero el rock toca temas más actuales. El folclore parece que hablara siempre de la lunita tucumana.

Le digo, y él me contesta muy amable:

—Eso es lo que vos te creés porque no sabés un carajo de folclore.

Es posible. A las cuatro de la mañana algunas peñas siguen abiertas y las calles están casi vacías. Frente a la plaza Molina una chica de veinte les grita a varios amigos que canten todos juntos, que no hagan bardo:

—Vamos, empecemos. Pero esta vez tenemos que enganchar bien, eh.

—Bueno, dale, vamos.

—Aquí/ se queda la clara,/ la entrañable transparencia/ de tu querida presencia…

Cantan, a los gritos, y al final se aplauden ellos mismos."

Escribí entonces.

Ahora pensaba ir a San Luis más que nada para ver la famosa autopista multitrocha iluminada —una de las obras de ingeniería más despampanantes y más desiertas del país, me dicen, en las últimas décadas. Pero me encuentro con carteles y folletos oficiales que me invitan a *San Luis, otro país* —y yo estoy escribiendo sobre éste.

"*Elinterior* es una palabra diferente de la suma del pronombre definido masculino *el* y el sustantivo y adjetivo *interior*. Se puede hablar de interior para referirse a la parte de adentro de cualquier objeto —una cosa, una casa, un individuo si realmente la tuviese— y se puede adjetivar interior a cualquier persona, objeto o sensación que pudiera ser de afuera y, en cambio, está adentro —o imaginariamente adentro. Pero la palabra que designa a las provincias argentinas un poco más allá de los límites de la ciudad de Buenos Aires no es *interior* sin más: nadie ha hablado nunca de interior a secas para referirse a ese trozo predominante de la patria. Nadie ha dicho yo soy de interior, me voy para interior, en interior son todos unos fiacas, interior está jodido por el predominio de los hijos de mil putas de los porteños que ojalá se mueran todos ahogados en el río. No, nadie, no: ese mundo se llama *elinterior* —todo pegado, indisoluble. Quizás esa unidad sea la manera —torpe, conjetural— en que sus habitantes pretenden sostener su resistencia contra el común enemigo ribereño; quizás sea, más simplemente, que comprendieron lo superfluo de esos espacios que separan lo que es inseparable. En cualquier caso, esa unidad forma un concepto", escribió Carlos Montana en su *Diccionario de modismos argentinos*, y yo estuve tentado de adoptar su grafía. *Elinterior* es mucho más que un país: una palabra. No lo hice porque planteaba problemas prácticos, que no vale la pena detallar.

    —Pero, ¿usted es Caparrós?
    —Sí, creo que sí.
    —Qué sorpresa verlo acá en Carlos Paz.
    —¿Por qué?
    —Bueno, éste no es un lugar para… digamos… como decirle… para un intelectual.

En Villa Carlos Paz hay un marcado desarrollo del teatro de bataclana y humorista, que es un caso particular del género voy a ver en vivo a los que suelo ver en la tele. Me parece que, en la estructura cultural argentina presente, lo que más detestan los del Interior, lo que más los humilla, es que la gente que ven en la tele —o sea La Gente— es de Buenos Aires. Esto incluye, por supuesto, un caso especialísimo: los jugadores de fútbol, que en general ni siquiera son de Buenos Aires. Son como Dios: de todas partes pero atienden allá.

En Villa Carlos Paz hay muchos hombres que caminan con sus esposas y cuando topan con un paso más angosto pasan ellos primero. En Villa Carlos Paz hay parejas con hijos grandes que se besan como si estuvieran de novios, panza contra panza. En Villa Carlos Paz hay muchas, muchas personas con la espalda encorvada. En Villa Carlos Paz hay cantidad de viejos que creyeron que iban a ser distintos. En Villa Carlos Paz hay legiones de niños y son siempre las madres quienes los cuidan. En Villa

Carlos Paz tantos hombres se sirven de comer antes que sus mujeres. En Villa Carlos Paz están los matrimonios que comían sin hablarse en Sunchales —y muchos más, de innúmeros Sunchales. En Villa Carlos Paz hay millones de fotos.

El turismo y su momento superior —la foto— no son solamente una manera de crear recuerdos, de escribir la historia de sí mismo y los suyos; también es una manera de convertirlos y convertirse en la estrella. Los medios gráficos, la tele, bombardean con imágenes de la gente que importa. Desde siempre ser reproducido era ser importante. La foto frente al embalse o la iglesia o los lobos marinos hacen de su modelo la estrella del momento: alguien que vale la pena conservar en imagen para siempre.

Lo más tremendo de los lugares de vacaciones es toda esa gente ocupada en hacer algo que no sabe cómo hacer, por falta de práctica: el ocio activo. En Argentina los jóvenes tienen algún ejercicio, pero los adultos casi ninguno. En sus lugares habituales sus ocios se resuelven con tres o cuatro recursos regulares: visitas de parejas, asado, restorán, cine, televisión, video, encuentros con parientes, si acaso un club. Aquí deambulan, casi preocupados. No están acostumbrados a pasar tanto tiempo los unos con los otros, hijos con padres, esposas con esposos.

Saben que el día es muy largo y que un rato acaso en el balneario y una comida afuera, la siesta, un par de mates, una cerveza, alguna compra, no alcanzan a cubrirlo para nada. A partir de las siete de la tarde, cuando baja el sol, miles y miles deambulan por las calles del centro con ese paso lento que solamente usan en vacaciones: paso del que no quiere llegar porque no tiene adónde.

Están como yo, aunque yo tenga la coartada de que miro y escucho. Yo también estoy, desde hace semanas, fuera de cualquier tiempo habitual y voy a paso lento porque puede ser a cualquier lado —y me da mucho gusto y no tengo ninguna gana de volver a ese lugar donde mi tiempo se organiza.

Un chico absolutamente insoportable, gritón, despectivo, muy maleducado, doce años, le cuenta un chiste a su papá:

—Papá, ¿sabés por qué los basquetbolistas de la liga de baloncesto de Galicia cuando reciben la pelota ponen los ojos en blanco y sacan la lengua y les sale espuma?

—No.

—Porque el reglamento dice que el que recibe la pelota tiene diez segundos de posesión.

El padre se queda callado. Al final le dice que no entiende. El chico lo repite, el padre le repite que no entiende. El chico lo mira con sorpresa o pena o algo así.

Australia: Villa Carlos Paz es como Australia. Como Australia, tiene muy poca población autóctona. La gran mayoría son porteños, santafesinos, a lo sumo cordobeses de otros pagos que llegaron en las últimas décadas y —me dice un amigo periodista— la mayoría vino huyendo de algo: deudas, persecuciones, mujeres, la justicia. Como Australia, entonces, una población de semiproscritos buscando un lugar nuevo.

Y como Australia también, entonces, una isla de extranjeros —en medio de una provincia bastante localista. Australia crece, prospera. Hace cinco años contaban unos cuarenta mil habitantes fijos. Ahora dicen que son sesenta mil y, en un buen verano, seiscientas o setecientas mil personas pasan por sus hoteles de medio pelo. La mayoría del turismo es gasolero: no hay hoteles de cinco estrellas, no hay buenos restoranes, no hay shoppings, no hay oferta cara. Por no haber, tampoco hay cloacas. Una ciudad de sesenta mil habitantes surcada por camiones atmosféricos que terminan llevando la mierda laboriosamente al agua, al lago.

Insisto: Australia. Pero a diferencia de los aussies, que son tan patrioteros, en Carlos Paz no se armó todavía una idea de comunidad, de vecindario, de pueblo. Cada cual, dicen, tira para su lado.

El lago San Roque antes estaba en el centro geográfico de la Argentina. Era uno de sus grandes orgullos. Pero cuando incorporaron la Antártida a la imagen de Argentina, esto dejó de ser el centro. Me gustaría saber cuál es ahora.

—Esto me saca de todo, ¿sabe? Me relaja, me pone en otro mundo. Cuando estoy acá sentado en una piedra con las patas en el agua me olvido de todo, del patrón, de los quilombos de laburo, de las cuotas, de todo me olvido. No sabe lo que es, esto sí que es vida. Por lo menos una vez por año me vengo una semanita, ahora estamos bien y puedo hacerlo.

Es un lago tan lindo y junto a él ondea, vaya a saber por qué, una enorme enseña patria de raso, tipo sábana de prostíbulo fino.

y mirá que este país tiene todo para ser un gran país pero decí que los políticos son todos corruptos y afanan, nos afanan, acá todos afanan, el que no es político es chorro la cosa es que todos te afanan y la gente es buena, a veces de tan buena más parece boluda pero es buena, el argentino en el fondo es bueno, se hace el vivo, sí, a veces se te agranda pero no lo hace de maldad, el argentino es buena gente, hace lo que puede, el problema es que siempre lo garcan y encima el criollo es medio vago, tendríamos que trabajar para salir adelante pero tampoco hay cultura del trabajo, no, ahora ni hay trabajo, hay muy poco trabajo, la verdad que el que tiene un trabajo tiene suerte, para uno que tiene hay veinte que quisieran, no, para qué voy a trabajar si no me pagan nada no, por esa guita no me rinde, me sale más caro el colectivo, todo sube, todo sube porque no hay quien ponga orden y cada cual hace lo que quiere, lo que se le canta, acá la administración es un desastre y los privados lo único que quieren es llenarse de plata y al resto que lo parta un rayo y el estado peor, el estado si te da es porque quiere aprovecharse, ahí sí que son todos unos tránsfugas prendidos de la teta se agarran de la teta y no la sueltan habría que rajarlos a todos y que vayan a laburar, que trabajen como todo el mundo, que se pelen el orto como todos que encima si después te enfermás estás jodido, la salud es una porquería porque desvían la guita para cualquier lado y las escuelas son muy malas porque les conviene que seamos una manga de brutos, a ellos les conviene pero fijate justo acá que vos tirás una rama en el suelo y crece un árbol, un país tan rico cómo puede ser que no haya comida para todos, tenemos todos los climas y todos los paisajes y están los chicos en patas, los que piden, los cartoneros ésos, los tipos de las villas, los jefes y jefas que no quieren hacer nada porque ya tienen los cientocincuenta mangos en la mano, los desocupados, los perdidos, vos viste que hay algunos que ya tiraron la toalla y no esperan más nada, pobres tipos, están las pibas que empiezan a parir de tan pendejas y siguen pariendo y pariendo son como conejos, los pobres son como conejos, sí, por supuesto que están los delincuentes, está lleno de delincuentes pero no hay tantos, muchos son extranjeros a menos que te vayas a meter en una villa ahí sí que la cosa está jodida, depende de los lugares aunque ahora ya no se puede estar seguro en ningún lado, antes ahí había una fábrica textil y la cerraron, se fueron, se llevaron la guita vaya a saber dónde, se acabó, si se levantaría el abuelo quién sabe qué diría pobre tano, con lo laburador que era, menos mal que por lo menos todavía hacemos chistes, tenemos humor y nos cagamos de risa de todo, eso está piola, si el argentino ni siquiera necesita mucho, con su asadito y su vaso de vino y su partido de fútbol y su familia y su minita está tranquilo, qué más quiere, una casita para estar tranquilo, un coche, nada raro y con el país que tenemos eso lo tendríamos que tener sin problema y viste que encima el argentino es un material humano de primera, lugar adonde vamos en el mundo lugar que nos aprecian, nos va bien por todos lados, eso te lo dice todo el mundo pero acá lo que pasa es que todos roban parece mentira que haya tantos ladrones y eso que los argentinos somos tan buena gente pero siempre nos va mal por culpa de esos hijos de puta, cuando se van a ir de una buena vez por todas a la mierda y dejarnos el país para nosotros, la gente de bien, los verdaderos argentinos

Hay, entre las numerosas palabras que prefiero no usar, una que nunca pensé siquiera como opción: no tenía sentido que yo escribiera esa palabra. Ahora, tras evitarla tantos miles de páginas, quizás ya pueda —o, por lo menos, voy a hacerlo: oh.

Hacerse viejo es, también, poder usar cualquier palabra.

Oh, la Argentina.

Córdoba

Lo primero que supe sobre Córdoba fue que había siestas, sierras, los burritos. Eso debe haber sido a mis seis o siete. Lo segundo fue que había muchos miles peleando contra la policía; eso fue el día que cumplí doce años, el día en que esos miles le agregaron a su nombre un sufijo que significa golpe: Cordobazo. Lo tercero fue que tenían un humor muy raro, y eso fue a mis quince o dieciséis, cuando di con la revista *Hortensia*:

—¡Arriba las manos!

—¿Esto qué es, un asalto?

—No, si vuá ser un control de desodorante.

Pero ahora llego a la ciudad de Córdoba y no consigo verla. Ya llevo tantas ciudades, tantos pueblos sin haber entendido, y ahora tendría que empezar una vez más: empezar a caminar por una ciudad con ese azoramiento del principio, de no saber por dónde entrarle. Córdoba, esta tarde, sol prepotente, ruido, hollín, me parece perfectamente impenetrable.

Las ciudades están hechas para hacerte pensar que estás en todas partes. Los pesimistas dirían: o en ninguna.

—¿Hola, loco, cómo andás?

Primero no lo reconocí. Hasta que me di cuenta de que era aquel pibe que levanté a dedo cerca de Itatí: el semihippie artesano viajero al que un amigo le había robado la artesanía que llevaba para vender, las herramientas, todo.

—Qué casualidad que nos encontramos de vuelta, loco, qué delirio.

El pibe lleva unos días en Córdoba, durmiendo en la recova del Cabildo. Tiene un enterito módicamente sucio, un gorro, la cara muy quemada, y me cuenta que volvió a su casa en Buenos Aires pero se quedó solamente dos semanas y arrancó de nuevo:

—El tema fue que vine bajando desde Misiones con una chica, una boliviana, y ella se quería ir, no quería estar en Buenos Aires, y arrancamos. Pero después cuando llegamos a Rosario la perdí, viste, la típica.

—¿Siempre en Rosario? ¿No habías perdido ya una en Rosario?

—Sí, Rosario es terrible, ahí la perdí. Me quedé un rato más, unos días más y después me tomé el tren para acá y cuando me bajo del tren acá en Córdoba, del mismo tren bajaba ella. Pero ahí, viste, ni la miré.

—¿Y nunca más te cruzaste con el Gato?

El Gato era el tipo que, en una noche de Ituzaingó, Corrientes, le robó todo lo que tenía.

—No, ése se desapareció, nunca más lo vi. Pero por suerte ya tengo todo. La fui batallando de a poco y ya conseguí todo de nuevo. Ahora estoy bien, tengo material, tengo unas semillas que traje de Misiones, pegué pinzas, pegué hilo, alambre, un par de piedras, ya tengo todo para laburar. Me pude recuperar, viste, y ahora quiero irme de nuevo para el norte, llegar a Salta, Jujuy, a ver si puedo cruzar hasta Bolivia, aunque sea un poquito, para conocer.

El pibe se ríe, está contento, y me dice que al final somos bastante parecidos, él y yo:

—Y sí, los dos andamos dando vueltas. A distinto nivel, pero los dos andamos dando vueltas. Son formas de vagar, capaz con el mismo feeling, mirar un poco, la gente, la cultura…

A mí, por alguna razón, me gusta su reconocimiento.

Es mediodía. Ahí mismo, en la esquina del Cabildo dos guasos cuentan chistes para ganar monedas:

—Esta mañana pasé por la Legislatura, no sabís el quilombo que había, el ruido que salía de ahí adentro. Había una mujer que gritaba como loca. Gritaba choro, corrupto, mentiroso, maricón, perverso, aprovechador, hijo de puta.

—¿Qué, estaba muy enculada la mujer, puteando a alguno?

—No, pasaba lista.

Alrededor, cincuenta se ríen a carcajadas…

—Oíme, culiao, ¿vos sabís cómo les dicen en Buenos Aires a los que son buena gente?

—No, valor, no tengo ni idea.

—Turistas.

Voy por el paseo Sobremonte, que supo ser central. Para nosotros, porteños, el marqués de Sobremonte es la matriz histórica del político corrupto: el trucho que, en el momento culminante, decidió rajarse con la guita. En Córdoba, en cambio, Sobremonte es un gobernante respetado, el único que gobernó el virreinato desde acá.

Córdoba es la capital del Interior.

Ya desde antes de 1810, Córdoba fue el lugar donde el Interior era un concepto político. En Córdoba había curas y ricos y estudiantes cuando Buenos Aires era un pueblo fangoso, y uno de los primeros gestos de los porteños en cuanto decidieron gobernar fue sacarle a Córdoba un símbolo de su poder, la única imprenta del país, para instalarla en la plaza de Mayo y decir aquí es donde se imprime la palabra: donde se decide y maneja la palabra.

El 7 de junio de 1810, la Junta porteña empezó a imprimir, con su aparato cordobés, la nueva *Gazeta de Buenos Ayres*. Y Mariano Moreno, su primer editor, decía en su Plan de Operaciones que "la doctrina del gobierno debe ser con relación a los papeles públicos muy halagüeña, lisonjera y atractiva, reservando en la parte posible todos aquellos pasos adversos y desastrados, porque aun cuando alguna parte los sepa y comprenda, a lo menos la mayoría no los conozca y los ignore, pintando siempre estos con aquel colorido y disimulo más aparentes; y para coadyuvar a este fin debe disponerse que la semana en que haya de darse al público alguna noticia adversa, además de las circunstancias dichas, ordenar que el número de Gazetas que hayan de imprimirse sea muy escaso, de lo que resulta que siendo su número muy corto podrán extenderse menos, tanto en lo interior de nuestras provincias como fuera de ellas…".

También decía Moreno que la *Gazeta* debía publicar los "elogios los más elevados de la felicidad, libertad, igualdad y benevolencia del nuevo sistema. (…) Estos y otros discursos políticos deben ser el sistema y orden del entable de este negocio, figurándolos en la Gazetas no como publicados por las autoridades, sino como dictados por algunos ciudadanos, por dos razones muy poderosas: la primera, porque conociendo que esta doctrina sea perjudicial, se ponga a cubierto el Gobierno de estas operaciones, echando afuera su responsabilidad, bajo el pie de ser la imprenta libre; la segunda, porque debe labrar más cuando se proclamen unos hechos por personas que suponen los gozan, en quienes no deben suponer engaño alguno, y este ejemplo excitará más los ánimos y los prevendrá con mayor entusiasmo".

Durante muchos años, aquí, en Córdoba, el Interior se opuso o se alió a Buenos Aires con argumentos de poder, no de víctima, y llegó a haber incluso una *Voz del Interior*. Desde que me subí al Erre supe que en algún momento vendría a este edificio: estoy escribiendo un libro que se llama *El Interior*, y alguien, hace mucho, se declaró su *Voz*.

—Bueno, el diario se fundó hace más de un siglo, a partir de un fuerte sentimiento antiportuario.

Me dice Carlos Jornet, que ya lleva varios años dirigiéndolo. Aunque, ahora, *La Voz del Interior* pertenece a un grupo económico porteño.

Yo no sabía hasta qué punto Córdoba es central: lo fui entendiendo en estos viajes. La referencia cordobesa aparece por todas partes —y en muchos lugares hablan de los cordobeses como yo creía que sólo hablaban de los porteños: sin cariño, con ese respeto que puede entenderse como bronca. Buenos Aires puede ser la capital del país, pero si existe tal cosa como una capital del Interior es claramente Córdoba.

Es cierto que los centros regionales como Córdoba han perdido ciertos atractivos por la globalización. Antes, por ejemplo, los ricos de otras provincias venían a hacer sus compras; ahora pueden conseguir el mismo vestido o el mismo televisor en sus shoppings o sus peatonales. La cultura, que solía exigir desplazamientos y presencia, circula más a través de los medios electrónicos —discos, radios, internet, televisión— que emparejan a Buenos Aires con Tinogasta. Pero hay cosas en las que una ciudad grande todavía hace diferencia: el saber, por ejemplo, que imparte una universidad antigua y prestigiosa, o la salud, porque tienen personal más preparado y aparatos que necesitan una masa crítica de usuarios que los hagan rentables. O la circulación de dinero necesaria para salir a buscar negocios a las zonas aledañas.

—Córdoba ha sido siempre un centro de poder alternativo a Buenos Aires, para bien y para mal, y yo creo que este bajón debe ser circunstancial, porque si uno piensa un país medianamente integrado, a la distancia que estamos de Buenos Aires tiene que haber un centro alternativo, como lo tiene Madrid con Barcelona, Roma con Milán…

Me dice Jornet, un señor amable, pulcro, barba candado y sonrisa simpática.

—Quizás haya cierta soberbia nuestra de considerarnos algo más que el resto de las provincias, pero hubo un período largo donde Córdoba era la Docta, la ciudad importante del Interior… Córdoba tuvo la primera imprenta, la primera universidad: era un eje de poder muy fuerte en los primeros tiempos de la Argentina, y eso duró hasta hace poco.

—Córdoba siempre representó el conservadurismo, el clericalismo. Ahora, si recuperara su peso, ¿qué representaría?

—Yo creo que un poder menos atado al modelo europeísta o pronorteamericano, y más ligado con el resto de los países de la región: justamente por su ubicación geográfica está más cercano al resto de América Latina que lo que está Buenos Aires, que siempre ha mirado más hacia Europa o hacia Estados Unidos. Por ahí pasa una diferencia fundamental entre Córdoba y Buenos Aires.

Dice Jornet. Su diario funciona en un edificio moderno, aireado, luminoso —muy distinto de los diarios porteños que conozco. Le pregunto si le parece que Córdoba sigue siendo la segunda ciudad del país —la primera del Interior— y Rosario la tercera —la segunda. Jornet dice que más o menos:

—A nivel de habitantes todavía es así. A nivel de peso político y económico Córdoba ha cedido bastante. Por un lado están las razones económicas, porque el boom de la soja vuelve a potenciar los puertos, por la pérdida de la industria automotriz, y porque las disputas políticas internas han provocado más retraso.

"Desde hace años hay un pacto no escrito entre Córdoba y Rosario. Cuando los funcionarios participan en foros internacionales se presentan en los paneles como 'una de las dos segundas ciudades de la Argentina'. Se llegó a esta rebuscada fórmula ante la confusión que generaba en los auditorios extranjeros que ambas usufructuaran ese título. Pero puertas adentro del país, la competencia nunca se detuvo", decía, hace poco, una nota del diario *La Capital* —de Rosario. "Luego de una supremacía que duró décadas, Córdoba le sacó a Rosario una ventaja considerable en los '90. Mientras allí se veían los beneficios de la convertibilidad —la otrora poderosa Fundación Mediterránea, de Domingo Cavallo, tenía su base en esa capital—, acá la ciudad era noticia por índices de desempleo récord, comer gatos a la parrilla y realizar faenas públicas de ganado. Pero en este nuevo siglo y con el cambio de perfil económico del país, Rosario comenzó a achicar las diferencias, y hoy por hoy todos los indicadores más importantes, salvo el de población, muestran una tendencia que la favorecen, pese a que todavía en algunos no se impone.

"Tal es así que en Córdoba han tomado nota de la situación y lo admiten abiertamente. 'Rosario le ha sacado una ventaja apreciable a nuestra ciudad, que va a ser difícil de remontar en los próximos años', se despacha el intendente de esa ciudad, Luis Juez. Y en un reciente editorial, el diario *La Voz del Interior* señala: 'Rosario ha superado a Córdoba en todos los indicadores económicos, sociales, urbanísticos y culturales'".

—Sí, hasta hace tres o cuatro años Córdoba tenía dos o tres hoteles cinco estrellas y Rosario ninguno, Córdoba tenía varios shoppings y Rosario ninguno; hoy Rosario ha inaugurado hoteles, shoppings, porque tiene un flujo de dinero que en Córdoba ha disminuido. En Rosario están recuperando edificios históricos y acá los están demoliendo; acá el estado tiene menos peso para hacer ese tipo de políticas. Incluso hay empresas cerealeras fuertes de Córdoba que han tenido que ir a instalarse en Rosario con un puerto propio, y ahí aumenta el producto bruto de Rosario y pierde el de Córdoba.

—De todas formas la competencia de Córdoba nunca fue con Rosario.

—No, Córdoba tiene una vieja pica, históricamente explicada, con el puerto. Si vos hacés un eje La Plata-Rosario, que sería un gran puerto, Córdoba queda afuera. Entonces la única forma sería que Córdoba se convirtiera en el eje de un nuevo corredor, y ahí interviene ese famoso corredor bioceánico, favorecido por el Mercosur, del que se habla tanto sin que avance nada. Pero el Mercosur está bastante herido, no se hicieron las obras de infraestructura, el proyecto de región Centro —entre Entre Ríos, Santa Fe y Córdoba— quedó muy abandonado.

Me dice Jornet.

Córdoba es una gran ciudad de paredes gastadas. Si Buenos Aires fuera, como dijo Malraux, la capital de un imperio que nunca existió, Córdoba sería la capital de la Argentina —real, fibrosa, confusa, tambaleante, desprovista de brillos.

—Ésa es otra contradicción: acá hay expresiones de gran ciudad tipo Buenos Aires pero esto sigue siendo un pueblo. Acá todo sigue pasando por el centro, por ejemplo, como en los viejos pueblos. Y la velocidad es otra, el ritmo es diferente. Sin hablar de las posibilidades económicas, las ofertas culturales, esas cosas. Acá hay gente muy rica, como en todos lados, pero el conjunto de la población no lo es, y aun los ricos son más pobres que en Buenos Aires. Hay menos posibilidades de hacer plata, de este ascenso rápido que a veces se produce en Buenos Aires... Al mismo tiempo todo es más barato, los alquileres, las comidas, los servicios, todo. Las condiciones de vida son distintas. Y después están las cosas que no: si yo tengo una discusión sobre filosofía, poesía, pintura, lo que sea, no digo que acá va a ser mejor, pero no es peor que en Buenos Aires. Hay idiotas tanto allá como acá, y tipos inteligentes allá y acá, eso no cambia.

Me dice Héctor Schmucler, el Toto, su intelectual más respetado.

—Hace unos meses mi nieto menor, de diez años, fue a Buenos Aires por primera vez, y quedó maravillado, porque todo el mundo icónico de la Argentina está allá. Ahí se encontró con las imágenes que había visto en el *Billiken*, vio por primera vez el Cabildo, el Obelisco, las imágenes que definen la Argentina.

—Sin hablar de la cancha de Boca, el Colón, la Rosada...

Hay una máquina rotativa para comprimir pastillas redondas del año '74. Hay una máquina formadora, cortadora y envolvedora de caramelos de leche retorcidos, año '61. Pero también está el Sedán Justicialista, el primer coche de diseño argentino y el primero producido en serie en Sudamérica, entre el '53 y el '57, en la Industria Aeronáutica y Mecánica del Estado, IAME: tras la Revolución Libertadora lo llamaron Graciela. El Sedán Justicialista tiene una parrilla agresiva tipo cazabombardero, faros redondos, dos puertas, techo bajo y una cola estilizada tipo cupecita. El Sedán tenía un motor de dos tiempos de setecientos centímetros cúbicos, tres marchas adelante y marcha atrás, porque se suponía que debía ser barato, simple y fácil de mantener. Como el Tractor Pampa, que yace justo al lado, compañero de fábrica, y el Rastrojero Diesel, un clásico de las pampas que Martínez de Hoz tuvo que desterrar por decreto para que se vendieran más F-100. Y están el Torino, el Renault Gordini, el Rambler Ambassador, el Kaiser Bergantín —que era una auténtica paquetería. También hay un avión, al fondo, grande, que está en reparaciones y no tiene nombre, pero fue fabricado por acá —porque acá también hacían aviones. Y las motos Puma del año '52 y los materiales del Plan Cóndor para poner satélites en órbita en los ochentas. He visto museos industriales en otros países: suelen mostrarse como base, los pilares antiguos que sostienen la industria contemporánea de un país. El Museo de la Industria de Córdoba es un ejercicio de la nostalgia, de la melancolía: trata de perservar, para vaya a saber qué futuros, el recuerdo de aquellos tiempos en que Córdoba fabricaba tanto.

—¿Vos qué querés ser cuando seas grande?

—A mí ya me dijo mi papá que cuando sea grande voy a ser como él, que gana plata y tiene un coche y una moto. Ya me lo dijo mi papá.

En 1945, antes de que empezara la gran expansión industrial, Córdoba tenía 350.000 habitantes; quince años después, en el '60, tenía casi 600.000. En 1970 la planta Santa Isabel, de IKA-Renault, ocupaba diez mil operarios; ahora son seiscientos. En 1970 la mitad de los coches que circulaban por los caminos de la patria eran cordobeses; ahora, uno de cada diez. La idea de la Argentina como un país industrial fue la víctima principal de la dictadura militar del '76, y Córdoba lo sufrió más que nadie.

La ciudad tuvo épocas confusas, se empobreció. Ahora recibe ciertos beneficios de la resurrección sojera y busca su dinero en los servicios. Las universidades y la salud —ya queda dicho—, el boom de la construcción, el comercio, el turismo, y ciertos intentos de organizar un polo tecnólogico: algunas empresas de software empiezan a instalarse, y es una de las grandes esperanzas.

Llevo varios días pidiendo autorización para visitar la planta de Renault en Santa Isabel, un clásico local. Insisto mucho, pero no me la dan. Me pregunto qué será lo que no quieren que vea.

El pibe joven —colita que agarra el pelo crespo, anteojos negros matrix, camiseta negra— que maneja la camioneta de repartir productos de limpieza y estaciona en doble fila, abre la puerta, mira a los costados antes de decidir que corre el riesgo. Baja, lleva dos cajas de jabón automático al almacén de enfrente; quizás le salga bien y no le pongan multa. La vida es una apuesta permanente.

Paro en un hotel de Nueva Córdoba, el barrio más estudiantil. Nueva Córdoba es un infierno: el triunfo de la guerra del cerdo que describió Bioy Casares hace más de treinta años. En su *Diario de la Guerra del Cerdo*, Bioy contaba cómo los jóvenes habían decidido deshacerse de los viejos y se dedicaban a su aniquilación sistemática. El mundo decidió seguir sus instrucciones y los jóvenes han tomado el poder simbólico: los mayores siguen gobernando y/o controlando la plata pero sólo para intentar parecerse a sus menores en todo lo que puedan. Lo cual todavía produce cierta tensión, un mínimo conflicto; aquí, en Nueva Córdoba, ya no. El barrio es un bastión de la juventud triunfante. Es raro ver por la calle a alguien de más de cuarenta —y cuando aparece se ve que está perdido, equivocado.

—Esto está lleno, como la mitad son pibes del interior.
—¿Del interior de la provincia?
—No del Interior, el interior de la Argentina.
—¿Y ustedes de dónde son?
—No, claro... Será que nos dan esos delirios de capital de vez en cuando.

Córdoba es realmente una ciudad universitaria: sobre sus 1.300.000 habitantes, uno de cada diez son estudiantes. Diez o doce provincias mandan a sus adolescentes más afortunados a hacerse doctores ingenieros abogados en la Docta. Así también se arma la influencia cordobesa en el norte del país: muchos de sus cuadros vivieron acá lo que recordarán, cuando sean viejos, gordos y más o menos corruptos, como sus años más felices, los tiempos dorados de su juventud despreocupada.

Que, ahora, pasan en Nueva Córdoba. El barrio solía estar hecho de viejas casas tradicionales, pero la fiebre de construcción las va tumbando para levantar edificios pajareros de un ambiente, que sus padres les compran o les alquilan. El barrio no tiene infraestructura para tanta vivienda, y dicen que sus cañerías y cloacas están a punto del colapso. Dicen, también, que esta forma de vida estudiantil es un cambio fuerte: que hasta hace unos años los estudiantes vivían en el barrio Clínicas en pensiones o viejas casas compartidas; que el aislamiento de los departamentos los ha cambiado mucho. El mundo joven rebosa de bares, negocios de comida preparada, megakioscos, locutorios con cyber, peluquerías y gimnasios. No he visto, por ejemplo, librerías.

Aquí, en la pizzería, el pibe que sentó a su novia de espaldas al televisor que pasa fútbol, y él de frente. Ella le habla, él simula que asiente y, por momentos, generoso, simula incluso que la mira. Ella le sigue hablando.

—Esa novia que tenís ahora parece un prócer olvidado.
—¿Un qué?
—Un prócer olvidado: no tiene ni busto.

La decoración es extraña. En las paredes de la facultad de Comunicación hay carteles que anuncian una cátedra libre Karl Marx, una cátedra libre León Trotsky, un curso sobre cine y compromiso social; otros reclaman la nacionalización del petróleo o apoyan la justa lucha de los trabajadores de Renault. Las universidades nacionales siguen siendo decoradas por la izquierda clásica, y sus alumnos siguen recorriendo pasillos donde no hay lugar para el fútbol, las tetas recién hechas, el discurso del mercado y otras pasiones nacionales. Se diría, viendo esas paredes, que de aquí salen, todos los años, avezados contingentes revolucionarios que marchan con sus banderas rojas al viento hacia el poder.

—Yo laburo en Estados Unidos.

Me dice un morocho pelo rapado, arito en el lóbulo izquierdo y un par de libros bajo el brazo.

—¿Cómo en Estados Unidos?
—Sí, seis horas por día estoy en Estados Unidos. Después me vuelvo a Córdoba.

Después el morocho deja de tomarme suavemente el pelo y me cuenta que es riojano, que estudia sociología y que hace seis meses que trabaja en un call center, atendiendo llamadas de usuarios enojados de celulares norteamericanos. Los call centers han florecido en Córdoba en los últimos años. Las versiones cambian, pero parece que hay entre quince y veinticinco mil jóvenes que trabajan de atender reclamos y vender por teléfono. Los call centers son su primera opción laboral: necesitan mucha mano de obra porque están en expansión constante, suelen pagar setecientos u ochocientos pesos por seis horas diarias, y les permiten seguir estudiando. Pero nadie se queda mucho tiempo: dicen que les quema la cabeza.

—Son seis horas seguidas, a lo sumo tenés un break de diez o quince minutos. A veces no te dejan ni ir al baño, aunque te estés meando. Y el resto del tiempo tenés que estar hablando sin parar. La compu te controla, no podés quedarte ni un minuto sin hacer nada, es colgar y volver a atender, colgar y atender, colgar y atender.

Me cuenta una chica flaca rubia zapatillas, y que les graban las conversaciones y si empiezan diciendo no, les sacan puntos, porque al cliente nunca hay que negarle. Después el riojano me dice que se vuelven un poco locos y en las pausas siguen hablando en inglés entre ellos, que se arman una especie de chicano raro, que en serio no sabés dónde estás: que después salís a la vereda y te sorprende que todos hablen castellano.

Los call centers se instalaron masivamente en Córdoba porque encontraron la combinación perfecta de jóvenes más o menos educados, capaces de contestar requerimientos en castellano o incluso en inglés o alemán, y salarios tanto más bajos que en los países para los que trabajan. Pero además el gobierno cordobés los incentivó: los llamó, les consiguió locales, les ofreció exenciones impositivas importantes —lo mismo que hicieron medio siglo atrás para atraer automotrices. Porque "la telefonía está desregulada y la legislación laboral argentina establece un marco jurídico flexible y consistente con las exigencias particulares de esta actividad" —dice una publicación de la Secretaría de Industria, Comercio y Pyme del Ministerio de Economía nacional— y "los costos de la mano de obra en Argentina son considerablemente menores respecto a otros países, con jornales aproximados a 2,50 dólares la hora en Córdoba y Rosario comparado con 3 la hora en Buenos Aires, 4,25 en Ciudad de México; 5,25 en Costa Rica y 5,60 en Chile". De la industria de entonces a los servicios de ahora: de una producción para el mercado interno al trabajo que circula en un mercado bien ajeno. El call center también es una metáfora muy mala.

—No, las condiciones de trabajo a veces son insoportables. Estamos tratando de mejorarlas, pero tampoco podés hacer mucho quilombo, porque mirá si nos pasa lo mismo que nos pasó con las automotrices, que cuando se cansaron de los reclamos se fueron todas a Brasil y nos quedamos en bolas y gritando.

La globalización no sólo les permite pagar menos; también puede ser una amenaza.

Erre y yo nos vamos de excursión: a una hora del centro de Córdoba, Colonia Caroya es una avenida de diez kilómetros de largo bordeada de plátanos extraordinarios. Bordeada es poco decir: los plátanos —altísimos, añosos— forman una cúpula perfecta sobre la avenida. Sus ramas se juntan en lo alto: el trayecto es un imponente túnel vegetal. Me imagino a aquellos inmigrantes friulanos de fines del siglo XIX plantando estos árboles —y los respeto mucho. No se me ocurre monumento mejor para dejar a nietos. Los monumentos —catedrales, puentes, diques, rascacielos— suelen ser alardes. En esos árboles no hay especulación ni intento de decir miren qué vivo soy, qué cosa tan perfecta que sé hacer, ni siquiera la posibilidad de un disfrute personal: los que plantaron estos árboles sabían que los estaban plantando para mucho después, que ellos jamás los iban a poder ver como querían que fuesen. La galería de plátanos de Colonia Caroya es la síntesis perfecta de la Argentina que podría haber sido: de los que hacían un país para sus nietos, de aquella creencia en el futuro.

Ahora Colonia Caroya se ha hecho una reputación —modesta— por sus bondiolas, salamines, quesos, su vinito patero.

Ese muchacho —veintidós, veinticinco, remera con agujeros, rubión descolorido—, que cruza por el medio de una avenida, que se para de pronto porque en el carril de la izquierda un coche pasa a mil y se queda parado y me mira esperando que yo, que voy derecho adonde está, me frene. Que no tiene más recurso que esperar que yo frene.

—Para mí ser argentino no quiere decir nada. Si todos somos argentinos y nos estamos peleando todo el tiempo, hermano.

Hasta ahora, cada vez que pasé estaba cerrada, pero hoy la catedral estaba abierta. Parece que su primera versión se derrumbó en 1677 sobre su párroco, su sacristán y algunos fieles. No parece que nadie haya querido interpretar el hecho: la volvieron a hacer, inmodestos, tendiendo a la imponencia. Hace algunas décadas un señor Altamira la llamó flor de piedra en el corazón de la patria —y dijeron que era un poeta: flor de piedra. A su entrada están las tumbas del Deán Funes, un cura iluminista, y el Manco Paz, un soldado unitario. Entro, me siento a un banco a preguntarme una vez más por qué las iglesias suponían que tenían que sobrecoger a sus fieles con lujos y boatos. Una vez más no encuentro ninguna respuesta no muy obvia. La catedral es bien barroca pero está vacía: morada, sobredorada, repintada. La preside una virgen patrona, la Asunción: un guía dice que la compraron en España porque seguramente ahí era donde se conseguían vírgenes. Después dice que lo único que tiene de real es la cara y las manos; que adentro, bajo el manto de seda recamada, no tiene un cuerpo verdadero: así cualquiera es virgen. La catedral tiene cuatro banderas vaticanas, dos argentinas. Yo no creo en las banderas, pero ellos sí.

—A tu hermana le dicen bandera de Estados Unidos.
—¿Qué me querís decir, valor?
—Y, si la clavaron hasta en la luna.

Córdoba de las campanas la llamó Arturo Capdevila —aquel bardo que anunciaba, hacia 1915, el inminente triunfo del tuteo sobre el bastardo, deleznable *vos*. Pero es cierto que en Córdoba hay más y más grandes iglesias que en cualquier otra ciudad de la Argentina.

—¿Qué quieren decir cuando dicen que la iglesia tiene tanto poder en Córdoba?
—El poder de la iglesia está en la influencia que puede ejercer en las medidas gubernamentales, como fantasma o como presión concreta. Por ejemplo en todo lo que tiene que ver con la planificación familiar, la resistencia de la iglesia ha hecho volver atrás muchos proyectos razonables de educación sexual, de distribución de anticonceptivos, de preservativos para prevenir el sida… En esas cosas hubo oposición concreta; lo demás es como una especie de fantasma que tienen los gobiernos: que si algo no le va a gustar a la iglesia lo dejan de lado. Pero en oportunidades definitivas, por ejemplo cuando fue la ley de divorcio, se hizo una campaña muy fuerte: a nosotros nos obligaban —que no lo obedecimos— a ir casa por casa de los católicos para adoctrinarlos a que votaran en contra, y nos decían que si no lo hacíamos nos destituían. Y al final de la campaña la iglesia convocó a una gran manifestación acá en Córdoba y fue mucha menos gente que la esperada. La iglesia perdió aquel referéndum, o sea que su poder real no es tan grande, pero el fantasma sigue allí, y le sirve.
Dice José Guillermo Mariani, y le digo que la iglesia tiene ese poder porque mucha gente que cree que lo tiene, y eso le da más poder y entonces más gente cree que lo tiene, y así de seguido.
—Claro, eso es justamente lo que yo llamo fantasma. Hacia afuera de la institución eclesiástica no tienen mucha influencia, solamente algunas

familias muy viejas de Córdoba, que son empecinadamente católicas y a veces ocupan puestos de poder. Pero el clero, que está muy sometido, practica una especie de sujeción absoluta a los criterios de los superiores jerárquicos, y desde el clero se trata de manejar a la gente.

A José Guillermo Mariani todos le dicen padre Quito: se ordenó sacerdote hace cincuenta y cinco años, cuando tenía veintitrés, y, pese a todas sus peleas con las jerarquías, nunca dejó de serlo. El padre Quito pone cara de pícaro para citar a Osvaldo Bayer, que dice que la iglesia es la única monarquía absoluta que ha logrado subsistir:

—La iglesia ha copiado las estructuras de las instituciones comunes, humanas, y ha recurrido a todos los métodos para convertirse en una institución tan fuerte que ha podido perdurar a través del tiempo, no sólo por la presencia del espíritu de Cristo sino a veces en contra de ese espíritu. Y es una institución que ha cometido unos errores tremendos, las cruzadas, la inquisición, el apoyo a dictaduras y tantas otras cosas que no le han sido cobradas del todo todavía.

—¿Y usted por qué siguió en esa institución?

—Porque yo creo en el seguimiento del mensaje de Cristo, pese a la institución, y hay una comunidad de creyentes que realmente quieren una iglesia que se conforme con Cristo y que luchan para eso y por eso muchas veces son desalojados de sus lugares en la institución. Pero hay que recuperar una iglesia en que lo importante sea la comunidad y no la institución. Si la iglesia no va por ese camino al final se va a estrellar, se va a convertir en un reducto chiquitito.

Me dice el padre Quito, grave, admonitorio, y le pregunto si hay momentos en que lo hace realmente feliz ser sacerdote. El padre dice que sí, cuando tiene la sensación de hacer algo útil por la sociedad, por la gente:

—Yo me he sentido muy querido por mi comunidad. Para mí comenzó un tiempo muy difícil después de la muerte del obispo Angelelli, cuando yo denuncié en su sepelio, en La Rioja, que para mí lo habían ultimado las fuerzas armadas, empecé a notar amenazas, persecuciones. Desde entonces hasta que me fui, al año siguiente, tuve dieciséis llaves de casas que me prestaban para ir a dormir, no dormía acá nunca, y eso suponía una confianza y un cariño enormes de toda esa gente, que se comprometía para cuidarme.

El padre Quito está a punto de retirarse de la parroquia donde pasó los últimos cuarenta años: Nuestra Señora del Valle —que todos llaman la Cripta—, en el límite entre el Cerro de las Rosas y Villa Belgrano, dos de los barrios más ricos de Córdoba. Pero su carrera sacerdotal corrió del lado de los pobres, de la crítica y la búsqueda. Siempre fue conocido y comentado en su ciudad; hace dos años, su historia apareció en los medios nacionales porque su libro de memorias *Sin tapujos* contaba un breve noviazgo juvenil y algún fornicio adulto.

—¿Por qué su libro armó tanto revuelo?

—Para mí todo lo que significó ese noviazgo y esa especie de desquite sexual cuando volví de Roma eran cosas tan ingenuas que me parecía tonto decirlas. Pero llamaron mucho la atención. La acusación de la jerarquía fue que los metía a todos en la misma bolsa, ahora quién va a creer en nosotros, decían, quién se va a ir a confesar si sabe que el cura vive así. En realidad la gente ya casi no se confiesa. Hay muy pocos, que generalmente van con una especie de patología de inseguridad, van con listas de pecados que nadie considera que son pecados... Todo esto que supone una serie de miedos puestos en una figura de un dios castigador, que le sirve a la iglesia como elemento para mantener la sujeción. Así que eso no es un argumento. A mí me pareció que valía la pena contar estas cosas en un libro para que se revise esta cuestión del celibato, que muy pocas veces se observa con auténtica oblación al bien de la comunidad; muchas veces, cuando existe, está muy complicada con la ambición de poder, de dinero. Hay sacerdotes que se encajan del todo en su ministerio como una función pública de la cual sacan todo lo que pueden, y ésos suelen tener mucho cuidado en no resbalarse para ser pescados. Esas dos ambiciones justifican muchas castidades.

Si yo creyera que hay un dios que ha creado este mundo, y fuera muy creyente, lo que haría sería tratar de que nadie supiera que él lo hizo, disimularlo para defenderlo de la acusación de haber creado tanto dolor, tanto desastre, le digo al padre, y discutimos un rato la propuesta.

La oficina del padre Quito es una habitación sin el menor adorno, paredes desconchadas, un reloj grande y varios calendarios. El tiempo pasa. Una pareja joven llega a pedirle que bautice a su hijo; el padre les dice que tienen que hablar con su reemplazante, que él ya no va a poder. Cuando vuelve a sentarse, tiene la cara casi ensombrecida.

—Yo descubrí en el Movimiento de Sacerdotes para el Tercer Mundo una iglesia con una misión muy concreta para cumplir en la sociedad, y todo eso me llenó de entusiasmo por un sacerdocio en el que el celibato no fue carga para mí. Yo creo que si hay gente que puede entusiasmarse así, y si hay oportunidad, se puede vivir temporariamente el celibato. Pero si no, esa privación tiene que desembocar por algún lado; lo peor son los acosos, los abusos de poder, esto de los 1.700 sacerdotes brasileros con manuales para saber a qué chicos debían encarar para violarlos. El manual decía que tenían que ser chicos pobres, sin figura paterna, ansiosos de bienes pero que se conformen con poco, atemorizados por la conciencia de que si lo dicen ellos van a ser los culpables… una cantidad de normas. Eso es lo peor. Pero lo otro, lo aceptable, es el poder.

—¿Usted lamenta haber renunciado a su sexualidad?

—No, no lo lamento. He sido muy feliz y me he sentido muy realizado metiéndome en la vida de mi gente, en los problemas de la sociedad. Pero aquellas aventuras me han quedado como una gran lección para entender lo que les pasa a otros sacerdotes.

—¿Para un sacerdote el celibato puede ser una elección por convicción o siempre es una imposición?

—No, siempre una exigencia, que trata de fundamentarse a través de toda la formación. A mí los once años de seminario me formaron como célibe, no como sacerdote al servicio de la comunidad. Me dieron muchos elementos para defenderme de la mujer, de mi cuerpo… En el último retiro espiritual que hicimos, el padre nos pidió que observáramos completo silencio y no hiciéramos ningún ruido, y que cuando nos levantáramos nos vistiéramos mirando al cielo y orando para no mirar nuestro cuerpo. Y que cada noche hiciéramos nuestra penitencia latigándonos con las disciplinas, unas sogas con nudos en las puntas, y poniéndonos silicios, unos pinchos de metal, en los brazos y piernas. Todo eso era la estructura para mantener la castidad.

—¿Cómo quedó su situación tras el escándalo? Lo amenazaron con la expulsión, incluso…

—A mí con el libro me han corrido con la fusta, me han mandado silencio con un decreto que amenazaba con una pena y al final no han hecho más nada. Yo creo que la iglesia tiene conciencia de su debilidad, pero hace esfuerzos por mantener su situación de fuerza.

Dice el padre —vital, anteojos gruesos, la voz de los sermones—, y me cuenta que conoce casos de sacerdotes que viven "en contacto constante de una persona que es como su esposa, y siguen ejerciendo":

—Uno de ellos ha dicho que está enamorado y va a dejar, pero es sostenido expresamente por su obispo hasta que encuentre trabajo. Otro se va a retirar a fin de año y el obispo le pide que no se retire, que siga ejerciendo mientras la gente no se dé cuenta. Otro ha pedido un año de licencia para ver qué hace. La jerarquía eclesiástica prefiere que la desobedezcan sin que se conozca. Prefieren dejar correr situaciones irregulares, mientras puedan mantenerlas en secreto, a solucionarlas y que se conozcan. Los escándalos sexuales que han explotado últimamente no eran desconocidos para la jerarquía, pero preferían no hacer nada a hacerlos públicos. Hay un vaticanista muy prestigioso que dice que esas denuncias nunca progresaban porque los acosados, los abusados, eran más víctimas de las autoridades eclesiásticas a quienes llevaban la denuncia, que los torturaban, los trataban de insanos, que de la misma tortura que habían sufrido en los acosos que denunciaban.

El Lengua e' Matraca, un tartamudo, llega a una pajarería:
—Qui... qui... quiero u... u... un lo... ro que... que... que ha... hable.
—Tá bien, pero hablá bajito, macho, que me vai a echar a perder la mercadería.

En las esquinas de la ciudad hay hombres y mujeres grandes haciendo algo que en Buenos Aires sólo jovencitos: limpiar parabrisas. Podría ser una muestra de pobreza o de decencia: que aquí hay más necesidad y entonces también los grandes tienen que hacerlo, o que aquí los grandes no mandan a sus chicos a trabajar por ellos. Seguramente hay más lecturas: casi todo las tiene. Es más: siempre desconfío cuando parece que algo tiene sólo una.

El taxista me contesta ah Medea. Sí, claro, jefe, cómo no voy a saber dónde es Medea. Acá en Córdoba todos lo conocen, y además tengo un hermano que está ahí. Mire qué cosa, parece que dios quiso que fuera para allá. Hace unos días que estaba queriendo verlo, a mi hermano, y ahora usté me lleva para allá. Se ve que el señor quería que fuera, me dice, y después, cuando llegamos, me dice que le vaya bien, si dios quiere nos vemos.

Durante más de dos mil años, Medea fue una bruja griega que había aprendido de su tía Circe a transformar hombres en chanchos, por ejemplo, hasta que se enamoró de Jasón y quiso transformarlo en otra cosa. Pero aquí, en las afueras de Córdoba, Medea se ha transformado en otra cosa.

—¿Es la primera vez que venís a la iglesia?
—Sí, la primera.
—Aleluya, tenemos un hermano nuevo.

Esta noche en Medea todos son morochos. Hay nenes y nenas que agitan banderas rosas verdes blancas fuccias, perros sueltos, un cuarteto que toca con mucho redoblante una canción que palmean varios cientos —y que unos pocos bailan. La sede de Medea es un hangar enorme redondo, techo de chapa en cúpula, cientos de sillas de plástico blanco. No hay decoración; de las paredes circulares cuelgan cartelones con frases más o menos bíblicas. Medea es uno de los cultos evangelistas más seguidos de Córdoba: el Ministerio Evangelístico Dios Es Amor.

—¡No se cansen de aplaudir al señor porque él está presente! ¡Bendito sea el señor! ¡Que no se vaya nadie! ¡El que salga por esa puerta, el señor lo va a traer de vuelta!

Grita un señor bajito de buzo azul polar, con la voz atiplada. Después lee un fragmento muy breve de la Biblia donde dice que Dios nos va a dar hasta que sobre y abunde.

—Hasta que sobre y abunde, quién lo cree. Que nos sobre y nos abunde a todos, quién lo cree. ¿Quién lo cree, quién lo cree? ¡Palabra del señor!

—Amén.

Gritan los fieles.

—En general hay algunas cosas alienantes que ciertos evangelistas y las sectas cultivan mucho mejor que nosotros: la seguridad de salvación, ciertos ritos que te aseguran que vas a estar bien con dios... Nosotros lo hemos cultivado mucho tiempo: las promesas, las procesiones, la adoración a los santos, como en las mitologías paganas, independientemente de las realidades del hombre. Esa alienación la han tomado como modelo algunas iglesias evangelistas que te prometen solución a todos los problemas: les meten el perro con cualquier cosa y la gente lo acepta porque ha sido preparada por nosotros. Además en la iglesia hay una gran despersonalización; estos grupos son más chicos y por eso hay más atención a la persona. Y en la iglesia hay una disciplina que no admite casos particulares: esto no se puede hacer y el que lo hace queda fuera, como en esto de negarle los sacramentos a los divorciados que se han vuelto a casar; en esas sectas no hay esa severidad, hay muchísima más apertura y comprensión.

Me había dicho, en su parroquia, el padre Quito.

—No te preocupes, que si vos le cumplís el señor te va a cumplir lo que le pidas.

—¿Vos le pedís muchas cosas?

—No, mucho no, no hay que abusar. Pero cada vez que lo necesito él está ahí.

La música suena cada vez más cosaca, un muchacho de quince gira y gira como un derviche turco. Ahora el clima es más de la Doce que de una novena: todos saltan, bailotean, levantan las dos manos hacia el cielo. Hay caras de éxtasis, señores y señoras que bailotean con un compañero que sólo ellos pueden ver, las caras hacia el techo de chapa, los brazos hacia el techo de chapa, los ojos cerrados: como si hubieran llegado a alguna parte. Yo oscilo entre la lástima y la envidia. Chicos gritan, un par de perros corren. La religiosidad de Medea no es solemne: permite desahogarse —y ofrece resultados.

—¿Creen que no nos vamos a ir como hemos venido? ¿Creen que no es en vano venir a la presencia del señor? ¡Claro que lo creen!

—¡Amén, amén, amén!

Gritan los fieles. El señor de buzo grita más frases, el cuarteto vuelve a cantar para que todos coreemos que estamos enamorados de Jesús. Pasan mujeres con unas bolsas naranjas que recogen monedas y billetes. La asamblea empieza a disolverse.

Cuando salgo la calle está en tinieblas. Desde el fondo se acerca un taxi: otra vez, jefe, yo lo traje y yo lo llevo de vuelta. Bueno, tuvo suerte, digo, le salió redondo. No, qué suerte, jefe, es el señor. Hoy me quiso dar una alegría, primero me trajo a ver a mi hermano y después me hizo encontrarme con usté para que no me vuelva de vacío. El señor tiene esas cosas, jefe, es lo más grande.

—Mozo, ¿me puede traer un flan solo?

—No, si te vua pedir aiuda.

El acento es central en todo esto: no hay acento más pronunciado, en esta confederación de acentos y tonadas, que la famosa tonada cordobesa. Que es, me dicen, un recuerdo de los sanavirones —unos indios olvidados de estas sierras. Sería curioso que de una cultura que olvidamos —que no tiene ningún lugar en el recuerdo— hubiera quedado en esa música, ese canto.

La noticia apareció en *La Voz del Interior*: "Fue a defecar y terminó tres meses preso". Es la historia de un salteño de 41 años que cuidaba autos en la calle y una tarde, hace tres meses, sintió una urgencia que quiso evacuar en una obra en construcción. "Un móvil llegó al lugar y lo detuvo. Lo acusaron de haber intentado robar un balde, unos caños y tornillos, de haber amenazado con degollar a uno de los uniformados y de haber dañado el tapizado del patrullero en que lo trasladaron esposado". Lo interrogaron, dijo que sólo quería cagar —y los análisis mostraron que se había tomado un par de vinos. Pero estuvo tres meses preso antes de que una jueza lo soltara por falta de méritos. "Al ser absuelto, en los pasillos tribunalicios quedó la impresión de que se trató de un caso de 'abuso policial'" —concluye, delicado, el diario.

—Y seguramente el tipo se pasó tres meses en la alcaidía, que fue desalojada por inhabitable, que está llena de agujeros y de ratas. Los chicos que caen ahí lo primero que le piden a la familia es una botella de gaseosa y una bolsita de plástico, porque los sacan a hacer caca solamente una vez por día, y si les da ganas en otro momento... Esas celdas no tienen ni camas ni colchones ni nada, letrinas tapadas o rotas, las bolsitas.

Me dice, ahora, Susana Fiorito en Bella Vista.

Pedro Milesi nació en Buenos Aires en 1888, mientras Sarmiento se moría en Asunción, hijo de un albañil tano: muy chico, empezó a trabajar en los andamios. A los catorce se cansó y se fue de linyera a recorrer el país —trenes de carga, zafras, changas. Cuando cumplió veinte se cruzó al Uruguay para no hacer el servicio militar; en Montevideo se juntó con grupos anarquistas que le enseñaron sus palotes revolucionarios. En 1912 estaba en Santa Fe participando de la primera gran huelga agraria: el Grito de Alcorta. De vuelta en Buenos Aires aprendió a armar vitrales y a leer los clásicos marxistas; se afilió al partido Socialista, participó en los inicios del comunismo, fundó centros y bibliotecas y el sindicato metalúrgico. En los años veinte los comunistas lo echaron por rebelde; en 1930 la dictadura de Uriburu lo mandó preso a Ushuaia. Cuando volvió siguió activando, y en el '45 quiso organizar una alternativa que no estuviera con Braden ni Perón. Pedro Milesi ya tenía más de sesenta años cuando se jubiló y se fue a vivir a Córdoba; allí se contactó con sindicalistas y estudiantes, se hizo muy amigo de Agustín Tosco —que solía pescar y discutir con él los fines de semana—, escribió artículos, dio cursos sobre la historia del movimiento obrero, participó en el Cordobazo, se escondió en la dictadura. Cuando murió, en 1981, dejó su única posesión, el departamento donde vivía, "para contribuir a la educación solidaria y el pensamiento autónomo de los trabajadores".

—Cuando el viejo se murió pensamos qué podíamos hacer: ¿tumba, placa, mausoleo? No, una biblioteca. Entonces durante varios años juntamos plata para eso.

En 1989, Susana Fiorito, Andrés Rivera y otros militantes sindicales que habían formado la Fundación Pedro Milesi pudieron comprar un galpón en el barrio cordobés de Bella Vista, para instalar la biblioteca. Tenían cuatrocientos libros y muchos contactos; de a poco fueron consiguiendo más libros, más apoyos, más inserción con los vecinos. Ahora son el centro más dinámico del barrio. El galpón se ha convertido en un edificio de tres pisos donde funcionan biblioteca, hemeroteca, cineclub, biblioteca infantil, isla de edición, varios talleres, y la fundación ha conseguido más espacios: un playón para actividades deportivas, una casa para los cursos de computación, otra casita, un terreno para la huerta comunitaria y educativa. La biblioteca tiene más de veinte mil volúmenes; en los talleres se enseña plástica, yoga, tejido, música, electricidad, teatro, murga, danza, folclore —todo gratis. La biblioteca organiza, además, actividades culturales, sociales, políticas en el barrio.

Los chicos de la salita, a veces, escriben poemas colectivos. Los de 4, 5 y 6 armaron, por ejemplo, uno sobre la famosa memoria:
"La memoria es un globo azul.
La memoria son unas novias de primer grado.
La desmemoria es nada.
La memoria es saber que hoy crecieron mis amigos.
La memoria es una pelota de boca que hoy está en mi recuerdo.
La memoria es saber que mi corazón late.
La memoria es mi muñeca sin cabeza.
La memoria son mis zapatitos amarillos.
La memoria es recordar a mi hermano.
La memoria es mi osito blanco y rosa.
La memoria huele a árbol y rosas, al perfume de mi mamá.
La memoria son los ositos del domingo.
La memoria son los eructitos del bebé.
La memoria es roja.
La memoria es jugar.
La memoria es acordarme que me perdí.
La memoria es azul.
La memoria es amarilla cuando tengo buenos recuerdos.
La memoria es un señor andando en bicicleta al sol.
La memoria son flores.
La memoria son ventanas en mi casa.
La memoria es Pictina, mi perra y osito comiendo las plantas de mi mamá.
La memoria es acordarme de Iván, ¡cómo jode!
La memoria es un monito de juguete."

—La idea es que, si la gente no piensa, nunca va a tumbar esto, y que acá se puede aprender colectivamente a pensar. Esto es la protohistoria, Martín, no es ni la historia ni los años sesenta. Es pensar que otra vez hay que ponerse a pensar, a buscar algo que no sea esa pantalla que te dice compre esto, compre lo otro. Pensar que uno va a ser el abono, el camino de huesos que va a pisar mucha gente hasta que se pueda cambiar algo... Cuando veo que un chico empieza a hacerse preguntas, a pensar, digo bueno pasarán cien años, qué se yo, pero alguna vez...
Susana Fiorito es porteña pero lleva más de diez años viviendo en Be-

lla Vista, a media cuadra de la biblioteca. Susana es una mujer bajita, pelo corto cano, sesenta y tantos años, de un entusiasmo contagioso, y ahora me dice que la institución es absolutamente vertical: acá no hay democracia de ninguna clase.

—Esto es una fundación; hay mucha discusión, mucha propuesta pero las resoluciones las toma el consejo de administración. Porque acá está el sistema de punteros y si tenés una asociación civil te la copan metiendo socios hasta que pueden tomar el control y perdiste los cinco edificios, la inserción, todo, para transformarte en una recua de repartidores de planes.

—¿Y no te pesa no poder democratizarla?

—Me pesa y me produce muchos conflictos. Por supuesto que los talleristas querrían votar y participar de otra manera. He buscado un reglamento, una solución legal pero no la he encontrado. Y regalarle esto al aparato del partido peronista, ni muerta.

Contradicciones de los tiempos: la democracia como una amenaza, el peligro de que todo se desnaturalice.

—Tenemos aportes privados, de ciertas empresas, de ciertos organismos, pero no aceptamos ningún dinero del estado, porque siempre te piden algún favor político a cambio. Durante un tiempo hubo bastante financiamiento de organismos europeos, pero ahora la Comunidad Europea sostiene que la Argentina no es un país que necesite su solidaridad, así que se ha hecho mucho más difícil.

Parece que ya hemos vuelto al primer mundo.

Susana me muestra la biblioteca, los distintos espacios. En todos hay gente leyendo, trabajando —y, dentro de un rato, docenas vendrán a los talleres. En la hemeroteca veo revistas donde he trabajado, revistas que leía muy chico, una revista, *La Rosa Blindada*, donde escribía mi padre en los sesentas: con una foto de mi padre bastante más joven que yo ahora. De varias maneras, me parece que formo parte de este mundo —huesos en el camino, cierto abono.

Bella Vista solía ser un barrio de obreros calificados que trabajaban en las fábricas de la zona. Con la crisis industrial, el barrio ha cambiado su forma de vida.

—Esto ahora es un barrio de desocupación, de rapiñeo: se habla de hacer una soga, hacer un cuero, hacer unas zapatillas, hacer una bicicleta...

—Qué curioso. En el paso de la producción a la desocupación se mantiene el verbo hacer. Antes un obrero podía hacer una bicicleta, fabricarla; ahora un desocupado puede hacer una bicicleta, robarla.

Digo, y Susana dice que el barrio se ha convertido también en una zona liberada para la distribución de drogas.

—Acá los viernes se oye la bocina de Blanquita, los chicos ya están en determinadas esquinas, reciben los ravioles, a la noche cruzan la ciudad hasta los boliches que están del otro lado, en el norte, porque como son menores tienen menos riesgos, y los entregan a los patovicas. Y el martes vuelve Blanquita por acá y le paga a cada chico.

—¿Blanquita es la jefa?

Le pregunto, bien nabo. Susana trata de no humillarme pero se sonríe:

—No, Blanquita es como le dicen a los distribuidores, acá los llaman Blanquita. Ahora lo peor es que ha entrado el paco, y es mortal. Es muy barato, cuesta un peso la dosis, y te da una alucinación muy fuerte, con un placer orgásmico, y después necesitás otro y otro. Y tiene un molido de algo que dicen que es vidrio de los tubos fluorescentes, no sé, el caso es que los chicos terminan internados con los pulmones heridos, un desastre. Acá cada vez hay menos salud, menos educación, más familias deshechas, el tipo que era obrero y perdió el laburo y perdió las esperanzas de encontrarlo y se queda todo el día en la cama con las patas para arriba, la mujer que salía a trabajar de servicio doméstico en los barrios ricos pero después de la crisis de 2001 muchas perdieron el trabajo. Entonces ahora son los chicos: yo voy a hablar con la madre y la madre me dice ah no, no, doña Susana, el mío ni se pincha ni esnifea; el mío me trae una plata a casa. Es el chico el que está manteniendo la casa con la distribución de los viernes a la noche. Pero cada vez hay más detenciones arbitrarias, por portación de cara. La situación ha empeorado mucho desde lo de Blumberg. Blumberg ha hecho muchos negocios acá con De la Sota, con la compra de armas, de tecnología de seguridad...

—Soldado, agarre el clarín y salga.

—¿Toco diana, mi sargento?

—No, si vai a leer el horóscopo.

—Ahora lo que vendo mucho son los condominios, esos lugares cerrados. Sí, la gente se encierra porque tiene miedo, acá estamos viviendo cosas muy desagradables. Bueno, como en Buenos Aires...

Dice Euclides Bugliotti, que construye urbanizaciones de varias torres con su centro comercial al lado:

—Es como que hago un pueblo: ésos son los que funcionan. Y sin que sean de lujo ni de nada. Acá yo tengo mucha gente de recursos medios, que ha llegado con un sacrificio sobrehumano para comprar. Ahora la gente intelectual tampoco tiene muchos recursos, pero tiene un valor humano impresionante. Sí, igual hay que poner algunas reglas: que se viva humanitariamente, que tampoco sea un garito de tráfico de minas, que no se empiecen a instalar negocios adentro de los edificios, eso hay que controlarlo.

Euclides Bugliotti tiene sesenta y cinco años, suelen llamarlo Tati, y me dice que empezó de abajo y de muy joven, que a los doce años andaba comprando y vendiendo quesos, vinos, chanchos, gallinas en una camioneta que le habían prestado, que su padre era un empleado bancario de Jesús María que consiguió "comprarse cuatro o cinco camioncitos" y que él y su hermano fueron camioneros hasta los treinta años y que recorrieron millones de kilómetros y que en algún momento empezaron a hacer negocios por su cuenta —que si traían azúcar del norte, si llevaban cemento, que si compraban grasa y vendían damajuanas— y les fue bien y pudieron comprarse más camiones y hacer más negocios y esas cosas: la historia del empresario feliz que en la Argentina suena rara. Y, en general, le digo, bastante sospechosa.

—Eso es natural de los argentinos; hasta uno mismo a veces se pregunta pero cómo hace este tipo para ganar toda esa plata. Pero nosotros tenemos todo declarado a la DGI, hasta las motos de agua, compramos todo en blanco... No es que seamos santos de la espada, pero no somos gente que tenemos todo escondido, acá todo está declarado. Compramos como compra todo el mundo: si usted una cosa que vale cuarenta la puede facturar treinta la factura treinta, no soy un santo, pero... Yo laburo todo el día, hasta los sábados y los domingos cuando no tengo nada que hacer me vengo para la oficina, me voy a recorrer las obras... Yo me voy de vacaciones veinte días, me voy a Francia y estoy todo el día pendiente con el teléfono. Si yo me desenchufo me aburro, me divierto más haciendo esto. Yo estoy haciendo emprendimientos que van a ser muy importantes acá en la historia de Córdoba. Pero mantengo una humildad, a mí no me pierde lo que hago ni lo que tengo.

Los hermanos Bugliotti supieron aprovechar los vaivenes de la economía criolla: inflaciones, cambios de reglas, desequilibrios regionales y otras chances. A sus cuarenta y tantos, en 1984, el señor Tati ya tenía una flota de cincuenta camiones cuando le ofrecieron una oportunidad: la distribuidora mayorista más potente de Córdoba había quebrado —y dejado un espacio. En unos pocos años, la mayorista Libertad se transformó en una cadena de hipermercados con locales en Córdoba, Tucumán, Santiago del Estero, Mendoza, Resistencia. En 1998, la multinacional francesa Casino les ofreció casi 300 millones de dólares; los Bugliotti vendieron. El señor Tati recibió el 40 por ciento.

—¿Cómo es tener cien millones de dólares?

—No sé, a nosotros nos tomó todo el gobierno, así que tenés que preguntarle a Duhalde, que nos metió la mano en la caja y nos dejó llenos de bonos.

Sus bonos, tras la devaluación, valieron mucho menos, pero el señor Tati consiguió sobreponerse. Algún diario contó que un juez menemista lo ayudó a recuperar su dinero; en cualquier caso, pudo terminar sus primeros grandes proyectos edilicios: el superdomo Orfeo para 8.000 personas, los 52.000 metros cubiertos del shopping Dinosaurio, las cuatro torres del "barrio cerrado en altura" Parque Milénica. El señor Tati fue uno de los impulsores de la última candidatura del difunto Carlos Menem, 2003.

—Sí, yo estuve cerca de Menem mucho tiempo, porque pensaba que era una alternativa interesante para la Argentina. Ahora ha aparecido gente nueva...

—¿Qué le gustaba de Menem?

—No, yo tenía buena llegada con él, sobre todo los últimos años. Cuando él tenía que volver nosotros lo apoyamos, me parecía que podía ser. Pero ahora el mundo ha cambiado mucho, un hombre de setenta y cinco años ya no puede entender muchas cosas, la tecnología nos pasó por arriba. Yo por ejemplo tengo acá esta computadora y ni la uso, no la puedo entender.

—¿Usted es peronista?

—Sí.

—¿Qué significa que sea peronista?

—Yo fui peronista desde la época dura del peronismo, cuando estábamos marginados, cuando el peronismo era una mala palabra en la Argentina, en los pueblos siempre éramos bichos mal vistos. Los peronistas somos los humildes, y están los radicales, con más instrucción, que son los que han arruinado el país, siempre se han rajado y se han metido abajo de la cama. Con nosotros hay un poco más de justicia social, si bien es tanta la cantidad de gente que está abajo de la línea de pobreza que bueno, yo no sé si el peronismo hoy tiene capacidad para arreglar esa situación. Pero no lo va a arreglar ningún otro tampoco. Si los pobres esperan que los arregle Macri, López Murphy, la Carrió, pobrecitos los pobres.

—¿Y el peronismo cómo los podría arreglar?

—Y, con más reparto, para empezar. Estos gobiernos de derecha pueden darle más estabilidad a un determinado grupo, a lo mejor les da una estabilidad jurídica, de estado de derecho, en ese sentido son más serios, pero no sé si después van a hacer la repartija por abajo.

—¿Y los peronistas son menos serios pero reparten más?

—No es que sean menos serios, pero son más humanos, porque estos son todos bichos de guantes blancos, estos muchachitos critican lindo pero cuando llegan al poder no hacen un pedo.

El señor Tati sigue haciendo: tiene varios megaproyectos en proceso. Un colaborador lo llama por teléfono para decirle que están por encontrar agua a más de cien metros de profundidad en unos terrenos que compraron —en un lugar que podría ser muy caro si no fuera tan seco. Estamos en su oficina: un ambiente grande y un poco desordenado, sin ningún alarde —salvo, al fondo, el ventanal de varios metros que domina su shopping. El señor Tati es una especie de oso, las manos poderosas, poco cuello: algunos creen que bautizó su empresa Dinosaurio en su propio homenaje. El señor lleva un chaleco de lana con cocodrilo verde y la camisa oxford celeste; los puños de la camisa están muy —muy— gastados. El cuello también: deshilachado de hilos blancos.

—¿Para qué sirve ganar mucha plata?

—Bueno, hay gente que gana mucha plata y no la gasta; yo la gasto: yo invierto, invierto, invierto. Yo vivo bien, a mi estilo, tengo mis hijos estudiando, buenos autos, veraneamos.

—¿Qué auto tiene?

—Yo tengo una beeme, una X5. Siempre he andado en buenos autos, yo, toda mi vida. Ya cuando andaba mal de plata he cambiado los autos muy seguido. Yo me compré la primera X5 que llegó a Córdoba, pero después la tuve dos años parada, cuando me empezaron a putear en la calle, gordo choro, de dónde afanaste la guita, era esa época en que puteaban a todo el mundo, cuando todo el mundo encanutó los autos... En la época del menemismo empezaron a aparecer las ferrari, los lamborghini, y en un momento estuvieron desaparecidos, todos en el garaje, andaban en fiat los negros. Y después un día dije bueno, vamos a sacarla de nuevo. Después ya la cambié, me compré otra igual pero nueva.

—¿Y no le da un poco de cosa andar sentado sobre cien mil dólares y pasar delante de gente que no tiene ni para comer?

—No... No, yo ando por todos lados, yo ando sin custodia, sin nada. Voy solo, me meto en los boliches, me gusta mucho la noche, soy medio bandido yo...

No me entendió: yo quería preguntarle si no le daba vergüenza mostrar tanto dinero cada vez que sale a la calle. Se lo explico.

—Y sí, es un mundo en que vivimos que es así, qué va a hacer, uno tiene también que apiadarse de esa gente, a ver qué solución se les busca, ¿no?

Uno como particular no puede hacer grandes cosas, pero creo que eso se ha mejorado un poco, con los planes, con los subsidios, que la desocupación ha bajado...

—¿Por qué hay tantos pobres en la Argentina?

—Yo no sé, no lo puedo creer. Con la riqueza que tiene la Argentina... ¿No será que hay demasiada gente que depende del estado, que trabaja para el estado? No sé, me parece que en el mundo hay demasiada plata en pocas manos. Porque yo soy un empresario que invierte la guita y no me la llevé y la encanuté en algún lugar del mundo al cuatro por ciento anual y mucho gusto y vivo acá tomando un café con leche... Lo que yo veo es que hay demasiada plata en las grandes corporaciones y el mundo está padeciendo una crisis.

—Pero también es cierto que con la plata que usted tiene vivirían miles de familias...

—Sí, bueno, ¿y cuántos empleados tengo yo? ¿Cuánta gente vive de lo que yo hago?

El discurso capitalista triunfante ha conseguido, entre otras cosas, convencer a tantos de que el empresario es sobre todo un creador de riqueza para muchos: el que da trabajo. Había otras versiones, antaño, que decían que en realidad lo que hace un patrón es aprovecharse de ese trabajo asalariado para conseguir lo que solía llamarse plusvalía: que su ganancia es la diferencia entre la riqueza que produce cada trabajador y la plata que ese trabajador recibe como sueldo. Pero eran otros tiempos.

—Acá tengo como mil empleados, que cobran todos los meses, y después están todos los indirectos. Pero evidentemente que mi ejemplo no se puede tomar, porque la mayoría de los empresarios encanuta la guita y se la lleva afuera.

—¿Y no le da esa tentación a veces?

—No, eso es lo último que haría en mi vida, jamás. A veces me dicen que soy un tonto, un estúpido, mi mujer es una de las que me critican siempre, yo le digo si vos querés sacar la plata tuya sacala, pero yo no saco ni un mango mío. Porque si yo vengo de abajo, ¿por qué voy a sacar la plata del país que me ha dado todo esto? Aunque es cierto que en la Argentina nunca hay un estado de derecho que se mantenga, que dure: la Argentina es el péndulo, siempre va y viene. Por eso ningún extranjero se anima a invertir acá como invertimos nosotros, aunque sabemos que tarde o temprano va a llegar el plumazo. Los argentinos sabemos que somos así, bastante informales en todo. Yo acá no tengo seguridad, y ningún empresario le puede decir que tenga seguridad de nada. Yo sigo invirtiendo en la Argentina porque en cualquier otro lugar del mundo soy una rata más... Y además uno es de acá, uno tiene la familia acá. Mis hijos, que están trabajando acá en la empresa, se están criando así, no le digo en la aventura, pero sí en esto del riesgo argentino, se van acostumbrando.

Es cierto que hay riesgos. Hace un año, los vecinos de La Maternidad, una villa de la periferia cordobesa, denunciaron que el gobernador De la Sota los quería desalojar para que el empresario Bugliotti construyera un complejo de cuatrocientos departamentos y un centro comercial. Pocos días después, las topadoras arrasaron la mayoría de sus casillas. Ahora, una de sus hijas lo llama para decirle que un comprador de un lote en una urbanización reclama que hagan la pileta que prometieron; él le dice que sí, que la haga, que una pileta no cuesta nada, por menos de cien mil pesos la hacés, no vamos a perder un cliente por esa pileta, si con lo que vendés esos lotes ya lo recuperaste, hija, qué te vas a hacer problema.

—Acá nosotros trajimos algo del primer mundo, lo que no trajimos fueron los sueldos del primer mundo. Trajimos unas muy buenas costumbres, pero somos una elite de gente que puede venir a gastar. Y en el mundo hay tanta plata, tanta plata, pero después usted ve la pobreza que hay. Yo me devano los sesos pensando qué va a pasar, a ver cómo salimos de esta crisis en los próximos cincuenta años. Si no, si seguimos así, no sé qué va a pasar: ¿cuántos negrillos más va a haber, que no tienen estudios, ni nombre ni apellido, no saben de quién son hijos? ¿Cómo vamos a hacer con todo eso?

Detrás del ventanal del escritorio el shopping brilla como brillan los shoppings a las once de la mañana de los días sin historia: vacíos, amenazadores, esperando, una máquina a punto de arrancar, un museo de sí mismo, un león con las fauces abiertas, un monumento de estos tiempos.

—¿Y su nene, señora?
—Hace dos meses que camina.
—Habrá llegao lejos, ¿no?

El Jonicito tenía once años y vivía con su mamá y sus tres hermanos en una carpa que habían conseguido plantar en un baldío. La asistente social me dice que ella le tenía un cariño especial al Jonicito y que, por eso, cuando su madre le dijo que lo quería mandar a un instituto de menores para que no se le maleara, porque lo veía que estaba empezando a ir por mal camino, ella le insistió que no, que era mejor que no: lo ponés en un instituto y al cabo de una semana el pibe ya sabe armar y desarmar una pistola, le dijo, y al cabo de un mes se escapa y empieza a chorear y al cabo de seis meses te lo trae la policía adentro de una bolsa, le dijo. Pero la madre le contestó que si lo mandaba a un instituto por lo menos iba a comer una vez por día, y la asistente social no supo qué decirle. Unas semanas después el Jonicito le dejó una carta en la casa: le decía que a ella no le podía mentir porque siempre lo había tratado bien, y por eso quería contarle que se había metido en la bandita de Fulano, un ladrón conocido, porque los de la bandita lo trataban bien, se ganaba algún peso y además le habían prometido que le iban a construir una casilla de material con baño para la madre y los hermanos. Unas semanas después, la asistente social pasó por el baldío y vio que la familia del Jonicito vivía en una casilla de material. La asistente, dice, no fue a hablar con la mamá del Jonicito: no se le habría ocurrido qué decirle.

—Yo creo que tenemos una imagen sobredimensionada de nosotros mismos. Está toda esa historia de la Docta, de la Córdoba culta, que es cierta, pero también tenemos unos niveles de pobreza importantes, justamente por ser la ciudad intermedia del que viene bajando hacia Buenos Aires, mucha gente del norte, de países vecinos en busca de trabajo cuando hubo crisis fuertes se han quedado en el conurbano cordobés.

Me había dicho Jornet, director de *La Voz*. La pobreza suele venir de afuera. Yo, mientras tanto, sigo mirando, tratando de entender, chocando.

—Yo creo que somos demasiado tranquilos, nos hemos dejado estar demasiado. Ahora somos todos medio mediocres, me parece.

Decía el señor Bugliotti, y lo mismo, dicho de muchos modos, escucho muchas veces.

En Córdoba —como en las otras ciudades argentinas, más que en las otras ciudades argentinas—, una disparidad me parece visible: cierta prosperidad privada, cierta pobreza pública. Coches nuevos, edificios nuevos, veredas rotas, colectivos viejos, un tono gris en tantas calles. No es la clásica oposición entre centro y periferia, barrios ricos y pobres: es todo el centro, todo el espacio urbano público el que se ve caído. Sentados en un banco de plaza, un ciego y una ciega se conversan. Me siento al lado, los escucho, me da pudor, me voy. Nada, sólo una frase que voy a conservar porque me suena a tango: en un banco de plaza, un ciego y una ciega se conversan.

En un banco de plaza

El centro colonial de Córdoba —cinco o seis calles empedradas, cabildo, catedral, conventos, un par de residencias— tiene el encanto de lo que se truncó. Cada tanto le aparece un edificio de los cuarentas, los ochentas, que deshace la ilusión de lo antiguo. Si no estuvieran, el lugar sería una escenografía coqueta a la salteña. Así —con sus veredas sucias, sus carteles berretas, sus tropiezos— es un pedazo de una ciudad que existe desde hace mucho tiempo pero no sabe bien qué hacer con eso.

un ciego y una ciega

Los alumnos del Colegio Monserrat sí usan uniforme. El Monserrat dice ser el colegio más antiguo del país, y está en la manzana jesuítica, en el centro de Córdoba: edificios provectos, dilectos y muy doctos. El Monserrat depende de la universidad de Córdoba y hace pocos años sus alumnos y los padres de sus alumnos se opusieron feroces a que entraran jovencitas a sus claustros: fue una de las últimos sobresaltos de esa Córdoba conservadora que ya no sabe bien qué conservar. Perdieron: no había razón legal para esa discriminación. Ahora las alumnas y los alumnos del colegio Monserrat se besan en la puerta con profusión de lenguas, de uniforme: saco azul, camisa blanca, su baba, su corbata.

se conversan

—Nero, ese tá chupando tanto que parece el Borges.
—¿El Borges?
—Sí, tá enterrado en ginebra.

En Córdoba el centro todavía no se ha rendido ante el avance de los shoppings. Los ricos ya no compran ahí, pero todos los demás todavía sí. El centro peatonal es un laberinto de calles con cúpulas de santa rita, siempre lleno de clientes caminantes, vendedores ambulantes, promotoras que reparten papelitos y se exhiben en busca de un conchabo mejor. El centro peatonal es grande, populoso —y yo me pierdo cada vez, y ahora una promotora me llena la muñeca de un perfume japonés para que pruebe. Me paso un rato largo oliéndolo y no consigo decidir si me fascina o lo detesto. Lo huelo más y más y más; de pronto entiendo por qué llevo tantos miles de kilómetros recorriendo el país y sigo y sigo.

Si es por buscar
—me decía,
me sigue diciendo.

—Sí, Córdoba es un lugar de contradicciones. Siempre fue el centro más conservador, más católico, y sin embargo de acá salieron la Reforma

Universitaria, cierto liberalismo muy tolerante, los grandes movimientos obreros y estudiantiles de los sesentas. Mi impresión es que eso sigue siendo así, y nos convierte en una especie de sociedad indecisa. Pongamos que Buenos Aires es progresista, que ésa es su anomalía con respecto al resto del país: su adscripción ya desde el principio, desde mayo de 1810, a la idea del progreso. En cambio Córdoba siempre estuvo entre dos aguas, en una contradicción permanente.

Dice el Toto Schmucler.

—Y sin embargo hay cosas que unifican a todos. Ciertos rasgos de la cultura popular, como el cuarteto, o eso que solía llamarse el humor cordobés, por ejemplo, que no es expresión de una clase ni de un sector sino que convoca a todos por igual.

—¿Hai visto que al Nero Chávez lo llaman menstruación?
—¿Por qué?
—Y, cuando viene molesta, y cuando no viene preocupa.

—Hace unos años el cuarteto dio lugar a cantidad de trabajos, muy enfrentados, que lo consideraban una degradación absoluta de la música o una punta revolucionaria para marchar hacia el socialismo. Pero ahora, visto que el cuarteto se ha impuesto por todas partes, produce una especie de orgullo chauvinista: es algo que le hemos dado al país, junto con los alfajores o el Cordobazo, que también deja de ser una divisoria de aguas y ha pasado a ser un orgullo local, más allá de su significación política.

Insiste Schmucler. Después de varios días de conversaciones y llameme mañana, el representante de la Mona Jiménez me dice que Carlos no me va a poder atender porque justo esta tarde se va de gira a Buenos Aires: que lo siente tanto y que qué lástima.

Una chica me consuela: lo que pasa es que ésta es una ciudad muy mezclada, no tiene una identidad tan clara. Es una ciudad de estudiantes, de comercio, de rejunte. Hay mucha gente de afuera, del Interior, de otros países; Córdoba está llena, me dice, de cordobeses que no han nacido aquí.

—Soy cordobés, me gusta el vino y la joda y lo tomo sin soda porque así pega más, pega más, pega más.

Soy cordobés y me gustan los bailes y me siento en el aire si tengo que cantar.

De la ciudad de las mujeres más lindas, del fernet, de la birra, madrugadas sin par.

Soy cordobés y ando sin documentos porque llevo el acento de Córdoba capital.

Sintetizaba, hace unos años, el finado Potro Rodrigo.

Los jóvenes se empeñan en ser cada vez más jóvenes, los altoparlantes cada vez más altos, la noche cada vez más noche y mi expedición antropológica también es un fracaso. Son las dos y media de la mañana: estuve esperando hasta ahora para ver cómo era el famoso cuarteto cordobés. En una disco de la zona del Mercado de Abasto se presenta un cuarteto a la moda que se llama La Banda Express y aquí me tiene, remoloneando en la puerta, mirando entrar menores y menoras, convenciéndome de la necesidad. La entrada cuesta nueve pesos —que es un poco más que ocho pero bastante menos que diez, según me dicen.

Hay algo raro en esta idea de la identidad: casi todas las personas a las que les pregunté me dijeron que uno de los rasgos más distintivos de Córdoba era el cuarteto, sin ninguna duda. Y casi todos ellos me dijeron que nunca habían ido a un baile cuartetero. La identidad parece ser lo que hacen los demás.

Los muchachos salieron decididos a vestirse como los delincuentes juveniles de las tiras del once; las chicas caminan mal sobre sus tacos altos. Yo sigo en la vereda; uno de los matones de la puerta ya empieza a mirarme con sospecha.

Como es lógico el cuarteto tuvo, desde el principio, cinco integrantes: cuatro músicos y un cantante formaron el primero de todos, el Cuarteto Característico Leo o Cuarteto La Leo. Lo fundó un ferroviario y contrabajista santafesino que se llamaba Augusto Marzano y la integraban su hija, la Leonor, que tocaba el piano, un muchacho Miguel Gelfo, que tocaba el acordeón y pronto se casaría con ella, un violinista y un cantor —que debían sentirse un poco ajenos. El Cuarteto Leo debutó en la radio LV3 de Córdoba el 4 de junio de 1943, mientras Perón y los demás militares del GOU daban su golpe de estado: el día en que el coronel Perón se plantó en la historia argentina como una garrapata o Napoleón. El cuarteto nació con el peronismo, el mismo día, prendido de la misma teta, nutrido de una misma idea de pueblo, y dura como él, con ramificaciones parecidas, con parecido impacto. El cuarteto —la música de cuartetos— fue cambiando con los años hasta convertirse en algo absolutamente distinto de lo que fue en su origen; de él nació, finalmente, la cumbia villera, la banda de sonido de la Argentina actual. El peronismo tampoco es el que era, y también es la banda de la Argentina actual. Quizás los dos fenómenos —el músico, el político— nacidos juntos terminen por morirse juntos, o sea: que tendremos cuarteto y cumbia como ritmo de la patria mientras dure la patria peronista, o: que cuarteto y cumbia son nuestro castigo divino por ser peronistas, o: que el peronismo es nuestro castigo divino por ser cuarteteros, o: que para deshacerse de cuarteto y cumbia hay que deshacerse del peronismo o viceversa o vaya uno a saber.

En cualquier caso, el Cuarteto Leo tardó diez años en grabar su primer disco. Mientras tanto animaban fiestas de pueblo y seguían en la radio. Miguel Gelfo contó en sus memorias que una vez tocaron en un pueblo entrerriano tan chiquito que no había suficientes paredes para pegar los carteles del baile, así que las colgaron de los lomos de las vacas más mansas. La música cuartetera llegó al centro de Córdoba hacia el Cordobazo; la primera orquesta, una vez más, fue La Leo. Y, ya a fines de los setentas, los cuartetos empezaron a incorporar los sintetizadores, las trompetas y el aire tropical que terminaron de hacerlo como es.

Alguien debería estudiar ese otro asunto: la cumbia se apoderó de la Argentina cuando la Argentina —las Malvinas primero, las crisis después— se puso latinoamericana. Pero acá estamos en Córdoba que, quizás, lo era desde mucho antes.

Adentro de la disco las luces son mayormente rosa viejo y la decoración es muy sucinta. En el escenario hay multitud: este cuarteto está formado por quince o dieciséis muchachos: cuatro vientos, dos guitarras eléctricas, un bajo eléctrico, un piano eléctrico, tres percusionistas, dos coristas, un cantante que le dice a alguien que vaya porque te llama mi alma, ven que te llama mi cuerpo. Los muchachos y las chicas de abajo levantan los dos brazos hacia el techo como los feligreses de la iglesia Medea, y bailan sólo un poco menos. Son varios cientos: los muchachos toman cerveza en vasos de plástico de medio litro; las chicas casi nada. Una chica de dieciséis que está con tres amigas dos amigos me dice que si no fuera por los viernes la vida sería una porquería; uno de los muchachos le dice que él le va a mostrar que no es ninguna porquería ningún día. No seas pajero, bolú —le dice ella.

Entonces pienso en una diferencia decisiva: la música insignia de Buenos Aires es el tango, magníficas piezas de museo cuyos mejores exponentes fueron compuestos hace más de medio siglo. El cuarteto de Córdoba, en cambio, está vivo, se sigue haciendo cada día.

El cantante es un petiso con gimnasio y sus tatuajes. El cantante tiene una camisa amarilla, pantalones marrones con rayitas blancas, gel en el pelo y cierta inquietud pélvica. El cantante sonríe todo el tiempo: la debe estar pasando bien. Yo lo admiro: no es fácil cantar con la sonrisa permanente mientras informa que lo mata el frío de su adiós: sus letras están llenas de saber y poesía, seguramente, en algún lado. Una chica casi gorda trepa al escenario y el cantante la besuquea sin mirarla; la chica es muy feliz.

El cuarteto Banda Express es moderno, popular, medio melódico —me habían advertido. También hay, me explican, moderno ABC1 y tradicional —y varias otras modalidades que me escapan. El sonido, en cualquier caso, es muy potente: los vientos se transforman en alarmas, sirenas con sus cantos. A veces, cuando no canturrea, el cantante baila de espaldas para mostrar que su inquietud también es nálguica.

Esto debe ser un fenómeno cultural muy importante pero a mí me sigue pareciendo un embole muy vulgar —y son las tres de la mañana. Entonces pienso que no me interesa la posición condescendiente del intelectual culposo que simula interesarse por ciertas formas populares para no parecer arrogante y elitista al decir que son una basura. Seguro que hay algo más sugerente que pensar.

No hay descontrol: menos besos y toqueteos que en cualquier plaza a las seis de la tarde, y ni siquiera se ven borrachos todavía. El cantante le dice a alguien que tú sabes que siempre te amé como el primer día, y voy a seguir así hasta que seas mía. Cuatro muchachos flacos con gorritas de béisbol parecen aburridos en medio de la música. Les pregunto si no les gusta y me dicen que sí pero que después se va a poner mejor.

—¿Cómo?

—No sé, capaz que te podés apretar a una chica.

Dice, para decir que capaz que él se puede apretar a una chica. El cantante anuncia que el hombre latino tiene lo que las mujeres quieren. Varias chicas chupan chupetines —sin mayor indecencia. Al escenario trepa otra adolescente, blusita leve, pantalón pegado, y ella y el cantante musculito ponen sus inquietudes pélvicas a distancia de roce.

—O capaz se arme bardo y repartimos.

—¿Y eso cuándo sería?

—No sé, a las cuatro, cinco, después.

No estoy dispuesto a esperar tanto. Afuera la calle parece un oasis de frescura y silencio.

Al final, como último recurso, unos amigos me consiguen el teléfono de la hija de la Mona Jiménez. La llamo, me atiende muy atenta, hablamos tres o cuatro veces, al final me dice que su padre no me va a poder atender porque justo esta tarde se va de gira por Mendoza: que lo siente tanto y que qué lástima.

Esos señores deben estar llenos de lástima.

No te preocupes, me consuela un amigo: acá fracasar es ponerse de acuerdo con el medio ambiente.

La cultura cordobesa tiene otras instituciones. Paco Giménez es el director de La Cochera, un pequeño teatro que ya cumplió veinte años: un clásico de la vanguardia. Paco Giménez trabaja mucho en Buenos Aires, pero le gusta poder irse: que lo deseen y él vaya y se vaya, histeriquearlos: es como una revancha del Interior, me dice, mostrarles que se pueden hacer cosas sin vivir en Buenos Aires.

—¿En qué consiste ser del Interior?

Le pregunto, y una vez más sufro la falta de gentilicio: debería haber una palabra —una sola palabra— para decir "del Interior": los interiores, los interioros, los interioreños, los interiorenses.

—Cuando yo volví de México, compañeros míos se fueron a Buenos Aires; yo me regresé acá. Mucha gente se fue pensando que estaba preparada para algo más que lo que puede ofrecer Córdoba, y yo al contrario, yo como que me reduje.

—¿Quedarse acá es reducirse e irse a Buenos Aires es buscar algo más?

—Bueno, de alguna manera. Aunque yo pude hacer las mismas cosas sin irme a Buenos Aires.

—¿O sea que el que piensa que está para más se va a Buenos Aires, y el que se queda acá es como que se resigna?

—No me atrevería a decirlo con esas palabras. Dejémoslo más en términos propios: yo elegí estar acá, porque si estoy allá me vería obligado a vivir de una manera que no quiero, a meterme en un ritmo distinto. Y yo de esta manera voy y sigo mi ritmo y los hago bailar a mi ritmo a los de allá, por lo menos a los actores, digo. Pero igual en Buenos Aires me siento como en una jaula. Yo acá escucho mucha música, paseo, ando en bicicleta, puedo vivir sin trabajar todo el tiempo y allá no podría; yo acá tengo amantes, y en Buenos Aires no tengo ninguno... Pero al mismo tiempo acá falta cierta movida, no sé cómo decirte: si te descuidás esto puede aplastarte, achatarte, te quita aspiraciones, porque no tiene mucho sentido tenerlas, el medio no lo requiere. La cultura acá no está pidiendo que innovemos. Buenos Aires necesita innovar, porque necesita distribuir, irradiar esas novedades; en cambio acá no, se supone que hay que consumir lo que se innova en un lugar más importante. Claro, nadie va a asumir una cosa así, pero ésa es la seborrea de nuestra cultura, lo que no se ve y te va comiendo el pelo poco a poco. Entonces mucha gente busca salidas yéndose a otro lado, a Buenos Aires.

La Cochera está armada según la tradición de la vanguardia: una especie de garaje sin carteles ni decoración que esconde un espacio muy abierto, una tribuna de madera, unos tachos de luces. Y Paco está sentado en un gran trono que en realidad es un viejo sillón de peluquero. Es bajo, poco pelo, la camiseta blanca y el overol de jean, la mirada de duende pensativo.

—Acá hay unos estereotipos, sobre todo en el humor, en la picaresca, en el lenguaje. No sé si nos estereotipamos nosotros o nos estereotipan los otros, pero tenemos serios estereotipos que dan identidad a mucha gente, que dan de comer a mucha gente, pero no sabría definirlos. Somos como... chuncanos.

—¿Qué quiere decir?

—No sé, por ejemplo los que van del Interior a Buenos Aires...

—¿Pajuerano?

—Puede ser pajuerano. Medio comechingones, algo así, medio negros de costumbres, llenos de apodos, muy cuarteteros, muy procaces, iconoclastas también. Tenemos una manera muy provocativa de decir las cosas: cualquier situación se tambalea y se derrumba por los comentarios que puede hacer un cordobés, desacraliza todo, le saca el jugo a cada cosa...

—¿Sabís por qué la torre de Pisa tá ladeada?

—No, que vuá sabé.

—Porque tuvo más reflejos que las torres gemelas.

En cambio Eduardo Gelfo, el hijo y nieto de los fundadores del Cuarteto Leo, me atiende tras varios llamados infructuosos: disculpemé, mi querido, sabe qué pasa, estoy con un cólico renal que no le puedo explicar, es desesperante mi situación acá estoy rodeado de médicos, disculpemé, tengamé paciencia, pero esto es desesperante en serio. Siguen los éxitos.

—Pero acá todo está tenido por cierto sentimiento antiporteño, un resentimiento: que nosotros siempre somos los segundos, que todo queda en Buenos Aires. Ese sentimiento, que te podés encontrar en todo el Interior, acá se agudiza, me parece, porque Córdoba se siente que puede ser un competidor de Buenos Aires, que puede darle pelea.

—Absurdamente, diría yo como buen porteño.

Schmucler se ríe. Debe ser el humor cordobés —o el humor judío.

—Bué. A mí me parece que los cordobeses tienen la sensación de que mantienen ciertos valores éticos que los porteños no tienen: que somos tipos más leales, que respetamos la palabra, esas cosas, que pueden ser o no ciertas, pero la idea está. Y la idea de que los porteños se la creen demasiado. Fijate que acá el personaje más clásico es el pícaro, que es muy distinto del vivo porteño.

La picaresca es una ética del derrotado: hacer de la derrota un relato humorístico, compasivo, sugerente. El vivo, en cambio, sólo lo es si gana: ganar es su razón de ser, su único sentido. El pícaro está vivo, el vivo está perdido.

—Saryent, he visto un nido de ametralladoras. ¿Le tiro una granada?
—¡No, si vai a juntar los huevo!

Pero no entiendo. Córdoba se me escapa todo el tiempo, no la encuentro, no sé si sé buscarla. Estuve, la traté de mirar y vi muy poco. En Córdoba hay muchos, demasiados ojos.

Están los ojos del gato que una mujer lleva envuelto en una toalla y arrullando, seguramente enfermo: los ojos abiertos desorbitados de ese gato. Los ojos oscuros del hombre que no mira nada, detrás de su puesto de pororó, esperando que se pase el tiempo. Los ojos sombreados por la visera de la gorra del policía que cree que debe mirar todo: darle un orden. Los ojos muy pintados, ligeramente turbios, de la señora grande rubiamente teñida que esta noche se puso la pilcha de salir, ansiosa. Los ojos verdes almendrados de la chica altanera experta en no mirar a nadie porque sabe o supone que será mirada. Los ojos muy aumentados por culos de botella del viejo que lee el diario en el café acercando la nariz hasta casi tocarlo, tratando de aprovechar las últimas imágenes. Los ojos cerrados de un bebé que duerme y quizás esté a punto de abrirlos. Los ojos llorosos de una mujer bonita de treinta y tantos años que camina sola y vaya uno a saber. Los ojos tan inquietos saltimbanquis de un estudiante jovencito que mira como si todo le escapara:
como si todo le escapara.

Porque así pega más, pega más, pega más.

Alta Gracia-Embalse Río Tercero

Oigo, en el Erre, un programa de una radio de Córdoba que ha hecho un arreglo con una empresa de turismo para mandar un periodista a uno de esos barcos que van por los canales fueguinos. El periodista Arturo ha contado día tras día las maravillas que veía. Y ahora el conductor desde el estudio le comenta que ya hay mucha gente que se ha inscrito para hacer este viaje, como quien le dice a la empresa turística que no gastaron su plata al pedo, y después también dice que hubo llamados de gente que dijo que hablar de ese viaje en este momento de la Argentina era como contar plata delante de los pobres. Arturo desde el barco dice que esa nunca fue su intención. Y Roni, el conductor, le dice que claro, por supuesto, que lo que ellos quieren es que esa gente que por ahí no puede llegar ni a La Calera porque no tiene plata para el colectivo también viaje con ellos imaginariamente, que para eso sirven los medios, y la radio en este caso, para que todos puedan viajar, algunos en los hechos, otros con la imaginación: que esa también es la tarea social que los medios le deben a la gente.

Tarea social, dicen: tarea social, medios, la gente.

Ya llevo semanas en el camino y estoy harto y quiero volver a casa y detesto pensar que en unos días voy a tener que terminar esta etapa y volver a casa. Fuera de las variadas formas del cariño, lo que más me hace falta es cocinar, pensar, usar las manos, comer lo que pensé. Pero hay algo ridículamente grandioso en esto de tener la mano derecha en el volante, el brazo izquierdo acodado en la ventanilla, la espalda descansada en el respaldo y ruta y campo por delante.

A los de Alta Gracia se les ocurrió que tenían que sacar provecho turístico de su pasado —y lo intentan a más no poder. Un viejo convento jesuítico está completamente restaurado y tiene una muestra de lo más interesante sobre la vida en esta zona durante la colonia. Un poco más allá Villa Niria, una casita pequeñoburguesa para empleados ingleses del ferrocarril, se ha transformado desde hace tres o cuatro años en el museo de la familia Guevara - de la Serna. El señor Ernesto Guevara Lynch y su señora, Celia de la Serna, vivieron allí mientras sus niños iban a la primaria: la casa rebosa de fotos del niño Ernestito con babero, con malla, con uniforme de colegio, con pantalones cortos, con mamá papá tías. También hay boletines, cartas manuscritas y frases de Bucay en las paredes. En temporada doscientas o trescientas personas vienen todos los días a mirar las reliquias del prócer. Yo me enfurezco y recuerdo una frase que quizás incluso fuera de Guevara: "Un guerrillero no muere para que se lo cuelgue en la pared". Pero no es eso lo que me molesta. El museo de la niñez de Guevarita me parece una adición casi estúpida a la política del ídolo: a la idea de que hay grandes hombres y pequeños, que necesitamos quién nos guíe, que si el caudillo no nos lleva no vamos a ninguna parte. Cuando alguien haga un Museo de la Idolatría las remeras del Che, las cervezas del Che, las banderas del Che, los relojes del Che, los tatuajes del Che, los chiches y chucherías del Che van a merecer, entonces sí, una sala especial: la Capilla del Hombre Viejo.

¡Oh sí oh sí oh sí! ¡Al borde de la ruta venden enanos de jardín!

La apariencia de germanidad de Villa General Belgrano está basada en tres elementos centrales: los pinos, los techos a dos aguas y el uso profuso de la madera barnizada en paredes, barandas, cercas, carteles, ventanas. Y por supuesto ayuda el hecho de que la fábrica de alfajores se llame Turingia, la pizzería Casita Suiza, la panadería Dredsner Stolen, las cervecerías Viejo Munich Brunnen o Don Otto —y la profusión de salchichas y chucrut le agrega morbo. Unos venden jesuitas y Guevara, otros el imperio y su toast to the queen, otros folclore y rock&roll, estos los alpes arios y Deutschland über Alles.

Todo consiste en encontrarse un nicho y acomodarse en él. Y a estos se los ve prósperos, muy prósperos. Es un gran parque temático, una fantochada que reproduce una de las zonas más católicas y reaccionarias de Occidente: Baviera, la cuna del nazismo, la tumba de millones.

Ottmar cría ovejeros alemanes.
Cachorros alemanes le lambetean las manos
—macizas, callosas, mordisqueadas—
y Ottmar me dice que no hay como esa raza.
Ahora,
dice Ottmar ahora,
con su acento levemente germano aunque diga que llego a los
tres años y que tiene sesenta y dos y yo haga cuentas,
ahora,
dice Ottmar ahora, hay muchas razas nuevas que pretenden
—razas nuevas, dice, como quien dice putas viejas: esos
perros rusos afganos esquimales incluso mexicanos pero usted se
acuerda,
no me pregunta, me dice:
usted se acuerda
de cuando el perro único el verdadero perro era el perro ovejero
alemán
y por algo sería, dice:
que por algo sería— lleno de razas nuevas, dice, que pretenden
suplantar la historia con la novedad, dice, con su acento
germano y los cachorros
le saltan y lo frotan.

Ottmar cría ovejeros alemanes.

Ottmar tiene botas de goma, tiene
una camisa de trabajo el cuello ancho la cabeza
de pelo rubio ralo roja por el sol o la cerveza y dice
que él se ocupa de preservar la pureza de la raza: contra esos
oportunistas que sólo quieren hacer lo que se vende yo tengo una
tarea
dice Ottmar —y yo imagino que le escucho misión, que me dice
misión donde dijo una tarea—: salvar
a estos perros de desaparecer o convertirse
en el juguete de quién sabe. Mis clientes
son gente bien, gente de toda la vida que me paga lo que tienen
que pagar porque ellos saben
que yo nunca hago trampas, dice Ottmar, sonríe: o por lo menos
que nunca les voy a meter el perro:
si les digo
que este cachorro es de isolda por bismarck es de isolda

por bismarck, dice: que sólo vende raza pura y sus cachorros
son preciosos y se hacen perros fieles, dice:
    fieles y guardianes y leales a su dueño muy fieles
    muy leales, dice, como yo. Sí
    como yo, no se sorprenda; yo tuve, he tenido, dice:
    tengo
    una vida feliz, guardé la herencia que me dejaron mis mayores
y eso es más
    que lo que muchos pueden decir en estos tiempos,
    dice y me muestra con las manos tendidas algo que pueden ser
sus perros sus flores su chalet alpino la Argentina el mundo:
    no muchos lo pueden decir en estos tiempos,
    dice Ottmar y me dice que no, que él no hubiera preferido vivir
en Alemania o que sí hubiera
    pero que no se puede;
    que Alemania ya no es Alemania, dice:
    que Alemania son estos perros y estas flores.

En estos lugares —y yo creo que en todos— la argentinización se produce por error o imposibilidad. El adobe en la casa italiana de San José de Jachal, la proporción desmesurada de las casas inglesas de La Cumbre, los eucaliptus que se cuelan en esta Baviera de opereta. La argentinidad es un desliz, un patinazo —que termina por crear un precedente y se transforma en un modelo. Pero al principio es la mezcla del recuerdo, la imitación y sus errores o imposibilidades. Lo argentino siempre tiene ese valor agregado que lo falso provee. En Embalse de Río Tercero —la falsedad de un lago inventado por el hombre— busco lo único muy verdadero que tiene para mí este camino: acá tuve mi primer romance.

Por supuesto que no puedo dar con el lugar preciso, pero sí ver que todo aquello sucedió en un raro engendro peronista que se llama Unidad Turística Embalse. A la UTE se llega por el Camino a la Cruz. A la entrada, la Virgen del Buen Viaje nos protege. Por virgen o por viaje o por bueno: algo me cabe. La UTE se inauguró a fines de los cuarentas: consiste en capilla, comisaría, farmacia, siete hoteles llamados Hotel Número 1, Hotel Número 2, Hotel Número 3 y una cantidad de chalets todos iguales —y en uno de ellos, en cualquiera de ellos, empecé lo que nunca pude continuar. La Unidad Turística Embalse es enorme y parece bastante abandonada. A lo lejos, al menos, se oye un burro.

Pero después voy hasta la oficina central, y me explican que algunos de los hoteles están en funcionamiento y que cualquier ciudadano tiene derecho a pasarse unos días acá por diez pesos por día —con pensión completa— si hace el pertinente pedido en la oficina tal del ministerio cual. Algunos funcionan todavía, me dicen; otros sí, es cierto, los tienen cerrados.

—Esto ya no es lo que era, por supuesto.

Me dice el empleado y después me dice que es bastante lógico:

—Y bueno, el país tampoco.

Ni el país ni yo. Aquella vez yo tenía siete años, bien en los sesentas: mis padres psicoanalistas me habían llevado a un congreso de psicoanalistas y la hija de otros psicoanalistas y yo decidimos que seríamos novios. Éramos muy chiquitos: la palabra novio no tenía mucho sentido para mí, pero ella insistió y yo quería darle gustos —quizás, entonces, ser novios era eso. Creo que nuestro noviazgo se basaba en la posesión común de dos gatitos. Los recuerdo mal; sé que uno era casi pelirrojo y que los dos se lanzaban intrépidos a través del pasto alto que rodeaba aquella casa. No sé quién tuvo la idea pero creo que fui yo: los gatitos exploradores se llamaron Livingstone y Stanley. Quizás debería ver, también en eso, una señal.

Aquella vez mi padre me preguntó por qué le habíamos puesto esos nombres a los gatos.

—Porque cuando sea grande quiero ser explorador.

—Ojalá puedas.

Me dijo, pero nunca sabré qué habrá entendido por explorador —o qué quise decirle.

Viajé mucho, desde entonces. Hace unos años, incluso, me fui al África a reconstruir aquel viaje que llevó a Henry Morton Stanley, el periodista más celebrado del siglo XIX, a través de medio continente para buscar al doctor David Livingstone, el gran explorador. Digo: viajé mucho. Pero quizás el viaje estaba acá.

Si es por buscar, mejor que busques —solía decirme mi padre— lo que nunca perdiste. Yo a veces lo escuchaba, a veces no.

Después de Embalse, diez kilómetros sinuosos me bajan a la pampa. Después de tantos días de curvas y montañas, el llano es casi un alivio para el ojo: un descanso, un espacio donde mirar por fin el vacío y creer que lo estoy viendo. En la pampa, aquí, enpieza otra Argentina, que viajaré más adelante.

Para hacer este libro, Erre y yo recorrimos veintitantos mil kilómetros. Yo además caminé, muchas veces en que Erre se quedaba parado. Esto no es un reproche, quede claro.

Si es por buscar mejor que busques lo que nunca perdiste —me decía, y se me hace difícil pensar que es la Argentina: tenemos, ahora, un país hecho de lo que se perdió. Un país que solía ser pura promesa —que siempre fue promesa— hasta que de pronto descubrió que el futuro que prometía se le había transformado en pasado —y que el presente no había existido nunca.

Sabemos: si Buenos Aires no es el interior ni el exterior, entonces es el limbo. Pero ya tengo ganas de llegar a mi casa en el limbo: al viajero también le suceden esas cosas.

Pasan pueblos y pueblos y ciudades, no me paro: serán materia para el próximo viaje. Llego a aquella autopista del principio. Después de tanto Interior la entrada a Buenos Aires es impresionante. Las dimensiones, las proporciones son impresionantes. La multitud de autos que se puede juntar en la autopista, por ejemplo, es muy impresionante. La cantidad de kilómetros que hace que estoy viendo pasar suburbios y suburbios y suburbios. La masa de ruido, de movimientos, de imágenes carteles edificios. Todo eso que me ha parecido normal miles de veces de pronto se me vuelve casi monstruoso: impresionante. Todo está en la mirada, o sea:
todo está en todos lados
y en ninguno.

Lo que nunca perdiste, me decía.

Un país.

Gracias

Quiero agradecer a todos los que, de una forma u otra, me ayudaron en este largo viaje. Y, sobre todo, a los colegas que me guiaron en las escalas más difíciles: Fernanda Mainelli Ross, de Rosario, Claudio Gastaldi, de Concordia, Sergio Martyn y Waldemar Florentin, de Puerto Iguazú, Hernán Álvarez, de Corrientes, Daniel Enz, de Paraná, Fabio Ladetto, de Tucumán, Héctor Alí y Álvaro Borella, de Salta, Julio Rudman, de Mendoza, Edgardo Litvinoff, de Córdoba.

Índice